제2판

국제무역론

김기흥 · 노언탁 지음

도서출판 해남

머리말

최신 국제무역론이 나온 지 20년이 지났다. 그 사이에 세계경제 체제는 급속하게 변화하였다. 해방 이후 우리나라 무역정책의 역사를 통시대적으로 조감하면, 1960년대 중반의 수입억제 완화의 추진, 1980년대 중반의 수입자유화 추진, 1990년대의 지속적인 경제자유화의 추진과 WTO 및 OECD 가입, 그리고 2000년대 들어 본격적으로 추진된 FTA 협상 등으로 대내외적으로 국제경제 환경이 변화하였다.

본서는 총 4편 14장으로 구성되어 있으며, 국제무역의 이론과 정책을 동시에 다룬 국제무역론에 중심을 두면서 다음과 같은 특징을 살리려고 하였다.

첫째, 최근에 발전된 국제무역이론을 대부분 포함하고 있다. 특히, 기존 교과서에 비하여 산업내무역과 독점적 경쟁, 과점시장과 전략적 무역정책, 무역정책의 정치경제(무역장벽의 존재 이유), 비과세장벽 및 산업정책 등에 비중을 두어 설명하였다.

둘째, 본문에서 설명한 이론이 현실세계에서 어떻게 적용되는가를 알아봄으로써 이론과 현실 사이의 갭을 줄이기 위하여 각 장에서 사례연구를 다루었다.

셋째, 현실에 바탕을 둔 이론을 전개하기 위하여 현실세계의 풍부한 자료를 포함시켰다. 이론 모형은 실제의 경제현상을 제대로 설명할 수 있어야 한다. 이러한 관점에서 이론 도출부터 검증단계에 이르기까지 최근에 관찰된 통계자료를 자주 이용하였다. 예를 들면, 제1장에서 세계 각국 경제의 특징, 국제무역의 유형과 방향 및 교역되는 재화의 종류를 다루는데 있어서 실제의 자료를 통하여 설명하였다.

넷째, 각 장의 본문 처음에 요약과 중요 용어가 정리되어 있어 각 장의 중요 포인트를 미리 제시함으로써 학습의 용이함을 제시하였다. 또한 각 장의 마지막에는 연습문제를 실었으며, 이를 통해 그 장의 내용을 반복하여 정리할 수 있도록 하였다.

다섯째, 이 책에서 소개한 이론을 이용해서 실제 우리나라의 무역유형의 실상 및 무역정책의 변천을 이해하게 하였다. 즉, 이 책의 전 부분에 걸쳐 가능한 한 우리나라 무역에 관한 통계자료 및 실증분석 결과를 인용해서 우리나라의 관점에서 이론을 설명하였다. 그리하여 많은 학생들이 강의시간에 문제점으로 제기한 것처럼 우리나라 현실과 동떨어진 이론이 아님을 보여주려고 하였다.

이 책의 내용은 저자의 독창적인 이론이 아니라 과거 20여 년간 학부 및 대학원의 국제경제학을 강의하면서 사용하였던 강의노트와 설문지를 통하여 제시받은 문제점을 정리한 것이다. 본서의 집필을 위하여 주로 인용되었던 교재는 Ali M. El-Agraa, *International Trade*, Dennis R. Appleyard and Alfred J. Field, Jr., *International Economics*, Giancarlo, Gandolfo, *International Economics I: the Pure Theory of International Trade*, E. Helpman and P. R. Krugman, *Trade Policy and Market Structure*, P. R. Krugman and M. Obstfeld, *International Economics: Theory and Policy*, P. R. Krugman, *Rethinking International Trade*, Vousden Neil, *The Economics of Trade Protection*, Beth V. Yarbrough and Robert M. Yarbrough, *The World Economy: Trade and Finance* 등이며, 이 밖에도 많은 자료를 참고하였다.

2016. 1
서대문 연구실에서
김기홍 · 노언탁

차례

제1편 | 국제무역의 고전학파 이론

제2편 | 국제무역의 신고전학파 이론

제3편 | 국제무역의 최신 이론

제 10 장

관 세 론 381

제 11 장

비관세장벽 437

제4편 | 국제무역정책

제 12 장

국제적 요소이동과 다국적기업 483

1 국제무역의 고전학파 이론

제1장

국제무역이론의 연구대상

개요

국제무역이론은 현실세계에서 발생하고 있는 무역의 유형을 설명하는 것이다. 그 분석은 국가들 간의 재화와 용역의 거래에 초점을 맞추고 있다. 국제경제학의 이론적 분석틀은 국제무역의 현상과 변화를 예측할 수 있어야 한다.

각 장의 이론을 전개하기 전에 본장에서는 다음과 같은 사실에 대하여 기술하고자 한다. 제1절에서는 국제무역이 각 국가들에게 어느 정도 중요한가를 알아본다. 제2절에서는 국제무역이론에서 다루는 주요 문제에 대해 살펴볼 것이다.

중요 용어

- 미시경제학
- 거시경제학
- 실증적 분석
- 규범적 분석
- 기호(taste)
- 경쟁상태
- 생산기술
- 분석모형의 차원(dimensionality)
- 보호주의 정책(protectionist policies)
- 동조적 효용함수(homothetic utility function)

1 국제 간 상호 의존성

현대사회에서 대부분의 국가들은 통제할 수 없는 대외적인 충격들로 크게 영향을 받는다. 선진공업국들과 석유를 수입하는 개발도상국들은 1970년대에 OPEC(Organization of Petroleum Exporting Countries)의 두 차례에 걸친 급격한 석유가격 인상으로 경제적 어려움을 겪었다. 그러나 1980년대에는 과도한 석유생산과 석유수요의 감소로 석유가격이 폭락하여 반대로 OPEC 국가들이 경제적인 어려움을 겪었다. 석유가격의 하락은 선진공업국들과 석유수입국들에게는 경제적인 도움이 되지만 멕시코와 같이 석유를 수출하는 개발도상국들에게는 외채부담을 가중시킨다.

국가 간의 상호 의존성을 명확하게 정의하기는 어렵다. 그러나 다음 두 가지를 살펴봄으로써 국가 간 상호 의존성에 대해 살펴볼 수 있을 것이다.

첫째로 국가들 간에 거래되는 재화와 용역의 값이나 무역량의 추세를 살펴보는 것이다. 현재 세계무역 체제는 상호 보완적인 수직분업에서 선진국 간의 수평적 분업으로 이행되어, 그 결과 각국 간의 경쟁을 격화시켜 무역마찰 문제를 일으키고 있다. 세계무역액의 추이를 보면 1960년에 수출액이 약 1,060억 달러였던 것이 2013년에 약 18조 달러로 172배(명목액) 이상 증가하였다. 〔그림 1-1〕은 1960~2013년 동안의 세계무역량의 추세를 보여주고 있으며, 〔그림 1-2〕는 1990년 이후 세계 및 주요 국가의 수출액을 비교한 것이다. 그림에서 알 수 있는 바와 같이, 무역량이 점진적으로 증가하고 있다. 국제무역이 소비 가능한 재화와 용역의 양을 증가시킴으로써 후생을 증가시키는 데 중요한 역할을 하고 있다. 동시에 같은 기간 동안에 세계총생산량도 크게 증가하였다.

따라서 국제무역의 증가는 개별 시장에서 생산자들과 소비자들 간의 상호 의존성을 반영한다.

두 번째로 선진공업국들 간 경제활동 수준의 변화는 국가들 간에 동

그림 1-1 | 세계무역액(수출)의 추이

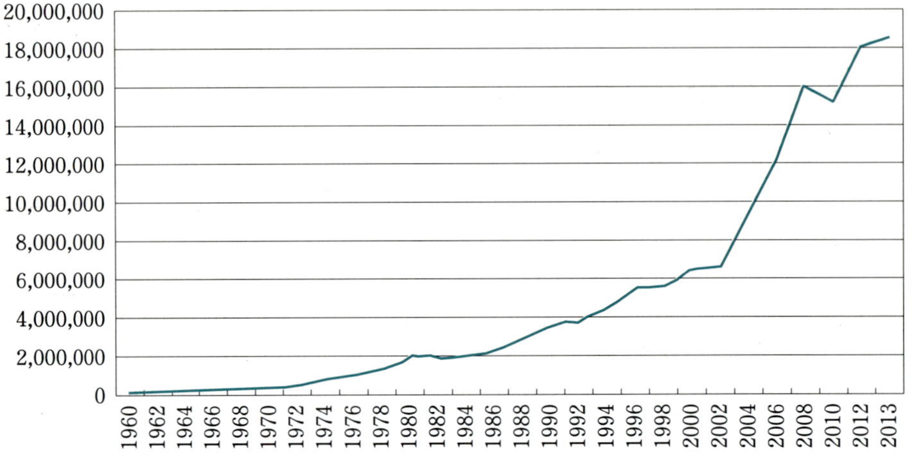

자료: 한국무역협회.

그림 1-2 | 세계 및 주요국의 수출액 증가 추이

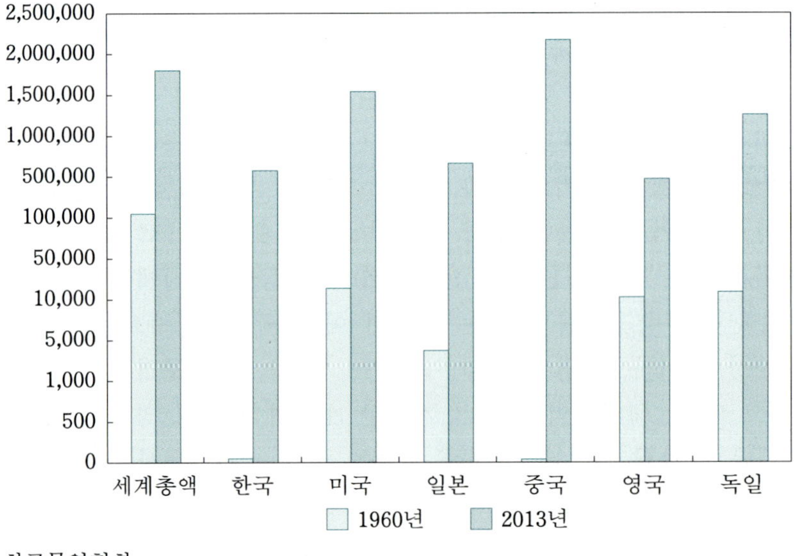

자료: 한국무역협회.

그림 1-3 | 주요국의 무역의존도(수출)

(단위: %)

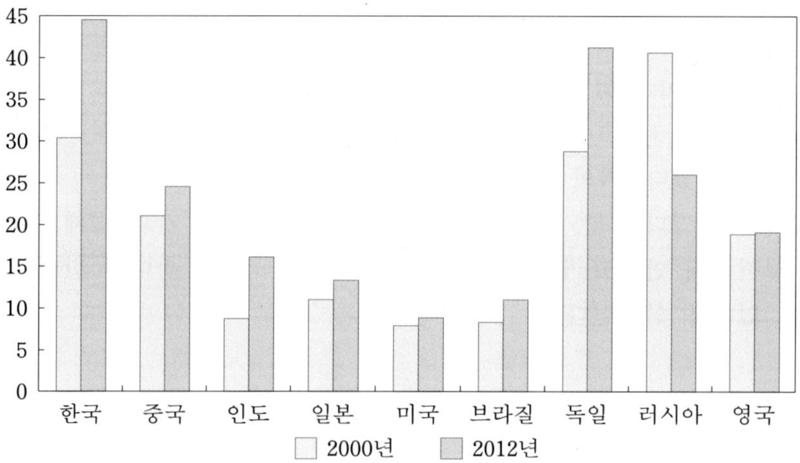

자료: 통계청 KOTIS.

그림 1-4 | 주요국의 무역의존도(수입)

(단위: %)

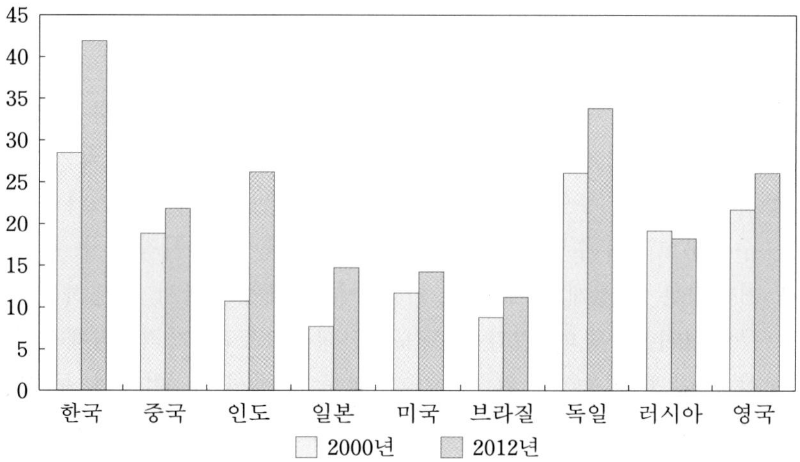

자료: 통계청 KOTIS.

조화되는 경향이 있다. 상호 의존 관계가 세계적으로 더욱더 깊어 가는 동시에 국가·지역별 무역비중도 크게 변화하고 있다. 2013년 기준으로 한국이 세계무역에서 차지하는 수출, 수입 및 교역의 비중은 각각 3.1%, 2.8% 및 2.9%로 세계 전체에서 교역규모로 19위를 차지하는 등 한국은 명실상부한 무역대국이 되었다.

[그림 1-3]과 [그림 1-4]는 2000년과 2012년의 주요국의 무역의존도를 나타내고 있다. 거의 모든 국가의 의존도는 2000년에 비해 증가한 것으로 나타나고 있다. 이는 세계무역 규모의 성장이 국가 간의 경제 의존성을 더욱 밀접하게 만들고 있으며, 세계경제가 무역규모의 확대와 함께 글로벌화되고 있음을 의미한다.

2 국제무역이론에서 다루는 주요 문제

2.1. 개요

순수무역이론의 주요 과제는 다음의 네 가지 질문에 답하는 것이라고 할 수 있다. 첫째, 국가 간에는 왜 무역이 발생하는가? 둘째, 국가 간에 무역이 발생하는 경우 무역패턴은 어떻게 결정되는가, 즉 어느 나라가 어떤 상품을 수출하고 또 수입하게 될 것인가? 셋째, 국제시장에서 각 상품의 가격과 거래량은 어떻게 결정되는가? 넷째, 국제무역에서 발생하는 무역의 이익은 무엇이며, 무역의 결과 소득분배, 생산요소의 가격, 경제성장 등은 어떤 영향을 받게 되는가? 위 네 가지 질문 중에서 첫 번째와 두 번째 질문에 대한 해답은 서로 관련되어 있다. 이 두 가지 질문에 대한 해답을 처음 본격적으로 시도한 대표적 이론은 애덤 스미스의 절대우위론, 리카도의 비교우위론, 헥셔-올린의 요소비율이론 등이 있으며, 세 번째와 네 번째 질문에 대한 해답은 상호 수요이론, 요소가격 균등화 정리, 스톨퍼-사무엘슨정리, 립진스키정리 등이다.

이 이론들은 엄밀하고 논리적이기는 하나 매우 제한적인 기본적인 가정에 의거하고 있다. 아래에서는 정통 순수무역이론이 근거하고 있는 기본 가정들에 대해 언급한 후, 리카도의 비교우위이론, 요소비율이론, 요소가격 균등화 정리, 스톨퍼-사무엘슨정리, 립진스키정리 등에 대해 논의하고자 한다. 요소비율이론, 요소가격 균등화 정리, 스톨퍼-사무엘슨정리, 립진스키정리를 성립시키는 모형구조는 핵셔-올린모형이라고 부르는데 이 모형은 일련의 공통된 가정 위에 성립하고 있다. 아래에서는 이들 공통의 기본 가정들을 소개하고 기본 가정이 위배되는 각각의 상황을 중심으로 정통이론을 연장하거나 수정한 새로운 무역이론들을 소개하고자 한다.

2.2. 국제무역이론의 기본 가정

경제이론은 현실을 단순화하고 추상화하여 주요한 경제요인 간의 인과관계로서 경제현상을 설명한 것이다. 이런 의미에서 경제이론은 흔히 지도에 비유되기도 한다. 지도는 목적에 따라 적절한 축도로 현실을 단순화하고 추상화한 그림이다. 지도가 현실을 있는 그대로 보여주고 있다면, 즉 지도의 축도가 1:1이라면 그 지도는 유용성을 상실한 것이다. 서울시의 관광지도라면 서울의 주요 간선도로와 주요한 관광 관심 포인트를 보여주는 것으로 충분하며, 지나치게 상세하게 그려진 지도는 오히려 관광객에게 혼란을 줄 뿐일 것이다. 반면에 세계 속의 한국을 보여주고자 하는 세계지도라면 한반도와 그 주변국을 포함한 5대양 6대주를 보여주는 매우 축도가 큰 지도가 되지 않으면 안 될 것이며, 서울시 관광지도에서처럼 서울의 주요 간선도로를 보여줄 정도로 상세하면 오히려 세계지도로서의 목적에 부합하지 않을 것이다. 이처럼 순수국제무역이론에서도 이 이론이 추구하는 목적, 즉 국가 간에는 왜 무역이 발생하는가. 국가 간에 무역이 발생하는 경우 무역패턴은 어떻게 결정되는가. 즉, 어느 나라가 어떤 상품을 수출하고 또 수입하게 될 것인가. 국제시장에서 각 상품의 가격과 거래량은 어떻게 결정되는가. 국제무역에서 발생하는 무역의 이익은 무엇인가 등의 질문에 답하기 위해서 국제무역 현상을 단순화하고 추상화하는 다음과 같은 가정을 채택하게 된다.

(1) 분석모형의 차원(dimensionality)

전통적인 모형은 2국 2재화 1생산요소(리카도모형의 경우)이거나 2국 2재화 2요소(헥셔-올린모형의 경우)로 되어 있다. 여기서 2국은 흔히 자국과 외국으로 2재화는 자국상품(수출품)과 외국상품(수입품)으로 나뉘어진다. 그리고 리카도모형의 경우 상품은 노동이라는 하나의 생산요소에 의해 생산되는 것으로 가정된다. 헥셔-올린모형의 경우 상품은 자본(물적 생산요소)과 노동(인적 생산요소)이라는 두 가지 요소에 의해 생산되는 것으로 가정된다. 자국에서 생산되는 상품은 모두 동질적이며 국내에서 소비되거나 수출된다. 외국상품도 모두 동질적이며 외국에서 소비되거나 수출되는 것으로 가정된다. 그러나 자국에서 생산되는 재화를 두 개의 이질적인 종류로 나누어 그 중 하나는 국제 간에 교역이 되고, 다른 하나는 국제 간에 교역이 되지 않는 것으로 가정하는 모형도 있다. 자국 내에서만 소비되는 재화를 비교역재, 그리고 국제 간에 거래가 되는 재화를 교역재로 부른다. 국제무역의 대상국가, 재화와 생산요소의 수를 일반화하면 다국·다재화·다생산요소모형이라고 부른다. 그러나 모든 경제모형이 그러하듯이 가정을 일반화하는 것은 상황을 현실과 가깝게 한다는 점에서 현실성이 증가될 수는 있을지 모르나 모형의 기본 목적인 단순성과 추상성을 상실하게 되어 모형의 유용성을 감소시킬 위험이 있다.

(2) 요소의 이동성(mobility)

전통적인 국제무역모형에서는 국제 간에 이동이 가능한 것은 생산된 상품이며, 생산요소는 국내에서만 이동성이 있고 국제 간에는 이동이 불가능한 것으로 가정하고 있다. 그리고 상품이 국제 간에 이동함에 있어 물리적·인위적 제한이 없는 자유무역을 가정하는 것이 일반적이다. 그러나 국제무역에서 수송비가 존재한다거나 국제 간의 무역에 제한을 가하는 관세·쿼터 등의 무역제한정책의 존재를 명시적으로 인정하는 경우, 국제 간에는 거래가 되지 않고 국내에서만 소비되는 비교역재가 존재할 소지가 발생한다. 그러므로 재화 중에는 국제 간에 거래가 되는 교역재와 국제 간에 교역이 되지 않는 비교역재가 존재한다는 보다 현실을 반영하는 모형을 구축하는 것도 가능하다.

(3) 경쟁상태(competition)

전통적인 국제무역이론에서는 국내외 시장에서 모든 경제주체는 마치 가격순응자인 것처럼 가정되고 있다. 즉, 생산자는 완전 경쟁적 상품시장에서 이윤극대화를 동기로 행동하고 요소시장에서도 완전 경쟁에 의해 모든 생산요소는 완전 고용이 보장되는 것으로 가정되고 있다. 그러나 상품시장과 생산요소시장이 불완전 경쟁상태에 있다면 동종의 상품일지라도 상품이 다양성을 가지는 경우를 상정할 수 있을 것이고 이런 경우 국제무역은 산업 간의 무역뿐 아니라 산업 내 무역이라는 형태를 취하게 될 것이다. 그리고 국제무역에서 비교우위의 원천은 생산요소의 생산성이나 생산요소의 부존량 차이뿐 아니라 시장에서 규모의 경제성에서 유래하는 것이 가능하게 될 것이다.

(4) 생산기술(technology)

전통모형에서 모든 상품의 생산함수는 규모에 대한 보수불변과 한계생산의 체감을 가정하고 있는 것이 일반적이며, 같은 재화는 국제 간에 동일한 생산기술에 의해 생산되는 것으로 가정되는 것이 보편적이다. 그 결과 생산요소 집약도의 반전이 있을 수 있는 가능성이 배제되어 왔다. 그러나 생산에서 규모의 경제가 존재하면 불가피하게 독과점적 시장을 인정하여야 하며, 이 경우 국제무역은 불완전 경쟁시장이론으로 연장되고 무역당사자 간의 게임적 요소를 분석하는 게임이론이 응용될 수 있다.

(5) 기호(taste)

효용함수로 표시되는 소비자의 기호는 동조적 효용함수(homothetic utility function)로 나타낼 수 있다고 가정되었고, 그런 의미에서 국가 간에 소비자의 기호에는 별 차이가 없는 것으로 가정된다. 그러나 국가 간에 소비자의 기호에 차이가 있다면 요소비율의 차이가 없다고 하더라도 기호의 차이에 의해 국가 간에는 무역이 발생할 여지가 존재할 것이다.

앞으로 논의하게 될 전통적 무역이론에서는 위에서 표현한 정통적 가정에 주로 근거하기로 한다. 이 밖에도 헥셔-올린모형에서는 2국 2상품 2요소모형에 입각하여 두 나라 사이에는 생산요소비율에 차이가 있고, 두 재화 간에는 생산기술에 차이가 있으며, 두 나라에서 같은 재화의 생산에서는 생산기술이 동일하다는 가정, 즉 두 산업은 규모에 대한 보수불변(1차 동차생산함수)인 동일한 생산함수를 가진 것으로 가정한다.

2.3. 국제경제학의 영역

경제학은 인간의 욕망을 충족시키기 위해서 희소한 자원을 효율적으로 배분하는 것에 관하여 연구하는 사회과학이며, 크게 미시경제학과 거시경제학으로 나뉜다. 미시경제학은 가계·기업 및 기업들과 같은 개별 경제주체들의 행태를 연구하는 반면, 거시경제학은 국민소득·고용·소비 및 투자 등과 같은 총체적인 국민경제의 행태를 연구한다.

일반적인 경제이론이 단일폐쇄경제의 문제를 다루는 반면, 국제경제학은 둘 또는 그 이상의 개방경제의 문제를 다룬다. 특히, 거시경제학은 일반 경제이론에서 연구하는 것과 같은 성장·고용·물가 및 국제수지 등과 같은 경제적인 문제를 다루는 반면, 국제경제학은 주로 국제적인 문제를 다룬다. 따라서 국제경제학은 인간의 욕망을 충족시키기 위하여 희소한 자원을 배분하는 과정에서 개별 경제가 어떻게 서로 반응하는가를 연구한다. 국제경제학은 다시 국제무역론과 국제금융론으로 구분된다. 국제금융론은 국제경제 관계의 화폐적 측면을 주로 다룬다. 따라서 그 접근방법은 거시경제학적인 방법을 사용하여 주로 국제수지의 불균형에 대한 단기조정 문제를 다룬다. 반면에 국제무역론은 미시경제의 분석을 국제적인 문제로 확장시킨 것이다. 여기서 생산·소비·교역되는 여러 재화들의 양적 결정에 대해 다룬다. 각국 국민들은 소비를 위해서 무역을 통해 여러 재화를 수입하게 된다. 생산과 소비의 결정으로 인해 재화의 상대가격, 노동 및 자본 등과 같은 생산요소의 상대가격을 결정한다.

따라서 국제무역론은 교환의 장기정태이론이다. 단기화폐조정 과정은 완결되었다고 가정하므로 화폐는 장기균형에 영향을 미치지 못한다. 다시 말하면, 한 재화는 다른 재화와 직접적으로 서로 교환된다. 무역이 다른 재화들과 생산요소들의 상대가격에 미치는 영향을 검토함으로써 무역이론은 무역의 자원배분 효과를 강조한다. 자유무역은 상대가격을 변화시키기 때문에 국가 내의 여러 그룹들 간의 소득분배를 변화시킨다. 이와 같은 무역과 소득분배 간의 관계를 이해하고 나면 외국의 경쟁으로부터 국내생산자들을 보호하기 위하여 국제무역을 제한하는 보호주의 정책(protectionist policies)에 대한 정치적 압력을 이해할 수 있다.

경제의 다른 분석처럼 국제경제학의 분석은 실증적(positive) 분석과 규범적(normative) 분석으로 나눌 수 있다. 실증적 분석은 무역이 왜 발생하며, 무역이 생산·분배·소비에서 어떠한 효과를 발생시키는가를 이해하는 데 단순화된 모형을 사용한다. 과학적 접근방법은 주로 무역의 발생원인과 예측에 초점을 두고 있다. 만일 사건 X가 발생한다면 사건 Y가 일어난다고 말할 수 있을 정도로 세계경제를 설명할 수 있어야 한다. 어느 국가에서 상대적으로 희소한 부존자원의 소유자는 보호무역을 선택할 것이다. 이와 같은 예측은 자유무역이 바람직하다는 것을 의미하지 않는다. 단지 실증적 분석은 세계무역이 어떻게 발생하는가를 본 모형을 통하여 설명하는 것이다.

규범적 분석은 어떤 것이 바람직한가에 대한 가치판단의 문제이다. 예컨대, 만일 자유무역이 바람직하다면 어떤 국가에서 상대적으로 희소한 부존자원의 소유자들이 실증적인 모형으로부터 보호주의의 조치를 실제로 지지한다고 할지라도 자유무역을 지지해야 한다는 것을 의미한다. 규범적 분석은 세계경제가 어떻게 작용하고, 또는 국제경제의 목표와 정책이 어떠한 형태를 추구해야 하는가를 결정하는 가치판단에 대한 문제이다. 실증적·규범적인 경제분석에 관한 차이점을 검토하는 데 있어서 국제경제정책의 문제에 관한 의견 차이는 다음 두 가지 점에서 발생한다. 무역의 결과가 작용하는 방법에 대해서는 견해 차이가 있다. 예를 들면, 어떤 사람은 만일 사건 X가 발생한다면 사건 Y가 일어난다고 믿는 반면에, 다른 사람은 만일 사건 X가 발생한다면 사건 Z이 발생한다고 믿는 사람이 있다. 이와 같은 견해 차이는 Y 또는 Z가 X에 따라서 초래되는가를 알아보기 위한 실증연구로 해결할 수 있다.

반면에 규범적인 가치판단에 기초한 의견의 불일치는 해결하기가 더욱 어렵다. 어떤 정책수립가들은 만일 정책 X가 추구된다면 결과 Y가 따를 것이라고 믿을 수 있다. 그러나 만일 Y의 결과가 바람직한가에 대하여 다른 정책수립가들의 의견이 일치하지 않는다면 정책 X가 추진되어야 하는가에 대하여 의문이 제기될 수 있다.

요약

① 국가 간에 거래되는 무역의 양은 점진적으로 증가하였다. 선진공업국 간의 경제활동은 서로 동조화되는 경향이 있다. 그리고 신흥공업국들이 국제무역에서 차지하는 비중은 최근 급격히 커졌다.

② 국제경제의 분석에서 실증적 분석은 무역의 발생원인을 규명하며 무역이 생산·분배·소비에 어떠한 효과를 발생시키는가에 대하여 살펴본다. 반면에 규범적 분석은 세계경제가 어떻게 작용하고 또한 국제경제의 목표와 정책이 어떤 형태를 추구해야 하는가를 결정하는 가치판단의 문제에 대해 고찰하는 것이다.

③ 선진공업국 간의 무역은 세계 전체 교역량의 약 70% 정도를 차지하고 있다. 각국의 무역특징을 보면 미국은 대부분의 국가들에 대한 주요 교역상대국이다. 또한 부존자원과 거리가 무역유형을 결정하는 데 있어서 중요하다.

연습문제

1. 서로 근접한 국가 간에 무역량이 많은 이유를 설명하여라. 또한 국제간 상호 의존성의 심화요인과 측정지표를 설명하여라.

2. 국제무역이론의 기본 가정을 설명하시오.

3. 국제경제학의 영역을 설명하시오.

TRADE

제2장

리카도의 비교우위모형: 불변비용하의 생산, 소비 및 무역

개요

본장에서는 각국에서 노동생산성의 국제적 차이에 따라 비교우위가 발생하는 리카도모형을 살펴본다. 리카도의 비교생산비설은 무역유형의 방향, 무역이익, 교역조건의 범위 및 자원의 최적이용 등에 대한 논리적 근거를 제시한다.

제1절에서는 리카도모형의 기본 가정들을 설명한다. 제2절에서는 생산비가 노동투입에 의하여 결정된다고 보는 노동가치설을 도입한다. 제3절에서는 하나의 생산요소를 가정한 폐쇄경제하에서의 리카도 무역모형을 제시한다. 제4절에서는 개방경제하에서의 리카도모형을 살펴본다. 여기에서는 리카도의 비교생산비설을 부분균형 분석방법과 일반균형 분석방법으로 분석한다. 제5절에서는 생산성과 경쟁성, 저임금의 노동착취 논쟁 및 불평등한 교환 등 비교우위에 대한 오류를 지적한다. 마지막으로 제6절에서는 비교생산비설의 실증분석에 대해 살펴볼 것이다.

중요 용어

- 비교우위론
- 상대수요곡선
- 리카도모형
- 상대공급곡선
- 단위노동 필요량
- 무역의 이익
- 생산가능곡선
- 기회비용
- 불평등한 교환
- 저임금노동 논쟁(sweatshop labor argument)
- 절대우위
- 유발수요
- 부분균형 분석
- 비교역재
- 일반균형 분석
- 생산성과 경쟁성
- 투입계수
- 한계변환율(marginal rate of transformation: MRT)
- 무차별곡선
- 비용불변모형
- 효용
- 자급자족하의 균형
- 소득분배
- 잠재적 효용
- 교역조건
- 사회무차별곡선
- ‘로빈슨 크루소’ 균형
- 선형계획의 이론
- 한계대체율(marginal rate of substitution: MRS)
- 무역삼각형
- 시장청산가격
- 자급자족하의 상대가격
- 맥두걸의 검증
- 절대열위
- 제로섬게임
- 포르하이머의 검증
- 한계재
- 크라비스, 빌리시의 검증

각 국가들은 다음 두 가지의 기본적인 이유로 국제무역을 한다. 첫째, 국가들은 서로 다른 부존자원을 갖고 있기 때문에 무역을 한다. 즉, 개인들과 같이 국가들은 상대적으로 풍부하게 갖고 있는 자원을 적절히 조절 및 교역함으로써 부존자원의 차이에서 오는 이익을 얻을 수 있다. 둘째, 국가들은 생산에 있어 규모의 경제(economies of scale)로 인한 이익을 얻기 위하여 무역을 한다. 즉, 각 국가가 제한된 범위의 재화만을 생산한다면 모든 재화를 생산하는 것보다도 더 큰 규모로, 더 효율적으로 이들 재화를 생산할 수 있다. 현실세계에서 국제무역의 유형은 이들 두 가지 동기가 서로 상호 작용하는 것을 반영한다. 그러므로 무역의 원인과 효과를 이해하기 위하여 이들 동기 가운데 하나만을 나타내는 단순화된 모형을 세우는 것이 유용하다.

다음 네 개의 장들은 부존자원의 차이로 인해 국가 간에 무역이 어떻게 발생하고, 이들 무역이 상호간에 이익이 되는 이유를 이해하기 위한 분석의 틀을 발전시킨다. 이 분석에서 필수적인 개념은 비교우위(comparative advantage)이다.

비교우위의 개념이 단순하다고 할지라도 추상적으로 이야기한다면 어느 정도 혼란스러울 수도 있으므로 이 개념을 가장 잘 이해하는 방법은 이것을 보여주는 몇 개의 예들과 모형들을 검토해 보는 것이다. 이 장은 비교우위가 노동생산성의 국제적 차이에만 기인한 결과라고 하는 예들을 보여준다. 비교우위가 노동생산성의 차이에 의한 것이라고 보는 모형은 19세기 초 경제학자 리카도(David Ricardo, 1772～1823)[1]에 의하여 처음으로 도입되었으므로 리카도모형(Ricardo model)이라고 한다.

---

[1] 1817년에 나온 리카도의 저서 『정치경제학과 조세의 원리』(*The Principles of Economy and Taxation*)에서 처음으로 주장되었다.

1 리카도모형의 기본 가정

국가 간에 절대생산비뿐만 아니라 비교생산비 면에서도 차이가 있는 경우 국제분업에 의하여 무역이익은 발생한다. 그리고 무역이익의 추구는 무역유형의 형성요인이 됨과 동시에 다른 한편으로 국제분업의 성립요인이 된다. 따라서 리카도의 비교생산비설은 ① 무역유형의 방향, ② 무역이익의 증가, ③ 교역조건의 범위, ④ 자원의 최적이용 등에 대한 논리적 근거를 제시한다. 그러나 리카도의 비교생산비설에서는 다음과 같은 가정을 하고 있다.

① 생산물과 요소시장이 완전 경쟁시장이라고 가정한다. 즉, 매매자 쌍방은 시장에서 결정된 가격을 주어진 것으로 받아들인다. 또한 각 재화는 동질적이며, 매매자들은 시장조건에 대한 완전한 정보를 갖고 있어 시장에 대한 진입과 퇴출이 자유롭다. 이러한 완전 경쟁의 가정은 각 재화의 가격이 재화의 한계비용(marginal cost)과 같기 때문에 중요하다.

② 각 국가들은 이용 가능한 자원의 고정된 부존량을 갖고 있다고 가정한다. 또한 이 자원, 즉 노동력은 완전 고용되어 있으며 동질적이다. 그러므로 각 국가들이 직면하는 문제는 소비자들이 소비하고자 하는 여러 재화의 생산에 고정된 자원의 양을 어떻게 효율적으로 배분하느냐 하는 것이다.

③ 기술수준은 불변이라고 가정한다. 다른 국가들은 다른 기술을 사용하지만 국가 내의 모든 기업들은 각 재화에 대하여 공통된 생산기술을 갖고 있다.

④ 국가 간 상품이동에는 관세나 수송비용이 없다고 가정한다. 이것은 각 재화의 국내가격이 같을 때, 소비자들의 선택은 국내에서 생산된 재화와 수입된 재화 사이에 무차별하다는 것을 의미한다.

⑤ 생산요소는 각 국가 내의 산업 간에는 완전 이동이 가능하며, 국가

간에는 전혀 이동할 수 없다고 가정한다. 이 가정은 너무나 경직되어 현실 세계를 정확히 설명할 수 없지만 자원이 국가 간보다 국가 내에서 더 이동성이 있다는 사실은 정치적 경계에 대한 경제적 의미를 포함한 것이다. 산업 간의 완전한 자원이동은 각 요소가격이 각국 내의 모든 산업에서 같아야 한다는 것을 의미한다. 그렇지 않으면, 자원은 낮은 보수를 지불하는 산업에서 높은 보수를 지불하는 산업으로 이동하기 때문이다. 생산요소는 국가 간에 이동성이 없기 때문에 각 요소가격은 무역이 없는 경우 국가 간에 차이가 발생한다.

⑥ 하나의 생산요소를 투입하여 두 재화를 생산하는 두 국가로 구성된 세계를 가정한다. 이것은 단순화를 위하여 A국과 B국, 노동 L이라는 단일한 생산요소, X재와 Y재로 표시한다. 리카도는 노동이 유일한 생산요소인 무역모형을 가정하였는데, 하나의 생산요소만이 있다는 가정은 '리카도'모형의 특징이다. 여기에서 생산비는 노동투입량에 의해서만 결정된다는 노동가치설을 가정하고 있다.

2 노동가치설

고전파 경제학자들은 노동가치설이라는 단순한 가정을 하였다. 이 이론은 노동이 유일한 생산요소이고 폐쇄경제에서 모든 재화의 가격은 재화를 생산하기 위하여 투입된 노동량에 의하여 결정된다고 보는 것이다. 특히, 노동가치설에 따른 무역의 순수이론에서는 절대가격보다 상대가격에 초점을 두므로, 재화는 투입된 노동의 상대적인 양에 따라 교환된다. 예를 들어, A국은 두 재화, 즉 X재와 Y재를 생산한다고 가정하자. a_{LX}는 X재 한 단위를 생산하는 데 필요한 노동량을, a_{LY}는 Y재 한 단위를 생산하는 데 필요한 노동량을 나타낸다. 만일 w가 화폐임금이라면, 두 재화의 장기 평균생산비용은 다음 식으로 주어진다.

X재의 평균비용$=wa_{LX}$
Y재의 평균비용$=wa_{LY}$

묵시적으로 가정된 두 산업 간의 노동이동성 때문에 공통된 임금률이 두 재화에 적용된다.

고전파 경제학자들은 a_{LX}와 a_{LY}의 생산계수는 각 산업의 산출량 수준과 독립적이라는 의미에서 일정하다고 가정하였다. 즉, a_{LX}와 a_{LY}의 계수는 10 또는 1,000, 아니면 X재와 Y재의 어떤 단위가 생산되든지 같다고 가정한다. 이 조건하에서 X재와 Y재의 공급곡선은 wa_{LX}와 wa_{LY}의 각 수준에서 수평선이며, X재와 Y재의 장기균형가격(P_X와 P_Y)은 다음 식으로 주어진다.

$$P_X=wa_{LX}$$
$$P_Y=wa_{LY} \tag{2.1}$$

식 (2.1)은 생산되지 않는 재화의 가격은 평균생산비용보다 낮다는 것을 의미한다. 식 (2.1)로부터 상대가격(p)은 상대적인 노동 필요량에 의하여 결정된다. 즉,

$$p=\frac{P_X}{P_Y}=\frac{a_{LX}}{a_{LY}} \tag{2.2}$$

생산계수 a_{LX}와 a_{LY}가 불변이라는 것은 반드시 각 기업의 평균생산비용이 일정하다는 것을 의미하지는 않는다. 각 기업의 생산함수는 규모에 대한 보수증가·보수불변·보수감소의 특징이 있다. 즉, X재와 Y재의 생산이 증가함에 따라 생산계수 a_{LX}와 a_{LY}가 최소생산비용에 도달할 때까지 계속하여 감소하다가(규모에 대한 보수증가), 다시 증가하기 시작한다(규모에 대한 보수감소). 이와 같은 상황하에서 각 기업의 평균비용은 U자형이 될 것이다. 그렇지만 만일 각 산업에서 모든 기업의 생산함수가 같다면, 산업의 장기공급곡선은 각 산업의 최소평균비용 수준에서 수평이 될 것이다. 이것이 의미하는 것은 애덤 스미스의 '보이지 않는 손'이 각 산업에 작용한다는 것이다.

노동가치설은 현실을 매우 단순화시켰다고 볼 수 있다. 즉, 노동이 동질적이고 유일한 생산요소이며 완전 경쟁적이라는 가정은 너무나 제한적

이다. 양(陽)의 이자율을 고려할 때, 재화의 평균비용과 가격은 재화를 생산하는 데 필요한 노동량뿐만 아니라 생산에 체화된 시간에 의해서도 영향을 받는다. 예를 들면, 만일 한 노동자가 X재 한 단위를 생산하는 데 1년이 걸리지만 Y재 한 단위를 생산하는 데 2년이 걸린다면, Y재에 대한 X재의 상대가격은 1/2보다 작을 것이다. 왜냐하면, Y재 생산업자들은 임금 이상으로 이자에 대한 부담을 갖기 때문이다.

특히, 각 노동자들에게 매년 말에 w만큼 임금을 지불하고 생산이 완료된 후에 i만큼의 이자율을 지불한다면

$$P_X = W$$
$$P_Y = [w(1+i)+w]$$
$$\frac{P_X}{P_Y} = \frac{w}{w(1+i)+w} = \frac{1}{2+i} < \frac{1}{2}$$

여기서, i: 이자율

이 된다. 그러므로 상대가격은 두 재화의 생산에 필요한 상대적인 노동량뿐만 아니라 이자율에도 의존한다.

위와 같은 노동가치설의 단점에도 불구하고 다음과 같은 세 가지 이유로 노동가치설을 사용한다. 첫째, 무역의 특화와 무역이익의 문제를 쉽게 도출할 수 있다. 둘째, 만일 이자율이 일정하다면 상대가치 구조는 고정될 것이다. 셋째, 신고전학파 모형을 설명하는 데 국제균형의 단순모형을 수립할 수 있다.

3 폐쇄경제하의 리카도 무역모형: 하나의 생산요소경제

국제무역이 국제무역의 참가자들에게 이익이 된다는 것을 밝히려면 무역을 하지 않는 폐쇄경제와 무역을 하는 개방경제를 비교하여 개방경제

가 더 많은 양을 생산한다는 것을 보여주면 된다. 무역이 없는 폐쇄경제를 자급자족(autarky)경제라고 하며, 자급자족하에서 각 국가는 재화를 소비자들이 소비하고자 하는 만큼 생산한다. 왜냐하면, 소비자는 재화를 다른 곳에서 얻을 방법이 없기 때문에 자급자족경제에서는 어느 국가이든 생산과 소비를 동시에 결정하여야 한다는 것이다. 이와 같은 결정을 하기 위해서는 두 가지 정보를 이용하여야 한다. 첫째, 이용할 수 있는 부존자원과 생산기술이 주어진 경우 X재와 Y재 간의 생산에서의 상충관계(trade-off)를 고려해야 한다. 둘째, X재와 Y재 간의 소비에서의 주관적인 상충관계를 고려해야 한다.

국제경제의 유형을 결정하는 데 비교우위의 역할을 도입하기 위하여 국내라고 하는 경제가 하나의 생산요소만을 갖고 있다고 가정한다(다음 장들에서는 여러 생산요소들을 갖고 있는 모형들로 이 분석을 확장한다). 또한 X재(예: 치즈)와 Y재(예: 포도주)의 두 재화만이 생산된다고 가정한다. 마지막으로 국내경제의 기술은 각 생산에서의 노동생산성으로 요약될 수 있는데, X재 한 단위 또는 Y재 한 단위를 생산하는 데 필요한 노동의 단위시간 수, 즉 단위노동 필요량(unit labor requirement)에 의하여 생산성을 표시하는 것이 편리하다.

3.1. 자급자족경제의 생산

각 국가의 생산가능곡선을 유도함으로써 A국과 B국에서 X재와 Y재를 동시에 생산한다고 하자. 일반적으로 두 재화, 즉 X재와 Y재를 생산하는 나라의 생산가능곡선은 주어진 요소부존량과 기술수준에 기초하여 그 경제가 X재의 주어진 양에 대하여 생산할 수 있는 Y재의 최대산출 가능량이다. 다시 말해서, 요소부존량과 기술이 가장 효율적으로 사용되었을 경우 생산할 수 있는 X재와 Y재의 조합을 나타내는 궤적이다. 생산기술은 두 투입계수 a_{LX}와 a_{LY}로 표시되며, 투입계수는 두 재화를 각각 한 단위 생산하는 데 얼마나 많은 노동단위가 필요한가를 나타낸다. A국에서 X재 한 단위의 생산에는 노동 a_{LX}단위, Y재 한 단위의 생산에는 노동 a_{LY}단위가 필요하다. A국에 동질적인 노동량 L^A가 주어져 있고 X재와 Y재의 생산에는 산출한 단위당 각각 a_{LX}와 a_{LY}의 노동량이 필요하다고

그림 2-1 | A국의 생산가능곡선

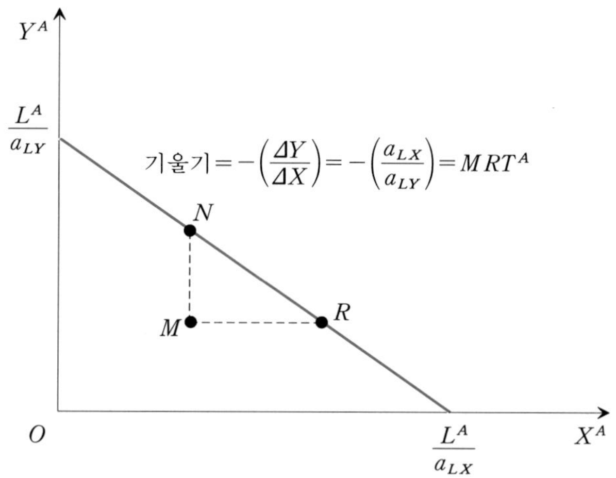

가정하면, $a_{LX}X$는 X재를 생산하는 데 사용된 노동량, $a_{LY}Y$는 Y재를 생산하는 데 사용된 노동량이다. 따라서 생산가능곡선은 다음 식으로 주어질 것이다.

$$a_{LX}X + a_{LY}Y \leq L^A \tag{2.3}$$

여기서, X, Y: 각 재화의 생산량

식 (2.3)은 [그림 2-1]에 나타낼 수 있는데 생산가능곡선이 이와 같은 경우 선형이므로, 두 축의 절편을 따라 이들을 직선으로 연결할 수 있다. X축 절편은 Y재의 산출량이 영(零)이라고 하였을 때 요소부존량과 기술이 주어져 있다는 제약하에 그 경제가 생산할 수 있는 X재의 최대량을 보여준다. 즉, [그림 2-1]에서처럼 L^A/a_{LX}의 비율로 주어진다.

L^A/a_{LY}로 주어진 Y축 절편에 대해서도 같은 해석을 할 수 있다. 점 M과 같이 생산가능곡선 내에 있는 어떤 점은 경제가 그 자원을 충분히 사용하지 못하고 있음을 나타낸다. 무역의 순수이론은 완전 고용과 일반균형을 가정하므로 각 경제는 항상 생산가능곡선상의 어떤 점에서 생산한다.

- 한계변환율: A국의 생산가능곡선 기울기의 절대값은 다음 비율과

같다.

$$\frac{\frac{L^A}{a_{LY}}}{\frac{L^A}{a_{LX}}}=\frac{a_{LX}}{a_{LY}} \tag{2.4}$$

a_{LX}/a_{LY} 비율, 즉 한계변환율이 뜻하는 것은 무엇인가? 만일 A국이 [그림 2-1]의 점 N에서 생산하고 있었는데 X재에 대한 기호의 변화, 예를 들어 기호의 증가로 점 R에서 생산한다고 가정하자. 이것은 X재 생산은 MR단위만큼 증가하는 반면, Y재 생산은 NM단위만큼 감소하여 Y재 생산에서 X재 생산으로 자원이 이동함을 뜻한다. 이때 A국은 X재를 한 단위 추가로 생산하기 위하여 Y재를 몇 단위 포기하여야 되는가? 그 값은 NM/MR, 즉 A국의 생산가능곡선 기울기의 절대값이다. 그러므로 A국의 생산가능곡선 기울기의 절대값, 즉 한계변환율(the marginal rate of transformation: MRT)은 Y재로 표시한 X재의 기회비용을 나타낸다.

X재와 Y재 간의 한계변환율 $MRT_{XY}=-(\Delta Y/\Delta X)|_{PPF}$는 생산가능곡선(production possibilities frontier: PPF)상에서 X재를 한 단위 더 생산하기 위하여 포기되어야 하는 Y재의 양이다. 더욱이 식 (2.2)와 식 (2.4)를 결합하면, A국의 생산가능곡선 기울기의 절대값은 재화가격의 비율, 즉 P_X/P_Y와 같다.

따라서 다음과 같이 나타낼 수 있다.

$$\left|-\frac{\Delta Y}{\Delta X}\right|=\frac{a_{LX}}{a_{LY}}=\frac{P_X}{P_Y}$$

실제로 A국의 생산가능곡선의 기울기는 X재와 Y재의 한계비용 비율을 나타낸다.

$$A\text{국의 } PPF \text{ 기울기의 절대값}=\frac{X\text{재의 한계비용}}{Y\text{재의 한계비용}}$$

교역조건(각 국가에서의 상대가격과 같음)은 각 나라의 생산가능곡선 기울기의 절대값과 다르므로 국제무역이 도입될 때 중요하다.

B국의 생산가능곡선도 같은 방법으로 유도할 수 있다. B국은 L^B단

그림 2-2 | *B*국의 생산가능곡선

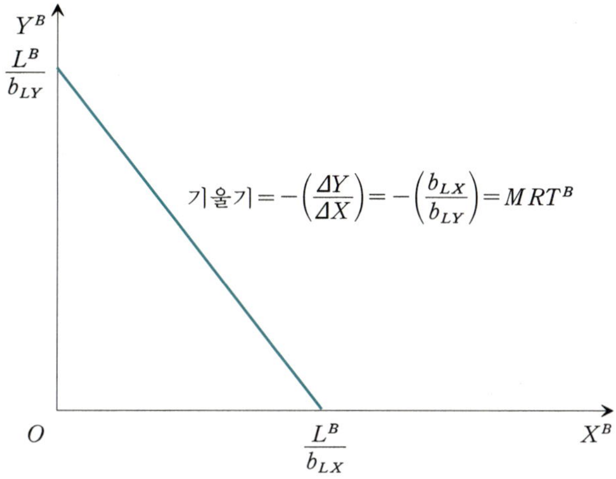

위의 노동력이 부존되어 있고, X재와 Y재의 산출량당 단위노동 필요량을 각각 b_{LX}와 b_{LY}라고 하자. 그러면 B국의 생산가능곡선은 다음 식으로 주어진다.

$$b_{LX}X + b_{LY}Y \leq L^B$$

기울기의 절대값(Y재로 표시한 X재의 기회비용)은 물론 b_{LX}/b_{LY}의 비율로 주어진다.

3.2. 자급자족경제의 소비

생산가능곡선은 노동과 기술이 주어진 경우에 생산할 수 있는 X재와 Y재의 조합을 나타냄으로써 자급자족경제의 절반만을 설명한다. 그러나 여러 가능한 점 가운데 어떤 점이 선택되는가를 결정하기 위해서는 그 국가의 거주자들의 기호 또는 선호라는 개념을 도입할 필요가 있다. 그 국가의 거주자들이 누리는 만족 또는 효용의 수준은 소비를 위하여 이용 가능한 재화인 X재와 Y재의 양에 달려 있으며, 생산과 소비는 효용을 극대화하는 방법으로 결정된다. 무차별곡선(indifference curve)으로 표시되는 그래프

그림 2-3 | 우하향하는 무차별곡선

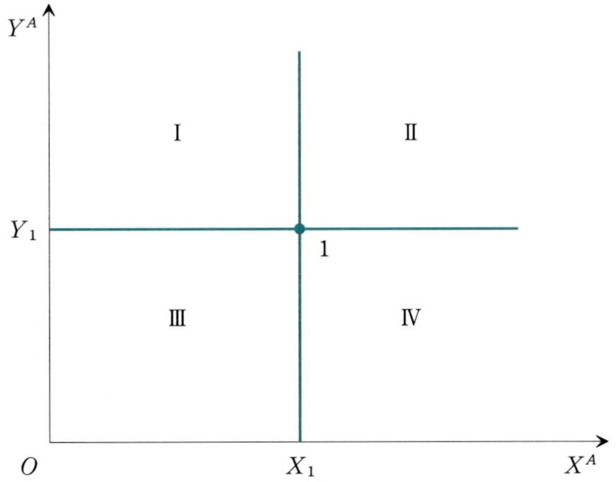

에 의한 방법은 주어진 효용수준에서 X재와 Y재의 모든 다른 조합을 나타낸다.

무차별곡선은 네 가지의 기본적인 특성을 갖는다. 첫째, 무차별곡선은 우하향한다. [그림 2-3]은 이 특성을 그래프로 나타내고 있다. 처음에 X재 X_1단위, Y재 Y_1단위를 소비하는 점 1에 있다. 점 1과 같은 만족수준에 있는 점은 어디에 있는가? 영역 III은 두 재화를 모두 더 적게 포함하므로 영역 III에는 존재하지 않는다. 영역 II는 두 재화를 그 이상으로 포함하고 있기 때문에 영역 II의 점도 배제된다. 따라서 영역 I과 IV만이 남는다. 영역 I의 점들은 점 1보다도 더 적은 양의 X재를 포함하고 있지만 더 많은 양의 Y재를 포함하고 있다. 영역 IV는 점 1보다도 더 적은 양의 Y재를 포함하고 있지만 X재를 더 많이 포함하고 있다. 즉, 영역 I과 IV는 효용수준을 변화시키지 않고 다른 재화를 더 많이 얻기 위하여 하나의 재화와 대체할 수 있는 가능성을 나타내고 있다. 그러므로 무차별곡선이 우하향한다는 것은 국내소비자들이 같은 효용수준을 유지하면서 다른 재화를 더 많이 얻기 위해서는 하나의 재화를 포기함으로써 보상된다는 것을 의미한다.

둘째, 무차별곡선은 원점에 대하여 볼록하다는 것이다. 무차별곡선의

그림 2-4 | 사회무차별곡선

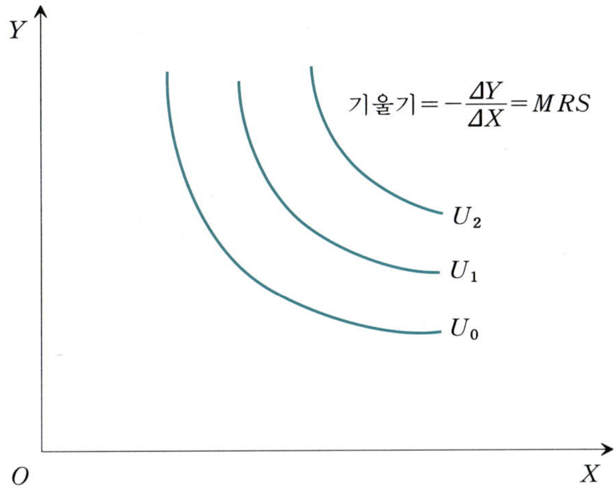

기울기는 소비에 있어서 Y재에 대한 X재의 한계대체율(marginal rate of substitution: MRS)로서 한 나라가 동일한 무차별곡선상에서 X재 한 단위를 더 소비하기 위하여 포기하고자 하는 Y재의 양을 의미한다. 따라서 무차별곡선이 원점에 대해 볼록하다는 것은 무차별곡선을 따라 더 많은 X재와 더 적은 Y재가 소비됨에 따라, Y재는 X재에 비하여 상대적으로 가치가 더 높아진다는 것을 뜻한다. 즉, Y재의 소비를 감소시킴에 따라 이것을 보상하는 데 필요한 추가적인 X재의 양은 증가한다.

셋째, 무차별곡선은 서로 교차하지 않는다. X재와 Y재의 유일한 결합을 나타내는 각 점은 하나의 무차별곡선상에 있다. 두 재화의 주어진 양을 구성하는 소비조합은 유일한 효용수준을 나타낸다.

넷째, 더 높은 무차별곡선은 더 높은 효용수준을 나타내기 때문에 더 낮은 무차별곡선보다 선호된다. [그림 2-4]는 지금까지 논의한 네 가지 조건을 충족시키는 무차별곡선을 나타내고 있다.

여기서는 한 국가의 국민 전체에 대한 기호 또는 선호를 서수의 개념으로 나타내는 사회무차별곡선(cummunity indifference curve: U)을 사용한다. 스키토프스키(T. Scitovsky)는 사회무차별곡선이란 사회 내의 모든 개인들에게 동일한 효용을 유지하는 데 필요한 최소한의 재화의 조합으로 정의하

고 있다.[2]

사회무차별곡선은 개인의 기호를 다루는 것보다 더 복잡하다. 왜냐하면, 한 국가 내에는 다양한 기호와 선호를 갖는 개인들로 구성되어 있으므로 소득분배의 구조가 변해서 국민 가운데 일부의 효용이 증가하고 다른 일부의 효용이 감소하였을 경우 그 순효과를 측정할 수 없기 때문이다. 따라서 국민 전체의 효용이 증가 또는 감소하였는가를 판단할 수 없으므로 한 국가의 선호형태를 나타내는 사회무차별곡선이 존재하기 위해서는 다음과 같은 여러 가정들이 필요하다.

① 동일한 소득과 기호를 갖는 사회구성원: 만일 그 국가의 구성원들이 모두 동일한 소득과 기호를 갖는다면 서로 교차하지 않는 하나의 사회무차별곡선을 유도할 수 있다. 동일한 소득이라는 가정은 모든 개인들이 동일한 무차별곡선을 갖게 되므로 이것은 완전히 동일한 소득의 재분배를 통해서만 달성될 수 있다.

② 호의적(자비적) 독재권: 만일 그 결정이 사회구성원의 선호에 영향을 미치는 호의적(자비적) 독재가 존재한다면 개인무차별곡선을 집계한 하나의 사회무차별곡선을 유도할 수 있다.

③ 동일한 소득의 재분배: 마지막 소득 한 단위의 사회적 효용이 사회구성원 모두에게 같은 경우이다. 이것은 소득의 재분배로 소득이 감소한 개인들의 후생을 감소시키는 것 이상으로 소득재분배로 인한 수혜자들의 후생을 증가시킬 수 없도록 소득재분배가 최적으로 이루어지는 것을 의미한다. 무역에 의하여 이익을 얻는 사람들이 손실을 입는 사람들에게 적절하게 보상하여 줌으로써 사회 전체의 총효용 수준은 변화하지 않기 때문에 사회무차별곡선이 존재한다.

④ 동조적(homothetic) 또는 1차동차의 특징을 갖는 무차별곡선: 일정한 재화의 상대가격하에서 소비자들이 소득수준과 관계없이 재화를 같은 비율로 구입하는 것을 의미한다. 이 가정은 두 소비자가 존재하는 에지워스 상자 그림에서 대각선의 직선으로 나타난다. 동조성의 가정으로 계약곡선을 따라 모든 한계대체율(MRS)은 소득분배에 관계없이 동일하며, 따라서 사회무차별곡선의 기울기는 유일하게 결정되어 서로 교차하지 않는다.

---

[2] T. Scitovsky(1950).

⑤ 보상의 원리: 무역의 후생효과를 나타내기 위해서는 하나의 사회적 상태에서 다른 상태로 변화할 때 이것이 개선을 나타내는가를 판단하는 논리로서 보상의 원리(compensation principle)에 근거하여야 한다.

이와 같은 제한적인 가정에도 불구하고 사회무차별곡선은 한 국가의 선호 형태와 사회후생을 나타내는 분석도구로 유용하다. 여기에서 이용 가능한 재화의 양이 증가하면 잠재적 효용(potential utility)이 증가되나 실제로 효용이 증가하는가의 여부는 소득분배의 상태에 달려 있다. 소득분배를 위해서 더 많은 양의 재화를 이용할 수 있을 때 모든 개인들의 후생은 증가한다. 따라서 무역정책은 소득분배를 개선시키는 다른 정책과 동시에 추진되어야 한다.

3.3. 자급자족경제의 균형

자급자족경제에서 국가는 생산가능곡선의 제약하에서 효용이 극대화되도록 생산과 소비를 결정한다. 이것은 [그림 2-5]에 나타나 있다. 점 A^*는 국가의 부존자원(L^A)과 기술수준(a_{LX}와 a_{LY})이 주어진 경우에 도달할 수 있는 가장 높은 만족수준을 나타내는 무차별곡선 U_1^A상에 있다. 점 A^*는 한 국가의 자급자족시의 균형을 나타낸다. 한 국가가 다른 국가와 교역할 수 없다는 가정이 주어진 경우 점 A^*는 국내소비자들에게 가장 높은 효용수준을 주는 X와 Y산업 사이의 자원배분을 나타낸다. U_0^A와 같이 더 낮은 무차별곡선상에 있는 점은 A^*보다도 효용수준이 더 낮다. U_2^A와 같이 더 높은 무차별곡선상에 있는 점들은 자원과 기술제약으로 인해 도달할 수 없다. 로빈슨 크루소처럼 자급자족을 하는 국가들은 소비할 수 있는 것이라면 무엇이든지 생산할 수 있으므로 로빈슨 크루소 균형(Robinson Crusoe equilibrium)이라고 한다.

자급자족경제의 한계변환율은 한계대체율과 같다. 생산가능곡선과 무차별곡선이 접하는 점에서의 공통된 접선의 기울기는 Y재로 표시한 X재의 기회비용을 나타낸다. 또한 모든 시장이 완전 경쟁이기 때문에 각 재화의 상대가격은 기회비용과 같다. 그러므로 생산가능곡선의 기울기는 X재의 상대가격, 또는 $(P_X/P_Y)^A$로 표시될 수 있는데, 이 상대가격을 자급자

그림 2-5 | A국의 자급자족하의 균형

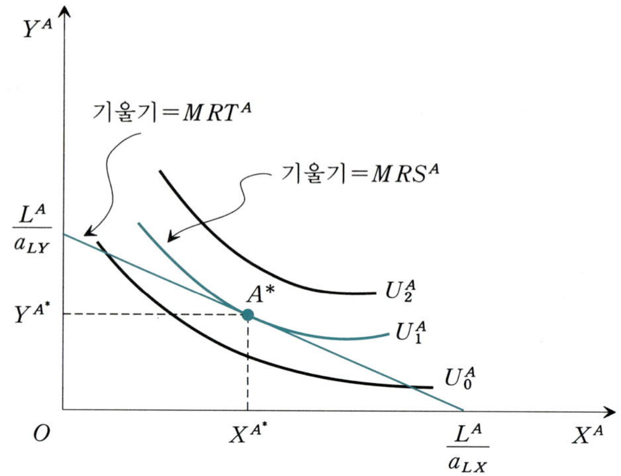

족하에 있는 A국에서의 X재의 상대가격이라 한다. 숫자의 예($L^A=100$, $a_{LX}=2$, $a_{LY}=5$)에서 X재를 추가적으로 한 단위 생산하기 위해서는 Y재 생산을 2/5단위만큼 감소시켜야 되기 때문에 X재의 상대가격은 Y재의 2/5단위이다.

4 개방경제하의 리카도모형

자급자족하에서 각 국가들이 직면하는 생산과 소비의 조합은 언제나 동일하다. 그러나 개방경제하의 소비자들은 국내에서 생산할 수 없는 두 재화의 조합을 소비할 수 있다. 이것을 이해하기 위하여 A국에 대한 잠재적인 무역상대국, 즉 B국을 도입한다.

B국의 자급자족 상황은 A국과 유사하다. B국의 소비 가능 영역은 부

존자원 L^B와 기술수준 b_{LX}와 b_{LY}로 정의된 생산가능곡선에 의해 제약된다. 두 노동투입계수는 B국에서 X재를 한 단위 생산하는 데 필요한 노동단위의 수 b_{LX}와 Y재를 한 단위 생산하는 데 필요한 노동단위의 수 b_{LY}이다. 여기서 A국과 B국의 이용 가능한 노동량이나 생산기술은 동일하지 않으며, 이와 같은 이유로 두 국가의 생산가능곡선은 일반적으로 다른 기울기를 갖는다. 실제로 이와 같은 차이로 인해 두 국가는 무역을 통해서 이익을 얻는다. 만일 두 국가의 생산가능곡선이 같은 기울기를 갖는다면 두 국가 간의 무역은 의미가 없다.

X재와 Y재에 대한 B국의 선호는 사회무차별곡선으로 표시된다. 이것은 앞에서 검토한 네 가지의 제약을 만족시키지만, B국 소비자들의 선호가 A국 소비자들과 같을 필요는 없다.

[그림 2-6]은 B국에 대한 생산가능곡선과 사회무차별곡선을 결합함으로써 자급자족하에서 B국의 균형을 나타내고 있다. B국의 생산가능곡선의 기울기는 X재와 Y재 간의 한계변환율(MRT^B), 즉 X재의 기회비용을 나타낸다. B국의 무차별곡선의 기울기는 한계대체율(MRS^B) 또는 B국의 소비자들이 한 재화의 소비를 늘리기 위해서 다른 한 재화의 소비를 포기하는 비율을 나타낸다. 자급자족하의 균형점에서는 이 두 곡선의 기울기

그림 2-6 | B국의 자급자족하의 균형

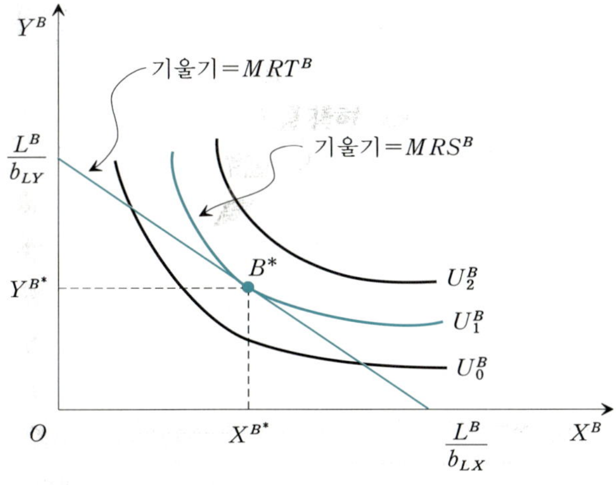

가 같다. B국은 생산제약하에서 효용을 극대화시키는 방향으로 생산과 소비를 결정한다. B국의 생산가능곡선의 기울기는 B국의 자급자족하에서의 X재의 상대가격 또는 $(P_X/P_Y)^B$를 나타낸다.

국제무역을 통하여 A국과 B국의 소비자들의 잠재적 후생이 증가한다는 것을 설명하기 위하여 두 국가의 자급자족하의 균형인 A^*와 B^*가 의미하는 자원배분이 세계 전체의 생산량을 극대화시키지 못한다는 것을 보여줄 필요가 있다. 즉, A^*와 B^*에서 다른 점으로 이동함으로써 두 재화 가운데 하나 이상의 다른 재화의 생산을 감소시키지 않고서도 더 많은 양의 재화를 생산할 수 있다. 다시 말하면, A국과 B국이 A^*와 B^*로 표시되는 X재와 Y재의 조합과는 다른 X재와 Y재의 조합을 생산함으로써 더 많은 산출량을 생산할 수 있다는 것을 보여줄 수 있다. 먼저 애덤 스미스(Adam Smith)의 절대우위설의 개념을 사용하여 이 결과를 검토해 본다.

4.1. 애덤 스미스의 절대우위설

X재 생산시 $a_{LX} < b_{LX}$라면, 즉 A국은 B국보다 X재 한 단위를 생산하는 데 더 적은 노동력이 필요하므로 A국은 X재 생산에 절대우위(absolute advantage)가 있다고 정의된다. 만일 한 국가가 한 재화의 생산에 절대우위를 갖고 있는 반면에 다른 국가가 다른 재화의 생산에 절대우위를 갖고 있다면, 두 국가 간의 무역은 상호 이익이 된다고 애덤 스미스는 주장하였다. 예를 들면, $a_{LX} < b_{LX}$, $a_{LY} > b_{LY}$라면 A국은 X재 생산, B국은 Y재 생산에 절대우위가 있다. 절대우위설에 따라 각 국가들은 절대우위가 있는 재화를 생산하는 데 특화하고 절대열위(absolute disadvantage)가 있는 재화를 수입하는 것이 이익이 된다. 한 국가가 다른 국가보다 특정 재화에 있어 절대우위가 존재하는 이유는 낮은 비용으로 재화를 생산할 수 있기 때문이다. 물론 여기서 노동은 두 국가 간에 이동이 불가능하다고 가정한다.

절대우위설에 따른 특화와 무역이 세계의 산출량과 효용을 어떻게 증가시킬 것인가를 알아보기 위하여 [표 2-1]의 A국과 B국의 투입계수를 예로 살펴보자.

우선 A국과 B국이 각각 6단위의 노동력을 갖고 있다고 하자. A국은 X재를 X_A, Y재를 Y_A만큼 생산하며, B국은 X재를 X_B, Y재를 Y_B만큼

표 2-1 | A국과 B국의 생산기술

단위노동 필요량	일반적인 경우		숫자의 예	
	A국	B국	A국	B국
X재 한 단위를 생산하는 데 필요한 단위노동량	a_{LX}	b_{LX}	2	4
Y재 한 단위를 생산하는 데 필요한 단위노동량	a_{LY}	b_{LY}	4	2

표 2-2 | 절대우위설에 따른 무역의 이익

재화의 증가	A국	B국	무역이익 (세계생산량의 증가)
ΔX	+2	−1	1
ΔY	−1	+2	1

생산한다. 따라서 X_W와 Y_W를 X재와 Y재의 전 세계 생산량이라고 하면 X재와 Y재의 전 세계 생산량은 다음과 같다.

$$X_W = X_A + X_B,\ Y_W = Y_A + Y_B$$

이 경우 만일 A국이 X재, B국이 Y재 생산에 특화한다면 모든 재화의 전체 생산을 증가시킬 수 있다. 즉, A국이 4단위의 노동력을 Y재 생산에서 X재 생산으로 이전시키고, B국이 4단위의 노동력을 X재 생산에서 Y재 생산으로 이전시키는 경우 고정된 노동의 생산투입계수를 가정할 때 생산량의 변화는 [표 2-2]와 같다.

이와 같이 증가된 X재와 Y재를 A국과 B국이 1단위씩 상호 교환한다면 결국 A국은 X재 2단위, Y재 1단위, B국은 X재 1단위, Y재 2단위만큼을 소비할 수 있으므로 무역 전보다 A국은 X재 1단위, B국은 Y재 1단위를 각각 더 소비할 수 있게 되어 무역의 이익이 증가한다.

(1) 노동의 국가 간 최적배분

만일 국가 간의 노동이동이 자유롭더라도 절대우위의 예에서는 노동이 한 나라에서 다른 나라로 반드시 이동하지 않는다. 왜냐하면, 무역의 장애가 제거된 후에도 각 국가는 절대적인 의미에서 한 재화를 계속해서 생산하는 것이 더욱 효율적이기 때문이다. 전 세계 산출량을 극대화하는 의미에서 노동의 최적배분은 각 재화의 수요 크기에 달려 있다. 예를 들면, 양 국가에서 모든 소비자들이 고정된 비율, $1X : 1Y$로 두 재화를 소비한다고 가정하자. 균형상태에서 생산된(소비된) X재 총량은 생산된(소비된) Y재 총량과 같아야 한다.

완전한 노동이동으로 A국은 X재의 모든 단위와 B국은 Y재의 모든 단위를 생산할 것이다. 그러므로 전 세계 노동력의 절반은 A국, 나머지 절반은 B국에서 일할 것이다(B국에서 X재의 노동계수는 A국에서 Y재의 노동계수와 같다고 가정한다). 이렇게 함으로써 두 나라 간에 노동의 최적배분이 이루어진다. 그렇지만 노동의 국제적 이동은 쉽게 이루어지지 않으며 노동력은 제한된 범위에서 인구가 밀집된 국가로부터 덜 밀집된 국가로 이동한다. 만약 노동력이 국제적으로 자유롭게 이동한다고 가정한다면 자유무역하에서의 절대가격은 두 재화에 체화된 상대적인 노동량에 따라 결정된다. 이 경우는 A국과 B국이 두 나라가 아니고 동일한 국가의 다른 두 지역의 경우로 생각하여 볼 수 있다. 이 경우에 상대가격은 노동가치설에 따라 결정된다. 그렇지만 두 나라 간의 노동이동이 완전히 불가능하다면, 상대가격은 쉽게 결정될 수 없다.

(2) 절대우위설은 무역이익에 필요한가?

애덤 스미스가 가정한 노동의 국제분업이 두 재화의 산출량을 증가시키는 근본적인 이유는 무엇인가? 애덤 스미스를 포함한 대부분의 경제학자들은 A국이 X재, B국이 Y재에 절대우위가 있기 때문에 세계산출량이 증가한다고 지적하였다. 그러나 이것은 피상적인 답변이고 문제의 핵심에 도달하지 못한 것이다. 그러면 어떻게 결론을 내려야 하는가? A국이 X재와 Y재를 모두 생산하고 B국은 아무 것도 생산하지 말아야 되는가? 이것은 A와 B가 같은 국가의 다른 두 지역이거나 노동이 B국에서 A국으로 자유롭게 이동할 수 있다면 의미가 있다.

그러나 A와 B가 분리된 나라이고, 노동이 B국에서 A국으로 자유롭게 이동할 수 없다면 어떻게 되는가? 효율성이 낮은 생산국인 B국이 두 재화 중 일부를 생산할 수 있다고 결론을 내리는 것은 비합리적인가? 무역이익이 존재하는 근본적인 이유는 두 나라 간 노동비용의 절대적인 차

사례연구 2-1

한국 경상수지 흑자 내년에 1천억 佛 넘는다 … 세계 5위 수준

한국의 내년 경상수지 흑자규모가 1,000억 달러를 돌파할 것이라는 전망이 나오고 있다. 연간 경상수지 흑자가 1,000억 달러를 넘는 나라는 독일, 중국, 사우디아라비아, 스위스뿐이다.

그러나 대규모 경상수지 흑자가 반갑지만은 않다. 기업들이 수출을 잘해서가 아니라 저유가와 내수 부진으로 수입이 수출보다 더 큰 폭으로 줄어드는 데 따른 것이기 때문이다.

국회예산정책처는 '2015년 수정 경제전망'에서 원자재가격 하락에 의한 수입 추세 둔화로 내년 한국의 경상수지가 1,087억 달러의 흑자를 기록할 것으로 예상했다. 이 정도의 흑자는 연간 기준으로 사상 최고치인 지난해의 799억 달러는 물론 올해 전망치인 840억 달러를 넘어서는 규모다. 올해 1~11월 누적 흑자는 819억 달러다.

세계적으로 경상 흑자가 1,000억 달러를 넘는 나라는 드물다. 지난해 기준으로 독일의 경상수지 흑자가 2,549억 달러로 가장 많고, 중국(1,828억 달러), 사우디아라비아(1,326억 달러), 스위스(1,039억 달러)가 뒤를 이었다. 한국은 네덜란드(871억 달러)에 이어 경상 흑자 6위 국가였다.

국회예산정책처는 내수 부진으로 수입증가율이 둔화하고 국제유가가 떨어지는 것이 대규모 경상 흑자의 요인이라고 설명했다. 국회예산정책처는 통관기준으로 내년 수출이 2.9%, 수입은 0.1% 각각 증가할 것으로 예상했다.

LG경제연구원도 내년 경상수지가 1,073억 달러 흑자를 기록할 것으로 전망하고 있다. 한국의 원유수입 규모가 연간 9억 배럴에 달하기 때문에 저유가에 따른 상품수지 개선효과가 250억 달러를 넘을 수 있다는 것이다. LG경제연구원 경제연구부문장은 "저유가도 경상 흑자 확대의 원인이 될 수 있지만, 투자·소비가 좋지 않아 수입이 감소하는 이유가 더 크다"고 말했다.

과도한 경상 흑자는 가치를 올려 수출에 부정적인 영향을 줄 수 있다. 기준금리를 결정하는 한은 금융통화위원회의 본회의에서 위원들은 "국제유가 하락에 따른 석유수입 비용의 감소는 기존의 경상수지 흑자폭을 더욱 확대시키고, 장기적으로 원화에 상당한 절상 압력을 가할 수 있다"는 우려를 했다. 다만, 미국이 기준금리를 올리면 국제금융시장이 요동칠 수 있는 상황에서 큰 폭의 경상 흑자는 한국 금융시장의 안전판 역할을 할 수 있다.

현대경제연구원 경제동향분석실장은 "경상수지 흑자가 많으면 국제금융시장이 불안해졌을 때 버팀목이 될 수 있다"며 "내년에 신흥국들이 외환위기에 빠진다 해도 한국으로 위험이 옮겨질 가능성은 낮다고 본다"고 말했다.

자료: 연합뉴스, 2014년 12월 31일.

이에 있는 것은 아니다. 즉, 무역이익은 외국의 상대기업에 대하여 노동비용 면에서 절대우위를 갖는 것을 필요로 하지 않는다. 그렇다면 근본적인 이유는 무엇인가? 이 문제는 다음 절에서 다룰 것이다.

4.2. 리카도의 비교우위설

(1) 부분균형 분석방법

우선, 단일시장만을 분석대상으로 하는 부분균형 분석방법을 사용하여 리카도의 비교우위설(comparative advantage)을 검토할 수 있다.

경제학에서 리카도의 가장 큰 공헌은 비록 교역상대국 가운데 한 나라가 두 재화의 생산에 모두 절대우위를 가진다고 할지라도 무역을 하는 것이 상호 이익이 됨을 보여주었다는 점이다. 리카도의 학설은 비교우위설의 개념에 기초하고 있다.

이하에서는 비교우위설의 기초 개념을 기회비용에 대한 개념으로 설명한다. 만일 A국에서 X재 한 단위를 추가적으로 생산하기 위하여 포기해야 하는 Y재의 단위수가 B국에서 X재 한 단위를 추가적으로 생산하기 위하여 포기해야 하는 Y재의 단위수보다 더 적다면, A국은 X재 생산에 비교우위가 있다. 이것은 A국에서 Y재 단위로 측정된 X재의 기회비용이 B국보다 더 낮다는 것을 말한다. A국에서 X재 한 단위$(+\Delta X)$를 추가로 생산하기 위해서 포기해야 하는 Y재의 단위수$(-\Delta Y)$의 비율은 생산가능곡선의 기울기로 나타난다. 이 기울기의 절대값, 즉 $-\Delta Y/\Delta X$를 한계변환율(MRT)이라고 한다. 이 기회비용은 A국에서 X, Y 두 재화를 각각 1단위 생산하는 데 필요한 노동량(노동계수)의 크기, 즉 (a_{LX}/a_{LY})의 비율로 나타난다. 따라서

$$\left(-\frac{\Delta Y}{\Delta X}\right)^A = (MRT_{XY})^A = \left(\frac{a_{LX}}{a_{LY}}\right)$$
$$< \left(-\frac{\Delta Y}{\Delta X}\right)^B = (MRT_{XY})^B = \left(\frac{b_{LX}}{b_{LY}}\right)$$

이라면, A국은 B국에 비하여 Y재에 대한 X재의 생산비가 상대적으로 저렴하기 때문에 A국은 X재 생산에 특화하고, 반면에 B국은 A국에 비하여

표 2-3 | 비교우위설에 의한 무역의 이익

재화의 기회비용	일반적인 경우		숫자의 예	
	A국	B국	A국	B국
X재의 기회비용	a_{LX}/a_{LY}	b_{LX}/b_{LY}	2/5	8/10
Y재의 기회비용	a_{LY}/a_{LX}	b_{LY}/b_{LX}	5/2	10/8

X재에 대한 Y재의 생산비가 상대적으로 저렴하기 때문에 B국은 Y재 생산에 특화한다. 이때 A국은 X재, B국은 Y재에 비교우위가 있다고 한다.

각 국가에서 각 재화에 대한 기회비용이 일반적인 형태와 숫자의 예로 [표 2-3]에 표시되어 있다. A국에서는 X재 한 단위를 생산하는 데 2단위의 노동력($a_{LX}=2$), 그리고 Y재 한 단위를 생산하는 데 5단위의 노동력($a_{LY}=5$)이 필요하다고 하자. 이것은 X재 한 단위를 추가적으로 생산하는 데 Y재 2/5단위를 포기해야 된다는 것을 의미한다. 다시 말하면, A국에서 X재의 기회비용은 Y재의 2/5단위이다. 마찬가지로 A국에서 Y재를 추가적으로 한 단위 더 생산하려면 X재 생산이 5/2단위만큼 감소되어야만 가능하다. B국에서 X재 한 단위를 생산하는 데 8단위의 노동력($b_{LX}=8$), Y재 한 단위를 생산하는 데 10단위의 노동력($b_{LY}=10$)이 필요하다고 가정하자. 이것은 B국에서 X재의 기회비용은 Y재 8/10단위이며, B국에서 Y재의 기회비용은 X재 10/8단위임을 뜻한다. 이 숫자의 예에서 A국은 두 재화의 생산에서 모두 절대우위를 갖고 있다. 그럼에도 불구하고 비교우위에 따른 무역은 두 나라에게 모두 이익이 된다.

한 국가는 두 재화의 생산에 모두 비교우위를 가질 수 없다. 정의에 의해서 A국은 만일 $(a_{LX}/a_{LY})<(b_{LX}/b_{LY})$라면 X재 생산, $(a_{LY}/a_{LX})<(b_{LY}/b_{LX})$라면 Y재 생산에 비교우위를 갖는다. 생산가능곡선의 기울기가 일정하기 때문에 불변비용하에서 기호는 비교우위를 결정하는 데 아무런 역할을 하지 못한다. 기호는 어느 국가가 생산하려고 하는 특수한 조합점에 영향을 미치지만 두 국가에서 기회비용의 비교는 기호에 관계없이 같다.

비교우위의 원리는 어떤 국가가 비교우위가 있는 재화의 생산에 특화하여 수출하고 비교열위가 있는 재화를 수입하는 것이 이익이 된다는 것이다. 이와 같은 특화와 무역은 소비 가능 영역을 확대시킴으로써 두 국가 모두 잠재적으로 이익을 얻게 한다. 다시 말하면, 특화와 무역은 한 국가의 소비 가능 영역을 생산 가능 영역 이상으로 확대시킨다. 따라서 소비자들은 국내에서 생산할 수 없는 재화의 조합을 소비할 수 있다.

〔표 2-3〕에서 A국은 X재, B국은 Y재에 비교우위가 있다. 자급자족시의 균형 A^*에서 시작하여 A국은 X재를 추가적으로 한 단위 더 생산한다고 가정하자. 이때 A국에서의 Y재 생산은 X재의 기회비용 a_{LX}/a_{LY}(또는 숫자의 예에서 2/5)만큼 감소한다. 또한 자급자족하에서의 균형 B^*에서 B국은 X재를 한 단위 더 적게 생산한다고 가정하자. 이때 Y재 생산은 B국에서의 X재의 기회비용, b_{LX}/b_{LY}(또는 8/10)만큼 상승한다. 앞 절에서 예로 든 비교우위의 정의에 따라 $(a_{LX}/a_{LY})<(b_{LX}/b_{LY})$이기 때문에 고정된 총노동량으로 생산을 할 경우, 자급자족할 때와 X재의 생산량은 같지만 Y재는 더 많은 양을 생산한다. 실제로 Y재의 증가된 생산량은 $[(b_{LX}/b_{LY})-(a_{LX}/a_{LY})]$, 또는 $[(8/10)-(2/5)=(4/10)]$와 같다. 그러므로 비교우위의 정도가 클수록 특화의 이익은 커진다.

이와 같은 전환기술(비교열위가 있는 국가에서 비교우위가 있는 국가로 각 재화의 생산을 전환하는 것)은 각 국가가 비교우위가 있는 재화에 완전히 특화할 때까지 반복된다. 이 모형에서는 국가들이 비교우위에 따라 특화하므로, 생산의 변화는 비용 또는 비교우위의 유형을 변화시키지 않기 때문에 불변비용의 모형이라 부른다.

자원과 기술이 주어진 경우 세계에서 생산되는 X재와 Y재의 산출량은 〔그림 2-7〕, 〔그림 2-8〕의 점 A_P와 B_P에서 생산하여 완전 특화된다. 어떤 재화이든지 추가적인 한 단위의 생산증가는 다른 재화의 생산을 감소시킴으로써만 가능하다. 만일 국가가 특화함으로써 더 많은 재화를 생산할 수 있다면 왜 자급자족하에서는 특화하지 않는가? 그 이유는 자급자족하에서 각 국가의 소비자들은 국내에서 생산되는 양만큼 재화를 소비하기 때문이다. 만일 A국이 자급자족하에서 X재 생산에 완전 특화한다면 소비자들은 X재 L^A/a_{LX}단위를 소비하고 Y재는 전혀 소비하지 못한다. 소비자들은 일반적으로 다른 재화를 소비함으로써 그들의 소비를 다양화하려고 한다. 이와 같은 기호의 특성을 고려할 경우 무역이 존재하지 않는다면 생산의 특화는 이루어지지 않는다. 그러나 리카도모형은 기호, 즉 수요를 고려하고 있지 않다. 무역이 이루어질 때 한 국가는 한 재화의 생산에 특

그림 2-7 | A국의 비교우위에 따른 생산특화

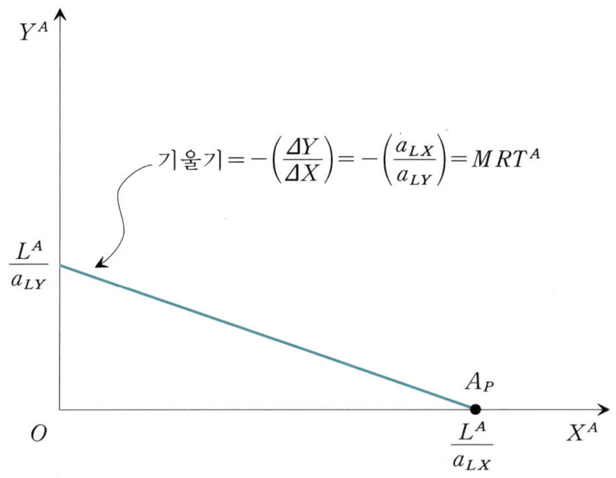

화하여 국내에서 생산된 재화(상대적으로 낮은 기회비용으로 생산된 재화) 중의 일부를 다른 국가에서 생산된 재화(국내에서 상대적으로 높은 기회비용으로 생산된 재화)와 무역할 수 있다.

(2) 부분균형 분석방법에 의한 자유무역시의 국제균형

두 국가가 비교우위에 따라 생산을 특화하고 무역을 개시한 경우에 어떤 상대가격의 비율로 무역이 이루어지는가? 무역이 개시되는 균형가격비율, 즉 교역조건[$(P_X/P_Y)^{tt}$]은 두 국가 내의 자급자족시 상대가격비율 사이에 있게 된다. 즉, $(P_X/P_Y)^A < (P_X/P_Y)^{tt} < (P_X/P_Y)^B$ 이다. 그 이유는 각 국가가 X재를 Y재로 전환시키는 데에는 두 가지 서로 다른 방법이 있기 때문이다. 첫째로 국내생산(자급자족하의 가격비율과 같은 국내기회비용으로 정의된 비율)을 통한 방법이다. 둘째로 국제무역(국제가격비율 또는 교역조건으로 정의된 비율)을 통한 방법이다. 이와 같은 선택의 결과로써 각 국가는 자급자족하에서의 가격비율보다 더 좋지 못한 국제교역조건하에서는 자발적으로 무역을 하지 않는다.

예를 들면, [그림 2-7]의 생산특화의 점 A_P에서 A국은 포기한 X재 한 단위당 Y재 $a_{LX}/a_{LY} = (P_X/P_Y)^A$의 단위비율로 국내생산을 통하여 X

그림 2-8 | B국의 비교우위에 따른 생산특화

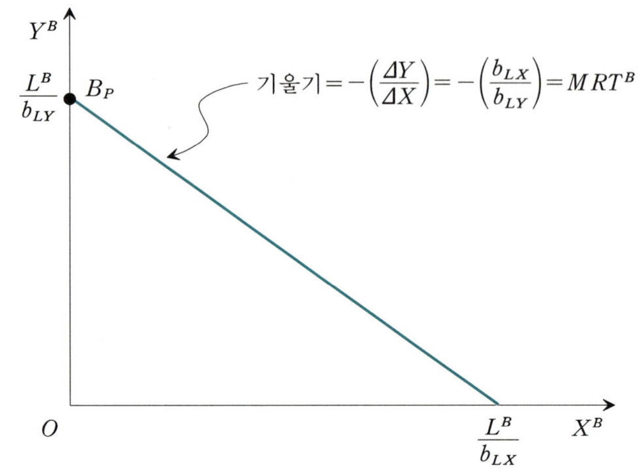

재를 Y재로 전환할 수 있다. A국이 X재를 계속 생산특화하여 B국의 Y재와 무역하기 위해서는 A국이 B국과의 무역에서 A국이 교환하는 X재 각 단위에 대하여 최소한 Y재의 추가적인 단위 $a_{LX}/a_{LY}=(P_X/P_Y)^A$를 얻어야 한다. 그래프상의 점 A_P에서 시작하여 A국은 A국의 생산가능곡선보다 더 가파른 기울기를 갖는 상대가격으로 무역이 이루어질 때에만 B국과의 무역으로 이익을 얻는다. 만일 A국의 소비자들이 자급자족시의 Y재 가격 또는 $(P_X/P_Y)^A$보다 낮은 가격으로 구입한다면 A국의 소비자들은 B국으로부터 Y재를 구입할 것이다. A국의 국제교역조건 제약은 [그림 2-9]에 예시되어 있다.

B국은 X재를 얻는데 기술선택에 있어서 A국과 같다. [그림 2-8]에서 생산특화의 짐 B_P에서 B국은 생산된 X재 단위당 $b_{LX}/b_{LY}=(P_X/P_Y)^B$의 비율로 Y재를 포기함으로써 국내생산을 통하여 X재를 얻을 수 있다. B국이 국제무역을 통하여 더 나은 비율로 X재를 얻을 수 있다면, X재 소비를 위하여 Y재 생산에 특화하여 A국과 무역할 것이다. B국의 소비자들은 자급자족시의 가격, 또는 $(P_X/P_Y)^B$보다 낮은 가격으로 A국으로부터 X재를 구입하려고 할 것이다. B국이 무역하는 국제교역조건의 예는 [그림 2-10]에서 보듯이 B국의 생산가능곡선보다 더 완만한 점 B_P로부

그림 2-9 | A국의 교역조건 제약

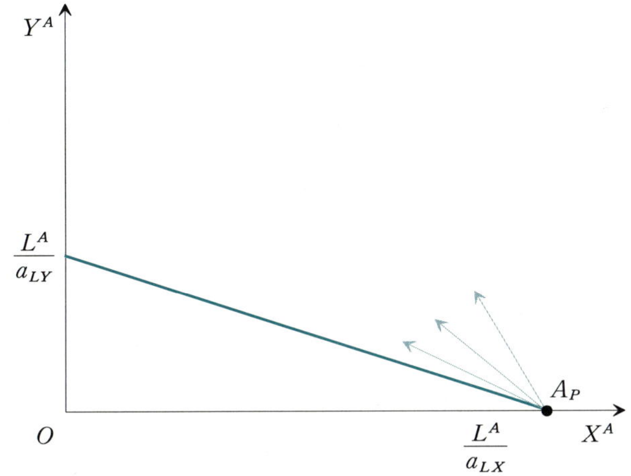

그림 2-10 | B국의 교역조건 제약

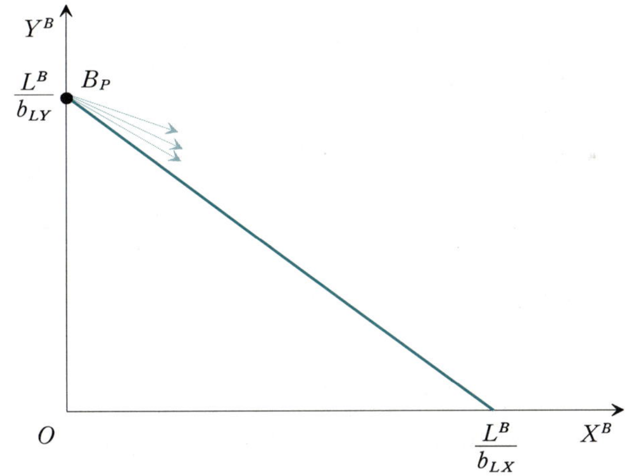

터의 직선으로 나타나 있다.

국제교역조건은 〔그림 2-9〕와 〔그림 2-10〕에 있는 것 이외에 다른 조건을 만족시켜야 한다. 즉, 균형가격비율은 두 재화에 대한 시장청산가격(market clearing price)이 되어야 한다. 다시 말하자면, A국이 교역조건하에서

그림 2-11 | 자유무역시의 A국의 균형

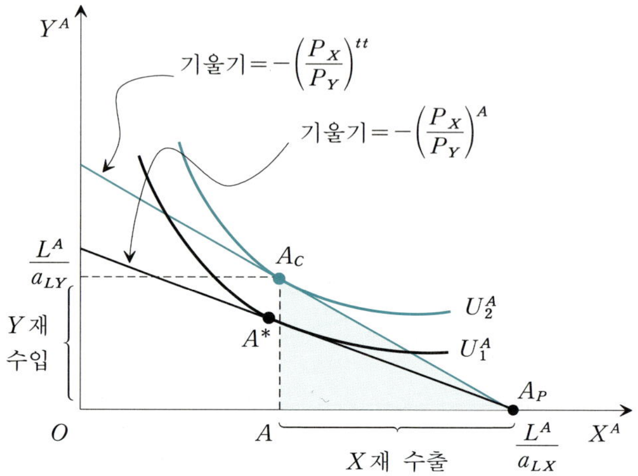

수출하고자 하는 X재의 양과 정확히 같아야 한다. 그래프의 분석틀에서 이와 같은 필요조건을 충족하기 위하여 [그림 2-9]와 [그림 2-10] 이외에 각 국가들은 제약이 없는 무역하에서 X재와 Y재를 얼마 만큼 소비할 것인가를 결정해야 한다.

한편, 각 국가는 효용이 극대화되는 소비점을 선택한다. [그림 2-5]에서는 자급자족하에서 소비의 결정을 살펴보았다. 그렇지만 무역을 함으로써 소비 가능 영역은 생산 가능 영역처럼 제약되어 있지 않다. A국은 X재 생산에 특화하고 B국과 무역을 개시하기 시작한 후 A국의 소비자들은 생산점 A_P를 통하여 교역조건선에 있는 X재와 Y재의 조합을 소비·선택할 수 있다. [그림 2-11]에서 A국의 소비자들의 후생은 자급자족하에서보다 명백히 개선되었다. 왜냐하면, 특화와 무역의 결과로써 자급자족하에서보다 X재와 Y재 모두 더 많은 양을 소비할 수 있게 되었기 때문이다. 즉, 소비 가능 영역이 확대되었다.

같은 논리로 [그림 2-12]에서 B국의 소비자들은 특화와 무역으로 인하여 소비 가능 영역이 확대되었다. 각국은 가장 높은 무차별곡선과 교역조건선이 접하는 새로운 점으로 소비 가능 영역이 확대되었다. A국에서 무역삼각형(trade triangles) AA_CA_P, 그리고 선분 AA_P는 X재 수출과 그 양

그림 2-12 | 자유무역시의 *B*국의 균형

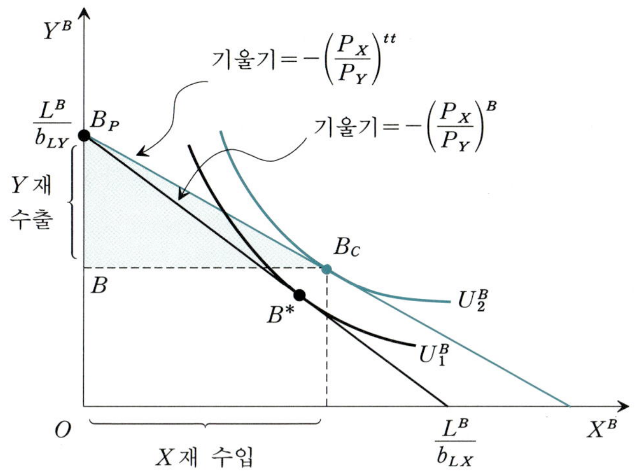

을 나타내고 있다. 그리고 선분 AA_C는 Y재 수입을 표시한다. 선분 A_CA_P의 기울기는 균형교역조건을 나타낸다. [그림 2-12]에서 삼각형 BB_PB_C는 B국에 대하여 같은 정보를 나타낸다. 지금까지 각 국가들이 생산에서 비교우위가 있는 한 무역이 상호 이익이 된다는 것을 살펴보았다. 이것은 무역의 이익이 무역상대국들에게 동등하게 분배된다는 것을 의미하지는 않는다. 두 국가 간의 무역으로 인한 이익을 정확히 구분하기 위해서는 다른 정보가 필요하다. [그림 2-11]과 [그림 2-12]에서 각 국가가 자급자족하에서 다른 가격비율로 무역함으로써 무역은 각 국가 등의 소비 가능 영역을 확대시킨다는 것을 보여주었다. 균형교역조건이 각 국가들이 자급자족할 때의 가격비율과 크게 다를 때 한 국가는 더 큰 무역이익을 얻을 수 있다는 것을 의미한다.

(3) 일반균형 분석방법

다른 가격들과 같이 국제적인 교역재의 가격은 수요와 공급에 의하여 결정되지만 비교우위를 논의할 때는 수요와 공급의 분석을 조심스럽게 적용하여야 한다. 무역정책의 분석에서는 단일시장만의 수요와 공급에 초점을 맞출 수도 있다. 예를 들면, 설탕에 대한 수입할당의 효과를 분석함에 있어서 단일시장인 설탕시장을 검토하는 데에는 부분균형 분석(partial equilibrium analysis)방법을 사용하는 것이 합리적이다. 그렇지만 비교우위를 연구할 경우에는 시장 간의 상호 관계(예를 들면, X재와 Y재의 시장)를 검토하는 것이 필요하다. A국은 Y재 수입에 대한 대가로서만 X재를 수출하고, 반면에 B국은 X재 수입에 대한 대가로서만 Y재를 수출하므로 X재와 Y재 시장을 고립시켜 살펴볼 경우 잘못된 결론에 도달할 수 있다. 따라서 두 시장 간의 연결을 고려하는 일반균형 분석(general equilibrium analysis)방법이 필요하다.

1) 상대가격과 공급

생산가능곡선은 경제가 생산할 수 있는 재화의 서로 다른 조합을 나타낸다. 그렇지만 경제가 실제로 생산하는 것을 결정하기 위해서는 가격을 살펴볼 필요가 있다. 특히, 경제에서 두 재화의 상대가격, 즉 다른 재화에 의한 한 재화의 가격을 알 필요가 있다.

완전 경쟁적인 경제에서 공급은 기업들이 이윤을 극대화하는 점에서 결정된다. 노동이 유일한 생산요소인 단순경제에서 X재와 Y재의 공급은 어느 부문이든지 노동이 보다 더 높은 임금을 받는 산업으로 이동함으로써 결정될 것이다.

P_X와 P_Y는 각각 X재와 Y재의 가격이다. a_{LX}는 X재 한 단위를 생산하는 데 필요한 단위시간당 노동력이다. 하나의 생산요소모형에서 이윤이 없으므로 X재부문에서의 단위시간당 임금률은 노동자가 한 시간에 생산한 생산물의 시장가치, 즉 P_X/a_{LX}와 같다. a_{LY}는 Y재 한 단위를 생산하는 데 필요한 단위시간당 노동력을 나타내므로 Y재부문에서의 단위시간당 임금률은 P_Y/a_{LY}와 같다. 만일 $(P_X/P_Y)>(a_{LX}/a_{LY})$라면 X재부문의 임금이 더 높을 것이다. 그러나 사람들은 어느 산업이든 더 높은 임금을 지불하는 곳에서 일을 하려고 할 것이므로 $(P_X/P_Y)>(a_{LX}/a_{LY})$라면 A국은 X재 생산에 특화하려고 할 것이다. 반대로 $(P_X/P_Y)<(a_{LX}/a_{LY})$라면 A국은 Y재 생산에 특화하려고 할 것이다. P_X/P_Y가 a_{LX}/a_{LY}와 같은 경우에만 두 재화를 모두 생산할 것이다.

여기에서 a_{LX}/a_{LY}라는 숫자는 무엇을 의미하는가? 이것은 Y재로 표시한 X재의 기회비용임을 살펴보았다. 따라서 일반적인 것은 다음과 같다. 만일 X재의 상대가격이 기회비용을 초과한다면 이 국가는 X재 생산에 특화하려고 할 것이고, X재의 상대가격이 기회비용보다도 작다면 Y재 생산에 특화하려고 할 것이다.

국제무역이 없는 경우에 국내경제는 두 재화를 모두 생산하려고 한다. 그러나 Y재 상대가격이 기회비용과 같을 경우에만 두 재화를 생산할 것이다. 기회비용이 X재와 Y재의 단위노동 필요량의 비율과 같으므로 다음과 같이 단순노동가격이론으로 요약할 수 있다. 국제무역에서 재화의 상대가격은 상대적인 단위노동 필요량과 같다.

2) 무역 이후의 상대가격 결정

동시에 두 시장을 추적하여 살피는 유용한 방법은 수요·공급된 X재와 Y재의 양뿐만 아니라 상대적인 수요와 공급, 즉 수요·공급된 X재의 단위수를 수요·공급된 Y재의 단위수로 나눈 것에도 분석의 초점을 맞추는 것이다.

[그림 2-13]은 Y재에 대한 X재의 세계수요와 공급을 Y재에 대한 X재의 상대가격의 함수로 나타낸 것이다. 상대수요곡선(relative demand curve)은 RD로 표시되고, 상대공급곡선(relative supply curve)은 RS로 나타낸다. 세계의 일반균형은 상대공급과 상대수요가 일치하는 점이며, 세계상대가격은 RD와 RS의 교차점에서 결정된다.

첫째, [그림 2-13]에 나타난 바와 같이 세계상대가격 P_X/P_Y가 a_{LX}/a_{LY} 이하로 하락한다면, 곡선 RS는 X재의 공급이 없음을 나타낸다. 이것은 $(P_X/P_Y)<(a_{LX}/a_{LY})$일 때마다 A국이 Y재 생산에 특화하기 때문임을 앞에서 기술하였다.

둘째, X재의 상대가격이 정확히 a_{LX}/a_{LY}와 같을 때, A국의 노동자들은 X재와 Y재 중 어느 것을 생산하든지 정확히 동일한 양의 임금을 지급받는다. 따라서 A국은 두 재화를 같은 양으로 생산하므로 상대공급곡선은 수평선이 된다.

셋째, P_X/P_Y가 a_{LX}/a_{LY}보다 크다면, A국은 X재 생산에 특화하려고 한다는 것을 앞에서 설명하였다. 그렇지만 $(P_X/P_Y)<(b_{LX}/b_{LY})$인 한, B국은 Y재 생산에 계속하여 특화할 것이다. A국이 X재 생산에 특화할 때 A국은 L^A/a_{LX}단위만큼 생산한다. 유사하게 B국이 Y재에 특화한다면 $L^B/$

그림 2-13 | 세계상대공급곡선과 상대수요곡선

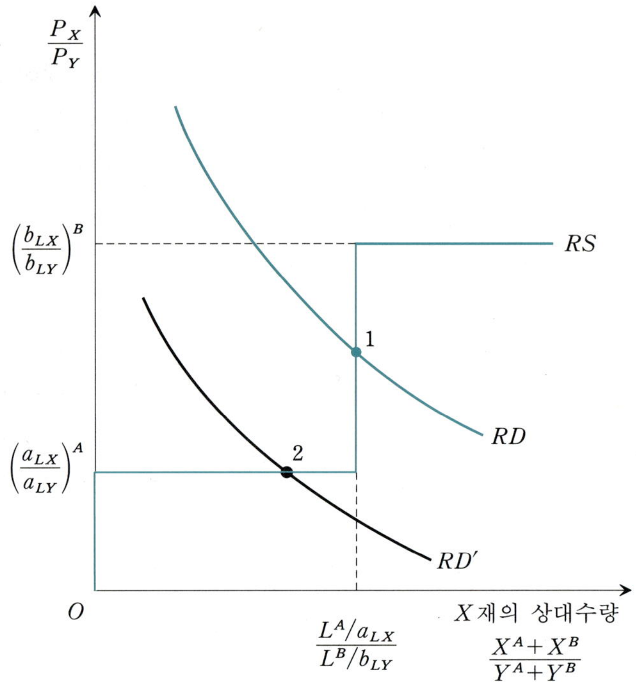

b_{LY} 단위를 생산한다. a_{LX}/a_{LY}, 그리고 b_{LX}/b_{LY} 사이에 X재의 상대가격이 존재하는 경우에 X재의 상대공급은 다음과 같다.

$$\frac{L^A/a_{LX}}{L^B/b_{LY}}$$

넷째, $(P_X/P_Y)=(b_{LX}/b_{LY})$인 경우 B국의 노동자들은 X재와 Y재를 생산하는 데 무차별하다. 따라서 상대공급곡선은 다시 수평선을 나타낸다.

마지막으로, $(P_X/P_Y)>(b_{LX}/b_{LY})$일 때 A국과 B국은 X재 생산에 특화할 것이다. 여기서 Y재 생산은 없으며 X재의 상대가격은 무한하다.

그렇지만 상대수요곡선 RD는 그와 같은 소모적인 분석이 필요하지 않다. 우하향하는 기울기를 갖는 곡선 RD는 대체효과를 나타낸다. X재의 상대가격이 상승함에 따라 소비자들은 더 적은 X재와 더 많은 Y재를 구매함으로써 X재에 대한 상대적 수요는 하락한다.

X재의 균형상대가격은 상대공급곡선과 상대수요곡선의 교차점에서 결정된다. 〔그림 2-13〕은 점 1에서 곡선 RS와 교차하는 상대적인 수요곡선 RD를 나타내고 있다. 여기서 X재의 상대가격은 두 나라들의 교역 전 가격 사이에 있다. 이 경우 각 나라는 비교우위를 갖는 재화의 생산에 특화한다. 즉, A국은 X재, B국은 Y재만 생산한다.

그렇지만 이것만이 유일하게 가능한 경과는 아니다. 예를 들면, 상대수요곡선이 RD'이라면, 상대공급과 상대수요는 RS의 수평부분의 한 점인 점 2에서 교차한다. 점 2에서 교역 후에 X재의 세계상대가격은 A국의 Y재에 대한 X재의 기회비용과 같은 a_{LX}/a_{LY}이다.

이 결과는 무엇을 의미하는가? 만일 X재의 상대가격이 A국에서의 기회비용과 같다면 A국의 경제는 X재나 Y재를 생산하는 데 특화할 필요가 없다. 사실 점 2에서 A국은 일부의 Y재와 일부의 X재를 생산하여야만 된다. 이것은 X재의 상대공급이 만일 A국에서 완전 특화되는 경우보다 더 적다고 하는 사실에서 유추할 수 있다. 그렇지만 P_X/P_Y가 B국에서 Y재에 의한 X재의 기회비용보다 아래에 있다고 한다면 B국은 Y재를 생산하는 데 완전히 특화한다. 그러므로 한 나라가 특화한다고 할 때, 비교우위를 갖고 있는 재화에 특화하는 것이 유리하다.

두 국가들 가운데 한 나라가 완전히 특화하지 않을 가능성은 제외한다. 이 경우를 제외하고는 무역의 결과 다른 재화(Y재)에 대한 교역재(X재)의 상대가격이 두 나라 간의 교역 전 가격 사이에 있게 된다.

상대가격에서 이와 같은 수렴효과로 각 국가가 상대적으로 더 낮은 단위노동 필요량을 갖는 재화의 생산에 특화한다. A국에서 X재의 상대가격이 상승하게 되면 A국은 X재 생산에 특화하여 〔그림 2-7〕의 점 A_P에서 생산한다. B국에서 X재의 상대가격이 하락하게 되면 B국이 Y재 생산에 특화하여 〔그림 2-8〕의 점 B_P에서 생산한다.

3) 무역의 이익

상대적인 노동생산성이 산업마다 차이가 있는 국가들은 생산성이 높은 재화의 생산에 특화한다는 것을 지금까지 살펴보았다. 다음으로 두 국가가 이와 같이 특화함으로써 무역의 이익(gains from trade)을 얻을 수 있다는 것을 설명한다.

생산특화와 무역으로 인해 서로 이익이 발생한다는 것을 설명할 수 있는 방법은 무역을 생산의 간접적인 방법으로서 생각하는 것이다. A국은 Y재를 직접 생산할 수 있지만, X재 생산에 특화하고 X재를 B국의 Y재와 교환함으로써 Y재를 생산하는 것과 같은 간접적인 효과가 있다. Y재 한 단위를 생산하는 간접적인 방법은 직접 생산하는 것보다도 더 효율적인 방법이 된다. 노동시간을 사용하는 두 가지의 다른 방법을 고려한다. 하나의 방법은 A국이 Y재 $1/a_{LY}$단위를 직접 생산하는 시간을 고려하는 것이다. 또 하나의 방법은 A국이 X재 $1/a_{LX}$를 생산하여 Y재와 교환하는 시간을 고려하는 것이다. X재는 한 단위당 P_X/P_Y단위의 Y재와 교환할 수 있다. 처음의 노동시간은 Y재 $(1/a_{LY})(P_X/P_Y)$단위만큼 생산한다. 이것은 다음과 같은 조건인 경우 이 시간에 직접 생산할 수 있는 것보다 더 많은 Y재를 생산한다. 즉,

$$\frac{1}{a_{LX}}\frac{P_X}{P_Y}>\frac{1}{a_{LY}} \text{ 또는 } \frac{P_X}{P_Y}>\frac{a_{LX}}{a_{LY}}$$

그러나 국제균형에서 만일 어느 국가도 두 재화를 모두 생산하지 않는다면 그 경우의 조건은 $(P_X/P_Y)>(a_{LX}/a_{LY})$와 같다는 것을 살펴보았다. 이것은 A국이 자체에서 국내소비만을 위하여 생산하는 것보다 X재를 생산하여 B국과 무역을 함으로써 더 효율적으로 Y재를 생산할 수 있다는 것을 보여준다. 이것은 두 나라 모두 무역을 함으로써 이익을 얻을 수 있다는 것을 보여주는 하나의 방법이다.

4) 숫자의 예

지금까지 설명한 것을 명확하게 이해하기 위하여 숫자를 예로 들어 살펴보자. A국과 B국이 [표 2-4]에 예시된 바와 같은 단위노동 필요량을 갖고 있다고 가정하자. 이 표의 특징은 A국이 두 산업 모두 더 낮은 단위노동 필요량, 즉 더 높은 노동생산성을 갖고 있음을 보여주고 있다는 점이다. 이와 같은 문제를 언급하기 전에 먼저 무역의 유형에 대해서 설명하기로 한다.

여기에서 해야 할 첫 번째 일은 X재의 상대가격인 P_X/P_Y를 결정하

표 2-4 | 단위노동 필요량

국가	X재	Y재
A국	$a_{LX}=1$	$a_{LY}=2$
B국	$b_{LX}=6$	$b_{LY}=3$

는 것인데, 이것은 수요에 따라 다르다. 그렇지만 이 상대가격은 두 국가에서의 X재의 기회비용 사이에 있다. A국에서 $a_{LX}=1$, $a_{LY}=2$라고 한다면, Y재에 대한 X재의 기회비용은 $a_{LX}/a_{LY}=1/2$이다. B국에서는 $b_{LX}=6$, $b_{LY}=3$이라고 한다면, X재의 기회비용은 2이다. 세계균형에서 X재의 상대가격 P_X/P_Y는 이 두 값 사이에 있다. 예를 들면, 세계균형에서 상대가격이 $P_X/P_Y=1$이라고 가정한다. 이것은 세계시장에서 X재 한 단위를 Y재 한 단위와 교환한다는 것을 의미한다.

X재의 상대가격으로 보아 A국은 X재, B국은 Y재 생산에 특화할 것임을 알 수 있다. A국의 노동자는 X재를 생산하는 노동량으로 Y재를 생산할 경우 임금은 그 절반만을 받는 반면에 B국의 노동자들은 2배를 받는다.

다음에는 무역의 이익에 대해 살펴보자. A국은 Y재를 직접 생산하는 것보다도 X재를 생산해서 Y재와 교환함으로써 더 효율적으로 Y재를 간접적으로 생산할 수 있다. 직접 생산시 A국의 노동력 1시간은 Y재 1/2 단위만을 생산한다. 같은 시간으로 X재 한 단위를 생산하여 Y재 한 단위와 교환하는 데 사용한다고 하자. 이것의 예로서 A국은 무역으로 인해 이익을 얻는다. 마찬가지로 B국은 X재 1/6단위를 생산하는 데 노동력 1시간을 사용한다. 그러나 B국은 Y재 1/3단위를 생산하는 데 1시간이 소요되어 Y재 한 단위와 X재 1/3단위를 교환할 수 있다. 이 특수한 예에서 각 국가는 수입재를 자체 생산하는 대신에 필요한 재화를 교역함으로써 더 효율적으로 노동력을 사용할 수 있다.

무역이 각 국가의 후생에 마치는 효과를 분석하는 데 필수적인 것은 아니라고 할지라도 두 나라 사이의 임금률 비율이 무역에 대하여 갖는 의미를 살펴볼 필요가 있다. 임금의 비율을 결정하기 위하여 먼저 각 나라의 임금률이 생산되는 재화에 의하여 어떻게 표시되는가를 살펴보자. 무역 이

후에 A국은 X재 생산에 특화한다고 하자. X재 한 단위를 생산하는 데 1시간의 노동이 필요하므로 A국에서의 임금률은 1시간당 1인이 X재 1단위를 받는다. 마찬가지로 B국은 Y재 생산에 특화한다. Y재 한 단위를 생산하는 데 3시간의 노동력이 필요하므로 B국의 임금률은 1시간당 Y재 1/3단위이다.

X재와 Y재에 의한 임금률을 비교하려면 두 재화의 상대가격을 이용하여야 한다. 만일 Y재 1단위의 생산비용이 X재 1단위의 생산비용과 같다고 한다면 B국에서의 임금률은 A국에서의 임금률의 1/3이다. 임금률의 비율은 두 산업에서 두 나라 노동생산성의 비율 사이에 있다. A국은 X재 생산에서 B국에 비하여 6배 더 생산적이지만 Y재 생산에서는 1.5배에 불과하다. 그러나 A국은 B국에 비하여 임금률이 3배나 높다. 각 국가가 한 재화의 생산에 있어 비용 면에서 우위를 갖는다는 것은 상대임금이 상대생산성보다 낮기 때문이다. 더 저렴한 임금 때문에 B국은 Y재 생산에 있어서 더 낮은 생산성을 갖고 있다고 할지라도 비용 면에서 우위를 갖는다. A국은 X재 생산에 드는 높은 임금이 높은 생산성에 의하여 더 많이 상쇄되기 때문에 더 높은 임금에도 불구하고 비용 면에서 우위를 갖는다.

지금까지 국제무역의 모형 가운데 가장 간단한 것을 살펴보았다. 리카도의 생산요소모형은 너무 단순하여 국제무역의 원인이나 효과를 완전히 분석하지는 못한다. 그럼에도 불구하고 상대적인 노동생산성에 관한 비교는 국제무역을 분석하는 데 매우 유용한 분석틀이다. 특히, 단순한 하나의 생산요소모형은 비교우위의 의미와 자유무역에서 생긴 이익의 성격에 대한 여러 가지 일반적인 오류를 분석하는 데 좋은 방법을 제공한다. 이와 같은 오류는 국제경제정책에 대한 논쟁과 전문가라고 생각되는 사람들의 성명서에서조차 자주 나타나 다음 절에서는 지금까지 설명한 모형에 비추어 비교우위에 대한 가장 공통적인 오류를 논의한다.

5 비교우위에 대한 오류[3]

비교우위에 대하여 잘못된 개념들이 정밀한 경제분석을 하지 않는 채 일반 언론에서 혼용되는 경우가 많다. 특히, 다음과 같은 세 가지 오류는 상당히 지속적으로 범하고 있는데, 비교우위의 단순모형은 그것들이 부정확한 이유를 아는 데 사용될 수 있다.

5.1. 생산성과 경쟁성

> 오류 1: "자유무역은 국가가 지속적으로 국제경쟁력을 유지할 수 있을 만큼 충분히 생산적일 때에만 이익이 있다."

저개발국가들에 의하여 자주 사용된 이 논쟁은 가난한 국가들의 경우 경쟁력이 강화될 때까지는 국제경제에서 고립되어야 한다고 주장한다. 예를 들면, 1983년에 『월스트리트』 저널에서 한 칼럼니스트가 "많은 소규모 국가 등은 모든 분야에서 비교우위가 없다"고 주장하였다.[4] 이것의 논리적 오류는 미국에 대한 일본의 기술도전에 의하여 더욱더 확인되었다. 일본의 기술진보로 미국이 기술우위를 유지하지 못함으로써 일본과의 무역이 이익 대신에 손해가 된다는 것이다. 이 논리의 오류를 살펴보기 위하여 앞 절에서 사용한 단순모형의 숫자의 예를 이용하여 보자. 그 예에서 A국은 X재와 Y재부문에서 낮은 단위노동 필요량과 높은 생산성을 갖는다. 그러나 지금까지 살펴보았던 바와 같이 두 나라들은 무역을 통해 이익을 얻는다. 재화를 수출할 수 있는 능력은 항상 생산성에서 절대우위가 있어야 된

[3] Paul R. Krugman and Maurice Obstfeld(2006), pp. 21～23.
[4] B. Brace Biggs(1983).

다고 가정하기가 쉽다. 『월스트리트』 저널 칼럼니스트의 말이 의미하는 것은 "소규모 국가들은 모든 면에서 다른 국가들보다도 절대적으로 생산성의 절대우위가 없다"는 것이다. 그가 이해하지 못하고 있는 것은 재화를 생산하는 데 다른 나라들보다도 절대적인 생산성 우위는 그 재화가 비교우위(comparative advantage)를 갖는 데 필요충분조건은 아니라는 점이다. 한 생산요소의 모형에서 산업의 절대적 생산성의 우위가 경쟁적인 우위를 갖는 데 필요하고 충분한 조건이 아닌 이유는 명백하다. 한 산업의 경쟁적인 우위는 B국의 산업에 비하여 상대적인 생산성뿐만 아니라 B국의 임금률에 대한 상대적인 국내임금률에 따라서도 다르다. 다시 말하면, 한 나라의 임금률은 다른 산업에서의 상대적인 생산성에도 의존한다. 앞 절의 숫자의 예에서 B국은 Y재 생산에서 A국보다 덜 효율적이지만, X산업에서는 상대적으로 생산성의 비교열위가 더 있다. 전체적으로 낮은 생산성 때문에 B국은 Y재를 더 낮은 비용으로 생산하는 A국보다 더 낮은 임금을 받는다. 유사하게 현실세계에서 포르투갈은 미국의 의류산업에 비하여 의류를 생산하는 데 낮은 생산성을 갖고 있다. 그러나 포르투갈 의류산업의 생산성 우위가 다른 산업보다 더 크기 때문에 의류산업에서 충분히 낮은 임금을 지불하여 비교우위를 갖는다.

그러나 낮은 임금에 기초한 경쟁력 우위는 불공평한 것이 아닌가? 대부분의 사람들이 그렇게 생각하기 때문에 그들의 생각은 다음 두 번째 오류로 요약된다.

5.2. 저임금의 노동착취 논쟁

오류 2: "저임금에만 기초한 국제경쟁력은 불공정하며 다른 국가들을 해친다."

종종 스웨터공장의 노동분규(sweatshop labor argument)라고 부르는 이 논쟁은, 국제경쟁에서 보호주의를 추구하는 노동조합이 특히 즐겨 사용하는 데 널리 인정되고 있다. 이 신념에 집착하고 있는 사람들은 국내산업들이 비효율적이지만, 낮은 임금을 지불하는 외국의 산업들과 경쟁이 되지 않는다고 주장한다. 1986년에 『뉴욕 타임즈』지는 위스콘신대학의 컬버슨(John

Culbertson) 교수의 세 편의 논문을 실었는데, 거기에서 "낮은 임금에만 기초한 외국의 국제경쟁력은 미국에 손해가 된다고 주장하였다."[5]

다시 본장의 단순모형의 분석틀을 통하여 이 논쟁의 오류를 지적한다. 이 예에서 A국은 두 산업에서 B국보다 더 생산적이고 B국의 Y재 생산에서의 낮은 비용은 전적으로 낮은 임금률에 기인한다. 그렇지만 B국의 낮은 임금률은 A국이 무역에서 이익을 얻는 문제와는 관계가 없다. 즉, B국에서 생산된 Y재의 낮은 비용이 높은 생산성에 기인하든 낮은 임금에 기인하든 문제가 되지 않는다. A국에서 문제가 되는 것은 그 자체의 노동력에 의하여 Y재를 국내소비만을 위하여 생산하는 것보다도 A국이 X재를 생산하여 그것을 B국의 Y재와 무역하는 것이 더 이익이 된다는 점이다.

이것이 A국에 대한 것이지만 B국에 대해서도 마찬가지이다. 저렴한 임금에 기초하여 수출하는 것이 불공정하고 다른 국가를 해친다는 논리 및 주장은 리카도의 비교우위론으로 설명할 수 없다. 또한 높은 임금을 받기만 하면 무역이 이익을 가져온다는 생각은 오류이다.

5.3. 불평등한 교환

> 오류 3: "만일 다른 국가들이 수입으로 교환하여 받을 재화를 생산하기 위하여 노동력을 사용하는 것보다도 어느 국가가 수출하는 재화를 생산하는 데 더 많은 노동력을 사용한다면, 무역은 그 국가경제를 착취하여 경제를 악화시킨다."

이것은 불평등한 교환(unequal exchange)의 원칙이라고 하는데, 이 논쟁은 상품의 가치는 투입된 노동력에 의해서만 창조된다는 마르크스주의자들의 사고에서 기원한다. 이것은 부유한 국가에서 가난한 국가로 소득의 재분배를 주장하는 세계의 2/3 사람들에 의하여 지지받고 있다.[6] 만일 수출품들이 수입품보다도 노동력을 더 많이 체화하고 있다면, 그 나라가 착취받았다는 생각은 어느 정도 그럴 가능성은 있지만, 임금이 낮은 국가가

[5] John M. Culberston(1986).
[6] 예로써 Arghiri Emmanuel(1972)를 참조.

• 사례연구 2-2 •

한국의 국가경쟁력

세계경제포럼(WEF)이 발표한 국가경쟁력 순위 평가에서 우리나라가 1년새 1단계 내려앉았다. WEF 국가경쟁력 평가에서 한국이 144개국 중 26위로 지난해보다 1단계 떨어졌다고 3일 밝혔다. 이는 WEF 평가기준으로 2004년 29위를 기록한 이후 10년 만에 가장 낮은 수위다.

지난 2007년 11위로 최고 순위를 기록했던 한국의 국가경쟁력 순위는 24위에서 19위로 5단계 올랐던 2012년을 제외하면 지난해 6단계 떨어지는 등 매년 하향세를 이어오고 있다.

국제경영개발연구원(IMD)에서 평가한 국가경쟁력 순위에서도 한국은 26위를 기록했다.

한국의 국가경쟁력을 분야별로 살펴보면 기본 요인은 20위로 변동이 없었으나, 효율성 증진부문이 23위에서 25위로 떨어졌다. 기업혁신 및 성숙도도 20위에서 22위로 하락했다.

기본 요인 항목에서는 거시경제(9→7위)만 상승했으며, 제도적 요인(74→82위), 인프라(11→14위), 보건 및 초등교육(18→27위)은 순위가 대폭 하락했다.

전체 순위도 하락한 효율성 증진부문에서는 고등교육 및 훈련(19→23위), 상품시장 효율성(33→33위), 노동시장 효율성(78→86위), 기술 수용 적극성(22→25위) 등 항목의 순위가 하향조정되었다.

역시 순위가 떨어진 기업혁신 및 성숙도 측면에서도 기업활동 성숙도(24→27위), 기업혁신(17→17위)에서 순위가 하락하거나 제자리에 머물렀다.

12개 세부분류에서 보면, 거시경제 환경(7위)과 인프라(14위), 시장규모(11

그림 2-14 | WEF와 IMD의 국가경쟁력 평가 연도별 한국 순위

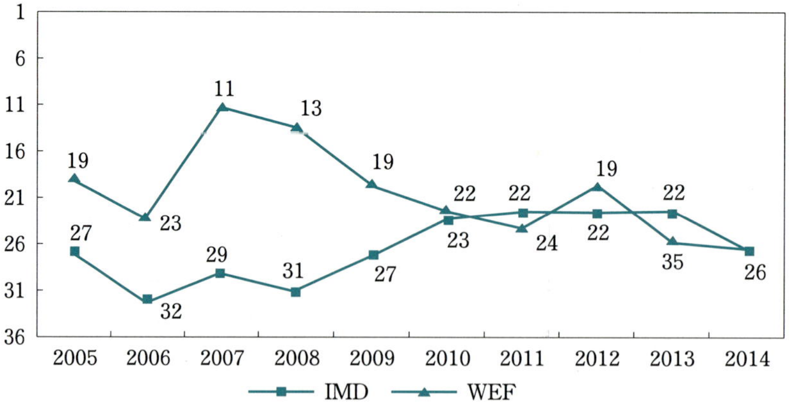

위), 기업혁신(17위) 등은 강점이라는 평가를 받았으나, 금융시장 성숙도(80위), 제도적 요인(82위), 노동시장 효율성(86위) 등에서는 약세를 보였다.

특히, 제도적 요인에서는 재산권보호(55→64위), 은행건전성(113→122위), 테러에 따른 기업비용(106→115위) 등 개인정보 유출과 안전 관련 항목의 순위가 급락했다.

한편, 이번 조사에서는 스위스와 싱가포르가 지난해에 이어 나란히 1, 2위를 기록했다. 미국은 전년보다 2단계 상승한 3위에, 핀란드·독일이 각각 1단계씩 떨어진 4위와 5위에 올랐다. 아시아권에서는 일본(6위), 홍콩(7위), 대만(14위) 등이 상위권으로 평가되었으며, 중국은 28위를 기록했다.

자료: 조선닷컴, 2014년 9월 3일.

무역으로 손실을 보았다는 것을 의미하지는 않는다. 앞 절의 숫자의 예에서 B국은 3시간의 노동력을 투입하여 생산한 것을 A국이 1시간의 노동력을 투입하여 생산한 것과 교환하면서 이것을 X재 한 단위와 교환한다. 그렇지만 노동투입량의 차이는 B국이 무역에서 이익을 얻는 것과 관계가 없다. 무역이 이익을 가져다 주는가를 판단할 때 A국이 수출품을 생산하는 데 사용된 국내노동력을 수입품을 생산하는 데 사용된 B국의 노동력과 비교해서는 안 된다. 오히려 A국은 수출품을 생산하는 데 사용된 노동력을 수입품을 생산하는 데 소요되는 노동의 양과 비교해야 한다. A국은 X재를 국내에서 생산하는 데 6시간이 걸릴 때, 무역을 통해서 B국은 X재 1단위를 생산하는 데 3시간의 노동력이 필요하다. 만일 또 다른 나라가 A국에서 필요로 하는 것보다 훨씬 더 적은 노동력으로 수입품을 생산한다면, 무역을 통해 이익을 얻는다. 이것은 무역으로부터의 이익을 감소시키지 않는다.

• 사례연구 2-3 •

OECD 국가들의 경쟁력 비교

2006년 OECD 국가들에 대한 노동생산성, 보수비용 및 단위노동비용 증가율을 살펴보면, 한국의 경우 노동생산성 증가율은 터키를 제외한 OECD 국가 29개국 중 3.4%로 슬로바키아, 체코, 그리스에 이어 4위를 나타내고 있으며, 보수비용 증가율은 5위를 기록하고 있다.

노동생산성 증가율은 GDP 증가율에서 노동투입량 증가율을 차감한 것으로 정의할 수 있는데, 한국이 높은 순위를 기록한 이유는 OECD 국가들 중 비교적 높은 GDP 증가율(6위)과 비교적 낮은 노동투입량 증가율(18위)이 상호작용한 것에 기인한 결과이다.

표 2-5 | OECD 국가들의 노동생산성, GDP, 노동투입량 및 보수비용 증가율(2006년)

(단위: %)

구분 / 국가	노동생산성		GDP		노동투입량 (인－시간)		보수비용	
		순위		순위		순위		순위
슬로바키아	5.2	1	7.9	1	2.7	6	7.7	1
체코	4.6	2	6.2	2	1.6	16	4.8	2
그리스	3.7	3	4.2	9	0.5	26	－2.1	22
한국	3.4	4	4.9	6	1.4	18	3.4	5
헝가리	3.4	5	3.8	11	0.5	27	3.6	4
핀란드	3.2	6	4.9	7	1.7	15	3.3	6
폴란드	3.1	7	5.9	3	2.9	5	4.5	3
스웨덴	2.8	8	4.0	10	1.2	20	2.9	8
멕시코	2.6	9	4.7	8	2.0	10	－	－
영국	2.4	10	2.8	19	0.4	29	2.2	11
독일	2.4	11	2.8	18	0.5	28	2.4	10
아일랜드	2.2	12	5.6	5	3.4	3	1.5	13
오스트리아	1.9	13	3.2	14	1.3	19	2.6	9
스위스	1.4	14	3.2	15	1.8	13	－	－
스페인	1.3	15	3.8	12	2.5	8	0.9	16
일본	1.2	16	2.2	25	0.9	23	0.8	17
벨기에	1.2	17	2.8	20	1.6	17	1.5	14
뉴질랜드	1.1	18	1.9	27	0.8	25	－0.6	20
이탈리아	1.0	19	1.9	28	0.9	24	0.1	19
미국	1.0	20	2.8	21	1.8	14	－	－
프랑스	0.9	21	2.0	26	1.1	21	－	－
노르웨이	0.8	22	2.9	17	2.1	9	－0.6	21
덴마크	0.8	23	3.5	13	2.6	7	2.2	12
캐나다	0.8	24	2.7	22	1.9	11	－	－
호주	0.5	25	2.4	24	1.9	12	0.7	18
룩셈부르크	0.2	26	5.9	4	5.8	1	3.2	7
포르투갈	0.2	27	1.3	29	1.1	22	－	－
네덜란드	0.0	28	3.0	16	3.0	4	1.2	15
아이슬랜드	－2.4	29	2.6	23	5.0	2	－	－

자료: http://stats.oecd.org

또한 보수비용 증가율에서 노동생산성 증가율을 차감한 것으로 정의되는 단위노동비용 증가율 0.1%로서 OECD 회원국 중 낮은 수준에 속해 있는데, 이는 한국의 보수비용 증가율이 노동생산성 증가율에 조응하여 증가하였음을 의미한다.

보론 비교생산비설의 실증분석

1. 노동생산성 비율, 임금비율과 수출비율

맥두걸(G. D. A. MacDougall)은 1930년대 후반의 자료를 이용하여 영국과 미국의 공통적인 13개 산업에서의 양국 간 국제노동생산비율, 국제임금비율 및 상품단위당 임금비용의 국제비율이 각 (양국의 각 산업의 비교우위 내지

표 2-6 | 노동생산성 비율, 임금비율, 임금비용과 수출비율

구분 / 산업	(1) 노동자 1인당 생산량 미국/영국(戰前)	(2) 노동자 1인당 주급(달러) 미국/영국 (1938년 11월)	(3) 생산물 1단위당 임금비용 미국/영국 (2)÷(1)	(4) 수출량 미국/영국 (1937년)
선철	3.6	1.5	0.4	5.1
승용차	3.1	2.0	0.6	4.3
기계류	2.7	1.9	0.7	1.5
유리용구	2.4	2.0	0.8	3.5
종이	2.2	2.0	0.9	1.0
담배	1.7	1.5	0.9	0.47
피혁	1.4	1.5	1.1	0.32
메리야스제품	1.8	1.9	1.1	0.30
면방류	1.5	1.7	1.1	0.11
맥주	2.0	2.6	1.3	0.056
시멘트	1.1	1.7	1.5	0.091
모직물	1.35	2.0	1.5	0.004
모직양복	1.25	2.3	1.8	0.044

자료: G. D. A. MacDougall(1952), pp. 697～724.

그림 2-15 | 맥두걸의 연구에서 상대생산성, 상대임금 및 무역의 유형

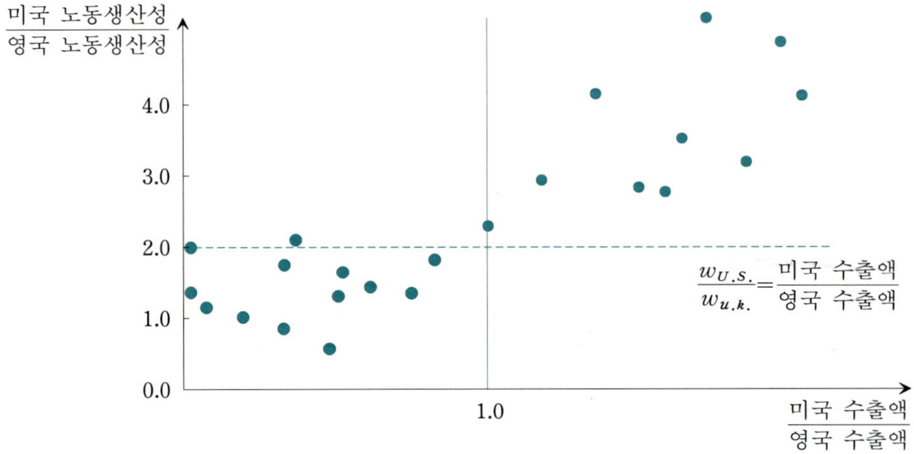

국제경쟁력이 상대적으로 큰 것을 반영한다) 제3국 시장에 대한 수출량의 비율과 어떠한 관계가 있는가를 검토하였다. 왜냐하면, 1937년 당시 미국과 영국의 쌍무교역은 전체 교역 중 극히 미미한 비중을 차지하였기 때문이다. 그 결과의 요약은 [표 2-6]에 나타나 있다.

맥두걸의 초기 연구결과는 [그림 2-15]에 개괄적으로 나타나 있다. 두 국가의 20개 이상 수출산업들의 상대생산성은 수직축, 개별 산업의 상대수출량은 수평축에 그려져 있다. 1937년에 미국의 임금은 평균적으로 영국의 2배 가까이 되므로 2의 값에서 수직축과 교차하는 수평선이 그려져 있다.

만일 미국의 수출우위와 영국의 수출우위를 나타내는 1의 값이 수평축과 교차하는 수직선에 그려진다면, 4개의 분면이 형성된다. 만일 리카도 모형의 기본 가설이 타당하다면 미국의 수출우위는 제1사분면, 영국의 수출우위는 제3사분면에 있다. [그림 2-15]에 나타난 바와 같이 경험적인 결과는 리카도의 가설을 확인하여 주고 있다.

[표 2-6]의 (2)열에서 알 수 있듯이 13개의 모든 산업에서 미국의 임금은 대부분 영국의 임금을 상회하고 있다. 맥두걸에 의하면, 미국의 평균 임금은 1937년 당시 영국 임금의 2배 가까이 된다. 그러나 그렇다고 해서 모든 산업의 제3국 수출시장에서 미국이 영국보다 불리한 입장에 있는 것

은 아니다. 앞 절의 설명에서 알 수 있듯이 각 산업에서의 미국과 영국, 두 국가 간 노동생산성의 우열이 어떤가를 보지 않으면 안 된다. 이 표의 (1)열에 노동생산성이 표시되어 있다.[7]

예컨대, 어느 산업에서 미국의 임금이 영국의 임금보다 높다 해도 미국의 노동생산성이 영국의 노동생산성을 크게 상회한다면, 미국은 그 산업에서 비교우위를 가질 수 있을 것이다. 표의 (1), (2)열을 보면 곧 알 수 있듯이 선철에서 담배에 이르기까지 어떤 산업에서는 미국의 영국에 대한 노동생산성 비율이 임금비율을 상회하고, 수출에서도 예상되는 바와 같이 모든 산업(담배는 제외)에서 미국은 영국을 능가하고 있다. 더욱이 그 초과하고 있는 정도는 노동생산성 비율이 임금비율을 상회하는 정도(그것은 (3)열의 임금비용비율에 반비례적인 값으로 표시되어 있다)에 상응한 크기에 달려 있다. 이와 반대로 피혁에서 모직양복에 이르는 각 산업에서는 미국의 노동생산성 비율이 임금비율을 밑돌고 있고 제3국시장에 대한 수출비율도 1 이하이다.

결국 맥두걸은 '일국은 타국에 비하여 국제노동생산성 비율이 국제임금비율을 상회하는 산업에서의 수출량은 타국보다도 상대적으로 크다'는 검증결과를 얻었다. 맥두걸에 의한 검증의 예에서 알 수 있듯이, 일국의 특정 산업제품의 무역의 흐름(수출)에 영향을 주는 요인으로 그 산업의 2국간 노동생산성 비율 또는 격차(노동생산성 요인)와 임금비율 또는 격차(임금요인)를 선택할 경우, 이것들 두 가지 요인의 상대적 크기 관계가 해당 상품의 상대적 수출성과 또는 비교우위의 크기를 지배한다.

다음에는 노동생산성 요인과 임금요인 중 어느 것이 수출 또는 비교우위에 보다 큰 역할을 하는가를 검토할 필요가 있다. 실증분석 결과를 토대로 이하에서 상기의 각각 다른 주장을 검토한다.

2. 노동생산성 요인의 역할을 중시하는 입장

크라비스는 여러 나라의 동종 수출업시장 결정의 지배적 임금격차보다 노동생산성 격차를 중시한다.[8] 그 근거로 이하의 3가지를 제시한다.

① **제1의 근거**: 크라비스는 다른 분석결과를 이용하고 있다. 미국의

---

[7] R. R. Appleyard and A. J. Field, Jr.(1992), *International Economics*, p. 67.

[8] I. B. Kravis(1956), pp. 143～147; 山本新一(1977), pp. 116～117.

표 2-7 | 미국 제조업의 임금과 무역분포(1952년)

시간당 평균임금 ($)	산업수				순수출산업 수의 비율 (B)/(A)
	계 (A)	순수출산업 (B)	순수입산업	어느 것도 아닌 산업	
0.90～1.49	102	56	38	8	55%
1.50～1.89	185	130	44	10	71%
1.90～2.30	44	37	6	1	84%

자료: I. B. Kravis(1956).

표 2-8 | 미국 제조업의 수출입 비율과 임금(1947년)

국내생산액 중 수출액 비중(%)	시간당 평균임금($)	국내생산액 중 경쟁적 수입액 비율(%)	시간당 평균임금
0～9.9	1.239	0～9.9	1.255
10～19.9	1.278	10～19.9	1.188
20～	1.364	20～	1.136

자료: I. B. Kravis(1956).

수출산업의 임금수준은 일반적으로 전 산업 평균임금 수준 또는 수입경쟁 산업의 임금수준보다 높은 경향이 있다.

미국 제조업에서의 임금과 수출업의 관계를 나타내는 것은 [표 2-7], [표 2-8]이다. [표 2-7]에는 대상으로 하는 330개 산업을 시간당 평균임금에 따라 3개의 그룹으로 나누어 각각의 평균임금그룹을 순수출산업(총수출액이 총수입액을 상회하는 산업), 순수입산업(총수입액이 총수출액을 상회하는 산업) 및 그 어느 것도 아닌 산업으로 나뉘어 표시되어 있다. 또한 [표 2-8]에서는 국내생산량에 대한 수출액의 비율 내지 수입액의 비율에 따라 제조업을 3개의 그룹으로 나누고 각 그룹의 시간당 평균임금을 나타내고 있다.

[표 2-7]에 의하면 평균임금이 높은 그룹일수록 전 산업수 가운데 순수출산업수가 점유하는 비율이 높고, 역으로 평균임금이 낮은 그룹일수록 전 산업수에서 순수입산업수가 점유하는 비율이 낮다. 또한 [표 2-8]에 의하면 국내생산액에서 수출액의 점유하는 비중이 큰 산업일수록 높은 임금이 지불되고, 역으로 수입액이 점유하는 비중이 큰 산업일수록 낮은 임금

이 지불된다.

이상을 통해서 임금이 상대적으로 높더라도 노동생산성 격차에 있어 유리한 것이 임금격차의 불리한 것을 상쇄하고 남음이 있을 정도의 영향력을 가지고 있는 것으로 판단된다.

② **제2의 근거**: 산업별 임금구조가 유사한 경향이 있다. 만약 미국의 어느 산업의 임금수준이 다른 산업보다 낮은데, 그 결과 같은 산업의 임금수준이 다른 나라에서는 상대적으로 높다고 한다면, 미국은(비교임금격차로 유리한 까닭에) 이 산업에 비교우위를 가질 수 있을는지도 모른다. 그러나 미국의 산업별 임금수준의 순위가 다른 나라의 그것과 유사하다고 한다면 이와 같은 것은 성립하지 않게 된다.

크라비스는 일본과 미국의 각 산업을 임금수준 순위대로 놓을 경우, 대응할 동종 산업이 매우 유사한 순위대로 오는 것(순위상관계수 0.82)을 볼 수 있었다. 다른 나라의 선진 제국에 대하여서도 같은 결과가 나타나는 것으로 보아 산업별 임금구조는 국제적으로(특히, 선진공업국 간에) 매우 유사하다고 판단해도 좋을 것 같다.[9]

③ **제3의 근거**: 대응하는 동종 산업에서 임금의 국제적 격차보다 노동생산성의 국제적 격차가 상대적으로 더 큰 경향이 있다. 각국 산업의 임금은 각각의 일반적 평균생산성에 달려 있다. 2국 내의 대응하는 동종산업에 관하여 국제 간 임금비율은 2국의 평균임금비율상 차이가 없다. 다른 한편, 노동생산성에 관하여 자연적·기술적·인위적 장애 때문에 대응하는 동종 산업마다 국제 간 노동생산성 비율은 2국 간의 평균임금비율보다 차이가 더 크다.

크라비스는 앞의 [표 2-6]에서 맥두걸이 이용한 바에 따라 미국이 대응하는 각 산업 간의 국제 간 임금비율이 평균치 2.0을 중심으로 1.5~2.6이라는 비교적 좁은 범위로 분산되어 있으나(표준편차 1.16), 국제 간 노동생산성 비율은 평균치 1.9를 중심으로 1.1~3.6으로 비교적 넓은 범위로 분산되어 있다(표준편차 0.58)는 사실을 지적하고 있다. 그렇다면 노동생산성의 국제적 격차는 그에 대응하는 임금의 국제적 격차에 따라 상쇄되는 것이

[9] 이것과 같은 견해가 S. Lebergott(1947); F.W. Taussig(1927), pp. 55~60 등에서 볼 수 있다.

아니므로 양국의 수출비중 결정에 지배적 영향요인이 된다고 볼 수 있다. 이와 같이 각 산업의 국제 간 임금비율은 거의 2라는 값에 도달하므로 국제 간 노동생산성 비율이 2를 상회하는 정도가 큰 산업은 국제 간 수출비율이 1을 상회하는 정도가 크다. 즉, 맥두걸의 예에 따라 미국의 수출량이 영국의 수출량을 상회하는 정도가 크다.[10]

발라사(B. Balassa)는 1950년대 초반의 영국과 미국의 제조업 28개 부문의 제3국 시장에 대한 수출액, 노동생산성, 임금, 단위당 임금비용을 양국 간에 비교하여 양국의 각 제조업의 수출액비율과 노동생산성 비율, 그리고 임금비율 등과 어떠한 관계에 있는가를 회귀분석적 방법을 이용하여 검토하였다.[11]

$$\text{수출액비율} = -53.22 + \underset{(0.103)}{0.721}(\text{노동생산성 비율})\quad r = 0.8 \tag{2.5}$$

$$\text{수출액비율} = -181.2 + \underset{(0.167)}{0.691}(\text{노동생산성 비율}) + \underset{(0.102)}{0.140}(\text{임금비율})\quad r = 0.81 \tag{2.6}$$

수출액비율과 노동생산성 사이의 관계를 표시하는 회귀방정식 (2.5)에 의하면 양 비율 사이의 단순상관계수는 $r=0.8$로 매우 높으며, 회귀계수의 표준오차는 계수치의 0.142(=0.103/0.721)배로 매우 작다. 따라서 미국과 영국의 제조업 수출액비율은 노동생산성 비율에 의하여 매우 잘 설명되고 있다. 다시 말하면, 수출몫에서 분산의 72%는 노동생산성의 차이로 설명된다.

이에 대하여 회귀방정식 (2.6)은 수출액비율의 설명변수에 임금비율을 추가한 경우의 것이기는 하나 중상관계수는 $r=0.81$로 단순상관계수 $r=0.80$과 비교하면 임금비율을 설명변수로 추가하여도 거의 설명력이 강화되지 않는다. 생산성과 수출액 사이의 부분상관계수는 0.69, 임금률과 수출액 사이의 부분상관계수는 0.14이다. 더욱이 임금비율의 회귀계수의 표준오차는 계수치의 0.728(=0.102/0.140)로 매우 크므로 이 회귀계수의 신뢰성이 미

[10] 스턴(Stern)은 미국의 평균임금이 영국의 평균임금의 3배였던 1950년 당시의 자료를 이용하여 이와 같은 결과를 얻을 수 있음을 보여준다. 즉, 대상이 된 29개 및 39개 산업에 대하여 미국의 노동생산성이 영국의 3배 이상일 경우, 미국의 수출량이 영국의 수출량을 상회하는 경우가 압도적이다.

[11] Bela Balassa(1963), pp. 6～11.

약하다.

이런 것들에서 양국 간의 각 제조업의 비교우위의 크기(수출액비율로 표시되리라고 생각되고 있다)는 대부분 노동생산성 격차에 의하여 설명되는 것이지 임금격차에 의한 것은 아니라고 말할 수 있다. 그리고 이 배경에 있는 것은(발라사와 크라비스 모두 같은 견해를 표시하고 있다) 각국 내에서의 산업 간 노동생산성 격차에 비하여 임금격차는 더 낮을 뿐 아니라 국제 간 임금구조가 비교적 유사하다. 더 낮은 임금은 수출액의 증가를 가져오고 수출액의 증가는 임금률의 상승을 초래한다는 것을 의미한다.

3. 임금요인을 중시하는 입장

이상에서 설명한 실증분석의 예에서는 상품 또는 산업의 비교우위를 지배하는 요인으로서 노동생산성 요인의 역할을 중시하고 있으나 이것에 대하여, 예컨대 포르하이머(K. Forchheimer)는 제2차 세계대전 전의 통계결과에 따라서 임금요인의 역할을 중시하는 입장을 취하고 있다.[12]

[표 2-9]에 나타난 바와 같이 1930년대 당시 일본의 주요 수출산업의 하나였던 직물산업에 대해서 영국과 미국의 노동생산성은 일본의 노동생산성에 비하여 각각 1.45배, 1.8배 높았으나 임금은 그 이상으로 높다. 즉, 영국과 미국의 임금은 일본 임금의 평균에 비해 각각 4.5배 및 8배 이상이었다. 그러므로 단위당 노동비용은 비싸게 되고 영국·미국의 비용은 일본의 각각 4.15배 및 6.3배로 되어 직물산업에서 일본의 비교우위를 강화하였다. 즉, 이 예에서는 직물산업에서 일본의 비교우위는 노동생산성의 국제 간 격차보다도 임금의 국제 간 격차가 더 큰 요인인 것으로 나타났다.

표 2-9 | 임금·노동생산성의 국가 간 격차(직물산업, 1930년)

국가	임금	생산성	단위당 노동비용
일본	100	100	100
영국	300～600	145	415
미국	600～1,000	180	630

자료: K. Forchheimer(1947).

[12] K. Forchheimer(1947).

표 2-10 | 산업 간 임금격차

산업 \ 국가	미국	영국	이탈리아
철·철강	131	142	141
일반기계	123	109	124
전기기계	115	93	……
자동차	144	130	……
선박	132	116	……
유리	113	101	108
종이·종이제품	93	95	87
면	60	67	68
모직물	82	74	88
견제품	66	76	46
의류	……	72	73
피혁품	98	100	108
화학	122	101	109
음료	134	94	107
담배	72	89	……

자료: K. Forchheimer(1947).

또 비교우위를 국내산업 간 임금격차로 설명하기 위해 포르하이머는 [표 2-10]의 통계결과를 제시하고 있다.

이 표에 의하면 미국의 담배, 영국의 의류·모직물·전기기계, 이탈리아의 견제품 등 당시(1938년) 이들 나라의 주요 수출산업의 임금은 확실히 국내 전 산업의 임금 가운데 가장 낮았다는 것을 알 수 있다. 이 예에서 각국의 산업 간 임금격차가 비교우위를 제공하는 지배적인 역할을 하고 있다는 것을 알 수 있다. 어쨌든 비교우위를 가져다 주는 지배적인 요인이 노동생산성 요인이 아니고 오히려 임금요인이라고 하는 것이 포르하이머의 입장이다.

4. 실증분석에 대한 요약

이제까지 논의한 바와 같이 비교생산비설의 검증은 상품 생산비의 주요 구성요소인 임금과 노동생산성에 대한 대응산업의 국제 간 격차 또는 국내산업 간 격차를 수출성과와 관련지어 분석하였다.

그러나 임금요인과 노동생산성 요인 중 어느 것이 더 강하게 비교우위를 가져오는 요인으로 작용하는가에 대해서는 반드시 명확한 해답이 주어지지 않는 것 같다. 대응하는 산업의 임금이 국제적으로(환율로 환산하여) 서로 비슷하게 접근되므로 각국 내의 산업 간 임금격차가 작을수록 노동생산성 요인이 비교우위를 가져다 주는 요인으로서 좀더 큰 역할을 할 것이다. 그러나 대응하는 산업의 노동생산성이 국제적으로 서로 비슷하게 접근한다면, 또 각국 내의 산업 간 임금격차가 클수록 임금요인이 비교우위를 가져다 주는 요인으로서 좀더 큰 역할을 할 것이다.

이와 같이 국제 간 또는 국내산업 간의 임금격차나 국제 간 노동생산성 격차는 각국의 노동시장의 성격이나 상태 또는 산업의 발전상태 등에 따라 그 정도가 다르므로 임금요인과 노동생산성 요인 중 어느 것이 비교우위를 가져다 주는 요인으로 큰 역할을 해 나가는지 명확히 말할 수 없다.

요약

애덤 스미스와 리카도는 무역이 제로섬게임(zero-sum game)의 성격을 갖는다고 본 중상주의자들의 견해를 비판하면서 무역을 통하여 두 국가가 서로 이익을 본다는 것을 보여주었다. 이 장에서는 국제적으로 무역을 개시하면, 생산과 소비의 결정이 어떻게 다른가를 보여주었다. 또한 리카도 모형에서는 비록 한 국가가 다른 국가들보다 모든 재화의 생산에서 절대적으로 열위에 있다고 할지라도 무역의 이익이 발생한다. 리카도모형에서 국가들은 그들의 노동력이 상대적으로 효율적으로 생산되는 재화를 수출하고 그들의 노동력이 상대적으로 비효율적으로 생산되는 재화를 수입한다. 이와 같은 무역의 이익이 발생하는 원인은 자급자족하에서의 상대가격과 무역에 따른 상대가격이 서로 다르기 때문이다. 본장에서는 구체적인 숫자의 예와 생산가능곡선을 이용하여 상호간에 이익이 발생하는 것을 보여주었다.

그러나 리카도모형이 예측한 생산의 완전 특화는 현실세계에서 실제로 거의 발생하지 않는다. 그 이유는 다음과 같다.

첫째, 2국가·2재화 모형은 다수 국가·다수 재화가 존재하는 세계경제를 매우 단순화시킨 것이다. 더 현실적인 경우에 대부분의 국가들은 한 재화 이상을 생산하고 대부분의 재화들은 한 국가 이상에서 생산된다.

둘째, 2국가·2재화의 세계에서조차 무역의 제한이 없거나 수송비용과 제품차별화가 없는 경우에만 완전 특화가 발생한다.

셋째, 완전 특화는 직접적으로 불변비용의 가정에서 나온다. 기회비용 불변의 가정은 생산기술에 있어서 예외이며, 일반적으로 생산의 증가에 따라 기회비용이 증가한다.

마지막으로, 경험적인 검증은 상대생산성과 리카도모형이 제시한 무역유형 간에 양의 관계가 있는 것으로 나타나고 있다. 정책적 측면에서 지금까지 검토한 리카도모형은 자유무역이 세계의 후생을 증가시킴을 보여준다. 노동생산성의 증가를 통하여 특화와 교환의 이익을 실현하기 위하여 부존자원은 국가들 간에 자유롭게 이동할 필요가 있다. 따라서 다음 제3장에서는 기회비용이 증가하는 경우를 가정한 신고전학파의 모형을 다룬다.

연습문제

1. 자국이 이용 가능한 1,200단위의 노동력을 갖고 있다. 두 재화, 예컨대 사과와 바나나를 생산하는데, 사과생산의 단위노동 필요량은 3, 바나나는 2이다.
   (a) 자국의 생산가능곡선을 그려라.
   (b) 바나나에 의한 사과의 기회비용은 얼마인가?
   (c) 무역이 없는 경우에 바나나에 의한 사과의 가격은 얼마인가? 그 이유는?

2. 자국은 문제 1에서 설명한 바와 같다. 800의 노동력을 갖는 또 다른 나라, 즉 외국이 있다. 사과생산에서 외국의 단위노동 필요량은 5이고, 반면에 바나나 생산에서는 1이다.
   (a) 외국의 생산가능곡선을 그려라.
   (b) 세계의 상대공급곡선을 그려라.

3. 세계의 상대수요가 다음의 형태를 갖는다고 가정한다.

$$\frac{\text{사과에 대한 수요}}{\text{바나나에 대한 수요}}=\frac{\text{바나나의 가격}}{\text{사과의 가격}}$$

   (a) 상대공급곡선에 따른 상대수요곡선을 그려라.
   (b) 사과의 균형상대가격은 얼마인가?
   (c) 무역의 유형을 설명하여라.
   (d) 자국과 외국이 모두 무역을 통해 이익을 얻는다는 것을 설명하여라.

4. 1,200명의 노동자들 대신에 자국은 2,400명의 노동자들이 있다고 가정한다. 균형상대가격을 구하여라. 이 경우에 자국과 외국 간의 무역이익에 대한 분할에 대하여 무엇을 이야기할 수 있는가?

5 자국은 2,400명의 노동자들을 갖고 있지만, 이들은 앞 문제에서 가정하고 있는 바와 같이 두 산업에서 절반 정도만큼 생산적이다. 세계상대공급곡선을 그리고 균형상대가격을 구하여라. 무역이익은 문제 4에서 설명된 경우와 어떻게 다른가?

6 한국의 노동자들은 1시간당 2달러보다 더 낮은 소득을 얻는다. 만일 한국이 미국에 원하는 만큼 수출한다면, 미국 노동자들의 임금은 한국과 같은 수준으로 하락한다. 2달러의 임금을 받는 노동자를 수입하지 않고서는 3달러짜리 셔츠를 수입할 수 없다. 이것을 설명하여라.

7 일본의 노동생산성이 미국의 그것보다 어느 정도 더 낮을지라도 철강·자동차와 같이 중요한 부문에서는 일본이 더 높다. 이들 부문에서 미국의 산업들은 일본의 경쟁 때문에 감소하게 된다. 만일 일본이 모든 부분의 생산성에서 미국을 추월한다면, 미국의 전 경제는 철강과 자동차의 산업과 같이 감소하게 되는 것을 의미하는가? 이 논쟁의 오류를 지적하여라.

8 많은 재화들이 비교역재라고 하는 사실은 무역에서 얻는 이익의 범위에 어떻게 영향을 미치는가?

9 단지 2개의 국가만을 포함하는 무역의 경우에 초점을 맞춘다. 2재화를 생산할 수 있는 많은 국가들이 있고 각 국가는 하나의 생산요소, 예컨대 노동만을 갖고 있다고 가정한다. 이 경우에 생산과 무역의 유형에 대하여 무엇을 말할 수 있는가?

10 L^A=A국의 노동부존량=200단위, L^B=B국의 노동부존량=100단위
a_{LX}=A국에서 X재 1단위를 생산하는 데 필요한 노동단위수=4
a_{LY}=A국에서 Y재 1단위를 생산하는 데 필요한 노동단위수=8
b_{LX}=B국에서 X재 1단위를 생산하는 데 필요한 노동단위수=5
b_{LY}=B국에서 Y재 1단위를 생산하는 데 필요한 노동단위수=4
(a) 각국의 생산가능곡선을 그려라.

(b) 어느 국가가 어느 국가에 대하여 절대우위를 갖는가? 그 이유는? 절대우위론에 의해 무역방향은 어떻게 예측할 수 있는가?

(c) 만일 절대우위에 따라 자유무역이 이루어진다면, 어떠한 정도의 생산특화가 발생하는가? 그 이유는? 각 재화는 어느 정도까지 생산되는가?

(d) 비교우위의 원칙에 따라 (b)와 (c) 문제에 답하여라.

(e) (b)와 (c)의 답이 (d)의 답과 어떻게 다르고, 다른 이유는 무엇인가?

11 $L^A=200$, $L^B=300$, $a_{LX}=4$, $a_{LY}=2$, $b_{LX}=5$, $b_{LY}=4$라고 하자. 이 경우 문제 10의 (a)~(c)에 대해 답하여라.

12 자급자족경제에서 생산 가능 영역과 소비 가능 영역 간에는 어떠한 관계가 있는가? 자유무역으로 이와 같은 관계는 어떻게 영향을 받는가?

13 2국가·2재화의 세계에서

(a) 한 국가가 두 재화의 생산에서 절대우위를 가질 수 있는가? 그 이유는?

(b) 한 국가가 두 재화의 생산에서 비교우위를 가질 수 있는가? 그 이유는?

14 비용불변하에서 두 재화를 생산하는 두 가상적인 국가에 대하여 자급자족 및 자유무역하의 균형을 그림으로 표시하여라. B국이 X재 생산, A국이 Y재 생산에 비교우위가 있도록 그림을 그려라.

15 다음 말에 대하여 논평하여라.

(a) 비록 두 국가들이 요소부존량과 기술수준이 같더라도 두 국가의 기호가 서로 다르다면 서로 무역하는 것이 이익이 된다.

(b) 비록 두 국가들의 기호가 같더라도 만일 두 국가가 요소부존량과 기술수준이 다르다면 서로 무역하는 것이 이익이 된다.

(c) 무역을 개시하고 나면 두 국가 간에 상대가격은 같아진다. 그러나 일단 상대가격이 같아지면 더 이상 무역을 할 이유가 없다. 무역은

세계경제가 불균형 상태일 때에만 발생한다.

16 다음 표는 영국과 미국에서 섬유류와 자동차를 한 단위씩 생산하기 위하여 필요한 노동일수를 나타낸다.

국가	섬유류	자동차
영국	3일	6일
미국	2일	5일

(a) 각 국가에서 하루분의 노동력으로 생산할 수 있는 섬유류와 자동차의 단위수를 계산하여라.

(b) 미국이 이용 가능한 노동력으로 1,000인을 갖고 있다고 하자. 미국에 대한 생산가능곡선을 그려라.

(c) 만일 교역조건이 1단위 자동차 : 2단위 섬유류일 경우 무역에 따른 미국의 소비가능곡선을 그려라.

(d) 미국에 대한 무역 이전의 소비점을 표시하여라. 그리고 무역 이후 미국이 두 재화의 소비를 더 많이 할 수 있는 소비점을 구하여라.

17 다음 표는 프랑스와 독일에서 컴퓨터와 밀의 산출량 한 단위를 생산하기 위하여 필요한 노동일수를 나타내고 있다.

국가	컴퓨터	노동일수
프랑스	100일	4일
독일	60일	3일

(a) 자급자족하의 가격비율을 계산하여라.

(b) 어느 국가가 컴퓨터에, 다른 어느 국가가 밀에 비교우위를 갖고 있는가를 나타내고 그 이유를 설명하여라.

(c) 만일 교역조건이 1 컴퓨터 : 22 밀이라면 프랑스는 무역을 개시함에 따라 수입재 1단위당 노동력이 며칠 절약되는가?

(d) 독일은 수입재 1단위당 노동력이 며칠 절약되는가? 만일 교역조건이 1 컴퓨터 : 24 밀이라면, 각각 수입재 1단위당 독일과 프랑스는

노동력이 며칠 절약되는가?

(e) 프랑스와 독일 간에 무역이익의 배분에 대하여 (d)와 (c)를 비교하고, 차이가 발생하는 이유를 서술하여라.

18 소규모의 저개발국들(LDC)이 대규모 선진공업국들과 무역함으로써 손해를 보고 있다는 주장과 리카도모형에서 의미하는 소규모 국가와 대규모 국가 간의 무역이익에 대한 배분을 어떻게 조화시킬 수 있는가?

19 만일 한 국가가 생산유형을 변화시킬 수 없다면, 그 국가는 무역에서 이익을 얻는 것이 어떻게 가능한가?

TRADE

제3장

신고전학파의 모형: 비용체증하의 생산, 소비 및 무역

개요

리카도의 비용불변모형에서는 완전 특화가 초래되지만 실제로는 발생하지 않고 있다. 이 장에서는 비용이 증가할 경우에 비교우위가 어떻게 나타나는가를 살펴본다.

제1절에서는 무역이 없는 자급자족하의 신고전학파의 모형을 살펴본다. 비용증가를 가정한 경우 생산가능곡선을 유도하고, 자급자족하의 균형을 분석한다. 제2절에서는 개방경제하의 신고전학파의 모형을 검토한다. 비용이 증가하는 경우 무역개시에 따라 소비가 증가하는 것은 두 국가에서 자급자족의 상대가격이 서로 다르기 때문이다. 비용증가하에서 생산특화를 분석하고, 무역이 개시된 후에 국제균형을 살펴본다. 제3절에서는 무역의 이익을 교환의 이익과 전문화의 이익으로 구분하여 분석한다. 제4절에서는 지금까지 생산가능곡선과 무차별곡선의 분석틀에서 발전시킨 결과들을 전통적인 수요와 공급곡선을 사용하여 다시 분석한다. 제5절에서는 무역을 발생시키는 최소한의 조건으로서 생산가능곡선이 동일한 경우와 수요조건이 동일한 경우의 두 국가 간의 무역을 다룬다. 마지막으로 제6절에서는 신고전학파 모형 분석의 주요 가정의 의미를 검토한다.

신고전학파 이론은 일반성을 제약함으로써 국제무역의 구조에 관하여 단순한 예측을 하는 데 사용된다. 따라서 헥셔-올린이론은 신고전학파 이론의 특수한 경우로 고려될 수 있다.

중요 용어

- 비용체증
- 등량곡선
- 생산자균형
- 한계생산물의 비율
- 고정투입비율생산함수
- 한계기술대체율($MRTS$)
- 신고전학파(비용체증)의 모형
- 교환의 이익 또는 소비의 이익
- 생산의 효율성(파레토최적)
- 전문화의 이익 또는 생산의 이익
- 무역삼각형
- 생산의 효율성 궤적
- 에지워스 상자 그림
- 한계생산물
- 요소집약도
- 자본-노동비율
- 등비용선
- 자본집약적인 재화
- 요소가격
- 노동집약적인 재화
- 파레토선택
- 보상의 기준
- 균형가격

앞 장에서 발전시킨 생산·소비·무역의 단순모형은 기회비용이 국가 간에 차이가 발생하는 경우 국제무역이 어떻게, 그리고 왜 상호간에 이익이 될 수 있는가를 설명하는 데 매우 유용하다. 대부분의 국가들은 그들이 소비하는 것에 비하여 상대적으로 다양한 종류의 재화를 생산한다. 대부분의 산업에 대한 실제 연구결과에 따르면, 생산의 기회비용은 불변이라기보다는 오히려 산출량의 수준에 따라 증가한다. 이 점에서는 이와 같은 비용체증(increasing cost) 현상에 초점을 둔다. 비용증가를 무역모형에 포함시키면 경험적으로 관찰된 부분특화를 설명할 수 있다. 비용증가의 가능성은 비교우위의 다른 요인을 설명할 수 있다. 비교우위는 단순히 두 국가 간에 기회비용의 차이를 반영한다. 그러나 기회비용이 왜 다른가? 리카도모형으로 설명할 수 있는 것은 단지 투입함수의 차이로 설명되는 생산기술의 차이이다. 만일 기술이 두 국가 간에 같다면, 기회비용 불변과 자급자족하에서 상대가격은 같으며, 무역의 잠재적 이익은 없다. 따라서 비용불변모형이 무역이익에 대한 원인을 충분히 설명할 수 있다고 할지라도 기회비용이 다른 이유를 더 설명하고자 한다. 비용증가모형의 다른 이점은 국제무역정책이 지속적으로 논란이 되고 있는 이유를 설명할 수 있다는 점이다. 무역정책의 결정은 이해관계가 상반되는 서로 다른 두 집단에 서로 다른 영향을 미친다. 즉, 일부 그룹은 자유무역을 강하게 옹호하는 반면에 다른 그룹은 여러 가지 형태의 제약, 즉 보호주의적 조치가 주어져야 한다고 믿는다.

1 자급자족하의 신고전학파 모형

이 장에서는 제2장에서 도입하여 단순화시킨 가정을 계속 사용하여 자유무역시와 자급자족시 재화의 이용 가능 범위를 비교하는 것을 목적으로 한다. 자급자족하에서 각 국가는 두 재화의 생산에 이용할 수 있는 자원의 고정된 양에 대한 배분에 관하여 결정한다. 이 결정은 국가의 생산뿐만 아니라 소비를 결정한다.

1.1. 비용증가하에서 자급자족할 때의 생산

비용증가의 개념을 이해하기 위해서 이 모형에서의 두 번째 요소, 즉 또 하나의 생산요소인 자본을 고려해 보자. 비용불변모형에서는 노동이라는 하나의 생산요소만 존재하며, 노동의 각 단위는 노동의 다른 단위와 완전 대체가 된다. 신고전학파 또는 비용체증의 모형에서는 노동(L)과 자본(K)의 두 생산요소가 있으며, 이것은 두 산출량 X재와 Y재를 생산하는데 효과가 동일하지 않다. 무역이론에서 사용되는 자본의 개념은 기계·건물 및 설비 등과 같은 제조업의 내구재 투입요소를 총칭한다.

두 생산요소가 있을 때 생산기술은 어떻게 표시할 수 있는가? 몇 개의 제품에서는 고정비율(fixed proportions)의 두 생산요소를 사용할 필요가 있다. 그렇지만 대부분의 생산과정에서 하나의 생산요소를 다른 생산요소로 대체할 수 있다. 예를 들면, 자동차는 기계화된 조립시설 라인과 로봇 등과 같은 대규모의 자본량과 적은 양의 노동을 사용하여 생산할 수 있다. 반면에 일부 국가에서는 많은 양의 노동과 단순한 장비 형태로 적은 양의 자본을 사용하여 생산할 수 있다.

(1) 생산함수와 등량곡선

각 산업에서 생산하는 기업은 주어진 생산요소로 생산할 수 있는 최대산출량을 생산하기 위해서 가장 우수한 생산기술을 사용하고자 한다. 이는 생산함수(production function)로 표시되는데, 생산함수란 일정 기간에 사용하는 여러 가지 생산요소의 수량과 그 결합으로부터 얻을 수 있는 최대산출량 간의 기술적 관계를 나타낸 것이다. A국에서 X재와 Y재를 생산하는 산업에 대한 생산함수는 $X^A=f_X^A(L_X^A,\ K_X^A)$, $Y^A=f_Y^A(L_Y^A,\ K_Y^A)$와 같이 표시한다. 각 산업에서 사용된 자원량을 생산함수의 오른쪽에 대입함으로써 각 산업의 산출량이 결정된다. 예를 들면, f_X^A가 $X^A=2L_X^A \cdot K_X^A$로 정의된다면, 3단위의 노동과 2단위의 자본을 고용하였을 때 $X=2\cdot3\cdot2=12$단위를 생산할 수 있다. 생산요소는 서로 대체할 수 있기 때문에 산출량의 주어진 양은 노동과 자본의 여러 가지 결합을 사용하여 생산될 수 있다. 이와 같은 대체 가능성을 그래프로 나타낸 것을 등량곡선(isoquant curve)이라고 한다. 등량곡선이란 어떤 상품을 생산하는 데 있어서 동일한 수준의 산출량을 효율적으로 생산해 낼 수 있는 여러 가지 서로 다른 생산요소의 조합을 연결한 곡선이다.

〔그림 3-1〕은 A국에서 X재 생산에 대한 등량곡선을 나타내고 있다. 각 등량곡선은 원점에서 멀리 떨어질수록 높은 산출량을 나타내며, 우하향하고, 원점에 대하여 볼록한 형태를 취한다. 한 생산요소의 사용량을 줄이면서 동일한 수준의 산출량을 생산하기 위해서는 다른 생산요소의 사용량을 증가시켜야 한다. 이와 같은 생산요소 간의 대체는 우하향하는 등량곡선으로 표시된다. 한 요소(노동)를 다른 요소(자본)로 대체해 감에 따라 노동과 자본의 한계기술대체율이 점점 감소하는 현상을 한계기술대체율 체감의 법칙(law of diminishing marginal rate of technical substitution)이라고 한다. 한계기술대체율이 체감하기 때문에 등량곡선이 원점에 대하여 볼록한 형태를 갖는다. 노동과 자본의 한계기술대체율(marginal rate of technical substitution: $MRTS$)이란 동일한 생산수준을 유지하면서 노동을 한 단위 추가로 더 고용할 때 포기해야 하는 자본량을 말한다. 등량곡선상의 한 점에서 한계기술대체율은 그 점에서 그은 접선의 기울기의 절대값과 같으며, 노동의 한계생산물과 자본의 한계생산물의 비율로 표시된다.

A국에서 X재의 산출량에 대한 일정한 수준을 생산하는 데 노동과 자본의 모든 가능한 결합이 주어진 경우에 X재를 생산하는 기업들이 특별한 생산과정을 어떻게 선택하는가를 규정할 필요가 있다. 각 기업은 어떤 수준의 산출량을 최소비용으로 생산한다. 이윤은 총수입에서 총비용을 뺀 것과 같기 때문에 비용최소화의 생산과정을 사용하지 않는 기업은 이윤을 포기하는 것과 같다. 단지 두 가지의 생산요소가 있다는 가정을 사용하여 X재를 생산하는 기업의 총비용은 A국에서 매기간당 노동자 한 사람에게 지불되는 시장임금률(w^A)에 고용된 노동량(L_X^A)을 곱한 것에 자본의 가격(r^A)[1]에 고용된 자본량(K_X^A)을 곱한 것을 더한 것이다. 따라서 총비용은

[1] 자본이라는 투입요소는 한 기간 이상에 걸쳐 소비한다는 의미에서 내구재이다. 예를 들면, 단 한 번만 구입된다고 할지라도 기계는 몇 년 동안 계속 사용된다. 한 기간 동안에 그와 같은 기계를 사용하는 데 포함된 비용은 구매가격이 아니라 단지 그 가격의 일부분

그림 3-1 | A국에서의 X재 산업의 등량곡선

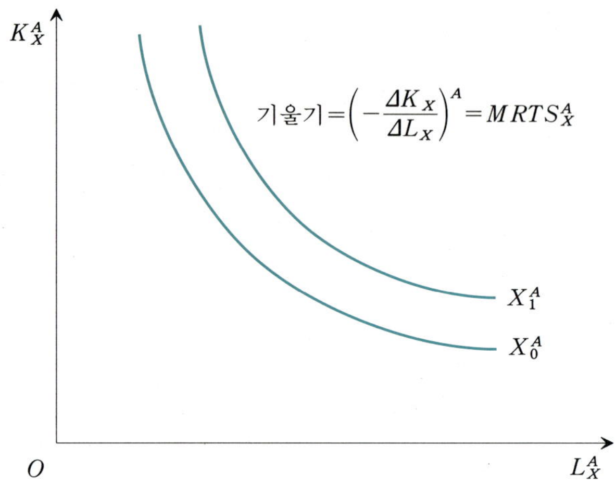

$TC_X^A = w^A L_X^A + r^A K_X^A$와 같이 표시한다.

총비용에 대한 식을 사용하여 비용의 수준을 나타내는 선은 [그림 3-2]와 같이 나타낼 수 있으며, 이 선을 등비용선(isocost curve)이라 한다. 등비용선이란 일정한 총비용으로 기업이 구입할 수 있는 자본과 노동의 모든 가능한 조합들을 연결한 직선이다. 한 등비용선 위의 모든 점들은 두 요소의 결합비율은 다르지만 동일한 총비용을 나타낸다.

등비용선을 그릴 때 만약 C만큼의 총비용을 전부 자본을 임대하는 데 사용한다면, 자본의 가격이 r^A이므로 C/r^A단위만큼의 자본재를 사용할 수 있다. 반면에 C만큼의 총비용을 전부 노동을 사용하는 데 사용한다면 C/w^A단위만큼의 노동을 고용할 수 있다. 이 수직절편과 수평절편을 연결한 것이 C에 대한 등비용선이며, 이 선의 기울기는 $-(w/r)^A$가 된다.

[그림 3-1]과 [그림 3-2]는 생산과정에 대한 기업의 선택을 예시하고 있다. 기업은 가장 낮은 등비용선상에 있는 등량곡선상의 점을 선택함으로써 최소비용으로 산출량을 생산한다. 이것은 [그림 3-3]에 예시된 바와 같

이다. 한 기간 동안에 그와 같은 기계를 사용하는 비용을 자본의 임대료(rental rate)라고 한다. 왜냐하면, 그것은 구매하는 것보다 오히려 한 기간 동안에 기계를 임대하는 비용에 해당되기 때문이다.

그림 3-2 | A국에서의 X재 산업의 등비용선

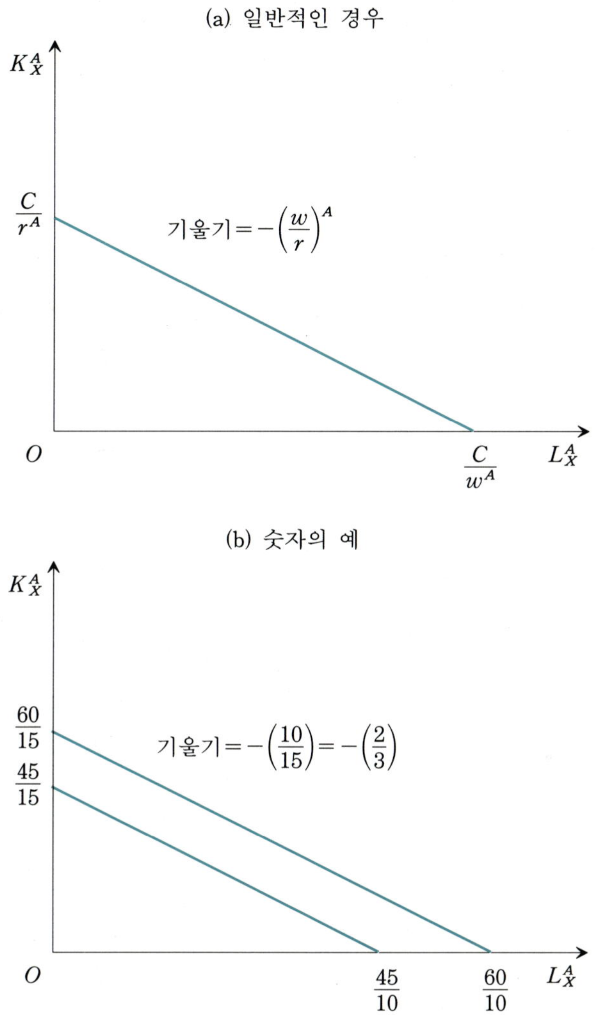

이 등량곡선과 등비용선이 서로 접하는 점에서 일어난다.

산출량 수준 X_0^A는 $C^* = w^A L_X^{A*} + r^A K_X^{A*}$의 총비용에서의 L_X^{A*}의 노동단위와 K_X^{A*}단위의 자본을 사용하여 생산된다. 선택된 점에서 산출량의 일정한 수준을 유지하면서 등비용선 기울기의 절대치로 주어진 상대요소가격은 두 생산요소가 서로 대체될 수 있는 비용과 같다. 등량곡선상의 한 점

그림 3-3 | X재 생산과정에서 A국 기업의 선택

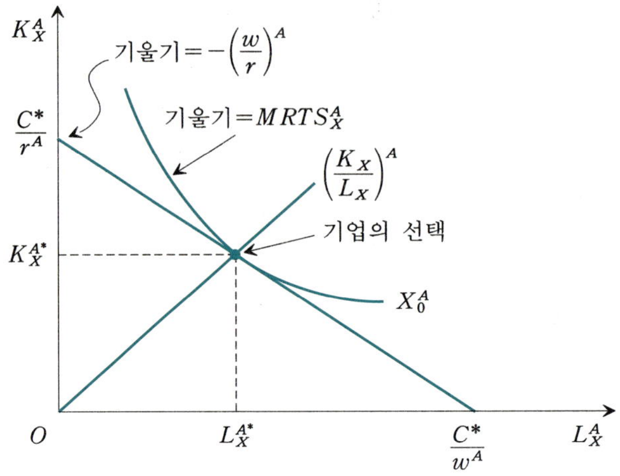

에 대한 기울기의 절대값은 한계기술대체율이며, 이것은 각 생산요소의 한계생산물의 비율(MP_L/MP_K)과 같다고 하였다. 기업의 선택점에서 등량곡선의 기울기와 등비용선의 기울기는 같다. 등비용선 기울기의 절대값은 두 생산요소의 가격 w/r이다. 따라서 최적요소배합을 나타내는 기업의 선택점에서

$$MRTS \equiv -\frac{\Delta K}{\Delta L}\bigg|_Q \equiv \frac{MP_L}{MP_K} = \frac{w}{r}$$

이 성립된다. 이 식은 다음과 같이 바꿔쓸 수도 있다.

$$\frac{MP_L}{w} = \frac{MP_K}{r}$$

위의 식을 최소비용의 원칙 또는 최대산출량의 원칙이라고도 하며, 한계생산물 균등의 법칙이라고도 한다.

(2) 자본-노동비율

기업이 선택한 자본과 노동의 비율은 (K_X^{A*}/L_X^{A*})이며, 이를 자본-노동

비율(capital-labor ratio)이라고 한다. 원점을 통과하는 선분과 선택된 생산점의 기울기는 [그림 3-3]에 나타난 바와 같이 자본-노동의 기울기[2]이다. 자본-노동비율은 제2장에서 사용된 투입계수와 밀접한 관련이 있으며, K_X^{A*}와 L_X^{A*}를 생산된 X재의 단위수로 나눔으로써 X재의 각 단위를 생산하기 위해서 사용된 자본과 노동의 단위수를 나타낸다. 이것도 앞 장에서 사용된 투입계수의 정의, 즉 A국에 대하여 $a_{KX}=K_X^{A*}/X_0^A$ 및 $a_{LX}=L_X^{A*}/X_0^A$와 같다. 첫 번째 계수는 A국에서 X재 1단위를 생산하는 데 사용된 자본단위의 수이고, 두 번째 계수는 A국에서 X재 1단위를 생산하는 데 사용된 노동단위의 수이다.

$K_X^{A*}/L_X^{A*}=a_{KX}/a_{LX}$로서 이들 계수와 제2장에서 사용된 계수 사이의 주요한 차이점은 이것이 일정한 것이 아니고 두 생산요소의 상대가격에 달려 있다는 점이다. 비용불변모형에서 A국의 기업이 X재 한 단위를 생산하는 유일한 방법은 a_{LX}단위의 노동력을 사용하는 것이다. 이것은 등량곡선을 따라 자본과 노동의 모든 결합으로부터 얻을 수 있으며, 선택된 특정한 결합은 두 생산요소의 상대가격에 달려 있다. 예를 들면, 자본의 가격에 비하여 상대적으로 임금이 하락한다면 기업들이 어느 주어진 산출량을 생산하는 경우 더 많은 노동과 더 적은 자본을 사용하게 된다. 즉, 자본-노동비율이 하락한다(이것은 [그림 3-3]에서 그래프상으로 어떻게 설명될 수 있는가?).

A국에서 Y재를 생산하는 기업들은 X재를 생산하는 기업들과 같은 형태의 의사결정 과정을 거친다. 각 기업은 비용을 최소화하는 생산과정을 선택하며, 이와 같은 선택은 투입계수의 비율 a_{KY}/a_{LY}로 요약할 수 있다. 중요한 것은 비록 두 산업이 각 국가 내에서 요소의 완전 이동성에 따라 같은 상대요소가격에 직면한다고 할지라도 일반적으로 투입계수의 비율은 두 산업에 대하여 다르다는 것이다. 예를 들면, [그림 3-4]에서 비록 두 기업이 자본과 노동의 요소가격이 같더라도 철강을 생산하는 기업(S_0^A)은 노동에 비하여 상대적으로 자본의 양을 더 많이 사용하는 생산기술을 선택한다. 반면에 섬유를 생산하는 기업(T_0^A)은 자본에 비하여 상대적으로 더 많은 노동을 사용하는 생산방법을 선택한다. 철강과 섬유산업이 같은 상대

[2] 선분상 어느 점의 원점으로부터의 수직거리는 사용된 자본의 양을 측정하고, 원점으로부터의 수평거리는 노동량을 측정한다. 따라서 선분의 기울기는 K_X^{A*}/L_X^{A*}이다.

그림 3-4 | 두 산업의 자본-노동비율

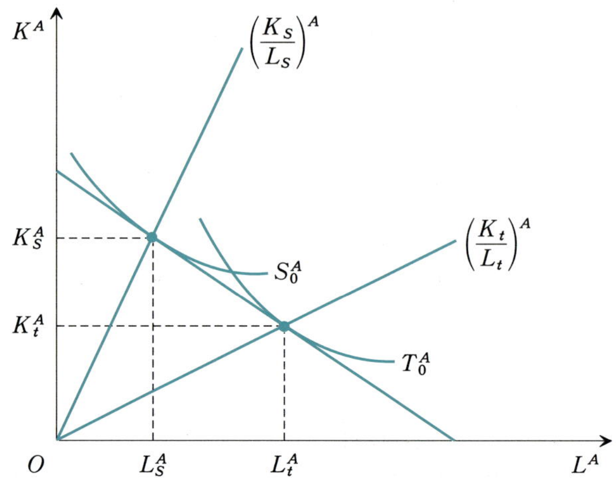

요소가격에 직면한다고 할지라도 철강산업은 섬유산업보다도 더 높은 자본-노동비율을 갖는다. 만일 $(a_{KX}/a_{LX})>(a_{KY}/a_{LY})$라면 X재는 Y재에 비하여 상대적으로 자본집약적(capital intensive)인 재화라고 한다.

중요한 것은 절대적 수준의 자본의 양이 아니라 노동의 양에 비하여 상대적으로 사용된 자본의 양이다. Y재가 X재보다도 더 많은 양의 노동과 자본을 사용한다고 하자(예를 들면, $a_{LX}=2$, $a_{KX}=4$, $a_{LY}=3$, $a_{KY}=5$). 그럼에도 불구하고 X재가 상대적으로 더 많은 자본(4/2>5/3)을 필요로 한다면, X재는 상대적으로 자본집약적이다. 단지 두 재화와 두 생산요소만이 있는 경우에 X재가 자본집약적이라는 말은 Y재가 노동집약적(labor intensive)이라는 의미이다.[3] [그림 3-4]를 보면, 철강(S)은 자본집약적 산업이고 섬유(T)는 노동집약적 산업이다.

네 가지의 투입계수로 요약된 생산기술은 A국의 생산가능곡선을 설명하는 데 필요한 두 가지 정보 가운데 하나를 제공한다. 다른 필요한 정보는 A국의 노동과 자본의 부존량이다. A국은 노동 L^A단위, 자본 K^A단위를 갖고 있다고 가정한다. 두 산출량이 다른 비율로 두 생산요소를 사용

[3] 왜냐하면, X재가 자본집약적이라고 정의하는 부등호는 직접적 Y재가 노동집약적이라는 정의, 즉 $(a_{LY}/a_{KY})>(a_{LX}/a_{KX})$를 의미하기 때문이다.

그림 3-5 | 비용체증하의 생산가능곡선의 형태

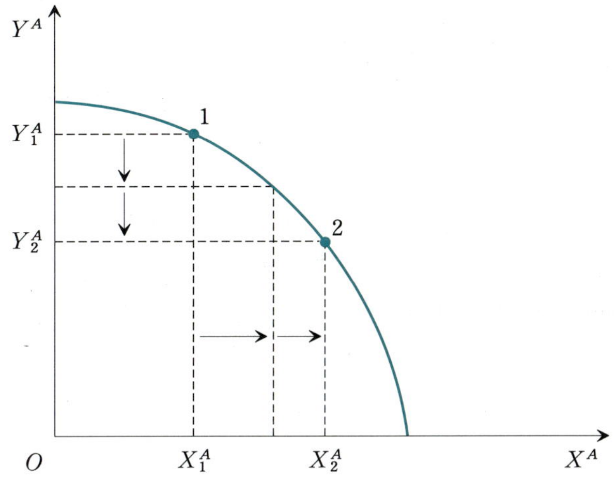

하여 생산된다(또는 다른 요소집약도를 갖는다)는 것은 비용불변모형과 같이 이미 직선이 아니며 원점에 대해 오목하다. X재가 자본집약적이고, Y재는 노동집약적이며, A국이 [그림 3-5]에서 보듯이 더 많은 Y재와 더 적은 X재를 생산하는 점 1에 있다고 가정하자. 한 국가가 생산가능곡선을 따라 점 1에서 점 2로 생산을 변화시킴으로써 감소된 Y재(노동집약적인 재화)의 생산은 상대적으로 더 많은 양의 노동과 더 적은 양의 자본을 방출한다. 자원이 자본집약적인 X재 산업에서는 불리한 비율로 바뀌고 있다. 국가가 점 2로 더욱더 이동할수록 X재 산업은 생산과정에서 더 크게 조정된다. 노동집약적인 Y재 산업이 축소함에 따라 방출되는 자본과 노동의 결합비율(K/L)은 X산업이 필요로 하는 K/L보다 작아진다. 이에 따라 X재 산업에서는 노동을 자본으로 대체해서 사용해야 한다. 그러나 노동과 자본 간에 완전 대체성이 없으면 X재의 생산량을 증가시킴에 따라 점차로 Y재 산업에 부적합한 자본을 사용하게 됨으로써 X재 한 단위의 추가 생산에 필요한 자본의 양에 따라 포기해야 할 Y재의 양은 체증한다. 즉, X재의 한계기회비용은 체증한다. 이와 같은 논리는 Y재의 경우에도 적용되므로 Y재의 기회비용도 체증한다.

곡선을 따라 각 점에서 생산가능곡선의 기울기에 대한 절대값은 포기된 Y재에 의한 X재의 기회비용을 나타낸다. 감소된 Y재를 따라 더 많은 X재가 생산됨에 따라 X재의 기회비용이 상승한다. 같은 방법으로 X재가 더 감소함에 따라 더 많은 Y재가 증가하므로 Y재를 생산하는 기회비용(1/생산가능곡선 기울기의 절대값)은 증가한다. 한계변환율(MRT^A)은 앞 장의 비용불변모형에서와 같이 일정하지 않으며, 이것은 생산된 X재와 Y재의 특수한 결합에 의해 좌우된다. 두 생산요소는 서로 완전 대체가 될 수 없기 때문에 어떤 재화의 생산증가에 따라 그 재화의 기회비용이 증가한다. 이 생산요소들은 두 재화를 생산하는 데 각기 다른 생산성을 가지므로 두 재화의 효율적인 생산을 위해서 두 투입요소가 두 산업에서 다른 집약도로 사용될 필요가 있다.

1.2. 생산가능곡선의 유도

X재와 Y재에 대한 생산함수가 주어진 경우에 한 국가의 부존자원을 알고 나면 생산가능곡선을 유도할 수 있으며 이를 위해 기하학적인 방법, 즉 에지워스 상자 그림을 이용할 수가 있다. 에지워스 상자 그림은 두 축의 그림을 하나의 상자 형태 그림으로 결합한 것이다.

각 산업이 두 생산요소, 즉 노동(L)과 자본(K)을 사용하여 단일국가 안에 두 산업에 대한 정보(A국에서 X재와 Y재 산업)를 결합하는 에지워스 상자를 발전시킴으로써 시작한다. 각 산업은 [그림 3-6]에 예시된 바와 같이 등량곡선으로 특징지을 수 있다. [그림 3-6]에서 각 축의 길이는 A국에서 이용 가능한 노동과 자본의 양으로 정의된다. 노동력에서 $L^A = L_X^A + L_Y^A$단위 이상 또는 자본에서 $K^A = K_X^A + K_Y^A$단위 이상 사용할 수 없다.

에지워스 상자를 형성하기 위해서 Y재 산업의 그림을 취하여 이것에 대하여 180° 회전시켜서 그림의 원점을 오른쪽 상단에 놓는다. 다음으로 두 직선이 [그림 3-7]에서와 같이 만나서 상자를 형성시킬 때까지 X재 산업과 Y재 산업의 그림을 서로 이동시킨다.

상자와 수평축은 X재와 Y재 산업 사이에 배분되는 A국에서 이용 가능한 노동의 총량, 수직축은 자본의 총량을 나타낸다. 상자 내의 모든 점들은 X재와 Y재를 생산하기 위한 자원배분을 나타낸다. 예를 들면, 점 I은 L_{X0}^A단위의 노동이 X재 산업, L_{Y0}^A단위가 Y재 산업에 사용된다는 것을

그림 3-6 | A국 X재 산업과 Y재 산업의 등량곡선

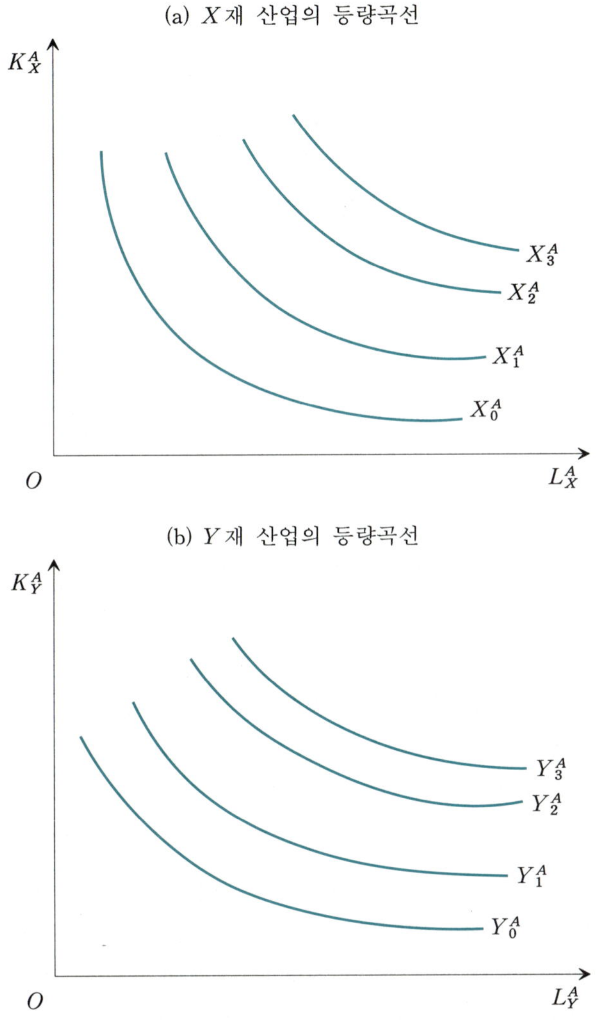

의미한다. 생산의 효율성(파레토최적)은 X재 산업과 Y재 산업 간에 요소를 재배분하여도 한 생산물의 산출량을 감소시키지 않고서는 다른 생산물의 산출량을 증가시킬 수 없는 상태를 말하며, 두 재화의 등량곡선이 접하는 점들은 이러한 생산의 효율성을 만족시킨다. 등량곡선의 기울기는 자본과 노동의 한계기술대체율($MRTS_{LK}$)이다. 따라서 생산의 최적조건은 두 재화,

그림 3-7 | A국의 X재와 Y재 생산에 대한 에지워스 상자

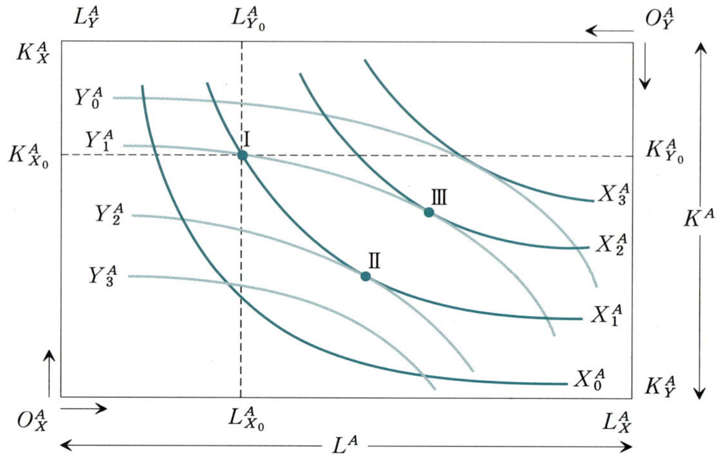

즉 X재와 Y재를 생산하는 데 있어서 자본과 노동의 한계기술대체율이 같아야 한다.

$$MRTS_{LK}^X = MRTS_{LK}^Y$$

위 식을 만족시키는 점들을 연결하면, [그림 3-7]에서 곡선 O_X^AIIIIIO_Y^A로 표시된다. 이 계약곡선상의 모든 점들은 어떤 생산물의 산출량을 감소시키지 않고서는 다른 생산물의 산출량을 증가시킬 수 없는 자원배분의 상태를 나타낸다. X재 생산기업과 Y재 생산기업의 요소사용량이 생산의 계약곡선상에 있지 않으면, 자발적인 요소교환을 통해 계약곡선으로 이용함으로써 두 기업 모두 이득을 볼 수 있다. 예컨대, [그림 3-7]의 점 I에서는 $MRTS_{LK}^X \neq MRTS_{LK}^Y$이다. 그러나 점 I에서 점 II로 옮겨 가면 $MRTS_{LK}^X = MRTS_{LK}^Y$이다. 따라서 X재 생산을 감소시키지 않고 Y재 생산을 늘릴 수 있다. 계약곡선 O_X^AIIIIIO_Y^A상의 모든 점들은 파레토효율성이 있는 점으로 산출량의 공간에서 생산가능곡선상에 있다. 따라서 [그림 3-8]에 예시된 바와 같이 점 II와 III은 A국의 생산가능곡선상에 있는 반면에 점 I은 생산가능곡선 내부에 있다.

그림 3-8 | A국의 생산가능곡선

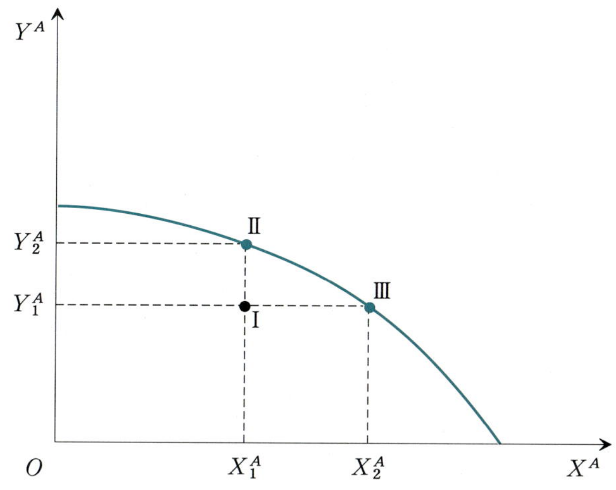

1.3. 비용체증하에서 자급자족할 때의 균형

두 재화에 대한 기호와 선호를 나타내기 위하여 앞 장에서 사용된 무차별곡선의 방법은 비용증가라는 조건에서도 사용될 수 있다. 생산가능곡선은 생산의 기회비용으로 정의된다. 자급자족하에서 국가의 소비가능곡선은 생산가능곡선상의 X재와 Y재의 결합으로 제약을 받는다. 그 국가의 소비자들은 이용할 수 있는 부존자원과 기술의 제약하에서 효용을 극대화하면서 가장 높이 도달할 수 있는 무차별곡선상에 있는 기회비용(생산가능곡선)의 범위 안에 있는 점을 선택한다. [그림 3-9]는 이와 같은 결과를 예시하고 있다. A국은 무차별곡선 U_0^A와 생산가능곡선이 서로 접하는 A^*에서 가장 높은 효용수준을 얻는다. 자급자족할 때의 균형은 X재의 X^{A*}단위와 Y재의 Y^{A*}단위의 생산과 소비를 포함하고 있다. 균형점에서 Y재에 의한 X재의 기회비용은 점 A^*에서 생산가능곡선의 기울기로 표시된다. 모든 시장들이 완전경쟁이라고 가정하기 때문에 X재의 상대가격은 기회비용과 같아야 한다. 따라서 자급자족하에서 X재의 상대가격은 A^*에서 생산가능곡선에 접하는 선의 기울기로 주어진다. 그러므로 자급자족할 때의 균형은 $MRT^A = MRS^A = -(P_X/P_Y)^A$이다. 이 조건들은 A국에 이용 가

그림 3-9 | 비용체증하에서 자급자족할 때의 균형

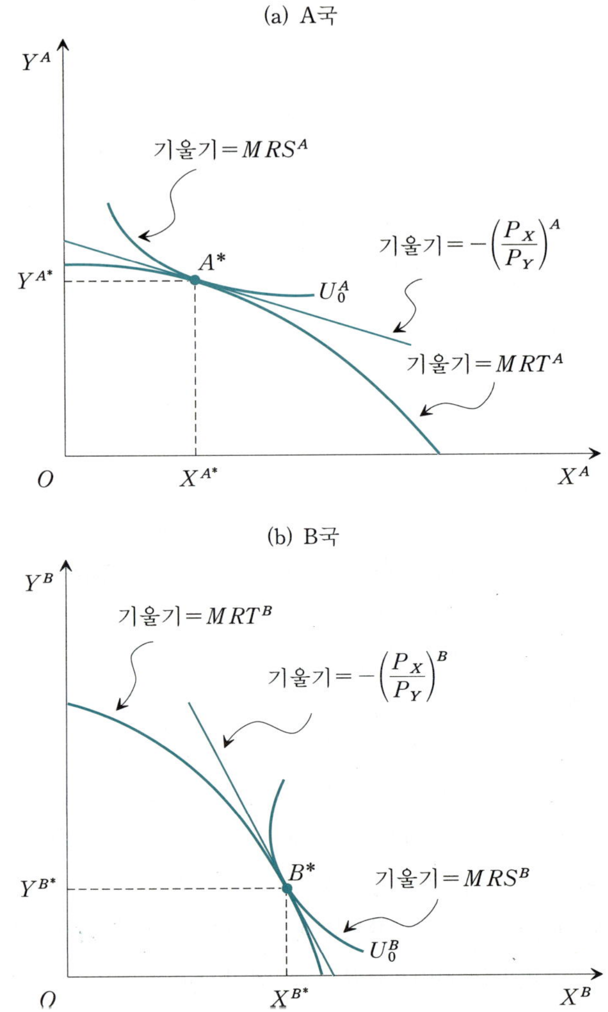

능한 자원과 기술이 주어진 경우 가장 높은 만족수준에 도달할 수 있는 방식으로 생산하고 있다는 것을 의미한다. 생산가능곡선을 따라 A국에서 X재를 Y재로 전환할 수 있는 비율도 A국의 소비자들이 무차별곡선을 따라 두 재화를 서로 교환하는 비율과 같다. 그렇지만 B국을 A국에 대한 잠재적인 무역상대국으로 도입함으로써 무역으로 A국에서 가장 높게 도달할 수 있는 최상의 점보다 더 높은 산출량에 도달할 수 있다는 것을 보여줄 수 있다.

B국은 X재와 Y재 생산에 배분할 수 있는 L^B단위의 노동력과 K^B단위의 자본을 갖고 있다. B국 각 산업의 기업들은 모든 가능한 생산방법 중 생산비용을 최소화하는 노동과 자본의 결합을 선택한다. 선택된 생산과정은 B국의 경우 X산업에서 b_{LX}와 b_{KX}, Y산업에서 b_{LY}와 b_{KY}로 표시된 투입계수로 요약될 수 있다. 이 계수들은 A국의 계수들과 같이 일정하지 않으며, B국에서 두 생산요소의 상대가격에 달려 있다.

B국에서의 요소부존량과 생산기술은 생산가능곡선의 형태를 결정한다. [그림 3-9]에서 B국의 자급자족시의 균형은 생산가능곡선이 가장 높아 도달할 수 있는 무차별곡선과 접하는 점 B^*에 있다. B^*에서 생산가능곡선의 기울기에 대한 절대값은 B국에서 X재를 생산하는 기회비용을 나타낸다. B^*에서 무차별곡선의 기울기에 대한 절대값은 MRS^B 또는 B국의 소비자들이 두 재화의 소비를 서로 교환하려는 비율과 같다. 모든 시장은 완전 경쟁이기 때문에 각 재화의 상대가격은 기회비용과 같아야 하며, B^*에서 생산가능곡선에 접하는 선의 기울기에 대한 절대값은 B국에서 자급자족하의 X재의 상대가격을 측정한다.

2 개방경제하의 신고전학파 모형

비용이 체증하는 경우 자급자족경제에서 각 국가에 대한 생산의 기회비용은 소비의 기회비용과 같다. A국과 B국 사이에 무역을 개시하면 각 국가의 소비자들은 각 생산가능곡선 밖에 있는 두 재화의 결합을 소비할 수 있게 된다. 이렇게 무역을 개시함에 따라 소비가 증가하는 것은 두 국가에서 X재와 Y재의 자급자족하에서 상대가격이 서로 다르기 때문이다.

2.1. 비용체증하의 생산특화

완전 경쟁을 가정한 자급자족하의 균형은 앞 절에서 살펴본 바와 같이 $MRT^A = MRS^A = -(P_X/P_Y)^A$이다.

신고전학파 모형에 따르면, 만일 A국에서 X재의 상대가격 $(P_X/P_Y)^A$이 B국에서의 X재의 상대가격 $(P_X/P_Y)^B$보다 더 낮다면 A국은 X재 생산에 비교우위를 갖고 있다고 정의한다. 모든 시장이 완전 경쟁이기 때문에 이 조건은 X재의 기회비용은 B국에서보다 A국에서 더 낮다는 것을 의미한다. 만일 [그림 3-9]에서 A국이 자급자족을 할 경우의 균형을 나타내는 상대가격선의 기울기가 B국이 자급자족을 할 경우의 균형을 나타내는 상대가격선의 기울기보다 더 완만하다면, 기하학적으로 A국은 X재 생산에 비교우위를 갖고 있다. 따라서 A국이 국내자원을 Y재 생산에서 X재 생산으로 이동시키면 세계생산은 더 효율적이게 된다.

앞 장의 비용불변모형에서와 같이 비교우위는 기회비용의 개념을 연장한 것이다. 그렇지만 비용체증모형에서 전통적으로 비교우위는 직접적으로 기회비용을 비교하는 것보다 오히려 기회비용을 반영하는 자급자족하의 상대가격을 비교하는 것으로 정의된다. 이것은 비용증가하의 기회비용은 생산가능곡선을 따라 변화하기 때문이다. 자급자족하에서 상대가격을 사용하여 기회비용을 비교하기 위해서는 두 생산가능곡선을 따라 어떤 점을 선택하여야 한다. 이 점이 비용불변모형과 비용체증모형 간의 중요한 차이점을 나타내고 있다. 두 모형에서 비교우위의 방향을 결정하는 것은 생산가능곡선의 기울기를 비교하는 것이다. 비용불변하에서는 각 곡선의 기울기가 일정하므로 비교우위의 결정은 생산가능곡선을 따라 그 국가의 특수한 위치에 의존하지 않는다. 이것은 비용불변모형에서 기호가 비교우위를 결정하는 데 중요한 역할을 하지 못한다는 것을 의미한다. 여기서 비교우위는 기호에 의한 수요 측면보다는 오히려 기술에 의한 공급 측면에 의하여 결정된다. 비용체증하에서 비교우위의 결정은 비용이 생산가능곡선을 따라 변화하기 때문에 기회비용이 비교되는 생산가능곡선상의 정확한 점을 규정할 필요가 있다. 이와 같은 사실은 다음에서 살펴보는 바와 같이 비교우위를 결정할 때 기호 또는 수요가 중요한 역할을 하기 때문이다.

[그림 3-9]에 나타난 바와 같이 $MRT^A = (P_X/P_Y)^A < MRT^B = (P_X/$

$P_Y)^B$인 경우, 즉 A국에서 X재의 상대가격선의 기울기가 B국에서 X재의 상대가격선의 기울기보다 더 작다면, A국은 X재 생산에 비교우위를 갖는다. 반대로 이것은 B국은 Y재 생산에 비교우위가 있다는 것을 의미한다. 만일 각 국가가 비교우위가 있는 재화를 더 많이 생산하고 비교열위가 있는 재화를 더 적게 생산한다고 가정하자. A국에서 X재를 추가로 한 단위 더 생산하는 것은 B국에 비해 Y재의 더 작은 단위를 포기한다는 것을 의미한다. 같은 방법으로 B국에서 Y재를 추가적으로 한 단위 더 생산하는 것은 같은 양의 Y재가 A국에서 생산되었을 경우보다 X재의 더 작은 단위를 포기한다는 것을 의미한다. 그러므로 비교우위에 따른 특화는 총산출량을 확대시킨다. 즉, 다른 재화의 생산을 감소시키지 않고 한 재화의 생산을 증가시킬 수 있다.

앞 장의 비용불변모형에서 이와 같은 특화과정은 각 국가가 비교우위가 있는 재화만을 생산할 때까지 계속된다. 이와 같은 완전 특화의 결과는 비용증가하에서도 계속하여 유지되는가? [그림 3-10]에 예시된 바와 같이 완전 특화가 이루어지지 않는다. 각 국가는 비교우위가 있는 재화의 방향으로 생산가능곡선을 따라 이동함으로써 특화하기 시작하면 그 재화를 생산하는 비용은 상승하고 비교열위가 있는 재화를 생산하는 비용은 하락한다. 다시 말하면, X재를 생산하는 비용은 A국에서 상승하고 B국에서 하락함에 따라 두 비용은 결국 수렴하여 같아진다. 반대로 Y재를 생산하는 비용은 B국에서 상승하고 A국에서 하락함에 따라 이들 두 비용도 같아진다. 그러므로 각 재화를 생산하는 비용이 두 국가에서 같아짐에 따라 추가적인 생산특화의 이익은 사라진다. 최적의 생산특화점은 두 생산가능곡선의 기울기가 같아지는 점 A_P와 점 B_P(하첨자 P는 생산을 표시한다)에서 이루어져 A국은 X_P^A와 Y_P^A, B국은 X_P^B와 Y_P^B를 생산한다. 만일 자급자족시의 가격(기회비용)이 두 국가 간에 같다면 비교우위와 특화의 동기가 없어진다.

[그림 3-10]에 예시된 조건은 생산이 두 국가 간에 또는 비교우위에 따라 효율적으로 배분된다는 것을 나타낸다. 그렇지만 이 조건만으로 두 국가에서 X재와 Y재의 어떤 결합으로 생산될 것인가를 정확히 결정하는데 충분하지 못하다. 결국 두 생산가능곡선의 기울기가 같은 많은 점들이 있다. 그림에서 점 A_P와 점 B_P는 같은 기울기를 만족시키는 유일하게 가능한 점을 구성하고 있다. 이들 점 가운데 어느 곳에서 실제로 생산이 이

그림 3-10 | 비용체증에 따른 생산특화

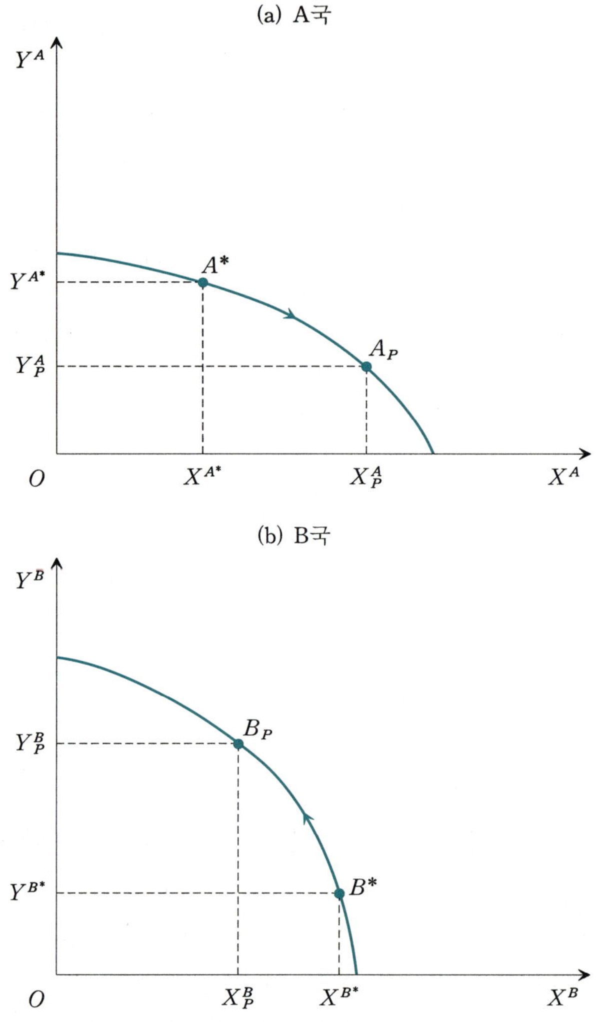

루어지는가? 이 문제에 해답을 얻기 위해서 이 모형에서 기호의 역할을 다시 도입하여야 한다. 왜냐하면, 두 국가 간의 생산기술 차이를 반영하는 생산가능곡선의 기울기만으로는 비교우위를 결정할 수 없기 때문이다.

2.2. 자유무역과 비용체증하의 국제균형

두 재화의 기회비용이 두 국가들 사이에 같아지도록 생산특화가 발생하면 두 재화의 상대가격은 두 국가에서 같아진다. 상대가격의 모든 조합 가운데 어느 가격수준에서 무역이 실제로 발생하는가? 시장청산 또는 균형무역조건은 A국이 수출하고자 하는 X재의 양이 B국이 수입하고자 하는 X재의 양과 같고, B국이 수출하고자 하는 Y재의 양이 A국이 수입하고자 하는 Y재의 양과 정확히 같은 수준에서 이루어진다. 이것은 어느 재화에 있어서 수요량과 공급량이 같은 가격, 즉 균형가격(equilibrium price)에 대한 정의이다. [그림 3-11]의 (a)에서 A국은 가장 높이 도달할 수 있는 무차별곡선과 접하는 국제교역조건을 나타내는 공통의 상대가격선을 따라 무역한다. 즉, A국에서는 X재 생산이 증가함에 따라 X재의 기회비용이 증가하여 $(P_X/P_Y)^A$는 상승하고, B국에서는 Y재 생산이 증가함에 따라 Y재의 기회비용이 증가하여 $(P_X/P_Y)^B$가 하락하여 양국 간의 재화가격비율은 완전 특화 이전에 같아진다. 이것은 자유무역하에서 A국의 최적의 소비점 A_C(하첨자 C는 소비를 표시한다)에서 발생한다. A국은 A_P에 생산하여 X재의 $(X_P^A - X_C^A)$단위를 B국에 수출하고 Y재 $(Y_C^A - Y_P^A)$단위를 B국에서 수입한다.

반면에 B국의 균형은 [그림 3-11]의 (b)에 표시되어 있다. B국의 소비자들은 새로운 교역조건을 따라 A국의 소비자들과 무역을 할 수 있다. 효용을 극대화하는 소비선택점은 B_C이다. B국은 $(Y_P^B - Y_C^B)$를 A국에 수출하는 대가로 A국으로부터 $(X_C^B - X_P^B)$를 수입한다.

자유무역은 국제교역조건에서 무역할 수 있게 하여 소비자들이 국내에서 생산할 수 없는 생산가능곡선 밖에 있는 소비결합을 얻게 함으로써 각 국가의 소비 가능 범위를 확대시킨다. 즉, A국은 X재 X_C^A단위 그리고 Y재 Y_C^A단위를 생산할 수 없으며, B국은 X_C^B와 Y_C^B를 생산할 수 없다. 또한 무역은 비용이 낮은 국가에서의 각 재화의 생산을 증가시키고 비용이 높은 국가에서의 생산을 감소시킴으로써 두 국가에서 각 재화의 기회비용이 같아지게 한다.

그림 3-11 | 비용체증시의 국제무역의 균형

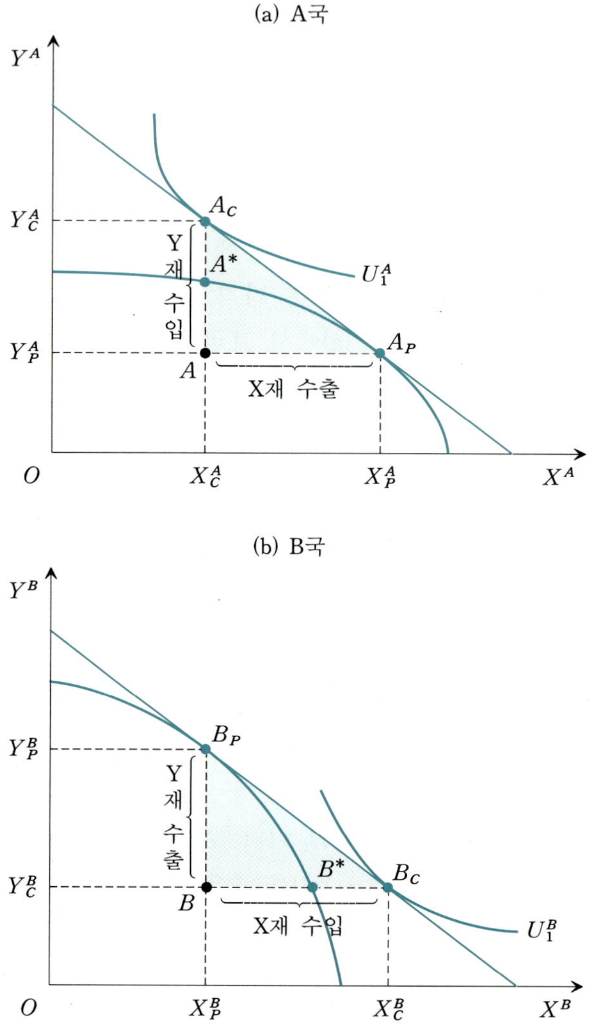

3 무역의 이익

지금까지 추상적으로 무역이익을 검토하여 모든 이익이 비교우위에 따른 생산특화로 발생한다는 것을 살펴보았다. 이 절에서는 무역이익에 초점을 맞추어 교환의 이익과 전문화의 이익으로 구분하여 살펴본다.

3.1. 교환의 이익

교환의 이익(gains from exchanges) 또는 소비의 이익(consumption gains)은 자급자족시의 생산유형을 변화시키지 않으며, 국가들 간의 자유로운 재화의 교환으로 발생된다. 자급자족하에서 두 재화의 상대가격은 [그림 3-9]에 나타난 바와 같이 국가들 간에 서로 차이가 있다. 각 국가에서의 상대가격은 한계대체율과 같기 때문에 두 국가의 소비자들이 두 재화의 소비를 교환하는 비율은 서로 다르다. B국의 소비자들은 X재 한 단위를 추가적으로 더 얻기 위하여 Y재를 $(P_X/P_Y)^B$단위만큼 포기할 의사가 있다. A국의 소비자들은 Y재를 $(P_X/P_Y)^A$단위만큼 더 얻기 위하여 X재의 추가적인 단위를 포기할 의사가 있다. 앞의 예에서처럼 비교우위의 정의에 따라 $(P_X/P_Y)^A<(P_X/P_Y)^B$를 가정하자. 그러므로 A국과 B국 간에 Y재와 X재를 교환하면 상호 이익이 될 수 있다. A국은 포기해야 하는 X재보다는 B국으로부터 얻을 수 있는 Y재를 더 높게 평가한다. 반대로 B국은 포기해야 하는 Y재보다는 A국으로부터 얻을 수 있는 X재를 더 높게 평가한다.

[그림 3-12]는 교환의 이익을 예시하고 있다. 각 국가는 자급자족의 점에서 계속하여 생산하지만 국내에서 생산된 재화를 소비하기보다는 오히려 A국의 소비자들은 B국의 소비자들과 무역을 하여 교환한다. A국의 기업들은 A국에서 자급자족하의 가격보다 더 높은 상대가격 $(P_X/P_Y)^A$로

그림 3-12 | 교환의 이익

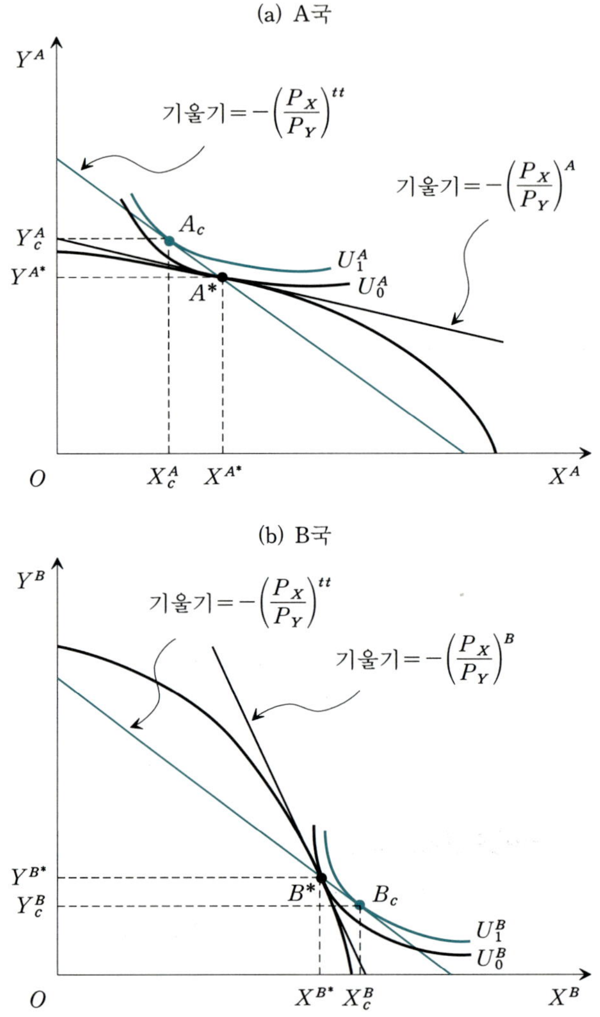

X재를 수출하려고 할 것이다. B국의 소비자들은 B국의 자급자족의 상대가격 $(P_X/P_Y)^B$보다도 상대적으로 더 낮은 가격에서 X재를 수입하려고 할 것이다. 두 국가들이 자발적으로 무역을 하기 위하여 국제교역조건(terms of trade: $(P_X/P_Y)^{tt}$)은 이들 제한범위, 즉 $(P_X/P_Y)^A \leq (P_X/P_Y)^{tt} \leq (P_X/P_Y)^B$ 사이에 있어야 한다. 이들 두 국가는 이들 범위 안에 있는 교역

조건으로 교환을 하는 것이 상호간에 이익이 된다.

교환이 발생하는 균형가격비율은 두 재화의 시장이 청산되는 조건에 의하여 결정된다. A국이 B국으로부터 Y재의 양과 교환하여 수출하려고 하는 X재의 양은 B국이 Y재를 수출하고 교환하여 수입하려는 X재의 양과 일치해야 한다. 이와 같은 교환을 통하여 각 국가는 자급자족에서보다 더 높은 효용수준에 도달할 수 있다. [그림 3-12]에서 교환의 이익은 사회무차별곡선이 A국에서 U_0^A에서 U_1^A, 그리고 B국에서 U_0^B에서 U_1^B로 이동하는 것으로 나타난다. 교환의 이익은 각 재화에 대한 소비자들의 기호에 기초하여 두 국가들 간에 자급자족으로 생산되는 X재와 Y재의 같은 양을 재분배함으로써 얻게 된다.

3.2. 전문화의 이익

[그림 3-13]에서는 예시된 교환의 이익 이외에 다른 무역이익이 있다. 교환의 이익을 제외한 나머지 부분은 비교우위의 선을 따라 생산의 특화로 인해 발생하여 전문화의 이익(gains from specializations) 또는 생산의 이익(production gains)이라고도 한다. 무역이 개시된 이후에 국가들은 이미 자급

그림 3-13 | 전문화의 이익

(a) A국

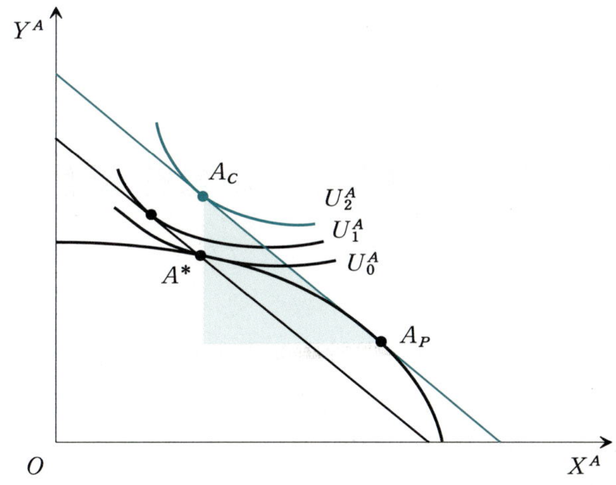

(b) B국

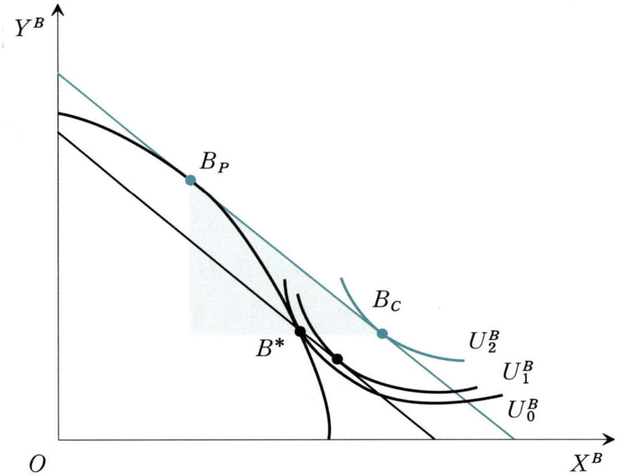

자족하에서 생산하는 재화의 결합과 동일하게 생산하지 않으며, 각 국가는 비교우위가 있는 재화를 더 많이 생산하고 비교열위가 있는 재화를 더 적게 생산함으로써 생산가능곡선을 따라 생산을 조정한다. [그림 3-13]은 [그림 3-11]의 자유무역하의 균형을 다시 그린 것이지만 무역의 총이익(U_0^A와 U_0^B에서 U_2^A와 U_2^B로 이동)이 교환의 이익(U_0^A와 U_0^B에서 U_1^A와 U_1^B로 이동), 그리고 전문화의 이익(U_1^A와 U_1^B에서 U_2^A와 U_2^B로 이동)으로 구성됨을 나타내고 있다.

4 무역을 발생시키는 최소한의 조건

앞 절에서 두 교역상대국의 자급자족하에서의 상대가격이 다른 경우에 무역의 이익이 발생한다는 것을 살펴보았다. 그러나 자급자족하에서 상대가격의 차이는 어떤 조건일 때 발생하는가를 검토할 필요가 있다. 만일 그와 같은 결과가 존재하지 않는다면 무역의 잠재적 이익은 제한되고 일반적으로 무역이론은 쓸모없게 된다. 반면에 상대가격의 차이를 발생시키는 요인들이 존재한다면, 무역의 잠재적 이익이 존재한다고 볼 수 있다. 이론적인 관점에서 수요조건과 공급조건의 차이로 인하여 두 국가들 간에 상대가격은 서로 다르다. 상대가격의 차이를 발생시키는 최소한의 조건을 살펴보기 위하여 먼저 생산조건이 동일하다고 가정하고 수요의 역할을 검토한 다음 수요조건이 동일하다는 가정하에서 공급의 역할을 분석한다.

4.1. 생산가능곡선이 동일한 두 국가 간의 무역

리카도모형에서 만일 모든 재화에 대한 생산조건이 교역상대국들 간에 같다면 두 국가 간에 무역 이전의 가격비율은 같다. 무역을 할 인센티브가 없기 때문에 무역이익은 없다. 반면에 동일한 생산조건을 갖는 두 국가는 신고전학파의 모형에서는 무역으로 이익을 얻는다. 여기서 고전학파 경제학자들은 두 국가 간의 수요조건의 차이와 기회비용이 체증하는 요인을 고려하지 않았기 때문이다. 기회비용이 체증하는 조건은 앞 절에서 분석하였으므로 수요조건의 차이를 검토한다. 이 경우를 살펴보기 위하여 [그림 3-14]를 고려한다. 두 국가가 생산조건이 같으므로 하나의 생산가능곡선만을 그린다. 두 국가들 간에 수요(기호)의 차이는 사회무차별곡선이 다른 것으로 나타난다. A국은 Y재에 대하여 상대적으로 강한 선호를 갖고 있다고 하자. 이와 같은 선호는 상대적으로 Y축에 가깝게 위치한 사회무차별곡선 S_1, S_2로 표시한다. 반면에 B국이 X재에 대하여 상대적으로 강한 선호를 갖고 있다면, 사회무차별곡선은 W_1과 W_2와 같이 X축에 가깝게 위치하게 된다. 자급자족시의 균형점은 A국은 점 E, B국은 점 e이다. 이와 같이 자급자족시의 균형점이 주어진 경우에 A국의 자급자족시 가격비율은 $(P_X/P_Y)^A$인 반면에 B국의 자급자족시 가격비율은 $(P_X/P_Y)^B$이다.

$(P_X/P_Y)^A$가 $(P_X/P_Y)^B$보다 더 작으므로 A국은 X재, B국은 Y재에 비교우위를 갖는다. 이와 같은 가격비율로 인해 A국에서의 Y재에 대한 선호는 P_X에 비하여 상대적으로 P_Y를 인상시키고, B국에서의 X재에 대한 선호는 P_Y에 비하여 상대적으로 P_X를 인상시킨다. 두 국가 간에 무역이 개시됨에 따라 A국은 X재를 수출하며, 그에 따라 X재 생산을 확대시

그림 3-14 | 동일한 생산가능곡선과 다른 수요조건에 따른 두 국가 간의 무역

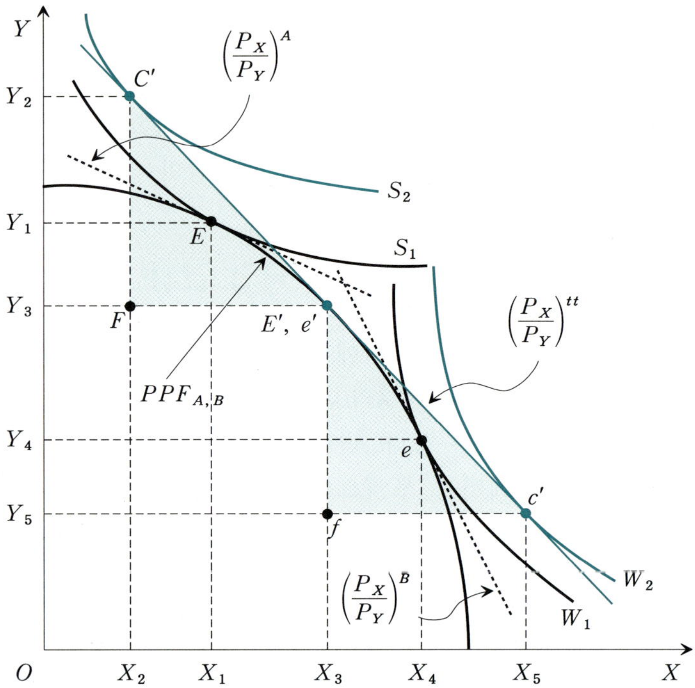

킨다. 따라서 A국의 생산점은 점 E에서 E'으로 이동한다. 여기서 X재 생산은 OX_3, Y재 생산은 OY_3이다. A국의 소비점은 E에서 C'으로 이동하며 X재는 OX_2, Y재는 OY_2가 소비된다. 따라서 A국은 X재를 X_2X_3만큼($C'FE'$의 무역삼각형에서 FE'의 거리와 같다) 수출하고 Y재를 Y_3Y_2만큼(무역삼각형에서 FC'의 거리와 같다) 수입한다. 여기서 무역에 따른 가격비율, 즉 $(P_X/P_Y)^{tt}$은 두 국가가 자급자족할 때의 가격비율 사이에 있게 된다.

무역개시에 따른 B국의 조정과정을 살펴보자. 자급자족시의 생산(소비)점 e로부터 B국은 생산점은 e', 소비점은 c'으로 이동한다. 여기서 무역 이후의 생산점은 두 국가가 같다. B국의 X재에 대한 생산은 OX_3, 소비는 OX_5이다. 따라서 B국은 X재의 X_3X_5만큼(B국의 무역삼각형 $e'fc'$에서 fc'의 거리와 같다) 수입한다. Y재 생산은 OY_3, 소비는 OY_5이므로 B국의 Y재에 대한 수출은 Y_5Y_3(무역삼각형에서 fe'과 같다)이다. 이 두 무역삼각형

$C'FE'$과 $e'fc'$의 면적은 같다.

두 국가 간에 무역이 개시됨에 따라 A국의 사회무차별곡선은 S_1에서 S_2로 이동한 반면에 B국의 사회무차별곡선은 W_1에서 W_2로 이동하였으므로 두 국가 모두 후생수준이 증가하였다. 따라서 신고전학파의 무역이론에서 수요구조가 다르고 동일한 생산구조를 갖는 국가 간의 무역은 상호간에 이익이 된다. 반면에 고전학파의 모형에서는 이와 같은 현상을 설명할 수 없다.

4.2. 수요조건이 동일한 두 국가 간의 무역

수요조건은 두 국가 간에 같지만 생산조건이 다른 경우를 살펴보자. 두 국가 간의 기술수준 차이 또는 요소부존량 차이 등과 같은 요인 때문에 두 국가의 생산구조(생산가능곡선)는 다를 수 있다. 제5장에서 요소부존량의 역할에 초점을 맞추어 설명할 것이므로 이 절에서는 두 국가 간에 기술수준이 서로 다르기 때문에 생산조건이 두 국가 간에 차이가 있다고 가정한다. 그러므로 각 국가는 다른 기술을 사용하기 때문에 생산가능곡선이 다르다. 이와 같은 상황은 [그림 3-15]를 통하여 설명된다. 상대요소부존량은 두 국가가 같다고 가정하므로 PPF_A는 X재 생산에 더 효율적인 기술, PPF_B는 Y재 생산에 더 효율적인 기술을 사용하고 있음을 나타낸다. 수요조건이 두 국가 간에 같다고 가정하므로 두 국가의 기호와 선호는 하나의 무차별곡선으로 나타낸다. 생산조건의 차이는 개방경제하에서 다른 국내가격비율을 초래한다. 이와 같은 상황에서 상대적으로 X재 생산에 더 효율적인 A국은 X재의 생산비용이 상대적으로 더 저렴하기 때문에 자급자족하의 생산점 E보다 생산과 소비를 증가시킨다. 같은 논리로 Y재 생산에 기술적 우위를 갖고 있는 B국은 Y재의 생산비용이 상대적으로 더 저렴하기 때문에 자급자족하의 균형점 e에서보다 Y재를 더 많이 생산·소비한다.

개방경제하에서는 두 국가 간의 생산조건 차이로 상대가격이 다르기 때문에 무역이익이 발생한다.

국제교역조건 $(P_X/P_Y)^{tt}$는 두 국가의 자급자족하의 가격 사이에 있으므로 A국은 X재 생산을 확대하고 Y재 생산을 감소시킴으로써 E'으로

그림 3-15 | 동일한 수요조건과 다른 생산구조를 갖는 두 국가 간의 무역

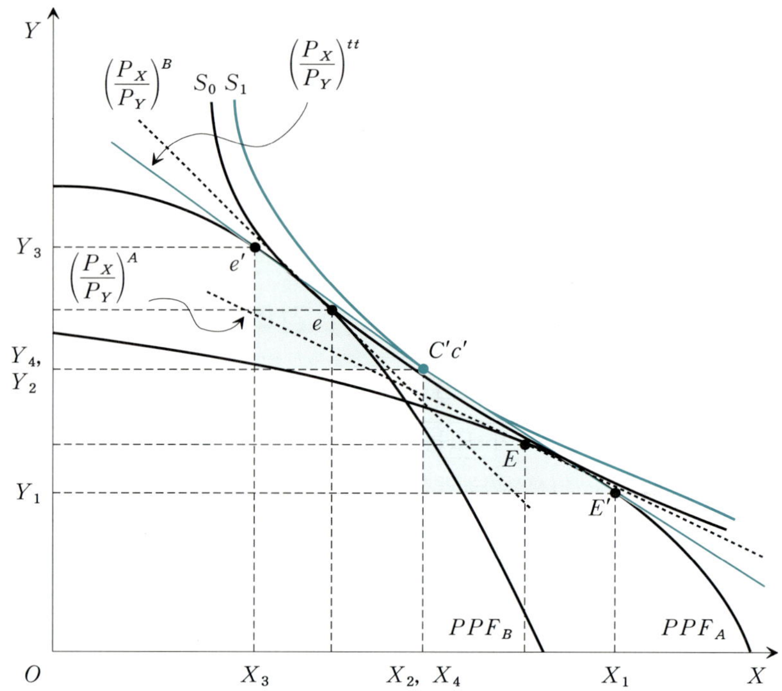

생산점이 이동한다. 같은 논리로 국제교역조건과 B국의 생산가능곡선이 접하는 접점 e'이 나타내는 바와 같이 B국은 Y재 생산을 확대하고 X재 생산을 감소시킨다. 수요가 두 국가 간에 같으므로 두 국가는 교역조건과 사회무차별곡선이 접하는 접점 C', c'에서 소비한다. 여기서 A국은 X_2X_1을 수출하고 Y_1Y_2를 수입하는 반면에, B국은 $Y_4Y_3(=Y_1Y_2)$를 수출하고 $X_3X_4(=X_2X_1)$를 수입한다. 따라서 두 국가는 사회무차별곡선이 증가하여 더 많은 소비를 하게 되므로 무역의 이익이 발생한다. 결론적으로 기술수준이 변화하거나, 국가 내의 요소공급이 증가하거나, 국가 간에 요소가 이동하거나 경제가 발전함에 따라 개별 국가의 수요유형이 변화함으로써 무역의 유형이 변화하게 된다.

• 사례연구 3-1 •

한국의 FTA 체결 현황

진행단계	상대국	추진 현황	의의
	칠레	1999년 12월 협상 개시, 2003년 2월 서명, 2004년 4월 발효	최초의 FTA, 중남미 시장의 교두보
	싱가포르	2004년 1월 협상 개시, 2005년 8월 서명, 2006년 3월 발효	ASEAN 시장의 교두보
	EFTA (4개국)	2005년 1월 협상 개시, 2005년 12월 서명, 2006년 9월 발효(EFTA 4개국: 스위스, 노르웨이, 아이슬란드, 리히텐슈타인)	유럽시장의 교두보
	ASEAN (10개국)	2005년 2월 협상 개시, 2006년 8월 상품무역협정 서명, 2007년 6월 발효, 2007년 11월 서비스협정 서명, 2009년 5월 발효, 2009년 6월 투자협정 서명, 2009년 9월 발효(ASEAN 10개국: 말레이시아, 싱가포르, 베트남, 미얀마, 인도네시아, 필리핀, 브루나이, 라오스, 캄보디아, 태국)	우리의 제2위 교역대상(2013년 기준)
	인도	2006년 3월 협상 개시, 2009년 8월 서명, 2010년 1월 발효	BRICs 국가, 거대시장
	EU (28개국)	2007년 5월 협상 출범, 2009년 7월 협상 실질 타결, 2009년 10월 15일 가서명, 2010년 10월 6일 서명, 2011년 7월 1일 잠정발효(EU 28개국: 오스트리아, 벨기에, 영국, 체코, 키프로스, 덴마크, 에스토니아, 핀란드, 프랑스, 독일, 그리스, 헝가리, 아일랜드, 이탈리아, 라트비아, 리투아니아, 룩셈부르크, 몰타, 네덜란드, 폴란드, 포르투갈, 슬로베니아, 스페인, 스웨덴, 불가리아, 루마니아, 크로아티아)	세계 최대경제권 (GDP 기준)
	페루	2009년 3월 협상 개시, 2010년 8월 협상 타결, 2010년 11월 15일 가서명, 2011년 3월 21일 서명, 2011년 8월 1일 발효	자원부국, 중남미 진출 교두보
	미국	2006년 6월 협상 개시, 2007년 6월 협정 서명, 2010년 12월 추가 협상 타결, 2011년 10월 22일 「한·미 FTA 이행법」 미 의회 상·하원 통과, 2011년 11월 22일 비준동의안 및 14개 부수법안 국회 본회의 통과, 2012년 3월 15일 발효	거대 선진경제권
	터키 (기본협정·상품무역협정)	2008년 6월~2009년 5월 공동연구, 총 4차례 공식 협상 개최(2010년 4월~2012년 3월), 2012년 8월 기본협정 및 상품무역협정 서명, 2012년 11월 22일 비준동의안 국회 통과, 2013년 5월 1일 발효	유럽·중앙아시아 진출 교두보
	호주	2009년 5월 한-호주 FTA 협상 개시 선언, 총 7차례 협상 개최(2009년 5월, 8월, 11월/2010년 3월, 5월/2013년 11월, 12월), 2013년 12월 4일 협상 타결 선언, 2014년 2월 10일 가서명, 2014년 2월 10일 가서명, 4월 8일 공식 서명, 12월 2일 비준동의안 국회 본회의 통과, 2014년 12월 12일 발효	자원부국 및 오세아니아 주요 시장

한국 정부는 세계적인 FTA 확산 추세에 대응하여 안정적인 해외시장을 확보하고 개방을 통해 우리 경제의 경쟁력을 강화하기 위해 FTA를 적극 추진한 결과 2015년 1월을 기준으로 한국은 지금까지 총 15건 53개 국가와 FTA 협상이 타결되었고, 이 중 49개 국가와 FTA가 발효되어 자유무역이 이루어지고 있다.

2003년 2월 한-칠레 FTA를 시작으로 2005년 2월 한-아세안 FTA, 2007년 6월 한-미 FTA, 2014년 4월 한-호주 FTA 그리고 2014년 9월 한-캐나다 FTA가 정식 서명 완료되었고, 그 외에도 RCEP, 인도네시아, 베트남 등과 FTA 협상이 진행 중이며, 동아시아 내에서는 중국, 일본 등과의 FTA를 통해 동아시아 지역통합에 기여한다는 구상을 가지고 있다.

한국의 세계 3대 경제권인 중국, 미국, EU와 모두 FTA를 맺고(타결 내지는 발효중) 세계 14대 경제권 중 일본, 러시아, 브라질을 제외한 11개국과 FTA 체결을 완료하여 세계 3위의 경제영토를 갖게 되면서 앞으로 FTA 시장을 선도적으로 주도할 수 있는 여건을 잘 마련하였다.

FTA로 인한 전체 성장효과를 총경제성장률과 비교한 결과, 2013년 우리나라 총경제성장률이 3%였는데, 이 중 FTA로 인한 성장효과가 1.19%를 차지하는 것으로 나타났다. 즉, FTA가 우리 성장의 버팀목 역할을 수행하는 것으로 이해할 수 있다.

2007년부터 2012년까지 지속적으로 증가했는데, 대기업과 중소기업 모두 FTA 상대국으로 진출이 활발하게 이루어져 수출기업 증가속도보다 FTA 상대국으로의 수출기업 증가속도가 빨랐다. 수출품목 역시 확대되었는데 칠레, EFTA, ASEAN 등에서는 중소기업의 수출품목수 확대가 상대적으로 높았지만 전체적으로는 대기업 품목수 증가율이 35.2%로 중소기업 품목수 증가율 3.9%보다 높게 나타났다.

5 신고전학파 모형의 분석에서 중요한 가정의 의미

이 절에서는 현실세계의 분석시 쓰이는 신고전학파의 모형에 사용된 필수적인 세 가지 주요한 가정을 음미하여 본다. 여기서는 신고전학파 이론을 비판하는 것보다는 주의를 환기하는 의미에서 간단히 다룬다.

5.1. 비용이 안 드는 요소의 이동성

신고전학파 모형의 분석에서는 생산요소들이 상대가격이 변화함에 있어 생산가능곡선을 따라 비용을 안 들이고 순간적으로 이동할 수 있다고 가정하고 있다. 그러나 실제로 변화된 상대가격에 따라 생산요소들의 이동이 즉각적으로 이루어지지 못한다. 또한 노동자 및 기계설비가 수입경쟁산업에서 사용되지 않고 수출산업에서도 완전히 흡수되지 않으므로 생산가능곡선 내부에 있는 자급자족하의 생산점에서 무역 이후의 생산점으로 이동할 수 있다. 긴 시간이 지나고 난 후에 사용되지 않은 요소들이 수출산업부문의 고용을 흡수하여 경제가 생산가능곡선상으로 이동하게 된다. 이와 같은 종류의 이동은 신고전학파의 이론에서 가정하고 있지 않다.

만일 생산요소가 매우 완만하게 산업 간 이동을 하거나 조정비용이 있어서 생산점이 생산가능곡선 내부에서 움직인다면, 어떤 형태이든지 정부보조가 필요하다. 또한 산업 간 구조조정의 문제를 겪게 된다. 이와 같은 문제는 제7장에서 자세히 다룬다.

5.2. 생산요소의 완전 고용

한 국가의 생산요소가 완전 고용되어 있다는 가정은 그 국가가 생산가능곡선상에서 생산하고 있다는 것을 의미한다. 따라서 무역으로 생산가능곡선의 내부에 있는 점에서 생산가능곡선상의 점으로 이동하는 상황은 분석하고 있지 않다. 완전 고용에 대한 가정은 국제무역이론보다 미시경제이론에서 일반적으로 사용된다. 미시이론에서 실업 문제는 거시경제이론 측면에서 해결하는 것으로 가정하고 있다. 예를 들면, 실업은 효과적인 재정·금융정책으로 해결될 수 있다고 본다. 반면에 미시경제이론에서는 효율성과 후생의 문제에 초점을 두고 있다. 현실세계는 항상 완전 고용의 상태에 있지는 않다. 그러나 완전 고용의 가정은 현실세계의 문제를 도외시하는 것이 아니라 유휴시설의 문제와 효율성과 후생의 문제를 구별하기 위해 사용된다.

5.3. 무역의 후생 측면

세계의 부존자원이 주어진 경우에 지금까지 무역의 개시로 생산할 수 있는 재화의 양과 소비할 수 있는 재화의 양이 확대됨에 따라 잠재적인 효용 또는 후생이 증가할 수 있다는 것을 설명하였다. 이와 같은 잠재적인 후생의 증가는 [그림 3-16]의 세계무차별곡선으로 설명할 수 있다.

[그림 3-16]의 자급자족 상태를 나타내는 점 1에서 자유무역 상태를 나타내는 점 2로 이동함으로써 모든 개인들의 실제효용은 증가하였다고 말할 수 없다. 왜냐하면, 각 점에서의 소득분배 상태를 알지 못하기 때문이다. 점 1에서 X재의 X_1단위와 Y재의 Y_1단위가 이용 가능하다. 여기서 한 개인이 X재와 Y재 모두를 소유한 반면에 다른 사람들은 아무 것도 갖지 않을 수 있다. 또한 X재와 Y재가 모든 개인들에게 균등하게 배분될 수 있다. 점 2에서도 같은 상황이 있을 수 있다. 점 2가 점 1보다 더 높은 무차별곡선상에 있다는 사실은 모든 개인들의 후생이 잠재적으로 더 증가할 수 있다는 것을 의미한다.

그림 3-16 | 자유무역에 따른 잠재적 세계후생의 증가

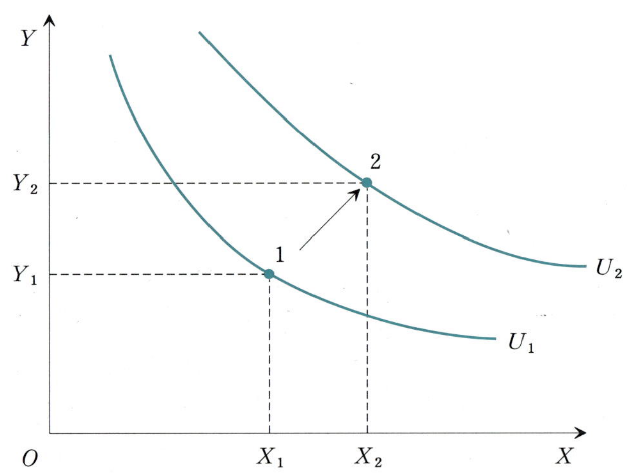

(1) 파레토 기준에 의한 효용의 비교

[그림 3-16]의 생산의 조합이 점 1에서 점 2로 이동함에 따라 X재 (X_2-X_1)단위와 Y재 (Y_2-Y_1)단위를 더 생산할 수 있게 됨으로써 모든 사람들이 전보다 더 많은 소득을 분배받는다고 하자. 이와 같은 경우 파레토선택(pareto criterion)에 따라 점 1에서 점 2로 이동함으로써 실제의 세계후생은 증가한다고 말할 수 있다. 파레토선택이란 다른 한 사람을 해치지 않고 적어도 한 사람은 이득을 보는 변화이다. 즉, 어떤 사람도 전보다 더 낮은 효용수준을 갖지 않으며, 동시에 최소한 한 사람의 효용수준은 전보다 더 높아야 한다. 생산의 증가분이 모든 소비자들에게 배분되는 경우 이 기준을 만족시킨다.

그러나 파레토선택이 갖는 문제점은 현실세계에서 이 기준을 적용하여 모든 사람들에게 이득이 되는 정책이나 변화의 예를 찾기가 불가능하다는 점이다. 대부분의 정책은 어떤 사람에게 이득이 되는 반면에, 다른 사람에게 손해가 되는 성격을 갖는다.

(2) 보상기준에 의한 효용의 비교

국제무역의 개시가 세계후생에 미치는 효과를 평가하는 데 발생하는 문제는 파레토선택으로 해결할 수 없다. 제5장에서 설명하게 될 스톨퍼-새뮤얼슨 정리와 요소가격 균등화 정리에서 예측하는 바와 같이 상대요소가격의 변화로 인하여 일부 그룹의 사람들은 무역으로 손해를 입는다. 단기적으로 이들 그룹은 그 국가가 비교열위에 있는 재화의 생산에 종사한 요소의 소유자들이다. 이와 같이 어떤 사람에게 이득이 되고 다른 사람에게 손해가 되는 후생효과를 평가하는 방법으로서 보상의 기준(compensation criterion)이 있다. 이 보상기준에 따르면 이득을 본 사람이 손해를 보게 된 사람에게 그 손해에 해당하는 보상을 해 주고도 남는 이익이 있다면 사회 전체적으로 보아 후생은 증가한다고 본다.

요약

지금까지 잘 알려진 2×2×2모형(2국가, 2재화, 2생산요소)에 대해 살펴보았다. 2×2×2모형을 직접 연장시킴으로써 일반적인 문제에 대한 균형조건을 쓸 수 있다. 실제로 각 국가의 생산과 소비 측면 모두가 최적화 절차를 적용하는 것은 각 국가에서 각 재화에 대한 수요와 공급을 상대가격만의 함수로 유도할 수 있다.

신고전학파의 이론은 일반성을 제약함으로써 국제무역구조에 관하여 단순한 예측을 하는 데 사용된다. 실제로 순수하게 분석적인 관점에서 헥셔-올린의 이론은 신고전학파 이론의 특수한 경우로 고려될 수 있다. 예를 들면, 신고전학파의 이론은 요소의 고정량에 대한 가정을 완화시켜 가변요소의 공급 또는 수송비용, 비교역재, 부문특정성 요소 등을 도입함으로써 여러 방향에서 일반화시킬 수 있다.

서로 완전 대체가 아닌 두 투입요소를 사용하여 재화가 생산될 때 재화가 더 많이 생산됨에 따라 각 재화를 생산하는 기회비용은 상승한다. 그 재화의 기회비용이 교역상대국들보다 더 낮을 때 그 국가는 그 재화의 생산에서 비교우위를 갖는다. 무역이 개시될 때 각 국가는 비교우위가 있는 재화를 특화하여 수출할 것이다. 그렇지만 특화는 앞 장의 비용불변모형에서와 같이 완전하지 못할 것이다.

각 국가는 두 가지 방법으로 무역이익을 얻는다. 첫째, 기호에 기초하여 두 국가 간에 자급자족하에서 생산된 같은 양의 재화를 재분배함으로써 발생하는 교환의 이익이 있다. 둘째, 비교우위에 따라 생산특화는 소비하기 위하여 이용할 수 있는 재화의 총량을 증가시킨다. 이 장에서 교역국 소비자들에 대한 후생을 증대시키는 데 있어서 자유무역의 잠재적 이익을 검토하였다. 그럼에도 불구하고 무역정책에 대한 현실세계의 결정에서는 더 복잡하다. 제5장에서 무역의 원인 및 유형에 대한 헥셔-올린의 이론을 검토하고 지금까지 검토하지 않은 각 국가 내에서 무역이 각국 내의 소득분배에 미치는 효과를 검토할 것이다.

연습문제

1 다음의 등량곡선을 고려한다.
   (a) 등량곡선을 정의하여라.
   (b) 등량곡선이 우하향하는 이유를 설명하여라.
   (c) 등량곡선이 원점에 대해 볼록한 이유를 설명하여라.

2 $(a_{KX}/a_{LX})>(a_{KY}/a_{LY})$, $(K^A/L^A)<(K^B/L^B)$, 그리고 A국과 B국이 동일한 기호와 기술수준을 갖고 있다고 가정하자.
   (a) 두 국가들의 생산가능곡선이 어떻게, 그리고 왜 다른지 그 이유를 설명하여라.
   (b) 자급자족과 자유무역의 균형상태에서의 생산점과 소비점, 수입과 수출, 자급자족하에서의 가격비율 및 교역조건에 대해 기술하여라.

3 무역이익이 발생하는 두 가지 원천은 무엇인가? 무역이 어떻게 두 당사국들에게 이익을 줄 수 있는가? 교환의 이익이 있지만 전문화의 이익이 없는 상황을 고려할 수 있는가?

4 두 국가(A, B), 두 재화(X, Y)가 있는 세계에서 Y재가 자본집약적이라는 말을 수식으로 나타내어라.

5 비용체증하의 기회비용과 생산가능곡선의 오목성 사이의 관계를 설명하여라.

6 다음의 경우 자급자족하의 가격이 두 국가에서 어떻게 다른가?
   (a) 동일한 생산가능곡선과 기호가 다를 경우는?

(b) 동일한 기호와 다른 생산가능곡선을 가질 경우는?

(c) 동일한 기호와 동일한 생산가능곡선을 가질 경우는?

7 두 국가(A, B), 그리고 두 재화(X재, Y재)의 세계에서 비용체증하의 비교우위의 정의를 써라.

8 한 국가가 의류와 기계류의 두 재화를 생산·소비하며, 자급자족 상태에서 균형에 있다고 가정하자. $(P_X/P_Y)^{tt} > (P_X/P_Y)$의 국제가격에서 무역을 한다. 여기서 무역을 하여야 하는가? 그렇다면 어느 재화를 수출해야 하는가? 이 경우 무역으로부터 이익을 얻게 되는가?

9 교환의 이익과 전문화의 이익 간의 차이를 설명하여라.

10 만일 어느 국가가 자급자족하의 생산가능곡선의 내부에서 생산하고 있어 8%의 실업률을 갖는다고 하자. 이 경우 실업률이 교역상대국과 같다면 무역으로 이익을 얻을 수 있는가?

11 생산하는 데 있어서 하나의 생산요소가 한 부문에서 다른 부문으로 쉽게 이동할 수 없을 때 무역이익은 사라진다. 상기에 대하여 논평하여라.

12 무역을 개시함에 따라 얻게 되는 이익이 있음에도 불구하고, 왜 일부 국가 및 국민들은 관세 및 수량할당 등과 같은 수단으로 무역을 제한하려고 하는가?

13 사회무차별곡선이 한 국가의 소비자들에게 대한 후생수준을 나타내는데 사용되려면 어떤 조건을 만족시켜야 하며, 이러한 조건이 국제무역에 미치는 효과는 무엇인가?

2 국제무역의 신고전학파 이론

제4장

수요와 공급의 결합: 오퍼곡선

개요

이 장에서는 국제무역에서의 수요와 공급의 역할을 검토한다. 이것은 오퍼곡선 또는 상호수요곡선이라는 개념을 통하여 분석할 수 있다.

제1절에서는 오퍼곡선의 개념을 살펴보고, 제2절에서는 무역무차별곡선을 통하여 오퍼곡선을 분석한다. 제3절에서는 자국과 외국의 오퍼곡선을 결합한 일반균형에 대한 분석을 한다. 제4절에서는 생산물시장과 요소시장의 균형을 통하여 무역의 양, 무역의 방향, 교역조건, 국제무역이 각 국가의 생산에 미치는 효과 및 각 교역국가 내에서 소비의 유형에 미치는 효과 등을 검토한다. 제5절에서는 수입재가격에 대한 수출재의 상대가격으로 정의된 교역조건의 의미를 검토한다. 제6절에서는 오퍼곡선의 분석을 통하여 수요와 공급 관계의 이동이 국제무역량과 교역조건에 미치는 효과를 검토한다. 제7절과 제8절에서는 오퍼곡선의 형태 및 균형의 안정성, 교역조건과 무역량에 대한 오퍼곡선 탄력성의 의미를 살펴본다. 마지막으로 제9절에서는 여러 가지 교역조건에 대한 개념에 대해 알아본다.

중요 용어

- 오퍼곡선
- 교역조건
- 일반균형모델
- 오퍼곡선의 탄력성
- 소득교역조건
- 대체효과
- 오퍼곡선의 후방굴절
- 마셜-러너의 조건
- 생산물과 요소시장의 균형
- 상호수요곡선
- 상품교역조건
- 무역무차별곡선
- 단일요소교역조건
- 수입수요의 탄력성
- 생산효과
- 수출공급의 기격탄력성
- 오퍼곡선 균형의 안정성

1 오퍼곡선의 개념

이 장에서는 국제무역에서 수요·공급의 역할을 검토한다. 이는 오퍼곡선(offer curve) 또는 상호수요곡선(reciprocal demand curve)이라는 개념을 통하여 분석할 수 있다. 일국의 오퍼곡선은 각각의 주어진 재화의 가격비율(교역조건)하에서 일국이 수출하고자 하는 양과 수입하고자 하는 양을 나타낸다.

두 재화, 즉 X재와 Y재의 국내가격비율이 A국에서 1 : 2, B국에서 1 : 3이라고 하자. 만일 X재와 Y재의 국제교역조건이 1 : 4라면 어느 국가도 X재를 국제시장에서 판매하지 않을 것이다. 대신에 X재와 Y재를 자국 국내에서 교환하는 것이 더 나을 수 있다. 동일하게 X재와 Y재의 국제가격비율이 1 : 1이라면, 어느 국가도 Y재를 해외로 판매하지 않을 것이다. 따라서 각국의 국내가격비율(여기서 1 : 2 및 1 : 3)은 국제가격비율(교역조건)이 수렴되는 범위를 설정한다. 이 범위 안에서만 두 국가들은 무역을 하려 할 것이다. 교역조건이 A국의 국내가격비율에 더 가까울수록 B국이 얻는 무역이익은 더 커진다.

교역조건은 정확하게 이들 두 국내가격비율 사이의 어느 곳에서 결정되는가? 이에 대한 해답은 교역조건이 정확하게 결정되기 전에 두 국가에 의한 두 재화의 수요를 알 필요가 있다는 것을 제시한 밀(J. S. Mill)의 상호수요의 법칙(law of reciprocal demand)으로 설명할 수 있다. 이 경우에 X재 생산에 비교우위를 갖는 A국이 어떤 상대가격에서도 Y재에 대하여 많은 수요를 갖고 있다면, 교역조건은 그 자신의 처음 국내가격비율에 접근하게 되고 교역상대국 B국은 국제무역에서 대부분의 이익을 얻는다. 이것은 A국이 많이 수요하는 Y재를 얻기 위해 그를 자신의 수출재인 X재를 계속적으로 낮은 가격으로 제공하는 반면 B국이 Y재의 공급가격을 급격히 인상시키기 때문이다.

그러므로 상호 수요조건은 모든 재화시장이 균형상태에 있는 국제균형조건을 결정한다. 공급은 각 국가 내의, 그리고 각 국가 간의 수요와 일치한다. 그렇지만 각 국가 내의 수요가 이 모든 국가들에서의 상품가격에 영향을 미치는 경우에만 상호 수요의 법칙이 의미가 있다. 예컨대, 미국과 한국 간의 X재와 Y재의 무역은 현재의 미국 국내가격으로 이루어진다. 왜냐하면, 한국에서 X재와 Y재에 대한 수요는 세계 전체의 수요에 비하여 매우 작기 때문이다. 만약 여러 시장에서 독점적 요소가 없다면 소국인 한국도 무역에서 오는 이익을 얻을 것이다.

2 무역무차별곡선을 이용한 오퍼곡선의 유도

국제무역에서 수요의 역할을 설명하는 방법으로는 오퍼곡선을 이용한 것이 있다. [그림 4-1]의 Ⅱ상한은 사회무차별곡선 U_1과 생산가능곡선 ab를 포함하고 있다. 무역이 없는 경우에 현존하는 부존자원과 기술수준하에서 가능한 모든 생산이 주어진 경우에 경제는 사회무차별곡선 U_1으로 표시된 후생수준에 도달할 수 있다. 점 T에서 X재와 Y재를 각각 5단위씩 생산·소비한다.

지금부터 이 국가의 생산블록 Oab를 취하고 사회무차별곡선 U_1을 따라 새로운 가상적인 균형점 T'으로 상향이동시킨다. 이때 T'에서의 소비는 X재 1단위와 Y재 10단위이다. T'에서 생산은 X재 7단위와 Y재 2단위이다. 초과생산된 X재 6단위는 Y재 8단위를 수입하는 대가로 수출된다.

점 T'은 사회무차별곡선 U_1상에 있으며, 이 국가는 국제무역에서 이익도 손해도 보지 않는다. 즉, 무역을 하든 않든 간에 무차별하다. 생산블록 Oab를 취하고 사회무차별곡선을 따라 새로운 균형점 T''으로 하향이동시켜도 같은 결과를 얻는다. 소비와 생산유형이 급격히 변화할지라도 이 국가는 점 T' 또는 점 T에서와 같이 후생수준은 동등하다. 모든 점 T는

그림 4-1 | 무역무차별곡선의 유도

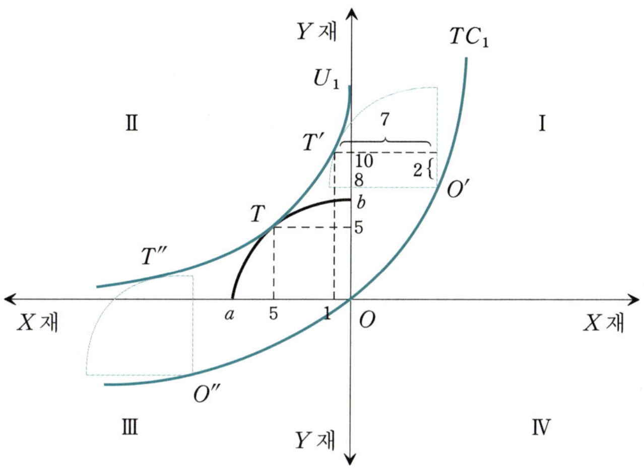

구분	재화	X재	Y재
무역이 없는 경우 (점 T에서 균형)	생산	5	5
	소비	5	5
무역이 개시된 경우 (점 T'에서 균형)	생산	7	2
	소비	1	10
무역량	수출	6	–
	수입	–	8

같은 사회무차별곡선상에 있다.

같은 무차별곡선을 따라 다른 생산과 소비의 결합을 나타내기 위하여 사회무차별곡선 U_1을 따라 생산블록 Oab를 상하로 이동시키면서 생산블록의 코너 O에서 곡선 TC_1을 그릴 수 있다. 이것을 무역무차별곡선(trade indifference curve)이라고 한다.

이 국가는 곡선 TC_1상의 어느 점에서 국제무역을 하든 간에 무차별하다. 그 이유는 변화하지 않는 생산블록으로 표시된 일정한 공급조건과 함께 선 TC_1은 사회무차별곡선에서 직접 유도되었으므로 TC_1상의 각 점은 후생수준이 같기 때문이다. 따라서 경제후생이 더 높거나 더 낮은 수준을 나타내는 사회무차별곡선의 같은 수에 대응하는 무역무차별곡선의 그룹을

그림 4-2 | 사회무차별곡선에서 무역무차별곡선의 유도

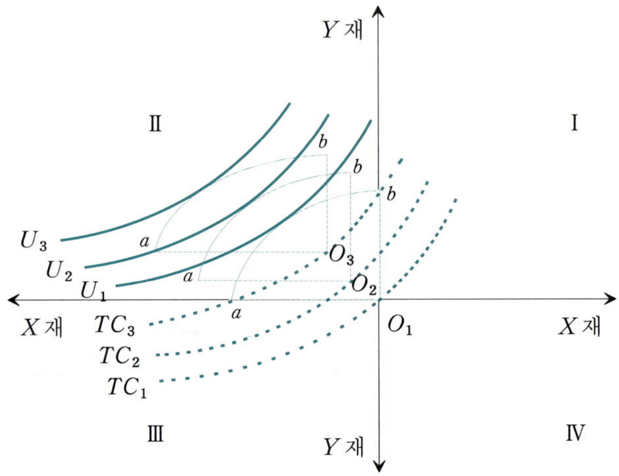

유도할 수 있다. 이것은 [그림 4-2]에 표시되어 있다. 무역무차별곡선 TC_1, TC_2, TC_3는 [그림 4-2]의 사회무차별곡선 U_1, U_2, U_3에서 유도되어 각각 생산블록 Oab의 꼭지점을 따라 그려진 것이다. 이처럼 각 사회무차별곡선은 무역무차별곡선과 1 : 1 대응관계에 있다. 후생수준은 무역무차별곡선이 높을수록 더 높다.

무역무차별곡선을 이용하여 오퍼곡선을 유도할 수 있다. 무역이 없는 경우에 X재와 Y재 사이의 국내상대교환비율은 [그림 4-3]에서 선분 OP_1의 기울기로 주어진다고 가정하자. 이때 이와 접하는 무역무차별곡선은 TC_1이며 접점은 원점이 된다.

이 비율 또는 이보다 낮은 비율로 국내에서 Y재를 더 저렴하게 얻을 수 있으므로 Y재 수입에 대한 대가로서 X재를 수출하려고 하지 않는다. 만일 국내상대교환비율이 OP_2로 상승한다면 Y재를 수입한 대가로 X재를 수출하려고 한다. 수입재에 대하여 지불해야 하는 가격에 비하여 상대적으로 수출재를 수출하여 지불받는 가격이 높을수록 더 높은 무역무차별곡선으로 이동한다. 이 경우에 OP_2가 TC_2에 접하는 점 W에 도달한다. 따라서 OP_1에 더 가까운 비율보다도 OP_2의 가격비율에서 X재를 더 많이 수출하려고 한다.

그림 4-3 | 오퍼곡선의 유도

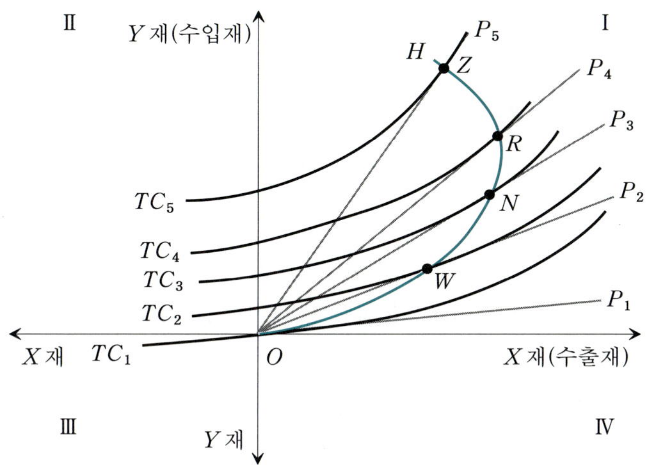

실제로 교역조건이 계속해서 개선되고 수출하는 X재 단위당 Y재를 더 많이 얻으므로 X재를 더 많이 수출하려고 한다. 예를 들면, P_3와 P_4의 교역조건에서 점 N과 R로 각각 교역량이 증가한다. 그렇지만 X재를 많이 수출하게 됨에 따라 국내가용자원이 제한되어 있으므로 생산비용이 증가한다. 같은 방법으로 Y재를 수입하는 양이 증가함에 따라 더 수입하려는 욕망은 감소한다. 따라서 Y재를 생산하는 비용은 급격히 감소한다. 그러므로 일정 시점에서는 Y재를 X재와 더 이상 교환하려고 하지 않을 것이다. 이 점 이상에서 더 적은 X재를 포기할 때마다 더 많은 Y재를 취할 것이다. 따라서 P_4와 P_5의 교역조건에서 추가적인 Y재를 얻는 대가로 X재를 제공하려는 오퍼는 0이 되면서 또한 음이 된다(점 R과 점 Z을 비교하여라).

가능한 모든 무역무차별곡선과 가능한 모든 교역조건선이 연속적으로 접하는 곡선 OH는 A국의 오퍼곡선이다. 따라서 오퍼곡선은 두 재화의 상대가격, 즉 교역조건이 변화할 때 수출하려고 하는 수출재의 수출량과 수입하려고 하는 수입재의 수입량 간의 궤적으로 정의할 수 있다. 오퍼곡선은 상호 수요로서 언급된 것을 그래프상으로 표시한 수요 및 공급조건을 동시에 파악하기 위한 분석도구이다.

3 일반균형

[그림 4-4]를 보면 *A*국에 대한 오퍼곡선을 유도한 것과 같은 방법으로 교역상대국인 *B*국에 대한 오퍼곡선도 유도할 수 있다. 자국의 생산가능곡선과 사회무차별곡선을 Ⅱ상한, *B*국의 생산가능곡선과 사회무차별곡선을 Ⅳ상한에 그려서 이에 대응하는 외국(*B*국)의 오퍼곡선 또한 그릴 수 있다. 두 국가(*A*국과 *B*국), 두 재화(*X*재와 *Y*재)에 대한 생산가능곡선과 사회무차별곡선은 [그림 4-4]에 종합적으로 나타나 있다. 이 그림에 표시되지는 않았지만 두 국가들에 대한 각각의 무역무차별곡선은 앞의 [그림 4-2]에서와 같이 유도되며, 이들 각각의 오퍼곡선은 무역무차별곡선과 여러 교역조건선이 서로 접하는 점을 연결한 것이다. [그림 4-4]에서 점 *R*에서 두 국가의 오퍼곡선이 서로 교차하며, 이 교차점(*R*)과 원점을 연결하는 상대가격선 *OT*가 균형교역조건을 표시하고 있다. 이 점에서만 일반균형조건이 성립한다. 교역조건 *OT*는 두 국가 *A*와 *B*에서 두 재화 *X*재와 *Y*재에 대한 수요와 공급을 정확히 균형시키며, 국내 및 국제시장의 모든 시장을 청산시킨다. 그렇다면 이들 시장이 어떻게 균형이 달성되는가 검토해 보자.

교역조건 *OT*에서 *A*국은 *Y*재 8단위를 수입하는 대가로 *X*재 10단위를 수출공급하려고 한다. 반대로 *B*국은 *X*재 10단위 수입에 대한 대가로 *Y*재 8단위를 수출공급하려고 한다. 이 교역조건에서 한 국가는 다른 국가가 수요하려는 것을 정확하게 공급하고자 한다. 즉, *X*재 10단위는 *A*국에서 수출되고 *B*국에서 수입되는 반면, *Y*재 8단위는 *B*국에서 수출되고 *A*국에 의하여 수입된다.

지금까지 오퍼곡선을 유도한 방법에서 교역조건선 *OT*로 주어진 가격비율은 두 국가에서 국내뿐만 아니라 국제적으로 통용되며, 각 재화의 공급은 각 국가 내에서의 수요와 같다. *A*국에서 *X*재의 국내생산에서 수출을 뺀 것은 국내수요와 같으며, *Y*재의 국내생산에 수입을 더한 것은 그

그림 4-4 | 무역균형

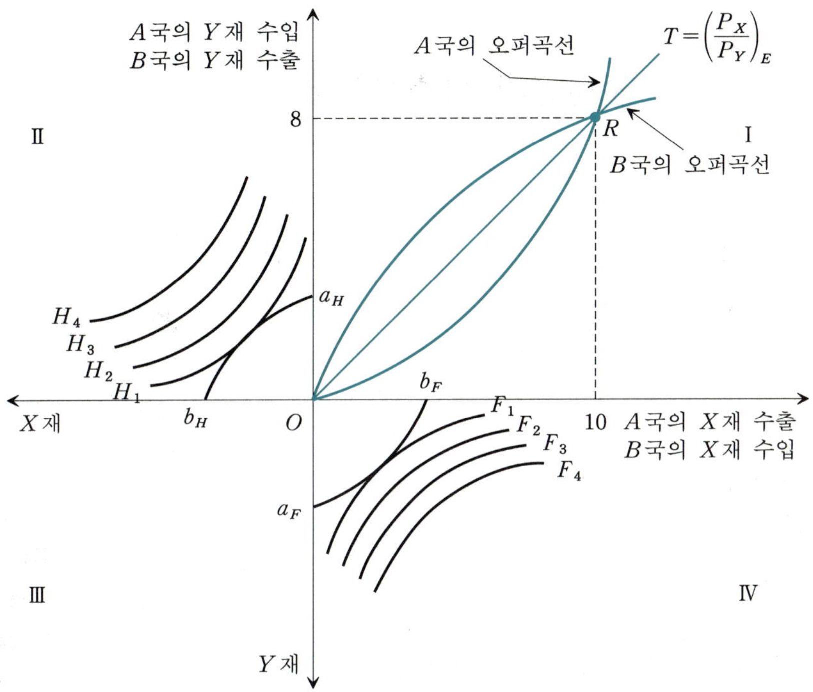

구분	수입수요	수출공급
A국	Y재 8단위	X재 10단위
B국	X재 10단위	Y재 8단위

재화의 국내수요와 같다. B국에서는 그 반대가 성립한다. 따라서 OT의 교역조건선상의 점 R에서 모든 시장은 청산되며, 수요와 공급은 국내적·국제적으로 같으며 재화의 가격은 더 이상 변화하지 않아 이 상황은 균형상태에 있게 되므로 상대가격 $(P_X/P_Y)_E$는 시장청산가격이 된다.

4 생산물시장과 요소시장의 균형

앞 절에서는 국제무역에서의 수요와 공급의 힘을 모두 결합한 종합적인 분석틀을 유도하였다. 단순화된 일반균형의 모형에서는 ① 무역의 양, ② 무역의 방향, ③ 교역조건, ④ 국제무역이 각 국가의 생산에 미치는 효과, ⑤ 각 교역국가 내에서 소비의 유형에 미치는 효과 등 관심 있는 무역의 모든 측면을 나타내고 있다. 만일 앞으로 검토하게 될 요소가격의 분석결과를 적용한다면 상대소득분배에 대해서도 설명할 수 있다. 결론적으로 수요의 힘이 공급의 힘을 초과하면 어떤 조건에서 공급조건 그 자체는 무역의 흐름을 왜곡시킬 수 있다.

이 장에서 무역량은 오퍼곡선과 일반균형의 분석에서 얻은 정보를 통해 쉽게 예측될 수 있다. 또한 교역방향도 쉽게 예측할 수 있다. 즉, 서로 교차하는 오퍼곡선을 얻고 난 후에 어느 국가가 무엇을 어느 국가에게, 즉 무역의 구성과 방향 및 교역조건을 예측할 수 있다.

무역의 균형점 R은 같은 분석을 통해 반대방향으로 다시 그림으로써 한 국가의 생산블록과 무차별곡선이 서로 접하게 된다. 따라서 무역이 생산과 소비의 유형에 미치는 영향을 동시에 결정할 수 있다.

이와 같은 관계는 [그림 4-5]의 (a)에 그래프로 표시되어 있다. 두 국가의 오퍼곡선은 각각 교역조건 OT상의 점 R에서 서로 교차한다. A국은 X재 10단위를 B국에 수출하며, B국은 X재 수입에 대한 대가로써 A국에 Y재 10단위를 수출한다. A국에서 생산과 소비는 점 V에서 일어난다. 즉, X재 14단위가 생산되어, 이들 가운데 4단위가 A국에서 소비되고 10단위는 수출된다. Y재는 14단위가 소비되는데, 이들 가운데 4단위는 A국에서 생산되고 10단위는 수입된다. 반면에 B국에서는 생산과 소비가 점 W에서 일어난다. X재는 14단위가 소비되는데, 이 중 4단위는 국내에서 생산되고 나머지 10단위는 수입된다. Y재는 14단위가 생산되어, 이 중 4

그림 4-5 | 일반균형

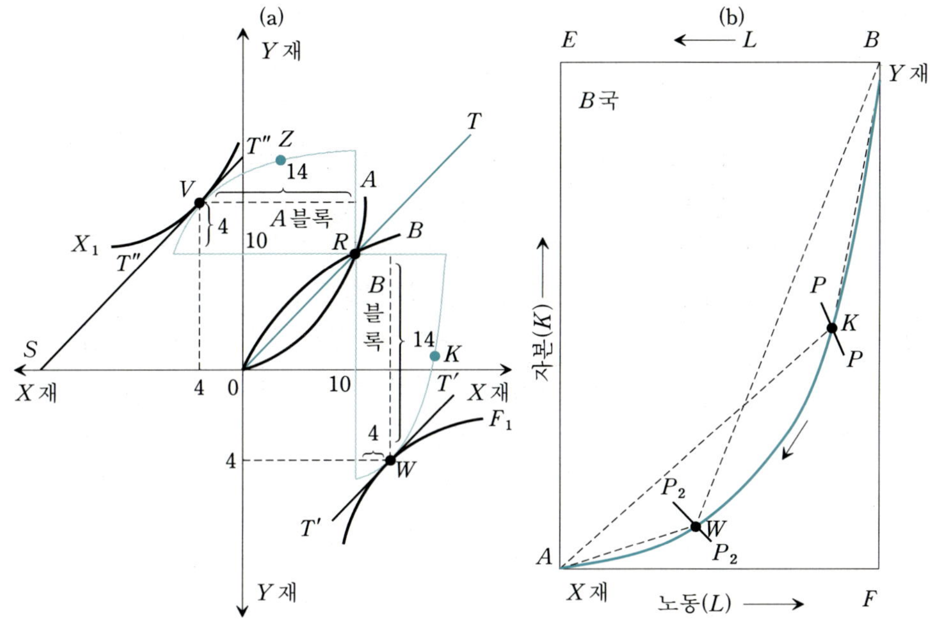

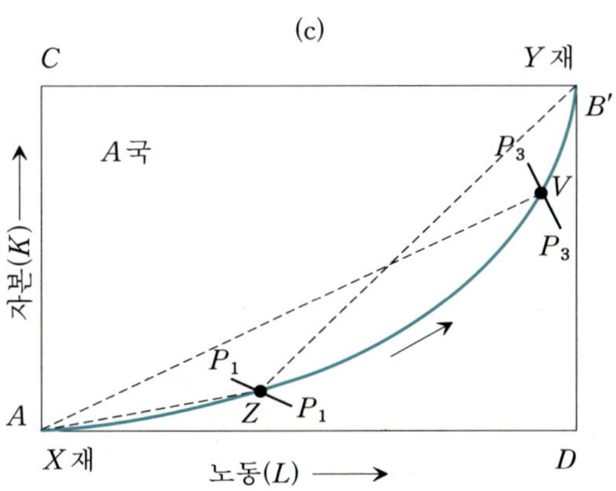

무역 이후의 일반균형

구분		A국	B국
무역	수출	X재 10단위	Y재 10단위
	수입	Y재 10단위	X재 10단위
생산	X재	14	4
	Y재	4	14
소비	X재	4	14
	Y재	14	4
가격	국내가격	$T''T''$	$T'T'$
	교역조건	OT	OT
요소가격		P_3P_3	P_2P_2

단위가 B국에서 소비되고 나머지 10단위는 수출된다.

두 재화의 교환비율(상대가격)은 두 국가에서 같으며, 이들은 점 V와 W에서 사회무차별곡선과 생산가능곡선이 서로 공통으로 접하는 기울기로 주어진다. 이들 공통접선의 기울기는 교역조건선 OT의 기울기와 같아야 한다.

제3장에서 유도한 바와 같이 생산가능곡선의 형태는 생산요소의 부존량과 이들이 사용된 효율성에 달려 있다. [그림 4-5]에서와 같이 X재는 노동집약적이고 Y재는 자본집약적이라고 가정하자. 두 국가의 각각의 생산가능곡선에 대한 행태, 즉 A블록과 B블록은 동일한 생산함수를 가정할 경우에 A국은 노동풍부국, B국은 자본풍부국이라는 것을 의미한다. [그림 4-5] (c)의 에지워스 상자 그림에 예시된 바와 같이 A국은 자본집약적인 Y재보다 노동집약적인 X재를 상대적으로 더 많이 생산한다. 같은 논리로 B국은 [그림 4-5] (b)의 에지워스 상자 그림에 예시된 바와 같이 자본풍부국으로서 X재보다 Y재를 상대적으로 더 많이 생산한다.

일반균형 분석으로 살펴보면, A국은 점 Z에서 점 V로 생산의 조합을 변경시키면 이 과정에서 요소가격 및 자본과 노동이 생산에서 사용된 집약도가 변화한다. 즉, A국에서 노동집약적인 X재의 생산수출로 노동이 더 많이 수요됨에 따라 임금이 상승한다. A국의 에지워스 상자 그림에서 p_1p_1과 p_3p_3의 기울기(자본의 한계생산성에 대한 상대적인 노동의 한계생산성의 비율)로 반영된 바와 같이 풍부한 요소인 노동은 더 비싸진 반면에 희소한 요소인 자본은 더 저렴하게 된다. 동일하게 에지워스 상자 [그림 4-5]의 (b)에서 생산의 조합이 점 K에서 점 W로 Y재를 더 생산특화하는 방향으로 이동함에 따라 B국에서 풍부한 요소(자본)는 더 비싼 반면에 희소한 요소(노동)는 더 저렴하게 된다. 따라서 이것은 에지워스 상자 그림에서 pp와 p_2p_2의 기울기, 요소집약도의 변화로 나타난다. A국에 대하여 만일 선분 $T''T''$를 점 S의 X축까지 확장시킨다면 거리 OS는 X재로 표시한 자국의 국민소득을 나타낸다. 선분 $T''T''$를 Y축까지 확장시키면 OT''는 Y재로 표시한 A국의 국민소득을 나타낸다.

5 오퍼곡선의 이동

앞 절에서는 각 국가의 오퍼곡선이 고정되어 있다는 가정하에서 균형교역조건이 결정되는 것을 분석하였다. 그러나 오퍼곡선은 시간의 변화에 따라 변화한다.

A국의 소비자들의 기호가 변화하여 Y재를 더 많이 구입하게 되었다고 하자. Y재는 수입재이므로 수입수요가 증가한다. 이렇게 무역을 할 의사가 증가하거나 상호 수요가 증가함에 따라 이 국가는 수출공급과 수입수요가 증가한다. 그 결과 〔그림 4-6〕에서 오퍼곡선은 OC_A에서 OC_A'으로 우측이동한다. 이와 같은 이동으로 점 G 대신 G', 또는 점 F 대신에 F' 등과 같이 처음에 그려져 있던 점보다 더 멀리 떨어져 있는 점들에서 균형이 이루어진다.

그림 4-6 | A국 오퍼곡선의 이동

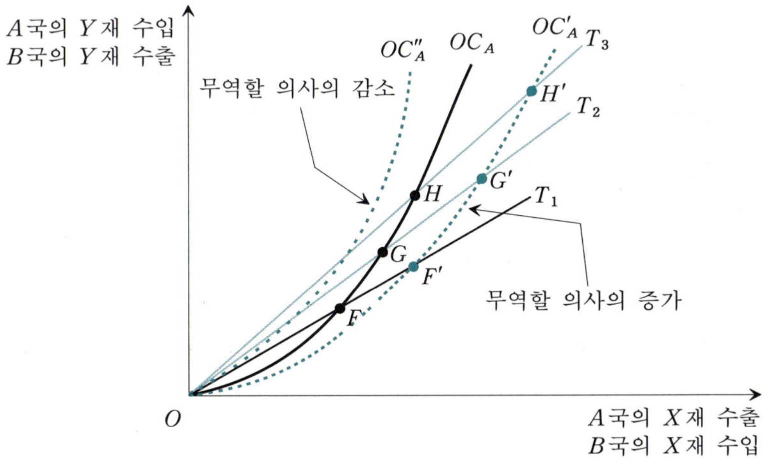

그림 4-7 | B국 오퍼곡선의 이동

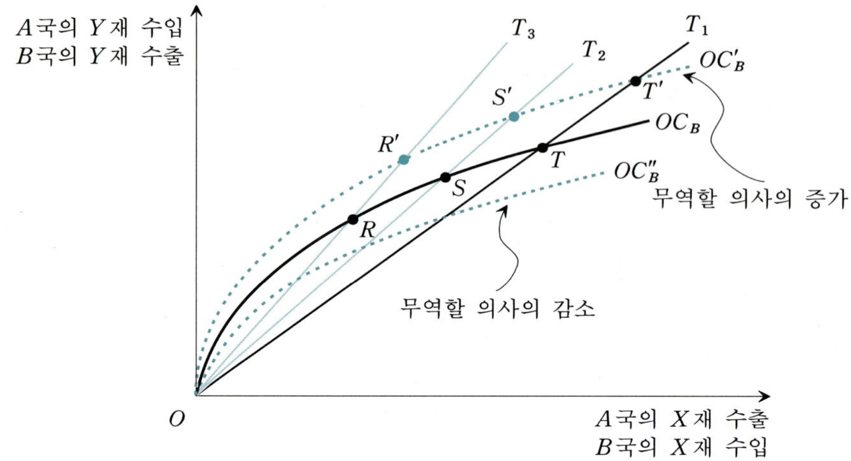

기호 변화 이외에 수입재에 대한 수요를 증가시키는 소득의 증가, 또는 A국 수출산업의 생산성 증가, 수출공급을 증가시키는 기타의 요인 등에 의해 오퍼곡선이 오른쪽으로 이동한다. 반면에 수입재에 대한 수요의 감소, 국민소득의 감소, A국의 관세부과 등으로 인해 무역할 의사가 줄어들거나 상호 수요가 감소되면 오퍼곡선은 OC''_A으로 좌측이동한다.

반면에 이것은 B국에 대하여도 적용할 수 있다. 무역할 의사가 증가하면 모든 교역조건에서 수출과 수입의 의사가 증가하게 되어 [그림 4-7]의 최초 오퍼곡선 OC_B에서 OC'_B으로 좌측 바깥쪽으로 이동한다. 반대로 B국에서 무역을 할 의사가 줄어들면 오퍼곡선은 OC''_B으로 우측 안쪽으로 이동한다. 이와 같은 변화는 오퍼곡선이 이동함에 따라 균형교역조건과 시장의 균형조건이 변화한다는 것을 의미한다.

A국과 B국이 [그림 4-8]의 최초의 균형상태 OT_E에서 X재 OX_E와 Y재 OY_E만큼을 무역하고 있다고 하자. 기호의 변화로 오퍼곡선이 OC_A에서 OC'_A으로 이동한다고 하자. A국이 무역할 의사가 증가하게 됨에 따라 교역조건 OT_E는 이미 유지될 수 없다.

OT_E에서는 Y재에 대한 초과수요와 X재의 초과공급이 존재한다. A국은 Y재 OY_2를 구입하는 대가로 X재 OX_2를 수출공급하려고 한다. 그

그림 4-8 | A국의 수입수요 증가에 따른 균형의 변화

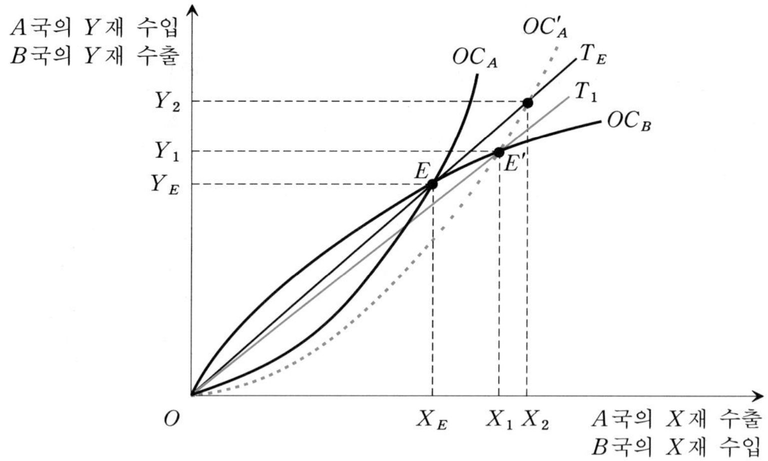

러나 B국은 오퍼곡선이 변화하지 않았으므로, OT_E의 교역조건에서 Y재 OY_E를 공급하고 X재 OX_E를 수요하려고 할 것이다. 따라서 Y재에 대한 초과수요 Y_EY_2, 그리고 X재에 대한 초과공급 X_EX_2가 발생함에 따라 세계시장에서 Y재 가격은 상승하고 X재 가격은 하락한다. OT_1의 교역조건에서 수렴한 새로운 균형점 E'에서 X재의 초과공급과 Y재의 초과수요가 없어질 때까지 이와 같은 상대가격의 변화는 지속될 것이다. 이와 같은 교역조건의 악화는 A국이 판매하는 재화의 가격(X재)이 구입하는 재화의 가격(Y재)에 비하여 상대적으로 하락하거나, 수입하는 재화의 상대가격이 수출하는 재화의 가격에 비하여 상승한다는 것을 의미한다. 이 재화에 대한 A국 소비자들의 수요가 증가한다는 것은 Y재를 전보다 더 높이 평가한다는 것을 의미한다. 따라서 B국의 수출공급이 변화하지 않을 경우 Y재 가격은 상승한다. 수입수요가 증가함에 따라 수입량이 OY_E에서 OY_1으로 증가하며 새로운 수입량과 교환하는 데 필요한 수출량은 OX_E에서 OX_1으로 증가한다.

지금까지는 무역을 할 의사가 A국에서 더 많은 경우 그 효과를 살펴보았지만, 다른 요인들이 변화하는 경우에도 같은 분석을 할 수 있다. 더 자세한 오퍼곡선의 이동에 대한 분석은 제8절에서 다룬다.

6 오퍼곡선과 탄력성[1]

이 절에서는 국제균형이 안정적인가 아니면 불안정적인가를 알아보기 위하여 오퍼곡선과 관련한 다음 세 가지 탄력성의 개념을 살펴보자.

6.1. 오퍼곡선의 탄력성

오퍼곡선의 탄력성(the elasticity of the offer curve)은 ε으로 표시하는데, X재를 수출하고 Y재를 수입하는 경우 ε은

$$\varepsilon \equiv \frac{\text{수입량의 변화율}}{\text{수출량의 변화율}} = \frac{dY/Y}{dX/X} = \frac{dY}{dX} \cdot \frac{X}{Y} \tag{4.1}$$

오퍼곡선을 따라 Y/X의 비율은 평균교역조건(average terms of trade)을 의미한다. 이것은 평균적으로 수출품인 X재 한 단위에 대하여 수입품인 Y재 몇 단위가 교환되는가를 나타낸다. 반면에 dY/dX는 이 국가가 추가적으로 X재를 한 단위 더 수출할 때 Y재 몇 단위가 수입되는가를 나타내므로 dY/dX의 비율은 한계교역조건(marginal terms of trade)을 의미한다. 그러므로 오퍼곡선의 탄력성은 한계교역조건에 대한 평균교역조건의 비율로 나타낼 수 있다. 즉,

$$\varepsilon = \frac{\text{한계교역조건}}{\text{평균교역조건}} \tag{4.2}$$

식 (4.1)이 주어진 경우에 점 K에서 오퍼곡선의 탄력성은 다음과 같이 구할 수 있다. [그림 4-9]에서 보듯이 먼저 점 K에서 오퍼곡선에 접선

[1] Miltiades Chacholiades(1978), pp. 171～175.

그림 4-9 | 오퍼곡선, 수입수요 및 수출공급의 탄력성

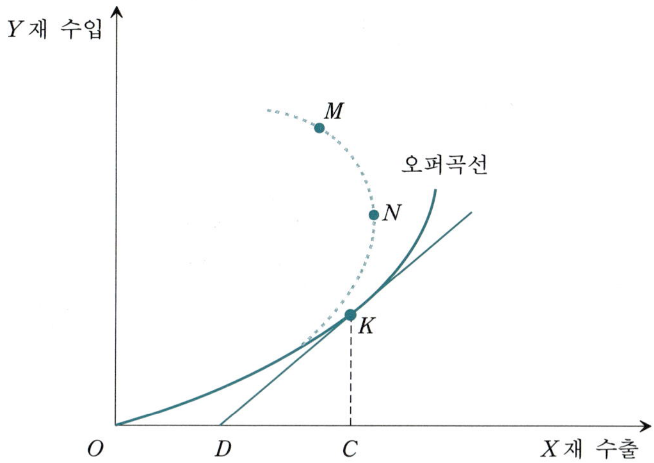

을 그려 점 D에서 수평축과 교차하게 한다. 다음으로 점 K를 통과하는 수직선을 그려서 점 C에서 수평축과 교차하게 한다. 점 K에서 오퍼곡선에 접하는 기울기는 점 K에서 dX/dY의 편미분과 일치한다. 그러므로

$$\varepsilon=\frac{CK}{DC}\cdot\frac{OC}{CK}=\frac{OC}{DC} \tag{4.3}$$

[그림 4-9]에서와 같이 점 D가 원점과 점 C 사이에 있는 한, 오퍼곡선의 탄력성은 양의 값을 갖고 1보다 크다. 오퍼곡선이 원점을 지나는 직선인 경우에 점 D는 원점과 일치하며, 오퍼곡선의 모든 점에서 ε은 1과 같다.

오퍼곡선이 [그림 4-9]에 점선으로 표시된 바와 같이 후방굴절하는 경우에 점 D는 C의 왼쪽에 있어 DC는 음의 값을 갖는다. 즉, dX/dY가 음(−)을 나타내므로 오퍼곡선의 탄력성 ε도 음의 값을 갖는다. 오퍼곡선이 후방굴절하기 시작하는 점 N에서 오퍼곡선의 탄력성 ε은 무한대이다. 왜냐하면, OC는 양의 값인 반면에 DC는 0이기 때문이다.

6.2. 수입수요의 탄력성

수입수요의 탄력성 e는 다음과 같이 정의된다.

$$e \equiv \frac{\text{수입량의 변화율}}{\text{수입재의 상대가격 변화율}}$$

오퍼곡선을 따라서 수출액($P_X \cdot X$)과 수입액($P_Y \cdot Y$)은 같으므로 수입재의 상대가격 (P_Y/P_X)는 X/Y의 비율로 주어진다. 따라서 위의 식은 다음과 같이 나타낼 수 있다.

$$e = \frac{\left(\frac{dY}{Y}\right)}{\frac{[d(X/Y)]}{(X/Y)}} = \frac{dY}{d\left(\frac{X}{Y}\right)} \frac{X}{Y^2} = \frac{dY}{\frac{(YdX - XdY)}{Y^2}} \frac{X}{Y^2}$$

$$= \frac{\left(\frac{dY}{dX}\right)\left(\frac{X}{Y}\right)}{1 - \left[\left(\frac{dY}{dX}\right)\left(\frac{X}{Y}\right)\right]} = \frac{\varepsilon}{1 - \varepsilon} \tag{4.4}$$

식 (4.3)을 사용하여 수입수요의 탄력성 e는 다음과 같이 측정할 수 있다.

$$e = \frac{\varepsilon}{1 - \varepsilon} = \frac{\frac{OC}{DC}}{1 - \left(\frac{OC}{DC}\right)} = \frac{OC}{DC - OC} \tag{4.5}$$

식 (4.4)와 (4.5)로부터 오퍼곡선의 탄력성 ε이 양이고 1보다 큰 경우, 수입수요의 탄력성 e는 음의 값을 갖고 절대값은 1보다 크다. 즉, 수입수요는 탄력적이다. 점 N에서와 같이 오퍼곡선의 접선이 수직선이고, $DC=0$일 때 오퍼곡선의 탄력성 ε은 무한대이다. 따라서 식 (4.5)에서 $DC=0$이면 $e=-1$이다. 식 (4.4)를 다시 정리하여도 같은 결론을 얻을 수 있다.

$$e = \frac{1}{\left(\frac{1}{\varepsilon}\right) - 1} \tag{4.4$'$}$$

$\varepsilon\rightarrow\infty$에 따라$(1/\varepsilon)\rightarrow 0$과 $e\rightarrow(-1)$이다. ε이 1에 수렴함에 따라 e는 $-\infty$로 수렴한다. 즉, 수입수요는 무한히 탄력적이게 된다. $0<\varepsilon<1$인 경우 수입수요는 양이고, 이것은 수입재가 기펜재임을 의미한다. ε이 음의 값(오퍼곡선이 후방굴절하는 경우)인 경우 수입수요의 탄력성은 음의 값이지만, 절대값은 1보다 작다.

e를 ε의 함수로 표시하는 대신에 ε을 e의 함수로 고려하여 본다. 식 (4.4)를 ε에 관하여 풀면 다음 식을 얻는다.

$$\varepsilon=\frac{e}{1+e} \tag{4.6}$$

일반적으로 수입수요의 탄력성은 음의 값을 갖는다. 만일 절대값이 1보다 크다면(즉, $e<-1$), $\varepsilon>1$이고 오퍼곡선은 우상향한다. 반면에 수입수요가 비탄력적(즉, $-1<e<0$)이라면 $\varepsilon<0$이며, 이것은 오퍼곡선이 후방굴절한다는 것을 의미한다. 역으로 오퍼곡선이 후방굴절한다면 수입수요는 이 영역에서 비탄력적이다.

6.3. 수출공급의 가격탄력성

수출공급의 가격탄력성 η는 다음과 같이 정의된다.

$$\eta\equiv\frac{\text{수출량의 변화율}}{\text{수출재의 상대가격 변화율}}$$

수출재의 상대가격은 P_X/P_Y의 비율이며, 이것은 오퍼곡선을 따라 Y/X의 비율로 주어진다. 상기 식에서 수출재의 상대가격 변화율을 Y/X의 비율로 대치시키면 다음과 같다.

$$\eta\equiv\frac{\frac{dX}{X}}{\frac{[d(Y/X)]}{(Y/X)}}=\frac{dX}{d\left(\frac{Y}{X}\right)}\frac{Y}{X^2}=\frac{dX}{\frac{(XdY-YdX)}{X^2}}\frac{Y}{X^2}$$

$$=\frac{1}{\left[\left(\frac{dY}{dX}\right)\left(\frac{X}{Y}\right)\right]-1}=\frac{1}{\varepsilon-1} \tag{4.7}$$

식 (4.7)을 사용하여 수출공급의 가격탄력성 η는 다음과 같이 측정할 수 있다.

$$\eta = \frac{1}{\varepsilon - 1} = \frac{1}{\left(\frac{OC}{DC}\right) - 1} = \frac{DC}{OC - DC} \tag{4.8}$$

식 (4.4)로 주어진 수입수요의 탄력성에 식 (4.7)로 주어진 수출공급의 탄력성에 추가시키면 다음 식을 얻을 수 있다.

$$e + \eta = -1 \text{ 또는 } \eta = -(1 + e) \tag{4.9}$$

이처럼 수입수요의 탄력성 e와 수출공급의 탄력성 η의 합은 항상 -1과 같다. 그러므로 수입수요가 탄력적($e < -1$)일 때 수출공급의 탄력성은 양의 값을 갖는다. 따라서 수출공급은 우상향한다. 그러나 수입수요가 비탄력적($-1 < e < 0$)일 때, 수출공급의 탄력성은 음의 값을 갖고 수출공급곡선은 후방굴절한다.

$e < -1$일 때 오퍼곡선은 양의 기울기를 갖고, $-1 < e < 0$일 때 후방굴절한다. 그러므로 수출공급이 후방굴절할 때 오퍼곡선도 후방굴절하며 수출공급이 우상향할 때 오퍼곡선도 우상향한다.

7 오퍼곡선의 형태 및 균형의 안정성

7.1. 오퍼곡선의 형태와 탄력성

오퍼곡선의 형태는 총지출 또는 수입 변화와 탄력성의 관계에 따라 달라진다. 오퍼곡선의 그림에서 수출량은 정상적인 수요곡선의 그림에서 총지출 또는 총수입과 유사한 개념이며 수출재는 수입재를 얻기 위하여

그림 4-10 | 탄력성의 범위와 수입재를 얻기 위하여 포기한 수출량

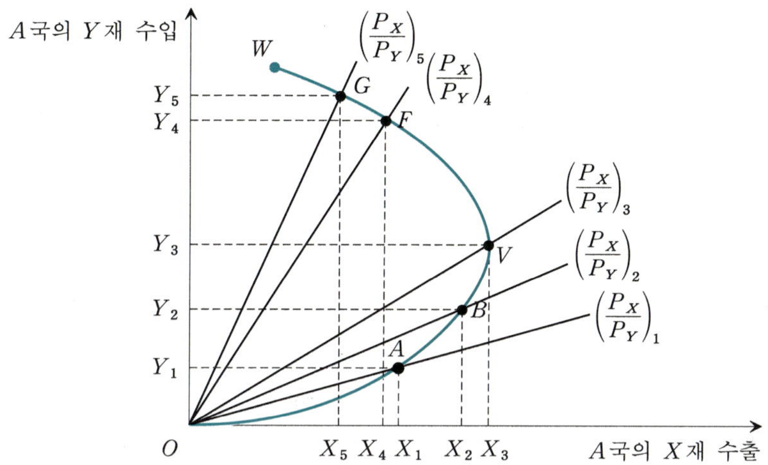

제공하는 것이다. 수출재는 정상적인 수요곡선에서 총지출과 유사하므로 오퍼곡선의 형태는 직접적으로 탄력성과 관계가 있다. [그림 4-10]을 보자.

OV의 범위에서 교역조건이 $(P_X/P_Y)_1$에서 $(P_X/P_Y)_2$로 변화하면 Y재 가격이 상대적으로 하락한다는 것을 의미한다. Y재에 대한 수요가 탄력적이므로 A국은 Y재에 더 많이 지출하려고 한다. 따라서 A국이 수출하려는 양은 OX_1에서 OX_2로 증가한다. 수입재의 가격하락으로 수입재를 더 많이 구입하기 위하여 더 많은 수출재를 포기(즉, 점 A에서 점 B로 이동한다)해야 하기 때문에 오퍼곡선이 우상향하는 부분은 탄력적이다.

만일 오퍼곡선이 비탄력적이라면 후방굴절(backward-bending) 또는 좌상향하는 기울기를 갖는다. 이때 교역조건이 점 F의 $(P_X/P_Y)_4$에서 $(P_X/P_Y)_5$로 상승한다고 하자. 수입재의 상대가격이 하락하므로 A국은 Y재 수입량을 OY_4에서 OY_5로 증가시키려고 한다. 그러나 수요가 비탄력적이므로 더 적은 양의 수출재를 공급하려고 한다. 따라서 수출량은 OX_4에서 OX_5로 감소한다. 마지막으로 점 V처럼 단위탄력적인 경우에는 탄력적인 경우와 비탄력적인 경우의 경계선에 있다. 점 V에서 만일 가격이 $(P_X/P_Y)_3$ 이상으로 상승한다면 수출량 OX_3는 변화하지 않는다. 따라서 이 점에서 상대가격 변화에 따른 수입재에 대한 지출은 변화하지 않는다.

후방굴절하는 오퍼곡선의 특징은 탄력성의 크기 이외에 다른 경제적 행태가 있다는 것이므로 이에 대하여 설명한다. X재의 상대가격 (P_X/P_Y)가 상승하고 교역조건이 더 가파르게 됨에 따라 A국의 소비자들은 X재에서 Y재로 소비지출을 이동시킨다. 따라서 X재의 주어진 생산량 가운데 자국 소비자들은 X재 소비가 감소함에 따라 더 많은 X재를 수출할 수 있다. 다른 조건이 일정한 경우 X재의 가격상승으로 X재 수출량이 증가하기 때문에 대체효과(substitution effect)는 오퍼곡선을 우상향하게 한다. Y재 가격에 비하여 상대적으로 X재 가격이 상승할 경우, A국의 생산자들은 Y재 생산보다 X재 생산이 잠재적으로 더 많은 이윤을 얻게 되므로, Y재 생산을 줄이고 X재 생산을 증대시키려고 한다. X재의 생산증가에 따라 수출할 수 있는 X재의 양이 더 늘어나므로 생산효과(production effect)는 대체효과를 강화시킨다. 마지막으로 X재의 상대가격이 상승함에 따라 해외로 수출하는 X재는 상대적으로 높은 이윤을 얻는 반면에, 해외로부터 수입하는 Y재는 상대적으로 낮은 이윤을 얻기 때문에 A국의 실질소득은 상승한다. 상대가격의 변화 때문에 실질소득이 상승함으로써 A국은 X재와 Y재를 더 많이 구입할 수 있다. 다른 조건이 일정할 경우 실질소득의 증가에 따라 X재의 구입증가로 수출할 수 있는 X재의 양이 감소한다. 따라서 소득 또는 교역조건 효과(income or terms of trade effect)는 앞에서 논의한 대체효과 및 생산효과와 반대방향으로 움직인다.

만일 대체효과와 생산효과가 소득효과보다 더 크다면 〔그림 4-10〕에서 OV범위와 같이 우상향한다. 그러나 만일 소득효과가 대체효과 및 생산효과보다 더 크다면 오퍼곡선은 〔그림 4-10〕의 VW와 같이 '후방굴절' 한다. 또한 만일 소득효과가 다른 두 효과와 같다면 오퍼곡선은 수직선이며 단위탄력적이다.

7.2. 오퍼곡선 균형의 안정성

지금까지 두 국가의 오퍼곡선이 만나는 균형점은 안정적이라고 가정하고 분석하였다. 그러나 불안정적인 균형도 존재할 수 있다. 〔그림 4-11〕에서 두 국가의 오퍼곡선 OC_A와 OC_B가 서로 교차하는 세 개의 균형점 E_1, E_2 및 E_3가 있다고 하자. 〔그림 4-11〕에서 점 E_1과 E_3는 이 점에서

그림 4-11 | 국제무역에서의 복수균형

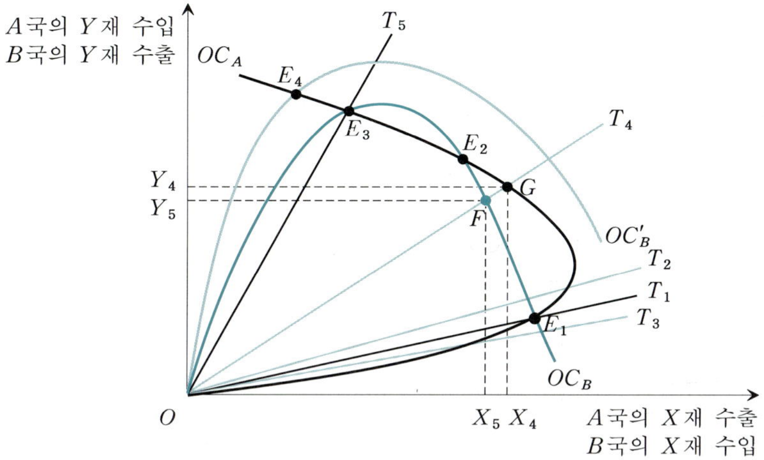

이탈되어도 다시 회복될 수 있는 안정적인 균형점이다. 예를 들면, 점 E_1을 통과하는 OT_1의 교역조건이 OT_2로 변화하면, X재는 초과공급이 Y재는 초과수요가 발생한다. 따라서 OT_2는 지속될 수 없고 상대가격은 OT_1으로 하락한다. 유사하게 교역조건이 OT_3로 바뀌면 X재의 초과수요, Y재의 초과공급이 발생한다. 따라서 교역조건은 OT_1으로 상승한다. 균형점 E_3에서도 같은 방법으로 분석하면 안정적이라는 것을 알 수 있다.

그러나 [그림 4-11]에서 점 E_2는 불안정적인 균형점이다. 교역조건 OT_4를 고려하자. OT_4에서 A국은 점 G에서 무역을 하려고 하여 수출재 OX_4를 수출공급하려고 하는 반면에 수입재 OY_4를 수요한다. 그렇지만 B국은 오퍼곡선상의 점 F에서 무역을 하려고 하여 수출재 OY_5를 공급하고 수입재 OX_5를 수요한다. 따라서 OT_4에서 X재 X_5X_4만큼의 초과공급과 Y재 Y_5Y_4만큼의 초과수요가 존재한다. 이와 같은 초과공급과 초과수요로 가격비율(P_X/P_Y)이 하락하여 OT_4는 더 완만하게 된다. 그러므로 E_2로 복귀하지 않고 E_1으로 이동한다. E_2의 윗쪽에 있는 교역조건 OT에서도 같은 논리로 균형점이 E_3로 이동한다.

그러므로 무역의 균형이 안정적이기 위한 필요충분조건은 두 국가의 수입수요의 탄력성(e_A, e_B)의 합이 1보다 커야 한다. 즉,

$$|e_A + e_B| > 1$$

이 조건을 마셜-러너의 조건(Marshall-Lerner condition)이라고 한다. 만일 수입수요의 탄력성이 매우 낮아서 오퍼곡선의 비탄력적인 부분에서 무역을 하고 있다면, 그 국가는 가격이 큰 폭으로 변동하게 된다.

만약 두 국가가 [그림 4-11]에서 처음에 E_1에 있지만 B국의 오퍼곡선이 OC_B'으로 좌측으로 상향이동한다고 하자. 만일 OC_B'이 OC_B로 되돌아간다면 균형점은 E_3로 복귀한다. 이와 같은 국제무역의 불안정은, 특히 저개발국(LDC)의 경우에 국내경제가 불안정하게 될 뿐만 아니라 국제무역에 종사하고 있는 기업들은 이처럼 큰 폭의 가격변동 위험에 노출된다. 따라서 위험회피자들은 국제무역을 꺼림으로써 무역의 이익을 포기하려고 할 것이다.

8 오퍼곡선 탄력성의 무역조건과 무역량에 대한 의미

이 절에서는 경제적인 요인이 변동할 경우 그 효과를 평가하는 데 있어서 오퍼곡선의 탄력성이 갖는 의미에 대하여 다음 두 가지 상황을 고려하여 분석한다.

8.1. 성장과 해외수요의 탄력성

어느 한 국가의 경제성장이 그 국가의 교역조건과 무역량에 미치는 효과를 분석하자. [그림 4-12]를 보자. 곡선 OC_A는 경제성장이 있기 전의 A국 오퍼곡선('자국'이라고 부른다), 그리고 OC_A'은 경제성장이 이루어진 후의 A국 오퍼곡선이다. 경제성장이 있기 전의 교역조건은 OT_1, 무역의 균형점은 E, 무역의 균형량은 X재 OX_1, Y재 OY_1이다. 경제성장이 있는

그림 4-12 | A국(자국)의 경제성장과 B국(외국)의 오퍼곡선 탄력성

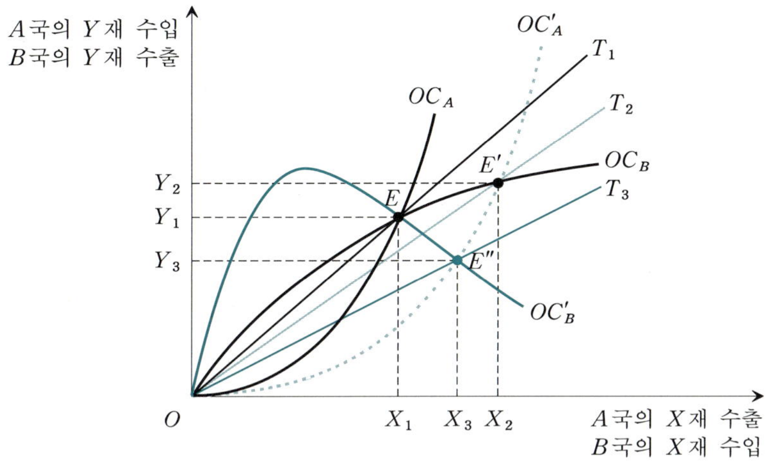

경우에 교역조건과 무역량에 미치는 효과는 외국 오퍼곡선의 탄력성에 달려 있다. 오퍼곡선 OC_B는 A국과 무역하는 데 있어서 탄력적인 오퍼곡선을 갖는 무역상대국의 것이다.

다른 오퍼곡선 OC'_B은 B국이 B국의 비탄력적인 오퍼곡선의 부분에서 A국과 무역을 하는 상황을 예시하고 있다. 이와 같은 상황은 저개발국(LDC), 예컨대 A국이 비탄력적인 세계수요에 직면하여 1차 상품들을 주로 수출하는 경우이다.

A국에서 경제성장을 한 경우 OC_A는 OC'_A으로 이동한다. 만일 오퍼곡선 OC_B가 A국에 직면하는 오퍼곡선이라면, 교역조건은 OT_1에서 OT_2로 하락하여 새로운 균형점은 E'이 된다. A국에서는 소득의 증가로 세계시장에서 수출공급과 수입수요가 더 증가, 수출재 가격(P_X)에 대한 하락 압력과 수입재 가격(P_Y)에 대한 상승 압력이 작용하기 때문에 결과적으로 A국의 교역조건(P_X/P_Y)은 악화된다. 여기서 A국에서는 수출량이 OX_1에서 OX_2, 수입량이 OY_1에서 OY_2로 증가한다. 그러나 만일 외국의 오퍼곡선이 OC'_B이라면 교역조건은 OT_3로 더 크게 하락하여 E''이 균형점이 된다. A국의 경제성장이 가져온 양의 효과는 A국의 교역조건 악화로 인한 음의 효과로 상쇄된다. 즉, X재 수출에 대하여 더 적은 수출금액을 상대국으로부터 받

그림 4-13 | 국제무역에서 소국

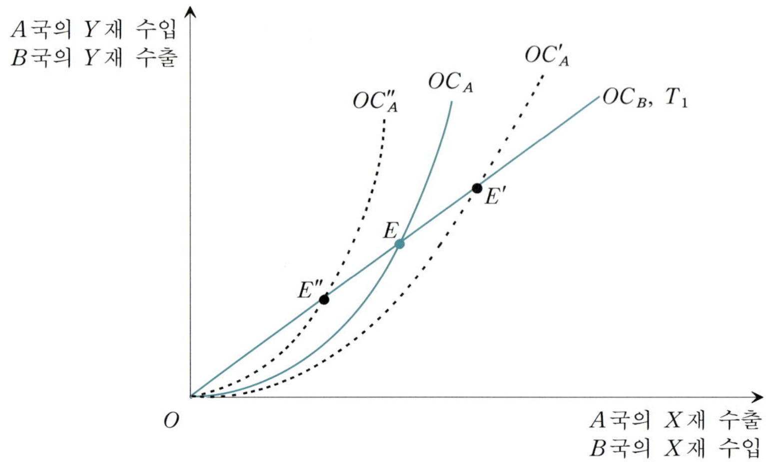

으며, Y재 수입에 대하여 더 많은 수입대금을 지불해야 하기 때문에 LDC는 교역조건의 악화로 성장의 혜택을 상실한다. 만일 OC_B'이 외국의 오퍼곡선이라면 비록 OX_1 대신에 OX_3로 더 많은 양의 수출재를 수출한다 할지라도 A국은 OY_1의 점 E에서보다 OY_3의 점 E''에서 절대적으로 더 적은 양의 수입재를 수출대가로 받게 된다. 만일 LDC가 장기적으로 경제성장을 하는 데 필요한 자본재의 수입을 위하여 세계경제에 의존한다면, 수입재를 더 적게 구입한다는 것은 경제발전의 의미에서 불리한 것이다.

지금까지는 그 자신의 행동으로 교역조건에 영향을 미치는 대국(a large country)을 가정하였다. 그러나 교역조건에 영향을 미치지 못하는 소국(a small country)을 가정할 경우 경제성장으로 교역조건은 악화되지 않는다. 소국의 경우에는 이 국가가 구입하는 수입재나 세계시장에 판매하는 수출재가 몇 단위이든 세계가격에 영향을 미치지 못하므로 소국은 미시경제학에서 완전 경쟁상태하에서의 기업과 같은 가격순응자(price taker)이다. 소국이 직면하는 오퍼곡선은 [그림 4-13]의 OC_B와 같이 원점을 지나는 직선이다. 만일 A국의 오퍼곡선이 OC_A라면 균형점 E는 OT_1의 세계가격(교역조건)선상에 있다. 그렇지만 A국의 오퍼곡선이 경제성장이나 무역을 하려는 기타 요인의 증가로 인하여 OC_A 밖으로 이동하더라도 교역조건은 OT_1에 있다. 즉, 오퍼곡선이 어디에 있든 간에 A국은 교역조건에 영향을 미칠 수 없다. 여기서 토지나 GNP의 규모가 작다고 할지라도 그 국가의 수출품목이 세계시장에서 차지하는 점유율이 크거나 큰 영향을 미칠 수 있다면 해당 품목에 있어서 대국이다(예를 들면, 가나의 코코아, 콜롬비아의 커피).

8.2. 외국의 기호 변화

두 국가가 모두 대국인 경우를 가정하고, B국에서 기호가 변화할 때 A국의 교역조건과 무역량에 대하여 오퍼곡선의 탄력성의 의미를 고려해 보자. [그림 4-14]에서 최초의 균형점은 점 E로서 교역조건은 OT_1이며, A국의 수출량은 OX_1, 수입량은 OY_1이다. B국의 오퍼곡선은 OC_B이다. 그러나 A국의 오퍼곡선은 OC_A 또는 OC'_A이며, OC'_A은 OC_A보다 비탄력적이다. 만일 B국의 기호가 상대적으로 선호가 더 높은 X재쪽으로 이동한다면, OC_B는 OC'_B으로 좌측 상향이동한다.

만일 A국의 오퍼곡선이 OC_A라면 A국의 수출재에 대한 기호의 변화로 교역조건은 OT_2로 상승한다. 따라서 수출량은 OX_2, 수입량은 OY_2로 증가한다.

그림 4-14 | B국(외국)의 기호 변화와 A국(자국)의 오퍼곡선 탄력성

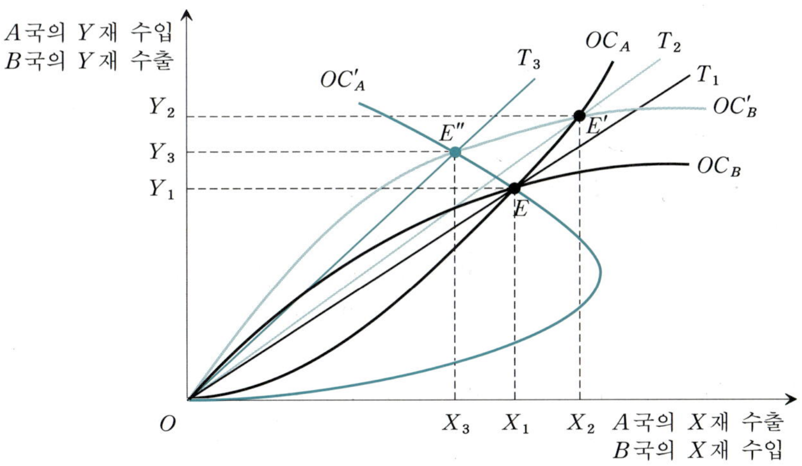

그렇지만 다른 오퍼곡선이 OC_A가 비탄력적인 부분에서 OC_B와 만난 최초의 균형점이 E라고 하자. 이 경우에 OC_B가 OC'_B으로 이동한다면 X재의 수요증가에도 불구하고 A국으로부터의 수출량은 OX_1에서 OX_3로 하락한다. 반면에 A국의 수입은 OY_1에서 OY_3로 증가한다. A국의 실질소득의 증가가 X재를 수출보다는 국내소비를 위하여 사용하는 한 X재에 대한 수요증가로 A국의 교역조건을 상승시켜 역설적인 결과를 가져온다. 따라서 기호의 변화가 국제무역에 미치는 효과를 측정할 때 A국 오퍼곡선에 대한 탄력성을 알 필요가 있다.

9 교역조건

한 국가의 수입재 가격에 대한 수출재의 상대가격으로 정의된 교역조건(terms of trade)이 의미하는 것을 오퍼곡선의 개념을 이용하여 검토할 필요가 있다. 교역조건은 재화 1단위를 수출함으로써 몇 단위의 수입이 가능한가를 나타내는 교환비율이다. 교역조건에는 상품교역조건, 요소교역조건 및 소득교역조건이 있다. 먼저 상품교역조건을 살펴보자. 상품교역조건(commodity terms of trade) 또는 순교역조건(net barter terms of trade: TT)은 수출가격지수 P_x를 수입가격지수 P_m으로 나눈 것과 같다.

$$TT = \frac{P_x}{P_m} \times 100$$

여기서, P_x: 기준연도에 대한 비교연도의 수출가격지수
P_m: 기준연도에 대한 비교연도의 수입가격지수

만일 2005년을 기준연도(=100)로 취하고 2007년 수출가격이 10% 상승하고(110) 수입가격이 5% 하락한다면(95), 교역조건은 두 해에 걸쳐 15.8% (110/95×100=115.8) 가량 향상된 것이다.

만일 한 국가의 교역조건이 개선된다면 수출재의 가격은 수입재의 가격에 비하여 상대적으로 상승한다. 역으로 교역조건의 악화는 수출재의 가격에 비하여 수입재의 가격이 상승한다는 것을 의미한다. 그러므로 교역조건의 개선은 수입재의 주어진 양을 얻기 위하여 더 적은 양의 수출재가 해외로 판매된다는 것을 의미하며, 역으로 교역조건의 악화는 수입재의 주어진 양을 얻기 위하여 더 많은 양의 수출재를 해외로 판매해야 된다는 것을 의미하며, 일반적으로 수입재는 국제무역의 궁극적인 목표, 수출재는 이 목표를 얻기 위한 수단으로 간주된다.

서로 교환되는 두 재화만을 고려할 때 여기서 정의한 교역조건은 순교역조건(net barter terms of trade)이다. 만일 국제적으로 교역되는 재화의 가격이 그것에 포함된 모든 생산요소의 값과 정확히 같고 투입요소의 필요량이 변화하지 않는다면 재화가 국제적으로 서로 교환되는 것은 생산요소가 간접적으로 서로 교환되는 것과 같다. 이렇게 정의되는 교역조건을 요소교역조건(factoral terms of trade)이라고 한다. 그렇지만 실제로 요소교역조건은 계산하기가 어렵다. 왜냐하면, 투입요소는 그 구성과 질에 있어서 계속하여 변화하며, 각 재화의 가격이 투입액의 합에 정확히 반영되지 않기 때문이다.

수입재 가격이 일정한 반면에 한 국가의 수출재 가격이 2005~2007년에 걸쳐 20% 상승한다고 가정하자. 순교역조건은 20% 개선된 것으로 나타난다. 즉,

$$\frac{120-100}{100}=0.20$$

동시에 노동과 같은 특수한 생산요소의 사용에서 생산성이 10% 상승한다고 가정하자. 요소교역조건을 얻기 위하여 생산성의 증가를 고려해야 한다. 왜냐하면, 수출재의 각 단위는 더 적은 양의 노동을 포함하기 때문이다. 여기서 요소교역조건은 32% 개선된 것으로 나타난다. 즉,

$$\frac{120\times1.10-100}{100}=\frac{132-100}{100}=0.32$$

이에 대한 해석은 다음과 같다. 한 단위의 수출재는 20% 만큼 더 많

은 수입재를 구입하지만, 이들 수출재를 생산하는 데 사용된 1단위 노동의 32% 만큼 더 많은 수입재를 구입할 수 있다. 이것을 단일요소 교역조건(single factoral terms of trade)이라고 한다. 이 지수는 자본, 생산의 다른 요소 또는 다른 요소와 결합하여 계산될 수 있다. 단일요소 교역조건은 상품의 교역조건에 수출산업부문의 생산성 지수를 곱한 것이다. 즉,

$$\text{단일요소 교역조건} = \frac{P_x}{P_m} \times T_x$$

여기서, T_x: 수출부문의 생산성 지수

단일요소 교역조건이 수출산업의 생산성 변동만을 고려해서 순상품교역조건을 조정하는 데 반하여 복수요소 교역조건(double factoral terms of trade)은 이와 함께 상대국 수출산업의 생산성 변동도 고려한다. 한편, 생산성 지수는 투입되는 생산요소량의 역수를 나타내기 때문에 복수요소 교역조건은 수출상품에 포함된 자국의 생산요소와 수입상품에 포함된 상대국 생산요소의 교환비율을 나타낸다. 이 개념에 의한 교역조건은 순교역조건에 수출산업의 생산성 지수(T_x)와 상대국 수출산업의 생산성 지수(T_m) 간의 비율을 곱한 값을 백분율(%)로 표시해서 얻을 수 있다. 즉,

$$\text{복수요소 교역조건} = \left(\frac{P_x}{P_m}\right) \cdot \left(\frac{T_x}{T_m}\right) \times 100$$

복수요소 교역조건이 상승한다는 것은 수출산업부문에서 서비스에 대해 주어진 자국의 생산요소의 양이 교역상대국들의 수출산업부문에서 더 많은 양의 서비스에 대한 생산요소 양과 교환된다는 것을 의미한다.

비교연도의 소득교역조건은 그 해의 수출총액지수($P_x \cdot Q_x$)를 수입가격지수(P_m)로 나누어 그 값에 100을 곱해서 지수로 표시한 것이다. 즉,

$$\text{소득교역조건} = \frac{P_x \cdot Q_x}{P_m} \times 100$$

소득교역조건은 순교역조건(P_x/P_m)에 수출수량지수(Q_x)를 곱한 것과 같다. 이것은 수출총액으로 얻을 수 있는 수입수량의 변동, 즉 상품수출을 통해서 얻을 수 있는 수입능력의 변동을 나타낸다. 이 지수는 한 국가의

수입능력 변동을 측정할 수 있기 때문에 수입 필요량은 조달하는 개발도상국의 능력을 분석하는 데 있어 유용하다. 소득교역조건이 상승한다는 것은 자국의 수출능력으로 더 많은 양의 수입재를 구입할 수 있다는 것을 의미한다.

사례연구 4-1

한국의 교역조건 추이

한국과 같이 대외의존도가 높은 소규모 개방경제의 경우 교역조건 변동의 경제적 영향이 적지 않을 것이다. 한국의 교역조건 추이를 살펴보면 수출단가와 수입단가의 비율인 순상품교역조건은 1990년대 후반 이후 지속적으로 악화되는 추세를 보이고 있다. 특히, 2002년 중 악화 추세가 다소 진정되었던 순상품교역조건은 2003년 이후 유가 및 국제원자재가격 급등과 함께 다시 큰 폭으로 악화되었다. 반면 수출입 단가와 함께 수출물량의 변동까지 고려한 소득교역조건은 그 동안 수출물량 증대에 힘입어 꾸준히 개선되는 모습을 보이고 있다.

그림 4-15 | 순상품교역조건 및 소득교역조건 지수 추이(2005년=100)

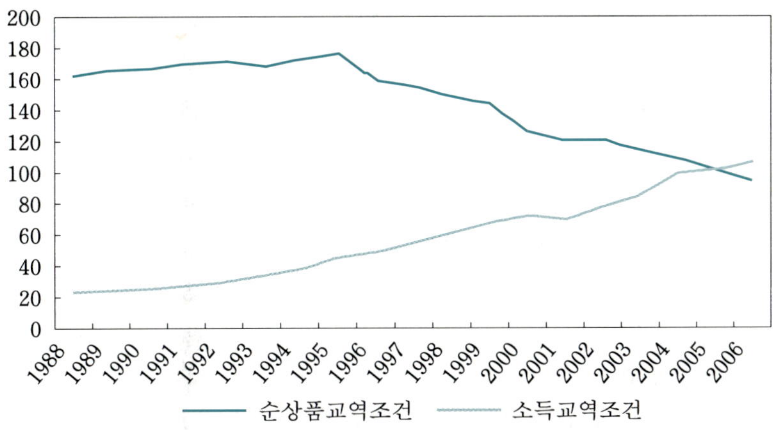

품목별 수출입 단가의 변동 추이를 통해 1990년 후반 이후의 악화요인을 살펴보면 순상품교역조건은 반도체 및 정보통신기기 등 IT제품의 수출가격 하락과 원유 등 원자재의 수입가격 상승에 주로 기인하여 악화되었다는 것이 뚜렷이 나타나고 있다.

표 4-1 | 수출입 단가의 변동 추이 및 순상품교역조건 변동 추이

(단위: 전년 대비, %)

구분	1996~1999[1)]	2000~2003[1)]	2000	2001	2002	2003	2004[2)]
순상품교역조건	−4.7	−5.9	−12.4	−4.5	−0.5	−6.3	−4.0
수출단가	−11.2	−3.7	0.4	−13.1	−4.4	2.4	7.7
수입단가	−6.8	2.7	14.5	−9.0	−3.8	9.3	12.2

주: 1) 기간중 평균.
2) 1~9월중 전년 동기 대비 변동률.

한편, 소득교역조건은 수출물량이 증가세를 지속한 데 힘입어 꾸준히 개선되었는데, 특히 2004년 1~9월중 22.2%로 크게 개선된 것으로 나타났다. 다만 세계경기 부진에 따른 세계교역 신장세의 둔화로 수출물량증가율이 0.7%에 불과하였던 2001년에는 수출단가의 큰 폭 하락에 따른 순상품교역조건의 악화에 기인하여 소득교역조건이 일시적으로 3.8% 악화되었다.

표 4-2 | 소득교역조건 변동 추이

(단위: 전년 대비, %)

구분	1996~1999[1)]	2000~2003[1)]	2000	2001	2002	2003	2004[2)]
소득교역조건	10.4	6.0	5.7	−3.8	12.7	9.5	22.2
수출단가	15.8	12.9	20.6	0.7	13.3	16.9	27.4

주: 1) 기간중 평균.
2) 1~9월중 전년 동기 대비 변동률.

순상품교역조건 변동 추이를 아시아의 주요 경쟁상대국과 비교하여 보면 한국은 1990년대 후반 이후 연평균 −5.3%로 일본, 대만 및 싱가포르의 −0.5~1.9%에 비해 상대적으로 더 크게 악화되었던 것으로 나타났다.

이처럼 한국의 순상품교역조건이 더 크게 악화된 것은 IT제품의 수출비중이 상승하면서 반도체 국제가격 하락시 전체 수출단가가 이들 경쟁국에 비해 더 큰 폭으로 하락한 데 주로 기인한 것으로 판단할 수 있다. 특히, 반도체 수출단가를 일본과 비교하여 보면 뚜렷이 나타나는데 한국은 2000~2003년 중 −27.0%로 대폭 하락하였으나 일본은 오히려 4.4% 상승하였다.

표 4-3 | 아시아 주요국의 순상품교역조건 및 수출입 단가 변동 추이

(단위: 전년 대비, %)

구분		1996~1999[1)]	1996~2003[1)]	2000	2001	2002	2003	2004[2)]
한국	교역조건	−4.7	−5.3	−12.4	−4.5	−0.5	−6.3	−4.0
	수출단가	−11.2	−7.5	0.4	−13.1	−4.4	2.4	7.7
	수입단가	−6.8	−2.1	14.5	−9.0	−3.8	9.3	12.2
일본	교역조건	−1.0	−1.9	−8.9	0.6	0.3	−3.3	−3.9
	수출단가	−5.2	−3.7	0.8	−8.6	−4.1	3.7	5.4
	수입단가	−4.1	−1.5	10.6	−9.2	−4.4	7.2	9.8
대만	교역조건	2.0	−0.5	−5.3	1.6	−1.9	−6.3	−
	수출단가	0.2	−0.4	−0.9	0.3	−1.5	−1.5	−
	수입단가	−1.8	0.2	4.6	−1.3	0.4	5.1	−
싱가포르	교역조건	−0.3	−1.7	−2.9	−4.1	−1.6	−3.9	−1.4
	수출단가	−5.2	−3.4	4.0	−7.5	−2.2	−0.9	1.6
	수입단가	−4.9	−1.7	7.1	−3.5	−0.6	3.1	3.0

주: 1) 기간중 평균.
2) 우리나라는 1~9월중, 여타국은 1~6월중 전년 동기 대비 변동률.
자료: 「순상품교역조건 변동요인 분석」, 한국은행 조사통계월보, 2005. 3.

요약

이 장에서는 오퍼곡선의 개념을 발전시켰다. 오퍼곡선은 여러 가지 교역조건에서 국제무역에 참여하려는 한 국가의 의사나 세계시장에서의 균형교역조건 결정을 나타내는 수단이다. 경제성장, 기호의 변화 및 무역정책의 변화 등과 같은 요인들이 한 국가의 오퍼곡선을 이동시킨다. 이와 같은 이동이 교역조건에 미치는 효과는 교역상대국 오퍼곡선의 탄력성에 따라 다르다. 마지막으로 상품교역조건(또는 순교역조건), 단일요소 교역조건, 복수요소 교역조건 및 소득교역조건의 개념을 설명하였다.

① 수요와 공급조건은 무역과 무역의 방향을 결정한다. 오퍼곡선은 각각의 주어진 재화의 가격비율하에서 일국이 수출하고자 하는 양과 수입하고자 하는 양을 나타낸다.

② 라카도의 무역이론은 공급 측면만을 분석하였기 때문에 균형교역조건을 정확히 결정할 수 없다. 밀이 설명한 상호 수요의 법칙에 의하여 교역조건을 결정하기 위하여 두 재화에 대한 두 국가에 의한 수요를 알 필요가 있다는 것을 제시하였다.

③ 무역균형이 안정적이기 위한 필요충분조건은 두 국가의 수입수요탄력성의 합이 1보다 커야 한다는 것이다. 이 조건을 마셜-러너의 조건이라고 한다.

④ 상품교역조건(순교역조건)은 수출가격지수를 수입가격지수로 나눈 것이며, 단일요소 교역조건은 상품의 교역조건에 수출산업부문의 생산성 지수를 곱한 것이다. 복수요소 교역조건은 순교역조건에 수출산업의 생산성 지수와 상대국의 수출산업의 생산성 지수 간의 비율을 곱한 값을 백분율로 나타낸 것이다.

연습문제

1. 오퍼곡선이란 무엇인가? 이것은 어떻게 도출되고, 그 형태는 어떠하며, 그 형태가 의미하는 바는 무엇인가?

2. 오퍼곡선의 개념과 그 유용성을 설명하여라.

3. 상호수요곡선이 의미하는 것은 무엇인가? 그것은 국제교역조건을 어떻게 의미 있게 설명할 수 있는가?

4. 수요와 공급조건을 변화시키면 국제교역조건은 어떤 영향을 받는가?

5. 순(상품)교역조건의 개념은 무역의 이익에 대한 방향을 어떻게 측정하는가?

6. 순(상품)교역조건의 해석상 문제점은 무엇인가?

7. 복수요소 교역조건의 의미는 무엇인가?

8. 어떠한 방법으로 오퍼곡선은 수요곡선으로 간주될 수 있는가? 오퍼곡선은 미시경제이론의 일반적인 수요곡선과 어떻게 다른가?

9. 어떠한 방법으로 오퍼곡선은 공급곡선으로 간주될 수 있는가? 오퍼곡선은 미시경제이론의 일반적인 공급곡선과 어떻게 다른가?

10. 어떠한 조건에서 한 국가의 오퍼곡선은 원점을 지나는 직선이 되는가?

11 한 국가가 무역을 할 의사를 증가시키는 요인들을 설명하여라.

12 만일 한 국가의 수출재에 대한 수요가 증가한다면 그 국가가 '대국'이냐, '소국'이냐에 따라 그 국가의 교역조건에 미치는 효과에 어떠한 차이가 있는가? 이를 설명하여라.

13 교역상대국 B국의 무역할 의사를 감소시키는 동시에 A국의 무역할 의사를 증가시킨다고 하자. 교역조건과 무역량에 대한 효과는 어떠한가?

14 교역상대국 B국의 무역할 의사를 증가시키는 동시에 A국의 무역할 의사를 감소시킨다고 하자. 교역조건과 무역량에 대한 효과는 어떠한가?

15 오퍼곡선의 분석에서 한 재화의 초과공급은 다른 재화의 초과수요와 관련이 있는 이유를 설명하여라.

16 한 축에 선진공업국의 수출재, 다른 한 축에 저개발국의 수출재를 그린 오퍼곡선에서 선진공업국의 제품에 대하여 LDC의 수요가 급격하게 증가한 반면, 선진공업국에서 LDC 제품에 대한 수요가 완만하게 증가한 경우에 LDC의 교역조건에 대한 효과를 예시하여라.

제5장

부족자원과 무역: 헥셔-올린모형

개요

이 장에서는 부존자원의 차이가 국제무역의 유형을 결정하는 유일한 요인이라는 것을 설명한다. 헥셔-올린모형에서 비교우위는 생산요소의 상대적 풍부성과 생산기술에 의하여 영향을 받는다. 따라서 이 모형에서 모든 재화의 무역구조와 상품구성은 각 국가가 소유하고 있는 여러 생산요소의 양에 의하여 설명될 수 있다. 무역의 결과 각 국가에서 풍부한 요소의 가격을 인상시키고 희소한 요소의 가격을 인하시켜 두 국가 간 생산요소의 가격차가 없어지는 '요소가격 균등화 정리'가 성립한다. 스톨퍼와 새뮤얼슨은 무역의 요소가격과 소득분배에 대한 효과를 증명하였다.

제1절에서는 헥셔-올린모형의 기본 가정을 설명한다. 제2절에서는 요소집약도와 요소풍부성의 의미를 검토한다. 제3절에서는 요소집약도의 역전이 갖는 의미를 살펴본다. 제4절에서 요소의 부존량과 헥셔-올린이론을 분석한다. 제5절에서 헥셔-올린정리로부터 직접 유도되는 요소가격 균등화 정리를 살펴본다. 제6절에서는 무역요소의 가격과 소득분배에 대한 효과를 분석한 스톨퍼-새뮤얼슨정리를 설명한다. 제7절에서는 수요구조의 차이가 있고 요소집약도의 역전이 발생하는 경우에 헥셔-올린이론이 어떻게 확장되는가를 분석한다.

중요 용어

- 요소의 풍부성
- 요소집약도
- 헥셔-올린정리
- 자본집약적 재화
- 헤로드-존슨 그림
- 산업간무역
- 요소비율이론
- 요소집약도 역전
- 노동집약적 재화
- 요소의 대체탄력성
- 요소가격 균등화 정리(H-O-S 정리)
- 스톨퍼-새뮤얼슨정리

리카도모형이 가정하는 바와 같이, 노동이 유일한 생산요소라고 한다면 비교우위가 노동생산성의 국제적 차이만으로도 발생할 수 있다. 그러나 현실세계에서 무역은 노동생산성의 차이에 의해 부분적으로 발생하는 반면, 부존자원의 차이에 의해서도 많은 부분이 발생한다. 예를 들면, 캐나다의 목재상들은 미국의 목재상품에 비하여 상대적으로 더 생산적이어서가 아니라 캐나다가 미국보다 1인당(per capita) 토지에 풍부한 삼림자원이라는 부존자원이 있기 때문에 미국에 삼림자원을 수출한다. 이처럼 무역의 현실적인 세계에서는 노동만이 아니라 토지·자본 및 광물자원 등과 같은 다른 생산요소들도 중요하다.

이 장은 무역에서 부존자원의 역할을 설명하기 위하여 부존자원의 차이가 국제무역의 유일한 요소라는 것에 대해 설명한다. 이 모형에서는 비교우위가 국가들의 부존자원(생산요소의 상대적 풍부성)과 생산기술(다른 생산요소들이 다른 재화의 생산에 사용되는 상대적 집약도에 영향을 주는 것) 간의 상호 작용에 의하여 영향을 받는다.

스웨덴 경제학자인 헥셔(Eli Heckscher)와 올린(Bertil Ohlin)에 의하여 발전된 이 이론은 헥셔-올린이론(Heckscher-Ohlin theory)이라고 불린다. 이 이론은 다른 생산요소들이 다른 국가들에서 이용 가능한 비율과, 이들이 다른 재화를 생산하는 데 사용되는 비율 간의 상호 작용을 강조하기 때문에 이를 생산요소비율이론(factor-proportions theory)이라고도 한다.

생산요소비율이론의 주요한 목적은 무역 이전에 상대가격의 차이가 발생하는 이유에 대해 설명하는 것으로 상대가격의 차이는 서로 다른 국가의 생산가능곡선의 형태가 다른 것으로 설명할 수 있다.

어느 국가에 어떤 생산요소가 풍부한 경우에 그 요소의 서비스가격은 저렴하여 그 요소를 생산하는 데 많이 필요로 하는 재화의 시장가격은 저렴하다. 만일 생산요소가 희소하다면 그 요소의 서비스가격은 비싸기 때문에 생산하는 데 희소한 생산요소를 많이 필요로 하는 재화의 시장가격은 비싸다.

따라서 헥셔-올린이론에서 모든 재화의 무역은 교역국의 상대요소 부존량에 의하여 설명되는데, 일반적으로 어느 국가의 무역구조와 상품구성은 각 국가가 소유하고 있는 여러 생산요소의 양으로 설명될 수 있다.

헥셔-올린이론이 갖는 주요한 의미는, 무역을 함으로써 각 국가에 풍부한 생산요소의 가격을 인상시키고 희소한 요소의 가격을 인하시키는 경향이 있다는 점이다. 따라서 무역 이후에 두 국가 간의 생산요소가격이 같아지는 '요소가격 균등화 정리'가 성립한다. 또한 무역 이후에 발생하게 되는 상대가격 변화는 각 국가 내 여러 계층 간의 소득분배를 변화시킨다. 국제무역의 각국의 요소소득과 소득분배에 대한 효과는 스톨퍼와 새뮤얼슨이 증명하였다고 하여 '스톨퍼-새뮤얼슨정리(Stolper-Samuelson theorem)'라고 한다.

1 헥셔-올린모형의 가정(2국가, 2요소, 2재화)

1.1. 기본 가정

무역의 요소비율이론(factor proportions theory of trade)은 많은 가정을 필요로 한다. 이들 가운데 일부는 헥셔-올린이론의 의미에서 명시적으로 중요하지 않은 것도 있다. 이 이론의 성격을 더 명확히 설명하기 위하여 단지 두 국가(A국과 B국), 두 재화(X재와 Y재), 두 생산요소(자본 K와 노동 L)만을 포함하는 매우 단순화된 예를 통해서 자세히 분석한다. 이른바 2×2×2모형은 너무 단순하고 추상적이어서 중요하지 않다고 생각할는지도 모른다. 그러나 2×2×2모형에서 유도된 대부분의 결론은 국가·재화 및 요소들의 수가 증가될 때에도 계속하여 유지되기 때문에 중요하다. 따라서 헥셔-올린모형을 논리적으로 전개하는 데 있어서 다음의 가정들을 포함한다. 이 이론을 보다 현실적으로 적용시키기 위하여 일부 가정을 완화시킬 경우, 그 결론이 어떻게 변화하는가에 대하여 다음 장들에서 살펴본다. 그 주요 가정들은 다음과 같다.

[가정 1] 두 국가(A국과 B국), 두 재화(X재와 Y재), 두 생산요소(노동 L

과 자본 K)가 존재한다.

[가정 2] 두 국가의 재화 및 요소시장에 완전 경쟁이 존재한다. 이것은 두 산업 내의 가격은 한계비용과 같으며 완전 경쟁이 존재한다는 것을 의미한다. 완전 경쟁은 모든 생산자·소비자 및 생산요소의 소유자가 재화의 가격에 대하여 완전한 정보를 갖고 있으며, 요소소득이 국가와 모든 산업에 고루 분배된다.

[가정 3] 생산요소는 한 국가에서 다른 국가로 이동하지 못한다. 즉, 생산요소는 국가 간에 이동하지는 못하지만, 국가 내에서는 완전히 이동할 수 있다. 이것은 노동과 자본이 국가 안에서 자유롭게 이동할 수 있으며, 요소소득이 낮은 지역이나 높은 지역이나 산업 간에 신속하게 이동하여 동일한 형태의 노동이나 자본에 대한 소득은 한 국가의 모든 지역이나 산업에서 같아진다.

[가정 4] 수요조건은 모든 곳에서 같다. 즉, 소비자들의 기호와 선호는 두 국가가 같다. 따라서 사회무차별곡선은 동일하다. 이것은 재화의 상대가격이 두 국가에서 동일한 경우에는 두 국가가 X재와 Y재를 같은 비율로 소비한다는 것을 의미한다.

[가정 5] 수송비용은 없으며 관세 또는 무역장애요인이 두 국가에 존재하지 않는다. 이것은 무역을 할 때, 양국에서 재화의 상대가격이 같아질 때까지 생산의 특화가 계속된다는 것을 의미한다.

[가정 6] 기술수준은 주어지고 두 국가 간의 기술수준은 동일하다. 그러므로 두 국가들은 동일한 생산함수를 갖는다. 기술수준이 동일하다는 것은 국가 내 또는 국가 간에 생산요소가 이동하는 데 시간이 걸리는 장기생산함수를 가정한다는 것을 의미한다.

[가정 7] 두 산업, 즉 X재 및 Y재 산업에 규모에 대한 보수불변이 존재한다.

[가정 8] 각 산업은 요소집약도 순으로 배열된다. 즉, 요소집약도의 역전은 배제된다. 특히, 요소의 가격비율이 주어진 경우에

X재 산업은 Y재 산업보다 자본-노동비율이 더 낮다고 가정한다. 따라서 X재는 노동집약적이고 Y재는 자본집약적이다.

[가정 6]은 추가적인 설명이 필요하다. 그리고 그 의미는 등량곡선과 생산함수를 도입함으로써 명확해진다.

1.2. 생산함수 및 가정의 의미

생산함수는 일정 기간에 사용되는 여러 가지 생산요소의 수량과 그 결합으로부터 얻을 수 있는 최대산출량과의 기술적 관계를 나타낸 것이다. 자동차와 같은 재화는 자본과 노동의 여러 가지 다른 결합 또는 비율로 생산된다.

이와 같은 관계는 〔그림 5-1〕에서 곡선 Y_1과 같은 등량곡선으로 설명될 수 있다. 곡선 Y_1상에 있는 E, F와 같은 점들은 자동차의 일정한 산출량(5,000대)을 나타낸다. 각 점들의 조합(점 E에 대하여 OL_1 및 OK_1)은 자동차를 생산하는 데 필요한 자본과 노동의 투입량을 나타낸다. Y_1상의 점 E로부터 F로 우하향으로 이동함에 따라 자본-노동비율은 감소한다. 벡터 OF의 기울기(OK_2/OL_2)는 OE의 기울기(OK_1/OL_1)보다도 더 작다.

자동차의 생산량을 증가시키는 데 필요한 투입요소의 양을 나타내기 위하여 Y_1의 오른쪽 위에 다른 등량곡선을 그린다. 〔그림 5-1〕에서 Y_2는 1만 대의 자동차를 생산하는 데 필요한 자본과 노동의 다른 결합을 나타내고 있다.

〔그림 5-1〕에 그려진 등량곡선의 전체집합은 자동차의 생산함수를 나타낸 것이며, 이것은 모든 가능한 자동차의 양을 생산하는 데 필요한 모든 다른 투입요소의 결합을 나타낸다.

두 국가가 동일한 생산함수를 갖고 있다고 말한 [가정 6]은 A국과 B국의 등량곡선의 형태가 같다는 것을 의미한다. 그러나 A국과 B국이 자동차를 생산하는 데 노동과 자본의 동일한 결합을 사용한다는 것을 의미하지는 않는다. 실제로 이 국가들은 생산함수상의 다른 점들을 선택하는데, 예를 들어 한국은 미국보다도 더 노동집약적인 생산방법을 선택한다.

그림 5-1 | 자동차생산의 등량곡선(Y_1=5,000대, Y_2=1만 대)

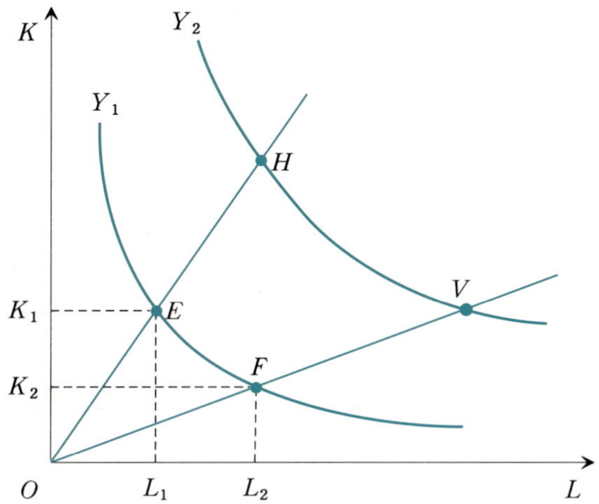

왜냐하면, 한국은 노동의 가격인 임금이 더 저렴하고 '상대적'으로 노동이 미국보다도 더 풍부하기 때문이다.

이와 같은 사실들은 생산함수가 모든 점에서 같다는 가정과 일치한다. 규모에 대한 보수불변에 대한 [가정 7]의 의미도 〔그림 5-1〕을 사용하여 설명할 수 있다. 생산요소의 주어진 결합 또는 비율이 점 E와 같이 사용된다고 가정하자. 이 투입요소는 등량곡선 Y_1, 즉 5,000대의 자동차를 산출해 낸다.

규모에 대한 보수불변은 만일 자본과 노동의 투입요소가 어떤 주어진 비율로 증가한다면 산출량 또한 같은 비율로 증가한다는 것을 의미한다. 예를 들면, 등량곡선 Y_1상의 어떤 점 E에서 투입요소가 2배로 증가한다면 자동차의 산출량은 1만 대의 생산량을 나타내는 등량곡선 Y_2상에 있는 점 H와 같게 되어 생산량이 2배가 된다. 이것은 매우 강한 가정으로서 규모에 대한 보수증가 및 감소를 배제한다.

지금까지 Y재에 대한 생산함수만을 살펴보았으나 X재에 대한 생산함수도 같은 방법으로 그릴 수 있으나 등량곡선의 위치와 형태는 Y재와 다르다.

등량곡선은 어느 기업이 일정한 산출량을 생산하는 데 사용하는 노동

그림 5-2 | 자동차와 의류산업의 요소집약도 비교

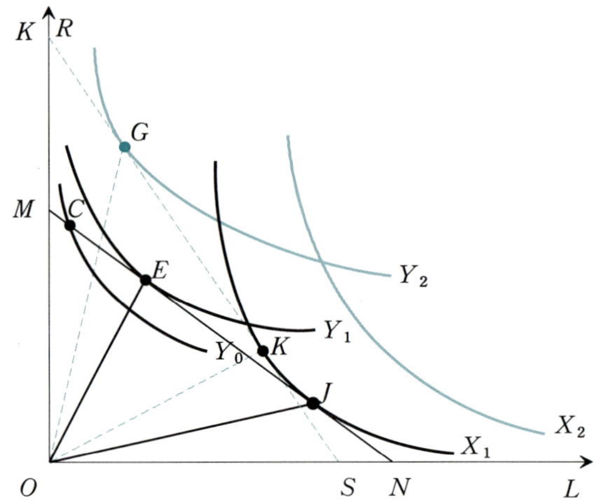

과 자본의 특수한 조합을 어떻게 선택하는가를 설명하고 있다. 이와 같은 결정을 할 때 기업들은 자본과 노동의 서비스에 대하여 지불해야 하는 가격(생산요소의 가격) 및 생산함수에 체화된 기술수준 등을 고려하여야 한다. 기업의 목표는 주어진 지출액 수준으로 생산할 수 있는 산출량을 극대화하는 것이다.

기하학적으로 〔그림 5-2〕의 MN과 같은 예산선(등비용선)은 요소의 가격과 예산에 대한 정보를 나타내고 있다. 기업의 예산선은 자본투입요소 OM 또는 노동투입요소 ON 및 선 MN상의 점들이 가리키는 노동과 자본의 여러 가지 조합점들을 나타내고 있으며, 특히 MN의 기울기는 요소가격비율을 나타내고 있다. 예산제약과 MN으로 표시된 요소가격비율이 주어진 경우에 Y재를 생산하는 기업은 MN과 Y_1의 접점, 즉 점 E에서 생산함으로써 산출량을 극대화한다. 따라서 기업은 벡터 OE로 나타나는 자본-노동비율을 선택할 것이다. 만일 C와 같은 다른 투입비율을 갖는다면 더 낮은 등량곡선 Y_0상에 있게 될 것이다. 이것은 같은 예산범위 내에서 더 적은 산출량을 얻게 된다는 것을 의미한다.

따라서 [가정 8]의 의미를 설명할 수 있다. 완전 경쟁상태에서의 임금률은 모든 산업에서 같으며 자본의 임대료도 또한 같다. 따라서 두 산업에서 기업들은 같은 요소가격비율에 직면한다. [가정 8]은 어느 특수한 요소가격비율에 대하여 자본과 노동의 최적비율은 X재 생산보다도 Y재 생산에서 항상 더 높다는 것을 의미한다.

〔그림 5-2〕에서 [가정 8]의 조건을 만족시키는 자동차에 대하여서는 등량곡선 Y_1과 Y_2, 의류에 대하여는 X_1 및 X_2를 그렸다. 만일 공통의 생산요소가격비율이 MN의 기울기로 주어진다면 기업들은 자동차 생산에서 OE, 의류 생산에서 OJ의 요소비율을 선택한다. 만일 임금률이 더 높아져서 RS의 기울기로 표시된 공통의 요소가격비율로 주어진다면, 기업들은 자동차 생산에서 OG, 의류 생산에서 OK의 요소가격비율을 선택한다. 이 두 경우에 자본-노동비율은 의류산업보다도 자동차산업에서 더 높다. [가정 8]이 의미하는 것은 각 국가 내에서 요소의 가격비율이 주어진 경우에 자동차는 의류에 비하여 자본집약적이라는 것이다. 임금률이 상승함에 따라 두 산업에서 기업들은 노동에 비하여 상대적으로 자본을 더 많이 사용함으로써 노동의 사용량을 줄인다. 결론적으로 헥셔-올린이론은 다음 두 가지 가정에서 출발한다고 볼 수 있다. 첫째로 각 국가들은 상대요소부존량에 차이가 있다. 둘째로 각 산업들은 상대요소집약도에 차이가 있다.

상기의 강한 가정하에서 헥셔-올린이론은 다음과 같은 결론을 얻는다.

① 상대적으로 풍부하게 부존되어 있는 생산요소를 갖고 있는 국가는 풍부한 생산요소를 집약적으로 사용하는 재화를 수출한다.

② 생산요소의 가격은 국가 간에 같기 때문에 재화의 자유무역은 생산요소의 자유로운 이동으로 대체된다.

2 요소집약도와 요소의 풍부성 및 생산가능곡선의 형태

헥셔-올린이론은 요소집약도와 요소풍부성의 차이로 설명할 수 있다. 따라서 요소집약도를 살펴본 다음 요소풍부성의 의미와 이것과 요소가격의 관계를 살펴본다. 마지막으로 요소의 풍부성과 각국 생산가능곡선의 형태 간의 관계를 검토하는데, 두 국가의 기호와 기술은 같고 요소의 풍부성과 요소의 집약도에 차이가 있다고 가정한다.

2.1. 요소집약도

자동차와 의류의 생산에서 중요한 차이점은 각 산업이 필요로 하는 요소집약도(factor intensity)가 다르다는 점이다. 즉, 자동차에 사용된 자본-노동비율이 의류부문에 사용된 것과는 다르다는 점이다.

〔그림 5-3〕은 두 산업에 사용된 최적기술의 선택에 관한 기본적인 가정을 나타낸다. 임금에 대한 임대료의 비율이 〔그림 5-3〕에서와 같이 평행선의 기울기로 나타날 때 비용을 최소화하기 위하여 의류기업들과 자동차를 생산하는 기업들은 등비용선과 등량곡선이 접하는 점의 자본과 노동의 결합을 선택한다. 자동차를 생산하는 기업들의 선택은 항상 자본-노동비율이 높다고 가정한다. 자동차산업에서의 최적선택점 E는 의류산업에서의 최적선택점 J보다 원점에서 더 급한 기울기의 선분을 갖고 있다. 따라서 자동차산업은 의류산업보다도 더 자본집약적이다.

다른 요소집약도를 채택하는 산업이 갖는 의미는 소규모 국가에서 자동차와 의류의 생산이 요소부존량의 변화에 어떻게 반응할 것인가 하는 문제를 살펴봄으로써 쉽게 이해할 수 있다. 설명을 단순화하기 위해 구체적인 숫자를 예시하고 각 부문에서 생산기술이 고정되어 있다고 가정한다.

자동차 1단위를 생산하기 위하여 노동 1단위와 자본 1단위, 그리고 의류 1단위를 생산하기 위하여 노동 3단위와 자본 1단위만을 필요로 한다고 하자. 〔그림 5-3〕에 예시된 등량곡선과 같이 기술이 각 부문에서 변화할 수 있다. 기술이 고정되어 있다는 가정은 요소가격(임금과 임대료)이 요소부존량이 증가하기 전 및 후에도 같다는 가정과 같다.

만일 최초에 경제가 노동력 200단위와 자본 100단위를 소유하고 있고 노동과 자본을 완전히 고용한다고 하자. 이것은 X_F와 Y_C가 의류와 자동차의 산출량을 표시한다고 할 때 X_F와 Y_C가 각각 50단위만큼 생산된다는 것을 의미한다.

그림 5-3 | 요소집약도의 비교

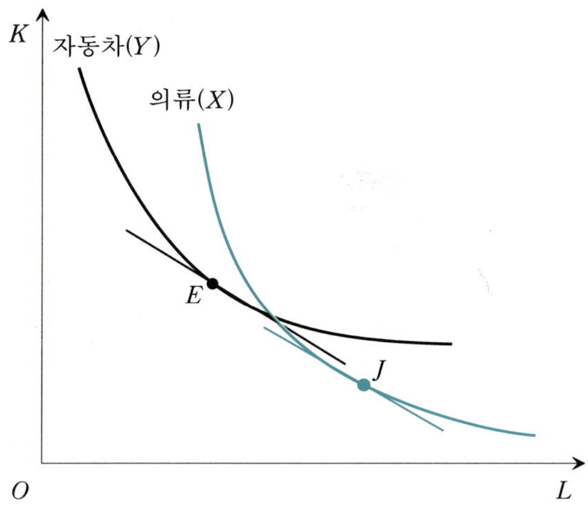

$$3X_F + Y_C = 200(L)$$
$$X_F + Y_C = 100(K)$$

이 숫자들을 사용하여 만일 자본의 공급은 변화되지 않고 노동의 부존량이 200에서 220단위로 10% 증가한다면, 산출량의 구성이 어떻게 변화된 것인가를 수식을 통하여 살펴볼 수 있다. 노동력이 증가함에 따라 완전 고용을 유지하기 위하여 산출량의 조정은 자본집약적인 부문에서 실제로 감소하는 것으로 나타난다. 위의 식을 풀면 의류 산출량은 10단위로 증가한 반면 자동차 산출량은 10단위만큼 감소한다. 의류 산출량은 20%로 상승하는데, 이것은 처음에 노동력이 증가된 비율 10%보다 더 크다. 이처럼 노동집약적인 의류산업이 경제에서 최근에 노동력의 증가분(20단위)을 흡수한데다 자동차산업에서 방출된 요소를 모두 흡수하였다. 자본의 부존량이 증가하지 않았기 때문에 자동차산업에서 방출된 자본을 흡수할 때에만 의류의 산출량은 증가한다. 이것은 기술수준이 일정한 경우에 의류산업이 자동차산업에서 방출된 추가적인 노동력을 흡수한다는 것을 의미한다. 경제에 노동과 자본의 부존량이 완전히 고용된 새로운 균형수준에서 의류산업은 경제 전체의 부존량이 증가한 20단위와 자동차산업에서 방출된 10단위의 노동량에 대한 고용을 증가시키며, 자본에 대한 수요를 10단위 증가시킨다.

그림 5-4 | 노동력 증가에 따른 산출량의 변화

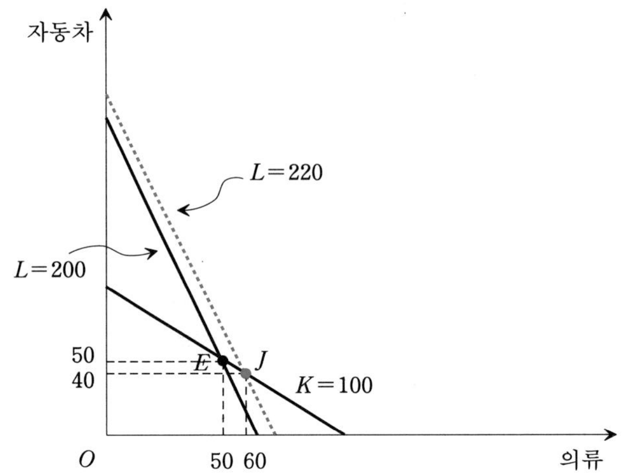

[그림 5-4]는 산출량 구성의 변화를 예시하고 있다. 각 선은 요소의 한 형태가 완전 고용됨으로써 나타난 산출량에 대한 제약을 표시하고 있다. 이 경제에 노동공급이 증가한 것을 흡수하기 위하여 점 E에서 처음의 완전 고용 산출량이 조정되어야 한다. 점 J에서의 새로운 균형은 노동부

사례연구 5-1

한국의 낮아지는 경제성장률

경제성장률 하락은 경제성장 과정에서 대부분의 선진국이 경험한 현상이다. 그러나 한국의 경우 경제성장률이 선진국에 비해 더 빠르게 하락하고 있다는 데 경각심을 가져야 한다. 경제협력개발기구(OECD)에 따르면 우리나라의 2010~2012년 연평균 1인당 GDP는 2만 7,439달러로 1970년대(3,750달러)보다 7배 이상 높아졌으나 1인당 GDP 성장률은 3.5%로 1970년대(11.8%)의 3분의 1 수준으로 크게 낮아졌다.

2000년대 한국의 경제상장률이 큰 폭으로 하락한 것은 산업 전반에서 노동생산성 증가속도가 둔화된 데 크게 기인한다. 한국의 1970~1980년대 고도성장기에는 후발 주자의 이점으로 선진기술의 도입 등을 통해 빠른 속도로 노동생산성을 높일 수 있었다. 그러나 최근에는 한국경제가 성숙단계에 들어서고

그림 5-5 | 우리나라 1인당 GDP 및 증가율

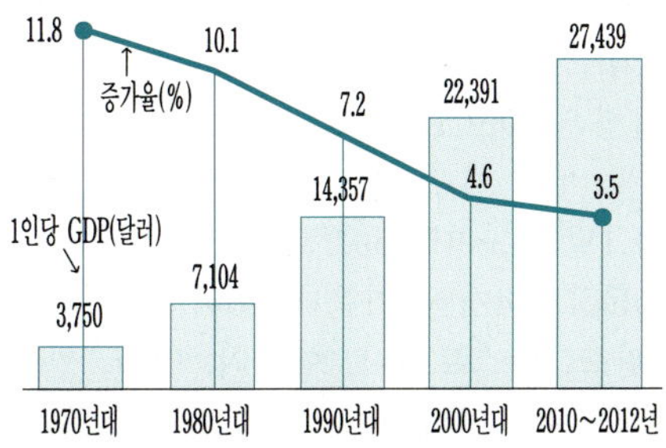

주: 구매력평가 실질가격(2005년) 기준.
자료: OECD.

그림 5-6 | OECD 주요국의 시간당 노동생산성 수준

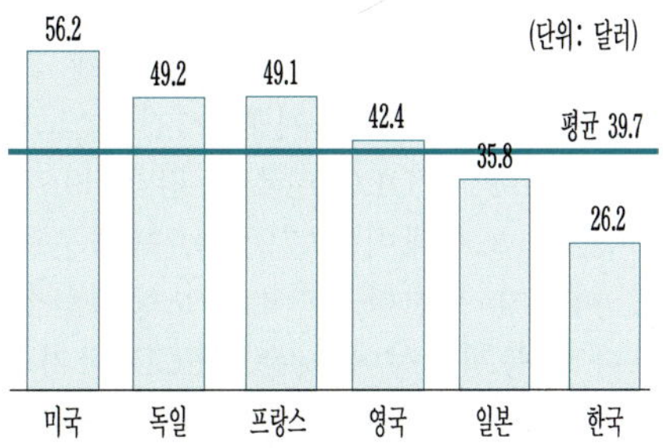

주: 구매력평가 실질가격(2005년) 기준, 2012년 기준.
자료: OECD.

표 5-1 | 산업별 노동생산성 증가율(%)

	제조업			서비스업		
	한국	미국	일본	한국	미국	일본
1980~1989년	14.2	6.0	4.9	11.3	6.2	4.4
1990~1999년	14.2	4.6	2.4	7.5	4.3	3.0
2000~2007년*	7.5	5.1	1.3	4.6	4.6	0.4

주: *일본은 2000~2004년 기준.
자료: EU KIEMS DB.

그림 5-7 | 산업별 노동생산성 수준

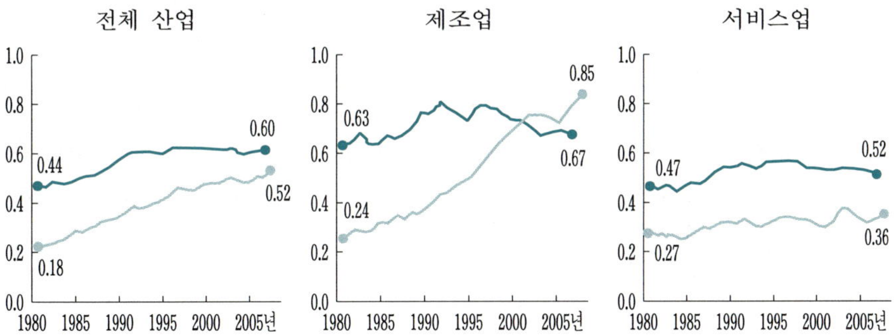

주: 미국은 1.0 기준.

선진국과의 기술격차가 줄어들면서 선진기술 도입만으로 높은 경제성장률을 유지하는 데 한계에 봉착하였을 뿐만 아니라 앞으로 인구 고령화가 심화될 경우 생산성이 높은 청·장년층 노동자 비중이 감소할 수밖에 없어 인적자본 축적을 통한 노동생산성 향상을 크게 기대하기도 어렵다.

한국의 2012년 기준 시간당 노동생산성은 OECD 자료에 따르면 시간당 26.2달러이다. OECD 국가 평균(39.7달러)에 비해 매우 낮고, 특히 노동생산성이 높은 노르웨이(62.7달러), 룩셈부르크(61.1달러), 미국(56.2달러) 등의 절반에도 미치지 못한다. 한국의 노동생산성은 OECD 34개국 가운데 28위이다. 한국보다 노동생산성이 낮은 OECD 국가는 폴란드, 에스토니아, 헝가리, 터키, 칠레 및 멕시코 등 대부분 동유럽 및 중남미 신흥시장국이다.

한국은행 분석에 의하면 한국의 제조업 노동생산성은 2001년 일본을 추월하였고 2007년 기준으로 미국의 85% 수준이다. 반면 서비스업 노동생산성은 1980년 이후 미국의 30% 내외 수준에서 크게 개선되지 못하고 있다. 또한 2005년 기준 제조업의 노동생산성은 비교 가능한 OECD 25개국 가운데 12위, 서비스업 노동생산성은 최하위이다.

기술수준이나 부가가치가 낮은 산업일수록 선진국에 비해 노동생산성이 크게 낮다. 예를 들어, 제조업에서 섬유·가죽·신발, 음식료품·담배, 펄프·종이·인쇄·출판 등의 산업은 미국과의 생산성 격차가 여전히 매우 크다. 서비스업에서도 숙박업, 도소매업 등 기술수준이 낮은 전통 서비스업에서 미국과의 생산성 격차가 크다. 노동생산성이 높은 고부가가치 산업에서는 미국과의 격차가 줄지 않고 고착화되는 모습이다.

노동생산성 증가율을 보면 2000년대 들어 한국의 노동생산성 증가율은 하락세를 지속하고 있다. 한국의 노동생산성 증가율은 미국보다 여전히 높은 수준이지만 증가율의 둔화가 미국보다 빠르게 진행되고 있다. 이런 노동생산성 증가율 둔화현상은 산업 전반에서 광범위하게 나타나고 있다. 전체 산업을 21개로 나누어 분석해 보면 한국의 경우 17개 산업에서 1990년대보다 2000년대에 노동생산성 증가율이 낮아졌다. 이에 비해 미국의 경우 21개 중 10개 산업에서만 2000년대 들어 노동생산성 증가율이 낮아진 것으로 나타났다.

한국의 경제성장률을 높이기 위해서는 제조업 및 서비스업 전반에서 노동생산성 향상이 필수적이다. 우리나라는 제조업 및 서비스업 모두 연구·개발(R&D)집약도 및 자본집약도가 미국, 일본에 비해 낮다. 따라서 장기적인 시계에서 노동생산성을 높이기 위해서는 R&D 투자 및 고정투자의 활성화가 무엇보다 중요한 정책 과제 가운데 하나다. 노동생산성의 지속적인 향상을 위해서는 고정투자 가운데 노후화된 기존 설비를 보수하거나 교체하는 대체투자보다 신규투자를 통한 자본 축적이 더 중요하다. 한국의 경우 제조업은 외환위기 이후 신규 고정투자가 빠르게 증가해 2000년대 후반에는 위기 이전 수준을 큰 폭으로 상회한 반면, 서비스업은 2000년대 들어서도 외환위기 이전 수준에서 정체되어 산업별로 상반된 모습을 나타내고 있다.

자료: 서울신문, 2014년 5월 25일.

존량이 증가함으로써 노동집약적인 의류의 산출량은 증가하고 자본집약적인 자동차의 산출량은 감소하게 된다.

2.2. 요소의 풍부성

헥셔-올린모형을 설명하기 전에 국가 간에 요소의 풍부성(factor abundance)에서 차이가 있다는 가정이 무엇을 의미하는가를 먼저 정의하여야 한다. 두 가지 방법으로 요소의 풍부성을 정의할 수가 있다. 첫째는 상대적인 요소의 물량으로 정의하는 방법이고, 둘째는 요소의 상대가격에 의하여 정의하는 방법이다. 우선 상대적인 요소 물량적인 정의는 다음과 같다. 만일 $(K^A/L^A)<(K^B/L^B)$, 즉 B국이 A국보다 노동 1단위당 더 많은 자본을 갖고 있다면 B국은 자본풍부국(capital abundant)이다. 여기서 비교하는 것은 절대적인 물량이 아니라 상대적인 물량이다. 따라서 B국이 A국보다도 실제로 더 적은 자본을 갖고 있다고 하더라도 자본풍부국이 될 수 있다.

예를 들면, $K^B=50$, $L^B=50$, $K^A=100$ 및 $L^A=150$인 경우 $K^B/L^B=1$, 그리고 $K^A/L^A=2/3$로서 B국은 자본풍부국이다. 여기서 문제가 되는 것은 노동 1단위당 자본, 또는 자본-노동비율을 비교하는 것이다. 2요소와 2국가가 주어진 경우에 만일 B국이 자본풍부국이라면 A국은 노동풍부국(labor abundant)이다.

이처럼 물량에 의해 요소의 풍부성을 정의하는 것은 각 국가에서의 요소의 공급에만 의존하는 것이다. 여기서 요소에 대한 수요는 아무런 역할도 하지 못한다.

요소의 풍부성을 정의하는 두 번째 방법은 물량보다는 요소의 상대가격에 기초한다. 가격 정의를 예시하면 다음과 같다. 예컨대, 자급자족경제하의 두 국가(A국, B국)의 두 요소(자본 K, 노동 L)의 상대가격이 다음과 같다고 하자.

$$\left(\frac{r}{w}\right)^A > \left(\frac{r}{w}\right)^B \text{ 또는 } \left(\frac{w}{r}\right)^A < \left(\frac{w}{r}\right)^B$$

이처럼 만일 B국에서 자본의 상대가격이 A국보다도 더 낮다면 B국은 자본풍부국이 된다.

요소의 상대가격에 의한 정의방법은 수요와 공급 측면을 동시에 모두 고려한 것이다. 왜냐하면, 각 요소가격은 수요와 공급 모두의 상호 작용을 나타내기 때문이다. 생산요소에 대한 수요는 이 요소를 사용하여 생산되는 최종재화에 대한 수요로부터 파생된 유발수요이다. 따라서 양국에서 수요가 같다고 가정한다면 두 가지 정의는 같다.

그러나 항상 그렇게 되는 것만은 아니다. 만일 B국의 소비자들이 A국의 소비자들보다 자본집약적인 Y재에 대하여 강한 편향을 나타냄으로써 자본에 대한 수요가 A국보다 B국에서 훨씬 더 큰 경우를 생각할 수 있다. 이 경우에 B국은 물량적인 정의에 따르면 자본풍부국이지만 가격 정의에 의하면 노동풍부국이다.

2.3. 요소의 풍부성과 생산가능곡선의 형태

지금부터 일국의 요소부존량이 생산가능곡선의 형태와 규모에 어떻게 영향을 미치는가를 살펴보자. 만일 A국이 B국에 비하여 상대적으로 노동풍부국이라면 A국의 에지워스 상자 그림은 수평으로 더 확대된다. 이처럼 각 국가에 대한 에지워스 상자 그림의 형태는 요소부존량을 반영한다. 따라서 생산함수가 동일한 경우에 각 국가에서 이용 가능한 자원은 생산가능곡선의 형태를 결정한다.

〔그림 5-8〕은 각 국가에 대한 에지워스 상자 그림을 그린 것이다. B국은 A국에 비하여 상대적으로 더 많은 자본을 가지고 있다. 올린의 정의에 따르면, B국은 상대적으로 자본이 풍부하고 A국은 상대적으로 노동이 풍부하다. 이러한 요소부존량의 차이는 두 국가의 생산가능곡선에 반영된다. Y재는 X재보다도 더 높은 노동에 대한 자본비율을 필요로 하기 때문에, B국이 상대적으로 자본이 더 풍부하다는 것은 생산가능곡선이 Y축을 따라 수직으로 확대되거나 편향된다는 것을 의미한다. 마찬가지로 A국에

그림 5-8 | 요소부존량의 생산가능곡선의 형태에 대한 효과

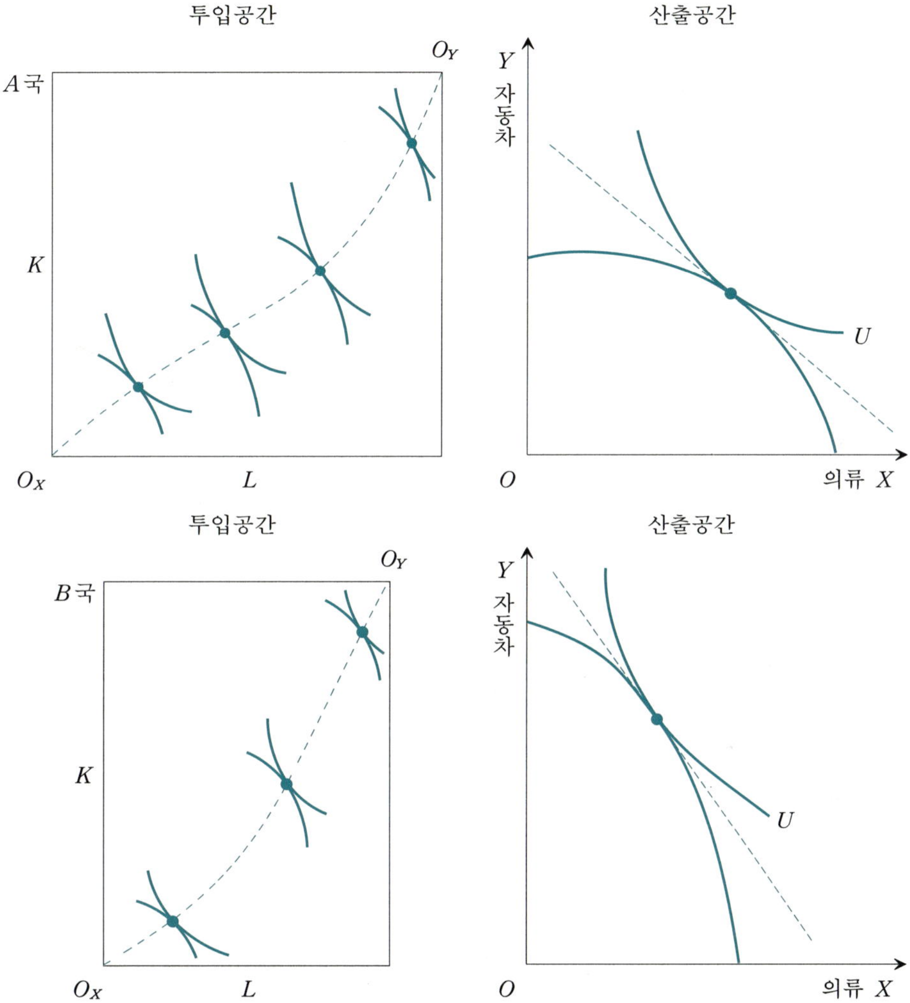

서 노동이 상대적으로 풍부하다고 하는 것은 생산가능곡선이 X축을 따라 수평으로 확대되거나 편향된다는 것을 의미한다.

만일 이 국가들이 무역을 하지 않고 폐쇄경제하에서 경제를 운영한다면 재화의 상대가격은 차이가 있게 된다. Y재에 대한 X재의 상대가격은 B국보다 A국에서 더 저렴하다. 이것은 〔그림 5-8〕에서 생산가능곡선과

사례연구 5-2

주요국의 상대요소부존량

상대요소부존량은 국가들마다 차이가 있다. 헥셔-올린이 생각하는 것과 같이 상대요소부존량이 다른 것은 요소의 공급조건이 국가들마다 크게 다르다는 사실을 반영한다. 국가 간의 요소부존량 차이의 정도를 나타내기 위하여 1966년의 경우 몇 개 그룹의 국가들에 대한 세 가지 요소비율을 예시하면 다음과 같다.

표 5-2 | 주요국의 상대요소부존량

국가	자본/노동 (노동자당 달러)	자본/토지 (ha당 달러)	노동/토지 (ha당 노동자)
아르헨티나	2,827.0	101.77	0.036
오스트레일리아	4,415.5	67.2	0.009
오스트리아	4,654.5	2,192.9	0.471
브라질	1,151.6	199.0	0.038
캐나다	10,583.6	3,720.5	0.637
덴마크	5,837.7	561.8	0.088
프랑스	6,878.5	3,136.9	0.456
독일	6,813.6	8,535.8	1.253
그리스	1,674.3	671.5	0.369
홍콩	1,368.5	90,739.1	66.304
아일랜드	3,038.8	679.3	0.224
이탈리아	4,522.3	3,412.2	0.755
일본	3,358.4	5,286.2	1.574
한국	320.4	337.3	1.053
멕시코	1,684.8	122.9	0.073
네덜란드	6,371.8	11,801.7	1.852
노르웨이	8,799.9	1,522.4	0.176
필리핀	529.0	283.6	0.536
포르투갈	1,111.2	469.6	0.423
스페인	2,936.3	760.4	0.259
스웨덴	9,146.4	1,191.8	0.130
스위스	8,200.8	7,378.2	0.900
영국	4,359.6	6,169.8	1.186
미국	10,260.9	1,058.6	0.103
유고	1,586.9	596.0	0.376

자료: Harry P. Bowen, Edward E. Leamer, and Leo Sveikauskas(1987), pp. 806~809; Appleyard Field, *International Economics*(1992), p. 163.

접한 상대가격선의 기울기를 통해 알 수 있다.

헥셔-올린이론의 공헌점은 비교우위의 존재에 대한 기본적인 이유인 상대가격 차이에 대한 원인을 설명한 데 있다. 각 국가에서 재화의 가격은 각 국가에 풍부하게 부존된 생산요소를 더 많이 사용하는 재화일수록 상대적으로 더 저렴하다. 따라서 요소부존량의 차이가 비교우위의 기초와 국제무역의 유형에 대한 근본적 결정요인이 된다.

3 요소집약도 역전

두 재화의 상대요소집약도(relative factor intensities)를 고려하여 본다. 일반적으로 두 요소(자본 K와 노동 L), 그리고 두 재화(X재와 Y재)가 주어진 경우 Y재의 자본-노동비율이 X재의 자본-노동 투입비율보다 더 크다면 Y재는 X재에 비하여 자본이라는 요소를 더욱 집약적으로 사용한다고 말할 수 있다. 만일 각 재화에 대하여 고정되거나 일정한 기술관계(L자형 등량곡선)를 갖는 하나의 기술에 의해서만 생산이 이루어진다면 상대요소집약도를 결정하는 것은 쉬운 문제이다. 그러나 연속적인 기술방법(완만하고 연속적인 등량곡선)을 갖는 생산함수를 다룬다면[1] 표준화된 최소비용의 절차에 따라 다른 요소가격비용에 대한 각 재화에 대하여 다른 기술이 선택될 것이다.[2] 따라서 요소집약도에 따른 재화의 분류는 모호하다. 이와 같은 모호성을 제거하기 위하여 어느 요소의 가격비율에 대해서든지 분류가 같은 요구조건을 추가한다. 즉, 모든 요소가격의 비율에서 만일 Y재의 자본-노동비율이 X재의 자본-노동비율보다 더 크다면 Y재는 X재에 비하여 상대적으로 더 자본집약적이다. 역으로 요소집약도의 역전이 나타날 때 모든 요소가격비율에 대하여 재화의 순위를 명백하게 정할 수가 없다. 즉, 요소

[1] 이와 같은 문제는 여러 기술을 선택할 수 있는 경우에 발생한다. 그러나 고정된 계수 형태의 제한된 수일 경우에는 활동분석으로 다룰 수 있다.

[2] 서비스가격이라는 의미에서 요소가격 또는 요소서비스에 대한 임대료 또는 단위요소보수를 이야기할 때 공통적인 관례에 따른다.

가격비율의 값에 따라 분류가 변화한다. 예를 들면, 어느 요소가격비율의 범위에 대하여 X재가 Y재에 비하여 상대적으로 더 자본집약적이고, 반면에 어느 가격비율의 범위에 대하여 Y재는 X재에 비하여 상대적으로 더 자본집약적인 경우이다. 이때 요소집약도 역전이 발생한다.

요소집약도 역전이 발생하지 않을 조건은 X재와 Y재의 대표적인 등량곡선이 동일한 좌표평면상에 그릴 때 〔그림 5-9〕의 (a)에서와 같이 한 번 이상 교차하지 않는 경우이다. 규모에 대한 보수불변으로 생산함수의 모든 등량곡선이 같은 형태를 갖고 있으므로 확장선은 선형이고, 요소가격비율이 주어진 경우에 투입비율은 산출량의 어느 수준에서든 같다. 예를 들면, 등량곡선에 대하여 X재의 대표적 등량곡선과 Y재의 등량곡선을 비교할 수 있다.

먼저 XX와 YY가 각각 X재와 Y재의 단위등량곡선을 나타내는 〔그림 5-9〕의 (a)를 보자. 이들 등량곡선은 한 번만 교차한다. 예를 들면, 일반적인 비용최소화의 절차에 따라서 등비용선을 그림으로써(모든 요소가 국내에서 완전히 이동할 수 있다는 가정은 요소가격비율이 두 산업에서 같다는 것을 의미한다) 요소가격비율이 $\tan\alpha$로 절대값이 같다면 최적투입요소의 결합은 Y산업에서는 점 E, X산업에서는 점 E'으로 나타난다. 두 산업의 요소투입비율(K/L)은 각각 OE와 OE'의 기울기이다. 따라서 Y재는 자본집약적 재화이다. 다른 요소가격비율, 예를 들면 $\tan\beta$에서 새로운 최적투입요소의 결합은 X와 Y산업에서 각각 점 F와 F'으로 나타난다. 여기에서 OF의 기울기가 OF'의 기울기보다 크므로 Y재는 여전히 자본집약적인 재화이다. 〔그림 5-9〕의 (a)는 모든 요소가격비율에 대하여 이와 같은 특성이 유지된다는 것을 보여준다. 그러므로 Y재는 X재에 비하여 상대적으로 자본집약적이다. 반면에 X재는 Y재에 비하여 상대적으로 노동집약적이다.

등량곡선이 두 번 교차하는 〔그림 5-9〕의 (b)를 보자. 요소의 가격비율이 $\tan\alpha$와 같을 때 Y산업의 최적요소결합 E는 X산업의 최적요소결합 E'의 기울기보다 크므로 Y재는 X재에 비하여 상대적으로 더 자본집약적이다. 반면에 요소의 가격비율이 $\tan\beta$와 같을 때 OF'의 기울기가 OF의 기울기보다 크므로 X재는 Y재에 비하여 상대적으로 더 자본집약적이다. 따라서 요소집약도 역전이 발생된다. 등량곡선 가운데 하나가 다른 등량곡선의 내부에 있는 어느 한 점에서 서로 접할 때에도 요소집약도 역전이

그림 5-9 | 요소집약도 역전이 없는 경우와 있는 경우

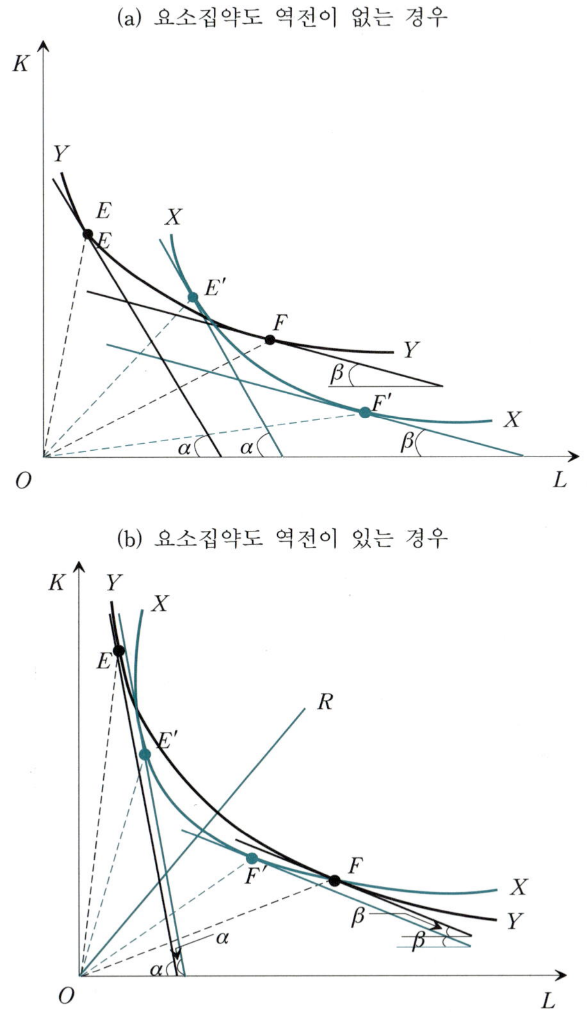

발생한다.

[그림 5-9]의 (b)에서 선분 OR을 따라 등량곡선에 접하는 두 직선이 평행하다는 사실에서 알 수 있는 바와 같이 요소집약도 역전이 발생하는데, 대응하는 자본-노동비율은 X재의 등량곡선과 Y재의 등량곡선이 같은 기울기를 갖는 선분 OR의 기울기에 의하여 판별할 수 있다. 러너는 X재

그림 5-10 | 요소집약도 역전이 없는 경우와 있는 경우 자본-노동비율의 형태

(a) 요소집약도 역전이 없는 경우(K/L)

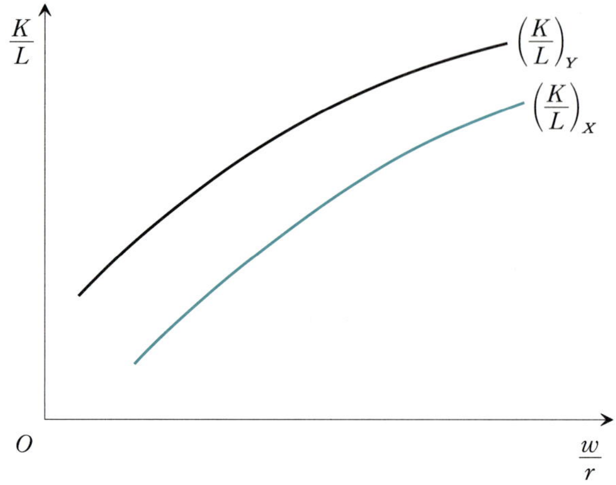

(b) 요소집약도 역전이 있는 경우(K/L)

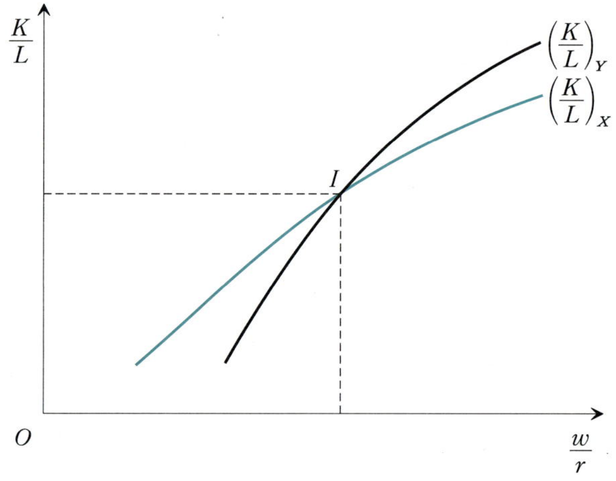

와 Y재의 등량곡선이 선분 OR을 따라 같은 기울기를 가지므로, 이 선분을 접선점(radiant of tangency)이라고 부른다. 최적요소결합이 OR의 위쪽에 있는 모든 요소가격비율에 대하여 자본-노동비율은 X산업보다도 Y산업에서 더 크다. 또한 그 반대의 경우도 타당하다. 요소집약도 역전이 없는 경우와 있는 경우에 두 산업의 자본-노동비율 형태는 [그림 5-10]에 나타나 있다.

노동의 상대가격이 상승함에 따라서 생산자들은 노동을 자본으로 대체하여 더 큰 이윤을 얻게 되므로, 모든 경우에 자본-노동비율은 상대가격 비율(P_X/P_Y) 또는 요소의 상대가격(w/r)에 대한 단조증가함수이다. 이것은 기울기를 변화시킴에 따라 등비용선의 단위등량곡선에 대한 여러 접점을 고려함으로써 그래프상으로 유도할 수 있다. 요소집약도 역전이 없는 경우에 두 곡선은 결코 교차하지 않는 반면에, 요소집약도 역전이 있는 경우에 두 곡선은 서로 교차한다.

〔그림 5-9〕의 (a)에서 유도된 〔그림 5-10〕의 (a)에서 Y재의 자본-노동비율을 나타내는 곡선, 즉 곡선 $(K/L)_Y$는 곡선 $(K/L)_X$ 위에 있다. 따라서 Y재는 X재에 비하여 상대적으로 자본집약적이다. 반면에 〔그림 5-9〕의 (b)에서 유도된 〔그림 5-10〕의 (b)에서 고려하고 있는 곡선은 OR의 기울기를 나타내는 자본-노동비율에 대응하여 교차한다. 이것은 다시 선 OR를 따라서 두 단위등량곡선에 접하는 두 등비용선의 공통의 기울기로 주어지는 w/r 비율에 대응한다. 교차점 I의 왼쪽에, 즉 〔그림 5-9〕의 (b)에서 OR의 오른쪽 부분에 대응하는 w/r 비율이 낮은 부분에 대하여 X재는 Y재에 비하여 상대적으로 자본집약적이다.

지금까지 X재와 Y재 단위등량곡선이 두 번 교차하는 것에 대응하여 한 번 역전이 일어나는 경우를 검토하였다. 그러나 요소집약도 역전이 한 번 이상 발생하여 단위등량곡선이 두 번 이상 교차하는 것을 배제할 수 없다. 그와 같은 경우에 〔그림 5-10〕의 두 곡선은 두 번 또는 그 이상 교차한다. 일반적으로 $(n-1)$번의 요소집약도 역전이 일어날 경우 등량곡선은 n번 교차한다. 요소집약도 역전현상은 요소 간의 대체탄력성과 관련이 있다. 실제로 등량곡선이 두 번 교차하는 현상의 경제적 의미는 요소의 대체 가능성이 두 부문 간에 다르다는 것이다. 하나의 곡선이 다른 곡선보다 더 원점에 대하여 볼록하다면 등량곡선은 두 번 교차할 수 있다. 등량곡선의 곡률 정도는 요소대체성의 차이가 크다는 것을 반영한다. 등량곡선이 많이 굽을수록 두 생산요소의 대체성은 더 낮다. 이것은 두 번 이상 교차하는 경우에 일반화될 수 있다.

4 요소부존량과 헥셔-올린이론

4.1. 헥셔-올린정리

리카도의 무역이론은 생산조건의 국제적인 차이에 기초하고 있다. 어떤 제품은 다른 국가보다도 일부 국가들에서 더 효율적으로 생산된다는 것이다. 이것은 기술적으로 변환곡선, 또는 생산가능곡선의 국가 간 차이로 나타난다. 이들 차이 뒤에 숨어 있는 의미는 무엇인가? 비교우위론의 전통적인 이론은 비교우위의 기본적인 이유로 생산요소의 생산성 또는 효율성의 국가 간 차이를 들고 있다.

생산조건의 국제적인 차이가 발생하는 두 번째 원인은 토지, 노동 및 자본 등과 같은 생산요소의 부존량 또는 이용 가능성의 차이에 기인한다. 이것은 비교생산비의 국제적(지역적) 차이가 생산요소의 부존량 차이 및 재화의 생산시 생산요소가 다른 집약도로 사용된다는 것에 기인한다. 단, 각 생산요소단위의 질은 두 국가에서 같다고 가정한다.

요소부존량의 접근법과 리카도의 이론 간의 주요한 차이점은 두 국가 간에 생산특징과 요소의 생산성이 다르다는 것이다. 따라서 헥셔-올린정리(Heckscher-Ohlin theorom)를 다음과 같이 설명할 수 있다. 즉, 한 국가는 그 나라에서 상대적으로 풍부하고 저렴한 요소를 집약적으로 사용하여 생산하는 재화를 수출하고, 반면에 그 국가에서 상대적으로 희소하고 가격이 비싼 요소를 집약적으로 사용하여 생산하는 재화를 교역상대국에서 수입한다.

상대적으로 노동이 풍부한 국가는 노동집약적인 재화를 수출하고 상대적으로 자본집약적인 재화를 수입한다. 왜냐하면, 임금이 다른 투입요소의 비용에 비하여 상대적으로 저렴하기 때문이다. 예를 들면, 대만·한국 또는 홍콩 등은 노동집약적인 재화의 생산에 특화하여 유럽과 미국에 수출

그림 5-11 | 요소부존도와 무역의 유형

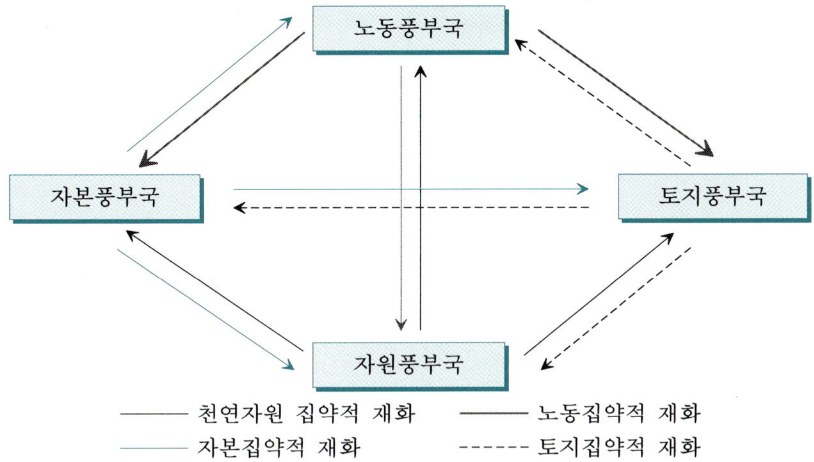

하며, 캐나다·오스트레일리아 및 아르헨티나는 농산물 및 가축 등과 같은 토지집약적인 재화의 생산에 특화하여 일본과 유럽에 수출한다. 그리고 미국과 일본은 자본집약적인 재화의 생산에 특화하여 자본이 희소한 국가에 수출한다.

〔그림 5-11〕은 헥셔-올린정리에 따른 세계무역의 유형을 예시하고 있다. 천연자원·노동·토지 및 자본 등 네 개의 다른 생산요소를 사용하고 있다. 만일 어느 재화가 일부의 노동 또는 일부의 자본을 같은 비율로 사용한다면 자본집약적 또는 노동집약적인 것으로 특징지을 수가 없다. 따라서 헥셔-올린의 무역이론을 전개하기 전에 재화의 상대가격과 요소의 상대가격에 대하여 더 많은 것을 알 필요가 있다.

4.2. 헥셔-올린이론의 일반균형적 체계

헥셔-올린이론의 일반균형적 성격은 〔그림 5-12〕를 사용하여 시각적으로 살펴볼 수 있다. 그림의 오른쪽 아래에서 기호와 생산요소에 대한 소득분배가 재화에 대한 수요를 결정하며, 재화에 대한 수요는 이들을 생산하기 위하여 필요한 요소에 대한 유발수요를 결정한다. 생산요소의 공급과

그림 5-12 | 헥셔-올린이론의 일반균형 분석

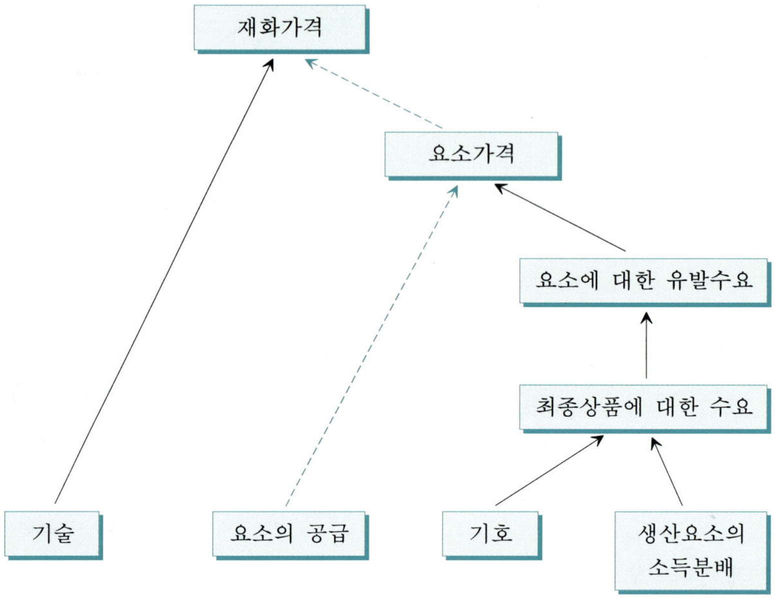

함께 생산요소에 대한 수요는 완전 경쟁하에서 생산요소의 가격을 결정하고, 기술과 함께 생산요소의 가격은 최종재화의 가격을 결정한다. 마지막으로 국가 간 재화의 상대가격 차이는 비교우위와 무역의 유형을 결정한다.

여러 요인들 중 헥셔-올린정리는 국가 간 재화의 상대가격 차이와 무역을 설명하기 위하여 기호와 기술수준이 같은 경우의 국가 간 생산요소의 공급에 분석의 초점을 맞추고 있다.

헥셔-올린모형은 특히 국가 간에 기호와 소득분배가 같다고 가정하므로 다른 국가에서 생산요소와 최종재화에 대한 수요가 같다. 따라서 국가 간에 요소의 상대가격이 다른 이유는 국가 간에 생산요소의 공급이 다르기 때문이다. 마지막으로 기술수준은 같지만 요소의 가격이 다른 것은 국가 간에 재화의 상대가격이 다르므로 무역이 발생된다. 요소의 상대가격과 재화의 가격 차이를 발생시키는 요소의 상대공급 차이가 [그림 5-12]에 점선으로 표시되어 있다.

4.3. 재화의 상대가격과 요소의 상대가격

요소집약도 역전이 없는 경우에 유일한 요소가격비율은 각 재화의 가격비율에 대응하며 그 역도 성립한다. 즉, 재화의 상대가격과 요소의 상대가격은 1 : 1 대응관계가 있다. 예를 들면, 재화의 가격비율이 $P_X/P_Y=4$, 즉 4단위의 Y재가 1단위의 X재와 교환된다고 가정한다. 완전 경쟁하에서 이것도 1단위의 X재에 대한 생산비용이 4단위의 Y재에 대한 생산비용과 같다는 것을 의미한다.[3] [그림 5-13]에서 등량곡선 $4Y$와 $1X$를 그렸다(국가 간에 동일한 생산함수를 가정하고 있으므로 이것은 두 국가에 동일하게 적용된다). 요소가격이 두 부문에서 같고 X재 한 단위의 생산비용이 Y재 4단위의 생산비용과 같으므로 최적(즉, 최소)등비용선은 $4Y$가 $1X$와 같아야 한다. 따라서 등량곡선 $1X$와 $4Y$에 동시에 접하는 등비용선을 구할 수 있다. 그 기울기는 요소의 상대가격을 의미한다.

[그림 5-13]의 (a)에서 그와 같은 등비용선(CC)은 등량곡선이 한 번만 교차하는 경우에 존재한다. 그러므로 유일한 요소의 가격비율은 주어진 재화의 가격비율에 대응한다. 만일 4 : 1의 비율로 나타나는 X재와 Y재의 어떤 조합을 고려한다면 그 결과는 변화하지 않는다. 예를 들면, [그림 5-13]의 (a)에서 등량곡선 $5.6Y$와 $1.4X$에서 동시에 접하는(각각 D와 D'에서) 유일한 등비용선은 등비용선 CC와 평행이며[4] 요소의 가격비율이 같다.

요소의 상대가격과 재화의 상대가격 간에 1 : 1 대응관계가 있다는 것은 유일한 재화의 가격비율이 유일한 요소의 가격비율에 대응한다는 것을 의미한다. 실제로 재화의 상대가격에서 요소의 상대가격으로 진행하는 논리는 역전될 수 있다. 그래프상으로 같은 기울기를 갖는 등비용선(예를 들면, CC와 같은 것)을 고려한다면 이들 중 각자는 등비용선에 동시에 접하는 유일한 등량곡선의 조합과 $4Y$에 대한 $1X$의 비율로 재화의 수량을 반드시 결정해야 한다.

---

[3] 완전 경쟁에서 장기의 경우 재화의 가격은 생산비용과 같다. $P_X/P_Y=4$, 즉 X재 가격이 Y재 가격의 4배라고 가정하므로 1단위의 X재 생산비용이 4단위의 Y재 생산비용과 같다.

[4] 이것은 1차 동차성 함수의 특질에서 유도할 수 있다. 이와 같은 함수의 등량곡선은 원점에서 선분을 따라서 같은 기울기를 갖는다. 더욱이 이 지수는 원점과의 거리에 비례한다. 원점에서 출발하여 E와 E'을 통과하는 두 선분 사이의 공간을 치프맨(Chipman)은 'cone of diversification'이라고 부른다.

그림 5-13 | 재화의 상대가격과 요소의 상대가격

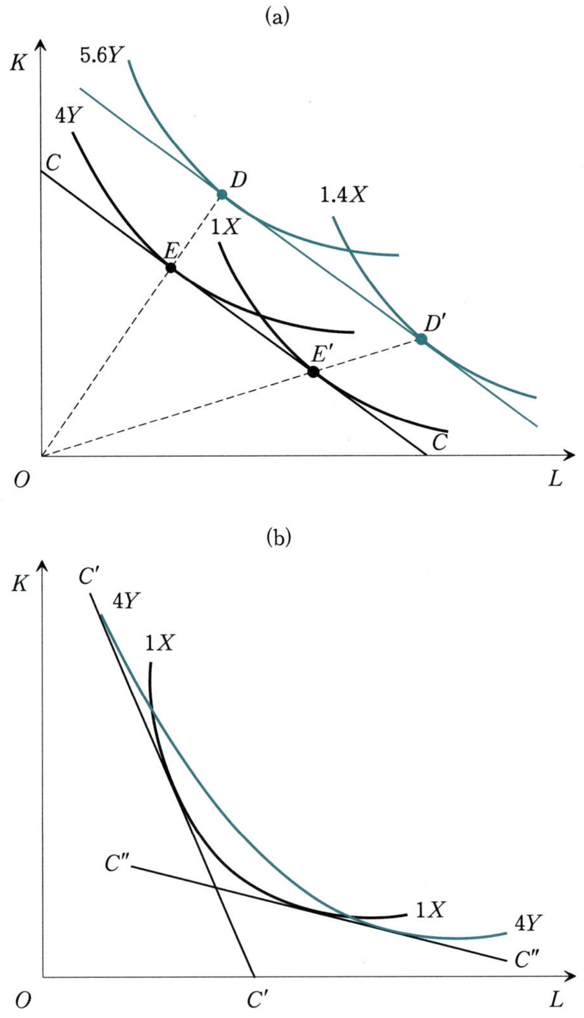

이와 반면에, 등량곡선이 두 번 교차하는(즉, 요소집약도 역전이 있는 경우) [그림 5-13]의 (b)에서 등량곡선 $4Y$와 $1X$에 동시에 접하는 특징을 갖는 두 등비용선($C'C'$과 $C''C''$)이 있다. 이 경우에는 주어진 재화가격비율에 대응하는 요소의 가격비율이 유일하지 않다.

요소집약도 역전이 있는 경우와 없는 경우를 비교하여 재화의 상대가

그림 5-14 | 재화의 가격비율에 따른 요소가격비율의 변화

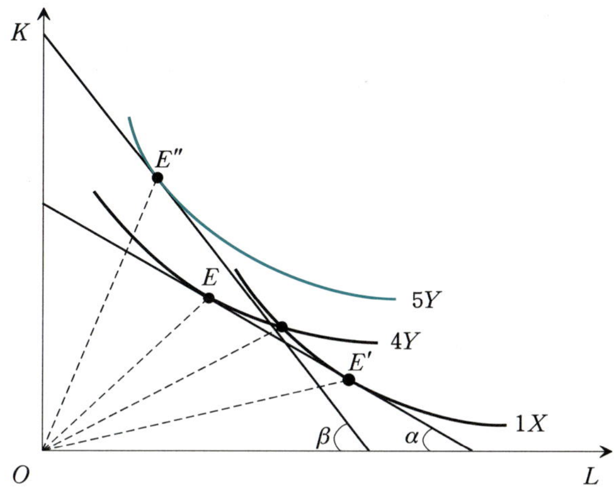

격과 요소의 상대가격 간의 관계에 대한 형태를 검토하여 보자. 요소집약도 역전이 없는 경우에 그와 같은 관계는 단조적이며, 요소집약도 역전이 있는 경우에는 더 복잡하다. 〔그림 5-13〕의 (a)를 다시 그린 〔그림 5-14〕를 보자. 상대가격 P_X/P_Y가 4에서 5로 이동한다는 것을 가정함에 따라 등량곡선 5Y와 1X에 동시에 접하는 등비용선을 살펴볼 수 있다. 그 결과 $\tan\beta > \tan\alpha$이기 때문에 더 큰 요소의 가격비율 w/r는 더 큰 재화의 가격비율 P_X/P_Y에 대응한다. 이 대응관계는 1 : 1이므로, 노동의 상대가격(w/r)이 증가함에 따라 노동집약적 재화인 X재의 상대가격은 상승한다. 이 관계는 〔그림 5-15〕의 (a)에 그려져 있다. X재가 노동집약적인 재화라 가정하고 있기 때문에 단조적으로 증가한다. 반대의 경우에는 단조적으로 감소한다. 이와 같이 어느 경우이든지 단조적이다.

요소집약도 역전이 나타나는 경우에 두 요소의 가격비율은(요소집약도 역전의 수에 따라) 주어진 재화의 가격비율에 대응하므로 고려하고 있는 관계는 1 : 1 대응관계가 아니다. 한 번의 요소집약도 역전만이 있는 경우는 〔그림 5-15〕의 (b)에 나타나 있다. 여기서 점 m은 요소집약도 역전이 발생하는 요소가격비율에 대응한다.

그림 5-15 | 요소의 상대가격과 재화의 상대가격 간의 관계

(a)

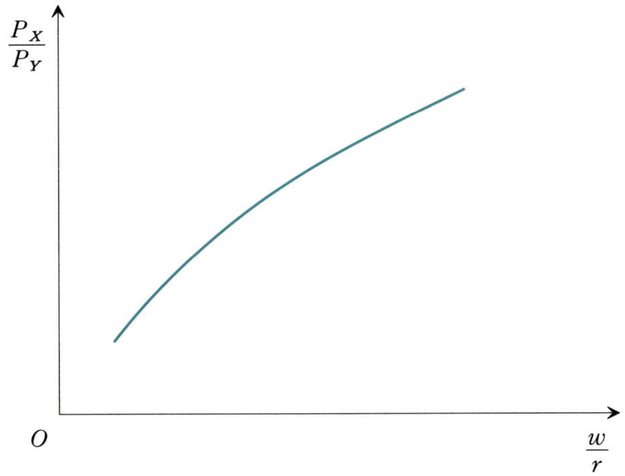

(b)

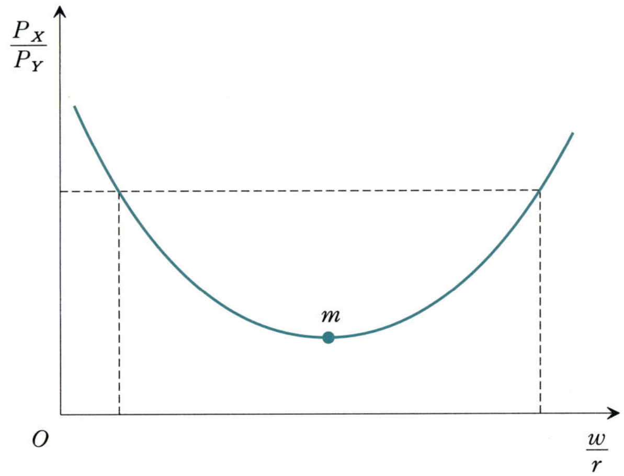

4.4. 헥셔-올린정리의 증명

헥셔-올린모형의 기본 정리는 각국은 그들 국가에 더 풍부하게 부존되어 있는 생산요소를 더 집약적으로 사용하는 재화를 수출한다는 것이다. 물량적인 정의로 A국은 상대적으로 노동풍부국이고 B국은 자본풍부국이

라고 가정해 본다. 즉, $(K/L)^B > (K/L)^A$이다. 가격의 정의로는 $(w/r)^B > (w/r)^A$이다. X재는 노동집약적인 반면에 Y재는 자본집약적인 재화라고 가정함에 따라 A국은 노동집약적인 X재에 생산특화하여 수출하고, B국은 자본집약적인 Y재에 생산특화하여 수출한다.

헥셔-올린정리의 증명에서 첫 번째 단계는 같은 재화가격의 비율에서 하나의 요소가 풍부한 국가는 그 요소를 더 집약적으로 사용하는 재화를 선호하는 생산의 편의를 갖는다. 즉, A국은 X재를 선호하는 생산의 편의를 갖는 반면에 B국은 Y재를 선호하는 생산의 편의를 갖는다는 것을 증명하는 것이다. 이것은 두 국가의 변환곡선 또는 생산가능곡선을 사용하여 증명할 수 있다. 상대적 위치는 B국이 A국에 비하여 상대적으로 자본풍부국이고, Y재가 X재에 비하여 상대적으로 자본집약적이라는 사실을 반영한다.[5]

무역 이전(즉, 자급자족)의 상황을 고려하고, 두 국가에서 동일한 재화가격비율이 주어진 것으로 가정한다(p_1p_1 및 p_2p_2가 평행이고 같은 가격비율 P_X/P_Y를 나타낸다). B국은 그 자신의 생산가능곡선상의 점 H_B, 그리고 A국은 점 H_A에서 생산의 균형점을 선택한다고 하자. 재화의 상대가격이 같은 경우 X재의 산출량에 대한 Y재의 산출량의 비율은 A국보다 B국이 더 크다. 왜냐하면, OR_1의 기울기는 OR_2의 기울기보다도 더 크기 때문이다. 재화에 대한 상대가격이 같은 경우 이와 같은 특성은 유지된다.

[그림 5-16]의 (b)에서는 다른 방법으로 설명하고 있다. 전과 같이 무역 이전의 상황을 고려하여 X재에 대한 Y재의 산출량비율이 OR의 기울기로 표시되어 있는바, 이것은 두 국가가 같다. B국은 생산가능곡선상의 점 H_B에 있으며, A국은 점 H_A에 있다. H_A와 H_B에서 각 국가의 한계변환율은 A국보다 B국이 더 크다. Y재는 A국보다 B국에서 상대적으로 더 저렴하며, X재에 대하여 그 역도 성립한다(균형점에서 한계변환율은 재화의 가격비율 P_X/P_Y와 일치한다). 다시 말하면, X재로 표시한 Y재의 기회비용이 A국보다 B국에서 더 낮으며, X재에 대해서 그 역도 성립한다. 이것은 자

5 두 곡선이 교차할 필요는 없다. 문제는 이 곡선들이 원점을 통과하는 선분을 따라서 다른 기울기를 갖는다는 점이다. 만일 상대적 요소의 부존량이 두 국가에서 같다면 변환곡선은 원점을 통과하는 선분을 따라 같은 기울기(즉, 동일한 기회비용)를 갖는다. 두 부문의 산출량비율은 주어진 공통의 재화가격비율에서 두 국가가 같다. 그와 같은 상황하에 동일한 수요의 구조를 가정한 경우에 국제무역은 발생하지 않는다.

그림 5-16 | 생산가능곡선과 헥셔-올린정리

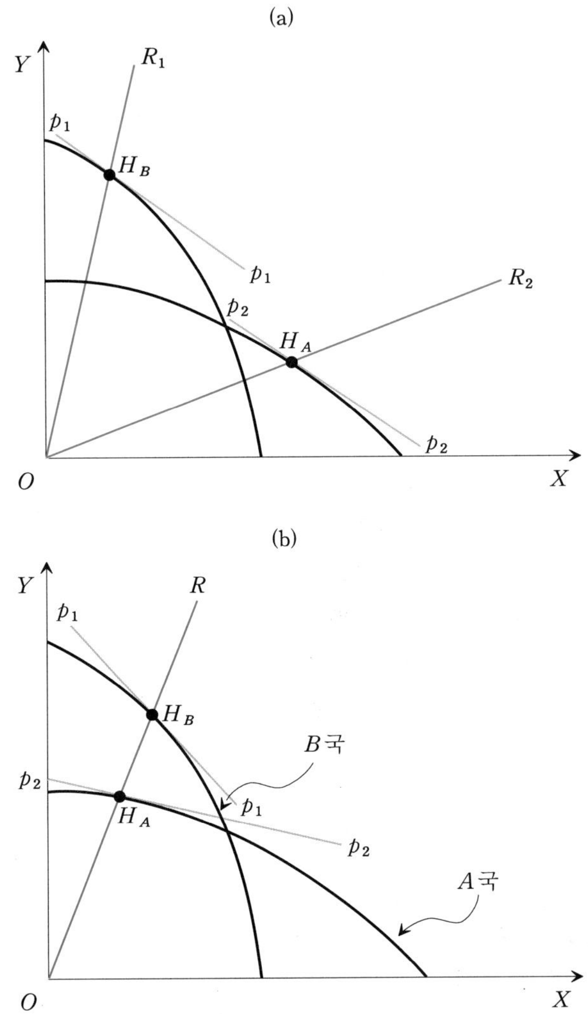

본풍부국인 B국이 자본집약적인 Y재를 선호하는 생산편의를 갖는 반면에, 노동풍부국인 A국은 노동집약적인 X재를 선호하는 생산편의를 갖는다는 것을 의미한다. 왜냐하면, 이것은 각 국가가 다른 국가들보다도 더 낮은 기회비용으로 그 국가의 풍부한 요소에 집약적인 재화의 생산을 확대시키기 때문이다.

각국이 그들 국가에 더 풍부하게 부존되어 있는 요소를 더 집약적으로 사용하는 재화를 수출한다는 것을 보여주는 것은 쉽다. 이것은 각국의 수요구조가 동일하고 소득수준이 독립적이라는 정리와 가정에 따른다. 실제로 자유무역과 수송비용이 없는 경우에 재화가격비율(교역조건)은 두 국가가 같다. 헥셔-올린정리에 따르면, 재화의 상대가격이 같은 경우 B국(자본풍부국)은 상대적으로 더 자본집약적인 Y재를 생산하고, A국(노동풍부국)은 상대적으로 더 노동집약적인 X재를 생산한다. Y/X의 생산량비율은 A국보다 B국에서 더 크다. 그러나 수요의 구조에 대한 가정이 주어진 경우에 재화의 상대가격이 같을 때 두 국가는 같은 비율로 X재와 Y재를 소비한다. 이에 따라 B국은 Y재를 수출하고(그리고 A국이 수출하는 X재를 수입하며), 무역 이후에 두 재화에 대하여 이용 가능한 양의 구조(이 양은 총산출량에서 수입을 더하고 수출을 뺀 것이다)는 두 국가가 같으며 수요의 구조와 같다.

따라서 교역조건은 제4장의 [그림 4-4]와 같은 방법으로 결정되며, 두 국가들의 자급자족하에서의 재화가격비율 사이에 있게 될 것이다. 그러나 헥셔-올린이론의 주안점은 교역조건을 결정하는 것보다는 무역의 유형을 결정하는 데 있다.

순수하게 분석적인 관점에서 헥셔-올린이론은 생산함수와 수요구조가 국제적으로 동일하다고 가정한 신고전학파 이론의 특수한 경우로 볼 수 있다.

결과적으로 양국 간에 요소부존도의 차이가 크면 생산가능곡선의 형태에 차이가 발생하고, 이에 따라 비교생산비의 차이도 크므로 양국 간의 무역은 산업간무역(inter-industry trade)이 된다.

• 사례연구 5-3 •

제조업에서의 비교우위

리머(Leamer, 1984)는 요소의 부존량과 국제무역의 관계에 관한 종합적인 연구를 하였다. 그는 헥셔-올린이론에 기초하였지만 여러 가지 모형을 검증하였다. 특히, 그의 연구는 많은 천연자원의 부존자원 '요소'들을 포함하고 다른 산업들의 요소집약도를 명시적으로 고려하지 않았다. 반면에 그는 특정한 재화에 대한 국가들의 수출과 소득수준은 이들 요소부존량과 선형관계가 있다는 헥셔-올린의 예측을 이용하였다.

리머는 10개의 재화그룹들과 11개의 요소로 구분하고 1958년과 1975년의 60개국(20개의 선진공업국, 40개의 개발도상국)을 대상으로 한 자료에 기초하여 헥셔-올린모형을 검증하였다.

6개의 재화들은 부존자원에 기초한 것들인 반면에 4개의 재화들은 제조업

표 5-3 | 제조업 무역의 유형(1975년)

총산업[a]				국가[b]
7	8	9	10	
−	−	−	+	네덜란드
−	−	+	+	스위스, 미국*
−	+	+	+	독일*, 영국*
−	−	+	−	스웨덴*
+	+	+	+	프랑스, 일본*
+	+	−	+	벨기에, 룩셈부르크
+	+	+	−	이탈리아
+	+	−	−	오스트리아, 인도, 한국*, 스페인*
+	−	−	−	브라질*, 콜롬비아*, 사이프러스*, 덴마크, 이집트*, 핀란드*, 그리스*, 홍콩, 이스라엘, 말타*, 필리핀, 포르투갈, 시에라리온†, 태국*, 터키, 유고
−	−	−	−	아프가니스탄†, 아르헨티나, 오스트레일리아, 브루나이†, 미얀마†, 캐나다, 칠레†, 코스타리카, 도미니카공화국, 에콰도르†, 엘살바도르†, 가나, 온두라스, 아일랜드, 인도네시아, 아이슬란드, 리비아, 말레이시아, 모리셔스†, 멕시코†, 뉴질랜드, 나이지리아, 노르웨이, 파나마, 파라과이, 페루, 싱가포르, 스리랑카
−	−	−	+	자메이카

주: a) 총산업의 분류는 다음과 같다.
7. 노동집약적 제조업 8. 자본집약적 제조업 9. 기계류 10. 화학제품
제조업의 순수출 부호 중 +는 수출이 수입을 초과한 것을 의미하고, −는 그 반대임을 의미한다.
b) *는 1958년 이후 부호의 유형이 변화하여 상향조정된 것을 의미한다.
†는 1972년 자료에 기초한 것이다.

자료: E. Leamer(1984), pp. 85~88.

의 재화들이다. 구체적으로 제조업의 재화들을 살펴보면 노동집약적인 재화, 자본집약적인 재화, 기계류, 그리고 화학제품 등이다.

11개의 요소그룹 ① 자본, ② 직업적 또는 전문적 노동자, ③ 숙련노동자, ④ 미숙련노동, ⑤ 열대지방의 토지, ⑥ 건조한 기후의 토지, ⑦ 습도가 있는 토지 A(예: 캘리포니아), ⑧ 습도가 있는 토지 B(예: 미시건), ⑨ 석탄, ⑩ 광물, ⑪ 석유이다.

1975년에 제조업 제품의 무역유형이 [표 5-3]에 나타나 있다. 리머는 이것을 개발의 사다리(ladder of development)라 부른다. 화학제품의 예외적인 수출국으로 자메이카가 있으나 이것은 알루미늄과 산화물 등과 같은 원자재를 수출하기 때문인 것으로 나타났다. 1958~1975년의 변화는 대부분의 선진공업국들과 일부 신흥공업국들이 7(노동집약적 제조업)과 8(자본집약적 제조업)을 주로 수출함으로써 개발의 사다리에서 상향조정되었다. 따라서 비교우위는 개발과정에서 요소부존량뿐만 아니라 부존량의 축적에 의하여 설명될 수 있는 것으로 나타났다. 물적·인적 자본의 축적은 그와 같은 발전을 나타낸 것이다. 리머의 선형모형은 각 재화의 순수출이 국가 간에 분산된 것에 대해 많은 부분을 설명해 준다.

그러나 변수의 오차가 매우 심하여 사전 정보 없이는 그 자료 하나만으로 다른 가설들과 구분할 수 없다. 그래서 두 가지 정보를 결합하여 [표 5-4]를 설명변수들로 제시한다.

1958년에 노동집약적인 제조업 제품의 주요 수출국은 미국과 독일을 포함한 선진공업국들이지만, 1975년에는 신흥공업국들과 가난한 선진공업국들이 주요 수출국으로 부상하였다(대표적인 국가들로는 이탈리아, 홍콩, 한국, 일본 및 스페인 등이다). 이와 같은 변화는 비교우위의 원천의 변화를 나타낸다. 흥미있는 변화는 전문직 노동자들이 1958년에 노동집약적인 재화의 수출에 양의 효과를 나타냈으나, 1975년에는 음의 효과를 나타냈다는 점이다. 이것은 신흥공업국이 출현한 것과 다국적기업들이 연구와 생산활동을 지역적으로 분할시킨 것과 관련이 있다. 노동집약적인 재화에 대한 일관된 결과는 숙련노동력이 중요하며, 석유와 미시건형의 토지가 음의 효과를 나타내고 있다는 점이다.

자본집약적인 제조업은 신흥공업국들 가운데 하나인 한국이 1975년에 GDP에 대비한 순수출이 네 번째로 많음에도 불구하고 기존 선진공업국들의 수출이 큰 비중을 차지하고 있다. 이와 같은 무역형태에 대한 중요한 원인은 두 해에 있어서 숙련노동력이 양의 역할을 한 반면에, 1958년과 1975년에 물적 자본(자본)과 인적 자본(전문직 노동력)의 중요성이 역전된 것에서 찾을 수 있다. 이와 같은 변화는 다국적기업들의 활동이 증가하고 신흥공업국들에서 인적 자본을 대체시킨 물적 자본이 급속히 증가하였기 때문이다. 기계류의 순무역이 1958년에 석탄과 양의 관계를 유지한 것을 제외하고 자본집약적인 재화와 유

표 5-4 | 각국의 제조업 순수출을 설명하는 주요 요인들

제조업의 종류	주요 설명요인들	
	양의 효과	음의 효과
	1958년	
노동집약적 제조업	전문적 노동, 숙련노동, 미숙련노동	자본, 문맹노동력 '미시건'형 기후, 석유
자본집약적 제조업	전문적 노동, 숙련노동	자본, 미숙련노동 '미시건'형 기후, 석유
기계류	전문적 노동, 석탄	자본, 숙련노동, 미숙련노동 '미시건'형 기후
화학제품	자본, 전문적 노동, 석탄	숙련노동, 석유
	1975년	
노동집약적 제조업	숙련노동	전문적 노동, 석유
자본집약적 제조업	숙련노동, 미숙련노동	전문적 노동, 석유
기계류	자본	전문적 노동, 석유
화학제품	자본, 전문적 노동	숙련노동, '캘리포니아'형 기후, 석유

자료: E. Leamer(1984).

사한 결정요인을 나타내고 있다.

화학제품의 순수출은 석탄과 밀접한 관련이 있지만, 자본과 전문노동력은 수출을 촉진시키는 데 반해 숙련노동과 석유는 수출을 감소시킨다. 기계류 및 화학제품들은 주로 선진공업국들에 의하여 주로 수출되고 있으며 단순선형모형에 의하여 잘 설명된다.

리머의 연구는 1958년에 전문적 노동력이 제조업 수출을 촉진시키는 주요한 요인인 데 반하여, 1975년에는 화학제품을 제외한 대부분의 경우에 자본과 숙련노동력이 주요 요인이라는 것을 암시한다. 또한 이 연구는 엄격한 헥셔-올린모형을 완화시킬 필요가 있으나 비교우위의 요소부존량 접근방법은 제조업의 국제무역유형을 잘 설명하고 있다는 것을 제시하고 있다. 또한 그 예측은 경제발전단계와 일치하고 신흥공업국의 출현을 설명할 수 있기 때문에 타당성이 있다고 볼 수 있다.

5 요소가격 균등화

이 절에서는 헥셔-올린정리로부터 직접 유도되는 요소가격 균등화 정리를 살펴본다. 본절의 제1항에서는 요소가격 균등화 정리의 의미를 설명하고, 제2항에서는 에지워스 상자 그림과 해로드-존슨(Harrod-Johnson) 그림을 통해 요소가격 균등화 정리에 대한 증명을 한다.

5.1. 요소가격 균등화 정리

요소가격 균등화 정리(factor price equalization theorem)는 국제무역이 개시되면 동질적 요소에 대한 보수는 국가 간에 상대적·절대적으로 균등화된다는 것이다.

국제무역이 생산요소의 가격에 미치는 효과를 살펴보자. A국은 노동이 풍부하고 B국은 자본이 풍부한 국가라고 가정하자. 노동집약적인 재화는 A국에서 B국으로 이동하기 시작하는 반면 자본집약적인 재화는 반대 방향으로 이동한다고 하자. 노동이 풍부한 국가에서 임금은 다른 생산요소의 가격에 비하여 상대적으로 저렴하며, 노동집약적 재화의 생산에 사용된 저렴하고 풍부한 노동을 갖고 있는 국가는 노동이 희소하고 임금이 비싼 국가에 노동집약적인 재화를 수출한다. A국에서의 노동집약적인 재화의 생산 및 수출로 더 많은 노동을 수요함에 따라 임금이 상승하기 시작한다. 동시에 A국은 B국으로부터 자본집약적인 재화를 수입한다. 따라서 이것은 자본집약적인 재화의 국내생산을 대체 및 감소시켜 자본의 많은 양을 방출하여 자본가격(비용)을 하락시킨다. 국제무역의 결과 풍부한 요소에 대한 수요(노동)는 증가하고 그 가격도 상승하는 반면에 희소한 요소에 대한 수요(자본)는 감소하고 그 가격도 하락한다. 자본풍부국인 B국에서는 그 반대현상이 발생한다.

그림 5-17 | 국제무역과 요소의 상대가격

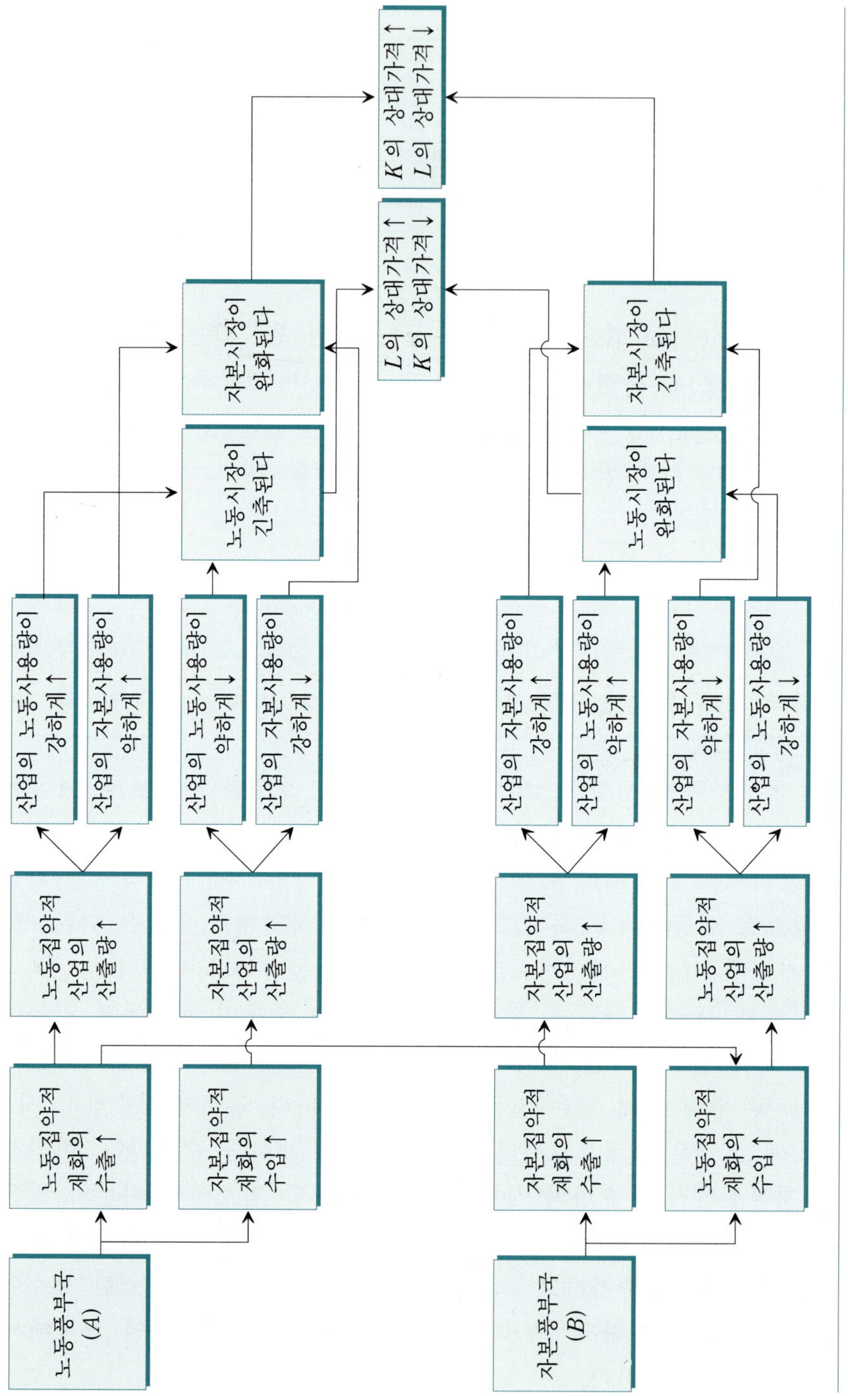

이처럼 노동에 대한 수요는 A국에서는 증가하고 B국에서는 감소하며, 자본에 대한 수요는 B국에서는 증가하고 A국에서는 감소함에 따라 임금과 자본의 가격이 두 국가에서 과연 균등화될 것인가? 이 문제에 대한 해답은 명확하다. 무역은 생산요소의 가격을 국제적으로 균등화시킨다. 재화의 이동을 통하여 생산요소가 상대적으로 풍부한 국가에서 상대적으로 희소한 국가로 이동하는 것처럼 작용하여 국제무역은 상대가격을 균등화시킨다.

이것은 [그림 5-17]을 통하여 명확히 알 수 있다. 그림의 윗부분을 보면 노동풍부국(A국)에서의 노동집약적인 재화의 산출량이 증가하게 되므로 많은 노동과 상대적으로 적은 자본이 그 산업에 흡수된다. 반면에 자본집약적인 재화의 수입도 증가함에 따라 이들 수입품과 경쟁하는 국내산업들이 자본집약적 재화의 생산을 감소시킨다. 자본집약적인 산업에서 많은 자본의 양과 상대적으로 적은 노동량을 방출시킨다. 노동과 자본의 총량이 고정되어 있다고 가정하면, 노동에 대한 수요는 공급에 비하여 상대적으로 증대하므로 노동시장은 긴축된다. 반면 자본에 대한 수요는 공급에 비하여 상대적으로 감소하므로 자본시장은 완화된다. 따라서 노동가격은 자본가격에 비하여 상대적으로 상승한다.

이와는 반대로 자본풍부국(B국)에서는 노동가격이 자본가격에 비하여 상대적으로 하락한다. 두 경우 모두 풍부한 요소의 가격(이것이 상대적으로 덜 풍부하게 된다)은 희소한 요소의 가격(이것은 상대적으로 덜 희소하게 된다)에 비하여 상대적으로 상승한다. 두 국가에서 노동 또는 자본의 상대가격을 비교할 때 수렴하는 경향이 있다. 따라서 일정한 조건하에서 두 국가의 요소의 상대가격은 완전히 균등화된다.

5.2. 요소가격 균등화 정리의 증명

(1) 에지워스 상자 그림에 의한 요소가격 균등화

[그림 5-18]에서는 두 교역국 간에 요소의 부존량을 나타내는 두 개의 에지워스 상자 그림을 포개서 국제무역이 재화의 요소가격 균등화를 어떻게 가져다 주는가를 설명해 준다. 두 국가 가운데 일국은 노동풍부국으로서 $ACB'D$상자로 주어진 요소부존량을 갖고 있고, 다른 한 국가는 자

그림 5-18 | 에지워스 상자를 이용한 요소가격 균등화 정리 증명

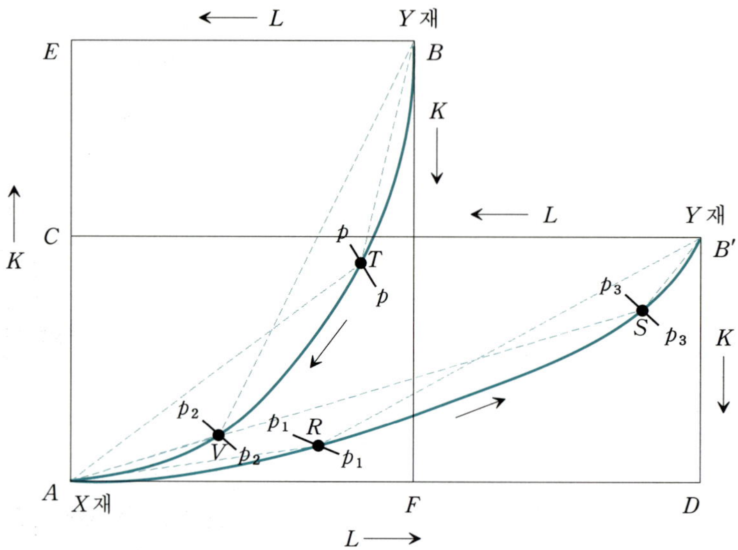

	기울기
무역이 개시되기 전 노동풍부국(R)	
X재 생산에 사용된 K/L비율	AR
Y재 생산에 사용된 K/L비율	$B'R$
(w/r)비율	p_1p_1
무역이 개시되기 전 자본풍부국(T)	
X재 생산에 사용된 K/L비율	AT
Y재 생산에 사용된 K/L비율	BT
(w/r)비율	pp
무역 이후 노동풍부국(S)	
X재 생산에 사용된 K/L비율	AS
Y재 생산에 사용된 K/L비율	$B'S$
(w/r)비율	p_3p_3
무역 이후 자본풍부국(V)	
X재 생산에 사용된 K/L비율	$AV(=AS)$
Y재 생산에 사용된 K/L비율	$BV(=B'S)$
(w/r)비율	$p_2p_2(=p_3p_3)$

본풍부국으로서 $AEBF$상자로 주어진 요소부존량을 갖고 있다. 두 국가 모두 노동집약적인 X재와 자본집약적인 Y재를 생산한다. [그림 5-18]에서 효율성을 나타내는 계약곡선은 AB' 및 AB이다.

국제무역이 없는 경우에 노동풍부국은 국내수요조건과 일치하는 점 R에서 생산하는 반면 자본풍부국은 점 T에서 생산한다. 노동풍부국과 자본풍부국을 비교해 보면, pp 및 p_1p_1의 기울기로 나타난 바와 같이 노동풍부국에서는 노동에 대한 보수가 자본에 대한 보수에 비하여 상대적으로 낮다.

국제무역이 개시됨에 따라 노동풍부국은 노동집약적인 X재에 특화하여 계약곡선을 따라 B'을 향하여 이동한다. 동시에 자본풍부국은 자본집약적인 Y재 생산에 특화하여 점 T에서 증가시키는 방향으로 이동한다. 두 재화의 가격이 점 V와 S에서 각각 두 국가에서 정확히 같아질 때까지 무역이 이루어져 그림에서 표시된 선을 따라 두 국가는 같은 생산방법을 사용하고, 두 재화의 생산에 사용된 자본-노동비율은 두 국가에서 같아진다. 즉, 자본에 대한 보수의 비율에 대한 노동에 대한 보수의 비율(p_2p_2와 p_3p_3의 기울기)은 같아져야 한다.

결론적으로 각 국가에서는 풍부한 요소를 더 많이 사용하는 재화의 생산에 특화하여 산출량을 증가시킨다. 동시에 각 국가에서 풍부한 요소에 대한 보수는 희소한 요소에 대한 보수에 비하여 증가한다. 이에 따라 생산요소에 대한 보수의 비율과, 두 재화의 생산에 사용된 요소비율(요소집약도)은 두 국가 간에 같다. 그렇지만 각 재화에 대한 생산함수가 두 국가 간에 동일하다고 가정하는 것이 더 현실적이다. 경제가 성장함에 따라 생산과정에서 이용 가능한 기술은 국가 간에 동일한 상태에 도달하게 된다. 자유로운 기술이전은 이와 같은 것을 촉진시킨다. 그렇지만 기술이 모든 국가에서 동일하지는 않다. 기술혁신과 모방, 신기술의 전파 사이에 시차가 존재한다. 기술수준에 있어서 시차와 선행이 있는 경우 기술적인 관점에서만 보면 국가들 간의 기술수준은 계속해서 차이가 발생하게 된다.

(2) 해로드-존슨 그림에 의한 요소가격 균등화

지금까지 사용한 것과 동일한 가정하에서 요소가격 균등화 정리를 해로드-존슨 그림을 이용하여 설명한다.

재화가격과 요소가격 간의 관계를 나타내는 새뮤얼슨-존슨 그림에 (K/L) 및 (w/r) 간의 관계를 결합한다. [그림 5-19]는 윗부분에 [그림 5-10]의 (a)를 다시 그리고, 아랫부분에 [그림 5-15]의 (a)를 거꾸로 뒤집어서

그림 5-19 | 요소가격 균등화 정리가 성립하는 경우

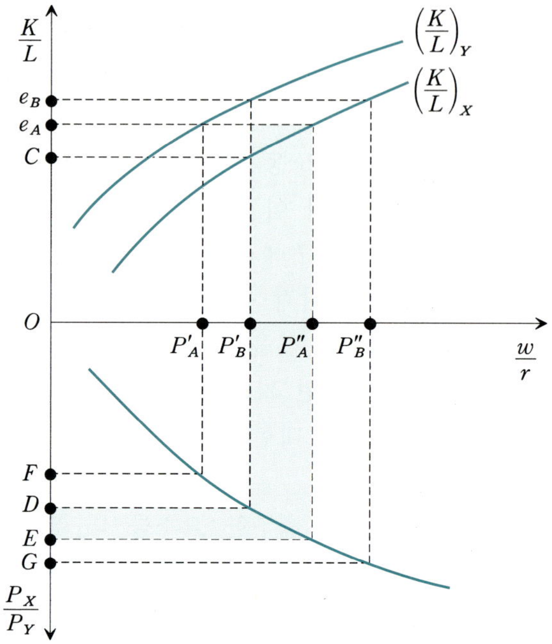

그린 것이다.

생산함수가 국가 간에 같다고 가정하면 [그림 5-19]는 어느 국가에나 적용할 수 있다. 두 국가에서 상대요소부존량, $e_B \equiv (K/L)_B$, $e_A \equiv (K/L)_A$로 표시하고, B국이 A국에 비하여 상대적으로 자본이 풍부하다고 가정하므로 $e_B > e_A$이다. e_B와 e_A를 고려하면 각 국가에서 상대요소가격(w/r)의 변동범위를 결정할 수 있다. 예를 들면, 상대요소부존량 e_B가 주어진 경우에 B국을 고려한다면 요소의 상대가격은 P'_B과 P''_B 사이에서 변화한다. 점 P'_B에서 B국은 Y재 생산에 완전히 특화한다. 실제로 전체 자본-노동비율은 두 산업에서 사용되는 자본-노동비율의 가중평균이다. 즉, 다음과 같다.

$$\frac{K}{L} = \frac{L_Y}{L}\frac{K_Y}{L_Y} + \frac{L_X}{L}\frac{K_X}{L_X} \tag{5.1}$$

여기서 완전 고용을 가정하면 $K_X + K_Y = K$, $L_X + L_Y = L$이다. 또한

가중치의 합은 1이다. 만일 요소의 상대가격이 P'_B이라면 B국의 Y재의 경우 자본-노동비율은 e_B인 반면에 X재의 경우 〔그림 5-19〕의 C로서 $C<e_B$이다. 그러나 식 (5.1)이 충족되지 않기 때문에 이것은 불가능하다. 그러므로 식 (5.1)이 유지되기 위해서는 X재의 산출량이 영이 될 필요가 있다. 같은 논리로 요소의 상대가격이 P''_B일 때 B국은 X재에 완전히 특화한다는 것을 증명할 수 있다.

같은 방법으로 $w/r=P'_A$일 때 A국은 Y재에 완전 특화하며, $w/r=P''_A$일 때 X재에 완전 특화한다. 이 값들은 상대요소가격의 변동범위를 정한다. 만일 두 범위가 겹치거나 공통의 부분이 있을 때에만 상대요소가격 균등화가 가능하다. 균등화의 부분은 $P'_BP''_A$이다. 또한 〔그림 5-19〕의 아랫부분에서 재화의 상대가격은 DE부분에 해당한다.

〔그림 5-19〕에서 알 수 있는 바와 같이, 두 국가들의 상대요소부존량이 더 멀리 떨어져 있을수록 균등화의 부분은 더 작게 나타난다. 만일 e_A와 e_B가 균등화의 부분이 나타나는 것을 배제시킬 정도로 멀다면 최소한 한 국가에서라도 완전 특화가 나타날 경우 상대요소가격의 균등화는 불가능하다. 일반적으로 다음과 같이 크게 세 가지 경우로 구분된다.

① 요소가격 균등화의 부분이 존재하며, 무역 이전의 균형수준에 두 국가에 재화의 상대가격과 이에 대응하는 요소의 상대가격이 존재한다(〔그림 5-19〕에 의하여 두 국가 재화의 상대가격은 무역 이전에 DE에 해당한다). 이 경우에 국제무역에 따른 재화의 상대가격 균등화는 요소의 상대가격 균등화를 가져오는데, 실제로 국제무역의 결과로 초래되는 재화의 상대가격(교역조건)은 두 국가의 무역 이전 균형상대가격 사이에 있으므로, 이에 대응하는 요소가격비율은 반드시 균등화의 부분에 있게 된다. 특화가 완전하지 않다면 절대요소가격의 균등화는 발생하지 않는다. 요소의 상대가격(w/r)이 변동하는 범위가 두 국가에서 겹치는 $P'_BP''_A$을 고려한다. 무역이 개시되기 이전에 w/r은 B국보다 A국에서 더 낮기 때문에 P_X/P_Y의 비율은 B국보다 A국에서 더 낮다. 즉,

$$\left(\frac{w}{r}\right)^A=P'_B<\left(\frac{w}{r}\right)^B=P''_A\rightarrow\left(-\frac{P_X}{P_Y}\right)^A=D<\left(-\frac{P_X}{P_Y}\right)^B=E$$

상대적으로 노동이 풍부한 A국이 노동집약적인 X재 생산에 특화하

그림 5-20 | 요소가격 균등화 정리가 성립하지 않는 경우

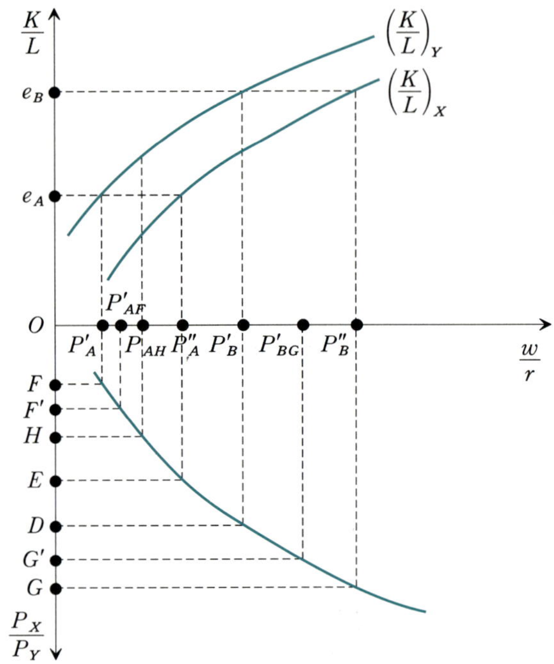

고 Y재 생산을 감소시킴에 따라 노동에 대한 수요는 증가하지만 자본에 대한 수요는 감소한다. 따라서 A국에서의 (w/r)비율은 상승한다. 그러나 상대적으로 자본이 풍부한 B국은 자본집약적인 Y재 생산에 특화하고 X재 생산을 감소시킴에 따라 자본에 대한 수요는 증가하는 반면, 노동에 대한 수요는 감소한다. 따라서 B국에서의 (w/r)비율은 하락한다. 이러한 현상은 요소의 상대가격이 겹치는 부분 $P'_BP''_A$이 존재하는 경우 두 국가의 요소의 상대가격이 같아질 때까지 계속된다.

② 요소가격 균등화의 부분이 존재하지 않는다. 이 경우 최소한 한 국가의 완전한 특화는 불가피하며 상대적 요소가격 균등화가 배제된다. [그림 5-20]에 의하면 무역 이전에 B국의 재화에 대한 상대가격은 DG(예를 들면, G')이고 A국의 재화에 대한 상대가격은 FE(예를 들면, F')이며, 이에 대응한 요소의 상대가격은 각각 $P'_BP''_B$ 그리고 $P'_AP''_A$이다. 무역이 개시된 이후 재화의 상대가격은 G'과 F' 사이에 있게 된다. 이것은 $F'E$이나 ED

또는 DG'에 있다. 예를 들면, 만일 재화의 상대가격이 점 H인 경우 A국은 두 재화를 생산하고 요소의 상대가격은 P_{AH}가 될 것이다. 반면에 B국은 Y재에 완전 특화하고 요소의 상대가격은 P'_B이 될 것이다. 완전 특화가 이루어질 때 상대요소의 가격과 상대재화의 가격 간에 1 : 1 대응관계가 없게 된다. 따라서 교역조건이 어떻든지 요소의 상대가격은 완전 특화의 점에 있게 된다.

같은 논리로 교역조건이 ED에 있다면 B국은 Y재, 그리고 A국은 X재에 완전 특화한다. 따라서 요소의 상대가격은 P'_B, P''_A이 된다. 반면에 교역조건이 DG'에 있다면 B국은 두 재화를 생산하고 A국은 X재에 완전히 특화하여 요소의 상대가격은 B국에서 P'_B과 P'_{BG} 사이에 있으며 A국에서는 P''_A이 된다.

③ 균등화의 부분이 존재하지만 무역 이전에 재화의 균형상대가격이 두 국가의 요소상대가격의 범위 내에 있지 않은 경우가 있다. [그림 5-19]에서 A국의 재화가격 $(P_X/P_Y)_A$가 FD에 있는 반면에 B국의 재화가격 $(P_X/P_Y)_B$가 EG에 있다고 하자. 무역 이후의 교역조건은 이들 가격비율 사이에 있게 된다. 그러나 교역조건이 어디에 있는가에 따라 그 결과는 다르다. 만일 재화의 상대가격(교역조건)이 DE에서와 같이 요소가격비율이 중복되는 부분에 있다면 이들 상대 및 절대요소의 가격은 ①의 경우와 같이 균등화된다. 그러나 재화의 상대가격이 FD 또는 EG에 있게 될 경우 그 결과는 ②의 경우와 같아진다. 즉, 한 국가는 완전히 특화하며 요소가격의 균등화는 불가능할 것이다.

①과 ②의 경우와 달리 ③의 경우에서 교역조건의 정확한 위치를 아는 것이 중요하다. 즉, 수요 측면에 대하여 정확한 정보를 알 필요가 있으므로 ③의 경우에는 그 결과가 일반적으로 모호하다.

지금까지의 내용을 다음 세 가지로 요약하여 볼 수 있다. 첫째, 요소가격 균등화 정리에서 완전 특화가 없다는 가정은 중요한 역할을 한다. 둘째, 요소가격 균등화 부분이 존재하거나 존재하지 않는 것은 두 국가 사이의 상대요소 부존량의 범위와 관련이 있다. 다른 조건이 일정할 때 e_A와 e_B 사이의 거리가 멀수록 최소한 한 국가에서 완전 특화가 이루어지거나 요소가격 균등화의 부분이 존재하지 않는다. 셋째, 완전한 요소가격 균등화가 존재하지 않는다고 할지라도 국제무역은 상대요소가격 균등화의 경향이 있다. [그림 5-20]에서 보면 무역 이후에는 어느 경우이든지 무역 이후의 상대요소가격은 무역 이전보다 더 가까워진다.

5.3. 요소가격 균등화를 저해하는 요인

현실세계에서 요소가격은 균등화되지 않는다. 예를 들면, [표 5-5]에서 보는 바와 같이 임금률이 국가마다 큰 차이가 있다. 임금의 차이는 노동의 질의 차이를 나타낸다. 또한 이 차이의 폭이 너무 넓어서 하나의 기준만으로는 설명할 수 없다.

헥셔-올린모형으로 요소가격을 정확하게 예측할 수 없는 이유를 알기 위하여 그 가정을 살펴볼 필요가 있다. 요소가격 균등화의 예측에 있어 다음과 같은 다섯 가지의 가정이 현실적으로 타당하지 않다. ① 두 국가가 두 재화를 생산한다. ② 기술수준이 같다. ③ 무역이 두 국가의 재화가격을 균등화시킨다. ④ 생산요소, 즉 노동과 자본이 동질적이고 같은 규모의 생산성을 가져야 한다. ⑤ 요소집약도 역전이 발생하지 말아야 한다.

① 지금까지 X재와 Y재의 가격에서 임금과 임대료를 유도하기 위하여 A, B 양국이 X, Y 두 재화를 모두 생산하는 불완전 특화를 가정하였다. 그렇지만 반드시 그와 같은 경우가 될 필요는 없다. 자본에 대한 노동

표 5-5 | 임금률의 국제비교

국가별	제조업의 평균임금(달러)					
	2000	2001	2002	2003	2004	2005
한국(E.G./m.)	1,386	1,285	1,484	1,694	1,929	2,331
중국(E.G./m.)	88	98	111	126	141	–
일본(E.G./m.)	2,720	2,448	2,364	2,558	2,709	2,650
대만(E.G./m.)	1,176	1,094	1,099	–	1,272	1,267
미국(E.G./h.)	14	15	15	16	16	17
독일(E.G./h.)	26	13	14	17	19	19
스페인(E.G./h.)	9	9	10	13	15	15

주: E.G=소득, m=월당, h=시간당.
자료: 통계청 KOTIS.

의 비율이 높은 국가는 단지 노동집약적 재화(의류)만을 생산하고, 반면에 노동에 대한 자본의 비율이 높은 국가는 자본집약적 재화(자동차)만을 생산한다. 이것은 무역을 하고 있는 국가의 상대요소 부존량이 매우 유사할 때에만 요소가격 균등화가 발생한다는 것을 의미한다. 따라서 요소가격은 노동에 대한 자본 또는 미숙련노동에 대한 숙련노동의 비율이 크게 다른 국가들 간에는 균등화되지 않는다.

② 각 재화가 모든 국가 내에서 같은 생산기술을 사용하여 생산된다고 가정하고 있다. 그러나 무역이 요소가격을 균등화시킨다는 정리는 만일 국가들이 다른 생산기술을 갖고 있다면 유지되지 않는다. 예를 들면, 우수한 기술을 갖고 있는 국가는 낮은 수준의 기술을 가진 국가들보다도 임금률과 임대료가 더 높다. 새롭고 더 좋은 생산기술이 개발될 때 진부하고 낙후된 기술은 새로운 기술로 대체된다. 그러나 이와 같은 과정은 선진국과 후진국 사이에는 매우 완만한 속도로 진행된다. 두 국가에서 다른 기술을 사용하여 재화가 생산될 때 생산요소에 지불되는 보수는 자유무역이 이루어진다고 할지라도 국가 간에 균등화되지 않는다.

③ 완전 요소가격 균등화 정리는 재화가격의 완전한 수렴에 의존한다. 그러나 현실세계에서 재화가격은 국제무역에 의하여 완전히 균등화되지 않는다. 이와 같이 수렴하지 않는 이유는 수송비용과 같은 자연적인 장벽과 관세, 수입할당, 비교역재의 존재(예: 이발서비스, 건설 등) 및 기타 제한 등과 같은 인위적인 무역장벽이 있기 때문이다.

④ 국가 간에 대부분의 소득과 부의 불평등은 인적·비인적 자본에 대한 불평등한 소유권에서 초래된다. 지금까지 검토한 요소가격 균등화 모형은 모든 노동이 동질적 또는 동일한 생산성을 갖는다고 가정하였다. 그러나 노동은 기술수준, 훈련, 교육, 영양 및 기타 여러 요인들에 의하여 국가마다 차이가 발생한다. 이러한 노동의 질의 차이는 임금의 차이에 반영된다. 또한 선진국들의 대부분 소비자들은 노동서비스의 판매에서 오는 소득 이외에 자본의 소유에서 오는 소득, 즉 자본이득(capital gains)을 얻는다.

⑤ 요소집약도의 역전이 발생하는 경우는 앞 절에서 검토하였다.

이와 같은 문제점에도 불구하고 요소가격 균등화 정리는 무역의 효과를 설명하는 데 유용하다. 이론적인 관점에서 요소가격 균등화 정리는 모형의 일반균형적 성격과 세계경제모형으로부터 모든 의미를 도출하기 위한 모형의 중요성을 강조한다. 정책적인 과정에서 이 정리는 생산물의 무역과 투입요소의 무역이 서로 대체할 수 있다는 것을 지적하고 있다. 예컨대, 극단적인 노동풍부국인 경우를 고려한다. 자급자족하에서 임금은 낮아진다. 정책입안자들은 노동의 양을 줄이고 임금을 높이기 위하여 해외로의 이민을 강요하는 것과 같은 정책을 세우기 쉽다. 그러나 일부 생산요소, 특히 노동에 대한 이동비용은 경제적 및 심리적으로 매우 높다. 요소가격균등화 정리는 생산물의 자유무역이 이루어지고 노동집약적 생산특화가 이루어져 노동집약적 재화의 형태로 간접적으로 노동을 수출한다는 의미를 갖고 있다.

6 무역의 소득분배에 대한 효과: 스톨퍼-새뮤얼슨정리

무역개시에 따른 재화의 상대가격 변화는 각국에서 두 재화의 생산수준을 변화시키며, 비교우위에 따른 생산특화는 무역의 이익을 가져온다. 각 재화의 생산은 각기 다른 비율로 두 투입요소를 사용하므로, 즉 요소집약도가 다르기 때문에 산출량 결합의 변화는 두 투입요소에 대한 상대수요를 변화시킨다. 따라서 투입요소에 대한 상대적인 수요의 변화는 투입요소의 상대가격과 소득분배를 변화시킨다. 만일 일국의 생산이 철강재에서 정보통신장비로 이동한다면 철강산업의 노동자와 같은 투입요소에 대한 수요는 감소하는 반면, 컴퓨터 기술에 대한 수요는 증가하게 된다. 이와 같은 수요의 변화는 경제 내 요소의 보수유형에 영향을 미친다.

헥셔-올린모형의 가정하에서 무역의 개시는 그 국가에 풍부하게 부존되어 있는 요소를 집약적으로 사용하는 재화의 생산을 증가시키고 그 요소에 대한 수요를 증가시킨다. 마찬가지로 희소한 요소를 집약적으로 사용하는 재화의 생산은 무역개시에 따라 감소하며, 그 요소에 대한 수요는 감소된다.

무역의 요소가격과 소득분배에 대한 효과는 이것을 증명한 두 경제학자의 이름을 따서 스톨퍼-새뮤얼슨정리(Stolper-Samuelson theorem)라고 부른다. 이 정리는 다음과 같다.

> "무역이 개시된 이후에 노동풍부국의 노동의 상대가격은 인상되고 자본풍부국의 노동의 상대가격은 하락한다."

이것이 의미하는 것은 무역 이후에 노동풍부국의 실질소득 중 노동의 몫을 증가시키고 자본의 몫을 감소시킨다는 것이다. 자본풍부국의 경우에는 소득분배 면에서 반대의 효과를 가져온다. 왜냐하면, 무역이 개시될 때 비교우위가 있는 재화의 생산이 증가하며 기회비용과 상대가격을 인상시키기 때문이다. 헥셔-올린의 가정하에서 비교우위는 풍부한 요소의 집약적 사용으로 정의되며, 무역은 풍부한 요소를 집약적으로 사용하는 재화의 상대가격을 인상시킨다.

스톨퍼-새뮤얼슨의 정리를 증명하기 위하여 [그림 5-21]을 이용한다. 생산의 에지워스 상자 그림을 나타내는 [그림 5-21]에서 횡축과 종축은 각각 노동과 자본을 표시하고 X재의 원점은 왼쪽 아래에 점 O_X, Y재의 원점은 오른쪽 위쪽의 점 O_Y를 나타낸다. 계약곡선($O_XE_0E_1O_Y$)상에 있는 점들은 X재의 자본-노동비율, Y재의 자본-노동비율을 표시한다(이것은 강한 요소집약도의 가정을 반영한다). 이 점들은 또한 생산에서의 파레토최적으로서 생산요소의 효율적인 배분점을 나타낸다. 이 국가는 상대적으로 풍부한 생산요소가 노동이며, 자본은 상대적으로 희소한 생산요소라고 가정한다. 헥셔-올린의 정리에 따라서 이 국가는 풍부하게 부존되어 있는 노동을 많이 사용하는 재화(X재)를 수출하고, 희소하게 부존되어 있는 자본을 많이 사용하는 재화(Y재)를 수입한다.

[그림 5-21]의 E_0는 무역이 확대되기 전의 균형점, E_1은 무역이 확대된 이후의 균형점을 나타낸다. 노동집약적인 X재는 생산특화하여 수출하므로 생산이 X_0에서 X_1으로 증가되며, 자본집약적인 Y재는 수입경쟁재로서 생산이 Y_0에서 Y_1으로 감소된다. 새로운 균형점에서 자본-노동비율은 증가한다. 이에 따라 X재의 자본-노동비율은 E_0A_0/A_0O_X에서 E_1A_1/A_1O_X

그림 5-21 | 스톨퍼-새뮤얼슨정리(노동풍부국, A국)

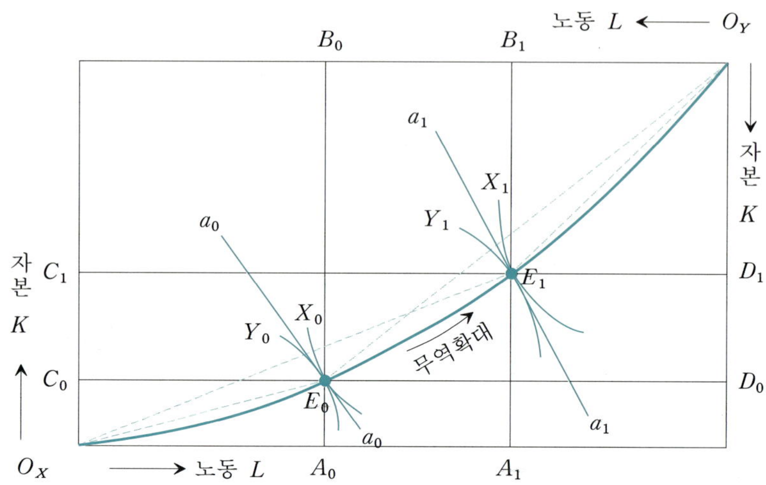

으로, Y재의 자본-노동비율은 E_0B_0/B_0O_Y에서 E_1B_1/B_1O_Y으로 각각 증가함에 따라 재화의 상대가격비율도 증가한다. 해로드-존슨 그림(앞 절 [그림 5-20])에서 자본-노동비율($e=K/L$)이 증가하면 재화의 상대가격(P_X/P_Y)과 요소의 상대가격(w/r)도 1 : 1로 증가한다. 노동집약적인 재화의 생산특화로 생산이 E_0에서 새로운 균형점 E_1으로 이동한다. 이 과정에서 자본집약적인 Y재의 수입경쟁산업은 축소되어 상대적으로 더 적은 양의 노동과 상대적으로 더 많은 양의 자본을 방출한다. 따라서 방출된 노동은 즉시 노동집약적인 X재의 생산확대에 흡수된다. 그러나 방출된 노동보다 수요가 더 많으므로 이와 같은 노동의 초과수요와 자본의 초과공급은 요소가격에 영향을 미쳐서 w가 상승하고 r이 하락하여 요소시장의 불균형이 청산된다. 두 산업은 이들 비용의 압력에 따라서 상대요소 투입량을 조정함에 따라 자본의 상대적인 사용량은 두 산업에서 증가한 반면에 노동의 상대적인 사용량은 두 산업에서 감소한다. 즉, 두 재화의 생산에서 자본-노동비율은 무역 이전의 균형점 E_0보다 무역 이후의 새로운 균형점 E_1에서 더 높다. 따라서 두 산업에서 노동의 한계생산성은 증가하는 반면 자본의 한계생산성은 감소한다. 만일 요소가격이 한계생산성을 정확히 반영한다면, 이와 같은 조건하에서 국제무역의 결과로서 노동에 대한 보수는 상승하는 반면 자본에 대한 보수는 감소한다.

그러므로 스톨퍼-새뮤얼슨정리는 무역이 확대되면 그 국가가 풍부하게 부존해 있는 생산요소의 보수는 높아지는 반면, 희소하게 부존된 생산요소의 보수는 낮아진다는 것이다.

이 정리를 보호무역주의에 응용하여 살펴보자. 보호무역의 수단으로서 수입관세(import tariff)를 부과한다고 가정하자. 이 국가는 희소하게 부존된 자본을 집약적으로 사용하는 재화인 Y재를 수입한다. 출발점을 [그림 5-21]의 E_1으로 하자. 수입관세를 부과한 후에 Y재 생산이 증가하여 균형점은 E_1에서 E_0로 이동한다. 수입관세의 부과에 따라 Y재의 국내가격(P_Y)은 상승하여 재화의 상대가격은 하락한다. 점 E_1에서 생산은 완전 경쟁상태하의 새로운 생산균형점(요소의 배분점) E_0로 이동한다. 이에 따라 재화의 상대가격은 하락하고 요소의 상대가격(w/r) 및 자본-노동비율($e=K/L$)은 하락한다. 따라서 [그림 5-21]에서 접선의 기울기는 α_1에서 α_0로 이동한다. 자본-노동비율이 하락하는 것은 노동의 감소보다 자본의 감소가 더 크다는 것을 의미하며, 한계생산 체감의 법칙과 완전 경쟁으로 노동의 보수인 임금률은 하락하는 반면 자본의 보수는 상승한다. 이것은 w/r가 하락한다는 것을 의미한다. 수입관세를 부과할 경우에 스톨퍼-새뮤얼슨정리는 다음과 같이 정리할 수 있다.

> "헥셔-올린정리와 동일한 가정하에서 수입관세의 부과는 그 국가에 풍부하게 부존되어 있는 생산요소의 보수는 감소하고, 희소하게 부존되어 있는 생산요소의 보수는 증가하는 효과가 있다."

스톨퍼-새뮤얼슨정리는 자유무역의 성격에 대하여 현실적인 의미를 명확히 설명한다.

수입개방 압력에 대항하여 전 산업의 노동자들이 수입관세를 부과하여 줄 것을 요구한다고 하자. 이 경우 경제적인 논리의 결과로서 노동자들이 풍부한 국가의 경우 임금에 대한 보수는 감소하는 반면 자본가들에 대한 보수는 증가한다. 반대로 자유무역이 이루어져 수출이 확대되고 수입이 증가하면 노동자들이 풍부한 국가의 임금은 증가하는 반면 자본가들에 대한 보수는 감소한다. 이에 스톨퍼-새뮤얼슨정리는 자유무역을 추진하게 되는 이유를 제시한다. 따라서 무역의 개시는 상대적인 요소의 보수를 변경시켜서 풍부한 투입요소의 소유자들은 자유무역을 지지하고, 희소한 투입요소의 소유자들은 보호주의를 주장한다.

요약

본장에서는 두 국가, 두 재화 및 완전히 이동 가능한 두 생산요소로 구성된 세계의 무역에서 헥셔-올린이론의 기본적인 정리를 발전시켰다. 여러 시장 사이의 주요한 관계는 [그림 5-22]에 예시된 바와 같이 일반균형적인 분석을 필요로 한다.

무역모형에서 외생변수로 고려하는 것은 각 국가의 효용함수 또는 무차별곡선으로 표시되는 선호, 기술(두 국가에서 동일하다고 가정한다) 및 요소부존량 등이 있다. 이들 세 요소는 산출량에 대한 수요 및 생산요소의 수요와 공급에 대한 기초를 형성한다. 요소가격은 요소시장에서 수요와 공급에 의하여 결정된다. 이것은 다시 소득에 영향을 미치고 산출량에 대한 수요를 통하여 피드백된다. 요소가격은 스톨퍼-새뮤얼슨정리를 통하여 산출량의 가격(이것은 헥셔-올린정리에 따라서 요소의 부존량에 의존한다) 및 요소가격 균등화 정리를 통하여 다른 국가의 요소가격에 연결되어 있다. 마지막으로 두 국가에서 산출량의 상대가격은 비교우위의 유형과 생산특화를 결정한다. 이와 같은 과정을 통하여 초래된 균형교역조건은 무역이익의 범위와 배분을 결정한다.

스톨퍼-새뮤얼슨정리에 따르면 무역이 개시된 이후에는 국가가 비교우위를 갖고 있는 재화를 생산하고 집약적으로 사용된 요소의 보수는 상대적으로 상승한다. 요소가격 균등화 정리는 요소가 국제적으로 완전히 이동하는 것이 불가능하다고 할지라도 재화의 무역은 국가 간의 요소가격을 균등화시킨다.

그림 5-22 | 국제무역에서의 일반균형

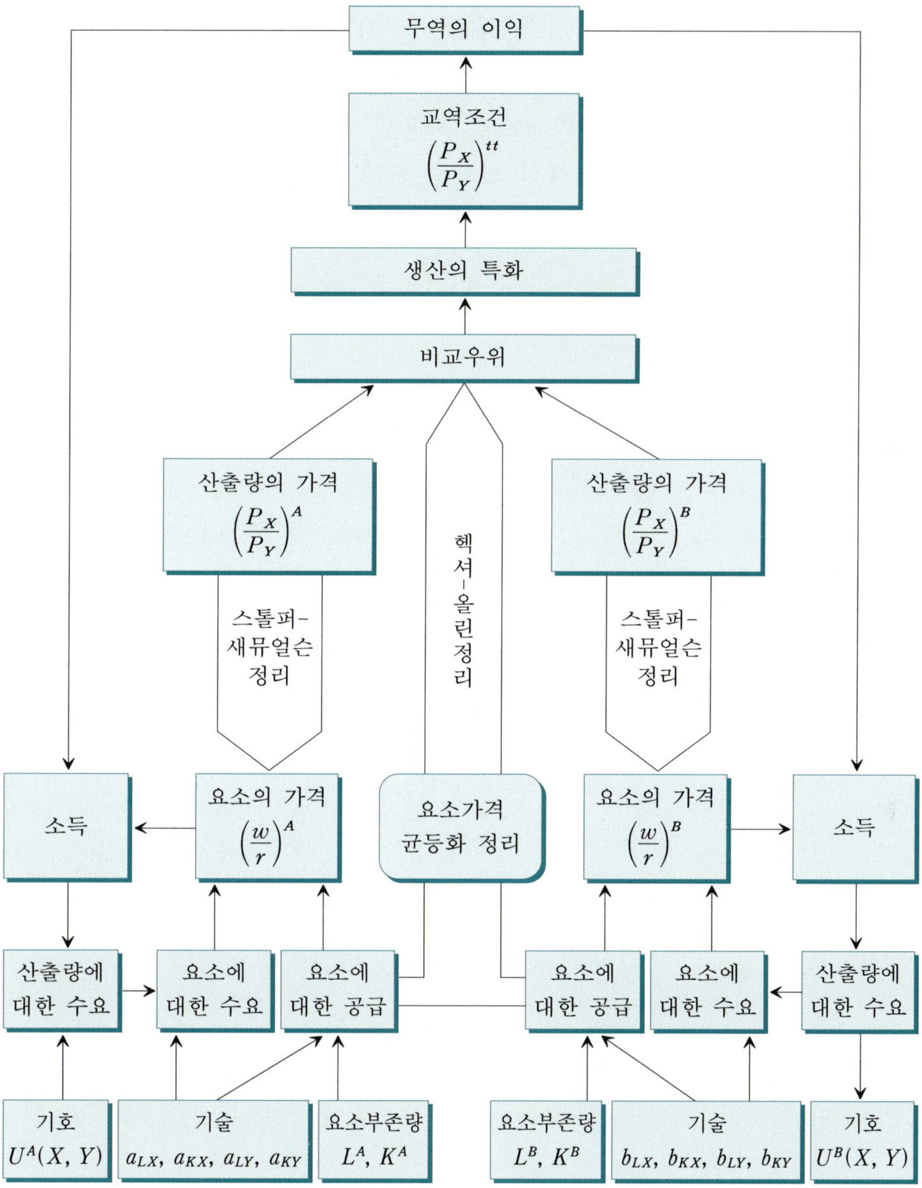

스톨퍼-새뮤얼슨정리와 요소가격 균등화 정리를 가지고 국제무역의 효과가 경제 내의 다른 그룹들 간에 다르게 나타나는 이유를 설명할 수 있다. 비교우위가 있는 산업에 집약적으로 사용된 부존자원의 소유자들은 무역 이후의 산출량가격과 요소가격의 변화로 이익을 얻게 된다. 반면에 비교열위가 있는 산업에 집약적으로 사용된 부존자원의 소유자들은 무역 이후의 산출량가격과 요소가격의 변화로 손해를 얻게 된다.

연습문제

① 요소의 풍부성을 다음 기준에 기초하여 정의하여라.
(a) 가격에 기초한 정의
(b) 물량에 기초한 정의

② 헥셔-올린이론의 여러 가지 가정을 설명하고, 각 가정의 의미와 중요성은 무엇인지 설명하여라.

③ 국제무역의 유형을 설명하는데 헥셔-올린모형이 리카도모형과 어떻게 다른지 설명하여라.

④ 어떠한 조건에서 노동과 자본의 국제적 이동이 요소가격을 균등화시키는가?

⑤ 헥셔-올린정리란 무엇인가? 헥셔-올린정리에서 국제무역의 기본적인 결정요인은 무엇인가?

⑥ 요소가격 균등화 정리란 무엇인가? 요소가격 균등화 정리와 생산요소의 국제적 이동성과는 어떠한 관계가 있는가?

⑦ 헥셔-올린모형에서 국제무역은 교역상대국 내의 소득분배에 있어서 생산요소 소유자들에게 어떤 영향을 미치는가?

⑧ 스톨퍼-새뮤얼슨정리를 설명하여라.

⑨ 요소집약도 역전이 의미하는 것은 무엇인가? 이것이 국제무역정책의

논쟁을 이해하는 데 왜 중요한가?

10 완전한 요소가격 균등화가 실제 현실세계에서 관찰되지 않는 이유를 설명하여라.

11 만일 당신이 산업자원부 장관이라면 다음과 같은 주장에 대하여 어떻게 대응하겠는가? 이것을 논하여라.

(a) 노동부 장관: "우리나라는 노동풍부국이므로 자유무역을 하게 되면 임금이 낮아져서 노동자들이 더 가난하게 된다."

(b) 노총 위원장: "우리나라의 기본적인 문제는 노동자가 너무 많고 자본이 충분하지 못한 데 있다. 노동자들 가운데 일부가 자본풍부국으로 이민갈 때까지 이와 같은 문제는 해결되지 않는다."

(c) 수출기업의 사장: "자유무역으로 우리나라의 모든 개개인들의 생활이 더 나아질 수 있다. 그러므로 수출만이 유일한 해결책이다."

TRADE

제6장

헥셔-올린모형의 실증적 검증과 그 밖의 무역이론

개요

헥셔-올린이론이 국가 간 무역유형을 설명하는 데 현실적인 타당성을 가지려면 실증적인 검증을 거쳐야 한다. 이 장에서는 실증적인 연구 가운데 가장 중요한 레온티에프(W. W. Leontief)의 연구를 중심으로 살펴본다.

제1절에서는 레온티에프의 역설(Leontief's paradox)로 불리는 레온티에프에 의한 헥셔-올린이론에 대한 실증적 연구내용을 소개한다. 제2절에서는 헥셔-올린이론의 문제점에 대처하기 위하여 최근에 전개된 국제무역이론인 입수 가능성 이론, 기술격차론, 대표적 수요이론 및 제품수명주기이론 등을 살펴본다. 제3절에서는 비교우위론에 대한 종합적인 고찰을 한다.

중요 용어

- 투입-산출표
- 레온티에프의 역설
- 입수 가능성 이론
- 숙련노동설
- 기술격차론
- 대표적 수요이론
- 제품수명주기이론
- 저임금무역
- 모방시차
- 수요시차
- 중복수요
- 신제품단계
- 시장출현 요망
- 성숙화 제품단계
- 표준화 제품단계
- 신요소비율모델
- 전시효과
- 밴드왜건 효과

헥셔-올린이론은 국제경제학에서 가장 영향력이 있는 이론 가운데 하나이므로 많은 실증적인 검증이 이루어지고 있다. 이 검증의 결과는 헥셔-올린이론을 반드시 지지하지는 않고 있다. 즉, 대부분의 국가들은 실제로 헥셔-올린이론이 예측하는 것과 같은 형태로 재화를 수출하지 않는다. 그렇다면 헥셔-올린이론은 타당하지 않은 것인가?

헥셔-올린정리란 어느 국가는 다른 국가에 비하여 상대적으로 풍부하게 부존되어 있는 생산요소를 집약적으로 사용하는 생산물을 수출하고 희소한 생산요소를 사용해서 생산하는 생산물을 수입하는 경향이 있다는 것이다. 그러나 레온티에프(W. W. Leontief)의 경험적 검증결과에 따르면, 세계에서 자본풍부국이라고 생각된 미국이 노동집약적인 재화를 수출하고 자본집약적인 재화를 수입한다. 따라서 이 결과를 레온티에프의 역설(Leontief's paradox)이라고 한다.

실제 무역에서는 비교우위설, 헥셔-올린이론 등의 무역이론으로 설명할 수 없는 유형이 발생하고 있다. 따라서 본장에서는 무역의 결정요인을 동태적인 요인에서 찾고 있는 동태적 무역이론의 대표적인 이론인 입수가능성 이론, 기술격차론, 대표적 수요이론, 제품수명주기이론 등을 중심으로 고찰한다. 이들 이론은 한 나라의 비교우위가 시간의 경과와 더불어 동태적 요인에 의하여 변동될 수 있으며, 이러한 비교우위의 변동은 1차산업부문보다는 2차산업부문에서 더욱 빈번하게 나타난다는 것을 보여준다.

1 레온티에프의 역설

1.1. 미국의 무역모형

최근까지 미국은 세계 다른 국가들에 비해 어느 정도 특수한 경우에 속하였다. 몇 년 전까지 미국은 다른 국가들보다도 훨씬 소득이 높아서 미국의 노동자들은 다른 교역상대국들보다 더 높은 수준의 1인당 자본장비도로 제품을 생산하였다. 지금까지 서유럽 국가들과 일본이 미국을 많이 추월하였을지라도 미국은 아직도 계속해서 자본-노동비율이 높다. 따라서 미국은 자본집약적인 재화의 수출국이 되고 노동집약적인 재화의 수입국이 될 것이라고 기대할 수 있다. 그러나 실제로 국제무역은 그렇지 않았다. 레온티에프는 1953년에 발표한 논문[1]에서 미국의 수출품이 수입품보다 덜 자본집약적임을 발견하였다. 이 결과를 레온티에프의 역설이라고 한다.

레온티에프는 1947년 미국의 산업연관표를 이용하여 헥셔-올린정리를 분석하였다. 산업연관표는 특정 재화의 일정한 양을 생산하기 위하여 필요한 투입량을 보여준다. 자동차의 순생산량 100만 달러를 생산하기 위하여 필요한 총생산의 변화가 [표 6-1]의 두 번째 열에 나타나 있다. 레온티에프의 자료는 자동차의 순산출량을 100만 달러로 증가시키려면 철강의 산출량은 23만 5,000달러만큼 증가시키고, 화학제품의 산출량은 5만 8,000달러만큼 확대시켜야 함을 보여주고 있다. 더 많은 자동차를 생산하기 위하여 더 많은 철강, 화학제품 및 고무제품을 생산할 필요가 있다. 따라서 자동차를 순산출량 100만 달러어치 판매하기 위해서는 자동차의 총산출량을 145만 7,000달러만큼 증가시켜야 할 것이다. 판매하고 남은 여분인 45만 7,000달러는 중간재를 생산하는 데 사용되며, 일부 자동차는 다른 자동차를 생산하는 데 사용된다.

[표 6-1]의 (3)열과 (4)열은 (2)열에 나타난 산출량을 생산하는 데 필요한 자본과 노동의 양을 나타낸다. 예를 들면, 자동차회사들은 145만 7,000달러만큼의 자동차를 생산하려면 82만 5,000달러의 자본을 구입하여야 하며, 철 및 철강생산자들은 23만 5,000달러의 철 및 철강 생산을 위해 새로운 자본 24만 1,000달러를 매입해야 한다. 전체적으로 최종생산물인 자동차 100만 달러를 생산하려면 새로운 자본 210만 5,000달러와 연간 201인의 노동력이 필요하다. 전체적으로 자동차에서의 자본-노동비율은 연간 노동자당 1만 470달러로 계산되었다. 레온티에프는 미국의 모든 산업에 대하여 이와 같은 계산을 하였는데, 그 결과 미국은 수출부문보다도 수입부문에서 자본에 대한 노동의 비율이 실제로 더 높은 것으로 나타났다. 그는

[1] W. W. Leontief(1953), p. 97.

표 6-1 | 자동차의 순산출량 100만 달러 증가를 위한 투입필요량

(1) 산업	(2) 총산출필요량 ($)	(2)열의 산출량을 생산하기 위하여 필요한 자본과 노동의 필요량		(4)열에 대한 (3)열의 비율 (자본/노동)
		(3) 자본 (1,000$)	(4) 노동 (연간 인)	
자동차	1,457	825	88	9.375
철 및 철강	235	241	18	13.39
기타 금속제품	197	163	16	10.187
화학제품	58	34	3	11.33
고무제품	56	28	5	5.6
기타	667	814	71	11.464
	2,670	2,105	201	10.47

자료: W. W. Leontief(1969), pp. 93～139.

미국의 수출과 수입부문에서 나타난 각 산업의 산출량에 대한 자본-노동 비율을 계산함으로써 이와 같은 것을 보여주었다. 예를 들면, 자동차산업은 미국 수출의 6.1%를 차지하고 있다. 만일 이 비율이 일정하다면, 미국의 수출이 100만 달러만큼 감소하였을 때 자동차의 순생산은 6만 1,000달러만큼 감소된다는 것을 의미한다. 각 100만 달러 분량의 자동차를 생산하는데 210만 5,000달러의 자본과 연간 201인의 노동력이 필요하므로 미국의 자동차수출이 6만 1,000달러로 감소한다는 것은 12만 8,425달러의 자본과 연간 12.26의 노동력이 자동차산업에서 방출된다는 것을 의미한다. 레온티에프는 총체적으로 미국의 수출이 100만 달러 감소하면 255만 780달러의 자본과 연간 182인의 노동력이 전 산업에서 방출된다고 설명하였다.

따라서 레온티에프는 100만 달러 상당의 미국 수입을 국내생산으로 대체하는 데 필요한 자본과 노동의 양을 구하였다. 비경쟁수입은 국내생산으로 대체할 수 없는 커피와 차 등과 같은 품목이다. 이들 비경쟁수입은 레온티에프의 투입산출 계산에서 제외되었다. 역설적으로 수입부문에서 추가적인 산출량을 생산하기 위하여 필요한 자본은 309만 1,399달러이며, 노동은 연간 170인의 노동력이었다. [표 6-2]에 요약된 레온티에프의 결과는 미국이 노동집약적인 재화를 수출하고 자본집약적인 재화를 수입하는 것으로 나타났다. 미국은 다른 무역상대국들과 비교하여 상대적으로 자본

표 6-2 미국의 수출품 및 경쟁적 수입대체품 각 100만 달러 생산에 대한 국내자본 및 노동필요량(레온티에프의 제1차 검증결과)

요소의 구분	수출재 (백만 달러당)	수입경쟁재 (백만 달러당)	수출재에 대한 수입경쟁재의 비율
자본(1947년 달러가격) (K)	2,550,780	3,091,339	
노동(인/년) (L)	182.313	170.004	
자본-노동비율(K/L) (근로자 1인당 자본소요액)	14,010	18,184	1.30

자료: W. W. Leontief(1953), pp. 33～49.

풍부국이라고(1947년 자료임을 상기하라) 생각되었으므로, 미국이 자본집약적인 재화를 수출할 것으로 기대된 헥셔-올린정리와 모순되는 역설적인 결과를 보였다.

한편, 볼드윈(R. Baldwin)은 1958년도 미국의 생산구조와 1962년도 미국의 수출 및 수입구조를 대상으로 실증분석하였다. 이 분석의 결과 미국의 수입경쟁산업부문이 수출부문보다 상대적으로 25% 더 자본집약적인 것으로 나타났다.

볼드윈의 검증결과인 [표 6-3]은 미국의 무역유형에 대한 다른 결과와 레온티에프의 역설을 나타내고 있다. 이 표는 미국의 수출품 100만 달러의 가치를 생산하기 위하여 사용된 생산요소와 같은 금액의 미국 수입품을 생산하기 위하여 사용된 생산요소를 비교하고 있다. 표의 처음 두 횡축의 선이 나타내는 바와 같이 레온티에프의 역설이 나타난다. 즉, 미국의 수출품은 수입품보다 자본-노동비율이 더 낮다. 그렇지만 표의 나머지 부분이 나타내는 바와 같이, 수출품과 수입품의 다른 비교는 헥셔-올린이론이 예측하는 것과 같다. 미국의 수출품은 수입품보다 더 숙련된 노동을 집약적으로 사용한다. 또한 판매단위당 더 많은 과학자들과 기술자들을 필요로 하는 기술집약적인 재화를 수출한다. 이와 같은 관찰결과는 미국이 정밀한 제품에서 비교우위가 있는 높은 기술수준을 갖고 있는 국가의 지위와 일치한다.

그러면 레온티에프의 역설이 왜 발생하는가? 가장 타당한 설명은 다

표 6-3 | 미국의 수출품과 수입품의 요소함유량(1962년)

구분	수입	수출
자본	2,132,000	1,876,000
노동(연당 인)	119	131
자본-노동비율	17,916	14,321
평균교육연수	9.9	10.1
엔지니어와 과학자의 구성비율	0.0189	0.0255

자료: Robert Baldwin(1971), pp. 126～145.

음과 같다. 미국은 혁신적인 기술로 인해 새로운 제품이나 재화의 생산에 특별한 우위를 갖고 있다. 이와 같은 제품들은 그 기술이 성숙단계에 있거나 대량생산의 기술에 적합한 제품보다 덜 자본집약적이다. 따라서 미국은 높은 숙련노동과 창조적인 기업가정신을 사용하는 재화를 수출하는 반면 많은 자본을 사용하는 중공업제품을 수입한다.

1.2. 다른 국가들의 무역모형

레온디에프의 방법론은 다른 국가들의 무역유형과 레온티에프의 결과를 연구하기 위하여 많은 경제학자들에 의하여 시도되었다.

다테모토(M. Tatemoto)와 이치무라(S. Ichimura)[2]의 연구는 일본의 무역유형에서 또 다른 레온티에프의 역설을 입증하였다. 헥셔-올린모형에 따르면 1959년 당시 미국에 비하여 상대적으로 노동이 풍부한 것으로 알려진 일본은 미국에 노동집약적인 재화를 수출하고 미국으로부터 자본집약적인 재화를 수입한다고 믿고 있었다. 그러나 위의 연구에 따르면 일본은 역설적으로 다른 국가들에게 자본집약적인 재화를 수출하고 노동집약적인 재화를 수입하였다. 그들은 이와 같은 역설이 존재하는 이유를 세계경제에서의 일본의 위치가 선진국과 저개발국의 중간단계에 있다는 사실로 풀이하였다. 그들의 연구결과에 따르면 일본 수출의 25%는 선진국, 75%는 저개발국으로 수출되므로 선진국들과의 교역에서는 노동집약적인 재화, 저개발국들과의 교역에서는 자본집약적인 재화에 비교우위가 있는 것으로 주장

[2] M. Tatemoto and S. Ichimura(1959), pp. 442～446.

하였다.

이 가설들을 검증한 결과 다테모토와 이치무라는 일본의 미국에 대한 수출의 자본-노동비율을 계산하여 일본의 총수출에 대한 자본-노동비율과 비교할 때 전자가 더 낮은 것으로 나타났다. 또한 미국의 일본에 대한 수출의 자본-노동비율을 계산하였을 때 이것이 미국 총수출과 미국 경쟁수입품의 자본-노동비율보다 더 높은 것으로 나타났다. 이들의 발견은 일본의 무역이 이들이 생각하였던 바대로 이중성을 갖고 있으며, 일본과 미국의 무역을 고려할 때 레온티에프의 역설이 성립하지 않아 헥셔-올린정리와 모순되지 않는다는 의미를 갖고 있다.

스톨퍼(W. Stolper)와 로스캄프(R. Roskamp)[3]는 레온티에프의 방법을 동독의 무역유형에 적용하였는데, 동독의 수출품이 수입품에 비하여 자본집약적인 것으로 나타났다. 이는 1960년 당시 동독 무역의 3/4이 상대적으로 노동풍부국인 대유럽 공산권과의 교역이였으므로 이 국가들에 비하여 상대적으로 동독은 자본풍부국으로 간주되었다. 이 연구는 헥셔-올린 정리와 일치한다고 볼 수 있다.

월(D. E. Wahl)[4]의 캐나다와 미국 간의 무역유형을 대상으로 한 연구에서 캐나다의 수출은 캐나다의 수입에 비하여 상대적으로 자본집약적인 것으로 나타났다. 이와 같은 월의 결과는 대부분의 캐나다 무역이 미국과 이루어지고 있으므로, 이들 연구기간 동안 헥셔-올린모형과 일치하지 않음을 보여준다.

바라돴즈(R. Bharadwaj)[5]는 인도의 무역유형을 대상으로 연구하였다. 이 연구에서 전체적으로 인도는 노동집약적인 재화를 수출하고 자본집약적인 재화를 수입한다. 이는 헥셔-올린가설과 일치한다. 그러나 인도와 미국의 무역유형을 대상으로 한 그의 연구를 보면 미국에 대한 인도의 수출은 자본집약적인 반면에, 인도의 미국으로부터의 수입은 상대적으로 노동집약적이어서 헥셔-올린가설과 모순되었다.

한편, 모로니(R. Moroney)와 월커(M. Walker)[6]는 미국의 남부지역과 기타

[3] W. Stolper and K. Roskamp(1961), pp. 379~392.
[4] D. Wahl(1961), pp. 349~358.
[5] R. Bharadwaj(1962), pp. 105~106.
[6] R. Moroney and M. Walker(1966), pp. 573~586.

지역 간의 교역을 대상으로 연구하였다. 미국의 남부지역은 부존자원 면에서 노동집약적인 산업을 유치하기에 유리한 것으로 생각되었다. 그러나 노동집약적인 산업은 자본집약적인 산업과 비교하여 남부지역에 집중되지 않았다.

2 그 밖의 무역이론

2.1. 입수 가능성 이론

(1) 입수 가능성과 무역

크라비스(I. B. Kravis)는 무역발생의 원인을 입수 가능성(availability)으로 보았다.[7] 크라비스에 의하면 어떤 상품이 수입되는 것은 그 상품이 국내에서 입수될 가능성이 없는 것에 기인한다고 한다.

예컨대, 한국에서 바나나가 재배되지 않고 우라늄광맥도 없다면 한국에서는 바나나와 우라늄 모두 '절대적으로 입수 가능성'이 없으므로 바나나와 우라늄을 수입하지 않을 수 없다. 이것은 천연자원에만 국한되는 것이 아니다. 특정 공업제품에서 결정적 기술이 국내에서 개발 또는 습득되어 있지 않을 경우에는, 이와 같은 공업제품도 국내에서는 '절대적으로 입수 가능성'이 없으므로 그 기술을 개발하여 이용하고 있는 나라에서 그 제품을 수입하지 않으면 안 된다.

이상과 같이 '국내에서의 입수 가능성'이 없다는 의미에는 '절대적으로 입수 가능성'이 없다는 것 외에, '상대적으로 입수 가능성'이 없다고 하는 것도 포함된다. '상대적으로 입수 가능성'이 없다는 것은 다음과 같은 경우이다. 즉, 국내에서 생산이 가능하더라도 생산을 확대하려면 현행 시장가격 이상으로 약간의 비용증대가 따르는 경우이고, 이 경우에도 현행 시장

[7] I. B. Kravis(1956).

가격하에서 초과수요가 국내에 존재한다면 현행 시장가격하에서 상대적으로 적은 비용증대로 생산확대가 가능한 나라에서 수입하게 된다.

한편, 입수 가능성이라는 말을 '공급의 가격탄력성'이라고 해석한다면, 절대적으로 입수 가능성이 없다는 것은 공급의 가격탄력성이 영이라는 것이며, 상대적으로 입수 가능성이 없다는 것은 공급의 가격탄력성이 상대적으로 작다는 것을 의미하게 된다. 따라서 어느 것이 되든 자국과 외국 간의 입수 가능성 격차 내지 공급의 가격탄력성 차이가 무역을 발생시키는 요인이 된다.

그런데 입수 가능성에 영향을 주는 요인으로는 1차상품과의 관계에서는 천연자원·토지·기후 등의 자연적 요인, 공업제품과의 관계에서는 기술진보나 제품차별화 등의 요인을 생각해 볼 수 있다. 이어서 이 요인들과 관계지어 1차상품과 공업제품의 입수 가능성에 대해 크라비스의 이론에 따라 검토한다.

(2) 1차상품의 입수 가능성과 레온티에프의 역설

크라비스는 1차상품의 입수 가능성과 무역에서의 예로 미국의 1차상품수입을 들고 있다. 크라비스에 의하면, 미국이 1950년 전후에 수입하고 있던 수입품 가운데 자본집약도가 높은 수입품 중 일부는 미국 국내에서 상대적으로 희소하였다. 즉, 천연자원의 생산물로서 미국의 자본에 의하여 해외에서 개발이 진행되어 왔던 것이다. 석유·구리·알루미늄과 같은 광물자원은 미국에서는 상대적으로 생산비용이 높으므로 현행 가격으로 생산확대가 가능한 해외에서(미국이 해외투자를 함으로써) 생산하여 수입한다.

더구나 이 생산물들의 자본집약도는 국내생산물의 평균적인 자본집약도보다 높으며, 이것의 수입이 미국의 전체 수입액의 절반을 차지하고 있는 것을 고려하면, 레온티에프의 역설적인 검증결과도 이해할 수 있다. 미국의 1차상품의 무역은 미국과 외국의 요소부존비율의 차이에 기인한 것이라기보다는 공급의 가격탄력성의 차이에서 발생한 것이며, 레온티에프의 발견은 천연자원의 입수 가능성으로 설명될 수 있다고 크라비스는 생각하고 있다.

(3) 기술진보와 입수 가능성

크라비스에 의한 입수 가능성의 개념을 사용한 앞의 무역유형 설명 중 좀더 중요한 의미를 갖는 것은 공업제품에 특히 관련이 깊은 기술진보와 제품차별화이다.

기술이 진보하면 재래상품보다 생산비가 저렴한 제품이나 품질이 개선된 제품 또는 신제품을 생산하게 된다. 신제품을 생산할 수 있는 새로운 기술이 미국에서 개발될 경우,[8] 이에 대한 수요가 전시효과를 통하여 다른 나라에서 생겼더라도 그 나라에서는 입수 가능성이 없으므로 이 신제품을 미국에서 수입하지 않으면 안 된다. 또 재래상품의 생산성을 상승시킬 수 있는 새로운 생산공정이 개발되면, 이와 같은 새로운 생산공정을 개발한 나라는 그 제품에 대한 공급의 가격탄력성이 증대되어 다른 나라와 입수 가능성 격차가 발생하기 때문에 무역이 발생한다.

이와 같은 기술진보가 현저한 나라는 공업국이며 중화학공업부문인 것을 생각한다면, 기술진보가 중화학공업 제품의 수출촉진요인으로 작용할 것임을 알 수 있다. 또한 이러한 기술진보가 과학자나 기술자, 또는 뛰어난 능력을 가진 기업가 등이 풍부하게 있는 곳에서 특히 활발하다고 하면, 이들의 인적 요소를 상대적으로 풍부하게 가진 나라가 신제품을 중심으로 한 공업제품에 있어 비교우위를 갖는 것처럼 '요소부존량비율이론'의 틀 속에서 설명할 수 있을는지도 모른다.

그러나 기술진보는 매우 동태적인 측면을 갖고 있다. 즉, 어떤 특정한 나라에서 개발된 기술도 5년, 10년, 20년이라는 시간이 경과함에 따라 외국에 전파·보급된다. 이 기술이 외국에 전파·보급된 시점 이후에는 그 기술이 가져다 준 신제품이나 개선된 제품은 이미 그 기술을 개발한 나라만이 입수 가능성을 갖는 것이 아니다. 이러한 제품에 관한 신기술개발국과 기타 나라의 입수 가능성 격차는 기술진보 이외의 다른 요인, 예컨대 노동이나 자본의 비용에 지배되어 무역의 방향이 역전되게 작용한다. 이와 같이 시간의 경과에 따른 기술의 전파·보급과 무역의 유형 변화를 설명하려고 한 것이 이하의 '기술격차론'이다.

---

[8] 1950년경 미국의 예로서 입체영화와 항생물질 등이 있다.

2.2. 기술격차론

연구개발 노력은 기술혁신을 가져오게 될 것이다. 즉, 이제까지 시장에 나타나지 않았던 상품인 신제품(new products)이나, 재래상품을 개조한 제품, 또는 재래상품이면서 신생산공정의 개발로 낮은 비용을 들여 생산된 제품이 새로이 시장에 등장한다. 이러한 제품들은 어느 것이나 연구개발 노력의 결과로 생긴 기술 변화 또는 기술진보로 생산할 수 있게 된 것이다. 이미 앞 절에서 시사한 바와 같이, 기술혁신이 이루어질 수 없는 나라에서는 제품의 입수 가능성이 없으므로 수입하지 않으면 안 될 것이다. 가령 기술혁신을 할 수 있다 해도 국내시장에서 처리할 수 없을 경우 선행 기술혁신국에서 수입하여야 된다. 즉, 어떤 상품의 생산에 기술적으로 우위에 있는 나라는 기술적으로 열등한 나라에 대하여 적어도 기술적으로 우위에 있는 기간 동안 해당 제품을 수출할 수 있게 된다. 이와 같이 특정 상품의 생산에 있어 여러 나라 사이의 기술격차가 무역발생의 원인이 됨과 동시에 무역유형을 결정한다는 것이 '기술격차론(technological gap theory)'의 특징이다.

여기서 주목해야 할 것은, 기술격차란 한 나라 전체의 평균적인 기술수준의 국제적 격차가 아니라 특정 상품 생산 내지 특정 산업의 기술 면에서의 국제적 격차를 말하며, 또 시간이 지남에 따라 국제적 기술격차가 소멸되어 감과 동시에 무역을 지배하는 기술격차 이외의 기타 요인(임금격차)이 강하게 나타난다는 점이다. 따라서 어떤 상품을 수출하고 있던 나라도 시간이 경과하면 그것을 수입하지 않으면 안 될 뿐만 아니라 어떤 상품을 수입하고 있던 나라도 시간이 경과함에 따라 그것을 수출할 수도 있게 된다고 한다. 이것이 무역유형의 변화를 설명하는 동태적 이론의 특징이다.

포스너(M.V. Posner)는 단편적으로 보이는 아이디어를 통합하여 기술격차론 모델을 나타냈으나[9] 허프바우어(G.C. Hufbauer)는 이 모델에 '저임금무역(low wage trade)'을 부가하여 그것을 검증하였다. 즉, 화학합성 원재료(화학섬유, 합성고무, 합성수지)의 시간적 경과에 따른 무역유형의 변화 및 그 요인에 관한 상세한 실증분석을 하였는데,[10] 허프바우어의 기술격차론은 다음과 같다.

---

[9] M.V. Posner(1961).
[10] G.C. Hufbauer(1966).

그의 기술격차론 이론모델은 서로 다른 두 가지 전제 위에 있는 이론, 즉 ① 요소부존 상태가 동일하여 상대적·절대적 요소가격이 같은(따라서 소득수준도 같다) 2국 간의 무역을 기술격차에 기초하여 설명하려고 하는 포스너류의 좁은 의미의 '기술격차론'과, ② 요소부존 상태가 다른 상대적·절대적 요소가격에 차이가 있는(따라서 소득수준이 다른) 2국 간의 무역을 요소가격 격차(임금수준 격차)로 설명하려는 '저임금 무역설명이론'으로 구성되어 있다.

(1) 수요시차와 모방시차

그러면 위의 ①의 좁은 의미에서의 기술격차론 대상이 되는 나라 가운데 한 나라(일명 혁신국이라 부른다)의 기업이 신제품을 개발하면, 거의 동시에 그 혁신국의 국내시장에서 구매되기 시작하여 생산량과 더불어 구매량도 점차로 증대한다. 일정 기간 사이에 그 상대국, 즉 혁신국과 소득·임금수준이 유사한 나라에서 혁신국을 따라 이 신제품의 생산을 개시하는 나라가 있을 수 있는데, 이 나라를 모방국(imitating country)이라 부른다. 이 시장에서도 신제품을 구매할 수 있도록 혁신국에서 모방국으로 이 제품을 수출할 경우 양국 시장에서 구매를 시작하는 시간적 간격은 수요시차(demand lag)라고 부르며 [그림 6-1]의 $t_0 \sim t_1$ 간의 거리로 표시된다.

한편, 생산 면에서는 혁신국에서 모방국으로 신제품에 관한 생산기술이 '모방경로(imitation route)'를 통하여 전달된다. 기술의 전달경로인 모방경로는 다음과 같이 세 가지 경로가 있다.

① 독자적으로 생산기술을 개발하거나 혁신국 기업의 생산기술 공개, 또는 주요 특허기한 만료 후에 생산기술을 획득한다는 차이는 있으나 어느 것이든, 모방국 기업의 '독자적 연구'가 주체로 되는 경우에 R&D 수요를 풍부하게 갖는 모방국일수록 이 경로에 의한 기술이전의 가능성이 크다.

② 혁신국 기업에 의한 특허권 사용허가를 얻은 경우에, 특허권 사용료(royalty)를 얻겠다는 동기에서 특허권의 사용을 인정하거나 모방국 기업이 보유하는 특허권의 사용허가를 담보로 인정하는(기술교환계약: cross-licensing) 일도 많다. 이런 경우에도 혁신국과 R&D 요소가 풍부한 모방국이 기술이전경로가 되는 일이 많다.

③ R&D 요소가 부족한 나라에 대해서는 '자회사 설립'을 통해 기술이

그림 6-1 | **기술격차론 모델**

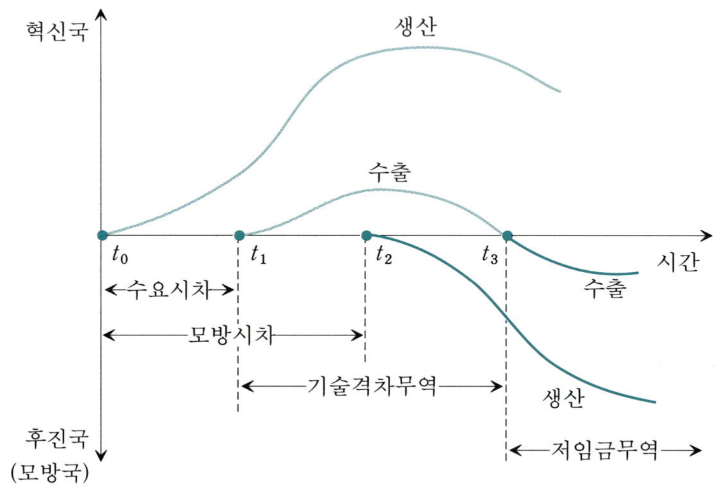

전이 되는 경향이 있다. 즉, 저개발국과 같은 R&D 요소가 부족한 나라에서는 상기 둘의 경로에 의한 기술이전처럼 신기술을 해당 제품생산에 결합하는 것은 어렵다.

위와 같은 모방경로를 통하여 신기술이 모방국 기업에 의해 획득되어 머지않아 모방국에서도 생산이 개시되는데, 혁신국에서의 생산개시와 모방국에서의 생산개시와의 시간적 차이를 '모방시차(imitation lag)'라고 부른다. [그림 6-1]에서는 t_0~t_2 간의 거리로 표시되어 있다.

[그림 6-1]을 보아도 쉽게 알 수 있듯이 혁신국에서 신제품이 나와 생산개시와 거의 동시에 국내시장에서 구매되기 시작하는 시차 t_0에서 수요시차를 경과한 시점 t_1 이후에는 이 제품은 모방국으로 수출될 것이지만, t_0에서 모방시차를 경과한 t_2 이후에는 모방국에서도 생산이 이루어지므로 혁신국에서 수출되는 제품은 모방국에서 생산되는 제품과 모방국 시장에서 경쟁관계에 놓인다. 모방국은 해당 제품에 대한 국내수요를 자국생산으로 충당할 것이므로, 혁신국에서 모방국으로의 해당 제품의 수출량은 감소하게 될 것이다.

따라서 해당 제품의 혁신국에서 모방국으로의 수출총량(수출이 t_1에서 개시되면서부터 t_3로 소멸될 때까지의 총량)은 수요시차가 적을수록, 또 모방시차가 클수록 큰 관계가 나타난다. 이 관계는 수요시차를 λ, 모방시차를 L, 수출총량을 x라고 한다면 $x=f(L-\lambda)$로 표기할 수 있다. 그 동안에 이루어진 혁신국에서 모방국으로의 수출은 '기술격차무역(technological gap trade)'이라고 부른다.

그런데 모방시차를 경과하여 모방국에 의해 충분하게 습득 이용되기까지 혁신국이 세계시장에서 기술혁신에 기초한 제품의 독점적 공급자로서 모방국이나 다른 나라에 해당 제품을 수출할 수 있다는 것은 쉽게 이해할 수 있으나, 모방국에서도 생산이 개시되는 시점 t_2 이후에서의 기간(t_2~t_3)에도 혁신국에서 모방국으로 여전히 수출이 계속되는 것은 무슨 이유 때문인가? 이것을 설명해 주는 것이 '규모의 경제(scale economy 또는 economies of scale)'이다.

(2) 기술격차의 소멸과 저임금무역

앞의 논의에서의 '생산의 경험'에 의해 주어진 기술진보에도 한계가 있다. 특정한 제품을 생산하고 있는 혁신국의 기술진보가 완만해짐에 따라, 모방국의 기술수준은 점차로 혁신국으로 접근하여 장래에는 추월할 수도 있다. 예컨대, 모방국이 혁신국에 비하여 임금이 낮다면 기술격차 소멸과정에서 모방국의 낮은 임금비용으로 인한 유리함이 기술격차의 불리함을 상쇄하기 때문에 혁신국으로의 역수출이 가능하게 될 것이다. 상대적인 저임금(또는 임금격차)에 기인한 무역을 저임금무역(low wage trade)이라 하는데 [그림 6-1]의 t_3가 그 개시시점이다.

혁신국의 기술진보가 완만해지거나 정체되는 경향은 기술혁신이 가져다 준 제품의 생산이 개시되면서부터 경과한 기간이 길수록 현저하다. 동태적 규모의 경제를 생각한다면, 혁신국에서 생산한 제품에 대한 모방국에서의 생산개시(즉, 모방시차가 작을수록)가 빠를수록 혁신국과 모방국 간의 기술격차는 작을 것이다. 따라서 모방국이 생산을 개시한 후에는 '제품연령'이 오래될수록, 모방시차가 작을수록 기술무역은 보다 빠르게 저임금무역으로 대체될 가능성이 있다. 더욱이 혁신국과 모방국 간 임금격차도 그 격차가 클수록 '저임금무역'은 보다 빠르게 진행될 가능성이 있다. 그러나 '제품연령'이 비교적 짧고 모방시차가 클 경우에는 임금격차가 크더라도 저임금무역의 발생은 늦어질 것이다.

(3) 3국 간 무역유형의 변화

이상에서 설명한 바와 같이 시간경과에 따른 무역유형의 변화, 즉 기술격차무역과 저임금무역이 변화되어 가는 모습을 임금수준과 모방시차가 다른 미국, 서유럽·일본, 한국이라고 하는 세 나라를 모델로 하여 [그림 6-2]를 사용하여 설명한다.

설명의 편의를 위하여 다음과 같이 현실적인 가정을 한다.

① 미국은 임금이 가장 높고 기술혁신을 통하여 특정 제품의 생산을 개시한다. 미국은 신기술에 의한 이 제품의 생산을 다른 나라에 앞서 개시하였으므로 미국의 이 제품에 대한 모방시차는 영이다.

② 서유럽·일본은 미국에 비하여 임금이 상대적으로 낮으나 한국만큼 낮지 않고 모방시차도 영인 미국보다는 크지만 한국보다는 작다.

③ 한국은 임금이 가장 낮고 모방시차가 가장 크다. 특히, 다른 2국과의 모방시차 격차가 임금의 격차보다 크다.

④ 수요시차는 어느 나라나 거의 '영'이다.

미국에서 이 제품의 생산이 개시되면서부터 경과기간(제품연령)은 다음과 같이 세 단계로 구분된다. 제1단계에서는 미국은 생산개시와 거의 동시에 서유럽·일본 및 한국에 대하여 기술격차무역(수출)을 하게 된다. 물론 이들 나라(지역)의 수요시차가 영이 아니면, 그 몫만큼 기술격차무역의 개시는 늦어진다. 제2단계에서는 서유럽·일본이 미국과의 기술격차를 극복하여 미국에 대한 저임금무역(수출)을 함과 더불어 아직 모방시차를 경과하지 않은 한국에 대해서는 기술격차무역을 한다. 제3단계에서는 제품연령도 오래되어 모방시차가 큰 한국도 다른 나라(지역)와의 기술격차를 극복하고 미국, 서유럽·일본의 어느 쪽에 대하여도 저임금무역(수출)을 할 수 있게 될 것이다.

따라서 이 제품의 경우 미국은 수출국에서 수입국으로 바뀐다(물론 서유럽·일본의 모방시차의 크기 여하에 따라 좌우되지만). 반면에 서유럽·일본은 수입국에서 수출국으로 바뀌지만 이들도 점차로 미국과 같이 수입국으로 바뀔 것이다. 모방시차가 매우 큰 한국은 제품연령이 오래될 때까지는 수

그림 6-2 | 기술격차무역과 저임금무역(3국모델)

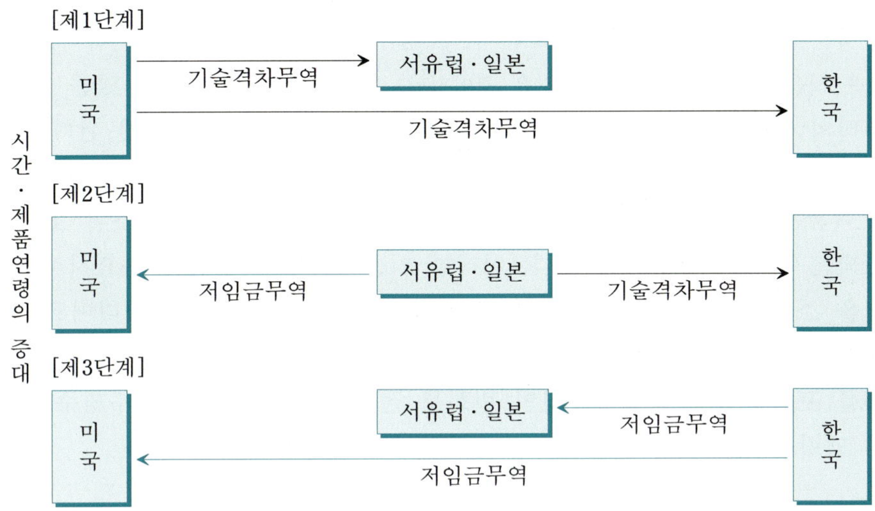

입국에 머무를지 모르지만 장기적으로는 수출국이 될 것이다.

이상은 어느 특정한 제품의 생산에 있어 기술혁신이 발생할 경우의 무역유형 변화를 나타낸 것이지만, 미국이 만약 다른 제품의 생산에 있어 기술혁신을 할 수 있다면(예컨대, 그림의 제2단계 시기), 미국은 서유럽·일본에서의(이전에 기술혁신을 한 제품의) 저임금무역(수입)과 새롭게 기술혁신한 제품의 반대방향으로 기술격차무역(수출)을 교차시킴으로써 제품의 무역수지는 악화되지 않을는지 모른다. 제3단계에서의 한국과의 무역관계도 마찬가지로 말할 수 있을 것이다. 서유럽·일본의 경우 이들 나라가 다시 새롭게 미국에서 개발된 기술을 적극적으로 도입하여 모방시차를 짧게 하든가, 또는 독자적으로 신기술을 개발한다면, 이전의 기술이 개발된 제품의 제3단계에서도 새로운 기술이 모방된 제품에 대해서는 제2단계에 머무를 수 있으므로, 한편으로는 미국에 대해 저임금무역(수출)과 기술격차무역(수입)을 교차시키고 다른 한편으로는 저개발국에 대해서도 저임금무역(수입)과 기술격차무역(수출)을 교차시킬 수 있다.

즉, 미국과 같은 나라에서는 어느 제품은 수출초과, 다른 제품은 수입초과가 되어 제품의 무역수지는 악화되지 않는다. 그러나 한국의 경우에는 이론적으로 모든 제품에 대하여 다른 나라에 수출(저임금무역)할 수 있는 입장에 있지만, 모방시차가 모든 제품에 대해서 무한히 크다면 제품의 무역수지는 개선되지 않을는지 모른다. 모방시차를 줄이는 수단의 하나로서(이것은 서유럽·일본의 경우에도 같은 것이지만) 기술 면에서 우위에 있는 나라로부터의 기술도입이나 생산을 위한 직접투자의 도입이 필요하게 된다.

이와 같이 기술격차론은 무역유형의 변화를 여러 나라 사이의(모방시차와 제품연령의 개념으로 파악하여) 기술격차가 시간경과에 따라 소멸 또는 축소되는 것으로 설명하려 한다. 이러한 기술격차론의 구상은 수요시차의 개념을 소득수준 상승에 따른 '대표적 수요'의 형성이라는 아이디어로 정밀화하고 있다고 보는 다음 절의 '대표적 수요이론', 제품생산을 위한 직접투자를 포함하여 제품무역유형의 변화를 설명하려고 하는 제품수명주기이론과 맥락을 같이 한다.

• 사례연구 6-1 •

화학합성제품의 국가 간 모방시차

허프바우어는 1960년대에 일부 국가들에 대한 모방시차를 계산하였다. 그는 서로 다른 국가들의 여러 종류의 화학, 합성수지제품의 1단계 생산제조일에 관한 자료(예컨대, 실리콘과 스티렌 같은 합성고무, 나일론과 폴리에스테르와 같은 인조섬유, 셀로판과 폴리비닐 아세테이트와 같은 플라스틱)를 수집하였다. 개별 제품들에 대한 이와 같은 정보는 첫 번째 국가(기술혁신국)의 생산제조일에서 모방국들의 생산제조일까지의 모방시차를 계산하는 데 사용하였다.

그는 여러 국가들의 총모방시차를 얻기 위하여 수출의 중요도에 따라 개별 제품의 모방시차에 가중치를 두어 계산하였고 [표 6-4]는 10개 주요 산업국들에 대한 그의 연구결과이다. [표 6-4]에서 총모방시차는 같은 기간 동안에 미국, 캐나다, 이탈리아, 일본 및 오스트레일리아에서 일반적으로 더 짧아지고 있다. 그러나 일반적으로 독일, 영국 및 프랑스에서 모방시차가 긴 것은 이 국가들이 초기에는 기술혁신국의 생산개시 후 몇 년이 지난 후에 모방국이 된 사실과 일치한다.

다국적기업들의 증가와 정보통신기술의 발달로 인하여 1960년대 이후 기술혁신 속도가 빠르게 증가함에 따라 현재 계산된 모방시차는 이 표에 제시된 시차보다 더 짧다고 볼 수 있다.

표 6-4 | 특정 국가의 화학합성제품의 모방시차

(단위: 년)

	1930	1939	1950	1962
미국	5.7	6.8	4.6	3.1
독일	1.5	1.2	2.5	4.7
영국	1.9	5.5	6.9	9.8
프랑스	4.1	8.2	8.6	11.8
캐나다	25.5	20.3	17.5	14.3
이탈리아	20.8	16.8	14.5	14.7
일본	17.7	16.4	13.6	14.8
네덜란드	16.3	19.8	19.7	20.7
스웨덴	20.4	20.2	18.9	21.1
오스트레일리아	30.1	27.4	26.4	14.4

자료: G. C. Hufbauer(1966), pp. 137~138.

2.3. 대표적 수요이론

앞 절에서 설명해 온 여러 이론들이 주로 생산 면을 중심으로 전개되어 온 것에 비하여 린더(S. B. Linder)의 대표적 수요이론(the theory of representative demand)은 수요 면을 중시하는 이론이다.[11]

대표적 수요이론의 주된 목적은 앞 절의 '좁은 의미의 기술격차론'과 같이 비교적 소득수준이 유사한 나라 사이의 공업제품 무역이 왜 더욱 증가하고 있는가를 설명하는 데 있다. 린더는 1차상품 무역유형의 설명에 관해서는 전통적인 요소부존비율이론의 타당성을 인정하나,[12] 공업제품의 경우에는(각국 사이의 요소부존량비율의 차이가 아닌) 각국의 수요구조(또는 선호구조)의 유사성 내지 중복의 정도가 가장 중요한 설명요인이라고 보았다.[13]

따라서 여러 가지 요인 중에서 1인당 소득이 수요구조를 결정하는 가장 기본적인 요인이라고 한다면 1인당 소득이 접근하고 있는 나라들일수

[11] S. B. Linder(1961).

[12] 그 이유로서 ① 1차상품에서는 공업제품만큼 생산함수의 국제적 차이가 없다. ② 1차상품은 특수한 자연자원의 집약도에 따라 성격지워진다는 등의 점이 다르다.

[13] 이와 같은 내용으로 인해 대표적 수요이론은 유사선호설(preference similarity account) 또는 중복수요의 명제(the theorem of overlapping demands) 등으로도 불린다.

록 수요구조가 유사하여 그들 간의 공업제품 무역이 커진다. 이러한 견해는 다른 소득수준에 있는 나라들일수록 그들 간의 무역이 증가하리라는 것을 시사하고 있는 헥셔-올린이론과는 명확히 다르다.[14]

(1) 공산품 무역과 국내시장

린더에 의하면 공산품이 수출되기 위한, 즉 저렴하게 생산되어 비교우위를 갖기 위한 필요조건은 그 제품에 대한 국내수요(internal demand)가 존재하여야 한다는 것이다. 정보가 불완전한 세계에서도 기업가는 이윤동기에 따라 행동하려고 하므로, 어떤 공산품을 생산하려고 할 경우 외국시장이 아닌 국내시장에 수요가 존재하여야 제품을 생산하게 된다.

신기술이나 신제품의 개발은 국내시장의 필요를 충족시키기 위해서 시작된다. 왜냐하면, 신기술이 가져다 주는 개량제품이나 신제품도 국내시장의 수요에 적응하기 때문이다. 즉, 이들 제품이 시장에서 어떻게 사용 또는 수용되고 있는가 하는 상황을 정확하고 신속하게 판단하여 필요에 따라서 생산투입물, 생산가공, 제품디자인 등을 변경하여 시장의 요구에 적합하도록 조정하지 않으면 안 되기 때문이다. 따라서 정확·신속한 정보의 입수가 곤란한(또는 입수하는 데 비용이 많이 드는) 외국시장보다는 국내시장의 수요를 대상으로 하여 생산이 개시된다.

이렇게 국내시장을 겨냥하여 생산하였으나 어느 정도 기간이 지나 기업을 더욱 확장하려면, 국내시장만으로는 시장이 너무 협소하므로 기업가는 외국시장을 겨냥하여 생산하게 된다. 즉, 수출은 시장확장에서 오는 전형적인 결과이며 그 출발점은 아니다. 따라서 공산품의 무역은 이와 같이 국내경제활동의 연장으로 파악된다.

(2) 대표적 수요와 공산품 무역

이상과 같이 어떤 공산품이 수출되기 위한 전제조건은 국내수요가 존재한다는 것인데, 이 국내수요에 대해서는 약간의 추가적인 설명이 필요하

[14] 요소부존량비율에 의하면 자본-노동비율에 차이가 있는 만큼 공산품 무역은 증가하리라 예상되나, 상대적으로 노동이 풍부한 나라에서는 1인당 소득이 점점 저하되는 반면 상대적으로 자본이 풍부한 나라에서는 1인당 소득이 점점 상승한다고 하면, 이와 같은 2국의 수요구조는 다른 것이 되어 대표적 수요이론에서는 양국 간의 공산품 무역의 가능성이 감소한다고 결론내린다.

다. 예컨대, 사우디아라비아에서도 캐딜락과 같은 고급승용차의 수요가 전혀 없는 것은 아니지만, 이러한 종류의 비대표적인(unrepresentative) 수요로는 고급승용차가 사우디아라비아의 잠재적 수출품(potential exports)이 되기에 충분치 않은 것처럼, 일국의 어느 공산품이 수출되려면 충분한 크기의 국내수요가 있어야 한다. 이것은 생산함수가 상대적으로 가장 유리한 것이 될 만큼의 충분히 큰 수요, 즉 규모의 경제를 실현하고 해당 제품을 상대적으로 저렴하게 생산할 수 있을 정도로 충분히 큰 수요가 국내에 존재하여야 하기 때문이다. 린더는 이와 같은 크기를 갖는 국내수요를 대표적 수요(representative demand)라고 부르고 있다. 어떤 공산품이 잠재적 수출품이 되기 위해서는 대표적 수요가 국내에 존재하여야 한다. 잠재적 수입품은 국내수요에 따라 수입이 결정되는 상품이며, 그때의 가격으로 수요가 있는 상품은 모두 수입 가능 상품이 될 수 있다. 특히, 대표적 수요가 존재할 필요는 없다.

그리하여 한 나라와 무역상대국 간의 무역량은(이들 나라에 대응하는 국민소득의 비율로 볼 경우) 무역당사국 수요구조의 유의성이 클수록 커질 것이라고 하는 린더의 명제가 도출된다. 즉, 수요구조가 유사하고 중복될수록 서로가 자국의 대표적 수요에 따라 수출할 수 있는 제품 중 상대국에서도 수요가 존재하는 범위가 커지므로 이들 제품의 상호간 무역 가능성이 커지게 된다.

(3) 수요구조와 소득수준

린더는 수요구조에 영향을 주는 여러 요인 가운데 소득수준, 즉 1인당 소득의 크기를 가장 기본적인 요인으로 본다.[15]

소득이 높아짐에 따라 소비재의 경우, 예컨대 식료품이나 의류 등과 같은 재화에 대한 기본적 욕구를 충족한다 해도 단순한 상품보다는 가공도가 높은 상품이 선택될 뿐만 아니라 보다 다양한 수요에 대응하여 보다 여러 종류의 상품이 선택된다. 즉, 소득이 상승하면 그 일부분은 전과 동일한 상품에 대한 수요의 '양적 증가'를 가져오게 되나, 대부분은 수요의

[15] 실제로는 소득분포의 왜곡을 생각한다면, 1인당 소득의 크기 등을 나타내는 것으로 모드(최빈치), 미디안(중앙치)의 소득이 산술평균치의 소득보다는 바람직하나 통계적으로는 그들의 값을 찾는 것이 어렵기 때문에 산술평균치의 소득이 사용된다.

그림 6-3 | 중복수요

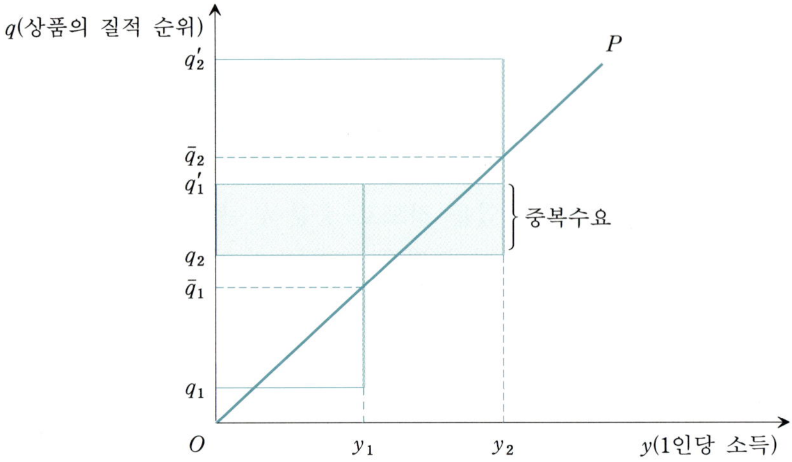

'질적 향상'을 초래한다. 자본재의 경우에도 자본이 풍부한 나라(대부분의 경우 1인당 소득수준이 높은 나라)는 자본희소국보다 고도의 자본설비를 수요할 것이다.

이와 같이 1인당 소득이 커질수록 수요되는 제품 전체의 질 내지 가공도가 높아진다. 3국 간에 1인당 소득이 근접할수록 2국 간에 질적으로 유사한 상품이 수요되는 정도가 커지고 그만큼 무역대상이 될 상품의 범위가 확대된다.

이것들의 관계를 [그림 6-3]을 사용하여 설명해 본다. [그림 6-3]에서는 횡축에 1인당 소득(y), 종축에 수요되는 각 재화의 질 내지 가공도의 순위(q)가 표시되어 있다. 수요되는 상품이 복잡하고 세련된 것일수록 질적 순위는 높아진다. 직선 OP는 1인당 소득의 여러 가지 크기에 대응하여 수요되는 상품의 질적 순위의 평균을 나타낸다.

예컨대, I국의 1인당 소득이 y_1일 경우 이 나라에서는 $\bar{q}_1$이 평균이며 질적 순위가 $q_1 \sim q_1'$의 범위에 들어가는 상품이 수요될 것이며, 1인당 소득이 y_2인 II국에서는 I국보다는 질적 순위가 높은 $\bar{q}_2$ 평균으로 한 $q_2 \sim q_2'$의 범위에 들어가는 상품이 수요될 것이다.

$q_2 \sim q_1'$의 범위에서는 이 두 나라의 상품의 질적 순위가 공통이며, 이

그림 6-4 | 대표적 수요

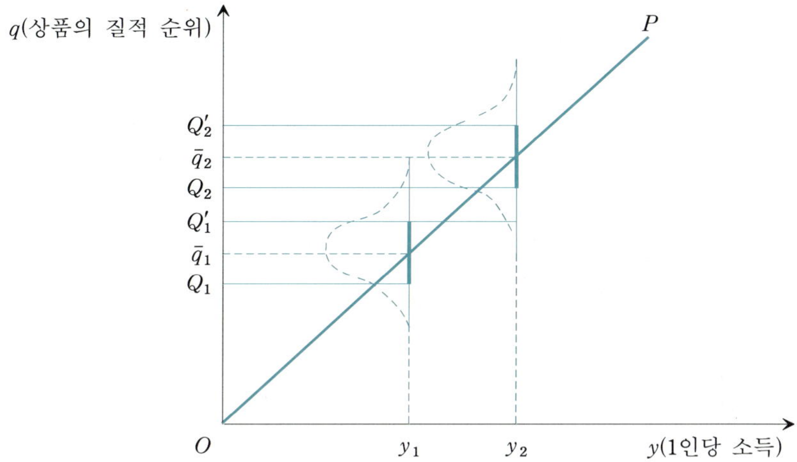

범위에 들어가는 상품은 양국에서 같이 수요되므로, 두 나라의 이 상품들에 대한 수요는 중복된다. 따라서 이 범위의 상품에 대한 수요를 '중복수요(overlapping demands)'라고 하는데, 두 나라 간에 무역이 이루어질 가능성이 있는 상품은 이와 같은 중복수요상품이다.

그런데 $q_1 \sim q_1'$ 및 $q_2 \sim q_2'$은 I, II국 각 나라에서 수요되는 모든 상품의 질적 순위폭을 나타내는데, '대표적 수요'가 존재하는 상품에만 한정하여 본다면, 그들의 질적 순위의 범위는 더욱 좁아질 것이다. 1인당 소득에 대응한 수요상품의 질적 순위의 평균 $\bar{q}_1$, $\bar{q}_2$에 가까운 질적 순위의 상품일수록 수요가 클 것이기 때문에 대표적 수요를 갖는 상품의 질적 순위의 범위를 [그림 6-4]의 $Q_1 \sim Q_1'$, $Q_2 \sim Q_2'$과 같이 표시할 수도 있을 것이다. 이 곡선은 각 질적 순위에 대한 수요 크기의 분포상태를 나타낸다.

이미 설명한 바와 같이 어느 상품이 수입 가능한 상품이 되려면 자국에 그 상품에 대한 대표적 수요가 존재할 필요는 없지만, 수출 가능 상품이 되려면 그 상품에 대한 대표적 수요가 존재할 필요가 있다.

그렇다면 실제로 무역이 가능한 상품의 범위는 $\bar{q}_2 \sim Q_1'$ 및 $Q_2 \sim \bar{q}_1$가 된다. 즉, $\bar{q}_2 \sim Q_1'$ 범위의 상품은 I국이 II국에, $Q_2 \sim \bar{q}_1$ 범위의 상품은 II국이 I국에 각각 수출할 것이다. 그러나 $Q_1 \sim \bar{q}_2$ 범위의 상품일 경우 I국이

대표적 수요를 갖고 있으나 Ⅱ국에서는 전혀 수요되지 않으며, $\bar{q}_1 \sim Q'_2$ 범위의 상품일 경우 Ⅱ국이 대표적 수요를 갖고 있으나 I국에서는 전혀 수요되지 않으므로 그것들은 어느 나라에서도 수출되지 않을 것이다. 양국의 소득수준이 접근하면 그만큼 상호간에 자국에서 대표적 수요를 갖는 상품의 범위와 상대국이 수요하는(또는 대표적 수요를 갖는) 상품범위의 중복이 커져 2국 간에 무역이 이루어지는 상품의 범위는 한층 확대될 것이다.

그러나 여기서 다음과 같은 의문이 생긴다. 즉, 두 나라의 소득수준이 매우 접근하고 대표적 수요상품의 범위가 겹치는 경우, 이 범위의 상품에 대해서는 대표적 수요의 존재로 유리한 생산함수를 동일하게 가지므로, 이 상품은 어느 나라도 비교우위를 가질 수 없어 무역이 이루어지지 않는 것이 아닌가 하는 의문이다.

린더는 이 점에서 기업가가 국제시장에서 경쟁하는 것은 동일상품이 아니며 두 개의 대체재뿐이라 하더라도 상품의 다양성을 중시한다. 즉, 같은 질적 순위에 있는 상품이더라도 소비자의 수요가 다양하므로 다양한 질적 내용, 디자인 등의 것이 공급될 것이다. 가령 동일한 상품이더라도 선전·광고 또는 브랜드 등에 의한 제품차별화 때문에 소비자에게는 실질적으로 다른 상품으로 받아들여진다.

따라서 질적으로 동일순위의 상품이면서 실질적으로는 다른 상품이 많아지게 된다. 더욱이 이들이 실질적으로 각기 다른 상품일 경우 생산자측의 제 요인을 살펴보면 공급이 충분한 원료를 가공한다는 이점, 기술적 우위성, 규모의 경제 등의 상태가 양국 모두 같지 않다. 따라서 같은 형태로 대표적 수요가 존재하여도 어느 상품은 어느 한 나라보다 한층 유리하게 작용하지만, 다른 종류의 상품의 경우에는 다른 나라보다 불리하게 작용한다는 차이가 발생한다. 즉, '대표적 수요의 중복'이 있는 범위의 상품일 경우에는 생산측 요인의 차이가 이들 상품의 비교우위 격차를 발생시켜 무역이 가능하게 된다. 이러한 범위에 있어 '대표적 수요이론'은 생산측의 여러 요인을 중시하고 있는 '기술격차론' 등과 보완적인 관계에 있다.

(4) 소득수준 상승과 무역유형의 변화

린더의 대표적 수요의 개념을 이용한 무역흐름에 대한 또 하나의 설명으로서 각국의 경제성장에 따른 무역유형 변화 가능성을 들 수 있다. 경

그림 6-5 | 소득수준 상승과 무역유형

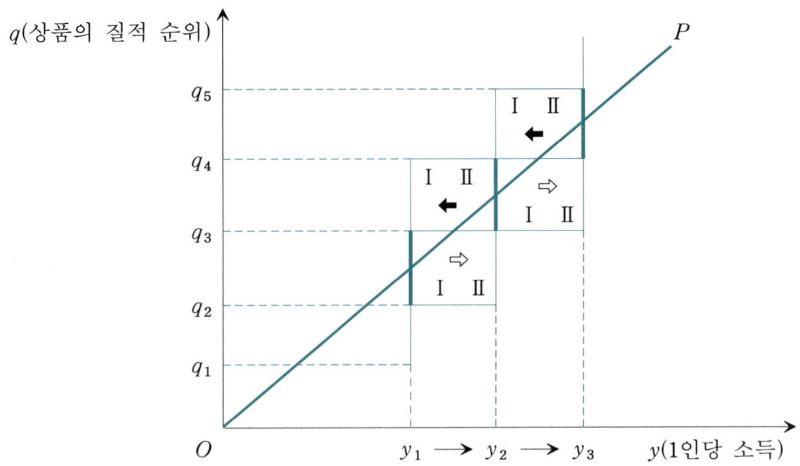

제성장에 따라 1인당 소득이 상승하면 당연히 수요구조가 고도화된다. 따라서 대표적 수요를 가질 수 있는 상품구성도 변화한다. 예컨대, 국내에서 대표적 수요를 갖고 있지 않았던 상품도 대표적 수요를 가질 수 있게 될지도 모르고, 반대로 전에 대표적 수요를 갖고 있던 상품일지라도 대표적 수요가 없어질는지 모른다. 예컨대, [그림 6-5]에 나타나 있는 바와 같이 Ⅰ국의 1인당 소득이 y_1에서 y_2, Ⅱ국의 1인당 소득이 y_2에서 y_3로 상승하였을 경우에, Ⅰ국에서 대표적 수요가 있는 상품의 범위는 $q_2 \sim q_3$에서 $q_3 \sim q_4$로, Ⅱ국에서의 상품범위는 $q_3 \sim q_4$에서 $q_4 \sim q_5$로 이행하였다고 하자.

소득수준이 상승하기 이전에는 Ⅰ국은 $q_2 \sim q_3$의 상품을 Ⅱ국에 수출하고, $q_3 \sim q_4$의 상품을 Ⅱ국에서 수입하고 있었지만, 소득수준이 상승한 후에는 지금까지 Ⅱ국에서 수입하고 있던 $q_3 \sim q_4$ 상품의 대표적 수요가 형성되어 그들을 역으로 Ⅱ국에 수출할 수 있게 된다.

한편, Ⅱ국은 소득수준 상승 이전에 Ⅰ국에 수출하고 있던 $q_3 \sim q_4$의 상품에서의 대표적 수요를 소득수준이 상승된 후에는 상실하여, 이것들을 Ⅰ국에서 수입하게 되나, 새로이 대표적 수요가 형성된 $q_4 \sim q_5$의 상품을 Ⅰ국에 수출하게 된다.

이것은 매우 단순한 모델이지만, 시간경과에 따른 각국의 무역유형의 변화를 각 나라의 소득수준 상승에 의해 발생한 수요구조의 변화라고 보아 수요 면에서 설명한 것으로서, 기술격차의 변화라고 보아 생산 면에서 설명하는 기술격차론 모델과 더불어 흥미 있는 시사점을 가져다 준다. 이것들은 다음 절에서 설명할 제품수명주기이론으로 연결된다.

• 사례연구 6-2 •

각국의 수요유형

제품수명주기이론과 린더의 이론은 무역의 흐름에 관한 가설에서 유사한 수요유형을 가정하고 있다.

[표 6-5]는 1인당 국민소득 수준이 다른 대표적 국가에서의 가계의 소비지출 중 재화와 용역의 넓은 범주들의 몫을 나타낸다. 이 국가들은 세계은행의 분류기준에 따라 구분되어 있으며, 국가에 따라 자료는 1980년 또는 1985년의 것이다.

이 표에서 알 수 있듯이 저소득국가 그룹의 가계들은 네 그룹의 국가들 중에서 소득 가운데 가장 큰 몫을 식료품에 지출한다. 1인당 국민소득이 증가함에 따라 식료품에 지출한 몫은 감소하여 고소득국가들의 경우 15% 내외의 낮은 수준이다. 이것은 소득이 증가함에 따라 식료품에 지출한 소득의 비중이 감소한다는 엥겔의 법칙과 일치한다. 또한 낮은 소득수준의 두 그룹 국가들은 높은 소득수준의 두 그룹 국가들보다 의류와 신발류에 상대적으로 더 많은 몫의 소비지출을 한다.

'지대, 연료 및 전력'의 소비지출(여기서 수송을 위한 연료지출은 배제한다) 범주에서 고소득국가들은 다른 나머지 세 그룹들보다 이 범주에 더 많은 몫의 지출을 한다. 의료비의 지출몫은 고소득국가 그룹에서 가장 높은 반면에 저소득국가 그룹에서 가장 낮다. 또한 교육비의 지출몫도 저소득국가 그룹에서 낮다.

교통 및 정보통신에 대한 지출은 상대적으로 저소득국가 그룹이 낮고 고소득국가 그룹은 더 높다. 제품수명주기이론에 비추어 볼 때 새로운 제조업 제품의 국제무역은 고소득국가 그룹에게 중요하다. 따라서 [표 6-5]는 이 국가들의 재화와 용역에 대한 기호가 유사하다는 것을 나타낸다.

중복수요의 린더이론은 고소득국가들이 이 표에 나타난 바와 같이 서로 유사한 수요유형으로 인해 제조업 제품은 서로 밀도 있게 국제무역을 한다는 것을 암시한다. 실제로 국제무역은 제품수명주기이론과 린더의 대표적 수요이론이 예측한 바대로 많은 부분이 이루어지고 있다. 린더의 이론은 [표 6-5]에 나타난 같은 그룹 국가들 간의 수요의 유사성으로 이 소득그룹들과 다른 국가들과의 무역이 증가하게 된다. 그러나 실제 무역에 관한 자료는 이와 같은 예상

표 6-5 | 가계지출 중 여러 재화와 용역의 몫

국가	식료품	의류 및 신발	지대, 연료전력	의료비	교육비	수송 및 정보통신비	기타 소비재
고소득국가							
프랑스	16	6	17	13	7	13	29
독일	12	7	18	13	6	13	31
일본	16	6	17	10	8	9	34
미국	13	6	18	14	8	14	27
상위 중소득국가							
아르헨티나	35	6	9	4	6	13	26
헝가리	25	9	10	5	7	19	35
한국	35	6	11	5	9	9	25
우루과이	31	7	12	6	4	13	27
저위 중소득국가							
코트디브와르	40	10	5	9	4	10	23
이집트	50	11	9	3	6	4	18
페루	35	7	15	4	6	10	24
타이	30	16	7	5	5	13	24
저소득국가							
네팔	57	12	14	3	1	1	13
파키스탄	54	9	15	3	3		115
탄자니아	64	10	8	3	3	2	10
자이레	55	10	11	3	1	6	14

주: 합산과정에서의 차이로 인해 합계가 100%가 되지 않을 수 있음.
자료: World Bank(1990), pp. 196～197.

과 일치하지 않는다. 고소득국가 그룹의 아래에 있는 범주들의 국가들은 고소득국가들과 대부분의 제조업 제품을 교역한다.

2.4. 제품수명주기이론

(1) 제품수명주기의 의미와 역할

생물이 세상에 태어나서 성장·성숙한 후 노쇠해 가는 생명순환 과정(life cycle)을 거치는 것과 같이 일반적으로 제품도 연구·개발에 의하여 시장에 등장하여 성장·성숙기를 거쳐 머지않아 쇠퇴해 가는 과정을 밟는다.

말하자면 제품도 생명순환 과정을 밟는다고 볼 수 있는데, 이것을 제품수명주기이론(the theory of product life cycle)이라 한다. 제품수명주기를 중시하게 된 것은 일반적으로 제품이 라이프사이클을 경과함에 따라 그 제품의 수요와 공급에 관한 요인(각 제품에 거의 공통된 유형으로)이 변화하여 가는 것으로 인식되어 왔기 때문이다.

이들 제 요인이 변화하면, 즉 제품수명주기의 국면이 달라지면 당연히 제품(무역도 포함)의 판매활동이나 생산활동에 있어서 기업이 취할 행동양식도 달라질 것이다. 이 점에 주목하여 종래에 경영학, 특히 마케팅 분야에서 발전해 온 제품수명주기이론의 아이디어를 국제경제학 분야에 도입하여 제품수명주기의 각 국면에 대응하는 국제투자와 국제무역의 유형은 어떤 것인가에 대한 설명을 전개한 사람이 버논(R. Vernon)이다.[16]

제품수명주기는 취하는 방법에 따라 몇 개의 국면(phase) 내지 단계(stage)로 나눌 수 있다. 각 국면(단계)의 수요와 공급에 관한 제 요인의 상태(특징) 중에는 동일제품에 대하여 기업이 국내에서 생산·판매하는 것이 바람직한 국면도 있다. 반면에 외국시장에 판매(즉, 수출)하는 것이 바람직한 국면도 있을 것이다. 이 경우에는 외국시장에서의 판매를 촉진하기 위한 자회사나 지점 등을 설치하기 위하여 직접투자가 이루어지는 일도 있을 것이다. 더욱이 지금까지의 수출상대국에 생산을 위한 직접투자를 하여 거기서 생산한 것을 제3국에 수출하거나 본국에 역수출(본국에서는 수입)하는 것이 바람직한 국면도 있을 것이다.

즉, 제품수명주기의 각 국면에 대응하여 기업은 생산입지를 국제적으로 이전하는 것이 바람직할 때가 있는데, 이것은 무역과 직접투자의 유형에 변화를 가져다 줄 것이다. 이것이 제품수명주기이론의 특징이다. 이 이론은 기업(국제 간에 활동하는 규모가 큰 과점적 다국적기업)의 행동이론적 색채가 짙다.

이하에서는 버논의 제품수명주기이론에 따라 제품수명주기를 신제품단계(new product stage), 성숙화 제품단계(maturing product stage) 및 표준화 제품단계(standardized product stage)의 3단계로 나누고([그림 6-6] 참조), 각 단계에서의 수요·공급에 관련된 제 요인의 특징, 이들에 기인하는 바람직한

[16] R. Vernon(1966).

그림 6-6 | 제품수명주기이론

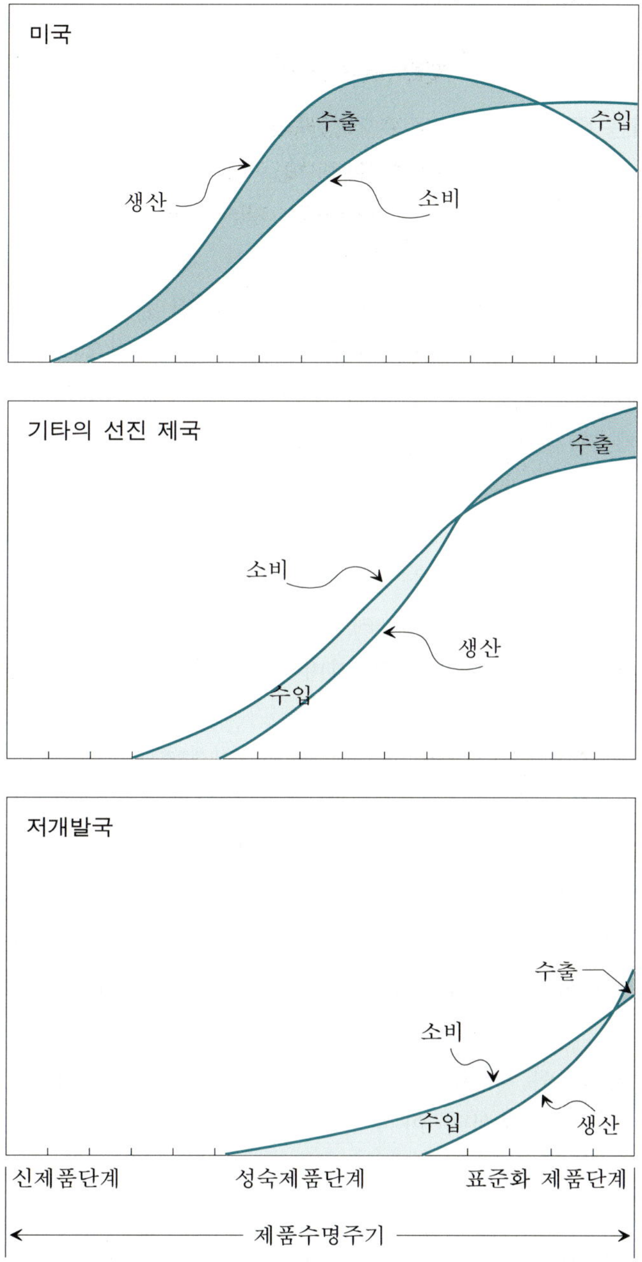

생산입지, 또 생산입지에 따른 무역 또는 해외직접투자의 유형 등에 대하여 설명하기로 한다.

(2) 신제품단계

1) 신제품 출현의 요건

버논에 의하면 뛰어난 연구·개발 능력이나 경영능력, 조직을 갖고 있음과 동시에 높은 소득수준의 소비자가 많은 국내시장을 갖는 기업이 국내에서 시장출현 요망(market stimulant)이 있는 제품을 연구·개발하여 시장에 등장시킨다. 제품의 수명주기는 이렇게 시작된다.

미국과 같이 노동비용이 높고 소득수준이 높을 경우, 예컨대 소비재로서의 자동세탁기, 자동으로 잔디깎는 기계, 생산재로서의 컨베이어 벨트, 자동제어장치, 컴퓨터, 고급 승용차 등의 신제품이 등장한다.

시장출현 요망품목의 종류나 그 정도는 국가 간에 반드시 같지 않으므로 연구·개발 능력이나 경영능력, 조직력이 있지만 다른 나라에서는 결핍될 경우, 한편에서는 신제품을 등장시키지만 다른 나라에서는 등장시킬 수 없게 된다. 즉, 신제품이 출현하려면 수요측 요건으로서 시장출현 요망의 존재, 또 공급측 요건으로서 넓은 의미의 'R&D 요소'의 존재가 필요하다.

2) 신제품 도입 후의 수요·공급 제 요인의 특징과 생산입지

한편, 신제품이 시장에 도입된 단계에서의 특징은 다음과 같다.

① 그 자체로 표준화된 틀에는 아직 멀고, 생산투입물, 생산공정, 최종마무리 등에 큰 변경을 필요로 한다.

② 대체제품이 거의 없거나 제품차별화의 정도가 높고 경쟁자가 나타나지 않는 것에서 오는 독점적 요소가 많기 때문에 수요의 가격탄력성이 적다.

③ 경쟁의 결여, 개발·실험을 위한 비용의 보상 필요성, 판매방식에 대량생산·대량유통 방식이 아직 도입되지 않은 것 등 때문에 비용·가격은 높다.

위의 두 번째 특징을 생각하면 비용상의 적은 차이는 큰 문제가 되지 않고, 버논은 오히려 첫 번째 특징을 중시하고 또 제품수명주기 후의 단계에 들어서면서 대량생산, 대량판매에 대비하는 의미에서도 시장수요의 성질이나 동향을 충분히 관찰하면서 제품 디자인, 생산공정, 생산투입물 등의 특정화를 진행시켜 갈 필요가 있으므로, 신제품단계에서의 생산입지조건은 '신제품에 직접 연관이 있는 시장과 기업경영부문 간의 커뮤니케이션이 신속·용이하고 신제품 생산에 필요한 여러 가지 형태의 생산투입물을 용이하게 공급할 수 있는 곳'이라 보았다.

즉, 이 단계에서는 시장출현이 요망되는 특정 상품의 생산투입물, 생산공정, 제품 디자인 등을 자주 변경할 수 있고 제품의 특정화에 대처할 수 있는 과학자, 기술자, 경영자라는 R&D 요소를 국내에 거느리는 나라가 생산입지에 적합한 나라라고 보는 것이다. 높은 소득수준, 높은 임금비용이라는 여건과 미국 내의 R&D 요소를 배경으로 하여 미국 시장에 등장한 신제품은 그 생산도 미국 국내에서 하게 된다.

이것을 외국의 잠재적 생산자의 측면에서 본다면, 이 단계에서의 외국의 잠재적 생산자는 ① 진입에 기술적 장애가 있고, ② 기술을 획득 내지 개발하기 위한 큰 고정비용을 부담하지 않으면 안 되고, 그 외에 ③ 미국 시장보다 일단 작은 국내시장을 목표로 생산을 개시하는 경우의 높은 비용을 견뎌내지 않으면 안 된다[17]는 이유도 더해져 미국 이외에서의 생산은 곤란하다고 할 수 있다.

3) 신제품의 무역

기술혁신국인 미국을 신제품의 독점적 공급국이라고 할 때, 전시효과(demonstration effect)를 통하여 수요가 늘어나더라도 외국에서는 입수 가능성이 없으므로 이 신제품을 미국에서 수입하지 않으면 안 될 것이다. 제품수명주기이론의 신제품 무역발생단계는 크라비스의 '입수 가능성 이론'의 '절대적으로 입수 가능성이 없는 경우'에 해당된다.[18] 어떻든 이 단계에서는 신제품을 국내시장에 등장시킨 나라에서 그 제품이 수출되고, 반면에 다른 나라들은 이것을 수입한다.

[17] L. T. Wells, Jr.(1972).

[18] 웰스는 입수 가능성 이론이 제품수명주기이론의 선구적 역할을 하였다고 평가하고 있다. 크라비스는 1950년대에 발로(Balogh)나 윌리엄스(Williams)와 같이 후에 제품수명주기이론의 설명 중에 나타나게 될 때 많은 아이디어를 제시하였다. 크라비스는 상대적 비용이 가져다 준 우위성이 아니라 신제품으로 인한 혁신국의 우위성을 강조하였다.

그런데 신제품단계에서 R&D는 발명의 기술적 특징이나 생산비에 관한 많은 정보를 제공할 수 있지만, 실제의 생산과 판매에 의해서만 해결되는 여러 가지 불확실한 면이 있다. 따라서 혁신국 내에서의 신제품 판매량이나 무역량도 아직 적다. 또한 국제직접투자도 이루어지지 않는다. 그러나 시행착오 과정을 통해 불확실한 면이 점차 해결되면, 혁신국 시장에 신제품으로 등장한 제품은 제품수명주기이론에서의 다음 단계인 성숙화 제품단계에 들어가게 된다.

(3) 성숙화 제품단계

1) 수요·공급 제 요인의 특징과 생산입지

제품수명주기가 이 단계에 들어서면, 시간이 경과함에 따라 다음과 같은 특징이 발생한다.

① 제품수요가 급속히 확대된다.

② 변화에 따른 적응 필요성이 저하되어 제품의 디자인, 생산기술, 투입물 등이 점차로 특징화된다.

③ 상기 ①, ②의 특징으로 인해 대량생산에 의한 규모의 경제를 실현하는 기술적 가능성이 있게 될 뿐만 아니라 특정 생산공정과 생산설비의 이용이 가능해진다.

④ 신규로 이 산업에 진입하려고 하는 기업이 증가하여 경쟁이 생기므로 제품에 대한 수요의 가격탄력성이 커지기 시작한다.

⑤ 상기 ③, ④의 특징으로 제품가격이 점차로 하락하기 시작한다.

이상과 같은 수요·공급 제 요인의 특징으로 인해 기업의 관심대상은 국내시장 소비자들이 신제품에 대하여 어떤 품질·성능·디자인 등을 원하는가를 알고, 거기에 어떻게 신속하게 대처하는가 하는 문제에서 어떻게 생산비용을 절약하는가 하는 문제로 관심이 점차로 돌려지게 된다. 따라서 생산입지도 점차 비용요인에 따라 크게 영향을 받게 된다.

해외의 수출시장 규모가 충분히 확대되기까지는 지금까지처럼 상품이 혁신국 내에서 생산되어 혁신국에서 수출된다. 그러나 한편으로는 혁신국 내의 임금이 상승함에 따라 임금비용의 압력이 강해지고, 다른 한편으로 수출상대국 내에서 상대적으로 저임금과 규모의 경제가 있으면 관세와 수송비를 부담하고도 현지(수출상대국)에서 생산하는 것이 비용 면에서 보다 유리한 단계에 이른다. 즉, 여기에 제품생산을 목적으로 하는 직접투자가 이루어지는 유력한 동기가 있다.

2) 성숙화 제품의 무역

버논은 높은 소득수준, 높은 노동비율이라는 시장출현 요망이 있는 신제품이 혁신국의 시장(미국)에 등장하여, 소득수준·임금수준 면에서 미국보다 상대적으로 어느 정도 낮으나 큰 차이는 없으며, 서유럽의 여러 나라에 대하여 그 제품이 처음에는 미흡하지만 성숙화된 제품단계에 들어가면 점차 급속히 수출이 확대되어 간다고 가정하고 있다.[19] 즉, 미국에서 높은 소득수준·임금수준을 시장출현 여건으로 하여 등장한 신제품의 수요가 성숙화 제품단계에 들어서면 미국 시장에서 대표적 수요를 형성하고, 정태적·동태적 규모의 경제실현에 의해 제품가격을 저하시켜 가는 사이에 서유럽 여러 나라의 소득수준·임금수준이 상승하면서 해당 신제품에 대한 수요가 확대되고, 미국과의 사이에 해당 제품에 대한 '중복수요'를 형성해 간다. 그러나 미국은 서유럽에 앞서서 국내시장에 대표적 수요를 형성하고, 정태적·동태적 규모의 경제를 실현하고 있으므로, 성숙화 제품단계에 들어간 이 제품은 여전히 미국에서 서유럽에 수출된다.

3) 생산입지의 이전(제품생산 목적의 해외직접투자)

버논에 의하면 후속 선진국에 일단 시장이 확대되면, 혁신국의 혁신기업은 수출을 계속할 것인가, 아니면 수출상대국에서 현지생산을 할 것인가를 고려하게 된다. 이 결정에 큰 영향을 주는 요인으로는 ① 비용요인, ② 시장상실 위협요인 등의 두 가지가 있다고 볼 수 있다.

① 비용요인

비용요인에 관하여 보면, 혁신국(수출국)에서 후속 선진국(수출상대국)으로의 생산입지 이전조건은, 수출품의 혁신국 내에서의 한계생산비용에 수송비용 및 수출상대국의 수입관세를 더한 것이 상대국 시장에서 생산할

19 제품의 요소·소득탄력성이 높거나 제품의 높은 비용의 노동을 충분히 다른 것으로 대체할 수 있는 것이라면, 상대적으로 발전하고 있는 서유럽과 같은 나라들에서는 수요가 급속히 확대되기 시작할 것이다.

경우의 평균비용을 상회하는 것으로서, 혁신기업은 혁신국 내에서의 수출 상대국에 대한 생산을 중단한다.[20] 중요한 생산비용 중의 하나인 자금조달 비용에 대해서는 혁신기업이 국제기업이라면 국제적으로 차이가 나지 않는다.

이와 같이 후속 선진국에 건설된 설비에 의한 생산이 궤도에 오르고 현지생산에 규모의 경제가 충분히 활용되면, 혁신국과 후속 선진국의 생산비용 면에서의 주요한 차이는 노동비용의 차이이고, 노동비용의 격차가 수송비와 관세의 부담을 충분히 상쇄할 수 있을 정도로 크다면, 후속 선진국은 제3국에 대한 수출 또는 혁신국에 대한 역수출도 가능하게 될 것이다.

② 시장상실 위협요인

버논은 비용요인과는 별도로 혁신기업 또는 경쟁상대기업(혁신기업과 같은 나라에 거점을 갖는)이 후속 선진국에서 확보한 시장을 상실할지도 모른다는 위협을 외국에서의 생산을 촉진시키는 요인으로 중시하고 있다.

첫째, 혁신국에서 후속 선진국으로의 수출이 급속히 증대되어 후속 선진국 기업 또는 정부가 자기들의 고용기회 상실, 경제성장 둔화, 무역수지 악화 등을 초래하리라고 예상하여 수입을 제한하고, 수입대체정책을 고려하기 시작한다면, 혁신국 기업에 있어 이 수출시장의 상실을 미리 방지하는 방법은 수출상대국인 후속 선진국으로 생산입지를 이전하는(생산목적을 위한 직접투자) 것이다.

둘째, 혁신국의 어떤 기업에 의하여 위와 같은 형태의 대외직접투자가 이루어지면, 이것과 경쟁관계에 있는 같은 혁신국 내의 주요 기업은 이른바 밴드왜건 효과(band-wagon effect)를 일으킨다. 경쟁관계에 있는 어느 기업이 해외직접투자를 앞서서 하는 것을 현상에 대한 위협이라 간주하는, 즉 이 선행기업에 의한 해외투자에 의해 저가격제품이 역수입되어 가격경쟁을 발생시킬지도 모른다고 하는 '불안정한 상황'이 만들어진다고 한다면, 다른 경쟁기업은 선행기업과 서로 다투어 그 지역에 해외투자를 할 때에만 이 불안정한 상황을 경감하게 된다. 따라서 경쟁관계에 있는 주요 기업

[20] 웰스(Wells)에 의하면 생산개시까지의 기간과 그것을 좌우하는 여러 요인 간에는 ① 규모의 경제가 적은 생산량을 실현하기 쉬울수록, ② 관세가 높을수록, ③ 수송비가 높을수록, ④ 제품에 대한 수요의 소득탄력성이 클수록, ⑤ 현지의 소득수준이 높을수록, ⑥ 현지의 시장규모가 클수록 현지 생산개시까지의 기간은 짧아지는 관계가 있다.

(특히, 과점기업)의 연쇄반응적 해외투자가 이루어진다.

버논은 이와 같이 혁신국 기업측의 입장에서 성숙화된 제품단계에 있는 생산입지의 이전원인을 설명하고 있으나 웰스나 허프바우어는 오히려 후속 선진국 기업의 입장에서 설명하고 있다.

웰스에 의하면, 후속 선진국 기업측의 입장에서 보아 라이프사이클의 이 단계에 있는 제품이 혁신국으로부터 수입되는 양에 따라서 이 제품의 국내시장이 충분히 큰 것이 확인되고, 비용 면에서도 혁신국 기업측 수출품이 부담하지 않으면 안 될 수송비, 관세와 혁신국에 비해 상대적으로 저렴한 노동비용으로 인해 혁신국에 비하여 불리한 정태적·동태적 규모의 경제에 의한 비용을 상쇄할 정도라면, 후속 선진국 기업에게는 먼저 국내시장을 겨냥한 이 제품의 생산에 대한 유인이 주어진다.[21]

허프바우어는(화학합성 원료품의 경우에 대하여) 후속 선진국 기업이 혁신국에서 수입되는 제품(보다 우수한 대체경쟁품)으로 인해 각 기업의 시장이 위험하게 되거나 신제품의 이윤율이(특히, 성숙화 제품단계 전반에서) 높다는 것 등의 이유로 이 제품을 생산하려고 하는 동기가 생기면 앞에서의 '모방루트'로 기술을 획득하여 생산을 개시한다고 한다.[22]

이상과 같이 혁신국에 신제품이 등장하고 성숙화 제품단계를 경과하는 과정에서 어느 일정 기간 동안 후속 선진국에 수출되지만, 수출을 통하여 그 규모가 확인된 후속 선진국 시장에서의 정태적·동태적 규모의 경제의 실현 가능성, 혁신국 내에서의 노동비용 압력의 증대, 수송비와 관세의 부담, 수출시장 상실의 위협 등에 따라 혁신국 기업은 후속 선진국을 대상으로 한 생산을 하기 위하여 해외직접투자를 하게 된다. 그리고 규모의 경제가 실현됨에 따라 후속 선진국에 소재하는 혁신국 기업의 자회사 또는 관련 회사에 의해 제3국 시장에 대하여 혁신국 기업제품과 경합·대체하면서 수출되거나 혁신국에 역수출된다고 하는(특히, 미국을 혁신국으로 보고 서유럽의 여러 나라를 후속 선진국으로 볼 경우에만) 국제무역과 국제직접투자의 유형이 형성된다.

혁신국(미국)과 후속 선진국(서유럽 여러 나라들) 사이에 이 단계의 제품에 대한 무역방향의 역전은 본장 제2절의 '입수 가능성 이론'에서도 예측

---

[21] L. T. Wells, Jr.(1968).

[22] G. C. Hufbauer(1966), pp. 32～33.

되었던 것이며, '기술격차론'에서의 '기술격차의 소멸과 저임금무역'의 경우에 해당된다. 또한 대표적 수요이론에서의 소득수준 상승과 무역유형의 변화에 해당된다.

(4) 표준화 제품단계

1) 수요·공급 제 요인의 특징과 생산입지

기술의 완전 전파와 생산방법의 표준화로 신제품에 대한 미국의 기술상의 우위성이 완전히 소멸된다. 그리하여 임금이 낮은 후속 선진국과 후진국으로 생산이 이동하고 이 나라들이 미국에 수출하는 결과가 초래되는데, 이를 표준화 제품(standarized product)단계라고 한다. 이 단계에서의 수요·공급상의 특징은 다음과 같다.

① 제품의 품질, 생산공정 등이 틀에 박힌 상태에 있다.

② 생산설비도 내용이 거의 변경되지 않은 진부한 것으로 되어 있다.

③ 따라서 R&D 요소나 외부경제의 필요성이 큰 폭으로 감소하고, 역으로 미숙련노동의 필요성이 높아진다. 이것은 한편으로 라이선스의 유효기간이 끝나므로 생산기술의 보급, 시장에서의 제품지식의 일반화 등이 반영되어 R&D 및 마케팅 관련 지출이 큰 폭으로 감소됨을 의미한다.

버논은 이와 같은 특징을 갖는 표준화 제품에 대한 최적의 생산입지로 개발도상국을 가정한다. 표준화 제품의 생산입지로 개발도상국이 적합하다고 보는 것은 표준화 제품의 생산을 처음 개시하였던 선진국 기업의 모시장 또는 제3국 시장에 대한 수출을 비용 면에서 유리하게 할 수 있기 때문이다.

2) 표준화 제품의 무역

상기와 같은 이유에서 버논은 표준화 제품의 생산입지로 적절하다고 보이는 개발도상국 수출공산품의 특징 내지 적격기준으로 다음 다섯 가지를 들고 있다.[23]

① 미숙련노동을 많이 필요로 한다.

[23] R. Vernon(1966).

② 수요의 가격탄력성이 높다.
③ 외부경제에 대한 의존도가 비교적 낮다.
④ 시장과의 거리가 멀어도 부패·부식 등의 염려가 없다.
⑤ 수송비를 흡수할 수 있을 만큼의 저렴한 단가이다.

이 기준들은 바로 표준화 제품단계에서의 수요·공급요인의 특징을 반영한 것이며, 개발도상국에서의 수출이 기대되는 공급제품의 성격을 시사한다. 이와 같은 기준에 적합한 제품의 예로 버논은 표준화된 섬유제품, 비료, 철강, 전자기기부품 등을 들고 있는데, 실제로 이 제품들은 선진국들이 개발도상국으로부터 제품을 수입하는 데 그 비중을 증대시켜 가고 있다.

(5) 요약

다국적기업이라는 거대한 경영조직뿐만 아니라 규모가 비교적 작은 기업까지도 제품의 무역과 해외직접투자를 선택하는 데 있어 고심하면서 국제적 사업활동을 추진하는 경우가 많다. 무역과 국제투자에 제품수명주기이론을 유기적으로 연결하여 이론적 해명을 시도하고자 하는 것은 이에 대한 많은 시사점을 준다.

그러나 제품수명주기이론의 모델은 아직 불완전한 부분이 많고, 실증연구도 모델의 부분적인 것, 또는 극히 소수의 제품, 특정 산업이나 나라에 한정되어 있으므로 더 많은 실증연구가 필요할 뿐만 아니라 엄밀한 경제이론적 규명이 필요하다. 이때 이 모델에서 가정하는 경제활동 주체가 과점적 다국적기업이라면, 완전 경쟁적 성격을 가졌던 전통적 국제무역이론으로서의 한계점 때문에 다분히 독점경쟁적 성격을 가진 새 이론이 필요하게 될 것이다.

또 제품수명주기이론이 신제품·신생산공정의 혁신, 그것들의 국제적 보급, 거기에 따른 생산입지의 국제이전, 국제투자, 국제무역유형의 변화 등을 문제로 삼을 때 그것은 본질적으로 기업수준으로 생각되는 미시이론의 것이며, 더욱이 선진 제국의 다국적 입장에 서서 나타난 이론이라고 할 수 있다.

이와 같이 본질적으로 미시이론인 제품수명주기이론은 한 나라의 경제발전, 국제수지, 자원의 효율적 이용 등의 거시적인 문제를 해결하는 데 도움이 될 것이다.

사례연구 6-3

제품연령과 산업의 특징

토렐리(Hans Thorelli)와 버넷(Stephen Burnett)이 행한 연구는 국제무역의 제품수명주기이론에 대한 의미 있는 결과를 제시해 준다.

토렐리와 버넷은 1,148개 미국 기업들이 생산하는 제품들을 제품의 연령그룹에 따라 분류하였다(이 연구에서 만일 한 기업이 다른 종류의 제품들을 생산할 경우 이 기업은 한 기업 이상으로 분류될 수 있다). 그리고 이들은 1970~1979년의 기간 동안에 판매된 제품의 연령에 따라 다양한 종류의 기업특징에 대한 평균값을 계산하였다.

[표 6-6]은 국제무역유형에서 제품수명주기이론과 관련이 있는 결과를 제시한 것이다. [표 6-6]에서 이들 결과는 일반적으로 제품수명주기이론과 일치한다.

첫째, 1970~1979년 동안에 산업의 수출은 새로운 제품이 오래된 제품보다 판매 대비로 볼 때 더 큰 비중을 차지하고 있으며, 수입은 오래된 제품이 새로운 제품보다 판매 대비로 볼 때 더 큰 비중을 차지한다.

둘째, 제품수명주기이론에서는 새로운 소비자들로부터의 반응을 얻고 난 다음 디자인의 변경을 필요로 할 뿐만 아니라 소비자들을 유인하기 위한 광고

표 6-6 | 제품의 도입일과 산업의 특성(1970~1979년)

산업의 특성	1930년 이전	1930~1949	1950~1954	1955~1959	1960~1964	1965~1969	1969년 이후
실질시장성장률 (연평균: %)	0.5	3.0	5.0	6.9	7.7	10.8	18.1
총수입 대비 R&D 지출비중	1.3	2.2	3.2	2.6	3.8	4.3	5.4
총수입 대비 판매지출비중	6.8	7.4	8.5	7.9	9.4	10.5	10.5
산업의 판매 대비 산업의 수출비중	8.7	7.9	9.6	10.0	10.0	8.5	13.0
산업의 판매 대비 산업의 수입비중	7.0	5.3	3.7	4.2	4.2	3.9	4.0

자료: Hans B. Thorelli and Stephen C. Burnett(1981), p. 101.

다음 디자인의 변경을 필요로 할 뿐만 아니라 소비자들을 유인하기 위한 광고 지출이 필요하다. 이와 같은 특징은 R&D 지출과 판매지출이 판매수입에 대한 비중 면에서 보면 오래된 제품보다 새로운 제품쪽이 더 많은 것으로 나타난 토렐리와 버넷의 연구와 일치한다.

마지막으로 제품수명주기이론의 성숙단계 초기 국면에서의 급속한 수출증가로 인한 시장성장률은 오래된 제품보다 새로운 제품쪽이 더 크다는 것은 [표 6-6]의 자료와 일치한다. 이와 같이 일반적으로 여러 연령의 제품들에 대한 산업특성의 연구는 무역의 제품수명주기이론과 일치하는 검증결과를 제시하고 있다.

3 비교우위론에 대한 종합적인 고찰

앞 장과 이 장에서는 비교우위로 인해 무역을 하는 국가들의 특성에 관련된 여러 이론들, 즉 헥셔-올린이론, 기술격차론 및 제품수명주기이론, 대표적 수요이론 등을 검토하였다. 다음 장에서 규모의 경제와 제품차별화를 검토할 것이다. 이들 이론은 관점이 어떤 환경하에서의 국제무역을 설명하는 특수한 결정요인들에 집중되어 있다. 그러므로 이들 이론을 종합하여 국제무역을 설명할 필요가 있다.

[표 6-7]은 그 제품이 ① 1차상품인가 아니면 제조업 제품인가, ② 1차상품이라면 광산물인가 또는 농산물인가, ③ 제조업 제품이라면 제품수명상 초기, 중간 또는 마지막 단계인가에 따른 비교우위의 주요 결정요인을 나타낸 것이다.

1차상품은 대부분 차별화되지 않는 상품들이다. 이런 재화들의 경우에는 요소부존량이 국제무역의 주요 결정요인이다. 그러나 농산물인가 광공업 제품인가를 구별할 필요가 있다. 석유, 구리, 보크사이트 등과 같은 광공업 제품들은 과점적 기업들이 생산과 무역을 지배한다.

이 기업들은 대규모의 자본집약적인 방법으로 광물자원을 생산한다.

표 6-7 | 국제무역에서의 비교우위의 주요 결정요인

구분	1차상품		제조업 제품		
	광공업	농산물	초기단계	중간단계	마지막단계
헥셔-올린	○	○			○
기술격차론		○	○		
제품수명주기			○	○	○
규모의 경제	○				○
제품차별화				○	

그러므로 광산물일 경우에는 규모의 경제가 국제무역에서의 또 다른 설명요인이 된다. 그러나 이 기업들은 대체로 같은 종류의 기술을 사용한다. 따라서 기술격차가 광산물의 무역에서는 큰 역할을 하지 못한다. 반면에 농업의 생산은 규모의 경제를 갖지 않은 많은 생산자들로 구성되어 있지만 다른 생산함수로 생산된다. 이와 같은 이유로 농산물의 경우에는 기술격차가 국제무역의 결정요인이 된다.

제조업 제품에서 비교우위의 주요 원천은 제품의 수명주기에 따라 다르다. 제품이 초기단계에 있을 때에는 비교우위는 기술격차로 발생한다. 중간단계에서 모방국이 생산을 시작하는 경우에는 제품차별화를 비교우위의 주요 결정요인으로 볼 수 있다. 마지막단계에서 그 제품은 제품차별화가 상실되어 요소부존량과 규모의 경제가 비교우위의 주요 결정요인이 된다.

농산물과 제품수명주기의 마지막단계에 있는 제품의 경우 완전 경쟁과 가까운 시장 형태는 시장지배력이 없기 때문에 개별 기업들의 행동은 무시될 수 있다. 반면에 기술격차, 규모의 경제, 제품차별화가 있을 경우에는 개별 기업이 시장에서 지배력을 갖는다. 그러므로 신제품 및 차별화된 제조업 제품들과 광공업 제품들의 무역 행태를 고찰할 경우에는 개별 기업들, 특히 다국적기업들의 시장지배력에 주의를 기울여야 한다.

결론적으로 여러 가지 무역이론들은 국제무역 현상의 다른 측면들에 초점을 맞추고 있으며, 어느 하나의 이론만 가지고 보는 것보다 종합적으로 살펴볼 때 이 현상들은 더 잘 설명될 수 있다.

요약

① 레온티에프의 경험적 검증결과에 따르면 세계에서 자본풍부국이라고 생각된 미국이 노동집약적인 재화를 수출하고 자본집약적인 재화를 수입한다. 이 결과를 레온티에프의 역설이라고 부른다.

② 헥셔-올린정리를 검증하는 상품접근법의 결과에 따르면 미국 내 산업의 순수출은 물적 자본집약적이거나 노동집약적 산업이라기보다는 인적 자본의 양을 상대적으로 많이 체화시킨 산업인 것으로 나타났다.

③ 1980년에 리머는 헥셔-올린-바넥의 맥락에서 레온티에프 검증을 다시 시도하였다. 그 결과 미국은 노동서비스에 대한 상대적인 자본서비스의 미국 수출비율은 노동서비스에 대한 상대적인 자본서비스의 소비비율을 초과하였다. 이에 따라 미국이 노동풍부국이라기보다는 오히려 자본풍부국이 되었다. 즉, 레온티에프의 역설은 나타나지 않았다.

④ 우리나라의 무역유형을 보면, 1970년대에 물적 자본집약적인 산업의 제품을 수출하고 인적 자본집약적인 산업의 제품을 수입하는 경향이 있었다. 그러나 우리나라의 전 산업에 대한 자본-노동비율은 1960~1975년의 기간 동안 2배 이상 증가하였다.

⑤ 크라비스는 어떤 상품이 수입되는 것은 그 상품이 국내에서 입수될 가능성이 없는 것에 기인한다고 보았다. 입수 가능성에 영향을 주는 요인으로는 1차상품과의 관계에서 천연자원·토지·기후 등의 자연적 요인, 공업제품과의 관계에서는 기술진보나 제품차별화 등의 요인이 있다.

⑥ 특정 상품의 생산시 여러 나라 사이의 기술격차가 무역발생 원인이 됨과 동시에 무역유형을 결정한다는 것이 기술격차론이다. 혁신국에서 모방국으로 제품을 수출할 경우 양국 시장에서 구매를 시작하는 시간적 간격을 수요시차라고 부른다. 반면에 혁신국에서의 생산개시와 모방국에서의 생산개시의 시간적 차이를 모방시차라고 한다.

⑦ 린더는 공업제품의 경우 각국 수요구조의 유사성 내지 중복의 정

도가 가장 중요한 설명요인으로서 1인당 소득이 수요구조를 결정한다고 보았다.

⑧ 버논은 제품수명주가이론에 의한 제품수명주기를 신제품단계, 성숙화 제품단계 및 표준화 제품단계의 3단계로 나누고, 각 단계에서의 수요·공급에 관련된 제 요인의 특징에 따라 생산입지, 무역 또는 해외직접투자의 유형이 결정된다고 보았다.

연습문제

1. 레온티에프의 역설은 무엇을 의미하며 레온티에프 자신은 이것을 어떻게 설명하고 있는가?

2. 인적 자본은 레온티에프의 역설을 설명하는 데 어떠한 역할을 하는가? 미국에서 수입대체산업보다 수출산업에서 임금이 더 높은 것은 레온티에프의 역설을 해결하는 데 어떠한 역할을 하는가?

3. 입수 가능성 이론을 설명하여라.

4. 기술격차론을 설명하여라. 이 모형의 단점은 무엇인가?

5. 대표적 수요이론을 설명하여라. 저개발국이 선진공업국에 제품을 수출판매할 경우에 린더의 이론이 현실적이라고 생각하는가?

6. 제품수명주기이론을 설명하여라. 그리고 이 이론에서 제시한 각 단계의 상황에 있는 제품의 실례를 각각 들어 보아라. 현실세계에서 이 모형에 대한 경험적인 검증이 왜 이루어지고 있는가?

7. 레온티에프의 검증방법은 어떠한 점에서 불완전한가?

8. 이 장에서 설명한 그 밖의 무역이론은 레온티에프의 역설을 어떻게 설명하고 있는가?

9. 수요시차의 모방시차를 결정하는 주요 요인은 무엇이라고 생각하는가?

3 국제무역의 최신 이론

제7장

독점적 경쟁과 국제무역

개요

오늘날 세계무역은 생산요소의 상대적 부존조건이 유사한 국가들 상호간의 교역이 증가하는 추세에 있다. 또한 요소집약도가 상대적으로 유사한 제품들이 교역되고 있는데 이를 산업내무역이라고 부른다. 따라서 산업내무역 현상을 설명하기 위하여 헥셔-올린류의 신고전학파 무역이론을 수정할 필요가 있다. 헥셔-올린모형에서는 규모에 대한 보수불변과 완전 경쟁 및 제품의 동질성을 가정하였으나, 산업내무역을 설명하기 위해서는 규모의 경제와 제품차별화를 가정한다.

제1절에서 규모의 경제가 어떻게 국제무역에 도입되는가를 설명한다. 제2절에서는 내부효과에 의하여 발생한 규모의 경제가 불완전 경쟁시장 구조를 가져오는 이유를 검토한다. 제3절에서는 불완전 경쟁시장이론들 가운데 독점과 독점적 경쟁이론을 살펴본다. 제4절에서는 독점적 경쟁의 기본 모형을 제시한다. 제5절에서는 독점적 경쟁시장구조가 무역에 적용되는 것을 설명한다. 제6절에서는 외부효과와 무역의 유형을 다룬다.

중요 용어

- 제품차별화
- 산업간무역
- 범위의 경제
- 가격설정자
- 가격수용자
- 한계비용
- 독점적 경쟁
- 범위의 경제
- 산업내무역
- 불완전 경쟁
- 순수독점
- 한계수입
- 평균비용
- 과점
- 산업내무역지수

세계 각국들은 현재 WTO 체제의 국제자유무역 체제하에서 살아남기 위해 노력하고 있으며, 국제경쟁력을 강화하기 위해 총력을 기울이고 있다. 세계경제는 1995년 1월 WTO 출범에 따라 공정하고 투명한 다자 간 교역질서를 확립하기 위한 노력에도 불구하고 유럽의 EU 확대 및 북미의 NAFTA 출범, 그리고 아시아·태평양 지역의 APEC을 중심으로 지역 내 경제협력의 강화 움직임이 매우 활발하다.

최근 세계경제는 3개 지역(북미·유럽·아시아 지역)의 무역량이 세계무역의 약 90%를 차지하고 있으며 이들 지역 내의 역내무역 및 산업내무역이 활성화되고 있다. 이에 따라 1960년대와 1970년대의 국제무역이 주로 선진국과 후진국의 무역 또는 공산품과 농산품 간의 무역인 산업간무역이 주 관심대상이었지만, 1980년대 들어서는 선진국과 후진국 간의 산업간무역뿐만 아니라 이와 더불어 선진국과 선진국 또는 개도국과 개도국 간의 산업내무역도 중요한 이슈로 등장하게 되었다.

예를 들어, 선진국들은 제조업 제품을 수출할 뿐만 아니라 수입하기도 한다. 이와 같은 현상을 헥셔-올린모형에서 주요 관심대상이었던 산업간무역과 구별하여 산업내무역이라고 한다.

따라서 오늘날 세계무역의 흐름을 살펴보면 계속하여 생산요소의 상대적인 부존조건이 유사한 국가들 간의 교역이 증가되는 추세에 있으며, 또한 요소집약도가 상대적으로 유사한 재화의 교역도 증가되고 있다. 이러한 현상은 '헥셔-올린'류의 신고전학파 무역이론을 가지고는 설명할 수 없다. 왜냐하면, 신고전학파 무역이론에 의하면 각 산업은 요소집약도가 일정한 동질적인 재화만을 생산하며, 이와 같이 일정한 요소집약도와 그 나라 생산요소의 상대적인 부존조건에 의해서 그 산업의 비교우위가 결정되며, 각 산업의 비교우위구조에 따라서 외국과의 교역이 발생한다고 설명하고 있기 때문이다. 즉, 각 국가의 무역유형은 그 나라 생산요소의 상대적인 부존조건과 각 산업 고유의 요소집약도에 의해서 결정되기 때문에 교역되는 상품들의 요소집약도는 각각 다를 뿐만 아니라 상대적인 요소부존량이 상이한 국가들 사이에만 무역이 발생한다고 본다.

산업내무역은 동일산업 내의 상품들이 한 국가에 의하여 동시적으로 수출·수입되는 것으로서 이러한 현상은 제조업부문의 내재적인 복잡성 때문에 제조업부문에서 주로 나타난다. 따라서 산업내무역 현상을 설명하기 위해서는 헥셔-올린류의 산업간무역이론에 대한 수정이 필요하다. 헥셔-올린모형에서는 규모에 대한 보수불변과 완전 경쟁 및 제품의 동질성을 가정하였으나 산업내무역의 일반적인 내용에서 규모의 경제(economies of scale)와 차별화(product differentiation)를 가정하고 있다.

본장은 국가 간의 생산요소 부존비율의 유사성, 규모의 경제 및 제품 차별화를 가정함으로써 불완전 경쟁시장하에서 성립하고 있는 산업내무역 현상을 설명할 수 있는 무역모형을 살펴본다.

1 규모의 경제와 국제무역: 개관

지금까지 설명한 비교우위의 모형은 규모에 대한 보수불변을 가정한 것에 기초하고 있다. 즉, 만일 어느 산업의 투입요소가 두 배로 증가한다면 산업의 산출량 역시 두 배로 증가한다고 가정하였다. 그러나 실제로 대부분의 산업들은 수확체증이라는 규모에 대한 보수증가가 나타나므로 생산시설의 규모를 증대시킬수록 생산은 더욱 효율적이게 된다. 따라서 규모의 경제가 있을 경우에 산업의 투입요소를 두 배로 증가시키면 산업의 산출량은 두 배 이상 증가한다.

국제무역에서 규모의 경제가 갖는 의미를 다음의 단순한 숫자의 예를 통하여 살펴보자. [표 7-1]은 가상적인 산업에 대한 투입요소와 산출량 사이의 관계를 나타내고 있다. X재 산업은 하나의 투입요소, 즉 노동만을 사용하여 생산하고 있으며 표는 노동의 필요량이 생산된 X재의 양과 어떤 관계가 있는가를 나타낸다. 예를 들면, X재 10단위를 생산하는 데 15시간의 노동력이 필요한 반면 X재 25단위를 생산하는 데에는 30시간이 필요하다는 것이다. 노동이라는 투입요소를 15에서 30단위로 두 배 증가시킬 때 산업의 산출량은 2.5배 증가, 즉 두 배 이상 증가함으로써 규모의 경제가 나타난다. 같은 방법으로, 산출량의 각 단위를 생산하기 위하여 사

표 7-1 | 가상적인 산업에 대한 투입요소와 산출량 간의 관계

산출량(X재)	총노동투입량(시간)	평균노동투입량(시간)
5	10	2
10	15	1.5
15	20	1.33
20	25	1.25
25	30	1.2
30	35	1.167

용된 평균노동량을 살펴봄으로써 규모의 경제를 나타낼 수 있다. 만일 산출량이 5단위의 X재만 생산한다면 X재 단위당 평균노동투입량은 2시간인 반면에, 산출량이 25단위라면 X재 단위당 평균노동투입량은 1.2시간으로 하락한다.

이 예를 통하여 규모의 경제가 국제무역에 이점을 가져오는 이유를 알 수 있다. 두 국가, 즉 A국과 B국으로 구성된 세계를 가정하자. 이 두 국가는 X재를 생산하는 데 동일한 기술을 갖고 있으며, 각 국가는 처음에 X재 10단위를 생산한다고 가정하자. 이 표에 따르면, 각 국가에서 노동력 15시간을 필요로 하며 전 세계에서 X재 20단위를 생산하는 데 노동력 30시간이 필요하다. 그러나 세계에서 X재 생산을 하나의 국가, 예를 들면 A국에 집중시킨다고 가정하자. A국에서는 노동력 30시간을 투입하면 25단위의 X재를 생산할 수 있다. 따라서 세계경제는 동일한 노동량을 사용하여 X재를 25% 더 생산할 수 있다.

그러나 A국은 X재를 생산하는 데 필요한 추가적인 노동력을 어디서 구하며, B국의 X재 산업에 고용된 노동력은 어떻게 될 것인가? 일부 재화의 생산을 증가시키는 데 필요한 노동력을 얻기 위하여 A국은 다른 재화의 생산을 줄이거나 포기해야 할 것이며, 이 재화들은 B국에서 대신 생산될 것이다. 생산에 있어서 규모의 경제에 제약을 받는 다수의 재화를 1, 2, 3, …… 등과 같은 숫자로 표시한다고 하자. 규모의 경제로 인한 이익을 얻기 위하여 A국은 재화 1, 3, 5, ……, B국은 재화 2, 4, 6, ……이라는 제한된 범위의 재화만을 생산하는 데 집중한다면, A, B국은 모든 것을 생산하는 경우보다도 대규모로 생산할 수 있다. 그러므로 세계경제는 각 재화를 더 많이 생산할 수 있게 된다.

규모의 경제가 국제무역에 어떻게 적용되는가? 각 국가에서 소비자들은 모든 종류의 재화를 소비하기를 원한다. 재화 1이 A국, 재화 2가 B국에서 생산된다고 가정하자. 재화 2의 경우 A국 소비자들이 B국으로부터 수입된 재화를 구입하는 반면, 재화 1의 경우 B국의 소비자들이 A국으로부터 수입된 재화를 구입할 것이다. 여기서 국제무역이 중요한 역할을 한다. 각 국가는 제한된 범위의 재화를 생산하면서도 소비의 다양성을 희생시키지 않고 규모의 경제에 대한 이익을 얻을 수 있다. 따라서 국제무역은 이용 가능한 재화의 다양성을 증가시킨다.

규모의 경제가 있는 경우 산출량이 확대됨에 따라 평균생산비용이 감소하기 때문에 같은 재화의 생산시 소규모 기업이 대규모 기업과 경쟁하기 어려워진다. 그러므로 규모의 경제가 있는 재화는 다수의 소규모 기업보다는 소수의 대규모 기업들에 의하여 생산되는 것이 유리하다.

국제무역에서 규모의 경제는 생산특화로 비용 면에서 인센티브를 가져다 준다. 그러므로 국가는 모든 재화를 소량생산하는 대신 제한된 범위의 제품을 특화하여 다량생산하고 국내소비자들은 그 이외의 수입한 재화를 소비한다.

규모의 경제가 있는 경우 국제무역은 어떻게 이루어지는가? [그림 7-1]에 철강과 컴퓨터산업에 대한 한국과 미국의 생산가능곡선이 표시되어 있다. 기회비용이 감소(규모의 경제가 있는 경우)함에 따라 두 국가의 생산가능곡선은 안쪽으로 굽어져 있다. 각 점에서 생산가능곡선의 기울기는 철강의 기회비용을 나타내며, 더 많은 철강이 생산됨에 따라 이 비용은 감소된다. 즉, 철강 1톤을 추가적으로 더 생산함에 따라 희생되는 컴퓨터의 양은 점점 더 적어진다.

무역이 개시되기 이전에 한국과 미국이 각각 철강과 컴퓨터를 생산한다고 가정하자. 두 국가들은 한국의 경우 점 A, 미국의 경우 점 B와 같은 비효율적인 점에서 각 재화의 일부를 생산한다. 이 점들에서 생산가능곡선의 기울기를 반영하여 한국은 철강, 미국은 컴퓨터의 생산에 각각 비교우위를 갖고 있다. 이 두 국가들은 이와 같은 비효율적인 생산점에서 장기간 머물러 있지 못한다. 이 국가들은 비교우위가 있는 재화의 생산에 완전 특화함으로써 비용을 감소시킬 수 있다.

한국이 생산가능곡선을 따라 점 A의 오른쪽으로 이동함에 따라 한국

그림 7-1 | 규모의 경제하에서의 무역과 특화

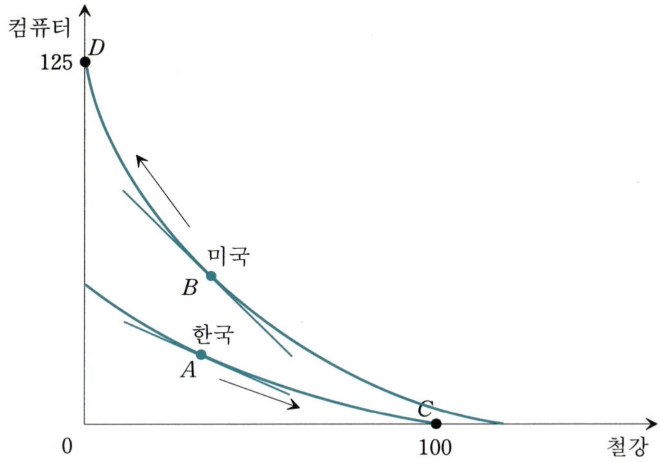

은 점 C에서 철강생산에 완전 특화를 할 때까지 철강의 상대기회비용은 계속해서 감소한다. 마찬가지로 미국이 생산가능곡선을 따라 점 B의 왼쪽으로 이동함에 따라서 미국은 점 D에서 컴퓨터생산에 완전 특화를 할 때까지 컴퓨터의 상대기회비용은 하락한다. 기회비용 불변시의 무역과 같이 규모의 경제하에서의 무역은 완전 특화를 초래하고 무역이 개시됨에 따라 균형교역조건에서 한국의 철강은 미국의 컴퓨터와 교환된다. 따라서 무역이 없는 경우보다 두 국가는 더 높은 소비점을 얻을 수 있다.

무역유형에서 규모의 경제에 대한 견해는 국제무역의 전통적인 견해를 바꾸게 한다. 큰 규모의 경제가 있는 기업은 다른 경쟁기업을 그 산업에서 퇴출시킬 수 있을 정도로 가격을 인하시킬 수 있다. 만일 무역이 규모의 경제에 기초하여 이루어진다면 세계경제는 거대한 초국적기업에 의하여 지배된다. 따라서 무역의 이익은 다른 방법으로 분배된다. 일부 생산요소의 소유자들에게는 이익이 되고 다른 생산요소 소유자들에게는 손해가 되는 대신 무역은 어느 특정 그룹에 손해가 되지 않고 그 그룹들과 거대한 초국적기업들에게 이익이 된다. 만일 무역의 이익에 대한 분배가 이와 같다면 무역자유화는 상대적으로 손실이 작다. 그러나 이와 같은 규모의 경제에 대한 견해는 더 실증적인 검증을 거쳐야 한다.

따라서 규모의 경제로 인해 무역이 상호간에 어떻게 이익이 되는가를 앞의 예를 통하여 알 수 있다. 각 국가는 모든 재화를 자체 생산하는 것보다 제한된 범위의 재화를 생산특화하는 것이 더 효율적이다. 그리고 특화를 한 국가는 모든 범위의 재화를 소비하기 위하여 다른 나라와 무역을 하여야 한다.

그러나 규모의 경제에 기초한 무역은 단순하지 않다. 그 이유는 규모의 경제는 완전 경쟁 이외의 불완전 경쟁시장구조를 가져오므로 시장구조를 분석할 필요가 있기 때문이다.

2 규모의 경제와 시장구조

[표 7-1]에서 생산단위당 평균노동투입량이 적을수록 생산된 단위가 더 많다는 것을 가정함으로써 규모의 경제를 살펴보았다. 그러나 이와 같은 생산의 증가가 어떻게 달성되었는가, 즉 기존 기업들이 단순히 더 많이 생산하였는가, 또는 기업의 수가 증가되었는가에 대하여서는 언급하지 않았다. 규모의 경제의 시장구조에 대한 효과를 분석하기 위하여 어떠한 종류의 생산증가가 평균비용을 감소시키는가에 관하여 명확히 할 필요가 있다. 단위당 비용이 어느 한 기업의 규모가 아니고 그 산업의 규모에 의해서 결정될 때 외부효과에 의한 규모의 경제(external economies of scale)가 발생한다. 반면에 단위당 비용이 산업의 규모가 아니고 개별 기업의 규모에 의존할 때 내부효과에 의한 규모의 경제(internal economies of scale)가 발생한다.

내부경제와 외부경제의 차이는 다음과 같은 가상적인 예로 나타낼 수 있다. 처음에 산업이 10개 기업으로 구성되어 있으며, 각 기업이 X재 100단위를 생산한다고 하자. 이때 두 가지 경우를 고려해 볼 수 있다. 첫째, 산업이 규모 면에서 두 배로 증가한 20개 기업이 계속 X재 100단위를 생산한다고 가정할 경우, 생산의 효율성이 증가한다면 외부효과에 의한 규모의 경제가 나타난다. 즉, 각 기업이 전과 같은 규모라 할지라도 기업들의 효율성은 산업이 커짐에 따라 더욱 높아진다.

둘째, 산업 전체의 산출량은 일정하지만 기업들의 수가 절반인 5개 기업이 X재 200단위를 생산한다고 가정할 경우, 생산의 효율성이 증가한다면 내부효과에 의한 규모의 경제가 발생한다. 즉, 한 기업당 산출량이 더 커진다면 기업은 더 큰 효율성을 갖는다.

이와 같은 내부효과와 외부효과에 의한 규모의 경제는 산업의 시장구조상 다른 의미를 갖는다. 규모의 경제가 순수하게 외부효과(즉, 대규모 기업들이 비용 면에서 우위가 없는 경우이다)를 갖는 산업은 다수의 소규모 기업들로 구성되며 완전 경쟁시장구조를 갖는다. 반대로 내부효과에 의한 규모의 경제는 대규모 기업들이 소규모 기업들보다 비용 면에서 우위를 갖고 있으며 불완전 경쟁시장구조를 갖는다.

내부효과에 대한 규모의 경제와 외부효과에 의한 규모의 경제는 모두 국제무역에서 중요한 요인이 된다. 그렇지만 무역에서 규모의 경제의 역할에 관한 최근의 많은 연구는 다음의 두 가지 이유로 내부효과에 의한 규모의 경제에 초점을 맞추고 있다. 첫째, 내부효과에 의한 규모의 경제가 외부효과에 의한 규모의 경제보다 실제로 식별하기가 더 쉽다. 엔지니어들은 석유화학·항공기·자동차 등에서 대규모 생산으로 얻는 이익을 쉽게 추정할 수 있는 반면, 외부효과에 의한 규모의 경제의 크기는 추정하기가 어렵다.

둘째, 내부효과에 의한 규모의 경제하에서 최근에 개발된 무역모형에 나타난 국제무역논리가 외부효과에 의한 규모의 경제하에서 개발된 무역모형에서 전개된 논리보다 더 단순하다. 이와 같은 차이는 외부효과의 경제모형을 살펴보면 명확히 알 수 있다.

이것을 이해하기 위해서 먼저 내부효과에 의한 규모의 경제를 기초로 하는 무역모형을 살펴보자. 내부효과에 의한 규모의 경제는 완전 경쟁시장을 붕괴시키고 불완전 경쟁시장을 가져오므로 국제무역의 분석에 들어가기 전에 불완전 경쟁시장구조에 대해 검토한다.

3 불완전 경쟁시장의 이론

완전 경쟁시장에서 기업들은 가격수용자(price-takers)이다. 즉, 완전 경쟁시장에서 구매자와 판매자의 수가 아주 많아서 개별 소비자의 수요는 시장 전체의 수요량에서 차지하는 비중이 작기 때문에 시장가격에 영향을 줄 수 없다. 또한 각 기업이 시장에 공급하는 상품도 시장 전체에서 차지하는 비중이 매우 작기 때문에 개별 기업이 공급량을 변화시켜도 전혀 시장가격에 영향을 줄 수 없다. 따라서 완전 경쟁시장에서 개별 수요자와 공급자는 가격·수량·기술진보 등 시장의 결과를 지배하는 힘인 시장지배력(market power)을 전혀 행사할 수 없다.

그러나 몇 개 기업만이 재화를 생산할 때에는 문제가 달라진다. 예를 들면, 미국의 항공기 제조회사인 보잉사는 대규모 제트항공기 생산시 두 경쟁자, 즉 에어버스(Airbus)와 맥도널 더글라스(McDonnell-Douglas)하고만 경쟁한다. 이 경쟁사들 사이에서조차도 보잉 747과 같은 보잉사의 제품은 서로 대체되지 않는다. 그러므로 보잉사가 더 많은 항공기를 판매하고자 한다면 가격을 낮추어야 판매량을 늘릴 수 있다. 불완전 경쟁시장에서 기업들은 재화의 가격에 영향을 미칠 수 있고 가격인하를 통해서만 판매량을 더 늘릴 수 있다는 것을 알고 있다. 따라서 불완전 경쟁하에서 기업들은 시장지배력을 갖는다. 그러므로 완전 경쟁기업은 시장가격을 그대로 받아들이는 가격수용자로서 시장지배력이 전혀 없으며, 이와 반대로 독점기업은 가격설정자(price-makers)로서 시장가격을 자의적으로 결정할 수 있다.

이처럼 시장구조에 따라 기업들은 가격결정자 또는 가격수용자가 되기도 하므로, 이들이 어떻게 행동하는가를 설명할 수 있도록 지금까지와는 다른 분석틀을 발전시킬 필요가 있다. 먼저 가장 단순한 시장구조로서 기업들에게 경쟁상대가 전혀 없는 순수독점(pure monopoly)을 검토해 본다. 그 다음으로 차별화된 상품(differentiated products)을 통하여 시장지배력을 갖는 독점적 경쟁(monopolistic competition)을 살펴본다. 마지막으로 소수의 대기업에 의하여 지배되는 과점(oligopoly)시장은 다음 장에서 살펴본다.

3.1. 독점: 개관

〔그림 7-2〕는 시장 내에 하나의 기업만이 존재하는 독점기업의 형태를 나타내고 있다. 독점기업은 그 자체가 하나의 산업이므로 그림에서 곡선 D로 나타난 바와 같이 우하향하는 수요곡선을 가진다. 우하향하는 수요곡선은 생산물의 가격을 하락시킬 경우 기업은 더 많은 제품을 판매할 수 있다는 것을 의미한다. 완전 경쟁기업은 주어진 시장가격으로 제품을 얼마든지 팔 수 있는 수평의 수요곡선을 가진다. 따라서 $P=AR=MR$의 관계가 성립한다. 그러나 독점기업은 우하향하는 수요곡선을 가지므로 추가적으로 한 단위를 더 판매함으로써 얻게 되는 한계수입(MR)은 평균수입(AR)곡선과 같지 않을 뿐만 아니라 첫 단위 상품을 제외하고는 항상 $P=AR>MR$의 관계가 성립한다.

그림 7-2 | 독점기업의 행동

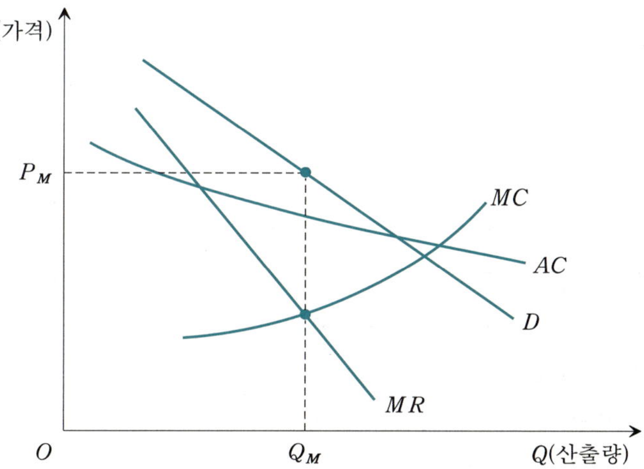

(1) 한계수입과 가격

완전 경쟁하에서는 항상 $P=MR$의 관계가 성립하지만 독점하에서는 항상 $P>MR$의 관계를 가진다는 것이 완전 경쟁과 독점의 기본적인 차이점이다.

그러면 왜 독점하에서는 $P>MR$인가? 독점기업이 직면하는 수요곡선은 동시에 시장의 수요곡선이다. 따라서 독점기업이 추가로 제품을 더 팔려면 제품가격을 낮추어야 한다. 독점기업이 동질적인 상품을 생산하는 경우 이와 같은 가격인하는 추가로 판매하고자 하는 제품뿐만 아니라 이미 시장에 내 놓은 모든 제품에도 적용되어야 한다. 따라서 총수입의 증가분을 나타내는 한계수입은 제품의 추가공급으로 형성되는 새로운 시장가격보다 작다. 그 작은 몫은 종전의 제품수량에 종전의 제품이 추가공급으로 덜 받게 되는 가격차를 곱한 것과 같다. 즉,

한계수입=시장가격−(종전의 공급량×추가공급으로 인한 가격차)

한계수입은 항상 가격보다 더 작으며 그 차이는 한계수입과 가격 사이의 관계인 다음 두 요인에 의해 결정된다. 첫째, 많은 단위를 판매하지 않는 기업은 이 생산물들의 단위당 가격을 인하시킴으로써 시장점유율을 상실하지 않으려고 한다. 둘째, 가격과 한계수입 사이의 차이는 독점기업들이 더 많은 산출량의 단위를 판매하기 위하여 가격을 어느 정도 인하시켜야 하는가를 나타내는 수요곡선의 기울기에 의해 결정된다.

만일 수요곡선이 매우 완만하다면 독점기업은 가격을 적게 인하하고서도 생산물을 추가적으로 더 판매할 수 있으므로 다른 곳에서 판매한 생산물의 가격을 많이 인하하지 않으려고 한다. 따라서 한계수입은 단위당 가격에 가까워진다. 반면에 수요곡선이 매우 가파르다면 산출량을 추가적으로 판매하기 위해서 가격을 많이 인하시킬 필요가 있으므로 이때 한계수입은 가격보다 훨씬 더 적다.

만일 기업이 직면하는 수요곡선이 직선이라고 가정한다면 가격과 한계수입 사이의 관계는 더 특수하다. 독점기업의 총판매량이 부과되는 가격에 의해 좌우되는 것은 다음과 같은 형태의 수요식으로 나타낼 수 있다.

$$X = A - B \times P \tag{7.1}$$

여기서, X: 기업이 판매하는 산출량

P: 생산물단위당 부과하는 가격

A, B: 상수

한계수입은 다음과 같다.

$$MR = P - \left(\frac{1}{B}\right) \times X \tag{7.2}$$

이것이 유도되는 과정은 다음과 같다. 먼저 가격을 기업의 판매량에 대한 함수로 나타냄으로써 수요곡선을 다시 정리할 수 있다. 식 (7.1)을 다시 정리하면 다음 식을 얻을 수 있다.

$$P = \left(\frac{A}{B}\right) - \left(\frac{1}{B}\right) \times X \tag{7.3}$$

기업의 수입은 생산물단위당 받는 가격에 판매한 단위수를 곱한 것이다. R를 기업의 수입으로 표시하면 다음과 같다.

$$R = P \times X = \left[\left(\frac{A}{B}\right) - \left(\frac{1}{B}\right) \times X\right] \times X \tag{7.4}$$

만일 판매량을 변화시킨다면 기업의 수입이 어떻게 변화하는가를 살펴보자. 기업이 판매량을 극소량 dX만큼 증가시켜서 새로운 판매량 수준 $X' = X + dX$가 된다고 가정하자. 판매량의 증가 이후에 기업의 수입 R'은 다음과 같아질 것이다.

$$\begin{aligned} R' = P \times X' &= \left[\left(\frac{A}{B}\right) - \left(\frac{1}{B}\right) \times (X + dX)\right] \times (X + dX) \\ &= \left[\left(\frac{A}{B}\right) - \left(\frac{1}{B}\right) \times X\right] \times X + \left[\left(\frac{A}{B}\right) - \left(\frac{1}{B}\right) \times X\right] \times dX \\ &\quad - \left(\frac{1}{B}\right) \times X \times dX - \left(\frac{1}{B}\right) \times (dX)^2 \end{aligned} \tag{7.5}$$

식 (7.5)는 식 (7.3)과 식 (7.4)를 대입하여 다음과 같이 단순화시킬 수 있다.

$$R' = R + P \times dX - \left(\frac{1}{B}\right) \times X \times dX - \left(\frac{1}{B}\right) \times (dX)^2 \quad (7.6)$$

그렇지만 판매량의 변화 dX가 작을 때 그 제곱 $(dX)^2$은 더욱 작아진다. X가 매우 작게 변화할 경우 식 (7.6)의 마지막 항은 무시할 수 있다. 따라서 판매량의 작은 변화로부터 얻어지는 수입의 변화는 다음과 같다.

$$R' - R = \left[P - \left(\frac{1}{B}\right) \times X\right] \times dX \quad (7.7)$$

추가적인 판매단위당 수입의 증가, 즉 한계수입은 다음과 같다.

$$MR = \frac{R' - R}{dX} = P - \left(\frac{1}{B}\right) \times X \quad (7.8)$$

이 식은 다음을 의미한다.

$$P - MR = \frac{X}{B}$$

식 (7.2)는 가격과 한계수입 간의 차이는 기업의 판매량 X와 수요곡선의 기울기 B에 의존함을 나타낸다. 만일 판매량 X가 증대된다면 가격을 인하하는 것이 기업에 더 많은 비용을 들게 하기 때문에 한계수입은 낮아진다.

B가 더 커질수록, 즉 가격상승이 주어진 경우에 판매량이 더 많이 감소할수록 한계수입은 재화의 가격에 더 접근한다. 식 (7.2)는 제4절에서 무역의 독점적 경쟁에 대한 기본 모형을 분석하는 데 중요하다.

(2) 평균비용과 한계비용

〔그림 7-2〕로 돌아가서 AC는 기업이 제품을 생산하는 데 소요되는 평균비용(average cost), 즉 총비용을 산출량으로 나눈 것을 나타낸다. 곡선 AC가 우하향하는 기울기를 갖는다는 것은 규모의 경제가 존재한다는 가정을 반영한다. 따라서 기업의 산출량이 증가할수록 단위당 비용은 감소한다. MC는 기업의 한계비용, 즉 기업이 한 단위의 산출량을 추가적으로 생산하는 데 드는 비용을 나타낸다. 평균비용이 산출량의 감소함수일 때 한계비용은 항상 평균비용보다 더 낮다. 따라서 MC는 AC 아래에 있다.

식 (7.2)는 가격과 한계수입 간의 관계를 나타내고 있다. 이에 따라서 평균비용과 한계비용을 대응시킬 수 있다. 기업의 총비용(TC)이 다음의 형태를 취한다고 가정하자.

$$TC = FC + MC \times X \tag{7.9}$$

여기서, FC: 기업의 산출량과 독립적인 고정비용
MC: 기업의 한계비용
X: 기업의 산출량(이것을 선행비용함수라고 부른다)

고정비용은 규모의 경제를 발생시킨다. 왜냐하면, 기업의 산출량이 더 클수록 단위당 고정비용은 더 적기 때문이다. 그리고 기업의 평균비용(총비용을 산출량으로 나눈 것)은 다음과 같다.

$$AC = \frac{TC}{X} = \frac{FC}{X} + MC \tag{7.10}$$

고정비용은 산출량이 증가함에 따라 분산되기 때문에 X가 증가함에 따라 평균비용은 감소한다. 예를 들면, $FC=5$, $MC=1$이라면 10단위를 생산하는 경우에 평균비용은 $5/10+1=1.5$, 25단위를 생산하는 평균비용은 $5/25+1=1.2$이다 이들 숫자는 〔표 7-1〕과 동일하다. 〔표 7-1〕에 주어진

그림 7-3 | 평균비용과 한계비용

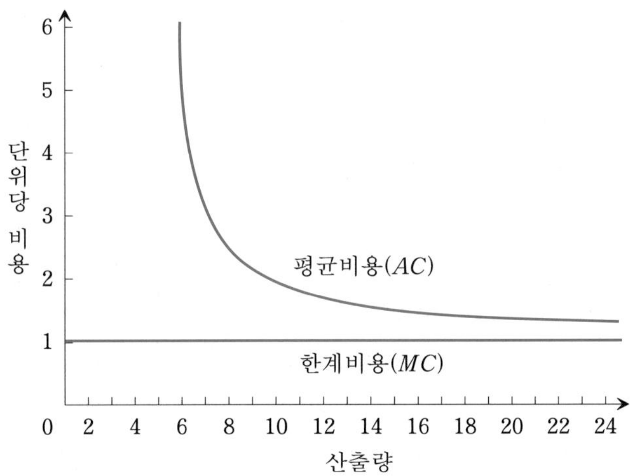

산출량, 평균비용, 그리고 한계비용 사이의 관계는 [그림 7-3]의 그래프에 나타나 있다. 평균비용은 0의 산출량 수준에서 무한대로 접근하며 매우 많은 산출량 수준에서 한계비용에 접근한다.

독점기업의 이윤을 극대화시키는 산출량은 한계수입(추가적으로 한 단위 더 판매함에 따라 얻게 되는 이윤)과 한계비용(추가적으로 한 단위 더 생산함에 따라 얻게 되는 비용)이 일치하는 점, 즉 MC와 MR이 교차하는 점이다. [그림 7-2]에서 이윤을 극대화시키는 산출량 Q_M이 수요되는 가격은 P_M이며 이것은 평균비용보다 더 높다. $P>AC$일 때 독점기업은 독점이윤을 얻는다.

3.2. 독점적 경쟁의 특징

독점적 경쟁(monopolistic competition)은 완전 경쟁과 독점의 성격을 나누어 가지고 있는 시장조직이다. 산업 내부에 다수의 기업이 존재하고 기업의 자유로운 진입·퇴출이 보장되는 점은 완전 경쟁과 같다. 그러나 완전 경쟁기업은 시장지배력이 없는 반면 독점적 경쟁기업은 독점기업처럼 완전하지는 않지만 공급량을 조절하여 시장가격을 변경시킬 수 있다. 독점적 경쟁모형에서의 이와 같은 시장지배력은 다음의 두 가지 주요한 가정에 기1인한다. 첫째, 각 기업은 경쟁기업들의 제품과 다른 차별화된 상품(differentiated products)을 생산한다고 가정한다. 즉, 소비자들은 작은 가격 차이 때문에 다른 기업들의 제품을 구입하려고 하지 않으며, 상품의 차별화로 인하여 각 기업 내의 특수한 제품에 독점력을 갖고 있다. 둘째, 각 기업은 경쟁기업들이 부과한 가격을 주어진 것으로 가정한다. 즉, 자신의 가격이 다른 기업들의 가격에 미치는 영향을 무시한다. 결과적으로 독점적 경쟁모형에서는 각 기업이 현실적으로 다른 기업들로부터 경쟁에 직면할지라도 독점기업과 같이 행동한다.

독점적 경쟁기업들이 현실적으로 존재하는가? 일부 산업은 독점적 경쟁기업과 유사하다. 예를 들면, 자동차산업에서 주요 자동차 생산자들은 서로 다른 경쟁적인 자동차를 생산하여 독점적 경쟁의 가정과 매우 유사하다. 또한 일부 재화들은 물리적으로는 유사하지만 지리적 위치가 다르기 때문에 소비자들은 그것이 공급자들로부터 얼마나 먼 곳에서 공급받는가에 따라서 다른 수송비용의 차이를 부담한다. 빵이나 가솔린의 소매시장이 이와 같은 예이다. 또한 일부 재화들은 질에 따라 다른 제품과의 차별화가 발생한다. 예를 들면, 포도주는 색깔, 컴퓨터는 메모리의 용량에 따라 차별화된다.

대부분의 제조업 제품은 종류가 다양하거나 제품차별화가 이루어지고 있으며, 이들의 다양성은 브랜드의 이름 또는 포장이 다르거나 실질적인 내용 면에서 다른 경우도 있다. 제품 차별화의 행태에는 수평적 또는 수직적 제품 차별화가 있다. 수평적 제품 차별화는 상품의 특성에는 차이가 있지만 같은 자원을 사용한다는 의미에서 상품의 질은 같은 형태이다. 반면에 수직적 제품 차별화는 상품의 다양성이 질적으로 차이가 있을 때 존재한다. 어느 한 제품이 다양한 종류가 있는 것에는 여러 가지 이유가 있을 수 있다. 소득이 높은 사람들은 더 높은 질의 상품을 선호하기 때문에 소비자들 사이에 소득의 차이가 수직적 제품 차별화의 주요한 요인이다. 소득의 차이 이외에 다른 특성이 있는 상품에 대한 선호를 들 수 있다. 어떠한 경우에 더 좋은 질의 상품을 구입하기 위하여 동일한 그룹에 일정한 종류의 상품을 결합할 수 있다(예를 들면, 동시에 여름용과 겨울용 옷을 구입하거나 여러 가지 종류의 책을 구입하는 경우이다). 일부 경우에는 소비자들의 선호 또는 예산제약이 여러 종류의 소비결합을 충족시킬 수 없어서 소비자들이 선호하는 재화 하나만을 구입하는 수가 있다.

따라서 이 두 가지의 경우는 다른 분석틀로 분석되어야 한다. 소비자들이 다양한 종류의 차별화된 재화를 동시에 소비하는 것에서 효용을 유도하는 것은 스펜스(A.M. Spence)[1] 및 딕시트와 스티글리츠(A.K. Dixit and J.E. Stiglitz)[2]에 의하여 발전되었다. 이들의 접근법(또는 SDS 제품 차별화라고 부른다)은 다양성 추구형 선호(love of variety preference)모형이라고도 부르며, 상품그룹 내의 제품 차별은 소비자들에게 더 높은 효용을 가져다 주는 다양한 재화의 소비와 대칭적으로 대체할 수 있다고 본다.

---

[1] A.M. Spence(1976), pp. 217～235.
[2] A.K. Dixit and J.E. Stiglits(1977), pp. 297～308.

4 독점적 경쟁의 기본 모형

독점적 경쟁하에서의 무역을 검토하기 전에 독점적 경쟁의 기본 모형을 검토한다. 산업은 다수의 기업으로 구성되어 있으며, 기업들은 차별화된 상품, 즉 완전히 동일하지는 않지만 서로 차별되는 재화를 생산한다. 각 기업은 차별화된 재화를 생산한다는 유일한 기업이라는 의미에서 독점기업이지만 그 재화의 수요는 이용 가능한 다른 유사한 재화의 수와 그 산업 내의 다른 기업들의 가격에 의존한다.

4.1. 모형의 가정

기업이 직면하고 있는 수요를 살펴보자. 일반적으로 그 산업의 제품에 대한 총수요가 클수록, 경쟁기업들이 부과하는 가격이 높을수록 기업들은 더 많은 재화를 판매할 것으로 기대한다. 반면에 산업 내에 기업들의 수가 많을수록, 그들 자신의 가격이 높을수록 기업들은 더 적게 판매할 것으로 기대한다. 이와 같은 특성을 갖는 기업들이 직면하고 있는 수요에 대한 식은 다음과 같다.[3]

$$X = S \times \left[\frac{1}{n} - b \times (P - \bar{P})\right] \tag{7.11}$$

여기서, X: 기업의 판매량
S: 산업의 총판매량
n: 산업 내 기업들의 수
P: 해당 기업이 부과한 가격
$\bar{P}$: 경쟁기업들이 부과한 평균가격
b: 가격에 대한 각 기업의 시장점유율을 나타내는 상수

[3] 식 (7.11)은 소비자들이 다른 선호를 갖고 있고 기업들이 시장을 분할하는 다양한 제품을 생산하는 모형에서 유도된다. Stephen Salop(1979), pp. 141～156 참조.

식 (7.11)은 다음과 같은 의미를 갖는다. 만일 모든 기업들이 같은 가격을 부과한다면 각 기업은 $1/n$의 시장점유율을 갖는다. 다른 기업들의 평균가격보다 더 높은 가격을 부과하는 기업은 시장점유율이 감소하는 반면, 다른 기업들의 평균가격보다 더 낮게 부과하는 기업은 시장점유율이 높아진다.[4]

산업의 총판매량 S는 산업 내에서 기업들이 부과하는 평균가격 $\bar{P}$에 의하여 영향을 받지 않는다고 가정한다. 즉, 기업들은 다른 사람들을 희생시키고서만이 고객들에게 이익이 될 수 있다고 가정한다. 이것은 비현실적인 가정이지만 기업들 간의 초점을 맞추어서 분석을 단순화시키고자 한 것이다. 특히, S는 시장의 규모를 측정하며, 만일 모든 기업들이 같은 가격을 부과한다면 각 기업들은 S/n단위를 판매한다는 것을 의미한다.

다음으로 대표적인 기업들의 비용으로 살펴본다. 대표적인 기업의 총비용 및 평균비용은 식 (7.9)와 식 (7.10)으로 설명할 수 있다고 가정한다.

4.2. 독점적 경쟁시장의 균형

독점적 경쟁기업의 행태를 모형화하기 위하여 이 산업 내의 모든 기업들은 대칭적, 즉 수요함수와 공급함수가 같다고(비록 이 기업들이 차별화된 상품을 생산·판매한다고 할지라도) 가정한다. 모든 개별 기업들이 대칭적일 때 산업의 상태는 모든 기업들의 특징을 자세히 열거하지 않고도 설명할 수 있다. 산업을 설명하는 데 필요한 것은 산업 내에 얼마나 많은 기업들이 있으며 대표적인 기업들이 어떠한 가격을 부과하느냐 하는 것이다. 산업을 분석하기 위해서, 예를 들면 국제무역의 효과를 평가하기 위해서 기업의 수 n과 이들이 부과하는 평균가격 $\bar{P}$를 결정할 필요가 있다. n과 $\bar{P}$를 결정하고 난 후에 이들이 국제무역에 의하여 어떻게 영향을 받는가를 살펴보는 것이다.

n과 $\bar{P}$를 결정하는 방법은 세 가지 단계로 구성되어 있다.

첫째, 기업의 수와 대표적인 기업의 평균비용 사이의 관계를 유도하는 것이다. 이 관계는 우상향하는 관계로 표시할 수 있다. 즉, 기업의 수가 많

---

[4] 식 (7.11)은 $X=S/n-S\times b\times(P-\bar{P})$로 다시 쓸 수 있다. 만일 $P=\bar{P}$이라면 이것은 $X=S/n$이 된다. 그리고 $P>\bar{P}$이라면 $X<S/n$인 반면에 $P<\bar{P}$이라면 $X>S/n$이 된다.

을수록 각 기업의 산출량은 더 낮아지고 산출량단위당 비용은 더 높아진다.

둘째, 기업의 수와 각 기업이 부과하는 가격 사이의 관계를 나타낼 수 있으며, 균형상태에서 이것은 $\bar{P}$와 같아야 한다. 이 관계는 음(陰)의 관계로서(우하향하는 그래프로 나타냄) 기업들이 많을수록 기업들 간의 경쟁밀도는 높아진다. 따라서 기업들이 부과하는 가격은 더 낮아진다.

셋째, 가격이 평균비용을 초과할 때 새로운 기업들이 산업 내로 진입하는 반면 가격이 평균비용보다 낮을 때 기업들은 퇴거한다. 따라서 장기적으로 기업의 수는 평균비용을 n으로 연결시키는 곡선과 가격을 n으로 연결시키는 곡선 사이의 교차점에서 결정된다.

(1) 기업의 수와 평균비용

n과 $\bar{P}$를 결정하는 첫 번째 단계로서 대표적 기업의 평균비용이 산업 내 기업들의 수에 어떻게 의존하는가를 살펴본다. 이 모형에서 모든 기업들은 대칭적이므로 균형상태에서 이들은 모두 같은 가격을 부과한다. 그러나 모든 기업들이 같은 가격을 부과할 때 $P=\bar{P}$가 되며 식 (7.11)은 $X=S/n$, 즉 각 기업의 산출량은 총산업 판매량의 $1/n$ 몫을 나타낸다는 것을 의미한다. 그러나 식 (7.10)에서 평균비용은 기업의 산출량과 역의 관계에 있다는 것을 살펴보았다. 그러므로 평균비용은 시장의 규모와 산업 내 기업들의 수에 의존한다고 결론내릴 수 있다.

$$AC=\frac{FC}{X}+MC=n\times\frac{FC}{S}+MC \tag{7.12}$$

식 (7.12)는 다른 조건이 일정할 때 산업 내에 기업이 더 많을수록 평균비용은 더욱 높음을 나타낸다. 그 이유는 기업들이 더 많이 존재할수록 각 기업의 시장점유율이 떨어짐으로써 생산량이 감소하여 평균비용이 높아지기 때문이다. 예를 들어, 매년 100만 개의 냉장고를 생산하는 산업 내에 5개의 기업이 존재한다면 각 기업은 매년 20만 개를 판매할 것이다. 그러나 산업 내에 10개의 기업이 있다면 각 기업은 단지 10만 개만을 판매하므로 각 기업의 평균비용이 높아진다. n과 평균비용 사이의 관계는 [그림 7-4]의 우상향하는 선 CC로 표시된다.

그림 7-4 | 독점적 경쟁시장의 균형

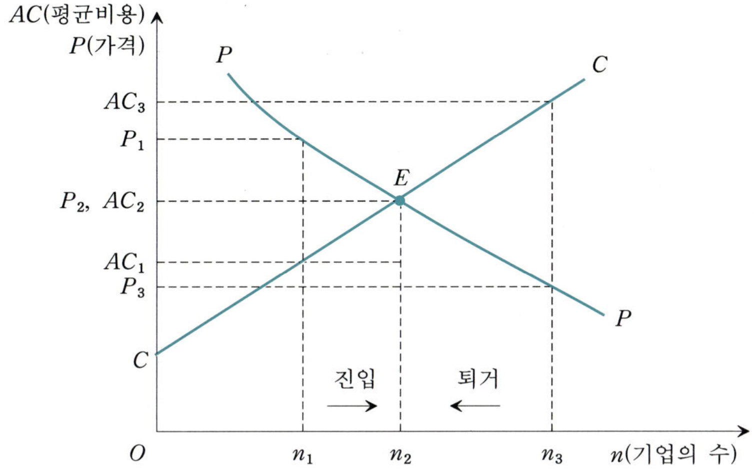

(2) 기업의 수와 가격

대표적인 기업이 부과하는 가격은 산업 내 기업의 수에 의해 좌우된다. 일반적으로 기업들이 많을수록 기업들 간의 경쟁이 심화되므로 가격은 더 낮아진다. 이 이유를 증명하는 것은 잠시 뒤로 미룬다. 기본적인 방법은 각 기업이 식 (7.1)에서 표시된 형태인 직선의 수요곡선에 직면한다는 것을 보여주며, 가격을 결정하는 데 식 (7.2)를 사용하는 것이다.

먼저, 독점적 경쟁의 모형에서 기업들은 다른 기업들의 가격을 주어진 것으로 가정한다. 즉, 각 기업이 가격을 변화시킬 경우 다른 기업들 또한 그들의 가격을 변화시킬 것이라는 가능성을 무시한다. 만일 각 기업이 FC를 주어진 것으로 취급한다면 수요곡선 식 (7.11)은 다음의 형태로 다시 쓸 수가 있다.

$$X=\left(\frac{S}{n}+S\times b\times \overline{P}\right)-S\times b\times P \tag{7.13}$$

식 (7.13)의 b는 가격에 대한 각 기업의 시장점유율 반응도를 측정하는 파라미터이다. 상기 식은 식 (7.1)의 상수항 A의 위치에 $(S/n+S\times b\times \overline{P})$, 기울기의 계수 B의 위치에 $(S\times b)$를 바꾸어 놓은 것과 같은 형태이다. 따라서 이 값들을 한계수입에 대한 식 (7.2)에 대입한다면 대표적 기업의 한계수입을 다음과 같이 나타낼 수 있다.

$$MR = P - \frac{X}{S \times b} \tag{7.14}$$

이윤을 극대화하는 기업들은 한계수입을 한계비용 MC와 같도록 유지할 것이다. 따라서 다음과 같다.

$$MR = P - \frac{X}{S \times b} = MC$$

이것은 대표적인 기업이 부과하는 가격에 대한 다음과 같은 식으로 다시 정리할 수 있다.

$$P = MC + \frac{X}{S \times b} \tag{7.15}$$

만일 모든 기업들이 같은 가격을 부과한다면 각 기업은 $X = S/n$만큼의 양을 판매할 것이다. 이것을 다시 식 (7.15)에 대입한다면 기업의 수와 각 기업이 부과하는 가격 간의 관계를 표시할 수 있다.

$$P = MC + \frac{1}{b \times n} \tag{7.16}$$

식 (7.16)은 대수적으로 산업 내에 기업이 많을수록 각 기업이 부과하는 가격은 낮아진다는 것을 나타낸다. 식 (7.16)에서 기업의 수와 가격 간의 관계는 〔그림 7-4〕의 우하향하는 기울기를 갖는 곡선 PP와 같다.

(3) 기업들의 균형수

〔그림 7-4〕는 산업 내 기업의 균형수, 가격 및 평균비용과의 관계가 곡선 PP와 곡선 CC로 요약 표시된다는 것을 의미한다. 우하향하는 곡선 PP는 산업 내에 기업이 많을수록 각 기업이 부과하는 가격이 낮아진다는 것을 나타낸다. 이것은 산업 내에 기업이 많을수록 각 기업들은 경쟁이 더욱 심화된다는 것을 의미한다. 우상향하는 곡선 CC는 산업 내 기업이 많을수록 각 기업의 평균비용곡선은 더욱 높아진다는 것을 의미한다. 이것은

기업의 수가 증가한다면 각 기업의 판매량은 감소된다는 것을 의미한다. 따라서 기업들은 그들의 평균비용곡선을 더욱더 낮출 수 없게 된다. 이 두 곡선은 기업의 수 n_2에 대응하는 점 E에서 서로 교차한다. n_2는 산업 내의 정상이윤(0의 이윤)을 얻는 기업의 수를 의미한다. 산업 내에 n_2의 기업들이 있을 때 이윤을 극대화하는 가격은 P_2로서 정확히 평균비용 AC_2와 같다.

여기에서 논의하고자 하는 것은 장기적으로 산업 내 기업의 수는 n_2를 향하여 이동하며, 산업의 장기균형은 점 E에서 이루어진다는 것이다. 그 이유를 알기 위하여 n이 n_2보다 더 적은 수, 예컨대 n_1이라고 가정하자. 기업들이 부과하는 가격은 P_1인 반면 평균비용은 AC_1이 되므로 기업들은 독점이윤을 얻게 된다. 역으로 n이 n_2보다 더 큰 수, 예컨대 n_3라고 하자. 이 기업들은 가격 P_3만을 부과하는 반면 평균비용은 AC_3가 되어 기업들은 손실을 보게 된다. 그러므로 기업들은 이윤이 발생하는 산업에 진입하고 손해를 보는 산업에서 퇴거한다. 이러한 과정을 통해서 산업 내 기업들의 균형수는 n_2이고, 균형가격은 P_2가 된다.[5]

지금까지 산업 내 기업들의 균형수와 기업들이 부과하는 평균가격을 결정하는 독점적 경쟁산업의 모형을 살펴보았다. 이 모형을 사용하여 국제무역에서 규모의 경제가 하는 역할에 관하여 중요한 결론을 유도할 수 있다. 그러나 이것은 분석하기 전에 독점적 경쟁모형의 한계에 대하여 잠시 살펴본다.

4.3. 독점적 경쟁모형의 한계

독점적 경쟁모형은 규모의 경제와 불완전 경쟁이 주요한 특징이다. 그렇지만 몇 개의 산업은 독점적 경쟁에 의하여 잘 설명되나, 대부분의 시장구조는 단지 몇 개의 기업만이 경쟁상태에 있는 소규모 그룹의 과점시장 형태를 취하고 있다. 이와 같은 상황에서 각 기업들이 독점자와 같이 행동

[5] 이 분석에서 산업 내 기업수는 물론 5 또는 8과 같은 정수이다. 만일 n_2가 6.37과 같다면 어떻게 되는가? 그 해답은 산업 내에 독점이윤을 얻는 기업수는 6이라는 것이다. 왜냐하면, 일곱 번째 기업은 손해를 보며 대부분의 독점적 경쟁의 예에서 이와 같은 정수의 문제는 중요하지 않기 때문이다.

하는 독점적 경쟁모형의 주요한 가정이 완화된다. 대신에 기업들은 그들의 행동이 다른 기업들의 행동에 영향을 주며, 이와 같은 상호 의존성을 고려해야 한다는 것을 알고 있다.

일반적으로 과점시장의 구조에서는 다음과 같은 두 가지 종류의 형태로 나타나지만 독점적 경쟁모형의 가정에서는 배제되어 있다.

첫째, 담합적 행태(collusive behavior)이다. 과점시장에서는 합법적이거나 비합법적인 방법으로 어떤 협조체제를 유지하고자 하는 유인이 존재한다. 만약 이와 같은 협조체제가 비합법적인 성격을 강하게 갖는다면 이를 담합(collusion)이라고 한다. 각 기업은 다른 기업들이 같은 가격을 유지할 것이라는 기대하에서 이윤극대화 수준보다도 그 가격을 더 높게 유지한다. 왜냐하면, 경쟁자들이 높은 가격을 부과한다면 각 기업의 이윤은 더 높아지기 때문에 그와 같은 기대는 소비자들의 희생하에 다른 모든 기업들의 이윤을 증가시킨다. 담합적인 가격설정 행태는 한 기업이 산업의 가격의 선도자로서 행동하는 묵시적인 협조전략이나 명시적인 협정을 통하여 운영된다.

둘째, 기업들은 전략적 행태(strategic behavior)를 한다. 즉, 기업들은 이윤을 낮추는 일을 하지만 의도한 방향으로 경쟁자들의 행동에 영향을 미친다. 예를 들면, 기업은 시설을 사용하기 위해서가 아니라 경쟁기업이 산업으로 진입하는 것을 방지하기 위하여 시설을 추가적으로 건설한다.

이처럼 담합적이고 전략적인 행태가 나타날 가능성으로 인하여 과점의 분석은 더 복잡해진다. 과점산업에서의 무역을 모형화하는 데 있어서 과점의 형태를 일반화하는 모형은 없다. 무역에서 독점적 경쟁의 접근방법은 이와 같은 복잡성을 피할 수 있기 때문에 더 유용하게 사용되고 있다. 비록 이 모형이 현실세계의 특징을 배제할지라도 독점적 경쟁의 모형은 최소한 국제무역에서 규모의 경제에 대한 역할을 부각시키는 방법으로 인식되고 있다.

5 독점적 경쟁과 국제무역

독점적 경쟁모형이 무역에 적용될 수 있다는 말이 강조하는 것은 무역이 시장규모를 증진시킨다는 것이다. 규모의 경제가 있는 산업에서 한 국가가 생산할 수 있는 상품의 다양성과 생산의 규모는 시장규모에 의해 제약을 받는다. 국가들은 서로 교역하고 개별 국가의 시장보다는 통합된 더 큰 세계시장을 형성함으로써 이와 같은 제약을 완화시킬 수 있다. 각 국가는 무역이 없는 경우보다 더 좁은 범위의 재화를 생산함으로써 특화할 수 있다. 자국에서 생산할 수 없는 재화를 다른 국가들로부터 수입함으로써 각 국가는 소비자들에게 이용 가능한 재화의 다양성을 동시에 증가시킬 수 있다. 따라서 국가 간에 부존자원이나 기술의 차이가 없더라도 무역은 상호 이익이 된다. 예를 들면, 두 국가가 각각 연간 100만 대의 자동차를 생산하는 시장을 갖고 있다고 가정하자. 서로 무역을 함으로써 이 국가들은 200만 대를 생산할 수 있는 결합된 시장을 갖는다. 이와 같이 결합된 시장에서 생산된 여러 종류의 자동차가 각 시장이 독립적으로 존재하는 것보다 더 낮은 평균비용으로 생산된다.

독점적 경쟁모형은 무역이 개별 국가가 직면하는 규모의 경제와 다양성 간의 상충관계를 어떻게 개선시키는가를 보여주는 데 사용된다. 독점적 경쟁모형에서 더 큰 규모의 시장이 어떻게 평균가격을 낮추고 다양한 재화의 종류를 이용할 수 있게 되는가를 우선 설명한다.

이 결과를 국제무역에 적용함으로써 무역은 개별 국가의 시장보다 규모가 더 큰 세계시장을 창출한다. 즉, 국제무역을 통하여 시장을 통합함으로써 단일국가 내의 시장이 증가하는 것과 같은 효과를 갖는다.

5.1. 시장규모의 증가효과

독점적 경쟁모형의 산업에서 기업의 수와 이 기업들이 부과하는 가격은 시장의 규모에 영향을 받는다. 대규모 시장에서 더 많은 기업과 기업당 더 많은 판매량이 존재한다. 대규모 시장에서 소비자는 소규모 시장의 소비자보다도 더 낮은 가격과 다양한 종류의 상품을 공급받는다.

본 모형 내에서 이것을 검토하기 위하여 [그림 7-4]에서 기업당 평균비용이 높을수록 산업 내에 기업이 더 많이 존재한다는 것을 나타내는 곡선 CC를 다시 검토한다. 이 곡선의 정의는 식 (7.12)에 주어져 있다.

$$AC=\frac{FC}{X}+MC=n\times\frac{FC}{S}+MC$$

상기 방정식을 검토하면 총판매량 S의 증가는 기업의 수 n이 주어진 경우 평균비용을 감소시킨다. 이것은 시장이 증가하는 반면 기업의 수가 일정할 경우 기업당 판매량은 증가하고 각 기업의 평균비용은 감소하기 때문이다. 따라서 두 시장을 비교하여 하나의 시장에서의 판매량이 다른 시장보다 더 많다면 규모가 큰 시장의 곡선 CC는 규모가 작은 시장의 것보다 더 낮다.

반면에 [그림 7-4]에서 기업이 부과하는 가격을 기업의 수에 연결시키는 곡선 PP는 이동하지 않는다. 이 곡선의 정의는 식 (7.16)에 주어져 있다.

$$P=MC+\frac{1}{b\times n}$$

시장의 규모는 이 식에 포함되지 않으므로 따라서 시장규모(S)의 증가는 곡선 PP를 이동시키지 않는다.

[그림 7-5]는 시장규모 확대의 장기균형에 대한 효과를 나타내기 위하여 이와 같은 정보를 사용한다. 최초의 균형점은 가격이 P_1, 기업의 수가 n_1인 점 1에 있다. 산업의 판매량 S로 측정된 시장규모의 증가는 곡선 CC를 C_1C_1에서 C_2C_2로 하방이동시키는 반면 곡선 PP에는 영향을 주지 못한다. 새로운 균형점은 점 2에서 결정되므로 따라서 기업의 수는 n_1에서 n_2로 증가하는 반면 가격은 P_1에서 P_2로 하락한다.

그림 7-5 | 시장규모 확대의 장기균형에 대한 효과

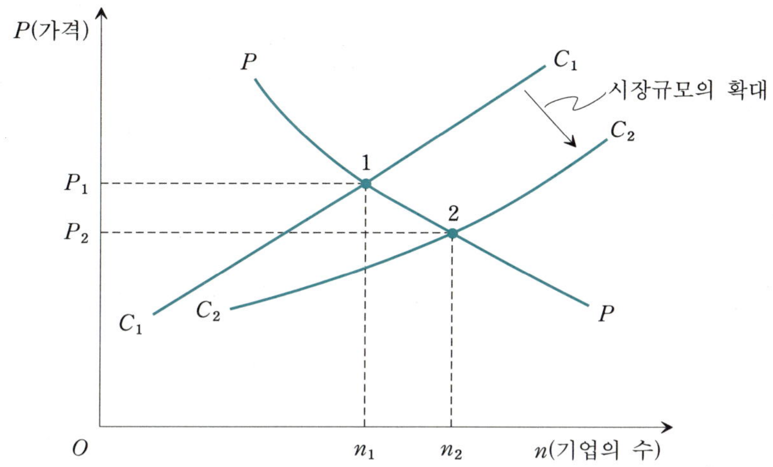

이처럼 점 2에서 다양한 종류의 제품이 점 1에서보다 더 낮은 가격으로 이용될 수 있다. 따라서 소비자들은 소규모 시장보다는 대규모 시장을 더 선호한다.

국제무역의 효과 가운데 하나는 어느 한 국가의 시장보다 규모가 큰 세계시장을 만드는 것이다. 먼저 독점적 경쟁산업의 시장규모 확대의 일반적 효과를 살펴보자.

인구의 증가나 1인당 소득의 증가 때문에 시장의 규모가 확대된다고 가정하자. 처음의 효과는 개별 기업이 직면하는 수요를 증가시켜서 이윤을 증대시킨다. 다시 이것은 새로운 기업이 진입하여 독점이윤이 없어질 때까지 개별 기업이 직면하는 수요곡선을 다시 되돌려 놓는다. 하지만 시장규모의 확대는 기업의 수를 증가시킴에 따라 소비자가 선택할 수 있는 제품의 수는 증가한다.

그렇지만 제품의 수가 증가함에 따라 각 소비자는 대체재를 선택하게 된다. 즉, 각 재화에 대한 수요가 가격에 더욱 민감하게 된다. 대체재가 많을수록 어떤 한 재화의 가격이 변화할 때 소비자들은 더 자주 수요유형을 바꾸게 되므로 수요곡선은 왼쪽으로 이동할 뿐만 아니라 더 완만해진다.

이 이동의 의미는 [그림 7-6]에 나타나 있으며 시장확대 전과 후에

그림 7-6 | 시장확대에 따른 생산규모의 증가

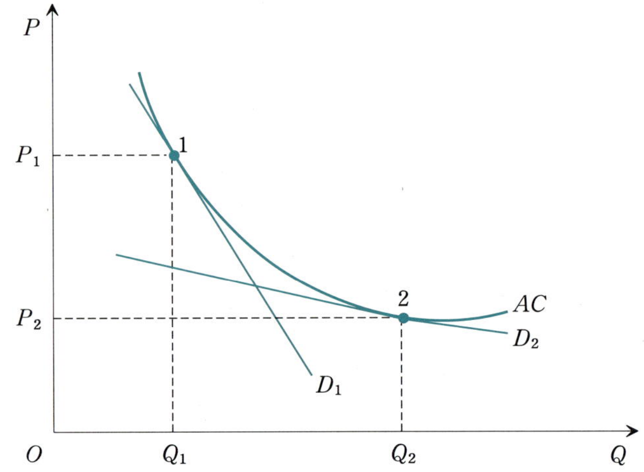

이윤이 전혀 없는 균형을 비교한다. 확대 전에 대표기업이 직면하는 수요곡선은 D_1이고 확대 후에는 D_2이다. 그러므로 시장이 확대된 후에 AC와 수요곡선 사이의 접점은(점 1에서 점 2로 이동하여) 가격은 P_1에서 P_2로 하락하며 대표기업의 산출량은 Q_1에서 Q_2로 증가한다.

소비자들은 확대된 시장에서 두 가지 방법으로 이익을 얻는다. 더 많은 제품을 이용할 수 있기 때문에 선택범위가 넓어졌으며, 기업들의 산출량 증대에 따른 평균비용의 감소 때문에 재화의 가격이 하락한다. 이와 같이 확대된 시장에서의 이 두 이익은 국제무역시의 비교우위로 발생하는 것 이상으로 새로운 이익을 나타낸다.

5.2. 결합된 시장에서의 이익: 숫자의 예

국제무역은 시장의 규모를 확대시키는데, 이를 구체적인 숫자의 예를 통하여 무역이 가격, 규모 및 이용 가능한 상품의 다양성에 미치는 효과를 살펴보자. 독점적 경쟁산업인 자동차산업을 고려하자. 주어진 자동차산업의 생산자들이 직면하는 수요곡선이 $b=1/30,000$인 경우(이 값은 특별한 의미가 없으며, 단지 예를 명확히 나타내기 위하여 선택하였다) 식 (7.11)로 설명된다.

따라서 어느 한 생산자들이 직면한 수요곡선은 다음 식으로 주어진다.

$$X = S\left[\frac{1}{n} - \frac{1}{30,000} \times (P - \bar{P})\right]$$

여기서, X: 기업당 판매되는 자동차의 수
S: 그 산업의 총판매량
n: 기업의 수
P: 기업이 부과하는 가격
$\bar{P}$: 다른 기업들의 평균가격

자동차를 생산하는 비용 중 고정비용 $FC = 750{,}000{,}000$원이고 자동차 한 대당 한계비용 $MC = 5{,}000$원의 값으로 식 (7.9)로 설명된다고 가정할 경우 총비용은 다음과 같다.

$$TC = 750{,}000{,}000 + (5{,}000 \times X)$$

그러므로 평균비용곡선은 다음과 같다.

$$AC = \frac{750{,}000{,}000}{X} + 5{,}000$$

〔표 7-2〕에서와 같이 자국과 외국 두 국가가 존재한다고 가정할 경우, 자국은 연간 90만 대의 자동차를 판매하고, 외국은 연간 160만 대의 자동차를 판매한다고 하자. 그리고 두 국가들은 생산비용이 같다고 가정하자.

〔그림 7-7〕은 자국의 자동차산업에 대한 곡선 PP와 CC를 나타낸다. 무역이 없는 경우 각각 1만 원의 가격으로 판매하는 자동차를 생산하는 자국기업의 수는 6개이다(대수적으로 P와 n으로 풀 수 있다). 가격방정식 (7.16)이 만족되고 가격이 평균비용과 같으면 장기균형이 성립한다.

한계비용의 실제값 MC, 수요의 파라미터 b, 그리고 자국기업의 수 n을 식 (7.16)에 대입하면 다음과 같다.

$$P = 10{,}000 = MC + \frac{1}{b \times n} = 5{,}000 + \frac{1}{\frac{1}{30{,}000} \times 6}$$

$$= 5{,}000\text{원} + 5{,}000\text{원}$$

그림 7-7 | 자국의 자동차시장 균형

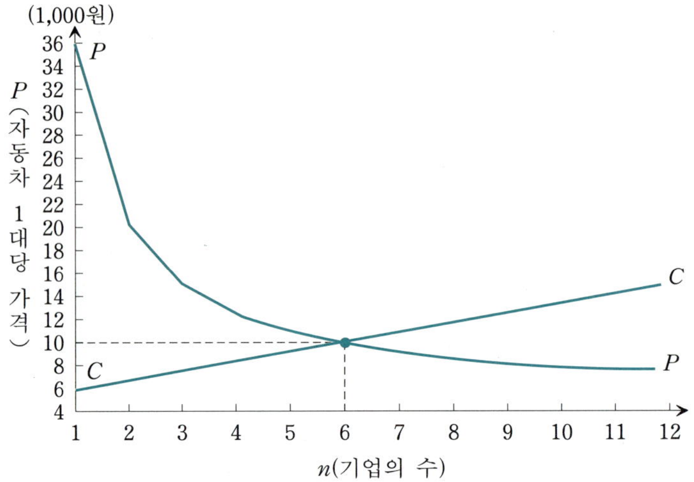

따라서 한계수입과 한계비용이 같은 이윤극대화 조건은 만족된다.

한 기업당 150,000단위(900,000단위/6개 기업)를 판매한다. 그러므로 평균비용은 다음과 같다.

$$AC = \frac{750{,}000{,}000}{150{,}000} + 5{,}000 = 10{,}000\text{원}$$

단위당 평균비용이 1만 원으로 가격과 같으므로 모든 독점이윤은 없어진다. 따라서 각 기업이 15만 대의 자동차를 생산하여 1만 원의 가격으로 판매하는 6개의 기업은 자국시장에서 장기균형상태에 있다.

반면에 외국의 경우는 어떠한가? 곡선 PP와 CC를 그림으로써 시장이 160만 대의 자동차를 생산할 때 곡선은 $n=8$, $P=8{,}750$에서 서로 교차한다. 무역이 없는 경우 외국시장에서는 8개의 기업만이 존재하며, 각 기업은 20만 대의 자동차를 생산하고 8,750원의 가격으로 판매한다. 이 해는 다음의 균형조건을 만족한다.

$$P = 8{,}750\text{원} = MC + \frac{1}{b \times n}$$

$$=5{,}000\text{원}+\frac{1}{\frac{1}{30{,}000}\times 8}$$

$$=5{,}000\text{원}+3{,}750\text{원}$$

$$AC=\frac{750{,}000{,}000}{200{,}000}+5{,}000\text{원}=8{,}750\text{원}$$

자국과 외국이 자동차를 교역하는 데 비용이 들지 않는다고 가정한다면 250만 대의 총판매량을 갖는 새로운 통합된 시장이 만들어졌음을 의미한다. 통합된 시장은 10개의 기업이 존재하며 각 기업은 25만 대의 자동차를 생산하여 8,000원의 가격으로 이들을 판매함으로써 이윤극대화와 정상이윤의 조건은 다시 만족된다. 즉,

$$P=8{,}000\text{원}=MC+\frac{1}{b\times n}$$

$$=5{,}000\text{원}+\frac{1}{\frac{1}{30{,}000}\times 10}$$

$$=5{,}000\text{원}+3{,}000\text{원}$$

$$AC=\frac{750{,}000{,}000}{250{,}000}+5{,}000\text{원}=8{,}000\text{원}$$

[표 7-2]에 시장통합의 결과가 요약되어 있다. 표는 각 시장과 통합된 시장을 비교하고 있다. 통합된 시장에는 분리된 시장보다 더 많은 기업들이 존재하며, 각 기업은 더 큰 규모로 생산하고 더 낮은 가격으로 판매한다. 따라서 통합의 결과 모든 사람들의 후생수준이 명백히 증가하는데, 이는 규모가 큰 시장에서 소비자들은 더 많은 선택범위를 가지며, 각 기업은

표 7-2 | 시장통합으로 인한 이익에 대한 가상적인 예

구분	무역 이전 자국시장	무역 이전 외국시장	무역 이후 통합된 시장
자동차의 총판매량	900,000	1,600,000	2,500,000
기업들의 수	6	8	10
기업당 판매량	150,000	200,000	250,000
평균비용(원)	10,000	8,750	8,000
가격(원)	10,000	8,750	8,000

더 많이 생산하므로 더 낮은 가격으로 제품을 생산할 수 있다는 것을 나타낸다.

시장통합에 따른 이익을 실현시키기 위하여 각국은 국제무역에 참여하며, 규모의 경제를 달성하기 위하여 각국은 자국 또는 외국의 한 국가에 생산을 집중시킨다. 그러나 산출품은 두 시장의 소비자들에게 판매되는데 이는 각 상품이 하나의 국가에서 생산되어 다른 국가에 판매되는 것을 의미한다.

5.3. 규모의 경제와 비교우위

독점적 경쟁산업의 예를 통해 규모의 경제로 발생하는 무역의 모형을 예측할 수 있다. 상기 모형은 생산비용이 두 국가 간에 같으며 무역은 비용이 들지 않는다고 가정한다. 이 가정을 비록 통합된 시장이 10개의 기업을 유지시킬지라도 이 기업들이 어느 국가에 위치하는가는 설명하지 않고 있다. 예를 들면, 4개의 기업이 자국, 6개의 기업이 외국에 존재하지만 앞의 예에 따르면 10개 기업 모두가 외국(또는 자국)에서 동등하게 존재할 수도 있다.

기업이 10개 이상 존재할 때의 국제무역의 유형을 결정하기 위하여 지금까지 설명한 부분균형 분석의 분석틀을 넘어서 규모의 경제가 비교우위와 어떻게 작용하는가에 대하여 고려하여야 한다.

자국과 외국으로 구성된 세계경제를 고려하자. 이들 각각의 국가는 두 개의 생산요소, 즉 자본과 노동을 갖고 있으며, 자국은 자본풍부국이라고 가정한다. 여기서 두 산업, 즉 제조업과 식료품산업이 있으며, 제조업이 더 자본집약적이라고 가정한다.

이 모형과 제5장의 모형 간의 차이점은 제조업이 동질적 제품을 생산하는 완전 경쟁적 산업이 아니라 많은 기업들이 차별화된 제품을 생산하는 독점적 경쟁산업이라는 점이다.

규모의 경제 때문에 어느 국가도 그 자체로 완전한 범위의 생산품을 생산할 수 없다. 비록 두 국가가 같은 제조업 제품을 생산할지라도 그들은 차별화된 제품을 생산할 것이다. 이것은 무역의 유형에 중요한 차이를 발생시킨다. 만일 제조업 제품들이 독점적 경쟁부문이 아니라고 할 경우 어

그림 7-8 | 규모에 대한 보수증가가 없는 경우의 국제무역

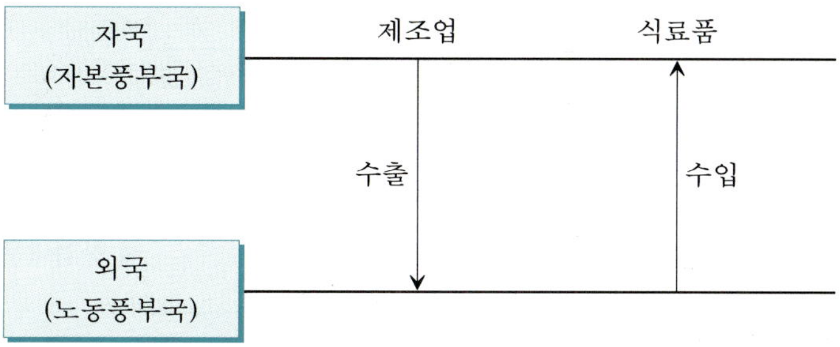

떤 일이 발생할 것인가를 먼저 살펴봄으로써 이 차이를 알 수 있다.

만일 제조업 제품이 차별화된 생산부문이 아니라면 무역유형이 어떻게 될 것인지는 제5장에서 이미 검토하였다. 자국은 자본풍부국이고 제조업 제품은 자본집약적이기 때문에 자국의 제조업 제품 공급이 상대적으로 많으므로 자국은 제조업 제품을 수출하고 식료품을 수입한다. 이러한 관계는 [그림 7-8]과 같은 그림으로 무역유형을 나타낼 수 있다. 화살표의 길이는 각 방향에서 무역의 값을 나타낸다. 이 그림은 자국이 식료품의 수입액수와 동일한 액수의 제조업 제품을 수출한다는 것을 나타낸다.

그러나 제조업 제품이 독점적 경쟁을 한다고 가정한다면 무역유형은 앞의 것과 다르게 된다(자국은 제조업 제품의 순수출국이고 식료품의 수입국이라고 계속하여 가정한다). 그러나 각 기업은 다른 기업들이 생산하는 것과 차별화된 제품을 생산하므로 제조업부문의 외국기업들은 자국의 기업들이 생산하는 것과 차별화된 제품을 생산할 것이다. 이에 자국의 일부 소비자들은 외국제품을 선호할 수 있으므로 제조업부문에서 무역의 흑자가 있을지라도 자국은 산업 내에서 수출할 뿐만 아니라 수입도 한다. 따라서 무역의 유형은 [그림 7-9]와 같이 된다. 제조업 내에서 두 가지 방향의 무역이 발생하므로 두 부분으로 구성된 세계무역을 생각할 수 있다. 일부 무역은 제조업 제품 간의 무역이 있을 수 있는데, 이것을 산업내무역(intra-industry trade)이라고 부른다. 또 하나의 무역은 제조업 제품과 식료품의 무역으로 이것을 산업간무역(inter-industry trade)이라고 부른다.

이상에서 살펴본 무역의 유형은 다음과 같은 특징이 있다.

그림 7-9 | 규모에 대한 보수증가와 독점적 경쟁시의 국제무역

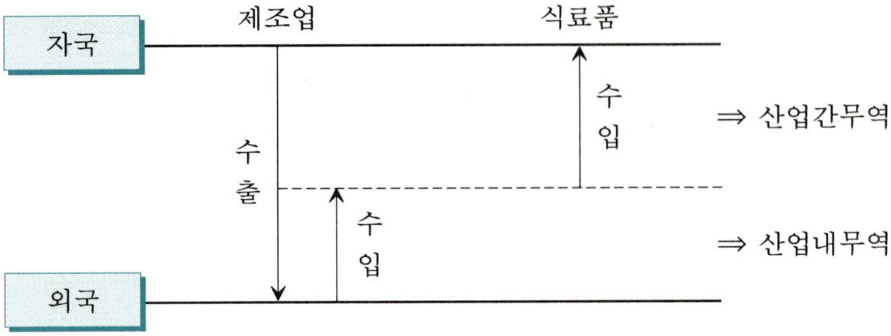

① 산업간무역은 비교우위를 반영한다. 산업간무역의 유형은 자본풍부국인 자국이 자본집약적인 제조업 제품의 순수출국이고 노동집약적인 식료품의 순수입국이다. 따라서 비교우위는 산업간무역의 주요 결정요인이다.

② 반면에 산업내무역은 비교우위를 반영하지 못한다. 만일 국가들이 전반적으로 동일한 자본-노동비율을 갖고 있다고 할지라도, 기업들은 차별화된 제품을 계속 생산하여 해외에서 생산된 제품에 대한 소비자들의 수요는 계속해서 산업내무역을 발생시킨다. 각 국가가 자체 소비를 위해서 전 범위의 제품을 생산하지 못하게 되는 것은 규모의 경제 때문이다. 다음 절의 외부경제의 규모와 같이 여기서 알고자 하는 것은 규모의 경제가 국제무역과 독점력의 원천이라는 점이다. 그렇지만 이때 규모의 경제와 비교우위가 동시에 작용한다.

③ 산업내무역의 유형은 그 자체를 예측할 수 없다. 어느 국가가 제조업부문 내의 어느 재화를 생산하는가에 대하여 이 모형은 설명하지 못한다. 이 모형에서 알 수 있는 것은 국가들이 차별화된 제품들을 생산할 것이라는 점이다. 이 불확정성이 앞 절에서 보았던 불확정성과 유사하며, 역사가 우연히 무역유형을 결정할 것이라는 의미로 해석할 수 있다. 무역유형을 예측할 수 없다는 것은 규모의 경제가 가지는 중요한 산업의 특징이다. 제조업부문에 대한 산업내무역의 유형은 자의적인 반면, 제조업과 식료품산업 간의 무역은 국가 간의 차이를 강조함으로써 결정된다.

④ 산업내무역과 산업간무역의 비중은 국가 간의 자본-노동비율이 유사성이 어느 정도인가에 달려 있다. 만일 자국과 외국의 자본-노동비율이

매우 유사하다고 가정하면, 산업간무역은 거의 존재하지 않으며 규모의 경제에 기초한 산업내무역이 지배적이다. 반면에 자본-노동비율이 크게 차이가 있다면 외국은 완전히 식료품 생산에 특화할 것이다. 따라서 산업내무역은 존재하지 않으며 모든 무역은 비교우위에 기초하여 이루어진다.

5.4. 산업내무역의 의미

(1) 산업내무역의 측정방법

산업내무역은 세계무역의 대부분을 차지하고 있는 선진공업국 간 제조업 무역에서 특히 중요한 역할을 하고 있다. 시간이 지남에 따라 선진공업국들은 기술수준과 자본 및 숙련노동력의 이용 면에서 유사하게 되었다. 대부분의 무역국들은 기술과 부존자원 면에서 유사하므로 산업 간에 명확한 비교우위가 없으므로 대부분의 국제무역은 비교우위에 따른 산업 간의 특화보다는 오히려 주로 규모의 경제에 의하여 초래되는 산업 내의 쌍방교환의 형태를 취한다. 산업내무역의 정도를 측정하는 방법에는 여러 가지가 있으나 가장 널리 사용되는 방법은 그루벨(H. Grubel)과 로이드(P. Lloyd)[6]에 의한 방법이다.

그루벨과 로이드는 '어떤 산업의 수입액과 정확하게 중복되는 동일 산업의 수출액'을 그 산업의 산업내무역으로 정의하고 다음과 같은 측정방법을 제시하였다.

$$R_i = |X_i + M_i| - |X_i - M_i|$$

여기서, X_i: i산업의 수출액
M_i: i산업의 수입액
R_i: 산업내무역액

산업내무역은 $S = |X_i - M_i|$로 정의되므로 총무역($X_i + M_i$)은 산업내무역과 산업간무역으로 구분할 수 있다.

상기와 같이 정의된 산업내무역액을 수출액과 수입액의 합에 대한 비율로 나타냄으로써 산업내무역지수 B_i를 유도할 수 있다.

[6] Hervert Grubel and Peter Lloyd(1975).

표 7-3 | 우리나라 제조업부문의 산업내무역지수의 변화 추이

SITC 분류번호	상품명	대(對)중국		대미국		대일본	
		1993	2004	1993	2004	1993	2004
5	화학물 및 관련제품	24.7	18.1	23.5	39.5	34.3	40.9
6	재료별 제조제품	29.2	48.2	32.9	37.0	49.8	51.4
7	기계 및 운수장비	23.3	51.3	48.7	33.4	32.6	50.8
8	기타 제조제품	56.2	41.2	24.7	35.1	20.1	27.4

자료: 강승호 · 박현옥(2006).

$$B_i = \frac{|X_i + M_i| - |X_i - M_i|}{|X_i + M_i|} \times 100 = \left[1 - \frac{|X_i - M_i|}{|X_i + M_i|}\right] \times 100$$

여기서 B_i는 0~100%의 값을 취한다. 만약 전체 무역이 산업내무역이라면(즉, $X_i = M_i$) B_i의 값은 100%가 된다. 이에 반하여 X_i나 M_i 중 하나가 0일 경우에는 무역의 중복부분이 없기 때문에 완전한 산업간무역만 이루어져 B_i는 0%가 된다.

강승호 · 박현옥은 1993년과 2004년의 한국의 부문별 대(對)중국, 대미국 및 대일본에 대한 산업내무역지수를 그루벨과 로이드의 방법에 따라 측정하였다.[7] 그 결과 [표 7-3]을 보면 대체적으로 1993년에 비하여 2004년에 산업내무역지수보다 더 크게 나타났다.

한국의 대중국, 대미국, 대일본에 대한 산업내무역지수를 부문별로 개관하면, 화학물 및 관련제품은 1980년대 이후 한국의 경쟁력이 제고되면서 미국 · 일본과의 교역에서 산업내무역이 꾸준히 증가하고 있는 것에 반해, 중국과의 산업내무역이 감소한 것은 한국이 중국에 대한 비교우위를 유지하고 있기 때문이다. 재료별 제조제품의 경우 한국의 경쟁력 제고에 따라 상승하고 있으며, 특히 중국의 경우 빠른 공업화 발전에 따라 노동집약부문의 경쟁력이 강화되면서 산업내무역이 크게 상승하였다.

기계 및 운수장비의 경우 미국을 제외한 중국과 일본과의 산업내무역은 증가하였는데, 미국의 경우는 수출증가폭이 수입증가폭보다 커짐에 따라 감소한 것으로 나타났다. 마지막으로 의류, 신발, 기타 잡제품으로 구성

[7] 강승호 · 박현옥(2006).

표 7-4 | 국가 간의 산업내무역 수준에 영향을 미치는 국가 및 제품의 특성

특성	효과
국가들의 1인당 평균소득	양
1인당 소득의 차이	음
국가들의 총소득평균	양
총소득의 차이	음
국가들의 무역성향	양
국가 간의 거리	음
국가 간의 공통의 경제	양
국가 간의 공통의 언어	양1)
공통의 무역블록 내 회원국	양
산업 내의 제품차별화	양2)
산업 내 기업들의 규모의 경제	음
산업 내의 산업집중	음
산업 내 기업들에 의한 다국적 생산	음3)
산업에 대한 평균관세수준	0
산업 내의 관세의 분산	음

주: 1) 영어·프랑스어·독일어 및 포르투갈어에 대해서는 양이지만 스페인어는 음이다.
2) 산업 내 수출가격지수, 이윤에 대한 분산지수 및 광고지출액이 동시에 사용되었다. 세 변수 모두 양의 효과를 나타냈다.
3) 산업 내 기업들의 해외자회사로부터 받은 수준과 외국의 자회사들과의 무역을 측정하는 두 변수가 동시에 사용되었다. 이들 모두 음의 효과를 나타냈다.
자료: Bela Balassa and Luc Bauwens(1984), 표 1.

된 기타 제조제품의 경우 미국과 일본 간의 산업내무역은 꾸준히 증가하고 있는데, 이는 노동집약적 제품에 대한 한국의 비교우위가 지속되고 있음을 의미한다.

한편, 발라사(Bela Balassa)와 바우웬(Luc Bauwens)[8]은 38개국, 152개 산업을 대상으로 산업내무역에 대한 경험적인 연구를 하였다. 이에 대한 결과는 [표 7-4]에 요약되어 있으며 각각 쌍무적인 무역의 흐름에 대하여 산업내무역지수 B_i를 설명하고 있다.

표에서 처음의 다섯 개 변수들은 교역국들의 일반적인 특성을 나타내고 있으며, 이들 대부분은 기대효과를 갖고 있다. 독점적 경쟁모형에서 소

[8] Bela Balassa and Luc Bauwens(1984).

득이 높은 국가들이 산업내무역을 많이 하고 있다고 볼 수 있다. 왜냐하면, 이 소비자들은 제품 차별화의 정도가 높은 정밀한 제조업 제품에 소비지출을 많이 하기 때문이다. 역으로 소득수준이 서로 다른 국가들은 다른 기호를 가지므로 산업내무역의 정도가 낮다. 이와 마찬가지로 대국은 다양한 종류의 제조업 제품을 생산한다. 마지막으로 관세율 수준이 낮고 대외지향적인 국가는 산업내무역의 정도가 크다.

다음 네 개의 변수들은 두 국가 간의 쌍무적 관계의 특성과 관련이 있다. 거리는 산업내무역을 감소시킨다. 왜냐하면, 수송비용은 다른 국가에 대한 각 국가의 시장점유율을 감소시키기 때문이다. 이것은 국제 간 과점적 경쟁을 초래하는 순수한 국가 내의 독점모형에서 발생하며, 또한 독점적 경쟁모형에서도 발생할 수 있다. 정보는 공통의 언어 또는 공통의 국경을 사용하는 국가 간에 자유롭게 이동하며 이것은 산업내무역을 촉진시킨다. 왜냐하면, 각 국가의 소비자들은 다른 국가들로부터 여러 가지 종류의 이용 가능한 재화를 구입할 수 있기 때문이다. EC와 같은 공통의 무역블록 회원국 간에는 산업내무역이 증가한다.

마지막 여섯 가지의 특성은 국가들보다는 오히려 산업 및 제품의 그룹들과 관련이 있다. 제품 차별화의 측정은 독점적 경쟁모형에서 예측한 바대로 양의 효과를 갖고 있다. 규모의 경제와 산업의 집중은 반대의 효과가 있는 것으로 나타난다. 규모의 경제는 산업내무역을 방해하는 진입장벽으로 나타나는 것으로 해석된다. 더욱이 산업집중은 과점적인 경쟁시장모형에서 국가 간의 시장을 상호 침투하게 되지만 이들의 연구에서는 반대 방향으로 나타났다. 산업 내에서 규모의 경제가 유익하게 크거나 대규모 기업들이 존재할 때 표준화뿐만 아니라 차별화가 나타나며, 표준화는 산업내무역보다는 특화를 발생시킨다. 다국적기업들의 생산범위는 두 가지 방향으로 나타난다. 한편으로는 특수한 국내시장에서 생산하는 기업들은 그들의 제품을 수출하지 않기 때문에 무역을 감소시킨다. 다른 한편으로, 국내에서 생산하는 기업들은 다른 국가들에서 부품 및 플랜트를 수입하기 때문에 무역을 증가시킨다(자동차산업의 경우가 대표적인 예이다). 이들의 연구에서 전자의 무역대체 효과가 지배적인 것으로 나타났다. 마지막으로 관세와 다른 무역장벽들은 산업 내의 무역을 제한하지만 이들 효과는 약한 것으로 나타났다.

(2) 산업내무역의 시사점

독점적 경쟁모형은 비교우위와 규모의 경제가 국제무역에서 어떻게 상호 작용하는가를 보여준다. 비교우위는 제2장에서 제5장까지 검토한 바와 같이 산업간무역의 유형을 결정한다. 그렇지만 규모의 경제 때문에 국가들은 산업 내에 특화하여 앞 절의 모형이 예측한 무역 이외에 산업내무역을 발생시킨다.

여기에서 지적하고자 하는 점은, 첫째로 산업내무역이 국제무역에서 이익증가를 가져온다는 것이다. 이것은 산업내무역이 더욱 큰 시장을 창출하기 때문이다. 산업내무역에 종사함으로써 각 국가는 생산하는 재화의 범위가 감소되지만 국내소비자들에게 이용 가능한 재화의 범위를 증가시킨다. 예를 들면, 두 국가가 자동차를 15종류의 모형으로 각각 생산한다고 가정한다. 만일 그들 국가가 서로 자동차를 무역한다면 각 국가는 생산하는 모델의 수를 말하자면 10으로 줄일 수 있으며, 소비자들은 실제로 더욱 넓은 선택의 범위(20개의 모형을)를 가질 수 있다.

이들 각각의 변화는 다음과 같은 이득을 준다. 더 좁은 범위의 제품을 생산함으로써 국가들은 더 큰 규모로, 그리고 더 높은 생산성으로 생산할 수 있다. 동시에 소비자들은 더 넓어진 선택의 범위로 이익을 얻는다. 자동차산업에서 알 수 있듯이, 두 국가에서 통합된 산업을 예로 들 경우 이익은 증가한다.

앞의 제5장에서 무역이익의 소득분배에 대한 분석에서 국제무역이 잠재적으로 모든 사람의 소득을 증가시킨다고 할지라도, 모든 사람이 무역으로 이익을 얻을 것이라는 전망은 비판적이다. 그 이유는 앞에서 논의한 모형에서 무역이 상대가격의 변화를 통해서 소득분배에 큰 영향을 미치기 때문이다.

그렇지만 산업내무역은 무역의 이익을 가져오는 주요한 요인이라고 가정한다. 이것은 국가들이 상대적인 요소공급이 유사할 때 산업간무역이 많지 않으며, 규모의 경제와 제품의 차별화가 중요할 때 선택의 범위가 넓어지고 규모가 커진 것에서 오는 이익이 크다는 것을 의미한다. 따라서 무역의 소득분배에 대한 효과는 작으며 산업내무역의 실제적인 추가이익이 있다. 그 결과 무역의 소득분배에 대한 효과에도 불구하고 모든 사람들이

사례연구 7-1

산업내무역의 사례: 미국의 자동차협정

규모의 경제가 국제무역에서 서로 이익이 된다는 특이하고 명확한 예로 1960년대 후반의 미국과 캐나다 간의 자동차무역 성장을 들 수 있다. 이 경우는 앞의 모형과 정확히 일치하지는 않지만 지금까지 발전시킨 기본 개념이 현실세계에서 유용하다는 것을 보여준다.

1965년 이전에 캐나다와 미국의 보호관세는 수입과 수출도 하지 않는 주로 자급자족하는 캐나다 자동차산업을 만들었다. 캐나다 자동차산업은 미국의 자동차산업과 동일한 기업들에 의하여 통제되었다(아직까지 다국적기업의 역할을 검토하지 않았으므로 앞의 모형과 조금 다르다). 그러나 이 기업들은 관세를 지불하는 것보다는 오히려 분리된 생산체계를 갖는 것이 더 저렴하다는 것을 알게 되었다. 따라서 캐나다의 자동차산업은 미국 자동차산업의 1/10 정도의 규모로 축소되었다. 미국 기업들의 캐나다 자회사들은 작은 규모로는 손해가 된다는 것을 알게 되었다. 이것은 부분적으로 캐나다의 공장들이 미국의 공장들보다는 작기 때문이다. 더욱 중요한 것은 미국의 공장들은 단일 모델이나 부품을 생산하는 데 반하여, 캐나다의 공장들은 여러 부품이나 모델을 생산함으로써 한 종류에서 다른 종류로 변화할 때 공장들이 주기적으로 문을 닫아서 더 많은 재고가 쌓이며 덜 특화된 제품을 생산한다. 따라서 캐나다의 자동차공장은 미국보다도 30% 정도 노동생산성이 낮아졌다.

이와 같은 문제를 해결하기 위해서 미국과 캐나다는 1964년 자동차생산에서 자유무역지역을 창설하기로 합의하였다. 이로 인해 자동차회사들이 그들의 생산물을 다시 조립할 수 있게 하였다. 자동차회사들의 캐나다 자회사는 캐나다에서 생산된 제품의 수를 줄였다. 예를 들면, 제너럴 모터스는 캐나다에서 조립된 모델의 수를 반으로 줄였다. 그렇지만 캐나다에서 전체적인 생산과 고용수준은 유지되었다. 이에 따라서 캐나다에서 더 이상 생산하지 않는 제품은 외국에서 수입하고 남은 제품을 수출할 수 있게 되었다. 1962년 캐나다는 1,600만 달러 상당의 자동차제품을 미국에 수출하였으며 5억 1,900만 달러를 수입하였다. 이들의 수출과 수입이 1968년까지는 각각 24억, 29억 달러로 증가하였다. 다시 말하면, 수출과 수입이 급격히 증가하여 산업내무역이 이루어졌다.

이에 따라서 무역의 이익이 양국 모두 증가하였다. 그리고 1970년대에는 캐나다의 산업이 생산성 면에서 미국의 산업과 비슷해졌다.

무역으로 인해 이익을 얻게 될 것이다.

둘째로, 산업내무역은 자본-노동비율, 기술수준이 유사한 국가 간에 크게 나타나므로 경제발전의 수준이 유사한 국가 간에 중요하다. 규모의 경제가 크고 제품이 크게 차별화되고 원자재 또는 전통적인 부문보다 정밀한 제조업 제품을 주로 생산하는 국가들의 경우에는 무역의 이익이 더 크다. 이것은 심각한 소득분배의 효과 없이도 선진화된 산업국가들 간의 무역이 제조업의 무역에 가장 잘 나타난다는 것을 의미한다.

이 결론은 제2차 세계대전 후의 서유럽의 경험에서 잘 나타난다. 1957년에 유럽의 주요 국가들은 제조업에서 자유무역지역, 공동시장 또는 유럽경제공동체(EEC)를 창설하였다(영국은 1973년에 EEC에 가입하였다). 그 결과 무역이 급속히 성장하여 EEC 내의 무역은 1960년대 세계 전체 무역에 비하여 2배로 성장하였다. 일부에서는 EEC 역내무역의 급속한 성장이 많은 혼란과 정치적 문제를 야기할 것으로 예상하였다. 그렇지만 실제로 무역의 성장은 산업간무역보다는 오히려 산업내무역의 증가로 나타났다. 이것은 많은 경제적 변화가 요구되지 않음을 의미한다. 예를 들면, 프랑스의 전기기계산업 노동자들이 손해를 입은 반면 독일의 같은 산업 노동자들이 이익을 본다고 말할 수 있는 대신에 두 부문의 노동자들은 통합된 유럽 산업의 효율성이 증가되었기 때문에 이익을 본다. 그 결과 유럽 내 무역의 성장은 모든 사람들이 기대하였던 것보다 훨씬 더 적은 사회적·정치적 문제를 나타냈다.

6 외부경제와 무역의 유형

무역의 독점적 경쟁모형에서 국제무역으로 발생하는 규모의 경제는 개별 기업수준에서 발생한다. 즉, 특정한 기업의 산출량이 많아질수록 평균비용은 더 낮아진다. 그러나 모든 규모의 경제가 반드시 개별 기업수준에서 적용되지는 않는다. 여러 가지 이유로 한 개 또는 몇 개의 지역에서 산업의 생산을 집중시키는 것은 비록 그 산업에서 기업들이 소규모라고 할지라도 그 산업의 비용을 감소시킨다. 예를 들면, 지리적으로 한 곳에 집중된 산업은 여러 가지 다양한 종류의 특화된 서비스를 제공할 수 있는 지역시장을 형성한다.

기업보다는 오히려 산업수준에서 규모의 경제가 적용될 때 이를 외부경제(external economies)라고 부른다. 외부경제는 국제무역에서 중요한 역할을 하지만 그 효과 면에서는 매우 다르다. 외부경제는 불완전 경쟁이 아니라 완전 경쟁시장구조를 나타낸다. 왜냐하면, 개별 기업들은 산업수준에서 대규모의 이점에도 불구하고 소규모일 수 있기 때문이다.

6.1. 외부경제와 무역의 유형

외부경제에 의한 규모의 경제가 나타날 때 일부 산업에서 대량생산하는 국가는 다른 조건이 일정할 때 그 재화를 생산하는 비용이 낮다. 강한 외부경제는 그 원천이 무엇이든 산업간무역의 유형을 초래한다.

〔그림 7-10〕은 시계를 생산하는 비용과 연간 생산된 시계의 수에 대한 함수로 표시한 것이다. 두 국가, 즉 스위스와 한국이 표시되어 있는데, 시계를 생산하는 평균비용은 스위스의 경우 AC_{SWI}, 한국의 경우 AC_{KOR}로 표시되어 있다. D는 시계에 대한 세계수요를 표시하고 있다.

만일 시계산업에서 기업들에게 규모의 경제가 외부적이고 개별 기업수준에서 규모의 경제가 없다면, 각 국가에서 시계산업은 많은 소규모의 완전 경쟁기업들로 구성되어 있다고 가정하자. 그러므로 경쟁은 시계의 가격을 평균비용 수준으로 낮춘다.

한국의 임금이 스위스보다 낮기 때문에 한국의 평균비용곡선이 스위스의 평균비용곡선보다 아래에 있다고 가정하자. 이것은 주어진 생산량 수준에서 한국은 스위스보다 더 저렴한 가격으로 시계를 생산할 수 있다는 것을 의미한다.

이것은 한국이 세계시장에 전적으로 공급할 수 있다는 것을 의미한다. 그러나 실제로는 그렇지 않다. 왜냐하면, 역사적인 이유로 스위스가 먼저 시계산업에 진출하여 명성을 얻었기 때문이다. 처음에 세계시계시장의 균형이 〔그림 7-10〕에서 매년 Q_1의 생산량과 P_1의 가격으로 점 1에서 결정된다. 만일 한국이 시계시장에 진출한다면 균형점은 점 2로 이동할 것이

그림 7-10 | 외부경제와 특화

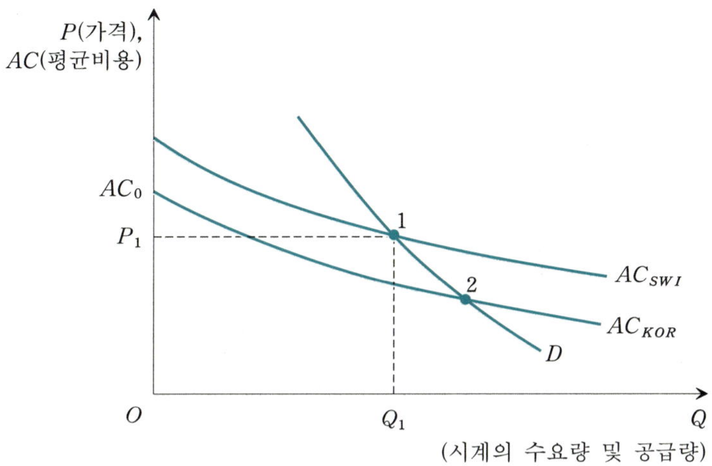

다. 그렇지만 역사적으로 한국은 세계시계시장에 진출하지 않고 있었으므로($Q=0$) 시계의 생산을 고려하는 한국의 개별 기업은 AC_0의 생산비용에 직면하게 된다. 이 비용은 기존의 스위스 산업이 시계를 생산할 수 있는 가격보다 높다. 비록 한국의 기업들이 스위스보다 더 저렴하게 잠재적으로 시계를 생산할 수 있다고 할지라도, 스위스의 선발기업들이 이미 그 산업에 진출함으로써 비용 면의 우위가 있다.

이 예에서 볼 수 있듯이 외부경제는 비용 면에서 비교우위가 있다고 할지라도 어느 한 국가가 어느 제품을 생산하는 데 주요한 역할을 한다.

6.2. 외부경제에 따른 무역과 후생

외부경제에 기초한 무역은 비교우위에 기초한 무역이나 기업수준의 규모의 경제에 기초한 무역보다도 국가의 후생수준에 대한 효과가 모호하다. 어느 특정 산업에 생산을 집중시켜 외부경제를 초래하면 세계경제에 이익이 될 수 있는 반면 어느 국가가 외부경제에 적합할 것인가는 결정할 수 없다. 외부경제에 기초한 무역은 무역이 없는 경우보다 실제로 그 국가의 후생을 더 악화시킬 수 있다.

그림 7-11 | 외부경제와 무역으로 인한 후생의 감소

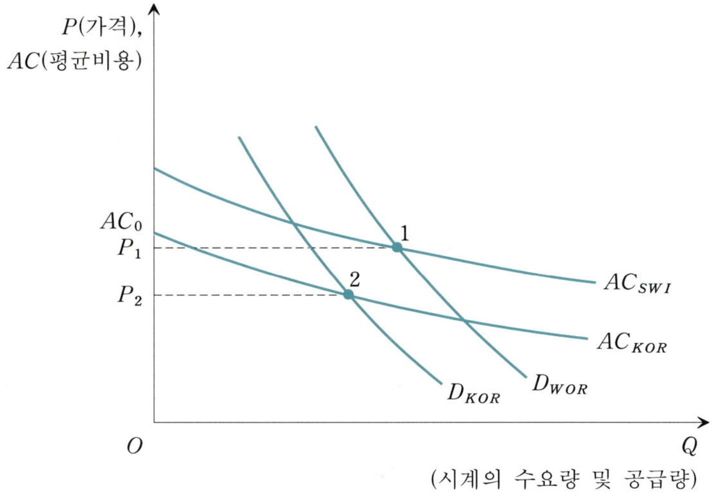

무역이 개시되지 않는 경우보다 무역이 개시한 경우에 실제로 후생이 더 악화될 수 있는 경우가 [그림 7-11]에 나타나 있다. 이 경우 앞에서와 같이 한국과 스위스는 모두 시계를 생산하지만 한국은 더 저렴한 비용으로 생산할 수 있지만, 스위스가 먼저 세계시장에 진출하였다고 하자. D_{WOR}는 시계에 대한 세계수요이며 스위스가 시계를 생산할 경우 균형점은 점 1이다. 여기서 한국의 시계에 대한 수요 D_{KOR}를 추가한다고 하자. 만일 시계산업에서 무역이 이루어지지 않고 한국이 자급자족한다면 한국의 균형은 점 2에서 이루어질 것이다. 낮은 평균비용곡선 때문에 점 2에서 한국에서 생산된 시계의 가격 P_2는 스위스에서 만든 시계의 가격 P_1보다 실제로 더 낮다. 만일 시계의 무역이 개시되지 않고 이 국가가 재화를 자급자족한다면 한국이 수입하는 재화의 가격은 실제로 더 낮다. 따라서 이 상황에서의 무역개시는 무역이 없는 경우보다 그 국가의 후생을 더 악화시킬 것이다. 이 경우 한국은 외국과의 경쟁으로부터 시계산업을 보호할 잠재적인 인센티브를 갖지만 실제로 이와 같은 외부효과를 구별하기가 어렵기 때문에 무역에 대한 정부의 적극적인 개입을 반대하는 근거가 된다.

요약

① 규모의 경제가 나타나는 재화는 다수의 소규모 기업보다는 소수의 대규모 기업들에 의하여 생산하는 것이 유리하다. 규모의 경제가 나타나는 경우 국가 간에 부존자원과 기술의 차이가 없다고 할지라도 국제무역을 할 수 있다.

② 규모의 경제에 의한 무역은 불완전 경쟁의 시장구조를 가져온다. 규모의 경제가 외부효과를 갖는 산업은 다수의 소규모 기업들로 구성된다. 반면에 내부효과에 의한 규모의 경제는 대규모 기업들이 소규모 기업들보다 비용 면에서 우위를 갖고 있는 불완전 경쟁의 시장구조를 갖는다.

③ 독점적 경쟁모형은 산업 내부에 다수의 기업이 존재하고 기업의 자유로운 진입·퇴출이 보장되는 점에서 완전 경쟁과 같지만, 차별화된 제품을 생산하며 시장가격을 변경시킬 수 있는 점이 다르다.

④ 독점적 경쟁의 기본 모형에서 균형은 시장규모에 의하여 영향을 받는다. 산업 내에 기업들이 많을수록 각 기업이 부과하는 가격은 낮아진다. 반면에 산업 내에 기업들이 많을수록 각 기업의 평균비용은 더욱 높아진다.

⑤ 국제무역으로 통합된 시장은 분리된 시장보다도 시장 내에 더 많은 기업들이 존재하며 각 기업은 더 큰 규모로 생산하고 더 낮은 가격으로 판매한다.

⑥ 산업간무역은 비교우위를 반영하며, 무역의 유형은 자본풍부국은 자본집약적인 제품을 수출하고 노동풍부국은 노동집약적인 제품을 수출하는 형태이다. 반면에 산업내무역은 비교우위를 반영하지 못하며 비록 요소의 부존비율이 같다고 할지라도, 기업들은 차별화된 제품을 생산하고 또한 해외에서 생산된 제품에 대한 소비자들의 수요로 인하여 동일한 제품들 간에 무역이 이루어진다.

⑦ 외부효과에 의한 규모의 경제가 발생할 때 그 재화를 생산하는 비용은 낮아진다. 그러나 외부경제에 기초한 무역은 내부효과에 의한 무역보다 국가의 후생수준에서 그 효과가 모호하다.

연습문제

1 다음 예가 외부효과와 내부효과 중 어느 것에 의한 규모의 경제인가를 설명하여라.

(a) 우리나라의 중고책 가게들은 대부분 청계천 상가에 밀집되어 있다.

(b) 미국 내에서 판매되는 대부분의 혼다자동차는 오하이오의 메리빌에서 생산되거나 수입된다.

(c) 유럽의 대규모 항공기 생산업체인 에어버스에 대한 모든 항공기 프레임은 프랑스의 툴라우제에서 조립된다.

(d) 용산의 전자상가는 우리나라 전자부품 공급의 중심지이다.

2 완전 경쟁시 기업들은 가격을 한계비용과 일치시킨다. 그런데 내부효과에 의한 규모의 경제가 있는 경우에 왜 이것이 가능하지 않은가?

3 규모의 경제가 작용하는 산업들의 생산을 증가시키면, 각 국가에 이익이 될 수 있으므로 규모의 확대가 존재하는 것은 각 국가들 간의 대립의 원인이 된다는 주장도 있다. 독점적 경쟁과 외부경제모형에 의하여 이 견해를 평가하여라.

4 본문의 [표 7-2]의 숫자에서 고려하고 있는 두 국가가 연간 375만 대의 자동차시장을 갖고 있는 제3국과 경쟁하기 위하여 자동차시장을 통합한다고 가정하자. 무역 이후에 새로이 통합된 시장의 기업의 수, 기업당 산출량, 자동차당 가격을 계산하여라.

5 다음의 경우에서 대규모 경제와 비교우위의 상대적 중요성을 평가하여라.

(a) 세계에서 알루미늄의 대부분은 노르웨이 또는 캐나다에서 용해한다.

(b) 세계에서 대규모 제트항공기의 대부분을 시애틀에서 조립·생산한다.
(c) 대부분의 반도체는 미국 또는 일본에서 조립·생산된다.
(d) 대부분의 스카치 위스키는 스코틀랜드에서 생산된다.
(e) 세계에서 가장 좋은 포도주의 대부분은 프랑스에서 생산된다.

6 최근 미국과 캐나다 간에는 자유무역지역을 창설하였다. 반면에 많은 잠재적인 이익에도 불구하고 미국과 멕시코 간의 자유무역은 비현실적이다. 산업내무역의 이론에 의하여 그 이유를 설명하여라.

7 마셜적 외부경제의 구체적인 예를 설명하여라.

8 산업내무역지수에 대하여 설명하여라.

9 독점적 경쟁에서 기업의 단기균형과 장기균형을 설명하여라.

10 독점적 경쟁에서 무역이익과 산업내무역이 어떻게 발생하는가를 설명하여라.

제8장

과점시장과 국제무역: 무역정책의 개입에 의한 신보호주의 접근방법

개요

지금까지 특정 국가의 단일기업들이 각 제품에 대하여 세계적인 독점력을 행사하는 것이 불가능하다고 가정하고 분석하였다. 그렇지만 자동차, 대형 컴퓨터 및 항공기 등 일부 산업들은 일부 국가에만 판매가 집중된 과점시장 조직을 갖고 있다. 과점시장의 행태를 분석할 때에는 경쟁적인 참여자들이 서로 협조하지 않는다고 가정한다.

먼저 국내의 공급독점과 수입압력이 있는 경우, 외국 독점기업에 의한 공급과 그에 대한 대항조치를 살펴본다. 다음으로 과점산업에서의 국제무역, 차별적 과점과 산업내무역을 검토한다. 또한 복점모형에서의 규모의 경제, 연구개발과 자국기업의 판매량, 복점모형에서의 수출보조금 등 신보호주의 접근방법을 다룬다. 마지막으로 전략적 무역정책의 개념을 검토한다.

중요 용어

- 복점
- 산출량의 추측된 변화
- 쿠르노 과점모형
- 생산보조금의 정책
- 경쟁의 성격
- 합리적 추측
- 쿠르노의 가정
- 수요독점력
- 전략적 무역정책

제2차 세계대전 이후에 많은 국가들이 국제시장에 참여하면서 유럽 국가들과 일본은 급속히 경제를 회복하여 1인당 국민소득이 미국과 거의 비슷하게 성장하였다. 더욱이 최근에는 신흥공업국가들의 출현으로 세계시장에서 주요 무역국가의 범위는 더욱 확대되었다. 경쟁하고 있는 국가들이 많아짐에 따라 단일기업들과 같이 개별 국가들이 각 제품에 대하여 세계적인 독점력을 행사하는 것이 줄어들었음에도 불구하고 기술집약적인 산업의 경우에는 일부 기업에 의한 독점력이 유지·확장되어 세계무역에서 과점화 형태를 취하게 되었다. 예를 들면, 자동차, 반도체, 대형 컴퓨터, 대규모 승용항공기, 터빈 제너레이터 및 알루미늄 등이 그것이다.

최근에 경제학자들은 세계과점시장의 일부가 자국에 기반을 둘 때 그 국가의 후생수준을 어떻게 극대화할 것인가 하는 정책 문제에 초점을 맞추어 분석하고 있다. 만일 OPEC의 형태를 취한다면 소비국들을 희생시켜 다른 생산국들과 공동의 독점이윤을 얻는 합의를 도출할 수 있다. 하지만 이와 같은 경우는 좀처럼 드물며 오히려 국가들은 정책 문제를 국제적 과점의 다른 구성국들과 비교하여 상대적으로 자국생산자들의 위치를 고무시키는 최선의 방법을 찾는 것으로 정의하고 있다. 따라서 국제시장조직에서 경쟁자들을 퇴출시키고 독점이윤을 추구하려고 한다. 그러나 한 산업에서 과점적인 경쟁자를 퇴출시키는 것은 일반적으로 불가능하고 가능하더라도 이윤을 얻지 못한다.

국가의 정책결정에 대한 최근의 이론들은 다음과 같다. 국가 내의 기업은 외국에 위치한 하나의 경쟁기업과만 직면하고 있다고 가정한다. 즉, 시장조직은 두 기업이 기타 세계에 수출하는 국제적 복점(duopoly)이다. 정부는 어떻게 국가 내 제1의 기업이 복점의 이윤을 더 많이 얻도록 도와주거나 세계이윤을 분할하는 것을 더 확대하도록 할 수 있는가? 국가의 정책이 제어할 수 있는 범위는 두 복점기업의 경쟁 여하에 달려 있다. 만일 이 복점기업이 세계시장에서 공동의 이윤을 극대화하기 위하여 OPEC 형태의 카르텔을 형성한다면, 이윤의 더 큰 몫을 얻기 위하여 자국기업이 협상하는 데 도와 주지 않는 한 자국정부가 할 수 있는 것은 거의 없다.

그렇지만 두 복점기업이 서로 협조하는 경우는 드물며, 최근의 이론적인 모형은 서로 협조하지 않는 경우에 분석의 초점을 맞추고 있다. 일반적으로 과점이론은 판매자들이 여러 가지 방법으로 서로 반응하기 때문에 통일되어 있지 않다. 일부 이론은 독립되어 있지만 순수한 완전 경쟁과 순수한 독점적인 생산자들이 같은 환경하에서 선택하는 산출량 수준 사이에서 과점기업들이 생산하는 산출량을 일반적으로 예측하는 것은 불가능하다. 이와 같이 근본적인 것은 무시한다고 할지라도 과점시장을 모형화하는 일반적인 방법은 경쟁적인 판매자들이 공동의 독점이윤을 얻는 데 서로 협조하지 않는다(noncooperate)고 가정하는 것이다. 즉, 이들은 서로 협조하지 않지만 시장에서 그들 자신의 행동에 따라서 경쟁기업들의 가격 또는 산출량의 변화를 기대하지 않는 것처럼 행동한다. 각 복점기업들이 산출량을 증가시키면 세계가격을 인하시키지만(왜냐하면, 세계시장에서 시장점유율이 높기 때문에 가격설정자들이다) 외국의 경쟁기업들로부터 반응이 없을 것을 기대한다. 이 가정은 복점의 경우에 타당하지 않을는지 모르지만 한 경쟁기업이 경쟁자들의 반응에 대하여 체계적인 기대를 하지 못할 만큼 충분히 많은 기업들이 있는 과점의 경우에는 의미가 있다. 한편으로 자국기업이 산출량을 확대할 때 경쟁기업들은 세계가격이 하락하는 것을 방지하기 위하여 산출량을 감소시킬지 모른다. 반면에 경쟁기업들은 시장점유율을 유지하기 위하여 산출량을 확대하여 세계가격을 하락시킬지 모른다. 하지만 경쟁기업들의 산출량이 경쟁자의 산출량 변화에 반응하지 않을 것이라는 가정을 '쿠르노의 가정(Cournot assumption)'이라고 부른다.

자국의 복점기업이 얻는 이윤은 국민소득을 증대시키므로 정부는 국민소득을 확대시키기 위하여 어떠한 일을 할 수가 있는가? 정부는 자국기업의 산출량 증대를 보조함으로써 얻을 수 있는 이윤을 증가시키고 외국 경쟁기업의 이윤을 감소시킬 수 있다. 만일 보조금 지급으로 복점자의 하나인 자국기업의 산출량이 증가한다면 다른 복점자인 경쟁기업의 산출량은 감소한다.

이 장 제1절에서는 과점시장의 기초 개념, 제2절에서는 독점시장과 국제무역으로서 국내시장 내에 공급독점이 있는 경우의 수입 압력, 외국 독점기업에 의한 국내공급과 그 대항조치의 효과를, 제3절에서는 무역정책기업에 의한 신보호주의 접근방법으로서 복점모형에서의 규모의 경제, 연구개발과 자국기업의 판매량 및 복점모형에서의 수출보조금 등을 분석하고, 전략적 무역정책의 개념도 살펴본다. 제4절에서는 시장의 불완전성이 후생에 미치는 영향을 검토한다.

1 과점시장의 기초 개념

완전 경쟁시장의 특징은 판매자와 구매자의 수가 무수히 많으며, 이때 모든 판매자는 모두 동질적(homogeneous) 상품을 공급한다. 또한 어떤 생산자이든지 시장으로의 진입과 시장으로부터의 탈퇴에 아무런 장벽이 없어야 한다. 뿐만 아니라 생산자와 소비자는 시장에 대한 완전한 정보와 지식을 가지고 있어야 한다. 개별 생산자와 소비자는 시장에서 시장수요와 시장공급에 의하여 결정된 가격을 그대로 받아들이고 있을 뿐 정해진 가격을 변화시킬 수 있는 힘을 갖지 못하는 가격순응자(price-taker)이다. 그러나 시장 내에 하나의 기업만이 존재하는 독점시장구조하의 기업은 가격설정자(price-setter)이다.

부분균형 접근방법에 따라 하나의 시장에 제품을 생산·공급하는 하나의 기업만을 고려한다. 이 기업의 이윤 π는 총수입 TR, 즉 총생산량 x와 가격 P를 곱한 xP에서 총비용을 뺀 값이다. 생산을 한 단위 증가하여 이것을 판매함에 따라 얻어지는 수입의 증가분은 한계수입 MR, 비용의 증가분은 한계비용 MC이다. 이때 생산량의 변화 Δx에 대응하는 이윤은 $\Delta\pi=(MR-MC)\Delta x$가 된다. 그리고 한계수입이 한계비용을 초과하는 경우 생산량을 증가시키면 이윤이 증가하므로 기업은 생산을 확대시키려고 한다. 따라서 기업이 이윤을 극대화시키는 조건은 $MR=MC$이다.

한계수입은 그 기업이 속하는 시장구조에 따라 다르다. 역수요함수는 가격수준 P에 대응하는 수요량을 나타내는 시장수요함수 $D(P)$에서 $P=P(X)$로 표시한다. 해당 기업의 생산량 x의 변화는 시장 전체의 생산량 X와 수요량 D에 영향을 미치고 가격에도 영향을 준다. X의 변화에 따른 가격 P의 반응은 $\Delta P/\Delta X=P'$으로서, 이것은 역수요함수 P의 기울기로 나타난다. 또한 가격 변화에 따른 수요량 변화의 비율을 나타내는 수요의 가격탄력성은 $E=-(\Delta D/\Delta P)\cdot(P/D)=-P/(P'D)$이다. 여기서 $D=X=$

$x+x^*$이며, x^*는 다른 기업의 생산량이다. 탄력성이 크다는 것은 가격이 상승할 때 수요량이 크게 감소한다는 것을 의미한다.

여기서 쿠르노의 가정에 따라서 수량을 설정한다고 가정한다. 일반적으로 기업이 생산량을 변화시키는 경우에 대하여 살펴보자. 해당 기업이 생산량을 변화시키면 다른 기업이 반응하여 생산량을 변화시키고, 이에 따라 시장의 공급량이 변화하고 가격이 변화한다. 마지막으로 관련되는 것은 수요의 가격탄력성 E에 따라 변화한다. 그러나 이 모든 효과는 기업의 추측과 관계가 있다.

산출량의 추측된 변화(conjectural variation in output)란 해당 기업이 산출량을 Δx만큼 변화시킬 때 다른 기업이 산출량을 얼마만큼 변화시킬 것인가에 대한 추측을 의미한다. 만약 다른 기업에 의한 산출량의 변화가 Δx^*라고 추측한다면 산출량의 추측된 변화 r은 다음과 같이 표현될 수 있다.

$$r=\frac{\Delta x^*}{\Delta x} \tag{8.1}$$

만약 어느 기업이 자기 기업의 산출량을 어떻게 변화시킬지라도 다른 기업이 산출량을 변화시키지 않으리라고 기대한다면, 즉 쿠르노의 가정에 의해 r은 0이 된다. $P=P(x+x^*)$에서 $\Delta P/\Delta x=P'(1+r)$[1]이며 좌변은 해당 기업이 추측하는 역수요함수의 기울기인 P'는 기업이 실제로 감지하는(perceived) 역수요함수의 기울기이다. 한계수입은 $MR=P+x\Delta P/\Delta x=P+x(\Delta P/\Delta X)(1+r)$이고, 이것을 기업이 추측하는 수요의 탄력성 e로 고쳐 쓰면,

$$e=-\left(\frac{P}{x}\right)\left(\frac{\Delta x}{\Delta P}\right), \qquad s=\frac{x}{D}$$

$$e=\frac{E}{s\cdot(1+r)} \tag{8.2}$$

이며, 시장의 점유율 $s=x/D$이고 $MR=(1-1/e)P=\{1-s\cdot(1+r)/E\}P$

---

1 $P=P(X)=P(x+x^*)$에서 x의 변화율 Δx에 따라 독립변수 X 내의 x와 x^*의 변화율의 합, 즉 $dx/dx+dx^*/dx=1+r$이다. 만약 기업의 수가 무수히 많아진다면 완전 경쟁기업 간 상호 의존적 변수 r은 거의 무시할 정도로 작아져 $r=0$이 된다.

이다.

기업이 추측하는 수요의 탄력성 e는 시장수요의 탄력성 E를 시장점유율 s로 나눈 것과 관련하여 $(1+r)$부분을 제외하면 크게 된다. 여기서 다른 기업의 생산수준이 변화하지 않는 것으로 가정하는 쿠르노적 추측에서는 $r=0$이고 $e=E/s$가 된다.

따라서 기업의 수가 증가하고 해당 기업의 점유율이 감소하면 기업이 추측하는 탄력성 e는 커지고 한계수입도 증가한다. 그러므로 한계비용이 변화하지 않는다면 기업은 생산을 확대시키게 된다. 시장의 구조·형태에 따라서 한계수입은 다르다. 완전 경쟁시장에서는 $MR=P$이다. 독점의 경우에 $s=1$로서 $MR=P+X\Delta P/\Delta X=P(1-1/e)$이며, 과점의 경우 $X=x+x^*$로서 $MR=P+xP'(1+r)$이다.

2 독점시장과 국제무역

2.1. 국내의 공급독점과 수입 압력

무역정책의 국내시장 지배력에 대한 효과를 살펴보자. 여기에서는 독점력이 실제 또는 잠재적인 수입경쟁으로부터 제한받는 하나의 국내기업만 존재하는 경우를 분석한다.

[그림 8-1]에서 자국시장의 수요곡선은 DD', 한계수입곡선은 MR, 국내시장에서 독점기업의 한계비용곡선은 MC이다. 수입경쟁이 없는 경우에 독점기업의 이윤을 극대화하는 산출량은 한계수입과 한계비용이 일치하는 점인 M에서 결정되어 가격은 P^m, 그리고 산출량은 x^m이 된다. 만약 이 산업이 완전 경쟁적이라면 공급곡선은 한계비용곡선이 되고 시장의 균형점은 E로서 가격은 P^c, 산출량은 x^c가 된다. 그러나 국내시장에 독점이 형성되는 경우 산출량 감소로 가격은 높게 책정된다.

그림 8-1 | 국내공급독점과 수입 압력

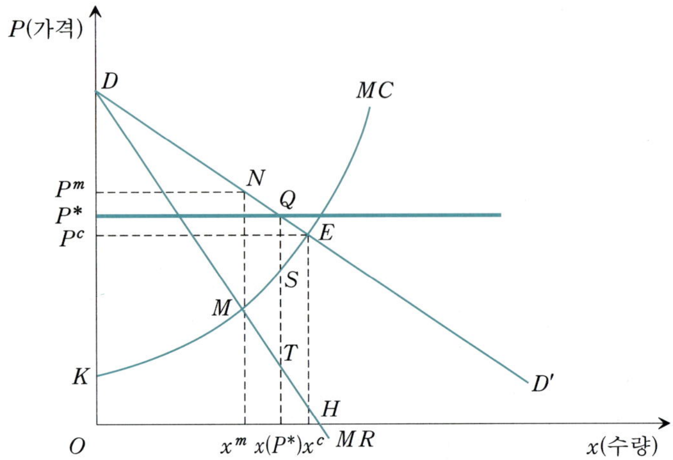

후생 면에서 완전 경쟁과 비교해 보면, 소비자잉여는 DEP^c에서 DNP^m으로 감소하고 생산자영여는 KEP^c에서 $KMNP^m$으로 증가한다. 따라서 EMN 면적의 사회적 순후생의 손실이 발생한다. 여기서 자유무역이 이루어지고 외국에서 국내의 독점가격보다 낮은 가격 P^*에서 수입이 이루어지면 독점자는 P^* 이상으로 가격을 인상시킬 수 없다. 해외로부터 발생하는 수입경쟁 압력은 국내에서 형성된 독점력에 대한 제한으로서 중요한 역할을 한다. 독점기업이 직면하는 수요곡선은 P^*QD'이 되고 한계수입곡선은 P^*QTH와 같이 굴절되어 있다. 이는 국내독점가격보다 낮은 P^*에서 수입이 이루어짐에 따라 독점기업이 직면하는 수요곡선이 굴절된 결과로서 P^*Q는 해외시장을 완전 경쟁으로 보기 때문에 TH는 QD'에서 유도되기 때문이다. 따라서 생산은 점 S에서 결정되고 생산량은 $x(P^*)$로 증가하고 가격은 P^*로 감소한다. 실제로 수입은 발생하지 않지만 독점기업은 세계가격보다 낮은 수준에서 수요되는 양을 생산한다. 그러나 잠재적인 수입경쟁 압력이 존재하는 경우 소비자잉여는 DQP^*, 생산자잉여는 $KSQP^*$, 총잉여는 $DQSK$이므로 사회적 순후생의 손실은 QSE로 감소한다. 따라서 국제무역은 경쟁을 촉진시켜 사회적 후생의 손실을 감소시킨다.

2.2. 외국독점기업에 의한 국내공급과 그 대항조치

어느 재화를 국내시장에 공급하는 외국기업이 하나만 존재하는 경우를 고려한다. 국내기업에 의한 공급은 존재하지 않으며 국내산업은 완전경쟁적이라고 가정한다. 수입재에 대한 국내수요는 우하향하는 기울기를 갖는 수요곡선으로 표시되며, 그 탄력성은 외국기업의 독점력을 결정한다.

[그림 8-2]에서 자국의 수요곡선은 DD', 한계수입곡선은 DK로 표시한다. 외국의 독점기업만이 국내시장에 공급하고, 그 한계비용의 크기는 OG로 일정하다.

이윤을 극대화시키는 외국기업의 수출생산점은 한계수입과 한계비용이 만나는 점 B에서 결정되고 가격은 OF, 공급량은 FA이며, 이윤 $GBAF$는 해외로 유출된다. 소비자영여는 DFA이며 자국에서 유일한 이익이 된다. 자국독점기업의 경우 생산자잉여가 자국 내에 있지만 외국독점기업만이 국내시장에 공급하면 이윤이 해외로 유출된다. 따라서 이윤이 해외로 유출되는 것을 막고 효용을 높이는 정책을 생각해 보자.

첫 번째로 고려할 수 있는 최상의 정책은 OG 수준에서 수입재에 대하여 상한가격(price ceilings) 또는 최고가격(maximum prices)을 정하는 것이다.

그림 8-2 | 외국의 독점이윤을 추출하기 위한 관세

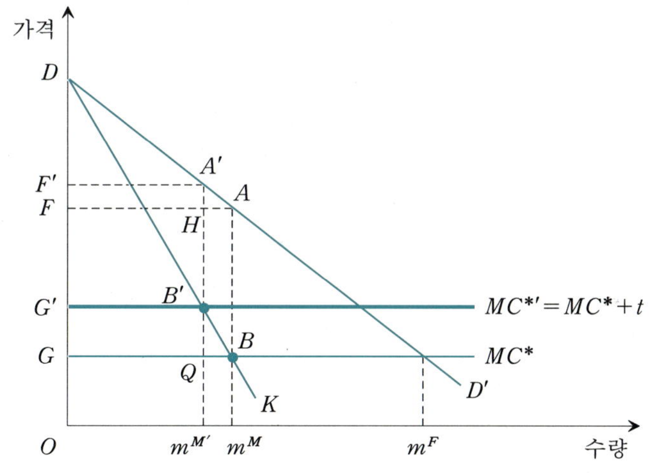

이 경우 가격은 OF에서 OG로 하락하고 수입은 m^M에서 m^F로 증가한다. 따라서 소비자잉여는 해외로 유출되지 않고 국내에 남게 된다. 그러나 이 정책은 한계비용이 수평선이 되어야 한다는 가정으로, 즉 소규모 국가라는 가정이다. 반면에 외국으로 유출되는 이윤을 막기 위하여 차선의 정책으로 관세가 사용된다. 경쟁적인 경우에 최적관세의 문제와 혼동하지 않기 위하여 외국독점기업의 한계비용이 일정하다고 가정하자.

두 번째로 생산물 1단위당 종량세를 GG'만큼 부과한다고 하자. 이것을 외국의 독점이윤 또는 지대를 추출하는 관세(a tariff to extract foreign monopoly profit or rent)라고 부른다. 외국독점기업의 한계비용은 OG에서 OG'으로 상승한다. 따라서 점 B'에서 생산하고 가격은 OF', 공급량은 $F'A'$으로 바뀐다. 국내가격은 상승하고 외국독점기업의 이윤 $G'B'A'F'$이 해외로 유출된다. $FF'<GG'$이므로 독점기업의 이윤은 $GBAF-G'B'A'F'=(GQB'G'-FHA'F')+QBAH>0$이므로 감소한다. 한편, 소비자잉여도 $DF'A'$으로 감소한다. 그러나 관세수입이 0에서 $GQB'G'$으로 증가하고 '사중손실(deadweight loss)'을 나타내는 삼각형 HAA'이 충분히 작으면 자국의 총소비자영여는 증가한다. 즉, 영역 $GQB'G'$이 영역 $FAA'F'$보다 크다면 자국은 외국생산자를 희생시켜 후생을 증진시킨다. 관세의 부과로 독점이윤의 유출을 감소시키고 순후생이 증가한다.

명백히 이와 같은 개입은 자국에 바람직하다. 그러나 경제적 이윤이 외국에서 자국으로 이전되었다고 해서 보호주의 조치가 반드시 모두에게 이익이 된다고 결론지을 수는 없다. 왜냐하면, 자국에서 수출되는 재화에 대한 외국의 보복조치가 있다면 후생의 손실이 발생할 수 있기 때문이다.

다음으로 외국의 독점적 공급에 대항하여 국내기업이 육성된다면 어떻게 될 것인지 살펴보자. [그림 8-3]에서 자국기업의 한계비용곡선 MC는 우상향하고 외국기업의 한계비용곡선 MC^*보다 위에 위치하여 비용 면에서 외국기업은 국내기업보다 우위에 있다. 자국기업은 외국기업이 설정하는 가격에 기초하여 이윤을 극대화하려고 한다. 자국기업의 공급곡선은 바로 한계비용곡선이다. 외국독점기업은 그들이 설정하는 가격 OF보다 낮은 가격수준에서 수요량을 결정하고 이에 따라 외국독점기업의 수요는 수요곡선과 자국기업의 공급곡선(한계비용곡선)과의 차이인 JN이다. 따라서 외국기업이 직면하는 수요곡선은 JND'으로서 그 가운데 JN의 부분에

그림 8-3 | 외국의 독점적 공급에 대항하여 국내기업이 육성되는 경우

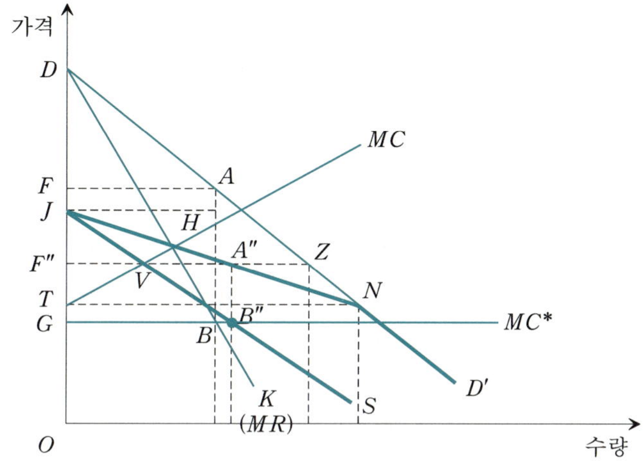

대응하는 한계수입곡선은 JS이다. 외국기업은 점 B''에서 생산을 결정하고 생산량은 $GB''(=F''A'')$, 가격은 OF''에서 결정된다. 자국기업은 $F''V(=A''Z)$를 생산하고 전체 생산은 $F''Z=F''V+GB''$이 되어 수요와 일치하고, 외국기업의 이윤은 $GBAF$에서 $GB''A''F''$으로 감소한다. 자국의 소비자잉여는 DFA에서 $DF''Z$로 증가하고 생산자잉여는 TVF''이 새로이 발생하여 총후생은 증가한다. 따라서 외국의 독점적 공급자가 존재하는 경우 자국 내에서 생산하는 것이 비용 면에서 불리하여도 생산이 가능한 자국의 기업이 존재하는 것이 후생 면에서 이익이 된다.

2.3. 국내독점이 세계복점이 되었을 때의 순수한 경쟁효과

두 국가에 존재하는 독점기업은 무역 이전에는 국내에서 하나의 기업이 독점적으로 공급하지만 무역 이후에는 통합된 세계시장에서 복점으로 동질적인 재화(완전 대체재)를 공급한다고 하자. 한 기업에서 다른 기업의 반응을 고려할 필요가 없는 쿠르노적 추측을 가정하고, 두 국가는 생산과 수요 면에서 동일하다고 하자.

무역 이전에 역수요함수를 공통으로 $P=P(x)$, 수요의 가격탄력성을

E라고 하자. 이윤을 극대화하는 조건은 앞에서와 같이 $MR=P(1-1/e)$로 나타낼 수 있으므로 $P(1-1/e)=MC$가 성립하고 $e>1$은 기업이 추측하는 수요의 탄력성에 있어서 독점 때문에 $e=E$이다. 두 국가의 구조가 같기 때문에 국가를 표시하는 첨자는 생략한다. 무역이 개시되어 시장이 통합됨에 따라 역수요함수는 $P=P(x+x^*)$와 두 국가에 대한 생산량의 합의관계가 된다. 시장수요의 가격탄력성은 두 국가의 수요조건이 동일해서 E, 한계수입은 $P(1-s/E)$가 된다. $s=x/(x+x^*)=1/2$로 자국기업의 시장점유율을 나타낸다. 따라서 기업이 추측하는 수요의 탄력성은 $e=2E$로 증가한다. 무역에 의해서도 탄력성 E가 변화하지 않으면 무역이 개시된 이후 가격도 변화하지 않는다. 따라서 각 기업의 점유율은 1에서 1/2로 감소하고 $MC<MR$이 되어 처음보다 각국의 재화생산은 확대되고 가격은 하락한다. 즉, 시장이 통합되고 기업의 수가 1에서 2로 증가함에 따른 경쟁의 효과로 가격이 하락하여 이익을 얻는다.

3 무역정책 개입에 의한 신보호주의 접근방법

3.1. 복점모형에서의 규모의 경제

복점모형에서의 규모의 경제(economics of scale in a duopoly framework)에 대한 크루그먼(P.R. Krugman)의 분석은 일본이 자국의 특정 산업(예: 자동차)의 생산자들을 보호하기 위하여 보호조치를 취한 후에 세계시장에서 주요 수출국으로 된 현상을 설명하려고 한 것이다.[2] 어느 산업에서 하나는 자국의 기업이고 다른 하나는 외국의 기업으로 두 기업이 존재한다는 복점(duopoly)상황을 가정한다. 이 기업들은 세계시장에서 서로 경쟁하고 있으

[2] Paul R. Krugman(1984), pp. 183～193.

그림 8-4 | 자국과 외국기업의 반응함수

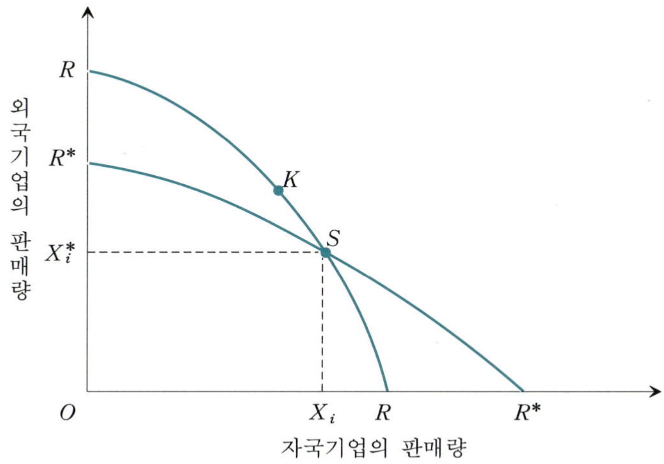

며, 이 기업들 가운데 한 기업에 대한 수입보호조치는 해외시장에서 보호받은 기업의 수출을 증가시키는데 이를 설명하기 위해서는 두 가지의 가정이 필요하다. 첫째, 산출량의 증가에 따라 한계비용이 하락한다. 즉, 산출량이 증가함에 따라 규모의 경제가 발생한다. 둘째, 각 기업은 가격과 산출량을 결정할 때 다른 기업의 행동을 고려한다. 이것은 기업의 수입이 자신의 산출량과는 양, 외국기업의 산출량과는 음의 관계가 있다는 것을 의미한다. 이와 같은 상호 의존 관계는 완전 경쟁모형에서는 존재하지 않는다. 상호 의존 관계에 따라 [그림 8-4]에서와 같이 각 기업에 대한 반응함수(reaction function)를 고려할 수 있다.

수평축에서 X_i는 i시장에서의 자국기업의 판매량을 나타내고, 반면 수직축의 X_i^*는 같은 시장에서의 외국기업의 판매량을 나타낸다. RR은 외국기업에 대한 자국기업의 반응함수이다. 이 곡선은 외국기업들이 이 시장에서 판매량을 증가시킴(X_i^*의 증가)에 따라 자국기업의 판매량이 감소하게 됨을 나타낸다. 따라서 자국기업이 이윤을 얻는 기회가 줄어들어서 자국기업이 판매하는 양은 줄어든다(X_i). 그러므로 자국기업의 반응함수는 우하향하며, 같은 논리로 외국기업의 반응함수 R^*R^*는 우하향한다. 다른 기업의 판매량이 주어진 경우에 이와 같은 반응함수는 각 기업들에 대한 시장

i에서의 판매량이 가장 높을 때의 이윤을 나타낸다. 또한 한계비용이 주어진 경우에 이 반응함수를 그릴 수 있는데, 이것은 각 기업의 총산출량은 일정하지만 주어진 시장에서의 판매량은 변화할 수 있다는 것을 의미한다. 마지막으로 다른 기업의 행태가 주어진 경우에 균형점은 S로서 이 곳에서 각 기업은 이윤을 극대화하는 산출량을 판매한다. 이때 점 S에서는 다른 기업의 반응이 주어진 경우에 각 기업이 이윤을 극대화하는 균형점이 되기 때문에 상호 전략을 변화하는 유인이 없어 내쉬균형(Nash equilibrium)이라 한다. 만약 기업들이 점 S에 있지 않다면 최소한 이들 가운데 하나는 이윤을 극대화하는 산출량 수준에서 판매하고 있지 않으므로 점 S에 도달할 때까지 조정이 이루어진다. 만일 자국의 기업이 주도권을 쥐고 자국의 반응곡선상의 최상의 점 K를 선택한다면, 그 결과는 선도자-추종자(leader-follower) 또는 슈타겔베르크 균형(Stakelberg equilibrium)으로 나타난다. 이때 주도권을 확대해 줄 방법이 없으면 다시 점 S의 내쉬균형점으로 복귀한다.

각 기업이 속해 있는 산업의 각 시장에서의 산출량 수준 대신 각 기업의 총산출량 수준을 검토하자. 산출량이 증가함에 따라서 한계비용이 감소한다고 가정하면 수요와 한계수입곡선이 주어진 경우에 한계비용곡선의 하방이동 또는 감소는 산출량의 증가를 가져온다. 이와 같은 관계에 따라 [그림 8-5]가 도출되며, 수평축은 자국기업의 총산출량을 나타내는데 이것은 자국기업이 공급하는 모든 시장에서 판매량의 합이다. 수직축은 한계비용을 나타낸다. 곡선 MM은 산출량이 증가하면(수평축을 따라서) 한계비용이 감소하게 된다는 가정을 반영한다. 반면에 곡선 QQ는 한계비용이 감소하면(수직축을 따라서) 산출량을 증가시킨다. 따라서 곡선 QQ는 곡선 MM과 역의 관계를 갖는다. 균형의 안정성을 위하여 곡선 QQ는 곡선 MM보다 더 가파르게 그려져 있다.[3] 이 기업의 균형은 점 T에서 이루어지며, 여기서 기업은 산출량 수준을 변화시킬 인센티브가 없다. 물론 같은 형태의 그래프를 외국기업에 대하여서도 그릴 수 있다. 즉, 곡선 M^*M^*(곡선 MM과 유사)가 곡선 Q^*Q^*(곡선 QQ와 유사)와 교차하는 점에서 기업의 총산출량이 생산된다.

상기와 같은 모형이 주어진 경우에 보호조치의 효과를 살펴보자. 만일

[3] 곡선 MM이 곡선 QQ보다 더 가파를 때 기업은 계속해서 하락 또는 상승하는 한계비용이 없다는 가정을 경험으로 반영한다.

그림 8-5 | 규모의 경제에 따른 자국기업의 한계비용과 총산출량

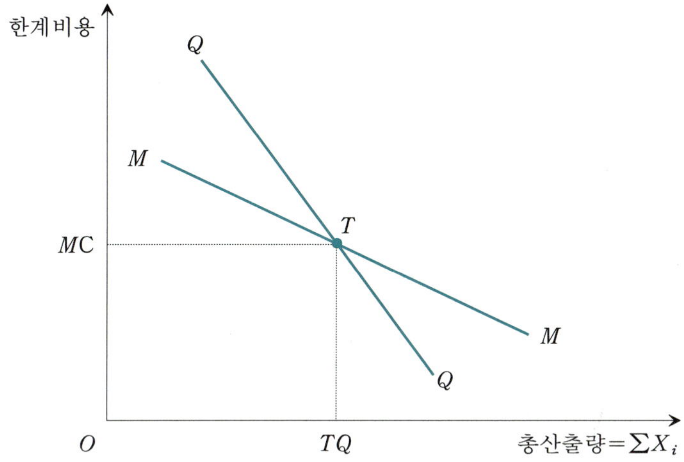

자국정부가 외국기업이 생산하는 재화의 수입품에 대하여 관세 또는 수입할당을 부과한다고 하자. 이와 같은 보호조치의 초기 효과는 〔그림 8-6〕의 (a)에서와 같이 자국기업의 산출량에 영향을 미친다. 한계비용의 수준이 주어진 경우에 자국기업의 산출량은 증가하므로 곡선 QQ는 오른쪽, 즉 $Q'Q'$으로 이동한다. 이와 같은 이동으로 기업의 균형점은 T'으로 이동하며, 이 점에서 한계비용은 상대적으로 하락하는 효과를 가져온다. 그림으로 표시되어 있지 않지만 외국기업의 곡선 Q^*Q^*는 왼쪽으로 이동한다. 왜냐하면, 한계비용의 각 수준에 대하여 산출량이 감소하기 때문이다. 이에 따라서 외국기업의 한계비용은 상승하게 된다. 이 반응함수는 한계비용이 주어진 것으로 보고 유도된 것이므로 각 기업의 한계비용 변화는 반응함수에 다시 피드백된다.

〔그림 8-6〕의 (b)에서 자국기업의 한계비용이 하락하면 각 시장에서 외국기업의 판매량 수준이 주어진 경우에 자국기업의 판매량은 증가하게 된다. 즉, 곡선 RR가 $R'R'$의 오른쪽으로 이동한다. 유사하게, 외국기업의 한계비용이 증가하면 외국기업은 자국기업의 판매량 수준이 주어진 경우에 그 재화의 더 적은 양을 판매하게 되므로 곡선 R^*R^*는 $R^{*\prime}R^{*\prime}$의 하방으로 이동하게 된다. 따라서 복점의 상황에서 각 시장의 균형점은 S'에서

그림 8-6 | 규모의 경제에 따른 자국의 보호주의와 자국기업의 판매량

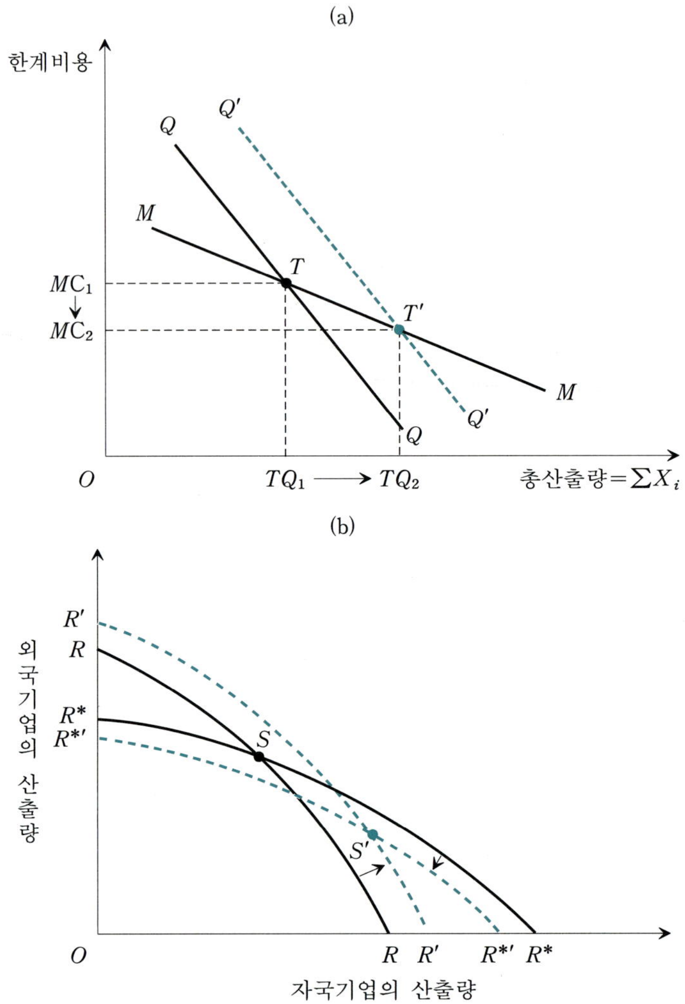

새롭게 이루어진다. 결국 자국기업은 외국기업의 희생하에서 판매량이 모든 시장에서 증가하게 된다. 모든 i시장에서의 새로운 판매량은 자국으로부터의 수출량이므로, 이와 같은 보호주의론을 규모의 경제에 의하여 수출을 증가시키는 관세(tariff to promote exports via economics of scale)라고 부른다. 여기서 보호주의 정책을 추진하는 것으로 고려할 때 외국은 다시 높은 관

세로 보복할 수 있다. 이 경우 시장점유율은 변화하지 않지만 무역량은 크게 감소한다.

3.2. 연구개발과 자국기업의 판매량

보호주의에 관한 연구개발(R&D) 접근방법은 규모의 경제에 의한 접근방법과 유사하지만 보호주의가 자국기업에 의한 수출을 증가시키는 데 있어서의 다른 루트를 강조한다.[4] 연구개발(research and development)에 의하여 수출을 촉진시키기 위한 관세(tariff to promote exports via research and development)를 고려하는 데 있어서 자국기업과 외국기업의 복점시장구조가 존재하고 기업들이 여러 시장에서 서로 경쟁하고 있다고 가정하자. 그러나 각 기업의 한계비용은 산출량에 관하여 일정하지만(즉, 한계비용곡선은 수평선이다), 산출량 수준이 투자에 주어진 경우에 한계비용은 연구개발의 투자에 의존한다. 이와 같은 관계는 음의 관계로서 R&D에 대한 지출이 클수록 한계비용이 하락한다. 반면에 산출량 수준이 더 증가할수록 R&D 비용을 조달하기 위하여 사용할 수 있는 이윤이 증가하게 되므로 R&D 지출량은 산출량 수준에 대한 양의 함수이다.

R&D 모형의 주요한 관계는 [그림 8-7]에 예시되어 있다. 자국기업에 의한 R&D 지출량은 수직축으로 측정되는 반면 자국의 산출량은 i시장에서 기업판매량의 합으로써 수평축으로 측정된다. 우상향하는 선 MM은 산출량이 증가함에 따라 이윤이 증가하므로 R&D 지출액은 증가함을 나타낸다. 우상향하는 선 QQ는 산출량이 R&D에 의해 좌우됨을 나타낸다. R&D가 증가함에 따라 한계비용은 하락하고, 이것은 다시 기업들이 더 많은 산출량을 판매할 수 있게 한다. 기업의 산출량이 균형점 T에 있을 때 이 두 관계는 계속적으로 유지된다.[5] 외국기업에 대해서도 같은 행태의 그림을 그릴 수 있다. 즉, [그림 8-7]에서와 같이 우상향하는 M^*M^*와 Q^*Q^*가 서로 만나는 T^*에서 기업의 균형점이 결정된다.

이 모형에서 보호주의 효과는 앞 절에서의 모형과 유사하다. 만일 자국정부가 자국기업을 위하여, 즉 자국시장을 보호할 목적으로 관세를 부과

[4] Paul R. Krugman(1984).

[5] 안정성을 위하여 선 QQ가 선 MM보다 더 가파르다고 가정한다.

그림 8-7 | 자국의 보호주의와 자국기업의 R&D 지출 및 산출량

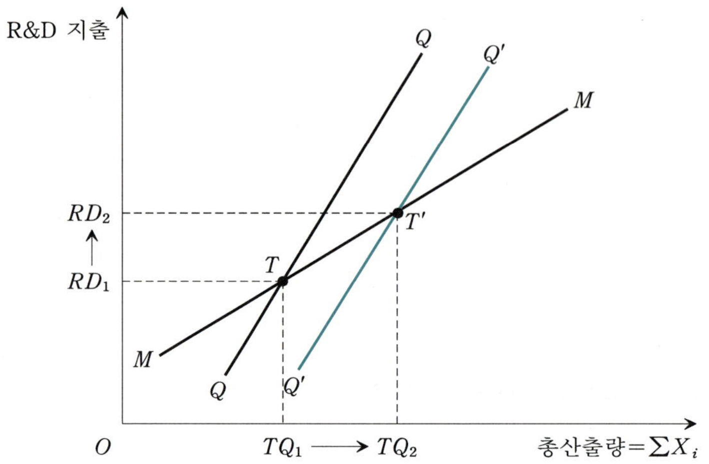

한다고 하자. 이와 같은 보호효과로 기업이 이미 생산하고 있던 산출량 외에도 자국시장에서 판매되는 양 가운데 일부를 자국기업들이 판매할 수 있으므로 생산량이 증가하여 [그림 8-7]에서 선 QQ는 $Q'Q'$으로 오른쪽으로 이동한다. 이와 같은 이동은 R&D의 지출이 주어진 경우에 더 많은 산출량을 생산한다는 것을 의미한다. 이때 새로운 균형점 T'에서는 더 많은 R&D 지출을 하게 된다. 이와 같은 R&D의 지출증가로 한계비용이 감소하므로 기업은 모든 시장에서 외국기업들로부터 판매량을 빼앗을 수 있다. 외국기업들에게는 반대의 과정이 발생한다는 것을 생각할 때 외국기업을 희생하고 얻는 판매량의 이익은 더 커진다. 이 기업의 R&D 각 수준에 따라 산출량이 감소하게 된다. 즉, 곡선 Q^*Q^*는 왼쪽으로 이동하게 된다. 그 결과 외국기업의 R&D 지출이 감소하고 한계비용이 증가하게 되므로 이 기업의 판매량이 감소한다.

앞 절과 이 절의 내용이 시사하는 것은 규모의 경제에 의하든 R&D 지출에 의하든 간에 수입보호는 궁극적으로 수출을 촉진시킨다는 점이다.

3.3. 복점모형에서의 수출보조금: 전략적 무역정책

(1) 국제복점과 국가의 전략: 브랜더와 스펜서의 분석

정부개입에 대한 복점모형에서의 수출보조금(export subsidy in duopoly) 접근방법은 스펜서(Barbara J. Spencer)와 브랜더(James A. Brander, 1983)[6]에 의해 처음으로 소개된 후에 그로스만(Gene M. Grossman)과 리처드슨(David Richardson)[7]에 의해 더욱 발전되었다. 또한 이 분석에서는 자국기업과 복점모형을 가정하고 있다. 기업들은 제3국 시장에서 판매경쟁을 하고 있으므로 그들 자신의 국내시장에서 어떠한 산출량도 판매하지 않는다고 가정한다. 복점 또는 과점모형에서와 같이, 기업들은 상호 의존성을 인정하며 그들의 판매결정에서 상호 의존성을 고려한다.

기본 모형은 [그림 8-8]에 예시되어 있다. 두 실선은 반응함수이다. 반응함수란 불완전 경쟁시장인 복점시장에서 각국 기업은 기업의 이윤을 극대화하기 위해 상호 의존을 인식하며, 아울러 산출량의 결정에 있어서도 상호 의존을 고려하려는 의도를 나타낸 것이다. 선 HH는 외국기업의 판매수준 변화에 따른 자국기업이 이윤을 극대화하는 판매량 수준이다. 외국기업의 판매량이 증가하게 되면 가격과 자국기업의 이윤이 하락하고 자국기업의 판매량이 감소하기 때문에 선 HH는 우하향한다. 선 FF는 자국기업의 판매량 수준이 주어진 경우에 외국기업이 이윤을 극대화하는 판매량 수준을 나타낸다. 선 HH와 같은 논리로서 이 선은 우하향한다. 다른 기업의 판매량 수준이 주어진 경우에 각 기업이 이윤을 극대화하는 균형점은 E이다.

점 E에 도달하는 이유를 알기 위하여 점 A와 같은 점을 고려한다. 만일 두 기업들이 점 A에서 생산한다면 자국기업은 OX_1의 판매량에 만족하는 반면 외국기업은 OX_1^*의 판매량에 만족하지 않는다. 외국기업은 점 A에서 너무 많은 양을 생산하므로 이윤을 극대화하기 위하여 OX_2^*로 생산을 줄인다. 이와 같은 해외판매의 변화로 인해 점 B에 도달된다. 그러나 점 B는 자국기업의 입장에서 이윤을 극대화하는 점이 아니므로 OX_2

[6] James A. Brander and Barbara J. Spencer(1984), pp. 194～206.
[7] Gene M. Grossman and J. David Richardson(1985).

그림 8-8 | 제3국 시장에서 자국기업과 외국기업의 판매량

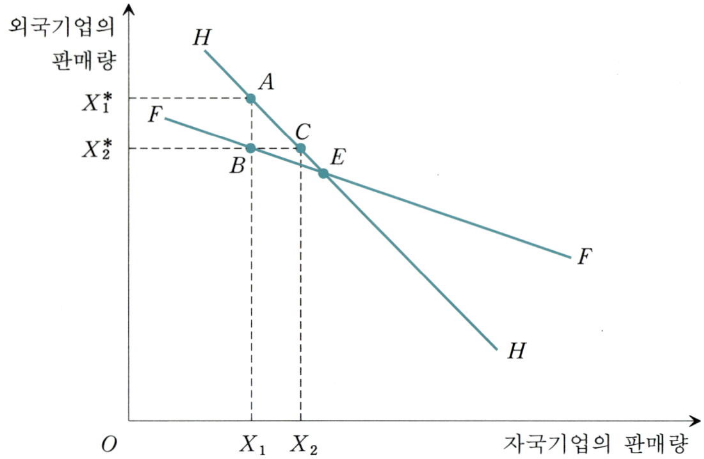

로 생산을 확대함으로써 점 C에 도달하게 된다. 점 E에 도달할 때까지 이와 같은 과정은 계속된다.

이때 선 HH가 선 FF보다 더 가파르기 때문에 점 E로 이동하게 된다. 그러나 선 FF가 선 HH보다 더 가파르다고 한다면 균형점은 불안정하다. 과점시장 조직에서 균형점으로부터의 급격한 이탈은 어려우므로 [그림 8-8]의 기울기는 반대의 경우보다 더 적절하다.

복점의 시장구조와 균형점 E가 주어진 경우에 무역정책은 어떠한 역할을 하는지 살펴보자. 자국기업이 [그림 8-9]에서 점 E'으로 이동함으로써 시장점유율과 이윤을 확대한다고 가정하자. 따라서 자국기업은 OX_3의 현수준에서 OX_4로 판매량을 확대하여 외국기업을 위협한다. 만일 이와 같은 판매량의 증가가 발생한다면 외국기업은 반응함수 선 FF를 따라서 OX_3^*에서 OX_4^*로 판매량을 줄이게 된다. 외국기업의 판매량 축소로 인하여 자국기업의 시장점유율은 증가한다. 그렇지만 기업들이 상대방 기업의 경영전략을 안다고 가정할 경우 외국기업은 자국기업의 위협에 반응하여 판매량을 축소시키지 않는다. 이와 같이 반응하지 않는 이유는 자국기업이 이윤을 극대화하기 위하여 선 HH를 따라 판매경영을 하므로 외국기업은 이와 같은 위협을 신뢰할 수 없다(incredible)고 믿기 때문이다. 만일 외국기

그림 8-9 | 제3국 시장에서의 자국기업의 수출보조금 효과

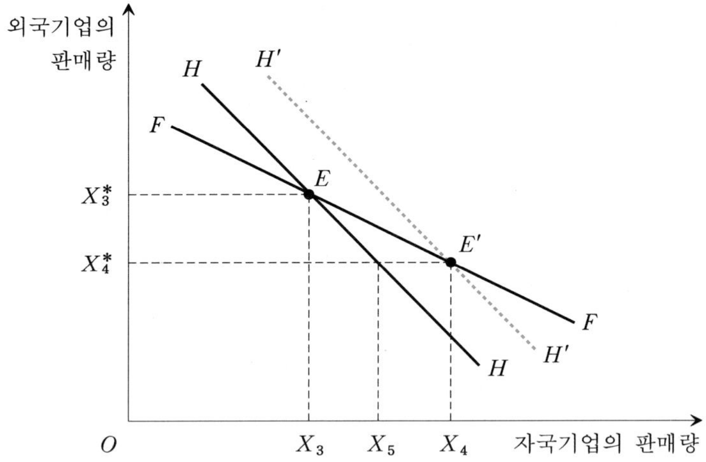

업이 OX_4^*에서 생산한다면 자국기업은 OX_4단위보다는 오히려 OX_5단위를 생산함으로써 이윤을 극대화하는 것으로 알고 있다. 그러므로 자국기업은 이윤을 극대화하는 산출량 OX_5에서 생산한다.

이와 같은 상황에서 스펜서와 브랜더는 무역정책에 관한 잠재적인 역할을 강조하였다. 만일 자국정부가 자국기업에 수출보조금(export subsidy)을 지급하고 장래에도 계속 지원할 것이라고 사전공약(precommitment)을 한다면 자국기업은 외국기업의 판매량 수준에 관계없이 판매량을 확대시키려고 한다. 다시 말하면, 선 HH는 보조금 때문에 선 $H'H'$으로 이동한다. 그러므로 자국기업의 반응함수가 이동함에 따라 OX_4로 수출판매량을 증가시키려는 위협은 신뢰성(credible)이 있게 된다.

외국기업은 그 반응함수에 머물기를 바라고 있으므로 그 자신의 판매량을 OX_4^* 수준으로 감소시켜야 한다는 것을 인식하고 있다. 따라서 수출보조금을 사용한 최종결과는 균형점이 E'으로 된다.

무역정책을 이와 같은 방법으로 분석한 경우의 단점은 외국정부의 보복 가능성을 고려하지 않고 있다는 것이다. 그럼에도 불구하고 정치적 또는 다른 여러 가지 이유로 외국정부의 보복이 없다면 근린궁핍화 정책(beggarthy-neighbor policy)은 자국기업의 수출성과를 증진시킬 수 있다. 외국기업

그림 8-10 | 자국과 외국기업의 가상적인 보상행렬

(단위: 백만 원)

기업 F(외국)

		생산한다(Y)	생산하지 않는다(N)
기업 H (자국)	생산한다(Y)	−20 −20	0 200
	생산하지 않는다(N)	200 0	0 0

의 희생하에서 자국기업의 판매량과 이윤이 증가한다. 이윤의 증가는 다시 자국의 생산자잉여를 증가시키기 때문에 무역정책의 실시로 자국의 후생은 증가한다.

수출을 증가시키기 위하여 보조금을 지급한 결과를 더 구체적인 숫자의 예로 살펴보자. 자국기업 H와 외국기업 F가 규모의 경제가 있는 생산으로 재화를 세계시장에 판매한다고 하자. [그림 8-10]의 4개의 가능한 상황에 대한 '보상행렬(payoff matrix)'을 보자.

보상행렬의 '최상단'부분은 만일 두 기업들이 이 재화를 생산한다면, 이 두 기업이 이 재화를 경제적으로 생산할 수 있을 만큼 시장이 크지 않으므로 각 기업은 2,000만 원을 상실한다. 그림의 '우상단'부분은 H국이 충분히 생산하고 F국이 생산하지 않음에 따라서 자국기업은 2억 원의 이윤을 얻게 되는 반면에 외국기업은 이윤을 얻지 못함을 나타낸다. 행렬식의 '좌하단'부분도 '우상단'부분과 반대의 경우로서 F기업이 생산하여 2억 원의 이윤을 얻고 H기업이 생산하지 않으므로 이윤을 얻지 못한다. 마지막으로 어느 기업도 이 재화를 생산하지 않는다면 두 기업 모두 이윤은 0이다(행렬의 우하단).

[그림 8-10]의 상황에서 '게임'의 결과 F기업은 생산할 경우(Y) 손실을 보고 생산하지 않을 경우(N) 0의 이윤을 얻으므로 생산하지 않는 것이 우월한 전략(dominant strategy)이고, H기업도 마찬가지이므로 두 국가의 기업 H, F가 모두 생산하지 않는 것(N, N)이 내쉬균형의 해이다. 그렇지만 세계시장을 상대로 생산·판매한 경우 자국기업의 정부가 자국기업인 H에

그림 8-11 | 5,000만 원의 보조금을 자국기업에 지급함에 따른 자국과 외국기업의 가상적인 보상행렬

(단위: 백만 원)

기업 F(외국)

		생산한다(Y)	생산하지 않는다(N)
기업 H (자국)	생산한다(Y)	−20 30	0 250
	생산하지 않는다(N)	200 0	0 0

게 5,000만 원의 수출보조금을 지불할 것이라고 발표한다고 하자. 이와 같은 공약에 따라서 보상행렬은 [그림 8-11]과 같이 나타난다. 행렬의 왼쪽 상단과 오른쪽 상단부분은 자국기업에 5,000만 원의 보조금을 지급한 결과이다. 양의 이윤이 보장되므로 외국기업이 어떻게 하든 자국기업은 이 재화를 생산하지만 F기업은 결코 이윤을 얻을 수 없으므로 생산을 하지 않을 것이다. 따라서 보조금의 지급으로 H기업이 시장을 지배하게 된다. 5,000만 원의 보조금 지급은 자국의 생산자들에게 2억 5,000만 원의 이윤을 가져다 주며, 이것은 다시 자국의 후생을 증가시킨다. 보조금 지급 이후 F기업은 여전히 생산하지 않는 것(N)이 우세한 전략이지만 H기업은 생산하는 것(Y)이 우세한 전략이다. 따라서 (Y, N)의 균형으로 자국이 2억 5,000만 원의 이득을 얻는다. 즉, 보조금 지급은 균형을 (N, N)에서 (Y, N)으로 변화시킨다. 하지만 상기 스펜서와 브랜더의 보조금모형에서 외국정부가 다시 보조금을 자국기업에 지급함으로써 보복하지 않는다는 보장은 없다.

이 기본 모형은 다음과 같이 정교화시킬 수 있다. 특히, 기업이 스스로 자본설비 또는 연구개발(R&D) 등에 투자를 통하여 여러 가지 공약을 달성하려고 하는 시도까지 포함하는 다단계 경쟁과정을 가정할 수 있다. 브랜더와 스펜서(1983)가 고려한 모형에서 최적의 정책에는 언제나 수출뿐만 아니라 투자에 대한 보조금도 포함된다. 이러한 모형에서도 정부정책은 과잉설비투자가 진입저지모형에서 작용하는 것과 동일한 근거에서 작용한다. 왜냐하면, 정부정책은 연속적으로 전개되는 게임을 국내기업에 유리하게 바꾸기 때문이다.

(2) 전략적 무역정책의 비판

1) 전략적 무역정책의 의의[8]

최근 관심을 모으고 있는 전략적 무역정책(strategic trade policy)은 국제적인 과점시장을 자국에 유리하게 하여 자국기업의 진입을 촉진하는 정책이다. 다시 말하면, 국제적인 과점시장에 직면하고 있는 기업이나 산업이 있는 경우 생산 또는 수출보조금으로 자국기업이나 산업에 유리한 상황을 만들려고 하는 정책이다.

예를 들어, 자국기업이나 외국기업이 제3국 시장에 동일한 재화를 수출하기 시작하는 경우를 고려해 보자. 자국정부는 자국기업에 생산보조금을 주는 데 비하여 외국정부는 보조금을 지급하지 않는다고 하자. 자국의 보조금정책에 의하여 자국에서는 기업의 생산규모가 확대되고 비용이 감소하여 수출이 확대될 것이다. 그 결과 자국기업의 이윤은 생산보조금이 최초로 지불된 시점, 즉 처음에는 생산보조금 이상으로 증가하게 된다. 자국기업이 최초에 보조금 이상으로 이윤을 올리고 수출시장에서 우위를 확보하는 것은 보조금을 받지 못한 외국기업의 희생에 의하여 수출전략상 유리하기 때문이다. 이렇게 생산보조금 이상으로 이윤이 발생하면 자국의 경제적 후생은 높아지고 동시에 수출산업이 성장하게 된다. 이처럼 시장의 불완전성에 근거하여 자국의 수출경쟁력을 강화하려고 하는 정책이 전략적 무역정책이다.

전략적 움직임(strategic move)이란 그것만을 고려하였을 때에는 그 기업에 아무 이익이 안 되나 연속적인 경쟁의 측면에서 고려할 때에는 이익이 된다는 것을 의미한다. 즉, 단기적으로는 효과가 안 나타나지만 비교적 장기적으로 보면 이익이 된다는 것이다. 예를 들어, 어느 기업이 사용할 의사가 없는 시설에 대하여 과도한 투자를 하거나 정부가 보조금 지급을 약속함으로써 그 산업에 진입할지 모르는 다른 기업의 진입을 저지한다는 의미에서 시설에 대한 과대투자나 보조금 지급공약도 전략적 효과(strategic effect)를 갖는다.

---

[8] P. R. Krugman(1990), pp. 226～268.

새로운 산업조직과 무역이론을 연결하는 최근의 이론에서 가장 큰 논쟁 중 하나는, 정부개입은 과점지대를 해외에서 국내로 이전시킴으로써 국민경제의 후생을 높일 수 있다는 명제이다. 브랜더와 스펜서가 쓴 논문(Brander and Spencer, 1983; 1985)[9]이 이 논쟁의 출발점이었는데, 그들은 원칙적으로 수출보조금과 같은 정부정책은, 예컨대 진입저지의 수단으로 과잉설비투자와 동일한 목적에 이바지할 수 있다는 것을 보여주었다. 즉, 정부정책은 해외경쟁기업의 진입을 저지하는 역할을 하면서 계속하여 기업의 인센티브를 변경시키는 '전략적인' 목적을 갖는다. '전략적'인 분석을 통하여 보면, 과거의 거의 모든 국제경제학자들이 비판해 온 바 있는 수출보조금과 같은 그러한 무역정책을 옹호할 수 있는 이론적 근거가 된다.

이들 연구에서는 수출국 정부와 수입국 정부가 각각 상대방의 전략이 주어진 것으로 보고 자신의 전략을 조절하는 게임이론의 내쉬게임모형(Nash game model)을 이용하여 양 국가의 정책적 상호 작용을 분석하고 있다.

브랜더-스펜서 분석(Brander Spencer analysis)은 미국의 국제경쟁력에 대한 논쟁이 과열되고 있을 때 나타났으므로, 다른 경제학자들은 그 결론에 대해 비판하였으나 비판론 그 자체도 상당한 분석적 관심거리가 된다. 여기에서 브랜더-스펜서의 전략적 무역정책에 대한 비판론에서 보여주는 연구의 네 가지 중요한 분석을 소개해 본다. 첫째는 무역정책의 처방은 기업간 경쟁의 성격에 달려 있다는 것으로 이튼과 그로스먼(Eaton and Grossman)이 분석하였다. 둘째는 여러 산업이 한 국가 내에서 자원을 놓고 경쟁해야만 한다는 사실에서 발생하는 일반균형의 문제로 딕시트와 그로스먼(Dixit and Grossman)이 분석하였다. 셋째는 진입의 문제로 호스트먼과 마르쿠젠(Horstman and Markusen), 딕시트(Dixit) 등이 연구하였다. 끝으로 누가 누구에 대해 전략적으로 행동하고 있는가의 문제로 딕시트와 카일(Dixit and Kyle)이 분석하였다. 이하에서 이 비판론들을 간단히 소개한다.

2) 경쟁의 성격: 버틀란트형의 가격경쟁

이튼과 그로스먼(Eaton and Grossman)[10]은 특정 정책의 추진은 모형의 세

[9] J. A. Brander and B. J. Spencer(1983), pp. 707~722; J. A. Brander and B. J. Spencer (1985), pp. 87~100.

[10] J. Eaton and G. M. Grossman(1986), pp. 383~406.

그림 8-12 | 버틀란트형 경쟁기업의 균형과 전략적 무역정책

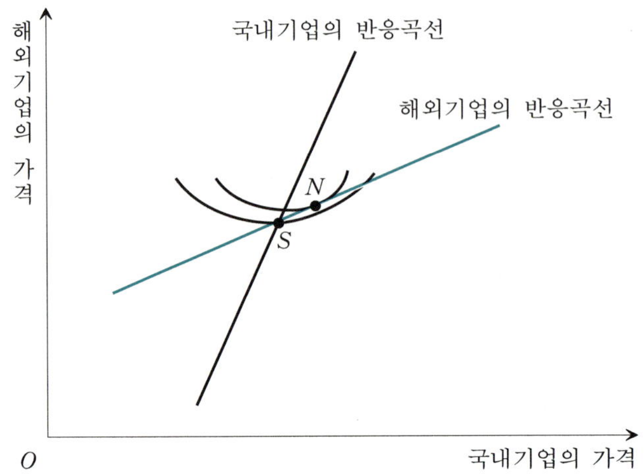

부 사항에 크게 의존하므로 전략적 무역정책론은 용도가 제한적이라고 주장하였다. 특히, 그들은 수출보조금에 관한 브랜더-스펜서의 경우는 쿠르노형 경쟁의 가정에 좌우됨을 보여주며, 버틀란트의 가격경쟁 가정하에서는 그 결과가 폐기되거나 역전될 수도 있다는 것을 보여주고 있다. 즉, 보조금보다 오히려 수출관세가 적절한 정책이 될 수 있다는 것이다.

이것을 설명하기 위해 기업이 서로의 가격을 주어진 것으로 받아들이는 버틀란트형 경쟁을 가정하는데, 이때의 반응곡선은 가격좌표상에 나타날 수 있다.

〔그림 8-12〕는 이와 같은 내용을 보여주는데, 각 기업의 최선의 반응은 우상향하는 반응함수로 표현된다. 합리적인 제약조건하에 국내기업의 반응함수는 해외기업보다 더 가파르며, 내쉬균형점은 S이고 S를 통과하는 국내기업의 등이윤곡선(isoprofit curve)은 그 점에서 기울기가 0이다.

이제 국내기업은 해외기업의 반응함수를 따라 우상향으로 움직일 때에만 이윤을 증가시킬 수 있다는 점이 중요하다. 즉, 국내기업은 해외기업이 내쉬균형점보다 가격을 더 높게 책정하도록 유도해야만 한다. 이렇게 하려면, 국내기업은 사후적(ex post)으로 최적이 될 가격보다 더 높은 가격을 설정해야만 한다. 이를 달성시키기 위해 정부가 해야 할 일은 수출보조

금이 아니라 수출관세를 부과하는 것이다. 따라서 그로스먼은 쿠르노 가정을 버틀란트 가정으로 바꾸면 정책의 처방이 뒤바뀜을 보여주었다.

이튼과 그로스먼은 일반적인 추측된 변화공식(a general conjectural variations formulation)에 쿠르노와 버틀란트 가정을 모두 포함하여 한 단계 더 나아가 설명하고 있다. 결과는 물론 어떤 경우든지 발생할 수 있다는 점이다. 이들이 강조하고 있는 한 가지 경우는 '합리적인' 추측('rational' conjectures)을 하는 경우로, 그 추측은 반응함수의 기울기와 실제로 부합하는 것이며, 이 경우 자유무역이 최적의 정책이다.

3) 자원경쟁

딕시트와 그로스먼(Dixit and Grossman)[11]은 부분균형적인 성격의 모형에 기초하는 전략적 무역정책을 옹호하는 경우에 대해 비판을 하였다. 그들은 보조금을 받는 산업부문과 보조금을 받지 못하는 부문을 동시에 고려하는 일반균형적인 분석방법을 고려해야 한다고 주장하였으며, 그 결과는 다음과 같다. 브랜더-스펜서모형에서 수출보조금은 국내수출기업의 한계비용을 근본적으로 하락시킨다. 국내기업의 한계비용이 감소함에 따라 해외기업들은 수출제한을 받게 되는데, 이것은 이윤의 이전을 가져온다. 그러나 일반균형의 관점에서 볼 때 수출산업은 다른 국내산업으로부터 자원을 이전해와야만 확장할 수 있으므로, 수출보조금은 당해 산업의 한계비용을 하락시키지만 다른 산업의 한계비용은 상승시킬 것이다. 따라서 보조금을 받지 못한 다른 산업에서는 역의 효과가 발생할 것이다.

한 산업부문에 수출보조금을 주면 부존자원의 가격이 상승하여 필연적으로 다른 모든 산업부문은 위축압력을 받는다. 이와 같은 것은 예상할 수 있는 것이지만 그러한 보조금은 해외기업과의 경쟁을 저지하는 효과가 상대적으로 구축된(crowed out) 다른 산업부문보다 보조금을 받는 부문에서 후생수준이 더 클 때에만 국민소득을 증대시킨다. 그러나 보조금의 효과를 평가하려면 보조금을 받는 산업뿐만 아니라 자원을 놓고 경쟁하는 모든 산업을 동시에 고려할 수 있는 충분한 정보가 필요하지만, 이용 가능한 정보는 제한되어 있다.

---

[11] A. K. Dixit and G. M. Grossman(1984).

4) 진입

국내과점상태하의 수출정책에 대한 논의는 지금까지 기업의 수가 고정되어 있다는 상황으로 제한되어 있었다. 즉, 지금까지의 정책은 국내수출기업들의 진입과 퇴출에 영향을 미치지 못하는 경우에 적용된다. 그러나 이와 같은 가정은 너무 강하다. 만일 진입이 규모에 대한 체증으로 시장규모에 의하여 제한된다면, 기존 기업들의 이윤을 증가시키는 정책을 시행할 경우 새로운 수출기업들이 이 산업으로 진입하게 된다. 이와 같은 진입은 그 산업의 집중도, 균형 및 수출보조금의 효과를 변화시킨다. 호스트먼과 마르쿠젠(Horstman and Markusen)[12]은 기업의 진입이 자유로울 때의 브랜더-스펜서 주장을 분석하였다. 균형상태에서 기업의 수는 고정비용 때문에 제한되나 기업의 수가 많고 적음은 문제가 안 된다. 진입을 허용하면, 수출보조금을 반대하는 전통적 무역이론으로 되돌아가게 된다. 즉, 보조금은 생산규모의 축소 또는 교역조건의 악화에 모두 흡수되어 보조금 지급국가의 입장에서 볼 때에는 손실이 된다.

딕시트(Dixit)[13]에는 동일한 문제를 좀더 동학적으로 해석하고자 하였다. 그는 기술적 불확실성이라는 특징이 있는 산업에서는 승자와 패자가 나오게 됨을 지적한다. 승자(실제로 그 산업을 형성하는 자)는 초정상이윤(supernormal profits)을 획득한다고 보일 것이나, 이것은 진정으로 초과수익이 존재함을 표시하지는 않는다. 사전적(ex ante)으로는 하나의 투자, 즉 연구개발(R&D)에 대한 투자는 성공할 수도 있고 실패할 수도 있는 것이어서 그 산업을 형성하지 못한 패자들의 비용도 또한 계산되어야 한다. 딕시트는 단일산업에서 벌어지는 국제경쟁을 설명하는 기술경쟁모형을 개발하여, 그러한 산업에서 경쟁의 승자에게 주어지는 높은 이윤이 곧 성공적인 전략적 무역정책의 가능성을 말해 주는 것은 아님을 보여준다.

5) 게임의 확장

브랜더-스펜서의 분석에서는 정부가 기업이 의사결정을 하기 전에 무역정책을 사실상 시행할 수 있다고 가정하고 있다. 또 외국정부의 대응 가능성은 논의에서 보류하고 있다. 그러나 현실적인 분석을 하려면 기업 또

[12] I. Horstman and J. R. Markusen(1986), pp. 20, 225~248.

[13] A. K. Dixit(1986).

한 정부의 정책결정에 영향을 주기 위한 전략적 행동을 하고 정부는 외국의 대응 가능성에 대처해야만 한다는 것을 확실히 인식해야 할 것이다. 이러한 게임의 확장에 관하여는 딕시트와 카일(Dixit and Kyle)[14]이 많은 연구를 해 왔다.

이러한 확장으로 발생하는 차이를 살펴보기 위해 두 가지 경우를 생각해 보자. 첫째, 다음과 같은 상황에 직면하고 있는 기업이 있다고 가정하자. 이 기업은 취소할 수 없는 투자를 함으로써 독자적으로 생산을 정할 수 있다. 한 번 이 비용이 매몰(sunk cost)되면 브랜더-스펜서 수출보조금을 제공해야 사회적으로 최적이 될 것이고 이 보조금 때문에 이 기업은 자신의 진입이 정당화됨을 알게 된다. 그러나 사회적 관점에서 보면 이 기업이 전혀 진입하지 않은 것이 더 바람직할 수도 있다. 이 경우 명백한 것은, 기업이 먼저 움직일 수 있다면 정부는 자신이 보조금을 제공하지 않을 수 없는 처지임을 알게 된다는 사실이다. 그러나 정부가 보조금을 제공하지 않겠다고 선언함으로써 바람직하지 않은 진입을 저지하였더라면 더 나았을 것이다. 수출보조금은 주어진 후생을 증대시킬 수도 있지만 결국에는 비생산적일 가능성이 높다. 정부는 브랜더-스펜서의 정책에 대한 조언을 따르지 않는 것이 더 나았을 것이다.

둘째, 두 국가 모두 브랜더-스펜서의 정책에 따르는 경우를 생각해 보자. 두 국가는 보조금전쟁의 결과 더욱 악화될 가능성이 높다. 즉, 그들은 자신들이 죄수의 딜레마(prisoner's dilemma)에 빠져 있음을 깨닫게 된다. 확장된 게임분석은 결론적으로 비록 개입주의 정책이 지역적으로 바람직하게 보일지라도 그러한 정책을 사용하지 않을 때 국가의 후생이 증가될 수도 있다는 것을 보여준다.

(3) 전략적 무역정책의 평가

전략적 무역정책은 의심할 여지가 없이 현실을 신보호주의적 접근방법으로 분석한 것이다. 그러나 현실세계에는 자유무역의 정설에 도전할 수 있는 거대한 외부시장(external market)이 존재하고 있다. 무역정책에 대한 정부의 개입이 후생적으로 더 낫다는 주장은 현재 선진국 중심의 무역정책

[14] A. K. Dixit and A. S. Kyle(1985), pp. 139～152.

이라고 비판받고 있다. 말하자면, 무역과 산업조직의 결합은 보호주의를 옹호할 수 있는 중요한 새로운 사례를 과연 제시해 주는 것일까? 이에 답변하기 위해서는 브랜더-스펜서의 수출경쟁 분석을 뛰어넘어 범위가 더 넓은 모형들을 고려해 보아야 한다.

이와 같이 전략적 무역정책을 실시하는 나라에 이익이 발생하는 것은 생산(또는 수출)보조금에 의해서 교역조건은 그 나라에 불리하지만 불완전경쟁시장에서는 수출재의 가격이 한계비용을 초과하여 초과이윤이 발생하기 때문이다. 그러나 첫째로 이와 같은 정책에 의해서 만약 자국이 이익을 얻고 외국이 손실을 입으면 외국은 보복할 것이다. 보조금에 의한 보복의 최종적인 결과가 어떻게 되는가는 일반적으로 알 수 없다. 그러나 비교우위가 정부의 개입에 의하여 조작되거나 수정된다고 할 수 있다. 즉, 현실의 비교우위 관계는 전략적 무역정책에 의한 개입이 없는 경우에 결정되는 것과 다르다. 또한 그 보조금을 어떻게 조달해 오느냐도 전략적 무역쟁책을 평가하는 데 중요하다.

두 번째로 몇 개의 산업이 있는 경우 어떤 산업을 전략적 수출산업으로 선정해야 하는 문제가 있다. 일반적으로 성장률이 높아서 소득탄력성이 큰 산업 또한 외부경제효과가 큰 산업이 보조금 지급대상이어야 한다고 보고 있다. 이것은 보조금의 비용은 사적 비용이 아니라 사회적 비용으로 고려할 필요가 있다는 것을 의미한다. 따라서 이와 같은 보조금에 의한 사회적 순이익을 최대로 하는 산업이 전략적 수출산업이라고 볼 수 있다.

세 번째로 자국은 전략적 무역정책에 의하여 외국의 희생으로 경제후생상의 이익을 얻는 반면에 자국의 생산과 고용을 높일 수 있다. 즉, 자국은 후생상의 이익과 함께 생산과 고용을 높일 수 있다. 이러한 전략적 무역정책은 수출시장의 불완전성을 전제로 하고 있으며 소비자의 이익보다도 생산자의 이익에 보다 높은 비중을 둔다.

4 시장의 불완전성: 후생에 미치는 영향

이 절에서는 시장의 불완전성이 갖는 일반적인 문제와 이들이 개방경제에 어떻게 연결되는가에 대해 검토한다. 생산과 소비에 왜곡이 존재하여 시장이 불완전할 때 무역이 모든 사람들에게 손실을 가져온다는 것에 대해 차선의 이론, 뉴베리와 스티글리츠(Newbery and Stiglitz)의 모형으로 검토해 본다. 독점적 경쟁과 과점시장과 같이 불완전한 시장구조하에서 자유무역 대신 보호무역정책에 의한 정부개입을 정당화시키기 위해 후생적 견지에서 그것이 갖는 의미를 살펴본다.

사례연구 8-1

보잉과 에어버스

정부보조금이 국제경쟁력을 강화시키는 데 성공한 대표적 실례로서 유럽 항공기 제조회사인 에어버스 항공산업을 들 수 있다. 2001년부터 제조대수, 2003년부터는 주문량에서 보잉을 제치고 민간항공기 분야에서 명실상부한 제1위의 항공기 제작 컨소시엄으로 성장한 에어버스는 30년 전인 1970년 설립당시만 하더라도 소형 단일품목을 생산하는 조그만 회사에 불과하였다. 그러나 이와 같은 에어버스의 급성장은 맥도널 더글러스의 침체와 직접적으로 연관되어 있으며 결국 1997년에 보잉사에 합병되었다.

민간항공기시장에서 에어버스가 보잉을 제치고 계속적인 성공을 거두고 있는 것은 독일(38%), 영국(20%), 프랑스(38%), 스페인(4%) 등의 컨소시엄 참가국들의 막대한 정부보조금 때문이다. 이에 대하여 에어버스측은 미국이 미항공우주국(NASA) 운수부·국방부 등을 통하여 전략적이라고 판단되는 항공산업 분야에 교묘한 지원을 하고 있다고 반격한다. 가령 미국의 보잉은 군용헬기와 차세대 전투기 분야에서 일방적으로 계약을 따내고 있으며, 이것은 에어버스가 받는 재정지원에 비할 수 없는 막대한 혜택이라고 주장한다.

결국 항공기 분쟁은 미국이 2004년 10월 9일 EU가 에어버스에 부당하게 보조금을 지급한다며 WTO에 제소하고 EU가 미국을 맞제소하면서 시작되었다. 양측은 1992년 EU가 에어버스의 항공기 개발비 1/3을 보조하고 미국은 보잉의 연구·개발비를 보조하는 내용의 협정을 체결한 바 있다. 하지만 미국과 EU는 '항공산업 보조금'을 둘러싼 무역분쟁을 멈추고 타협을 모색하기로 하여 2004년 10월에 시작된 사상 최대규모의 항공사 무역분쟁이 세계무역기구(WTO)라는 '법정'이 아닌 협상테이블에서 결론이 나게 되었지만, 시장에서는 여전히 한 치의 양보도 없는 경쟁이 벌어지고 있다. 양측 정부는 서로에게 겨눈 칼을 거두었지만 에어버스와 보잉의 시장경쟁은 여전히 치열하다.

1992년 시장점유율이 보잉의 절반인 32%에 불과하였던 에어버스는 2003년 비행기 305대를 팔아 보잉(281대)을 처음 앞질렀다. 2004년에도 에어버스는 보잉(285대)보다 많은 320대를 팔아 선두를 지키고 있다.

최근 에어버스가 선보인 A380은 최소 555명(최대 800명 이상)이 탈 수 있어 지난 35년간 대형 항공기의 상징이었던 보잉 747(표준탑승인원 약 400명)을 압도한다. 또한 A350은 245석과 285석 두 종류로 245석(A350-800)은 추가연료 공급 없이 8,600마일을, 285석(A350-900)은 7,600마일을 날 수 있다. 에어버스는 그 동안 연료비용을 절감할 수 있는 항공기를 원하였으며 A350은 이와 같은 바람을 충족시킬 수 있을 것으로 평가되었다. 개발비로 40억 유로(50억 달러)가 소요될 전망이며, 2010년 상반기에 처음 선보일 예정이다.

반면에 보잉은 중·단거리 운항수요가 많을 것으로 보고 초대형 항공기를 개발하는 대신 중형기인 7E7 '드림라이너'를 개발하였는데, 보잉이 내세우는 신형기 7E7은 여객기로는 최초로 동체를 금속이 아닌 합성소재로 만들었다. 그 결과 기존 여객기보다 최대 80% 넓은 창을 만들 수 있고 객실 내 압력·습도도 훨씬 쾌적하며 연료효율도 뛰어나다. 7E7이라는 이름 중 'E'가 '효율성(efficiency)'을 뜻하는 것도 바로 그 때문이다.

4.1. 차선의 이론

랭카스터와 립시(Lancaster and Lipsey, 1956)[15]가 발전시킨 차선의 이론(theory of the second best)은 파레토 효율성이 시장의 왜곡이 있는 경우에 수정되어야 한다는 것을 의미한다. 파레토의 효율성 조건은 생산자들과 소비자, 교역재의 상대가격이 모든 국가에서 같을 때 달성된다. 즉, 어느 시장도 시장의 왜곡이 없다는 것을 의미한다. 그러나 하나 또는 그 이상의 시

[15] K. J. Lancaster and R. G. Lipsey(1956), pp. 11~32.

장에서 왜곡이 발생할 경우에 자유무역은 최선책이 아니다.

다음에 설명한 뉴베리와 스티글리츠[16]의 모형은 자급자족하에서보다 자유무역하에서 후생수준이 더 악화될 수 있다는 것을 의미한다.

4.2. 뉴베리-스티글리츠모형

두 재화를 각각 생산할 수 있는 두 국가의 세계를 고려한다. 이 가운데 한 재화는 고정된 생산함수를 갖고 있으며, 다른 재화는 강우량에 비례하는 불안정적인 산출량 수준을 나타내고 있다. 일기는 두 국가 가운데 한 국가에서만 비가 오는 특성을 갖고 있다고 하자. 만일 한 국가에서 비가 온다면 불안정적인 재화의 생산자들은 토지의 생산성이 증가한다. 가뭄은 모든 기업의 산출량을 낮춘다. 소비자들은 동일한 콥-더글러스의 선호(Cobb-Douglas preferences)를 갖고 있으므로 소득 가운데 고정된 부분을 각 재화에 지출하며, 두 재화 각각에 대한 수요는 가격에 대하여 단위탄력적이다. 생산자들은 위험회피적이며 기타의 시장인 일기에 대한 보험에 들어 있지 않다. 자급자족하에서 위험한 재화에 대한 국내의 수요곡선은 생산자들에게 완전한 소득보험을 나타낸다. 위험한 재화를 판매함에 따라 생산자들이 받는 총수입은 일기와 독립적인 방식으로 가뭄하에서의 가격은 비가 올 때의 가격보다 더 높다.

만일 무역이 개시되고 두 경제가 동일한 규모에 동일한 요소부존량을 가질 때 위험한 재화의 가격은 두 국가에서 균일하며 일기와 독립적으로 고정되어 있다고 하자. 위험한 재화의 생산자는 이미 일정한 소득을 얻지 못한다. 만일 비가 온다면 이들은 많은 판매수입을 얻지만, 가뭄이 있을 경우 산출량은 줄어드는 반면에 다른 국가에서 산출량이 더 증가하기 때문에 총수입은 줄어든다. 생산자들은 위험을 선호하지 않으므로 이들의 효용은 줄어들게 되어 위험성이 없는 안전한 재화로 생산을 전환한다. 소비자들이 직면하는 가격비율은 한계변환비율과 같지 않기 때문에 사회적 비용이 존재한다. 만일 소비자들이 위험한 재화의 가격변동을 싫어한다면, 자유무역으로 인한 가격의 안정성은 소비자들에게는 이익이 될 것이다. 그

[16] D. Newbery and J. E. Stiglitz(1984), pp. 1～12. 자유무역에 대한 후생 논쟁은 제14장에서 더 자세히 다룬다.

러나 소비자들은 그들의 소득이 생산요소의 판매로부터 발생하므로 안전한 재화의 과잉생산에 따른 효율성의 상실은 소비자들에 대한 소득의 상실을 포함하고 있다. 특히, 소비자들의 가격위험에 대한 회피가 작다면 자유무역하에서 이와 같은 역효과는 더 큰 가격안정성으로부터 발생하는 이익을 초과하여 지배할 수가 있다. 만일 이러한 경우에 두 경제에서 모든 사람은 자급자족하에서보다 자유무역하에서 손해를 본다. 소비자들과 생산자들은 이들이 싫어한다고 가정하는 소득의 불안정성 때문에 손해를 본다. 만일 생산자들에게 보상이 이루어진다면 제한된 무역을 포함한 자급자족하에서의 이탈은 모든 사람들에게 이익이 된다. 그러나 두 국가가 완전한 무역을 한다면 모든 사람들은 손해를 본다.

이와 같은 상황에서 이상적인 정책은 자유무역이지만 위험이 있는 재화의 생산자들에게 날씨에 대한 보험을 도입하는 것도 하나의 방법이 된다. 그러나 보험을 제공하는 것에 대한 어려움이 있다. 산출량이 낮은 개별 생산자들에게 보상을 하는 것은 이들에게 일할 의욕을 감퇴시키며, 만일 보호대리인이 날씨의 상태 또는 생산자들의 투입을 감시할 수 없다면, 생산감소가 기후가 좋지 못한 것에 기인한 것이라고 주장할 수 있다. 비대칭적인 정보(asymmetric information)[17]하에서의 도덕성 상실의 위험(moral hazard)[18]은 날씨가 좋지 못한 것에 대한 보험이 실제로 제공되지 않는 주요한 이유가 된다.

[17] 불완전한 정보는 거래의 일방이 상대방보다 많은 정보를 갖는 경우 발생하는데, 이를 정보의 비대칭성이라 한다.

[18] 도덕성 상실의 위험이란 거래당사자 중 일방이 상대방의 이해에 영향을 미칠 수 있는 행동을 취할 수 있는데, 상대방이 정보의 부재로 그 행동을 완전하게 감시할 수 없는 경우에 발생한다(김성태 외 공저, 『경제학원론』, 1994, p. 603).

요약

이 장에서 보호주의의 이익에 관한 새로운 이론들을 검토하였다. 이 이론들은 여러 산업들의 불완전 경쟁의 성격에 기초하여 발전된 것으로서 일방적인 보호주의 조치가 외국기업 독점이윤의 이전과 수출의 증대를 가져오는 규모의 경제실현 등과 같은 이익을 잠재적으로 가져올 수 있다는 것을 강조한다.

경쟁이 완전하고 시장이 완전할 때에는 자유무역이 최상이다. 이것이 전체 세계에서도 가장 효율적인 체제이다. 일정한 조건하에서 무역에 대한 제한이 이것을 적용하는 국가에는 순이익이 되지만, 독점이 있는 경우에는 다른 형태의 기업이 더 낮은 비용으로 이익을 얻는다. 즉, 과점·독점적 경쟁, 또는 불완전성의 형태로 나타난 시장의 불완전성은 새로운 요소가 된다. 그리고 시장의 불완전성에 따른 이윤은 국가수준에서 정책개입에 대한 새로운 논쟁이 된다. 이와 같은 이윤을 공유함으로써 국가는 이득을 얻는데, 수출재에 대한 보조금 또는 수입재에 대한 관세가 그 작용을 한다. 만일 이윤을 없애는 진입·퇴출의 작용이 있다면 가격이 한계비용보다 높다고 할지라도 이와 같은 논쟁은 그 효력을 상실한다. 그렇지만 이와 같은 시장의 불완전성에 대한 이상적인 반응은 생산에 대한 보조금을 취하는 것이며, 만일 모든 국가들이 이와 같은 정책을 최적으로 추구한다면 무역에 대한 정부의 개입은 무의미하거나 해로울 수 있다.

외부경제에 의한 규모에 대한 보수증가가 발생하는 경우에 무역은 모든 국가들에게 반드시 이익이 될 수 없다. 오히려 무역으로 인하여 손해를 입을 수 있다. 불완전한 시장의 문제에 있어서 자유무역은 뉴베리-스티글리츠의 연구결과에서 살펴본 바와 같이, 보험이 없는 경우에 모든 사람들에게 손해가 될 수 있다.

무역이 해가 될 수도 있고, 국가가 무역에 대한 개입을 선호한다는 논쟁에서는 시장의 불완전성이 무역에 대한 조세를 정당화하는 전제가 되지 않는다. 완전 경쟁하에서 대국은 수출과 수입을 제한함으로써 무역조건을 개선시킬 수 있다. 만일 수출 또는 수입이 단일의 국내기업에 의하여 통제된다면, 이윤극대화는 최적의 무역관세를 부과함으로써 달성된다. 만일 다른 국가들이 이와 같은 관세를 부과하거나 국가후생의 관점에서 보다 나은 국제적 협상을 달성할 수 있다면, 무역의 제한을 금지하거나 채택하는 전략적인 논쟁이 일 수 있다. 시장의 불완전성으로 발생하는 왜곡을 다루는 정확한 정책이 적용되는 경우에만 자유무역이 최선이다. 만일 이와 같은 왜곡을 제거할 수 있는 산업정책을 필요로 한다면 보호주의 정책이 아니라 산업정책을 써야 한다.

국내외 기업이 자국과 외국을 차별하고 각각의 시장을 서로 분할하는 행동을 하는 차별적인 과점모형에서 산업내무역이 발생한다.

연구개발비의 지출증가로 인한 보호주의 조치로 자국기업의 수출이 증가할 수 있다. 이와 같은 형태의 보조금 지출은 해외시장에서 자국기업의 시장점유율을 증가시키므로 자국의 후생이 증가한다. 그러나 이와 같은 분석에 기초한 보호주의는 반드시 자국의 후생을 증가시킨다고 볼 수 없다. 왜냐하면, 외국의 보복조치 또는 진입의 가능성 등이 무시되었기 때문이다. 따라서 이 이론의 주창자들은 보호주의의 조치를 정책으로 제시하기보다는 오히려 전통적인 무역이론의 완전 경쟁 가정에서 이탈하는 것에 대한 의미를 살펴본다. 그럼에도 불구하고 정책수립자들은 이 모형들에 관심을 갖기 시작하고 있다.

연습문제

1 국제적 복점기업 간에 산업내무역이 발생함을 설명하여라.

2 덤핑(i)
자국의 어느 기업이 자국뿐만 아니라 외국에서도 동일한 재화를 독점적으로 판매하고 있다고 하자. 이 기업은 국내외시장에서 자유롭게 가격을 설정할 수 있는데 어떠한 경우에 덤핑이 발생하는가?(힌트: 독점기업이 두 개의 시장에서 판매할 때 이윤을 최대로 하기 위해서는 일반적으로 차별가격, 즉 시장마다 다른 가격을 설정하는 것이 필요하다)

3 덤핑(ii)
자국의 어느 기업이 자국에서는 독점적으로 행동하지만 외국에서는 경쟁적으로 행동한다고 하자. 이와 같은 자국시장의 상황은 정부의 수입제한에 의하여 발생할 수 있다. 이때 덤핑, 즉 평균비용 이하의 가격으로 외국에 수출될 수 있다는 것을 나타내어라(힌트: 부분균형의 그림을 그려서 생각하여라).

4 차별가격의 그림을 그리고 덤핑을 설명하여라.

5 해외독점이윤을 얻기 위한 관세의 분석에서 관세의 양이 주어진 경우에 외국독점기업이 직면하는 수요곡선이 탄력적일수록 독점이윤의 이전이 더 큰가 또는 더 작은가? 수요곡선이 탄력적일수록 자국의 소비자잉여의 상실은 더 큰가 아니면 더 작은가? 수요곡선의 탄력성과 관세로부터 자국의 순후생이익 사이의 관계에 대하여 어떠한 결론을 내릴 수 있는가?

6. 규모의 경제 논쟁에서 보호를 받는 기업이 생산의 증가에 따라 그 기업의 한계비용이 증가한다고 하자. 이 경우에 결과는 어떻게 되는가?

7. 산업 내의 '순수'한 연구(생산과정과 직접적인 관련이 없는 경우)와 '응용'의 연구(생산과정과 직접 관련이 있는 경우)는 구별된다. 어떠한 형태의 연구에 크루그먼의 R&D 모형이 적용되는가?

8. [그림 8-8]에서 자국기업의 반응함수가 외국기업의 반응함수보다 더 완만하다고 하자. 이 그림을 사용하여 균형으로부터 이탈한 점이 균형점에서 더 멀리 이탈하게 되는 이유를 설명하여라.

9. 보상행렬이 다음과 같다고 하자.

		기업 F	
		생산한다	생산하지 않는다
자국기업 H	생산한다	−30, −20	100, 0
	생산하지 않는다	0, 140	0, 0

외국기업은 이 재화를 생산하려고 하는가? 만일 그렇다면 그 이유를 설명하여라. 보조금 지급이 없는 경우에 자국기업은 이 재화를 생산하려고 하는가? 만일 그렇다면 그 이유를 설명하여라.

10. 앞의 문제 게임에서 50원의 보조금이 자국의 기업에 주어지는 반면에 외국의 기업에는 보조금 지급이 없다고 하자. 이 보조금은 앞의 문제에서 생산유형을 변화시킬 수 있는가? 만일 그렇다면 그 이유를 설명하여라. 보조금은 자국에 이익이 되는가?

11. 실제 세계에서 정부의 개입에 대한 가이드라인에서 '새로운 보호주의' 이론의 일반적인 견해는 무엇인가 설명하여라.

제 9 장

국제무역과 경제성장

개요

이 장에서는 요소의 부존량과 기술수준이 시간에 따라 변화한다고 가정한다. 이 가정을 통하여 여러 형태의 성장의 국제무역, 특히 무역량과 무역유형, 교역조건 및 후생에 대한 효과를 검토한다. 제1절에서는 요소의 증가가 중립적인 경우와 불균형 증가인 경우를 살펴보고, 소국인 경우에 요소성장의 무역량에 대한 효과를 분석한다. 제2절에서는 요소의 성장이 교역조건에 미치는 영향을 검토한다. 제3절에서는 생산요소의 공급이 증가한 경우에 증가된 요소를 집약적으로 사용하는 재화의 생산은 절대적으로 증가하는 반면 그 요소를 집약적으로 사용하지 않는 재화의 생산은 절대적으로 감소한다는 립진스키의 정리를 설명한다. 제4절에서는 기술진보가 국제무역에 미치는 영향을 분석한다.

중요 용어

- 기술진보
- 수입대체 성장
- 소비효과
- 립진스키정리
- 중립적 소비효과
- 초반무역편향적 소비효과
- 반무역편향적 소비효과
- 초반무역편향적 생산효과
- 반무역편향적 생산효과
- 초무역편향적 소비효과
- 노동절약적(자본집약적) 기술진보
- 완전 중립적 성장
- 수출주도 성장
- 생산효과
- 무역편향적 소비효과
- 중립적 생산효과
- 빈곤화 성장
- 교역조건
- 무역편향적 생산효과
- 초무역편향적 생산효과
- 자본절약적(노동집약적) 기술진보

지금까지는 요소의 부존량과 기술이 고정되어 있다는 가정하에서 국제무역이 생산·소비·투입요소가격 및 소득분배에 미치는 영향을 검토하였다. 그러나 이 장에서는 요소의 부존량과 기술수준이 시간에 따라 완만하게 변화한다고 가정한다. 이 가정을 통하여 여러 가지 형태의 성장이 국제무역, 특히 무역량과 무역유형, 교역조건 및 후생에 미치는 영향을 검토한다. 이 분석에서 성장과 요소부존량의 증가 및 기술진보가 주어진 경우에 이들이 국제무역에 미치는 영향을 검토한다. 이는 문제의 한쪽 측면만을 검토하므로 부분균형 분석이다. 예를 들어, 자본스톡의 증가는 투자에 의해 좌우되며, 또한 국제무역은 성장에 영향을 미친다. 이들은 서로 영향을 미치므로 일반균형의 분석틀 속에서 무역과 성장 간의 상호 관계를 고려하여야 한다. 이와 같은 문제들에 대한 분석에서는 동태적인 모형을 사용할 필요가 있으나 여기에서는 경제의 질적 변화를 포함하는 경제발전과 국제무역 간의 관계는 다루지 않는다.

경제성장은 경제정책 목표수립이라는 측면에서 볼 때 복잡하다. 경제학자들과 정책수립가들 간에는 어떠한 형태의 경제정책이 경제성장을 촉진시킬 것인가에 대하여 균형성장론과 불균형성장론 논쟁이 지속되었다.

경제성장이란 한 국가의 생산가능곡선이 밖으로 이동하는 것이라 정의할 수 있는데, 이는 한 경제가 더 많은 양의 재화를 생산할 수 있게 되는 변화를 의미한다. 생산가능곡선의 위치는 생산자원의 부존량과 생산기술에 의해 좌우된다. 그러므로 경제성장의 주요 원천은 투입요소량의 증가와 기술진보(technical progress)이다.

1 생산요소의 증가

모든 생산요소의 공급은 시간이 변화함에 따라 증가한다. 그러나 이러한 생산요소의 증가 및 축적은 그 요소의 특성에 따라 증가율이 다르게 나타나며, 국가별 산업화의 정도에 따라서도 다르게 나타난다. 개도국을 중심으로 볼 때 자본과 기술은 급격히 축적되는 반면, 노동력은 완만하게 증가한다. 또한 사용할 수 있는 토지와 자연자원도 점차로 증가한다. 이 모든 형태의 성장은 생산가능곡선과 공급곡선을 밖으로 이동시키지만, 생산요소증가율이 달라짐에 따라 경제성장과 국제무역의 방향이 달라진다. 이하에서는 요소의 중립적 성장과 불균형 성장 및 성장이 무역에 미치는 영향에 대해 살펴본다.

1.1. 완전 중립적 성장

완전 중립적 성장은 모든 생산요소가 모든 국가에서 정확히 같은 비율로 성장하는 경우를 의미한다. 생산이 자본과 노동만으로 이루어진다고 가정한다면, 1인당 자본과 1인당 기술의 비율이 한 국가에서 같은 상태로 머물러 있게 된다. 이 경우에 모든 생산가능곡선과 공급곡선은 형태의 변화 없이 같은 비율로 증가한다. 또한 1인당 소득이 변화하지 않는다면 수요구조도 변화하고 사회무차별곡선도 같은 형태라고 하자.

이와 같이 경제성장이 완전히 중립적인 경우에 무역은 동일한 무역량 비율과 동일한 상대국제가격비율로 동일한 방향으로 이루어진다. 단지 무역량만 변화한다. 이와 같이 극단적인 경우에는 요소의 성장이 변화하면 생산과 무역의 절대량만 변화하고 상대가격비율은 변화하지 않는다.

1.2. 한 국가에서의 불균형 성장

무역이 불균형적인 요소성장에 영향을 받는 경우에 수요와 공급 측면을 통하여 무역에 대한 효과는 여러 가지로 나타난다. 수요 측면에서는 만일 자본과 기술이 노동력보다 더 빨리 성장한다면 1인당 소득은 상승한다. 그러나 여기에서는 공급 측면에서 요소가 다른 부문에서 다른 비율로 사용되는 경제일 경우에 불균형 요소성장의 의미를 살펴본다. 즉, 수요 측면의 효과는 제외시키고 공급 측면의 효과만을 살펴본다. 요소공급의 증가가 무역에 미치는 영향은 성장으로 수입재 또는 수출재를 생산하는 데 어느 부문의 요소가 더 많이 증가하는가에 따라 다르게 나타난다.

(1) 수입대체 성장

수입대체 성장전략을 선택하는 경우를 고려해 보자. 자국에 두 개의 산업이 존재한다고 가정해 보자. 하나는 수입산업이고 다른 하나는 수출산

그림 9-1 | 수입대체 요소성장에 관한 두 견해

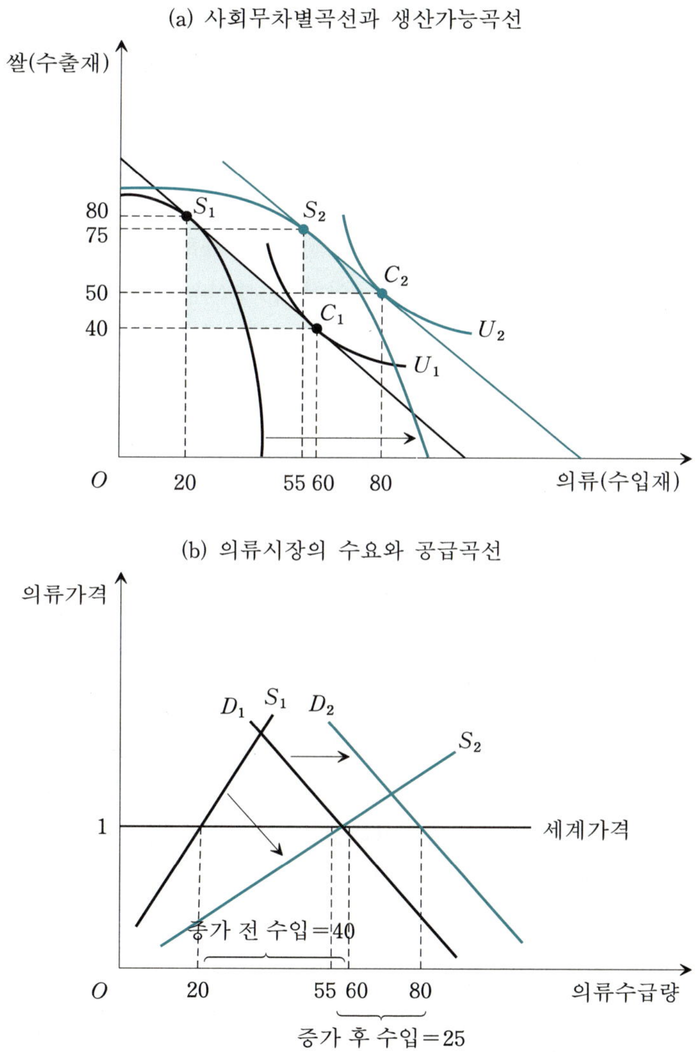

업이다. 또한 2국 경제를 대상으로 고찰하여 보자. 이 경우 한국의 의류산업이 수입재산업으로서 자본(K)을 집약적으로 사용하는데 자본이 증가한다고 하자. 수출재인 쌀을 생산하는 데 사용되는 토지와 다른 생산요소는 증가하지 않으며, 추가적으로 증가한 자본의 수익률은 감소한다고 하자. 자본이 저렴해짐에 따라 기업들은 생산을 확대하려고 할 것이다. 그러나 생산의 확대는 산업마다 다른 비율로 증가한다. 만일 자본이 의류산업에서 더 집약적으로 사용된다면, 자본의 상대가격이 더 저렴한 것은 농부들보다 의류산업의 기업들에게 이익이 된다. 국내의류산업의 산출량은 쌀의 산출량에 비하여 상대적으로 더 많이 증가한다. 더 저렴한 한국의 자본으로 인하여 의류를 생산하는 한계비용이 세계가격보다 더 낮으므로 더 많은 의류가 생산·판매된다. 따라서 의류의 수입이 감소한다.

〔그림 9-1〕에서 (a)는 사회무차별곡선과 생산가능곡선, (b)는 수요와 공급곡선을 그린 것으로서 국내의류생산의 증가로 수입대체가 발생한 것을 보여주고 있다. 자본의 성장으로 의류의 생산능력을 확대하여 공급곡선을 우측이동시키기 전에 20야드의 의류를 생산하고 40야드의 의류를 수입한다. 자본이 증가한 후에 한국은 〔그림 9-1〕 (a)의 사회무차별곡선 U_2, 또는 (b)의 수요곡선 D_2상으로 소비지출을 증가시켜 80야드를 구입하기로 결정한다. 그러나 수입경쟁 의류부문에 자본의 편향된 증가로 인해 의류수입은 25야드로 감소된다. 세계가격이 주어진 경우에 수입된 의류에 대한 수입의존도가 감소한다. 따라서 수입편향된 성장은 의류에 대한 세계무역을 감소시킨다.

(2) 수출주도 성장

수출재인 쌀을 생산하는 데 결합된 생산요소의 증가로 인한 효과를 고려해 보자. 쌀을 생산하는 농토의 공급이 개간을 통해서 확대된다고 가정하자. 농토의 공급증가로 사용임대료가 상대적으로 더 낮아진다. 토지의 가격이 더 저렴해짐에 따라 농부들은 쌀을 생산하는 데 토지를 더 많이 사용하게 된다.

국내 쌀의 산출량이 의류의 산출량에 비하여 상대적으로 더 많이 증가한다고 가정하자. 〔그림 9-2〕는 두 가지 형태의 그림으로 수출증가를 나타내고 있다. 추가적인 토지증가로 더 많은 쌀을 소비할 수 있다고 할지라

그림 9-2 | 수출주도형 요소성장에 대한 두 가지 견해

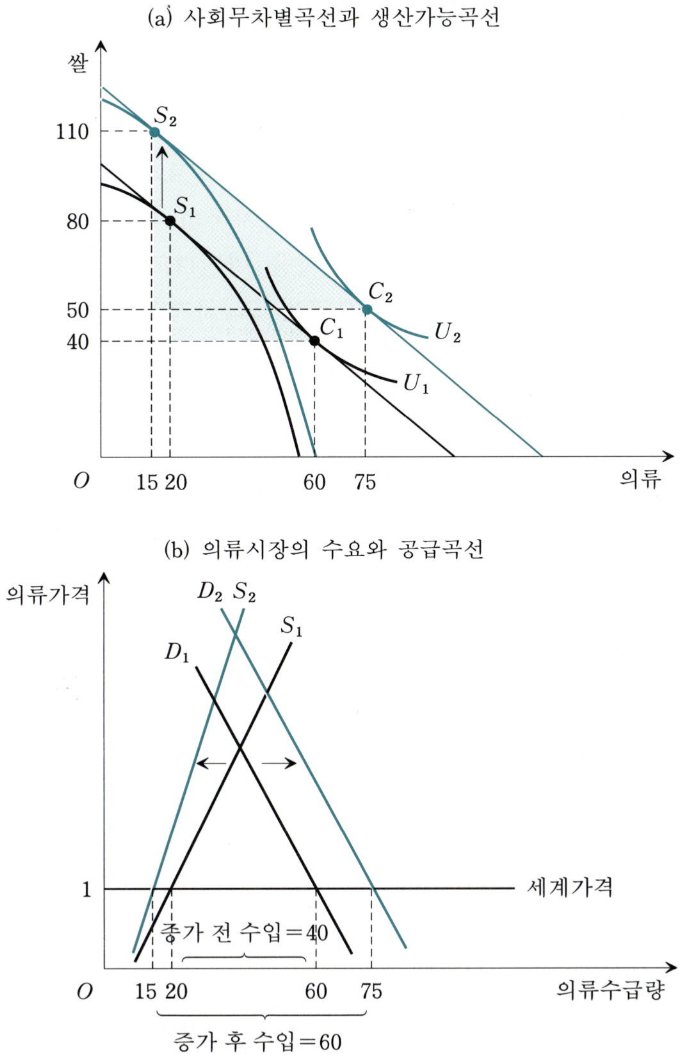

자료: Peter H. Lindert(1986), p. 97.

도 한국은 쌀을 40톤에서 60톤으로 더 많이 수출하게 된다. 세계가격이 주어진 경우에 수출은 더 증가하며 의류는 해외공급에 의존하게 된다. 수출주도형 성장은 세계무역을 촉진시키고 수출재의 상대가격을 인하시킨다.

(3) 정책적 의미

수입대체와 수출주도 성장전략은 정부가 어느 부문 또는 어느 생산요소에 대한 정부투자를 선호하는가를 결정하는 것이 중요하다. 일반적으로 투자나 조세감면정책을 집행할 경우 그 사회적 비용과 편익을 고려해 보자. 또한 소국의 가정을 완화하여 한 국가의 수요와 공급이 세계시장가격에 영향을 미치는 대국을 가정하자. 만일 자국의 세계시장 점유율이 높아서 요소의 증가가 세계가격비율에 영향을 미친다고 가정한다면, 수입대체 성장은 수입재의 세계가격을 낮춤으로써 그 국가의 교역조건을 개선시키는 반면, 수출주도 성장은 수출재의 상대가격을 낮춤으로써 교역조건을 악화시킨다. 수입대체전략을 취하는 국가는 투자를 결정함으로써 국제교역조건을 개선시킨다.

만일 그 국가의 결정이 세계가격에 부분적으로 영향을 미치고 그 국가가 다른 국가의 후생을 고려하지 않는다면, 성장으로 반무역적 형태를 선호하게 된다는 역설적인 결과를 가져온다.

1.3. 성장의 무역량에 대한 효과

일국의 경제성장이 해당국의 교역량에 전혀 영향을 주지 못하는 특별한 경우도 존재할 수 있다. 그러나 일반적으로 일국의 경제성장은 해당국의 교역량에 어느 정도 영향을 미치는데, 존슨(H. G. Johnson)[1]의 분류에 따라 성장의 생산과 소비에 대한 효과를 먼저 검토한다.

(1) 소비효과

소비효과란 재화의 상대가격(교역조건)이 변화하지 않는 경우에 경제성장으로 인하여 수입재에 대한 수요가 국민소득의 증가보다 비례적으로 더 큰 비율, 같은 비율 또는 더 작은 비율로 증가하는 것을 말한다. 만일 수입재에 대한 수요가 국민소득의 증가보다 비례적으로 더 많이 증가한다면, 생산효과를 무시할 경우 이것은 국제무역량을 증가시킨다. 그 반대로 수입

[1] H. G. Johnson(1959), pp. 253～272.

그림 9-3 | 성장으로 인한 소비효과

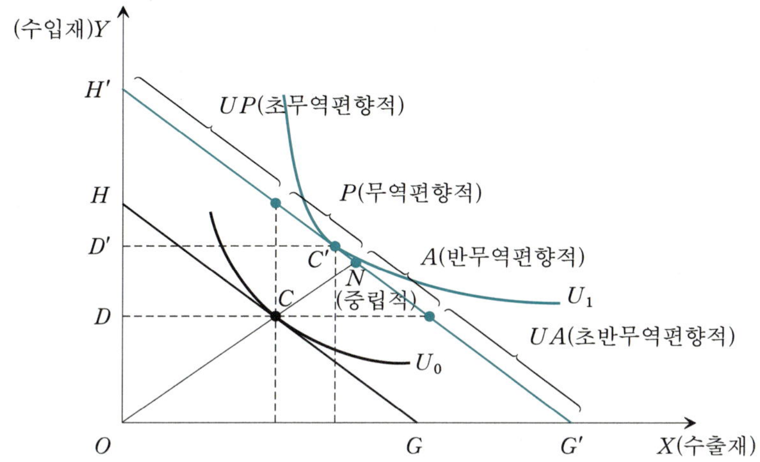

재에 대한 수요가 국민소득의 증가보다 더 적게 비례적으로 증가한다면 국제무역이 감소한다. 전자의 경우를 무역편향적(pro-trade biased), 후자의 경우를 반무역편향적(anti-trade biased), 같은 비율로 증가하는 경우를 중립적(neutral)이라고 정의한다. 수입재에 대한 수요가 국민소득증가율 이상으로 증가할 뿐만 아니라 절대량에서도 증가하는 경우 초무역편향적(ultra-pro-trade biased) 소비효과라고 부른다. 반면에 수입재에 대한 수요가 국민소득 증가보다 절대적으로 적을 때 초반무역편향적(ultra-anti-trade biased) 소비효과라고 한다.

위에 열거된 다섯 가지의 경우는 [그림 9-3]에 예시되어 있다. 예산선 HG는 처음의 국민소득액, OH는 Y재로 표시한 처음의 실질국민소득을 나타낸다. 처음의 소비점은 C이다. 따라서 수입재의 소비는 OD이다. 경제성장으로 예산선이 $H'G'$으로 평행이동한다면, 소득의 비례적 증가율은 $H'H/OH$이다. 예를 들면, 새로운 소비점이 C'이라면 수입재에 대한 수요의 비례적 증가율은 $D'D/OD$이다.

$D'D/OD > H'H/OH$이므로 성장은 무역편향적(P)이다. 만일 새로운 소비점이 하락한다면 그래프상에서 검토할 수 있다.

① UP부분(초무역편향적)에서 수입재에 대한 수요의 절대량 증가가 국

표 9-1 | 소비의 성장과 편향

편향	수입재에 대한 수요성향	수입재에 대한 소득탄력성
초무역편향적	$MPI>1$	$\varepsilon_y>1$
무역편향적	$MPI>API$	$\varepsilon_y>1$
중립적	$MPI=API$	$\varepsilon_y=1$
반무역편향적	$MPI<API$	$\varepsilon_y<1$
초반무역편향적	$MPI<0$	$\varepsilon_y<0$

민소득의 절대량 증가보다 더 크다.

② P부분(무역편향적)에서 수입재에 대한 수요의 비례적인 증가가 국민소득의 비례적인 증가보다 더 크다.

③ 점 N(중립적)에서 두 변수의 비례적 증가는 같다.

④ A부분(반무역편향적)에서 수입재에 대한 수요의 비례적인 증가는 국민소득의 비례적인 증가보다 더 작다.

⑤ UA부분(초반무역편향적)에서 수입재에 대한 수요의 절대적 증가가 국민소득의 절대량 증가보다 더 작다.

또한 수입재의 평균수입성향 및 한계수입성향을 사용하여 구분할 수도 있다. 여러 가지 경우가 [그림 9-3]에 대응하는 [표 9-1]에 요약되어 있다. MPI(marginal propensity to import)는 한계수입성향, API(average propensity to import)는 평균수입성향이다.

또한 다른 방법, 즉 수입재에 대한 수요의 소득탄력성을 사용하여 구분할 수 있다. 만일 수입재에 대한 수요가 총소득에 대하여 같은 비율로 증가한다면 수입재에 대한 수요의 소득탄력성 ε_y는 1이다. 이때 소득탄력성이 1보다 크다면 무역편향적이고, 소득탄력성이 1보다 작다면 반무역편향적이다.

무역편향적·중립적·반무역편향적 성장의 경우에 경제성장에 따른 소득증가분은 수입재에 소비된다. 만일 수입재가 우등재라면 초무역편향이 발생한다. 우등재는 그 재화에 대하여 소득증가보다 더 많은 양의 소비지출을 한다. 그러나 수입재가 열등재인 경우에 초반무역편향적이다. 즉, 사람들은 그 재화에 대하여 절대적으로 더 적은 양을 소비지출한다.

(2) 생산효과

생산효과란 생산요소의 공급증가 또는 기술진보로 인하여 생산가능곡선이 밖으로 이동하는 것이다. 재화의 상대가격이 변화하지 않는 경우 수입재의 국내산출량 변화와 국민소득 증가의 관계에 따라 생산효과를 구분할 수 있다.

[그림 9-4]에서 교역조건이 AA'의 기울기로 주어졌다고 하자. 처음의 생산가능곡선 TT'이 주어진 경우에 이 국가는 점 P에서 생산한다. 경제성장으로 생산가능곡선이 밖으로 이동하게 된다. 만일 수입재의 국내산출증가율이 수입증가율보다 크다면 반무역편향적이다. 왜냐하면, 상대적인 무역량이 더 적어지기 때문이다. 만일 수입재의 국내생산이 다른 재화의 생산보다 절대액이라는 측면에서 더 크게 증가한다면, 초반무역편향적이다. 중립적 성장은 수출재와 수입재의 산출량이 경제성장 이후 동일한 비율로 증가하는 것이다. 무역편향적이라는 것은 국민소득의 증가보다 수입재의 생산이 감소한 경우이다. 초무역편향적이라는 것은 경제성장 이후에 수입재의 생산이 절대액 면에서 감소한 경우이다.

다른 방법으로 수입재의 공급성향과 수입재 공급의 소득탄력성에 의

그림 9-4 | 성장으로 인한 생산효과

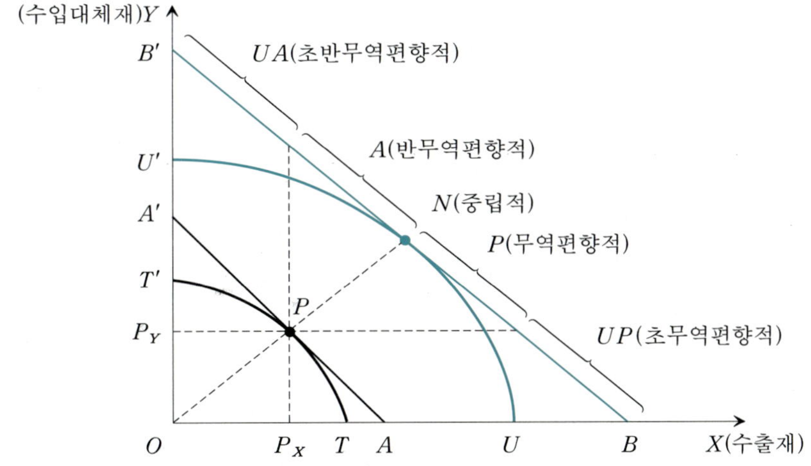

표 9-2 | 생산의 성장과 편향

편향	수입재에 대한 공급성향	수입재에 대한 소득탄력성
초무역편향적	$MSI<0$	$\sigma_y<0$
무역편향적	$MSI<ASI$	$\sigma_y<1$
중립적	$MSI=ASI$	$\sigma_y=1$
반무역편향적	$MSI>ASI$	$\sigma_y>1$
초반무역편향적	$MSI>1$	$\sigma_y>1$

하여 [표 9-2]에서와 같이 다섯 가지로 구분할 수 있다. ASI(average supply of impotables)는 총생산에 대한 수입재의 평균공급이며, MSI(marginal supply of impotables)는 생산 변화에 따른 한계공급량의 변화이다. 생산 변화에 대한 공급탄력성은 σ_y이다.

(3) 생산효과와 소비효과의 결합

수요 또는 공급 측면에서의 경제성장이 교역량에 미치는 영향에 대한 앞의 분석만으로는 경제 전반에 대한 논의를 하기에 충분하지 않다. 생산효과와 소비효과를 함께 고찰하여야만 주어진 경제에서의 성장효과를 구체적으로 살펴볼 수가 있다. 생산효과와 소비효과는 국내수요와 공급의 소득탄력성에 의하여 다시 나타낼 수 있다. 수입재(Y)에 대한 국내수요의 소득탄력성은 수입재(Y)에 대한 수요의 증가율과 국민소득(Q)의 증가율의 비율로 정의된다. 즉,

$$\eta_{dQ}=\frac{\frac{\Delta Y^D}{Y^D}}{\frac{\Delta Q}{Q}} \tag{9.1}$$

[그림 9-3]에 의하여

$$\eta_{dQ}=\frac{\frac{D'D}{OD}}{\frac{H'H}{OH}}=\frac{\frac{D'D}{OD}}{\frac{G'G}{OG}} \tag{9.2}$$

탄력성은 Y재에 대한 한계소비성향 μ_{dQ}와 평균소비성향 α_{dQ}의 비율로 표시할 수 있다.

$$\eta_{dQ}=\frac{\frac{\Delta Y^D}{\Delta Q}}{\frac{Y^D}{Q}}=\frac{\mu_{dQ}}{\alpha_{dQ}} \tag{9.3}$$

이와 같은 정의에 의한 성장의 소비효과는 $\eta_{dQ}\lesseqqgtr 1$에 따라 반무역편향적·중립적·무역편향적이 된다. $\mu_{dQ}>1$일 때 초무역편향적, $\mu_{dQ}<0$인 경우 초반무역편향적으로 구분된다.

생산효과에 관하여 수입재의 국내공급탄력성은 다음과 같이 정의한다.

$$\eta_{sQ}=\frac{\frac{\Delta Y^S}{Y^S}}{\frac{\Delta Q}{Q}}=\frac{\frac{\Delta Y^S}{\Delta Q}}{\frac{Y^S}{Q}}=\frac{\mu_{sQ}}{\alpha_{sQ}}$$

여기서 μ_{sQ}와 α_{sQ}는 각각 Y재의 한계생산성향 및 평균생산성향이다. 성장의 생산효과는 $\eta_{sQ}\lesseqqgtr 1$에 따라 무역편향적, 중립적 및 반무역편향적이다. $\eta_{sQ}<0$과 $\eta_{sQ}>1$일 때 각각 초무역편향적 및 초반무역편향적이다.

성장이 수입수요에 미치는 영향은 소비효과와 생산효과의 결합에 달려 있다. 수입수요가 국민소득의 증가보다 더 큰 비율, 같은 비율 아니면 더 작은 비율로 증가하느냐에 따라 그 결과는 무역편향적, 중립적 또는 반무역편향적이 된다. 수입수요의 증가가 소득증가의 절대액보다 더 클 때 초무역편향적, 더 작을 때 초반무역편향적이다.

소비효과와 생산효과가 같은 편향을 가질 때 그 결과는 쉽게 결정된다. 예를 들면, 이들이 무역편향적이라면 수입수요는 증가한다. 이것은 같은 비율의 소득증가에 대하여 수입수요는 국내생산 증가에 대한 비율 이상으로 증가한다. 따라서 수입수요는 그 차이를 메꾸기 위한 것이다. 이와 같은 증가는 소득의 증가율보다 크다. 만일 g_d, g_S, g_m, g_Q가 각각 수입재 수요의 증가율, 수입재 수요의 국내생산, 수입수요, 그리고 국민소득에 대한 증가율이라고 하면, 수입수요는 다음과 같이 나타낼 수 있다.

표 9-3 | 생산효과와 소비효과의 결합에 따른 성장의 무역에 대한 효과

생산효과	소비효과				
	중립적 (N)	무역편향적 (P)	초무역편향적 (UP)	반무역편향적 (A)	초반무역편향적 (UA)
중립적(N)	N	P	P 또는 UP	A 또는 UA	UP
무역편향적(P)	P	P	P 또는 UP	UP 아님	UA
초무역편향적(UP)	P 또는 UP	P 또는 UP	UP	UA 아님	모든 가능한 형태
반무역편향적(A)	A 또는 UA	UP 아님	UA 아님	A 또는 UA	UA
초반무역편향적(UA)	UA	UA	모든 가능한 형태	UA	UA

$$g_m = g_Q + \frac{Y^D}{Y^D - Y^S}(g_d - g_Q) - \frac{Y^S}{Y^D - Y^S}(g_s - g_Q)$$

따라서 $g_d > g_Q$ 및 $g_s < g_Q$이므로 $g_m > g_Q$이다. 모든 가능한 여러 가지 조합의 결과가 [표 9-3]에 예시되어 있다. 표는 대각선에 관하여 대칭적이다. 예를 들면, 초반무역편향적 소비효과와 결합된 무역편향적 생산효과의 결과는 초반무역편향적 생산효과와 결합된 무역편향적 소비효과의 결과와 같다. 수입은 수입재의 초과수요, $Y^D - Y^S$이다. 따라서 무역편향적(P) 생산효과와 결합된 초반무역편향적(UA) 소비효과의 경우에 수입재의 수요 Y^D는 감소하는 반면, 수입재의 공급 Y^S는 증가한다. 따라서 초반무역편향적(UA)인 것의 결과로 $Y^D - Y^S$는 감소한다. 같은 방법으로, 무역편향적(P) 소비효과와 결합된 초반무역편향적(UA) 생산효과의 경우에 Y^S는 소득의 절대액 이상으로 증가하고 Y^D는 소득의 절대액 이하로 증가한다. 그러므로 Y^D는 Y^S보다 적게 증가하고 수입수요 $Y^D - Y^S$는 감소한다.

반면에 반무역편향적(A) 생산효과와 결합된 초무역편향적(UP) 소비효과의 경우에 Y^D는 산출량의 절대액 이상으로 증가하며 Y^S는 소득의 절대액 이하로 증가한다. 수입수요 $Y^D - Y^S$는 증가하지만 소득의 증가율 이상 또는 그 이하로 증가하는가는 확실하지 않다. 따라서 그 결과는 반무역편향적(A)이다. 같은 방법으로 반무역편향적(A) 소비효과와 결합된 초무역편향적(UP) 생산효과의 경우에 Y^S는 감소하는 반면에 Y^D는 산출량의 증가율 이하로 증가한다. 수입수요 $Y^D - Y^S$는 증가하지만 소득의 증가율 이상 또는 그 이하로 증가하는가는 확실하지 않다. 따라서 그 결과는 반무역편향적(A)이다.

사례연구 9-1

한국과 중국 간의 무역특화 및 비교우위

중국은 1990년대 이래 개방과 자유무역을 지향하면서 무역량을 크게 증가시켜 최근 10여 년 동안 급속한 경제성장을 해 왔다. 지정학적으로나 역사적으로 중국과 매우 가까운 한국은 1992년 한중수교 이후 교역이 급격히 증가하여 해방 이후 전통적으로 약 50여 년 동안 한국의 가장 큰 교역국이었던 미국, 일본을 제치고 중국은 현재 한국의 제1의 교역국이 되었다. 2005년 중국과 한국의 교역은 1,006억 달러로 전년 대비 26.7%가 증가하였고, 한국의 대중국 수출은 619억 달러, 수입은 386억 달러를 각각 기록하여 대중국 무역수지 흑자는 233억 달러를 기록했다. 이와 더불어 한국의 대중국 수출의존도는 1992년 3.5%, 2000년 10.7%, 2004년 19.6%를 기록하였는데, 2005년에는 21.8%를 기록하는 등 점점 높아지고 있다.

이재득(2007)은 중국 시장에 대한 수출패턴을 알아보기 위해 생산비 차이뿐만 아니라 중국의 수출시장의 비가격경쟁력도 감안하는 수출상품의 비교우위에 대해 분석하였는데, 현시비교우위(RCA) 대신 시장현시비교우위(Market RCA)를 이용하였다.

중국에 대해 한국이 최근 5년간 어떤 산업과 품목에 수출입 특화가 있는지를 알기 위한 한국의 중국에 대한 무역특화도 지수는 [표 9-4]에서 나타내고 있는데 +는 수출특화, −는 수입특화를 의미한다. 2001년부터 2005년까지 중

표 9-4 | 연도별 한국의 대중국 무역특화도

품목 코드	구분	2001년	2002년	2003년	2004년	2005년
0	식품 및 산동물	−0.86002	−0.87850	0.86124	−0.76469	−0.81331
1	음료 및 담배	−0.11142	−0.01832	−0.17122	−0.04791	−0.08927
2	비식용 원재료(연료 제외)	−0.07597	−0.07277	−0.00333	0.03454	−0.07734
3	광물성 연료, 윤활유 관련물질	0.13655	−0.08339	0.07119	0.14127	0.17693
4	동식물성 유지 및 왁스	−0.10709	−0.22827	−0.34594	−0.42759	−0.69839
5	화학물 및 관련제품	0.62886	0.63681	0.64928	0.67515	0.65264
6	재료별 제조제품	0.31835	0.21336	0.25021	0.08088	−0.02614
7	기계 및 운수장비	0.14639	0.29538	0.37699	0.37472	0.33441
8	기타 제조제품	−0.40868	−0.46912	−0.36097	−0.09442	0.10365
9	달리 취급되지 않는 상품	0.92213	0.75760	0.45292	0.12044	0.68427

국에 대한 수출품 중 화학물 및 관련제품부문의 무역특화도는 평균적으로 0.65 정도를 기록하고 있으며, 한국의 대중국 무역에 있어 수출특화하고 있는 주요한 품목임을 알 수 있다.

2001년에서 2005년 동안 한국의 중국에 대한 무역에 있어 산업별 시장현시비교우위(MRCA) 지수는 [표 9-5]에서 살펴볼 수 있다. 2005년 한국의 대중국 MRCA 지수를 살펴보면 화학물 및 관련제품이 1.88로 중국 시장에서 굉장히 큰 시장비교우위를 가지고 있으며, 중국에 한국의 세계시장 수출평균비율의 1.88배나 많이 화학공업 제품을 수출하고 있다. 그 외 중국 시장에서 시장비교우위를 가진 한국 제품의 MRCA 지수를 살펴보면 비식용 원재료(연료 제외) 1.41, 재료별 제조제품이 1.05, 동식물성 유지 및 왁스 1.06, 기타 제조제품 1.53 등으로 각각 1보다 높게 나타나 중국 시장에서 시장현시비교우위를 가지고 있으며, 한국은 이들 화학 및 제조제품 등의 공업부문에서 상대적으로 다른 국가들보다 중국으로 많은 수출을 하고 있다. 그러나 그 외의 식품 및 산동물 0.49, 음료 및 담배 0.16, 기계 및 운수장비 0.79 등으로 MRCA 지수가 모두 1보다 아주 작게 나타나 이런 부문에서 여타 다른 국가보다 중국 시장에 상대적으로 수출을 아주 적게 하고 있음을 알 수 있다.

표 9-5 | 한국의 중국에 대한 시장비교우위 지수(MRCA)

품목 코드	구분	2001년	2002년	2003년	2004년	2005년
0	식품 및 산동물	0.39147	0.39475	0.43666	0.53264	0.49131
1	음료 및 담배	0.20144	0.21273	0.17290	0.20650	0.16483
2	비식용 원재료(연료 제외)	2.17216	1.90967	1.57341	1.49092	1.41399
3	광물성 연료, 윤활유 관련물질	1.75909	1.30610	1.49381	1.35409	0.98394
4	동식물성 유지 및 왁스	1.59859	1.49688	1.32561	1.13905	1.05561
5	화학물 및 관련제품	2.71004	2.41540	2.02871	2.02453	1.87700
6	재료별 제조제품	1.57933	1.38436	1.32414	1.19071	1.05206
7	기계 및 운수장비	0.55101	0.71409	0.78023	0.77246	0.79008
8	기타 제조제품	0.69230	0.75746	0.85214	1.33309	1.52910
9	달리 취급되지 않는 상품	0.15346	0.19710	0.12634	0.11454	0.94045

자료: 이재득(2007).

2 성장과 교역조건: 빈곤화 성장

2.1. 대국과 교역조건

지금까지는 재화의 교역조건(상대가격)이 주어진 것으로 가정하였다. 이 가정은 그 국가의 수입수요와 수출공급의 변화가 세계시장에 영향을 미치지 않는 소국 모형에서 타당하다. 그러나 대국의 경우에는 여러 형태의 성장에 따른 교역조건의 효과를 검토해야 한다. 이와 같은 목적을 위해 여러 가지 형태의 성장에 따라 국가의 오퍼곡선이 이동하는 것을 알아볼 필요가 있다.

I국과 II국이 모두 대국이고 I국이 X재를 수출하고 Y재를 수입하는 반면에, II국이 Y재를 수출하고 X재를 수입한다고 가정한다. [그림 9-5]에서 최초의 오퍼곡선은 OG_{I}, 교역조건은 OR의 기울기로 표시한다. 당분간 II국의 오퍼곡선 OG_{II}가 변화하지 않는다고 가정한다. 처음의 균형점은 E이다. 모든 형태의 성장에서 교역조건이 불변인 경우에 초반무역편향적인 것을 제외하면 수입수요가 증가하므로, 새로운 오퍼곡선에 대응하는 교역조건 선분 OR상의 점들은 점 E의 왼쪽에 있는 초반무역편향적(UA)인 경우를 제외하면(수입이 감소하면 수출도 감소한다) 점 E의 오른쪽에 있게 된다. 성장이 무역에 유리하게 되므로 산출량의 증가가 주어진 경우에 수입수요의 증가가 더 커지므로 균형점들의 순서는 [그림 9-5]에 나타난 것과 같다.

교역조건이 주어진 경우에 같은 논리를 적용할 수 있으므로, 선분 OR을 회전시킨다면 점선으로 나타낸 오퍼곡선 OG_{IUA}, OG_{IA} 등을 얻을 수 있다. 성장하는 국가가 대국인 경우에 오퍼곡선의 이동은 교역조건에 영향을 미친다. 이것은 II국의 오퍼곡선, OG_{II}를 도입하여 I국의 새로운 오퍼곡선과의 교차점인 새로운 국제균형점을 찾음으로써 증명할 수 있다. 실제로

그림 9-5 | 성장의 여러 가지 형태: 성장하는 국가의 오퍼곡선 이동 및 교역조건 변화

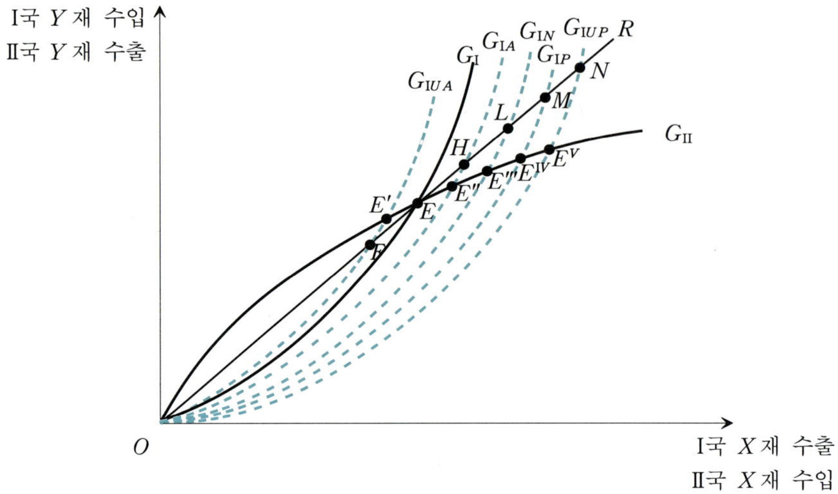

발생하는 성장의 형태에 따라 균형점은 E', E'' 등이 된다. 일반적으로 성장으로 무역이 더 증가할수록 대부분 성장의 경우에(UA의 경우를 제외하고) 교역조건은 더욱 악화된다. 원점으로부터 여러 가지의 균형점 E', E''에 대응하는 직선을 그리면 그들의 기울기는(OE'의 기울기는 제외하고) OR의 기울기보다 더 작다.

이 결과는 여러 가지 방법으로 설명될 수 있다. 만일 초반무역편향적(UA) 성장을 배제한다면 다른 모든 경우에 I국의 수입수요는 교역조건이 주어진 경우에 증가한다. 따라서 Y재에 대한 초과수요는 세계시장에서 증가한다. 이에 따라 P_X는 하락하고 P_Y는 상승하여 P_X/P_Y가 하락한다. 세계시장에서 Y재에 대한 초과수요와 X재에 대한 초과공급이 클수록 P_X/P_Y가 더 크게 하락한다. 그렇지만 이와 같은 가격 변화로 I국에서는 Y재의 수요와 X재의 공급이 감소하는 반면에, II국에서는 Y재의 공급과 X재의 수요가 증가하게 된다. 이러한 새로운 균형상황에서 Y재의 수입수요와 X재의 수출공급이 처음의 성장효과보다 더 적게 증가한다. 점 E'', E^V들과 이에 대응하는 균형점 H, ……, N들과의 조합을 비교할 수 있다. 성장하는 국가의 관점에서 이와 같은 상대가격의 변화는 교역조건(terms of trade)

그림 9-6 | 대국의 교역조건 악화가 후생에 미치는 영향

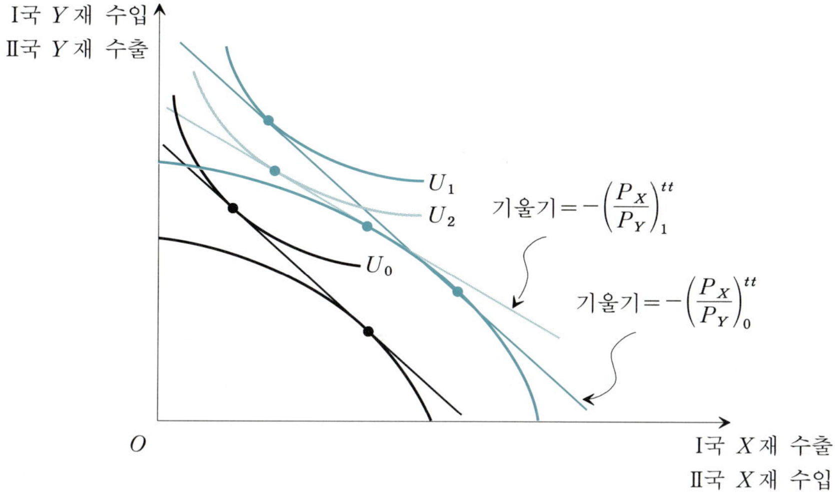

을 악화시킨다. 반면에 교역상대국에서는 교역조건이 개선된다.

반면에 초반무역편향적(UA) 성장일 경우에 그 결과는 반대이다. I국에서 수입수요가 감소하면 P_X/P_Y가 증가하여 수요를 촉진시킨다. 따라서 새로운 균형점 E'에서 교역조건이 개선되고 무역량이 감소하게 되어 최초의 감소보다 더 적다(점 F).

[그림 9-6]에서는 생산가능곡선과 사회무차별곡선을 이용하여 다른 방법으로 설명한다. 한 국가의 교역조건은 수입재의 가격에 대한 수출재의 상대가격과 같다. 만일 I국이 X재를 수출하고 Y재를 수입한다면 교역조건은 $(P_X/P_Y)_0^{tt}$이다. 이 비율이 증가한다는 것은 교역조건이 개선된다는 것을 의미하고, 반면에 이 비율의 감소는 교역조건의 악화를 나타낸다. 만일 II국이 Y재를 수출하고 X재를 수입한다면 교역조건은 $(P_X/P_Y)_1^{tt}$ 또는 (1/I국의 교역조건)이다. 교역조건의 악화는 총소비를 감소시킨다. 왜냐하면, 수출재 각 단위와 교환을 통해 더 작은 단위의 수입재를 얻기 때문이다. 교역조건이 악화된 결과는 [그림 9-6]에 나타나 있다. 교역조건이 일정한 경우에 균형성장은 후생수준을 U_0에서 U_1으로 증가시킨다. 총소비의 증가는 반드시 소비의 증가를 의미하지는 않는다(즉, U_0과 U_1은 다른 인구구

성 규모로부터 유도되었기 때문이다).

대국의 경우에 처음의 교역조건에서 무역량을 바람직하게 증가시키는 데 있어서 균형성장의 효과는 교역조건을 악화시킨다. 즉, 교역조건의 효과는 이 국가의 후생수준을 U_2로 이동시킨다. 따라서 균형성장의 후생효과는 소국보다 대국에서 더 작다. 대국에서 균형성장의 순효과는 노동력이 성장한 원천(인구의 증가 또는 노동참여율이 증가한 경우), 소득과 교역조건 효과의 상대적 크기에 따라 다르다.

2.2. 빈곤화 성장

지금까지는 오퍼곡선이 정상적인 경우만을 대상으로 분석하였다. 빈곤화 성장(immiserizing growth)은 성장이 사회후생에 미치는 음의 교역조건 효과(negative terms of trade effect)를 의미한다. 이 현상은 성장, 교역조건의 변화, 후생의 변화 사이의 관계를 포함한다. 일반적으로 성장은 교역조건의 개선이나 악화를 가져올 수 있다. 교역조건의 악화는 사회후생의 개선·불변 또는 악화를 초래할 수 있다. 그러나 교역조건의 악화는 사회후생이 감소하는 데 필요하지만 충분조건은 아니다.

그림 9-7 | 빈곤화 성장

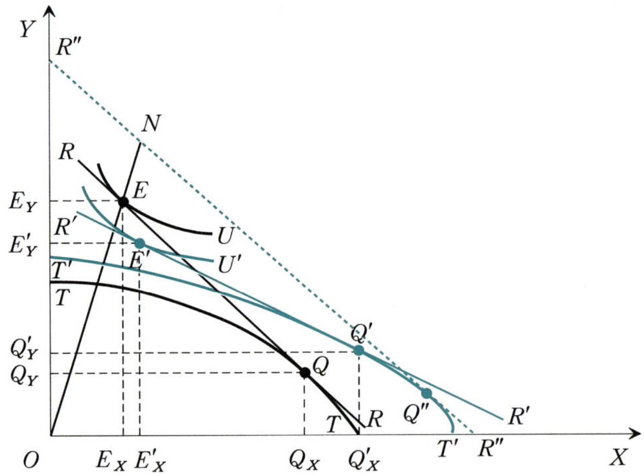

성장의 결과 교역조건이 악화될 경우 사회후생이 감소할 가능성은 [그림 9-7]에 예시되어 있다. 여기서 TT는 최초의 생산가능곡선이다. RR의 기울기로 표시된 최초의 교역조건이 주어진 경우에 이 국가는 점 Q에서 생산하고 점 E에서 소비함으로써 Y재 Q_YE_Y를 수입하고 X재 Q_XE_X를 수출하여 사회무차별곡선 U에 도달한다. 성장의 결과 생산가능곡선은 $T'T'$으로 이동하고 교역조건은 $R'R'$으로 악화된다. 즉, $R'R'$의 기울기는 RR의 기울기보다 더 작다. 이 국가는 Q'에서 생산하고 E'에서 소비함으로써 Y재 $Q'_YE'_Y$을 수입하고 X재 $Q'_XE'_X$을 수출한다. E'이 U보다 더 낮은 사회무차별곡선 U'상에 있으므로 사회후생은 감소된다.

다음에는 [그림 9-7]에 표시된 성장이 어떠한 형태인가를 검토할 필요가 있다. 이 목적을 위해서 교역조건이 일정한 경우에 곡선 $T'T'$을 따라서 소비점과 생산점을 결정한다. 직선 RR과 평행인 $R''R''$과 곡선 $T'T'$이 서로 접하는 접점을 구함으로써 생산점 Q''을 구한다. Q''과 Q'을 비교하면 Y재는 더 적게, X재는 더 많이 생산한다. 그러므로 무역은 초무역편향적 생산효과를 갖는다. 소비효과에 관해서 교역조건 $R''R''$과 사회무차별곡선 사이의 접점은 N의 왼쪽, 오른쪽, 또 점 N상에 있을 수 있다. 따라서 사회무차별곡선에 관한 다른 정보가 없다면 소비효과를 규정지을 수 없다.

Y재가 열등재인 경우를 배제한다면 [표 9-3]에 기초한 성장의 형태는 UA가 아님을 알 수 있다.

사례연구 9-2

개발도상국의 경제성장요인

경제성장으로 교역조건이 악화될 때 순수교역조건 효과(직접효과)는 성장에 음의 효과로 나타나지만, 간접효과는 교역조건이 수출물량에 미치는 것으로서 양의 값을 가지므로 총교역조건 효과는 서로 상쇄되는 두 효과의 순효과로 나타날 것이다.

[표 9-6]의 (7)열과 (8)열은 상대가격(교역조건) 변화의 효과를 순수효과(간접효과)와 양적 효과(간접효과)로 나눈 것이다. [표 9-6]을 보면 대부분의 국가들은 교역조건의 악화로 인하여 성장에 음의 영향을 미치게 됨을 알 수 있다. 코스타리카, 에콰도르, 멕시코, 온두라스, 모로코, 수단, 인도, 한국의 경우 전체 가격효과가 순가격효과보다 커서 교역조건의 악화가 양적 효과를 통하여

경제성장에 음의 효과를 나타냈다.

표 9-6 | 개발도상국 경제성장요인: 경제성장률의 요인별 비교

구분	국가명 (1)	실제 경제 성장률 (2)	해로드 균형 성장률 (3)	차이 (4)	차이의 분석			
					실질 자본 수입*(5)	상대가격 변화(6)=(7)+(8)	순수 효과 (7)	양적 효과 (8)
실제성장률이 해로드 균형 성장률보다 높은 나라들	브라질	9.5	4.0	+5.5	+5.4	+0.1	+1.1	−0.1
	투니시아	6.4	5.0	+1.4	+1.0	+0.6	+4.6	−4.0
	파키스탄	6.9	6.0	+0.9	+2.9	−2.1	−4.1	+2.0
	타이	6.8	6.6	+0.2	+0.7	−0.5	+1.1	−1.6
	스리랑카	6.1	5.9	+0.2	+0.8	−0.6	−12.4	+11.8
	코스타리카	4.0	3.9	+0.1	+1.4	−1.3	−0.4	−0.9
	평균+	6.6	5.2	+1.38	+2.03	−0.65	−1.7	+1.05
실제성장률이 해로드 균형 성장률보다 낮은 나라들	에콰도르	4.8	12.0	−7.2	−1.0	−6.2	−0.5	−5.7
	멕시코	6.0	11.0	−5.0	−1.0	−4.4	−0.4	−4.0
	온두라스	4.2	7.9	−3.7	+0.3	−5.0	−1.6	−3.4
	콜롬비아	5.0	8.6	−3.6	−2.6	−1.0	+1.4	−2.4
	모로코	3.3	6.9	−3.6	−0.7	−2.9	−0.7	−2.2
	자메이카	4.0	7.4	−3.4	−1.6	−1.8	+0.6	−2.4
	수단	5.4	8.3	−2.9	+0.2	−3.1	−1.7	−1.4
	필리핀	5.3	6.8	−1.5	−0.5	−1.0	−3.1	+2.1
	자이레	6.0	6.9	−0.9	−1.5	+0.6	+1.7	−1.1
	포르투갈	5.1	5.7	−0.6	−0.7	+0.1	+0.8	−0.7
	케냐	8.1	8.6	−0.5	−2.6	+2.1	−0.2	+2.3
	인도	2.4	2.8	−0.4	+0.9	−1.3	−0.3	−1.0
	터키	5.8	6.1	−0.3	−0.2	−0.1	−0.9	+0.8
	사이프러스	3.4	3.5	−0.1	−0.2	+0.1	+2.7	−2.6
	한국	8.2	12.6	−4.4	−2.19	−2.21	−0.04	−2.17
	평균++	5.1	7.7	−2.5	−0.85	−1.65	+0.07	−172

주: + 실제경제성장률이 해로드 균형성장률보다 큰 나라.
++ 실제경제성장률이 해로드 균형성장률보다 작은 나라.
*+ 실제자본도입 증가가 수출증가율보다 높은 것을 뜻한다.
− 실제자본도입 증가가 수출증가율보다 낮은 것을 뜻한다.

자료: 정현식(1989).

3 생산요소 공급의 증가와 국제무역: 립진스키정리

3.1. 립진스키정리

지금까지 일반적인 성장에 대해 설명하였다. 앞으로 성장의 원인을 자세히 검토한다. 일반적으로 성장의 원인으로는 두 가지의 전통적인 범주, 즉 생산요소 공급의 증가 및 기술진보로 구분될 수 있다. 실제로 이 두 원인은 구분할 수 없기 때문에 이와 같은 구분은 인위적이다.[2] 이 절에서는 먼저 생산요소의 공급증가로 인한 효과를 살펴보고, 다음 절에서는 기술진보의 효과를 검토한다.

립진스키정리(Rybczynskis' Theorem)는 만일 재화 및 요소의 상대가격이 불변인 경우에, 어느 한 국가의 한 생산요소의 양이 증가하고 다른 생산요소는 변화하지 않는 경우에 증가된 요소를 집약적으로 사용하는 재화의 생산은 절대적으로 증가하는 반면, 그 요소를 집약적으로 사용하지 않는 재화의 생산은 절대적으로 감소한다는 것이다.

이 정리는 에지워스 상자 그림을 이용하여 증명할 수 있다. [그림 9-8]에서 처음의 상자는 $O_X H O_Y G$이다. 재화의 가격이 주어진 경우에 점 E가 최초의 균형점이다. X재 생산에서의 노동-자본비율, $O_X D/ED$는 Y재 생산에서의 노동-자본비율, $O_Y F/EF$보다 더 높기 때문에 X재는 노동집약적인 재화이다. 효율적인 점들의 궤적인 $O_X O_Y$가 주어진 경우에 이와 같은 특성은 이 궤적의 모든 점들에서 유지된다.

노동의 공급이 $O_X G$에서 $O_X G'$으로 증가한다고 가정하자. 새로운 균형점은 E'이다. 이 점에서 새로운 원점 O_Y'에 그린 직선은 $O_Y E$와 평행임

[2] 예를 들면, 자본스톡의 증가는 이미 생산인 것과 같은 기계보다는 오히려 새로운 기계의 구입을 포함하고 있다. 새로운 기계는 가장 최신의 기술진보(체화된 기술진보)를 포함하기 때문에 자본스톡의 증가와 기술진보를 구분할 수 있다.

그림 9-8 | 에지워스 상자를 이용한 립진스키정리의 증명

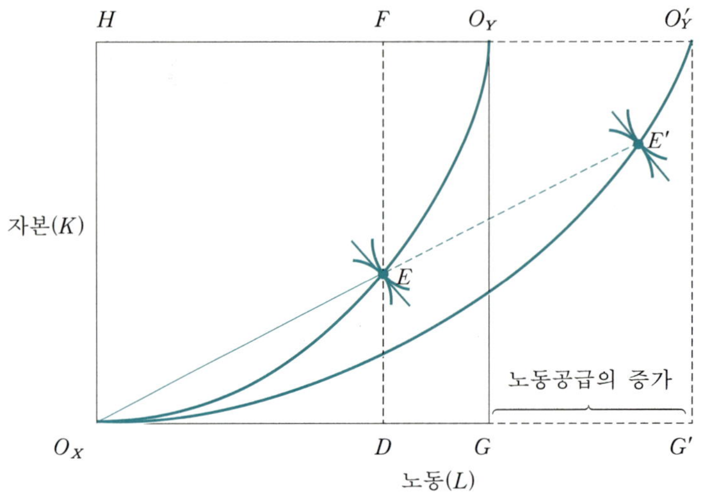

에 따라 선분 O'_YE'상에 있는 점이다. 이것은 다음과 같은 특성을 갖는다.

E와 E'의 균형점에서 중요한 전제는 재화의 상대가격이 불변이라는 것이다. 노동의 공급증가로 인하여 요소의 배분점이 E에서 E'으로 이동하게 된다. 가정에 의하여 재화의 상대가격이 불변이므로 요소의 상대가격 및 노동-자본의 비율도 불변이다. 새로운 균형점 E'에서 Y재와 X재의 등량곡선의 기울기, 즉 한계기술대체율은 점 E에서와 같다. 1차동차 생산함수의 특성으로 인해 점 E'을 통과하는 Y재의 등량곡선은 점 E를 통과하는 Y재의 등량곡선과 기울기가 같다. 왜냐하면, O'_YE'은 O_YE와 평행이므로 Y재의 등량곡선은 선분 O_YE선상에 있게 되어 선분 O'_YE'상의 기울기와 같기 때문이다. 그러므로 점 E'과 접하는 Y재의 등량곡선은 점 E와 접하는 Y재의 등량곡선과 기울기가 같다. 점 E에 비하여 점 E'은 X재의 등량곡선이 원점에서 더 멀리 떨어져 있으므로, 즉 $O_XE' > O_XE$, $O'_YE' < O_YE$이므로 X재 생산은 절대적으로 증가한 반면에 Y재 생산은 절대적으로 감소하였다. 따라서 노동의 공급이 증가한 경우에 재화의 상대가격이 불변인 한 증가한 노동을 집약적으로 사용하는 재화(X재)의 생산은 절대적으로 증가한다. 반면에 노동을 집약적으로 사용하지 않는 재화(Y재)의 생

산은 절대적으로 감소한다. 노동이 증가하는 대신에 자본이 증가하는 경우에도 같은 논리로 증명할 수 있다.

3.2. 생산요소 공급증가의 교역조건에 대한 효과

다른 생산요소의 공급량은 일정하고 하나의 생산요소량만이 증가하면 그 요소를 집약적으로 사용하는 재화의 상대가격은 하락한다. 따라서 이 재화가 수출재 또는 수입재인가에 따라 교역조건이 악화되거나 개선된다는 립진스키정리를 생산가능곡선을 통해서 다른 방법으로 설명할 수 있다.

〔그림 9-9〕에서 곡선 TT는 최초의 생산가능곡선이며 노동량의 증가로 인하여 $T'T'$으로 이동한다. Q와 Q'은 동일한 재화의 가격비율에서의 두 균형점이다(RR과 $R'R'$은 평행하다). X재는 노동집약적인 재화이므로 그 산출량은 증가하는 반면에 Y재 산출량은 감소한다. 즉, Q'은 Q''의 오른쪽에 위치한다. 그렇지만 Q'은 가상적인 경우이다. 선 $R'R'$은 선 RR보다 더 높기 때문에 $R'R'$은 RR보다 더 높은 소득수준을 의미한다. 소득의 증가는 두 재화에 대한 수요의 증가를 초래한다. Y재 산출량이 상대적으로 더 적으므로 이 재화에 대하여 초과수요가 발생한다. 따라서 상대가격(P_X/P_Y)

그림 9-9 | 립진스키정리와 재화의 상대가격

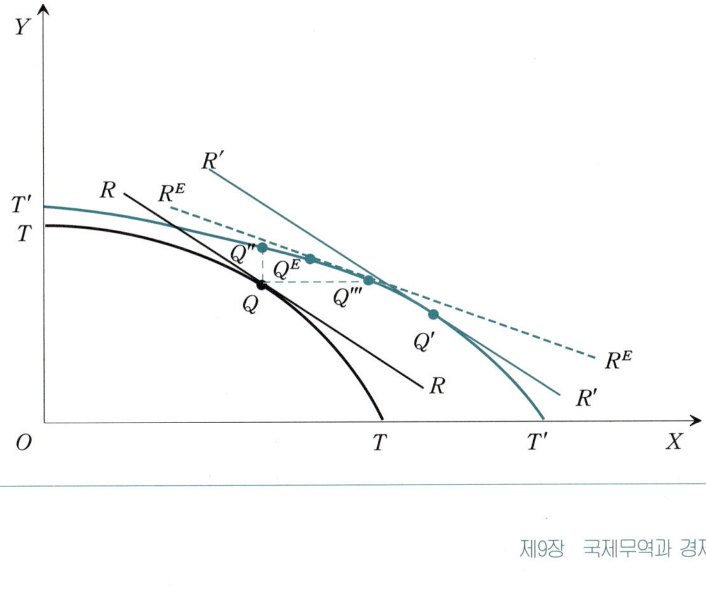

이 하락한다. 그러므로 새로운 균형점은 곡선 $T'T'$상의 선분 $Q''Q'''$상에 있다. 실제로 Y재와 X재 산출량은 [그림 9-8]의 점 E에서보다 더 높다. 생산가능곡선 $T'T'$상의 점, 즉 Q_E에서 X재 축에 관하여 선 R_ER_E의 기울기로 측정된 X재의 상대가격은 RR의 기울기보다 더 크다. 그러나 개방경제에서는 이와 같은 분석은 더 복잡하다. 왜냐하면, 소국과 세계시장에서 그 국가의 수요와 공급이 교역조건에 영향을 미칠 수 있을 정도로 그 국가의 규모가 큰 대국을 구분해야 하기 때문이다.

예를 들어, X재는 수입재이며 열등재가 아니라고 가정하자. 소득이 증가할 때 Y재와 X재에 대한 수요는 증가한다. Q에서 Q'으로 이동함에 따라 X재 산출량은 소득 이상으로 증가한다. 따라서 X재의 초과공급이 발생한다. 반면에 Y재는 산출량보다 수요량이 더 많이 증가하므로 초과수요가 발생한다. 국가 내에서 산출량이 수요량 이상으로 증가함에 따라 X재에 대한 수입수요는 감소한다. 또한 산출량이 감소하고 수요가 증가함에 따라 Y재의 수출공급은 감소한다. 그러므로 세계시장에서 세계의 상대가격이 주어진 경우에 X재 공급과 Y재 수요가 증가한다.

따라서 소국과 대국 사이에 차이가 있게 된다. 소국의 경우에 교역조건은 변화하지 않으므로 Q'에서 생산한다. 이 국가의 수입수요(수출공급)가 감소함에 따라 초반무역편향적(UA) 성장의 경우에 해당한다. 대국의 경우에 세계시장에서 X재의 초과공급(이 국가의 수입수요의 감소에 기인한다)은 세계가격을 변화시킨다. 즉, X재의 초과공급은 P_X의 하락 압력, Y재에 대한 초과수요는 P_Y의 상승 압력으로 작용한다. 그러므로 교역조건 P_X/P_Y는 하락한다. X재가 수입재임을 가정하므로 교역조건은 악화된다.

사례연구 9-3

주요 선진공업국의 상대요소 부존량과 비교우위의 변화

[표 9-7]은 1963~1980년의 6대 선진공업국의 요소부존량의 몫에 대한 변화를 나타내고 있다. 표에 나타난 가장 주요한 변화는 물적 자본과 R&D 과학자들의 몫에 있어서 미국의 쇠퇴와 일본의 상승이다. 그럼에도 불구하고 1980년 현재 미국은 R&D 과학자의 비중이 전 세계의 50.7%를 차지하고 있다.

[표 9-8]은 6개 주요 선진공업국의 1969년과 1985년의 수출·수입비율의 변화를 나타내고 있다. 미국은 세계총부존자원 가운데 상대적으로 물적 자본과

표 9-7 | 주요 선진공업국의 요소부존량 변화

국가	연도	물적 자본	R&D 과학자	숙련 노동력	반숙련 노동력	미숙련 노동력	개간할 수 있는 토지
미국	1963	41.9	62.5	29.4	18.3	0.60	27.4
	1980	33.6	50.7	27.7	19.1	0.19	29.3
일본	1963	7.1	16.2	7.8	12.6	0.30	0.9
	1980	15.5	23.0	8.7	11.5	0.25	0.8
독일	1963	9.1	7.5	7.1	6.8	0.14	1.3
	1980	7.7	10.0	6.9	5.5	0.08	1.1
프랑스	1963	7.1	6.1	6.6	5.3	0.11	3.2
	1980	7.5	6.0	6.0	3.9	0.06	2.6
영국	1963	5.6	6.1	7.0	6.5	0.14	1.0
	1980	4.5	8.5	5.1	4.9	0.09	1.0
캐나다	1963	3.8	1.6	2.5	1.7	0.06	6.5
	1980	3.9	1.8	2.9	2.1	0.03	6.1
기타 세계	1963	25.4	0.0	39.6	48.8	98.65	59.6
	1980	27.3	0.0	42.7	53.0	99.32	59.1
		100.0	100.0	100.0	100.0	100.00	100.0

자료: J. Multi and P. Morici(1983), p. 8; World Bank(1984), Appendix Table 1; Robert J. Carbaugh(1992), p. 66.

표 9-8 | 선진공업국의 1969년과 1985년 수출·수입비율의 변화

제품	연도	미국	일본	독일	프랑스	영국	캐나다
기술집약적	1969	+1.78	+3.41	+3.04	+1.13	+3.16	−0.78
	1985	−0.75	+6.67	+2.19	+1.22	+1.04	−0.81
서비스	1969	+1.16	−0.70	−0.87	+1.05	+1.27	−0.57
	1985	+1.47	−0.73	−0.80	+1.32	+1.19	−0.50
표준화	1969	−0.53	+1.50	−0.71	−0.83	−0.60	+1.29
	1985	−0.31	+1.04	−0.89	+1.02	−0.66	+1.41
노동집약적	1969	−0.33	+14.92	−0.73	+1.31	+1.22	−0.22
	1985	−0.13	+1.32	−0.69	−0.79	−0.55	−0.20

자료: J. Multi and P. Morici(1983), pp. 15~16; IMF(1988); P. H. Lindert(1982), p. 40.

R&D 과학자들이 많은 비중을 차지하고 있기 때문에, 요소부존비율 모델에 따르면 미국이 상대적으로 과학자들과 물적 자본을 많이 체화하고 있는 재화와 용역에 비교우위가 있다고 예측할 수 있다. 이와 같은 예측은 1969년 자료에서는 일치하고 있으나 이 요소들에 대한 미국의 부존량 감소로 인하여 미국은 기술집약적·자본집약적인 제품의 수출이 감소하고 반면에 그에 대한 수입이 늘어나는 추세에 있다.

4 기술진보와 국제무역

4.1. 기술진보의 형태

기술진보가 국제무역에 미치는 영향을 분석하기 전에 기술진보의 중립성(neutrality) 및 편향(bias)의 개념을 도입할 필요가 있으며, 힉스의 전통적인 정의에 따라 설명한다. 여기에서도 앞에서와 마찬가지로 2재화·2생산요소모형이 적용된다. 또한 재화의 가격(P_X, P_Y)은 외생적으로 결정되며 불변임을 가정한다. 자본-노동비율이 일정한 경우에 두 생산요소의 한계생산성이 같은 비율로 증가한다면 이 기술진보는 중립적(neutral)이다. 반면에 만일 절약된 요소의 한계생산성 증가비율 이상으로 다른 요소의 한계생산성을 증가시킨다면 요소절약적(factor-saving) 편향이다. 요소절약적 편향 대신에 요소집약적(factor-using) 편향을 정의한다. 만일 다른 요소의 한계생산성 증가에 대한 비율 이상으로 한 요소(집약된 요소)의 한계생산성을 증가시킨다면 이와 같은 기술진보는 해당 요소에 대하여 요소집약적 편향을 갖는다. 자본집약적(capital-using)은 노동절약적(labour-saving)과, 노동집약적(labour-using)은 자본절약적(capital-saving)이라는 말과 동의어이다.

요소의 가격비율이 변화하지 않는 경우, 중립적 기술진보는 최적요소비율을 변화시키지 않는 반면에 요소절약적 진보는 요소 사이의 최적비율

그림 9-10 | 중립적 기술진보

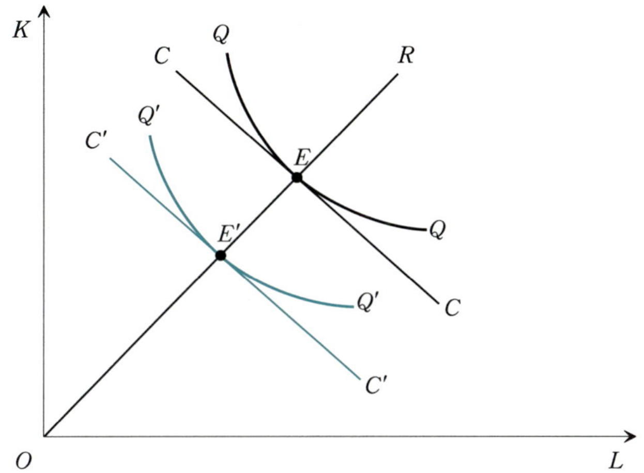

을 감소시킨다. 다시 말하면, 노동절약적 기술진보는 요소가격이 불변인 상태에서 최적의 자본-노동비율을 증가시키며, 자본절약적 기술진보는 최적의 자본-노동비율을 감소시킨다.

[그림 9-10]에서 QQ는 기술진보가 발생하기 전의 등량곡선이다. 등비용선 CC의 기울기로 나타난 요소가격비율이 주어진 경우에 최적의 투입요소 결합은 요소가격비율과 한계기술대체율, 즉 한계생산성의 비율과 같은 점 E이다. 기술진보가 발생한 후의 등량곡선은 $Q'Q'$으로 이동한다. CC와 평행인 등비용선 $C'C'$이 주어진 경우에 새로운 균형점은 점 E와 같은 선분 OR상에 있는 점 E'이다. 그러므로 자본-노동비율은 더 낮다.

노동절약적 기술진보를 고려해 보자. [그림 9-11]에서 QQ와 $Q'Q'$은 기술진보 전과 후의 등량곡선이다. 자본의 한계생산성이 노동의 한계생산성보다 더 높은 비율로 증가하므로 $MRTS(=MP_L/MP_K)$는 낮아진다. 등량선 $Q'Q'$에서 자본-노동비율이 같은 점은 H이다. 따라서 SS의 기울기는 CC의 기울기보다 더 작다. 요소의 가격비율이 불변인 경우에 최적요소결합점은 H의 왼쪽인 점 E'이다.

유사한 방법으로 [그림 9-12]에서 MP_L이 MP_K의 증가보다 더 높은 비율로 증가한 경우(자본절약적 기술진보)에 최적의 자본-노동비율은 점 E

그림 9-11 | 노동절약적 기술진보

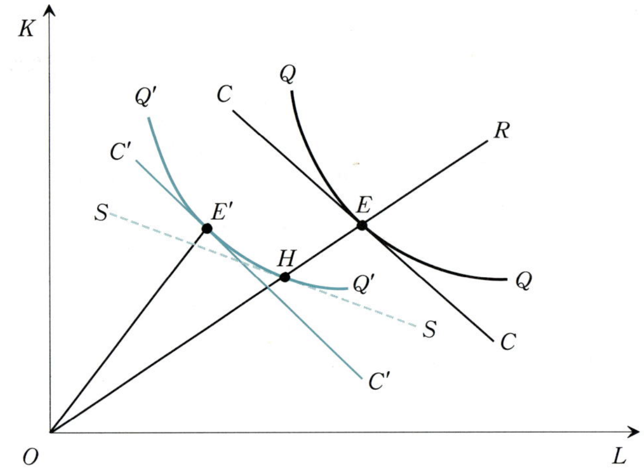

그림 9-12 | 자본절약적 기술진보

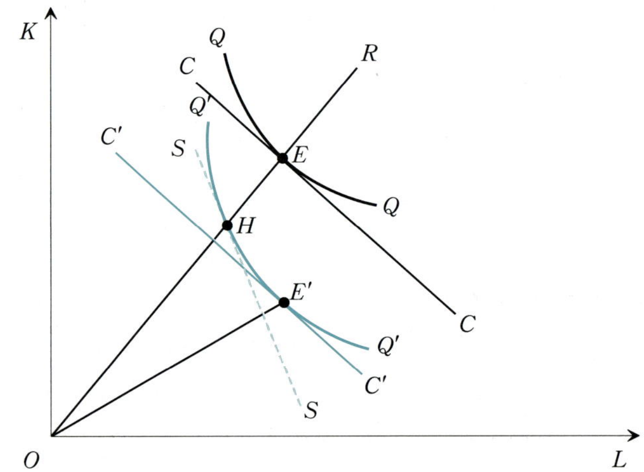

보다 점 E'에서 더 낮다.

4.2. 중립적 기술진보가 생산수준 및 교역조건에 미치는 영향

재화의 상대가격이 변화하지 않는 경우, 어느 한 부문에서의 중립적 기술진보는 그 부문의 산출량을 증가시키고 다른 부문의 산출량을 감소시킨다. [그림 9-14]에서 Y재와 X재의 등량곡선은 YY와 XX로 표시되며 이들이 나타내는 생산수준은 주어진 재화의 가격비율에 대응한다. 각각 최적의 투입요소 결합비율은 E_Y와 E_X이다. Y산업부문이 중립적 기술진보를 한다고 가정하자. 등량곡선 YY는 $Y'Y'$으로 이동하며, 요소의 가격비율이 변화하지 않은 경우에 새로운 최적점은 E_Y'이다. 그러나 이것이 재화의 가격비율이 변화하지 않음을 의미한다고 볼 수 없다. 실제로 요소의 가격비율이 변화하지 않는 경우에 같은 양의 Y재(등량선 $Y'Y'$은 기술진보에 따라 등량선 YY와 같은 산출량을 나타낸다)를 생산하는 데 더 낮은 생산비용이 든다(등비용선 $C'C'$은 등비용선 CC의 아래에 있다). 반면에 같은 양의 X재를 생산하는 데 소요되는 비용은 변화하지 않는다. 그러므로 두 재화의 교환비율(상대가격)은 변화한다.

재화의 가격비율이 변화하지 않으려면 요소가격비율이 변화해야 한다. 따라서 등량선 XX로 표시된 X재의 양을 생산하는 데 소요되는 비용과 등량선 $Y'Y'$(이것은 등량선 YY로 표시된 것과 같은 양이다)으로 표시된 Y재의 양을 생산하는 데 소요되는 비용이 같아져야 한다는 것이다. 그래프상으로

• 사례연구 9-4 •

단위산출량당 노동과 자본필요량

[그림 9-13]은 1960년대 중반부터 1980년대 중반까지 6개의 선진공업국에서 발생한 자본과 노동의 상대적인 사용량의 변화를 예시하고 있다. 이들 변화는 산출량의 단위를 기초로 측정하고 있다. 여러 점들은 실제로 자본과 노동이 사용된 수준을 나타내고 있으며, 등량곡선은 주어진 연도에 대하여 각 국가에서 자본과 노동 사이의 대체율을 나타내고 있다. 조정의 성격이 여섯 국가 간에 서로 다르지만 노동에 대한 자본의 사용비율이 모든 국가에서 증가하였다. 자본-노동비율로 볼 때 일본과 독일이 가장 크게 증가한 반면에 미국은 가장 작게 증가하였다.

그림 9-13 | 단위산출량당 필요한 자본과 노동의 투입량

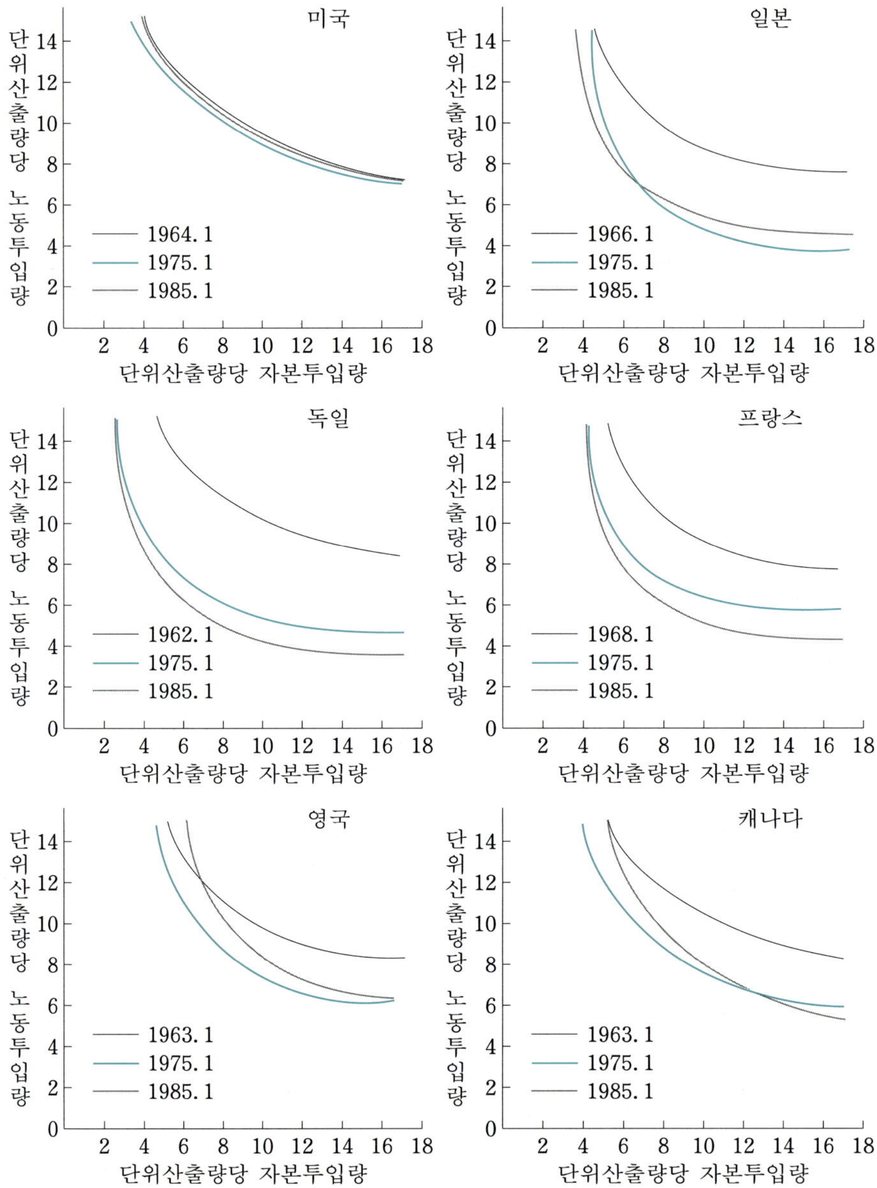

자료: Organization for Economic Cooperation and Development Economic Studies No. 10 (1988), p. 44; D. R. Appleyard and A. J. Field(1982), p. 257.

그림 9-14 | 중립적 기술진보가 요소집약도와 가격비율에 미치는 영향

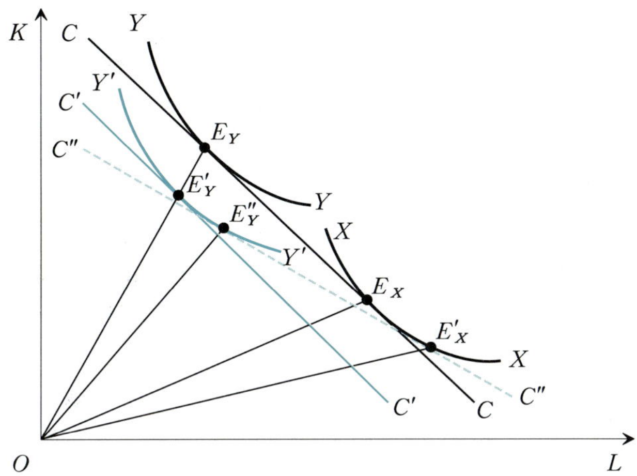

이것은 $Y'Y'$(점 E''_Y)과 XX(점 E'_X)에 동시에 접하는 새로운 등비용선($C''C''$)이 위의 조건을 만족시킨다. 요소집약도는 두 부문에서 감소되며 w/r는 더 낮아진다(r/w는 더 높아진다). 예컨대, 어느 한 부문에서 중립적 기술진보가 주어지고 재화의 상대가격이 변화하지 않는 경우, 그 부문에서 상대적으로 집약적으로 사용된 요소의 집약도는 두 부문에서 감소되며 이 요소의 상대가격은 감소한다.

중립적 기술진보가 생산수준에 미치는 영향을 검토한다. 이것을 분석하는 데 에지워스 상자 그림이 유용하다. [그림 9-15]는 에지워스 상자를 이용하여 중립적 기술진보가 생산수준에 미치는 영향을 보여주고 있다. P는 계약곡선상의 궤적에서 최초의 균형점이다. Y재부문의 자본-노동비율은 X재부문보다 더 높으며, [그림 9-14]의 OE_Y와 OE_X의 기울기에 각각 대응한다.

점 P는 기술진보의 결과로서 새로운 계약곡선상의 궤적이 있는가를 검토한다. 생산함수의 1차동차성에 따라 중립적 기술진보는 등량곡선을 다시 정하는 것과 같다. 다시 말하면, [그림 9-11]에서 등량곡선 $Q'Q'$은 기술이 진보하기 전의 QQ보다 더 낮은 생산에 대응하는 등량곡선이다.

그렇지만 기술진보가 있은 후에 이 체제는 P에서 유지될 수 없다. Y

그림 9-15 | 중립적 기술진보가 생산수준에 미치는 영향

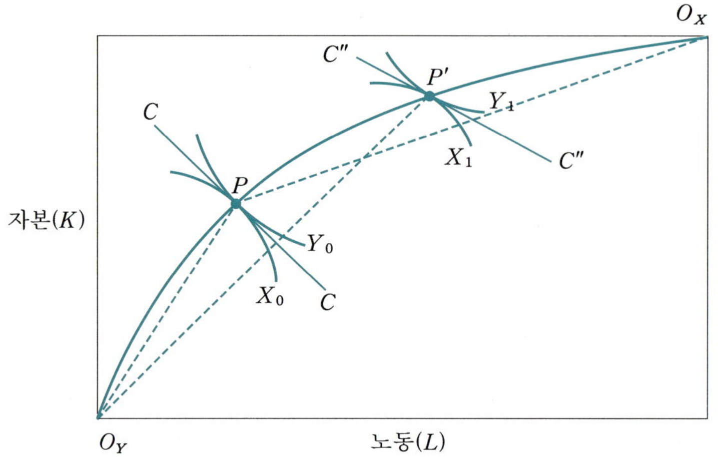

재부문에서의 중립적인 기술진보는 두 부문의 요소집약도를 감소시킨다. 그러므로 새로운 균형점은 P의 오른쪽에 있다. 실제로 요소집약도는 두 부문의 효율성 궤적인 PO_X선상의 점에서 더 낮다.

따라서 기술진보에 따른 새로운 균형점은 P'이다. 여기서 두 부문 모두 〔그림 9-14〕에서 OE_Y''의 기울기에 대응하는 더 낮은 자본-노동비율을 갖고 있다. 재화의 가격비율이 변화하지 않는 경우에 X재 산출량은 더 낮은 반면에 Y재 산출량은 더 높다.

따라서 중립적 기술진보는 재화의 상대가격이 변화하지 않는 경우에, 기술진보가 발생한 부문의 산출량을 증가시키고 다른 부문의 산출량을 감소시킨다. 만일 수요를 고려한다면 점 P'은 일반 균형점이 될 수 없다. 기술진보는 불변가격으로 국민소득의 증가를 가져온다. 따라서 열등재를 배제한다면 두 재화에 대한 수요는 증가한다. 재화의 가격비율이 변화하지 않는 경우에 X재 산출량은 감소하므로 상대가격이 상승하는 재화에 대하여 초과수요가 나타난다. 예컨대, 어느 한 부문의 중립적인 기술진보는 이 부문에서 생산된 재화의 상대가격을 하락시킨다. 이 결과는 생산가능곡선을 사용하여 그래프상으로 나타낼 수 있다. 〔그림 9-16〕에서 TT는 최초의 생산가능곡선이고, $T'T'$은 Y재부문에서 중립적 기술진보가 발생한 후

그림 9-16 | 중립적 기술진보가 재화의 상대가격에 미치는 영향

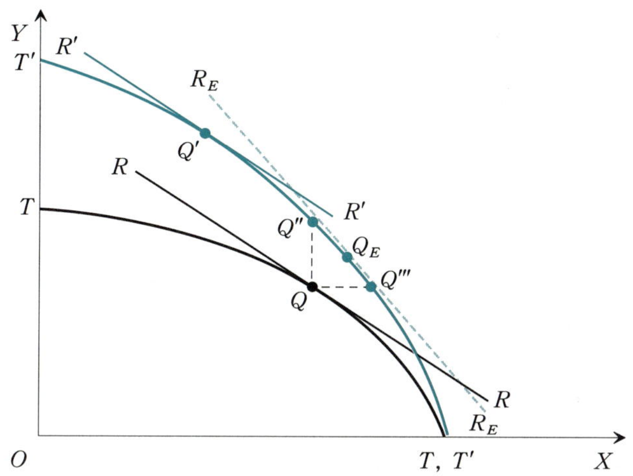

의 생산가능곡선이다. 기술진보가 X재부문에서 발생하지 않게 됨에 따라 새로운 생산가능곡선의 X축 절편은 이전의 생산가능곡선과 같다. 모든 요소들이 X재부문에 고용될 때 X재의 최대산출량은 기술이 진보하기 전과 같다.

재화의 가격비율이 변화하지 않는 경우(직선 $R'R'$은 RR와 평행이다) 경제의 균형점은 Q에서 Q'으로 이동한다. 여기서 Y재 산출량은 증가하고, X재 산출량은 감소한다. 모든 재화가 정상재라면 점 Q'([그림 9-15]에서 P'에 대응한다)은 일반 균형점이 될 수 없다. 최종 균형점은 생산가능곡선 $T'T'$의 $Q''Q'''$부분에 있다. 여기서 Y재와 X재의 산출량은 점 Q보다 더 많다. 영역 $Q''Q'''$의 점(예를 들면, Q_E)에서의 상대가격 P_X/P_Y는 Q'에서보다 더 높다. 이러한 상대가격의 변화로 앞서 고찰한 X재의 초과수요는 없어지며, 수요·공급이 일치하여 균형이 달성된다. 그러나 이러한 모든 생산요소의 한계생산력이 모두 동일한 비율로 증가하는 것은 매우 특별한 경우이다. 따라서 다음에는 일부분의 한계생산력이 다른 부분의 증가율보다 큰 경우를 고찰해 본다.

4.3. 편향된 기술진보의 효과

2재화·2요소의 가정에서 편향된 기술진보란 노동(자본)의 한계생산증가율이 타부문 요소의 한계생산증가율과 다른 크기로 기술진보가 이루어진다는 것을 의미한다. 왜냐하면, 편향된 기술진보의 경우에는 기술진보가 발생한 재화에 집약적으로 사용되는 생산요소와 기술진보에 의해서 절약된 요소가 같아야 할 필요가 없기 때문이다. 따라서 여기에서는 자본집약적 재화부문에 자본절약적 기술진보가 발생한 경우와 노동절약적 기술진보가 발생한 경우로 나누어 고찰하기로 한다.

(1) 자본집약적 부문에서의 자본절약적 기술진보

자본집약적 부문에서의 자본절약적 기술진보의 경우를 검토한다. [그림 9-17]은 자본절약적 기술진보가 Y재부문에서 발생한 것을 나타내고 있다. 등량곡선 YY는 $Y'Y'$으로 이동한다. 요소가격이 변화하지 않는 경우에 새로운 균형점은 E'_Y이다. 같은 양의 Y재는 더 낮은 비용으로 생산되는 반면에 X재의 생산비용은 변화하지 않는다. 따라서 두 재화의 상대가격(교환비율)은 변하게 된다. 요소가격비율이 변화함으로써 새로운 등비용선($C''C''$)은 $Y'Y'$(점 E''_Y)과 XX(점 E'_X)에 접하게 된다. 등량곡선 XX로 나타난 X재 생산비용은 등량곡선 $Y'Y'$으로 표시된 Y재 산출량과 같다.

자본집약도는 두 부문에서 감소되며 w/r는 더 낮아진다. 이 효과는 Y재부문에서 중립적 기술진보의 경우와 유사하다. [그림 9-18]의 점 P는 계약곡선의 궤적에서 최초의 균형점이며, 자본-노동비율은 [그림 9-17]에서 점 OE_X와 OE_Y의 기울기에 대응한다. 기술진보가 편향됨에 따라 새로운 효율성 궤적은 종래의 효율성 궤적과 일치하지 않는다. [그림 9-18]에서 선분 O_XP와 선분 O_YP'(이것은 [그림 9-17]에서 OE'_Y의 기울기와 같다)가 교차하는 점 P'은 새로운 계약곡선의 궤적이다. [그림 9-17]의 점 E'_Y에서는 요소의 상대가격이 변화하지 않는다. 따라서 등량곡선 $Y'Y'$상의 E'_Y은 등량곡선 YY가 E_Y상에 있는 것과 같은 기울기를 갖는다. 1차동차 생산함수의 특성이 주어진 경우에 O_XP의 선분을 따라 X재의 등량곡선은 같은 기울기를 갖는다. P'에서 Y재와 X재의 등량선 기울기는 점 P에서의 기울기와 같다. 따라서 P'은 새로운 궤적에 속하는 효율적인 점이다. P'은

그림 9-17 | 자본집약적 부문의 자본절약적 기술진보가 요소집약도와 가격비율에 미치는 영향

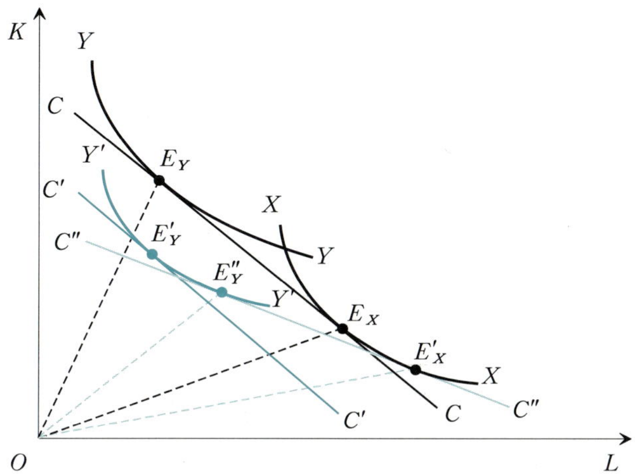

그림 9-18 | 자본집약적 부문의 자본절약적 기술진보가 생산수준에 미치는 영향

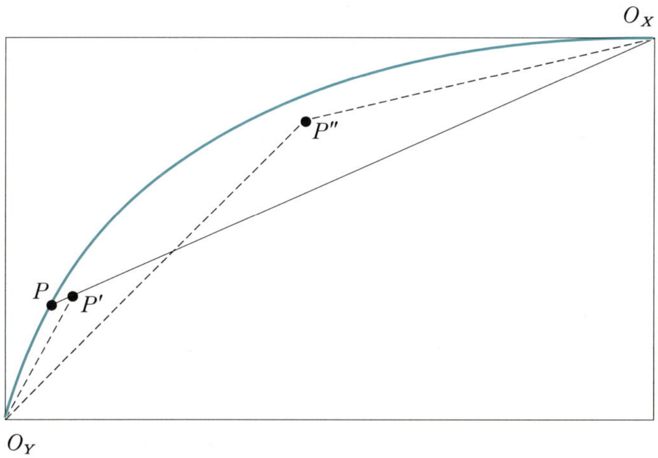

P보다 원점 O_X에 더 가까워짐에 따라 X재는 더 적은 양, Y재는 더 많은 양을 생산한다는 것을 의미한다.

(2) 자본집약적 부문에서의 노동절약적 기술진보

자본집약적 부문에서의 노동절약적 기술진보의 효과를 검토한다. [그림 9-19]에서 노동절약적 기술진보는 자본집약적인 Y재부문에서 발생한다. 지금까지와 같은 방법으로 재화의 상대가격은 변화하지 않는다. w/r는 하락하여 등비용선은 $C''C''$으로 이동한다. 자본집약도는 X재부문에서 감소하는 반면에 Y재부문은 확실하지 않다. [그림 9-20]에는 그 반대의 경우가 표시되어 있다. 어느 경우이든지 자본-노동비율은 X재부문에서 감소한다.

따라서 생산수준에 대한 효과는 모호하다. 자본-노동비율이 두 부문에서 감소하는 경우에 그 결과는 위에서 분석한 경우와 같다(X재 산출량은 감소하고 Y재 산출량은 증가한다). 반면에 자본-노동비율이 X재부문에서 감소하고 Y재부문에서 증가하는 경우에 X재 산출량은 증가하고 Y재 산출량은 감소한다. [그림 9-21]에는 이와 같은 결과가 나타나 있다. 단순화를 위하여 균형점만을 그렸다. 최초의 균형점은 P이다. [그림 9-19]에서 E'_Y에 대응하는 것은 점 P'이며 선분 O_XP 연장선의 새로운 효율성 궤적에 있다. [그림 9-19]에서 OE''_Y과 OE'_X의 기울기에 대응하는 점은 [그림

그림 9-19 | 자본집약적 부문의 노동절약적 기술진보가 요소집약도와 가격비율에 미치는 영향(첫 번째 경우)

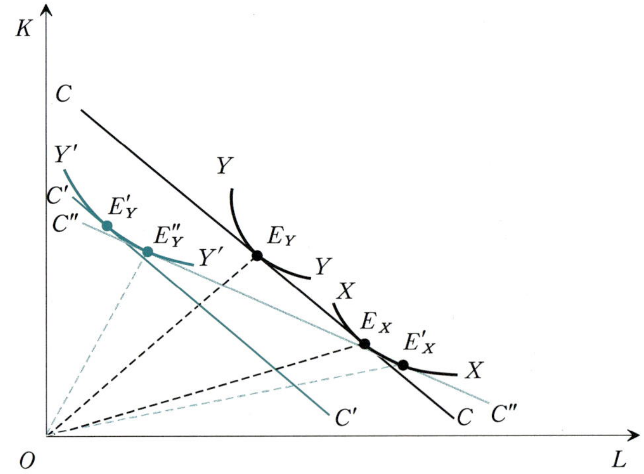

그림 9-20 | 자본집약적 부문의 노동절약적 기술진보가 요소집약도와 가격비율에 미치는 영향(두 번째 경우)

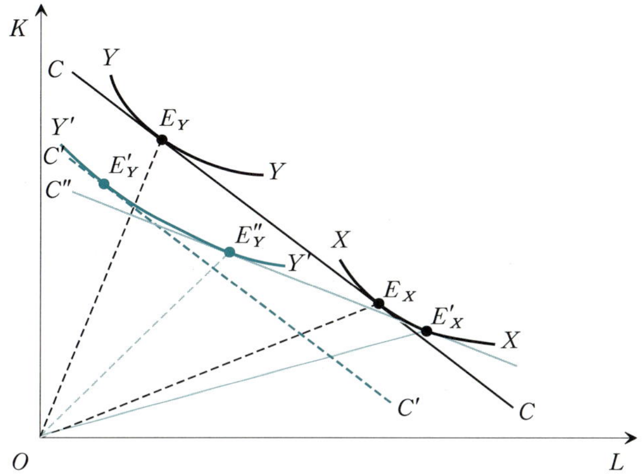

그림 9-21 | 자본집약적 부문의 노동절약적 기술진보가 생산수준에 미치는 영향

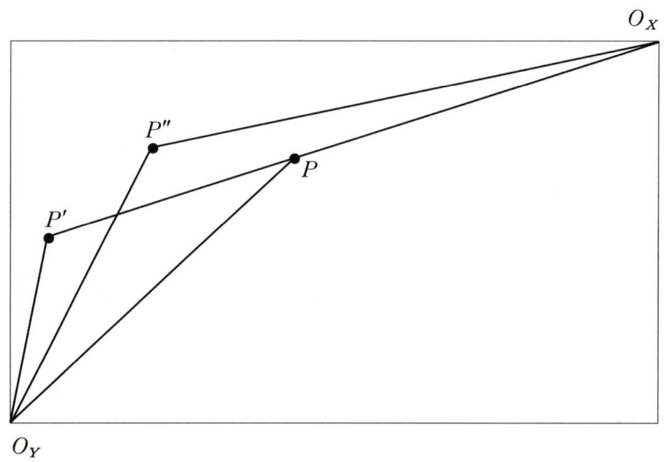

9-21]에서 P''이다.

새로운 균형점 P''은 원점 O_X에서 P보다 더 멀리 있으며 원점 O_Y에 보다 더 가깝다. 기술진보가 있으므로 Y재 산출량이 더 낮다고 할 수는 없다. 그렇지만 점 P를 통과하므로 최초 Y재의 등량선은 점 P''까지 하방으로 이동한다. 따라서 P''을 통과하는 등량선은 P를 통과하는 최초의 등량선보다 더 낮은 생산량 수준을 나타낸다.

자본집약적 부문에서 노동절약적 기술진보의 경우에 산출량은 어느 방향으로든지 이동할 수 있다. 따라서 교역조건이 이동하는 방향은 명확하지 않다.

요약

이 장에서는 한 국가에서의 실질소득성장이 그 국가의 국제무역에 어떻게 영향을 미치는가 하는 것에 초점을 맞추어 분석하였다. 산출량의 증가는 소비효과와 생산효과를 통하여 그 국가의 무역에 영향을 미친다. 기술진보와 요소의 공급증가가 성장의 원천이다. 따라서 생산가능곡선에 대한 효과에 의하여 이 두 요인의 차이를 설명한다. 그 국가에 풍부한 요소의 공급증가가 무역에 미치는 영향은 상대적으로 그 요소를 집약적으로 사용하는 그 재화의 생산을 확대시킨다. 요소의 공급증가와 기술진보가 후생에 미치는 영향은 소규모 국가에서 양의 효과를 갖는다. 반면에 대국에서의 성장은 교역조건의 변화를 가져온다. 수출재의 산출량이 증가하면 성장의 이익을 상쇄시키는 음의 교역조건 효과를 가져온다. 만일 음의 교역조건 효과가 성장의 이익을 상쇄시킬 정도로 크다면 한 국가의 후생은 감소한다. 이것을 빈곤화 성장이라고 한다. 기술진보가 교역조건에 미치는 영향에 관한 결과는 다음과 같이 요약할 수 있다.

① 어느 한 부문에서 중립적 기술진보는 그 부문의 산출량에 대한 상대가격을 인하시킨다. 만일 기술진보가 있는 부문이 수입재(수출재)를 생산한다면 교역조건의 이동은 유리(불리)하다.

② 자본집약적 부문의 자본절약적 기술진보와 노동집약적 부문의 노동절약적 기술진보는 ①의 경우와 유사하게 명백한 효과를 갖는다. 즉, 기

술혁신이 있는 부문에서 생산된 재화의 상대가격은 감소한다. 만일 기술혁신이 있는 부문이 수입재(수출재)를 생산한다면 교역조건은 그 국가에 유리(불리)하게 이동한다.

③ 기술혁신이 있는 부문에서 생산된 재화의 상대가격이 증가하거나 감소함에 따라 자본집약적 부문의 자본절약적 기술진보 및 자본집약적 부문의 노동절약적 기술진보는 그 효과가 명확하지 않다.

④ 마지막으로 기술진보가 교역조건에 미치는 영향을 알게 되면 그 국가의 후생에 대한 효과를 결정할 수 있다. 만일 교역조건이 개선된다면 사회후생은 개선되고 반면에 교역조건이 악화된다면 빈곤화 성장의 가능성이 있다.

연습문제

1 국제무역이 경제성장률에 어떤 영향을 마치는가를 설명하여라.

2 빈곤화 성장이란 무엇인가? 현실세계에서 실제로 이것이 발생할 수 있는지 설명하여라.

3 수출편향성장이 자국의 후생증가를 가져오는가? 그 이유를 설명하여라.

4 경제성장의 두 가지 원천은 무엇인가?

5 립진스키정리를 설명하여라. 이 정리는 소국 또는 대국과 직접적으로 관련이 있는가?

6 노동절약적 기술진보는 자본이 희소하기 때문에 개발도상국들에 도움이 되지 않는다.

7 어느 국가의 경제장관이 "우리나라는 급속한 경제성장을 바라지 않는다고 하자. 왜냐하면, 결국 그와 같은 성장은 빈곤화가 된 것이기 때문이다"라고 이야기하였다고 할 때 이 경제장관이 우려하는 근거는 무엇인가? 이에 대해 논평하여라.

(a) 만일 이 국가가 소국이라면?

(b) 만일 이 국가가 대국이라면?

제 10 장

관 세 론

개요

지금까지 우리는 무역에 대한 정책적 제한이 없다는 가정하에서 국제무역의 원인·효과 및 세계경제의 시장기능을 설명하였다. 이 장에서는 무역정책이론을 다룬다. 무역을 제한하는 데 사용하는 정책을 무역장벽이라고 하며, 이 가운데 가장 일반적인 형태는 관세이다. 이 장에서는 관세의 생산, 소비, 가격, 무역량 및 후생에 대한 효과를 검토한다.

제1절에서는 관세를 부과하는 이유를, 제2절에서는 무역통제의 형태를 살펴본다. 제3절에서는 단일산업에서의 수요·공급 및 무역과 관세의 효과를 분석한다. 제4절에서는 관세의 효과를 부분균형 분석방법으로 분석한다. 제5절에서는 관세의 효과를 일반균형 분석방법으로 분석한다. 제6절에서는 최적관세의 개념과 사회무차별곡선을 도입함으로써 관세의 경제후생에 대한 효과를 검토한다. 제7절에서는 실효보호관세율의 의미와 관세인하의 규범적 의미를 살펴본다.

중요 용어

- 무역장벽
- 비관세장벽
- 관세
- 보호주의 정책
- 종가세
- 종량세
- 복합세
- 수입수요곡선
- 수출공급곡선
- 수입할당
- 소비자잉여
- 생산자잉여
- 생산왜곡손실
- 소비왜곡손실
- 스톨퍼-새뮤얼슨정리
- 메츨러의 역설
- 최적관세론
- 실효보호관세율
- 계단식 관세구조
- 금지적 관세
- 행정비용
- 관세의 자원전위비용
- 관세의 고용효과
- 관세의 교역조건 효과
- 관세구조
- 관세와 무역에 관한 일반협정(GATT)

지금까지 국제무역의 원인·효과 및 세계경제의 시장기능을 설명함으로써 '국가들은 왜 무역을 하는가?'라는 문제를 다루었다. 이 문제는 그 자체로 의미가 있지만 '국가의 무역정책은 어떻게 세워야 되는가?'라는 문제도 상당히 의미가 있다.

이 장에서는 넓은 의미의 무역정책이론을 다룬다. 전통적인 이론은 제1차 세계대전 이전까지 일반적으로 다음의 두 가지 원칙에서 출발하여 관세에 초점을 맞추고 있다. 이 원칙은 보호주의를 목적으로 하고 있으며, 국제무역의 제한은 관세를 통해 이루어지고 있다. 만일 관세가 일정한 수입재에 대하여 부과된다면 개별 국가와 독립적으로 그 재화의 모든 수입품에 대하여 같은 비율로 적용되어야 한다는 의미에서 관세부과는 수출공급국들에 대해 어떠한 무역차별도 해서는 안 된다는 것이 원칙이다.

그럼에도 불구하고 제2차 세계대전 이전까지, 특히 대공황의 기간 동안에 이와 같은 원칙은 무시되었다. 따라서 제2차 세계대전 후에 국제무역에 관한 규칙, 즉 관세 및 무역에 관한 일반협정(General Agreement on Tariff and Trade: GATT)이라는 국제 간의 협약이 이루어졌다. 지금까지 여러 차례 다자 간의 관세인하를 목적으로 하는 국제협상이 GATT 기구 아래 이루어져 왔으며, 더욱이 1995년 이후 WTO 체제하에서 이러한 경향이 더욱 강화되어 세계 각국의 평균관세율은 점차 감소하고 있다. 이에 반해 무역에 관한 비관세장벽(non-tariff barriers)과 차별적 무역정책이 확대되었고 세계시장에서 분쟁의 원인이 되고 있다. 따라서 전통적 이론은 이와 같은 현상을 분석할 수 있도록 더 확대되어야 한다. 무역을 제한하는 데 사용되는 기존의 무역장벽(barriers to trade) 가운데 가장 일반적인 형태는 관세(tariff)이므로, 이 장에서는 관세의 생산, 소비, 가격, 무역량 및 후생에 대한 효과에 대해 검토한다.

관세는 국경을 통과하는 재화에 대하여 부과하는 조세이다. 역사적으로 관세는 무역을 제한하기 위해 가장 일반적으로 사용된 정책수단이다. 그러나 최근 세계경제에서 관세수준은 감소되고 다른 형태의 무역제한이 증대되고 있다.

1 관세를 부과하는 이유

관세(tariff 또는 custom duties)란 한 나라의 관세선을 통과하는 물품에 대하여 부과하는 세금을 말한다. 하지만 관세선(customs lines)은 일반적으로 정치적인 국경과 반드시 일치하는 것이라고 할 수 없다. 예를 들어, 자유무역지역이나 보세지역, 자유항 등이 있는 국가는 관세선과 국경이 엄연히 다른데, EU의 경우 비록 역내국의 국경에 대한 의미가 많이 퇴색되었지만 각 국가의 국경이 존재하고 있어 역외국에 대한 동일한 관세선을 가진 것을 살펴볼 수 있다.

대부분의 국가들은 다음과 같은 네 가지의 기본적인 이유로 관세를 부과한다. 첫째, 다른 조세처럼 관세는 특정 재화의 소비를 줄이는 데 사용된다. 수입재에 관세를 부과함으로써 그 재화는 소비자들에게 상대적으로 더 비싸진다. 1970년대 OPEC의 석유가격 인상기간 동안에는 석유수입재에 대하여 관세를 부과하는 것이 일반적이었다. 실례로서, 1983년 9월 소련이 KAL기를 격추하였을 때 미국의 소련재 수입, 특히 보드카의 수입을 억제하기 위하여 높은 관세를 부과하였다. 어떤 재화의 소비를 줄이기 위한 관세는 정치적으로뿐만 아니라 경제적인 이유로도 사용된다.

둘째, 관세는 관세부과국 정부의 재정수입을 증대시킨다. 재정수입을 증대하기 위한 관세는 선진국의 경우 다른 형태로 조세를 관리할 필요가 있는 조세구조를 갖기 때문에 그 비중이 점차로 감소하고 있다. 그러나 많은 개발도상국들은 정부의 활동에 필요한 재원을 조달하기 위하여 관세를 재정수입의 주요한 원천으로 삼고 있다. 왜냐하면, 소득세의 성공적인 관리를 위해서는 잘 훈련된 공무원뿐만 아니라 국민들의 높은 교육수준을 필요로 한다. 따라서 이와 같은 전제조건이 없는 대부분의 국가들은 항구나 국경에 감시원을 배치함으로써 쉽게 관세를 관리할 수 있다.

셋째, 관세는 국제수지 적자를 줄이는 데 기여하는 수입량의 감소를 가져온다. 그러나 관세는 미시경제정책보다는 거시경제정책의 수단으로 사용되기 때문에 아직까지 이와 같은 동기를 분석할 만한 틀이 없다. 일반적으로 국제수지 개선이 목적인 관세의 사용은 비효율적이며, 만일 다른 정책들이 적절히 사용된다면 불필요하다.

넷째, 관세는 외국생산자들과의 경쟁으로부터 국내산업을 보호하는 수단으로 사용되는데, 이는 보호주의 정책(protectionist policy)을 달성하기 위한 것이다. 수입재에 대해 관세를 부과하면 국내생산자들은 시장점유율을 증대시킬 수 있으며 관세가 없는 경우보다 더 높은 가격을 부과할 수 있다.

관세는 일반적으로 수출재보다는 수입재에 대하여 부과하는데 이것은 특히 관세가 재정수입의 주요 원천이 아닌 선진국의 경우에 일반적이다.

2 관세의 종류

2.1. 과세목적에 따른 분류

(1) 재정관세

재정관세(revenue duties)란 정부의 재정수입을 확보하기 위하여 수출입화물에 부과하는 관세로서 세입관세 또는 수입관세라고도 한다. 재정관세는 무역정책의 수단이기보다는 재정상의 세입을 목적으로 하기 때문에 국가재정의 확보가 어려운 저개발국 등에서 주로 채택하고 있다.

(2) 보호관세

보호관세(protective duties)란 외국과의 경쟁에서 국내산업을 보호 및 육성시킬 목적으로 수입상품에 부과하는 관세로서, 재정수입을 목적으로 하는 재정관세와는 달리 국내의 상품 생산을 위협하는 외국상품의 수입을 억제하는 데 직접적인 목적을 두고 있으므로 고율의 관세가 부과되는 것이 일반적이다. 보호관세의 형태는 보호의 내용에 따라 여러 형태로 구분할 수 있다. 첫째, 한 나라의 산업 중 앞으로 성장잠재력은 있지만 아직 산업의 초기단계에서 벗어나지 못해 국제경쟁력을 갖추지 못한 산업인 유치산업이 선진 외국의 우월한 산업수준에 대응할 수 있을 때까지 이를 보호·육성하는 육성관세(educational duty), 둘째 국제경쟁력을 상실한 기존의 사양산업을 보호·유지하기 위한 유지관세(preserving duty), 셋째 독점자본의 국내시장 지배와 독점이윤 확보를 보장하기 위해 외국상품의 수입을 완전히 금지하기 위한 카르텔관세(=금지관세) 등이 있다.

2.2. 상품의 이동방향에 따른 분류

(1) 수입세

수입세(import duties)란 경제적 가치가 있는 모든 상품을 외국에서 수입할 때 부과하는 관세로서, 관세율표에 의해 부과된다. 오늘날 수출세와 통과세를 부과하는 나라가 거의 없으므로 관세라 하면 보통 수입세를 의미한다. 일반적으로 수입세를 부과하는 목적은 재정수입의 증대, 국제수지 및 교역조건의 개선, 그리고 국내산업의 보호 등이 있다.

(2) 수출세

수출세(export duties)란 국내상품이 외국으로 수출될 때 부과하는 관세로서, 그 부과목적은 국가의 재정수입을 증대, 전략물자 및 자국공업에 필요한 원료를 국내에 확보, 특정 물품의 대외유출로 인한 국내시장가격의 앙등 등을 억제하는 데 있다. 그러나 수출세 부과에 따른 국내생산업자의 국제가격경쟁력의 약화가 자국의 경제적 약화를 초래하기 때문에 오늘날 대부분의 국가들은 특수한 경우를 제외하고는 수출세를 부과하지 않고 있다. 그러나 수출세를 부과하는 경우는 수출세를 부과하더라도 수출에는 영향이 전혀 없을 정도의 독점생산품 또는 국가재정 수입에 큰 자원이 될 수 있는 물품에 대해서는 수출세를 부과하고 있으며, 브라질의 커피에 대한 수출세 부과, 자원수출국의 부존자원에 대한 수출세 부과 등을 대표적인 사례로 살펴볼 수 있다.

(3) 통과세

통과세(transit duties)란 한 나라의 관세선을 통과하는 통과무역시 물품에 통과하는 국가에서 부과하는 관세로서, 이는 중세와 중상주의 초기에 수출세와 같이 국가의 재정수입을 목적으로 부과되거나, 또는 제3국의 상품이 인접국가에서 판매되어 자국상품의 판로를 침식할 우려가 있을 때 부과되었다. 그러나 1921년에 바로셀로나협정에서 통과세를 부과하지 못하게 하였으며, GATT협정 제5조에서도 이의 폐지를 규정하는 등 통과자유의 원칙에 입각하여 대부분의 국가들은 통과세를 부과하지 않고 있다.

2.3. 관세율의 결정방식에 따른 분류

(1) 종가세

종가세(ad valorem duties)란 과세표준에 따라 수입재 가격에 일정 비율로 부과하는 세금이다. 예를 들면, 만일 10%의 종가수입관세가 수입재에 부과된다면 100원의 수입재에 대해 정부는 10원을 수입관세로 부과한다. 일반적으로 만일 t_a가 종가세의 수입관세라면 수입업자는 수입재단위당 $(1+t_a)P_m$을 지불하여야 한다. 여기서 P_m은 수입재의 외국시장가격이며, t_aP_m은 수입재단위당 관세수입이다. 종가세는 상품의 실제가격에 따라 부과하므로 과세가 균등하고 공평하게 부과될 수 있으며, 시장가격의 등락에 관계없이 과세부담의 균형을 항상 유지할 수 있다는 장점이 있는 반면 수입상품의 가격기준, 예를 들어 어떤 나라는 CIF 가격으로 또는 어떤 나라는 FOB 가격으로 기준을 삼고 있으므로 상품가격의 포착이 어려워 어떤 가격을 과세가격으로 책정할 것인가 하는 어려움이 있다.

(2) 종량세

종량세(specific duties)란 과세표준에 따라 수입 또는 수출되는 재화의 물량 1단위에 대하여 일정 금액의 형태로 부과되는 세금이다. 예를 들면, 만일 관세가 그 가격에 관계없이 수입재의 모든 단위에 대하여 종량세율 t_s가 부과된다면 수입업자는 수입재단위당 (P_m+t_s)를 지불해야 한다. 종량세는 수입물품의 수량·중량·길이 등을 확인하여 수입세율표상에 표시된 해당 품목의 세액을 적용하면 되므로 관세부과에 따른 분쟁이나 어려운 절차 없이 부과할 수 있다는 장점이 있다. 이에 반해 상품가격은 시간의 흐름에 따라 항상 변하지만 종량세는 유동적이지 못하므로 인플레이션하에서는 상품가격에 비해 너무 낮은 관세율이 적용되어 국내상품을 보호하지 못하고 반대로 디플레이션하에서는 너무 고관세가 되어 금지관세가 될 수 있는 등 가격변동에 따른 관세의 책정이 어려우며, 상품거래에 사용되는 계량단위가 국가 및 상품에 따라 일치하지 않아 상품의 중량산정 및 계량단위의 통일이 쉽지 않은 등의 단점이 있다.

(3) 복합세

복합세(compound duties)란 종량세와 종가세를 결합한 관세로서, 만일 수입업자가 정부에 t_s(종량세)와 수입재단위당 가격(P_m)에 t_a를 곱한 것을 더한 액수만큼 세를 지불한다면 수입업자는 수입재단위당 $t_s+t_aP_m$을 정부에 지불한다. 따라서 수입업자가 수입재 한 단위당 지불하게 되는 비용은 $t_s+(1+t_a)P_m$이 될 것이다.

(4) 선택세

선택세(alternative duties)란 한 품목에 대하여 종가세율과 종량세액을 동시에 정하여 놓고 그 수입상품의 수입상태, 가격변동 상태, 재정상태 등을 감안하여 그 중 높게 산출되는 세액 또는 낮게 산출되는 세액 중 하나를 선택하여 적용하는 관세이다. 양질의 물품이나 시가가 등귀할 때에는 종가세가 적용되고, 염가품이나 시가가 하락할 때 또는 외국환이 하락한 국가로부터의 수입물품에는 종량세가 적용되는 것이 일반적이다. 한국의 경우 종량세 부과품목은 주로 선택세 형태로 이루어져 있으며 높게 산출되는 세액을 선택하여 과세하는 방식을 취하고 있다.

2.4. 관세부과의 성격에 의한 분류

(1) 국정관세

국정관세(national tariff)란 한 나라가 자국의 국내법에 의하여 정해진 과세율인 국정세율에 따라 법령에 의하여 자주적으로 부과하는 관세로서, 이는 외국으로부터 아무런 제약을 받지 않고 관세주권에 의하여 오직 자국의 경제·재정상의 필요에 의하여 부과되는데, 보통 법정관세, 자유관세 또는 일반관세라고도 한다.

(2) 협정관세

협정관세(conventional tariff)란 외국과의 통상조약 또는 관세조약에 의하여 부과하는 관세로서 조약관세라고도 한다. 일반적으로 상호주의 원칙에 의하여 서로의 교역량을 증진하기 위하여 기존 국정관세율을 인하하거나 더 인상하지 않을 것을 양허하는 협정이기 때문에 국정관세율보다 일반적으로 저율이다. 협정관세에서는 FTA와 같이 두 국가 사이에 맺어지는 쌍무협정과 GATT, EC 등과 같이 다수국 간에 맺어지는 협정이 있으며, 이렇게 체결된 협정관세는 그 협정의 유효기간 중에는 체결국 간의 합의 없이 일방적으로 관세율을 변경시킬 수 없다. 오늘날 협정관세제도 중 가장 많이 이용되는 것이 최혜국대우인데 이는 통상조약을 체결한 국가가 통상, 항해, 관세 면에서 이제까지 제3국에 제공한 특혜가 있었으면 동일한 우대를 조약상대국에게 적용하는 의무를 지며 상대국은 이것을 청구할 권리를 갖는다.

(3) 탄력관세

조세의 부과 및 징수는 반드시 법률적 근거에 의해 이루어진다. 관세도 조세의 일종이므로 국가가 수입품에 대하여 관세를 부과하려는 경우에는 국회에서 제정된 법정관세율을 적용해야 하며, 협정관세율 적용도 국회의 비준을 받아야 한다. 그러나 수입물품에 부과하는 관세는 국내외적 여건의 변동에 따라 민첩하고 탄력성 있게 조정되어야지, 그 시기를 잃게 되면 관세로서의 기능을 다할 수 없게 된다. 따라서 입법부 고유 권한의 일부를 사전에 법률에 의해 일정한 범위 내에서 행정부에 위임하여 국내외 여건에 따라 세율을 변경 및 운영할 수 있도록 유동성 있게 대처하게 한 제도를 탄력관세제도(flexible tariff system)라고 한다. 이러한 탄력관세제도는 기본 세율을 변경하는 것이 아니라 기본 세율은 그대로 두고 상황에 맞는 정책목적에 따라 수시로 정한 세율을 임시적으로 적용하는 것이다.

탄력관세의 종류로는 덤핑방지관세, 보복관세, 긴급관세, 조정관세, 상계관세, 편익관세, 할당관세 등이 있다.

1) 덤핑방지관세

덤핑방지관세(anti-dumping duties)란 외국에서 수입되는 물품이 국내가격보다 월등히 저렴하여 일반관세, 즉 국정관세나 협정관세로서는 도저히 국내산업을 보호하지 못하여 시장교란이 생기게 될 때 특별히 수입국에서 정상가격과 덤핑가격의 차액 정도를 관세에 가산하여 부과하는 것을 말한다.

2) 보복관세

보복관세(retaliatory duties)란 다른 나라에서 자국의 수출상품에 대하여 부당하게 고율의 관세를 부과하거나, 또는 자국의 선박이나 항공기에 대해서 불리한 대우를 하는 경우, 그런 부당하고 불리한 대우를 한 나라의 물품에 대해서 보복적으로 고율의 차별관세를 부과하는 제도를 말한다.

3) 긴급관세

긴급관세(emergency duties)란 수입급증으로 특정 국내산업의 피해가 유발될 경우 이들 산업을 보호할 필요가 있거나, 긴급히 어떤 물품의 수입을 억제하려 할 때, 특정 수입품의 관세율을 높여서 부과하는 제도이다. 하지만 긴급관세는 일시적 보호장치이지만 교역상대국과 통상마찰을 야기할 우려가 크므로, 각국은 긴급관세 부과를 결정할 때 명백한 산업피해 사실을 확인하고 있으며 긴급관세 부과기간도 1~2년으로 제한하고 있다.

4) 조정관세

조정관세(adjustment duties)란 신규로 수입이 자유화되거나 수입이 자유화된 지 3년이 경과하지 않은 물품 중에서 수입이 급증하여 국내산업 피해가 우려될 경우나 국내소비생활 질서를 문란하게 하는 품목에 대해 한시적으로 관세를 올리는 제도이다. 조정관세는 수입자유화의 부작용을 제거하기 위해 실시되고 있는데, 그 이유는 수입자유화 정책에 따라 수입자동승인품목이 대폭적으로 증가되고, 수입품에 대한 관세율이 인하될 경우 수입자유화 품목 수입이 급증하여 국민경제에 부정적인 영향을 미칠 우려가 있으므로 수입자유화 수용 태세가 어느 정도 갖추어질 때까지 일정한 기간 동안 관세율을 상향조정하여 부과하지 않으면 안 되기 때문이다.

5) 상계관세

상계관세(countervailing duties, compensation duties)란 수출국에서 보조금이나 장려금 등 특별한 정부의 지원을 받은 물품 또는 수출국에서 복수환율제(multiple exchange rate)를 적용해서 수출업자에게 보너스(bonus) 식으로 지급하는 혜택을 받은 물품이 수입되는 경우, 그 물품에 대하여 기본 관세만 부과해서는 국내산업을 제대로 보호할 수 없으므로 그 지정된 금액만큼 추가로 관세를 부과하여 지원의 효과를 상계·상쇄시키는 제도이다.

6) 편익관세

편익관세(beneficial duties)란 조약에 의해 관세상의 혜택을 받지 않는 나라의 물품이 수입될 때 기존 조약에 의한 편익을 한도로 하여 관세상의 혜택을 부여하는 제도를 말한다. 이러한 편익관세는 일국이 기존 조약을 체결한 타국에 대하여 부여한 무역상의 편익 가운데 최혜국대우를 해 준 나라와 같은 대우를 상대방 국가에게도 부여하는 것을 말한다. 따라서 최혜국대우와 편익관세는 유사하다. 그러나 최혜국대우는 일국이 타국과의 조약에 의거하여 최혜국대우를 하는 것이지만 편익관세는 일국이 일방적으로 최혜국대우의 범위 안에서 상대국에게 부여하는 것으로서 상대국은 권리로서 그 편익을 주장할 수는 없다.

7) 할당관세

할당관세(tariff quota)란 특정 물품에 대하여 정부가 정한 일정 수량까지의 수입상품에 대하여 낮은 세율의 관세를 부과하고 일정 수량을 초과하여 수입할 때에는 높은 세율의 관세를 부과하는 제도로서 일종의 이중관세제도이다. 이 제도는 수입수량 또는 수입금액의 일정 한도를 사후에 책정하고 그 한도까지 수입되는 것에 대해서는 할당관세를 부과하거나 그 한도까지 수입되는 것에 대해서는 면세를 하고 초과하는 것에 대해서는 기본 관세율을 적용하는 제도이다.

3 관세에 대한 기본적인 분석

관세는 무역정책 중 가장 오래된 전통적인 형태로서 정부수입의 원천으로 사용된다. 예를 들면, 소득세를 도입할 때까지 미국 정부는 관세를 통해 재정수입의 대부분을 얻었다. 그렇지만 그 순수한 목적은 정부의 수입을 증가시킬 뿐만 아니라 특수한 국내산업부문을 보호하는 것이다. 19세기 초기에 영국은 수입경쟁으로부터 농업을 보호하기 위하여 관세(유명한 곡물법)를 이용하였다. 19세기 후반에 독일과 미국은 제조업 제품을 수입하는 데 관세를 부과함으로써 새로운 산업부문을 보호하였다. 현대의 정부들은 비관세장벽을 통한 국내산업 보호를 더 선호하기 때문에 관세의 중요성이 현재에는 감소되었다. 그럼에도 불구하고 관세의 효과를 이해하는 것은 다른 무역정책을 이해하는 데 필수적이다.

지금까지는 무역이론을 발전시키는 데 일반균형 분석방법을 사용하였다. 즉, 경제의 한 부문의 사건은 다른 부문에 반향효과를 준다는 점에 상당한 관심을 기울였다. 그렇지만 대부분의 경우 한 부문의 무역정책은 그 정책이 경제의 다른 부문에 미치는 반향효과를 자세히 고려하지 않고도 쉽게 이해할 수 있다. 대부분의 경우 무역정책은 부분균형(partial equilibrium) 분석틀로 분석할 수 있다. 먼저 부분균형 분석방법을 이용하여 검토한 후에 일반균형 분석방법을 이용하여 검토한다.

3.1. 단일산업에서의 수요·공급 및 무역

먼저 자국과 외국의 두 국가는 밀을 생산·소비하고, 밀의 국가 간 이동에는 비용에 들지 않는다고 가정하자. 각 국가에서 밀은 수요와 공급곡선이 시장가격의 함수인 단순한 경쟁산업이다. 자국의 수요와 공급은 자국통화에 의한 가격에 좌우되고 외국의 수요와 공급은 해외통화에 의한 가격에 좌우되지만, 통화 간의 환율은 이 시장에서 어떤 무역정책이 수행되든 영향을 받지 않는다. 따라서 두 시장에서의 가격을 자국의 통화로 표시한다.

무역이 존재하지 않았을 경우 가격이 달라지면 이 시장에서 무역이 발생한다. 이때 밀의 가격이 외국보다 자국에서 더 높다면 해외무역이 성립한다. 자국에서의 밀가격이 외국에서의 가격보다 높으므로 수입업자들은 외국에서 자국으로 밀을 들여오기 시작한다. 가격 차이가 없어질 때까지 밀수입은 외국에서 밀의 가격을 인상시키고 자국에서 밀의 가격을 하락시킨다. 세계가격과 무역의 양을 결정하기 위하여는 두 개의 새로운 곡선, 즉 자국의 수입수요곡선(import demand curve)과 외국의 수출공급곡선(export supply curve)을 정의할 필요가 있는데, 이것은 자국과 외국의 수요 및 공급곡선에서 유도할 수 있다. 자국의 수입수요는 자국생산자의 공급을 초과한 자국소비자의 초과수요이며, 외국의 수출공급은 외국소비자의 수요를 초과한 외국생산자의 초과공급이다.

[그림 10-1]은 자국의 수입수요곡선이 어떻게 유도되는가를 나타낸다. 가격 P_1에서의 자국소비자의 수요는 D_1인 반면에 자국생산자의 공급은 S_1이다. 따라서 자국의 수입수요는 D_1-S_1이다. 만일 가격이 P_2로 상승한다

그림 10-1 | 자국의 수입수요곡선 유도

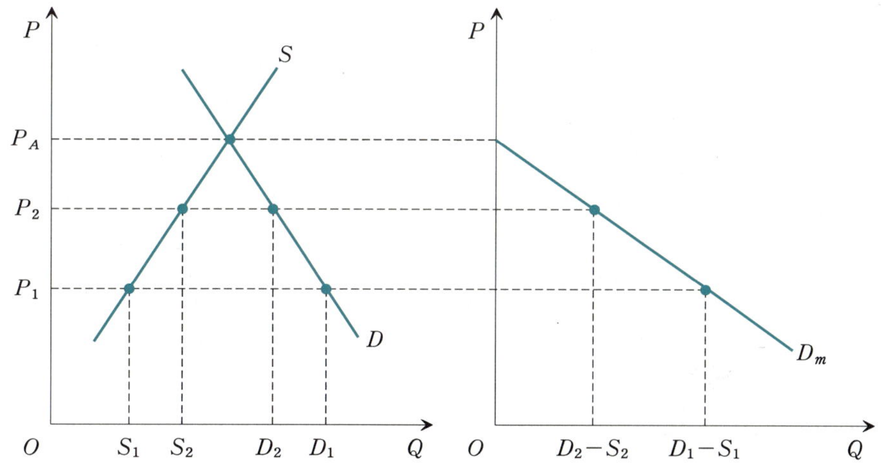

그림 10-2 | 외국의 수출공급곡선 유도

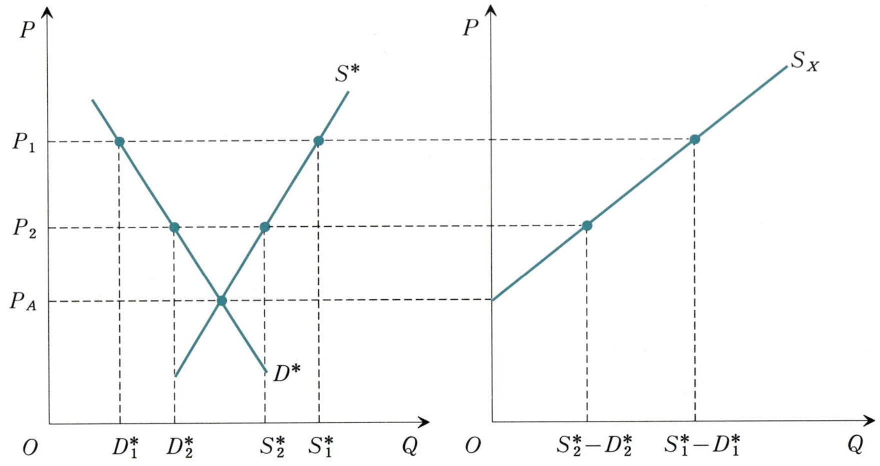

면 자국의 소비자수요는 D_2로 감소하는 반면 자국의 생산자들은 공급을 S_2로 증가시키므로 수입수요는 D_2-S_2로 하락한다. 따라서 수입수요곡선 D_m은 우하향한다. P_A에서는 자국의 공급과 수요가 같으므로 무역이 존재하지 않는다. 이 가격에서 자국의 수입수요곡선은 영을 나타낸다.

〔그림 10-2〕는 외국의 수출공급곡선 S_X가 어떻게 유도되는가를 나타낸다. 점 P_1에서 외국의 생산자들은 S_1^*을 공급하는 반면 외국의 소비자들은 단지 D_1^*만 수요한다. 따라서 수출 가능한 공급은 $S_1^*-D_1^*$이다. P_2의 가격에서 외국의 생산자들은 그들의 공급을 S_2^*로 감소시키고, 외국의 소비자들은 수요를 D_2^*로 증가시킨다. 따라서 수출공급은 $S_2^*-D_2^*$로 감소하여 외국의 수출공급곡선은 우상향한다. 만일 가격이 P_A로 낮아지면 수요와 공급은 같아서 무역이 존재하지 않으므로 외국의 수출공급곡선은 P_A에서 가격축과 만난다.

〔그림 10-3〕은 자국의 수입수요곡선과 외국의 수출공급곡선이 일치할 때 세계의 균형이 발생한다는 것을 보여준다. 두 곡선이 교차하는 P_W의 가격수준에서 세계공급은 세계수요와 일치한다. 따라서 〔그림 10-3〕의 균형점 1에서는 다음과 같은 식이 성립한다.

그림 10-3 | 세계의 균형

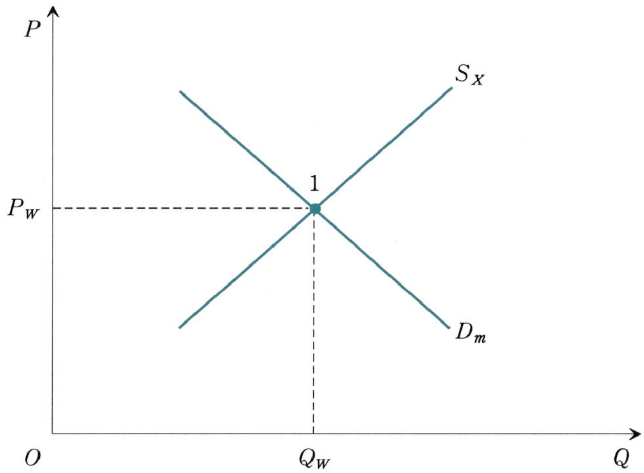

자국의 수요－자국의 공급＝외국의 공급－외국의 수요

양변을 차감하여 다음과 같이 다시 정리할 수 있다.

자국의 수요＋외국의 수요＝자국의 공급＋외국의 공급

이를 다시 정리하면 다음과 같다.

세계수요＝세계공급

3.2. 관세의 효과

재화를 수출하는 국가의 관점에서 관세는 수송비용과 같다. 만일 자국에 수입된 밀의 각 단위마다 2만 원의 관세를 부과한다면, 두 시장 간의 가격차가 최소한 2만 원이 아닐 경우 외국의 수출업자들은 밀을 수출하려고 하지 않을 것이다.

[그림 10-4]는 대국의 경우 단위당 t원의 종량세를 밀에 부과하였을 때의 효과를 예시하고 있다. 관세가 없을 때 밀의 가격은 자국과 외국에서 P_W로 같으나 관세를 부과할 경우 자국의 가격이 외국의 가격을 최소한 t

그림 10-4 | 관세의 효과

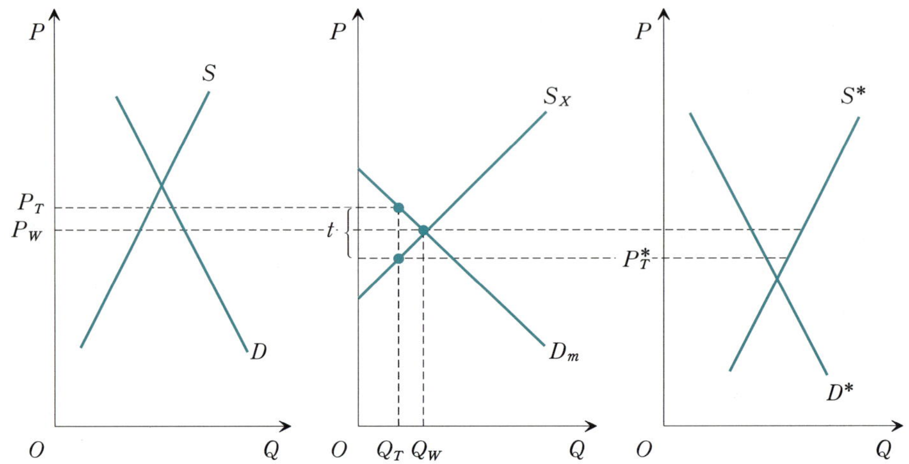

(a) 자국시장 (b) 세계시장 (c) 외국시장

원 정도 초과하지 않는다면, 수입업자들은 밀을 외국에서 자국으로 이동시키려고 하지 않을 것이다. 그러므로 관세(t)를 부과하면 두 시장의 가격 간에 차이가 발생하는데 관세(t)는 자국의 가격을 P_T로 인상시키고 외국의 가격은 $P_T^*=P_T-t$로 낮춘다. 자국시장의 경우 밀의 가격상승으로 생산자들이 공급을 증가시키는 반면 소비자들은 수요를 감소시키므로 수입수요는 감소한다. 또한 외국시장의 경우 가격이 하락하면 공급은 감소하고 수요가 증가하므로 수출공급이 감소한다. 그러므로 교역된 밀의 양은 자유무역하에서의 거래량 Q_W에서 관세부과시의 거래량 Q_T로 하락한다. Q_T의 무역량에서 $P_T-P_T^*=t$일 때 자국의 수입수요는 외국의 수출공급과 같다.

자국에서의 가격상승은 P_T-P_W로 관세의 부과량(t)보다 더 적다. 이는 관세의 일부분이 외국의 수출가격 하락에 반영되어 자국소비자들에게 전가되지 않았기 때문이다. 이것은 수입을 제한하는 무역정책인 관세의 일반적인 결과이다. 그렇지만 이 효과의 크기는 실제로는 매우 작다. 소규모 국가가 관세를 부과할 때 수입하는 재화의 양이 세계시장에서 차지하는 비중이 일반적으로 작아서 수입이 감소하더라도 세계시장가격에 거의 영향을 미치지 못한다. 실제로 수입재에 대한 외국의 수출가격은 대부분의 경우 주어진 것으로 간주한다.

4 관세의 부분균형 효과

관세의 효과를 분석하는 데에는 관세를 부과하는 국가의 규모가 중요하다. 먼저 소국을 검토하여 보자. 소규모 국가는 지리적인 규모가 아니라 세계시장에서 차지하는 경제규모가 작은 국가를 의미한다. 만일 한 국가가 세계시장에서 가격순응자라면 그 국가는 소규모 국가이다. 즉, 그 재화의 거래량이 세계가격에 영향을 미칠 수 없을 정도로 세계시장에서의 시장점유율이 낮은 경우를 말한다. 다시 말하자면, 소국의 경우 교역조건은 그 국가 밖의 외생적인 것에 의해 결정되며, 그 국가는 그 교역조건에 기초하여 생산을 결정한다.

관세를 부과하면 수입국의 재화가격은 인상되고, 수출국에서의 그 재화가격은 인하된다. 이러한 가격 변화로 수입국의 소비자들은 손해를 보고 수출국의 소비자들은 이익을 얻으며, 수입국의 생산자들은 이익을 보며 수출국의 생산자들은 손해를 본다. 그 밖에 관세를 부과하는 정부는 관세수입을 얻는다. 이들 비용 및 편익을 비교하기 위하여 이들을 수량화할 필요가 있는데, 관세의 비용 및 편익을 측정하는 방법은 미시경제 분석에서 일반적으로 사용하는 두 개의 개념, 즉 소비자잉여 및 생산자잉여를 이용한다.

4.1. 소국에서 관세의 부분균형 효과

관세의 효과는 부분균형 또는 일반균형 분석방법으로 검토해 볼 수 있다. 부분균형 분석방법은 다른 시장은 일정 불변이라고 가정하고 관세가 부과되는 재화의 시장만을 고려하며, 다른 시장 또는 그 시장으로부터의 반향효과를 무시한다. 반면에 일반균형 분석방법은 이들을 모두 고려한다.

[그림 10-5]의 (a)는 어느 재화에 대한 국내수요와 공급곡선을 나타내

그림 10-5 | 소국에서의 관세부과에 따른 부분균형 효과

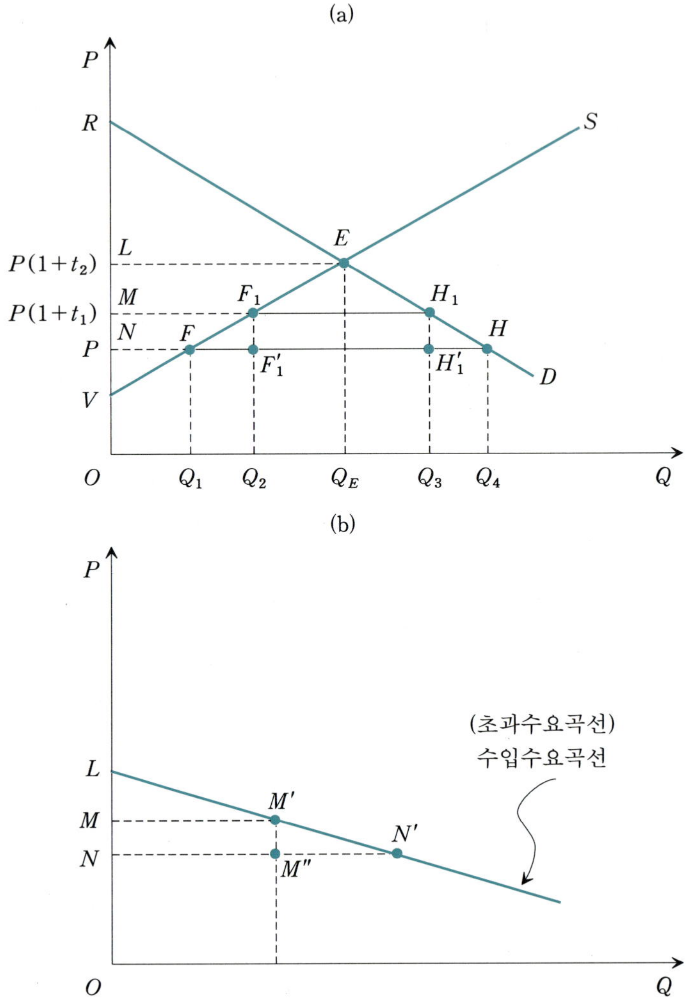

고 있다. 만일 세계가격이 P라고 한다면 일반적인 가정하에서(완전 경쟁, 수송비가 없고 관세가 없는 경우) 이 가격은 국내가격이 된다. 이 가격에서 재화의 수입은 국내초과수요와 같은 FH가 된다. 만일 수입재화에 대하여 t_1의 관세가 부과된다면 국내가격은 세계가격 P에서 $P(1+t_1)$으로 상승한다.[1] 따라서 수요는 Q_4에서 Q_3로 감소하고 국내산출량(공급)은 Q_1에서 Q_2

로 증가한다. 그러므로 총수입량은 FH에서 F_1H_1으로 감소한다. 극단적인 경우로서 [그림 10-5]의 (a)에서와 같이 t_2의 높은 관세를 부과하면, 국내가격의 상승으로 수요와 공급이 같아져서 수입이 금지될 수 있다. 이와 같은 관세를 금지적 관세(prohibitive tariff)라고 부른다. 특정 관세의 부과는 해당 재화의 무역과 관련된 경제 전반에 영향을 미친다. 따라서 이러한 관세의 효과를 다음과 같이 몇 가지로 나누어 살펴볼 수 있다.

(1) 소비효과

가격이 P에서 $P(1+t_1)$으로 상승함에 따라 재화의 국내소비는 $Q_3Q_4=HH_1'$만큼 감소한다. 따라서 소비량의 감소분 Q_3Q_4는 관세의 소비효과이다.

(2) 생산효과

국내가격의 상승으로 국내산출량은 $Q_1Q_2=FF_1'$만큼 증가한다. 여기서 생산량의 증가분 Q_1Q_2는 관세의 생산효과이다. 이때 산출량의 증가는 국내고용을 증가시키며 국내산업을 보호하는 효과를 나타내므로 생산효과는 다른 말로 보호효과라고도 한다.

(3) 수입효과

수입량은 앞에서 언급한 두 효과의 합과 같은 양만큼 감소하여 $Q_2Q_3=Q_1Q_4-(Q_3Q_4+Q_1Q_2)$가 된다. 이에 따른 국제수지 개선효과는 $Q_1FF_1'Q_2$와 $Q_3H_1'HQ_4$의 두 사각형 면적의 합과 같다.

(4) 재정수입효과

관세를 부과하는 정부는 그로 인해 재정수입을 얻는다. 관세수입을 계산하기 위하여 재화단위당 관세의 절대액을 수입량으로 곱한다. 관세액은 $P(1+t_1)-P=t_1P=MN=F_1F_1'$이며, 수입액은 $Q_2Q_3=F_1H_1$이다. 따라서 총관세액수입은 $F_1F_1'\times F_1H_1$, 즉 사각형 $F_1F_1'H_1'H_1$의 영역이다.

---

[1] 이것은 관세를 부과하는 국가가 소국이라는 가정을 의미하며, 관세에 따른 수입수요의 변화는 재화의 세계시장에 미치는 영향은 무시할 정도로 세계가격은 일정하다. 따라서 대국에서는 이 가정이 없어진다.

(5) 소득재분배 효과

가격이 상승함에 따라 소비자들로부터 생산자들로 소득의 재분배가 발생한다. 관세부과로 인한 소득재분배의 또 다른 효과는 그 국가에 상대적으로 희소한 요소의 상대가격을 상승시킨다는 점이다. 이것은 스톨퍼-새뮤얼슨정리로서 제5절에서 관세의 일반균형 분석을 통하여 더 자세히 분석한다.

실제로 소비자들은 생산자들에게 단위당 MN만큼 국내생산을 보조해 주는 것과 같으며, 이때 총보조금은 $MNF_1'F_1$이다. 이것을 관세와 같은 보조금이라고 부른다. 다시 말하면, 만일 정부가 관세를 부과하는 대신 국내생산자에 직접 보조한다면 같은 양의 보호를 하기 위하여 정부가 지급한 보조금의 총비용은 관세와 같다. 실제로 국내기업들이 OQ_2의 양을 생산하여 OM 대신에 ON의 단위가격(관세가 없는 경우에 가격은 ON에서 유지된다)으로 판매하기 위하여 $MNF_1'F_1$의 수입액 감소에 해당하는 보조금을 지불할 필요가 있다.

그러나 소비자들은 보조금과 같은 금액을 지불하지 않는다. 이 금액은 궁극적으로 소비자들의 소득에서 나오므로 정부에 귀속된 관세수입과 같은 양만큼 조세가 부과된다. 이때 조세는 보조금과 관세수입의 합과 같은 소비세로 정의할 수 있다. 다시 말하면, 관세에 따라 감소되는 것과 같은 양만큼 소비를 감소시키기 위하여 관세 대신에 소비세가 부과된다면, 이 관세율은 MN이 된다. 이때 재정수입은 $MNF_1'F_1$(보조금)$+F_1F_1'H_1'H_1$(관세수입)과 같은 $MNH_1'H_1$과 같다. 실제로 관세는 소비세와 같은 효과를 가지며, 이 수입은 부분적으로 국내생산자들을 보조하고 부분적으로 재정수입을 증가시키기 위하여 정부에 의해 사용된다.

(6) 관세의 사회적 비용

관세의 여러 가지 경제적 효과를 고려하여 관세의 부과가 이익이 되는가 또는 손실을 초래하는가에 관하여 검토할 필요가 있다. 전통적인 이론은 관세가 사회 전체에 비용(관세의 경제적 비용 또는 보호의 비용이라고도 부른다)을 초래한다고 본다.

이것은 가격선과 수요곡선 사이에 포함된 수요곡선 아래의 영역으로서 측정되는 소비자잉여의 개념으로 설명할 수 있다. 소비자잉여(consumer's surplus)는 소비자가 실제로 지불하는 가격과 지불할 의사가 있는 가격 간의 차이로서 소비자가 구매로 얻는 이익의 양을 나타낸다. 예를 들면, [그림 10-5]의 (a)에서 가격이 P, 수량이 Q_4일 때 소비자잉여는 삼각형 NHR의 영역으로 측정된다. 가격이 P에서 $P(1+t_1)$으로 상승할 경우에 소비자잉여는 NHH_1M만큼 감소하는데, 이 비용만큼 사회에 부담이 된다. 또한 순비용을 계산하기 위하여 이익을 계산하여야 한다. $F_1F_1'H_1'H_1$의 영역은 정부에 귀속된 관세수입, 그리고 $MNFF_1$[2]의 영역은 생산자잉여가 증가된 것으로 나타난다.

[그림 10-5]의 (a)에서 소비자잉여의 감소가 정부의 관세수입과 생산자잉여로 부분적으로 상쇄된다는 것을 알 수 있다. 따라서 관세의 사회적 비용을 나타내는 두 삼각형 $F_1F_1'F$와 $H_1'HH_1$의 영역만 남는다.

첫 번째의 영역 $FF_1'F_1$은 생산의 보호비용 또는 생산왜곡손실(production distortion loss)을 나타낸다. 만일 한 국가가 가격 P에서 Q_1Q_2 양을 추가적으로 수입한다면 그 비용은 $Q_1Q_2F_1'F$이고, 국가가 이 양을 국내에서 생산할 경우 그 비용은 공급곡선 아래의 영역 $Q_1Q_2F_1F$이다. 그 차이 $FF_1'F_1$은 관세의 부과에 따른 자원의 비효율적인 배분으로 초래된 비용을 나타낸다. 실제로 한 국가가 수출산업의 산출량을 증가시키기 위하여 $Q_1Q_2F_1'F$의 영역과 같은 자원을 사용한다면 Q_1Q_2의 수출증가로 더 많은 수입재를 얻을 수 있다. 대신 국가가 이 재화를 국내에서 생산할 때 Q_1Q_2를 추가적으로 생산하기 위하여 $Q_1Q_2F_1F$의 영역에 해당하는 더 많은 자원을 사용하여야 한다.

두 번째의 영역 $H_1'HH_1$은 관세가 다른 재화의 가격에 비하여 상대적으로 수입재의 국내가격을 인상시킴으로써 소비의 왜곡을 초래한 소비의 보호비용 또는 소비왜곡손실(consumption distortion loss)을 나타낸다. 그래프상으로 보호의 비용을 다른 방법으로 나타내면 [그림 10-5] (a)의 곡선 D와 S로부터 유도된 초과수요곡선이 [그림 10-5]의 (b)에 표시되어 있다.

[2] 소비자잉여와 달리 생산자잉여는 기업의 이윤과 같은 의미를 나타낸다. 만일 고정비용을 무시한다면 어떤 주어진 양, 즉 Q_1을 생산하는 데 소요되는 총비용은 원점에서부터 한계비용(공급)곡선 아래의 영역($OVFQ_1$)이다. 총수입은 $ONFQ_1$이므로 생산자잉여는 VNF이다. 만일 산출량이 Q_1에서 Q_2로 증가한다면 생산자잉여의 증가는 $VMF_1-VNF=MNFF_1$이다.

이 곡선은 이 재화에 대한 국내소비자들의 수입수요를 나타내고 있다. 예를 들면, [그림 10-5]의 (b)에서 NN'은 [그림 10-5] (a)의 FH와 같으며, 유사하게 $MM'=F_1H_1$이다. 영역 $MNM''M'$은 관세수입을 나타내며, 이는 관세율 MN에 수입량 MM'을 곱한 것과 같으므로 영역 $F_1F_1'H_1'H_1$과 같다. 따라서 보호의 비용은 삼각형 $M'M''N'$의 영역과 같다.

위에서 얻은 결과는 자유무역이 관세부과를 통한 무역제한보다 후생면에서 더 낫다는 전통적인 견해를 반영시킨 것이다. 그러나 실제로 보호의 비용은 앞에서 언급한 것보다 더 클 수 있다. 이것은 행정비용(administrative cost)과 관세의 자원전위비용(resource displacement cost)이 있기 때문이다. 한 국가는 관세를 부과하기 위하여 특별한 행정구조(세관원, 관세청 등)를 유지하여야 하며, 이에 따라 더 많은 상대가격을 부담하게 된다. 이 비용은 관세수입에서 공제됨에 따라 정부의 순효과는 영역 $F_1F_1'H_1'H_1$보다 작다. 그 외에 관세는 보호받은 산업의 국내산출량을 증가시킴으로써 완전고용을 가정할 경우 이 부문에서 더 많은 부존자원을 필요로 하게 되어 다른 부문에서 부존자원을 가져와야 한다. 이와 같은 이동은 자원의 전위비용을 포함하고 있다.

그러나 자원이 불완전 고용되어 있다면 후자의 비용은 나타나지 않으며, 이와 같은 경우에 관세는 양의 효과로 나타날 수 있다. 이때에 관세의 고용효과(employment effects)가 있게 된다. 불완전 고용하의 관세부과는 수입된 재화의 국내산출량을 증가시킴으로써 궁극적으로 국내요소의 고용을 증가시킨다. 그렇지만 이 효과는 수출이 일정하다는 가정하에서만 나타난다. 반면에 외국이 관세보복을 함으로써 수출이 감소한다면 고용은 수출부문에서 감소할 것이므로 따라서 사전에 관세의 순고용효과를 결정할 수 없다.

만일 관세부과국이 후생을 개선시킬 수 있다면 다음 문제는 어떻게 하면 가능한 한 최대한 후생수준을 개선시킬 수 있는가에 있다. 따라서 최적관세(optimum tariff)에 대해 연구할 필요가 있다(관세를 부과하는 국가의 후생을 극대화시킨다는 의미에서 최적이다). 그렇지만 이 문제는 일반균형의 분석틀 안에서 다루는 것이 더 명확하므로 다음 절에서 다룬다.

4.2. 대국에서 관세의 부분균형 효과

만일 어떤 국가가 교역조건에 영향을 미칠 수 있을 만큼 세계시장에서 큰 비중을 차지하고 있다면 그 국가는 대국이다. 이 조건이 충족될 때 그 국가는 교역조건을 개선하기 위하여 수입재에 관세를 부과할 수 있다. 이것은 대국의 경우 관세를 부과함으로써 후생을 증가시킬 수 있다는 것을 의미한다. 미국과 같이 세계시장에서 큰 비중을 차지하고 있는 국가들은 무역정책을 통해서 세계가격에 영향을 미칠 수 있다. 그렇지만 일부 개발도상국들도 일부 제품이 세계시장에서 큰 비중을 차지한다면 그 시장에서 시장지배력을 갖는다.

대국에서 직면하는 Y재의 공급곡선은 국내공급과 외국공급의 합이다. [그림 10-6]에서 S^d는 국내공급, S^w는 외국공급, 그리고 S^{d+w}는 총공급을 나타낸다. 각 가격에서 Y재의 총공급량은 국내에서 공급된 양과 외국에서 공급된 양을 더한 것이다. 이 국가는 대국이기 때문에 총공급곡선은 우상향한다. 이에 따라서 세계시장에서 Y재를 더 많이 구입함으로써 세계가격은 상승하게 된다.

[그림 10-7]에서 이 경제는 총공급곡선 S^{d+w}와 국내수요곡선 D^d가

그림 10-6 | Y재의 국내공급과 외국공급의 합

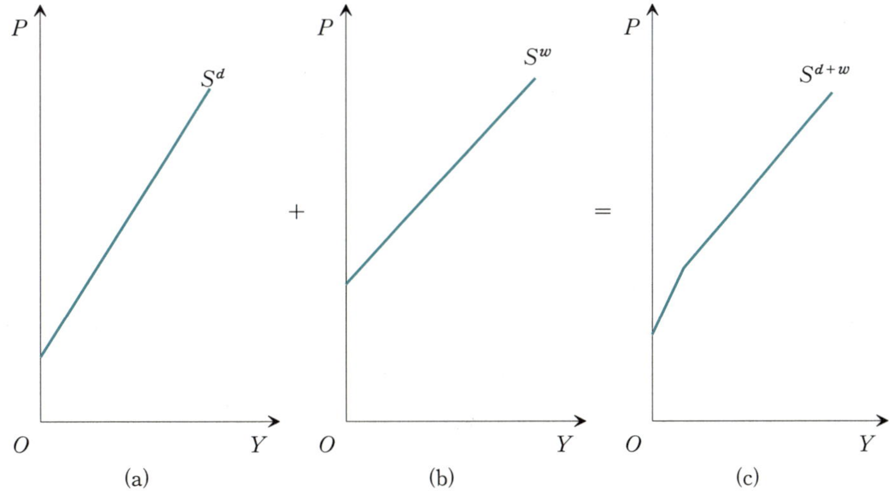

그림 10-7 | 대국에서의 수입관세 부과로 인한 부분균형 효과

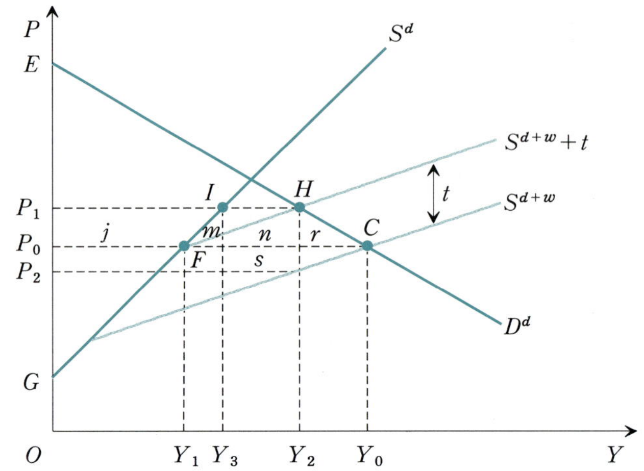

$j+m+n+r$=소비자잉여의 손실　　$m+r$=사중적 후생손실
s=교역조건효과　　$n+s$=정부의 관세수입

만나는 점 C에서 균형을 이룬다. 국내소비자들은 Y재 Y_0단위를 소비하고 이 가운데 Y_1단위는 국내에서 생산되고, (Y_0-Y_1)단위는 수입된다. Y재의 균형가격은 P_0이다. 최초의 산출량 Y_1 이상에서 국내의 생산비용은 더 높다. 자유무역하에서 소비자잉여 및 생산자잉여는 각각 P_0EC와 GP_0F의 영역과 같다.

이 국가가 Y재의 수입품에 대하여 단위당 t의 관세를 부과한다고 하자. 총공급곡선이 t만큼 상향이동하여 새로운 총공급곡선은 $S^{d+w}+t$가 된다. 수입된 각 단위에 대하여 국내소비자들은 외국의 생산자들이 책정한 가격에 관세로 더한 가격을 지불한다. 새로운 균형은 점 H에서 이루어진다. Y재의 국내가격은 P_1으로 상승한다. 따라서 Y_2단위가 소비되고 Y_3단위가 국내에서 생산되어 (Y_2-Y_3)가 수입된다. 소비자잉여는 P_1EH이며, 생산자잉여는 GP_1I이다. 영역 j, m, n 및 r은 각각 소비자로부터 생산자로 전환된 생산자잉여(재분배효과), 비효율적으로 높은 국내생산비용에 따른 생산왜곡손실(생산효과), 국내소비자들로부터 정부로 이전된 관세수입(관세수입효과), 비효율적으로 낮은 국내소비에 따른 소비왜곡손실(소비효과)을 나타낸다. 지금까지의 분석은 소국의 경우와 매우 유사하다.

그렇지만 영역 n은 관세수입을 완전히 나타낼 수는 없다. 총관세수입은 수입량 (Y_2-Y_3)에 곡선 S^{d+w}와 $S^{d+w}+t$ 사이의 수직선으로 표시된 관세량을 곱한 것과 같다. 관세수입효과인 영역 n은 총관세수입의 일부분, 즉 Y재에 대하여 더 높은 가격으로 국내소비자들이 지불하는 몫이다(즉, P_0보다 오히려 P_1이다). 관세수입의 나머지 영역 s는 Y재의 가격하락으로 인하여 외국의 생산자들이 부담하는 관세의 부분이다. 이 사각형은 관세가 외국의 수출가격을 인하시키기 때문에 발생하는 교역조건 개선으로 인한 이익(terms of trade gain)을 나타낸다. 관세가 부과되기 전에 외국의 생산자들은 수출된 Y재의 각 단위에 대하여 P_0를 받는다. 관세가 부과된 후에 이들은 P_2 또는 국내생산자들이 지불받는 가격 P_1에서 관세(t)를 뺀 부분만을 받게 되어 관세수입은 외국의 생산자들이 아니라 국내정부로 돌아간다. 왜 외국의 생산자들은 관세부과시 Y재에 대하여 가격을 P_1에서 $P_2=P_1-t$로 인하할 수밖에 없는가? 이것은 수요·공급의 메커니즘에 의해 세계시장에서 그 재화에 대한 수요를 감소시키거나 관세의 효과를 상쇄하기 위하여, 그리고 관세부과국에 대한 수출감소를 피하기 위하여 외국의 수출업자들이 이 국가의 수입업자들에게 부과하는 가격을 낮춤으로써 발생한다. 관세는 국내소비자들이 지불하는 Y재의 가격을 인상시키고 Y재의 수요량을 감소시킨다.

가정에 의해 관세부과국은 대국으로서 수요량의 감소가 시장에서 중요한 영향을 미친다. 외국의 생산자들이 그들의 재화에 대하여 수요량이 크게 하락할 때 생산의 기회비용은 하락하며 가격 또한 인하된다. 관세의 이러한 효과를 교역조건 효과(terms of trade effect)라고 부른다.

영역 j, m, n 및 r의 후생효과에 대한 분석은 소국에서와 똑같다. 영역 j와 n은 국가 안에서 이전된 것이며, m과 r은 비효율적인 국내생산과 소비에 따른 사중적 후생손실(deadweight welfare losses)이다. 대국의 경우 외국의 생산자들이 받는 관세수입의 형태, 즉 영역 s로 관세를 부과하는 국가에게 이익이 된다. 만일 사중적 후생손실(생산과 소비의 효과) $m+r$이 관세수입(교역조건 효과) s보다 크다면 대국은 관세부과로 후생수준이 악화된다. 만일 관세수입이 사중적 손실을 초래한다면 이 국가는 수입관세를 부과함으로써 후생을 개선시킬 수 있다. 이 결과는 [표 10-1]에 요약되어 있다.

표 10-1 | 대국에서의 수입관세의 순후생효과

조건	순효과
$m+r=s$	국내후생에 순효과는 없다.
$m+r<s$	국내후생에 양의 순효과가 있다.
$m+r>s$	국내후생에 음의 순효과가 있다.

물론 관세는 국내소득분배에 영향을 미친다. Y재를 생산하는 국내생산자들은 소비자들에 비하여 상대적으로 이익을 얻는다. 즉, 장기적으로 자원들이 산업 간에 자유롭게 이동할 수 있을 때 스톨퍼-새뮤얼슨정리는 Y재 생산에 집약적으로 사용된 자원의 소유자들은 이익을 얻는 반면에 다른 재화의 생산에 집약적으로 사용된 자원의 소유자들은 손해를 본다는 것을 의미한다.

또한 관세는 국가들 간의 소득재분배 효과를 갖는다. 관세를 부과하는 국가들이 이익을 얻는 조건이 충족된다고 할지라도, 모든 이익은 수출재에 대하여 더 낮은 가격을 받는 데 따른 교역상대국의 희생으로부터 발생한다. 다시 말하면, 관세는 국가의 규모와 상관없이 전 세계경제의 관점에서 후생에 음의 영향을 가져다 주므로 관세는 생산과 소비 모두 비효율적이며 무역으로부터 발생한 이익은 상실된다. 따라서 앞의 부분균형 분석에서의 관세부과에 의한 몇 가지 효과 이외에 재화가격 상승에 따른 소득재분배의 문제가 남게 된다. 그러나 이러한 소득재분배 문제는 이제까지의 부분균형 분석만으로는 그 분석이 곤란하다. 그러므로 다음 절에서는 관세부과로 인한 효과를 일반균형 분석틀 속에서 소득재분배를 중심으로 살펴보고자 한다.

5 관세의 일반균형 효과

5.1. 소국에서의 관세의 일반균형 효과

소규모 국가가 관세를 부과하면 세계시장의 가격은 영향을 받지 않는다. I국과 II국이 존재하며 I국은 소국으로서 X재를 수출하고 Y재를 수입한다고 가정하자. 소규모 국가가 부과한 관세의 일반균형 효과를 검토하기 위하여 생산가능곡선과 사회무차별곡선을 나타내는 [그림 10-8]을 사용한다. 처음에 관세를 부과하기 전에 직선 RR의 기울기의 절대값 $\tan\alpha$로 표시된 교역조건(P_X/P_Y)이 주어진 경우 이 국가의 생산점과 소비점은 각각 E와 E_C이며, 이때의 Y재 수입은 $E_{CY}E_Y$, X재 수출은 $E_{CX}E_X$이다. 이때는 관세를 부과하기 이전이므로 국내상대가격과 국제교역조건은 일치한다.

하지만 소국인 I국이 Y재에 관세를 부과한다면 국내상대가격 P_X/P_Y는 더 이상 국제교역조건과 같지 않으며, 더 낮은 P_hP_h의 기울기인 $\tan\beta$가 된다. 국내생산자들은 국내상대가격에 반응하므로 생산점은 E에서 H로 이동한다. 국제 간의 교환은 주어진 교역조건(이들은 동일하다고 가정한다)에서 발생하며, 따라서 이 국가들은 RR과 평행인 직선 $R'R'$을 따라서 생산점 H로 이동하여 교역한다. 그러나 이 국가들의 소비는 무차별곡선 U''이 $R'R'$과 접하는 접점에서 결정되는 소비점 H_C에서 끝나지 않는다. 왜냐하면, 소비자들은 국내상대가격 변화에 반응하며, 이것에 한계대체율을 일치시킬 것이기 때문이다. 따라서 직선 $R'R'$(이 직선은 국제교환비율을 나타낸다)을 따라 이동함으로써 무차별곡선의 기울기인 한계대체율이 국내상대가격과 같은 점에 도달한다. 최종 균형점은 E_C'이며, 이 점에서 무차별곡선 U'은 P_hP_h의 기울기와 같다(직선 $P_h'P_h'$은 P_hP_h와 평행하다).

일반균형의 분석틀로 관세의 여러 가지 효과를 살펴볼 수 있다. 관세 부과에 의한 생산(또는 보호)효과는 점 E에서 점 H로 이동함에 따라 발생

그림 10-8 | 관세부과의 일반균형 효과(소국의 경우)

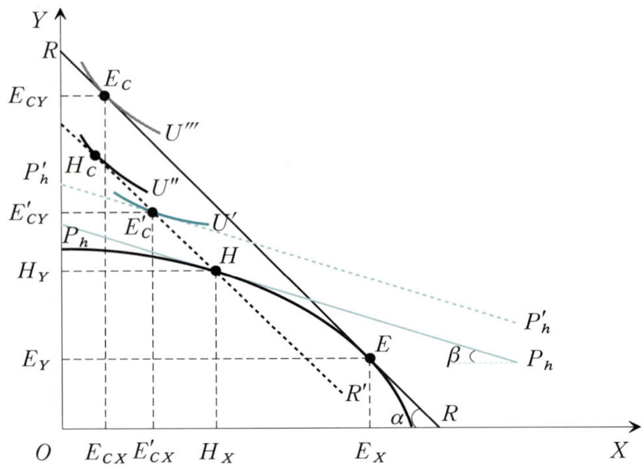

한다. 보호받은 Y재 국내산출량은 E_YH_Y만큼 증가하는 반면 X재 산출량은 E_XH_X만큼 감소한다. 소비효과는 E_C에서 E'_C으로 이동함에 따라 발생한다. 보호받은 Y재의 국내소비는 $E_{CY}E'_{CY}$만큼 감소하는 반면 X재의 소비는 $E_{CX}E'_{CX}$만큼 증가한다.

무역량에 대한 효과는 수입효과와 수출효과로 나눌 수 있다. 수입은 $E_{CY}E_Y - E'_{CY}H_Y$로 감소하는데 이것은 $E_{CY}E'_{CY}$과 E_YH_Y의 합, 즉 소비와 생산효과의 합과 같다. 수출 또한 $E_{CX}E_X - E'_{CX}H_X = E_{CX}E'_{CX} + E_XH_X$의 양만큼(소비효과와 생산효과의 합) 감소한다. 이러한 두 가지 효과에 의하여 무역량은 감소한다.

재정수입 효과는 요소비용의 국민총생산액을 총소비지출액과 비교함으로써 확인할 수 있다. 이 국가는 H에서 생산하므로 국민총생산액은 P_hP_h의 위치로 나타낼 수 있으며, 더 정확하게 예를 들면 Y재에 의하여 측정된 실질국민총생산액은 수직축에 대한 P_hP_h의 절편,[3] 즉 OP_h로 주어진

[3] 점 H에 대응하는 국민총생산액은 $Q_H = P_XH_X + P_YH_Y$이다. 직선 P_hP_h는 주어진 Q_H와 같은 금액의 X재와 Y재의 모든 결합을 나타낸다. 즉, $P_XX + P_YY = Q_H$, 여기서 $Y = -(P_X/P_Y)X + Q_H/P_Y$이며, 이것은 직선 P_hP_h의 방정식이다. Y축에서 이 직선의 절편은 Q_H/P_Y, 즉 Y재로 표시한 국민총산출액이다. 총소비지출액에 대해서도 같은 논리가 성립된다.

다. 총소비지출액은 $P'_hP'_h$의 위치와 Y재로 측정된 OP'_h의 절편으로 표시된다. 총소비지출액과 국민총생산액 사이의 차이는 정확히 관세수입이다. 왜냐하면, 관세가 있는 경우 총지출액은 관세에 의한 소비자들의 지출액과 같은 양만큼 국민총생산을 초과하기 때문이다.[4] 실제로 총지출액 D(관세는 종량세이고 Y재에 적용된다)의 국민총생산액 Y를 고려하여 전자에서 후자를 뺀다면, 다음 식을 얻을 수 있다.

$$D=(1+t)P_YD_Y+P_XD_X$$
$$Q=P_XS_X+P_YS_Y$$
$$D-Q=\{P_X(D_X-S_X)+P_Y(D_Y-S_Y)\}+tP_YD_Y$$

여기서, D: 수요량
S: 국내공급량
X, Y: 재화

이때 월러스의 법칙에 따라 중괄호 안의 값은 영이다. 따라서

$$D-Q=tP_YD_Y$$

위의 식은 총관세수입이다. 또한 관세는 생산요소의 소득분배에 영향을 미친다. 스톨퍼-새뮤얼슨정리에 따르면 수입관세의 부과는 그 나라에 상대적으로 희소한 요소의 상대가격과 실질가격을 상승시킨다.

헥셔-올린정리에 따르면 자본풍부국은 자본집약적인 Y재를 수출하고 노동집약적인 X재를 수입한다. 노동풍부국의 경우 그 반대가 성립한다. 자본풍부국이 수입관세를 부과한다고 가정하자. 이것은 국내상대가격 P_X/P_Y를 인상시키며 재화의 상대가격과 요소의 상대가격 사이에 1대1의 대응관계에 기초하여 상대요소가격 w/r이 상승한다(이것은 이 대응관계가 단조적으로 증가하기 때문이다).[5] 따라서 자본-노동비율은 두 부문에서 증가한다. 생산함수가 1차동차이므로 한계생산성은 요소비율 안의 함수이며, 더 정확하게 MP_K는 자본-노동비율의 감소함수, MP_L은 자본-노동비율의 증가함

4 정부가 관세수입을 사용하는 것과 독립적으로 이것은 타당성이 있다. 예를 들면, 이것은 공공지출을 위하여 사용할 수 있고, 또 여러 가지 방법으로 이것을 소비자에게 재분배할 수 있다.

5 이것은 노동의 상대가격을 상승시키지만, 이 정리는 노동의 실질가격(만일 Y재를 뉴메르로서 사용한다면 w_L/P_Y이다)이 증가하는 것을 나타내고 있다.

수이다. 앞에서 살펴본 바와 같이, 자본-노동비율은 두 부문에서 증가하며 노동의 한계생산성은 증가한다. 따라서 스톨퍼-새뮤얼슨정리는 증명된다.

그렇지만 관세의 부과가 수입재의 국내가격을 인상시키는 대신 인하시키는 특수한 경우에 이 재화의 국내산출량은 감소하며 상대적으로 집약적으로 사용하는 요소는 손해를 본다(이른바, 메츨러의 역설). 실제로 위에서와 같은 논리로 P_X/P_Y가 감소한다면 w/r이 증가한다. 메츨러의 역설에 대해서는 다음 절에서 다시 검토하고, 여기서는 특수한 경우를 포함하여 모든 가능한 경우가 스톨퍼-새뮤얼슨정리의 일반적인 형태를 설명한다. 즉, 관세의 부과는 수입되는 재화(정상적인 경우)이든 다른 재화(메츨러의 역설의 경우)이든지 간에 상대가격이 증가하는 재화를 생산하는 부문에서 집약적으로 사용한 요소의 실질소득을 증가시킨다.

스톨퍼-새뮤얼슨의 정리를 증명하는 데 있어서 단순화를 위해 헥셔-올린정리를 사용하였다. 그러나 스톨퍼-새뮤얼슨정리는 헥셔-올린정리 이외의 다른 방법으로 설명할 수 있다. 실제로 헥셔-올린정리와 독립적으로 일반적인 형태로서 스톨퍼-새뮤얼슨정리를 증명할 수 있다. 관세부과로 X재의 국내상대가격이 상승하며(일반적인 경우로서 수입재이든 수출재이든 관계없다. 따라서 헥셔-올린정리를 무시한다), X재는 노동집약적이라고 가정한다(여기서 요소집약도 역전이 나타나는 경우를 배제하지 않는다). P_X/P_Y의 증가는 생산가능곡선상의 더 많은 X재와 더 적은 Y재가 생산되는 점으로 두 재화 생산의 조합을 이동시킨다. 따라서 자원은 Y재산업에서 X재산업 쪽으로 이동한다. 그러나 X재는 Y재보다 노동집약적이므로 주어진 상대요소가격에서의 자본-노동비율은, Y재의 생산감소로 이용할 수 있는 비율이 확장되는 X재 산업부문이 이들을 흡수하는 비율과 일치하지 않는다. 실제로 주어진 요소가격비율에서 노동과 자본은 X재 산업부문에서 필요로 하는 것보다 더 낮은 비율로 Y재 산업부문에서 이용할 수 있다. w/r이 증가함에 따라 전체적으로 노동에 대한 초과수요와 자본에 대한 초과공급이 발생한다. 이 비율이 증가함에 따라 비용최소화 기업들은 두 부문에서 노동을 자본으로 대체한다. 즉, 더 높은 자본-노동비율로 기술을 선택한다. 노동의 한계생산성이 이 비율의 증가함수이므로 이 정리는 증명된다.

관세를 부과하는 국가의 후생에 미치는 영향에 대해 검토해 보자. 지금까지의 분석틀 안에서 관세의 부과는 사회적 비용을 갖는다. [그림 10-

8]에서 새로운 소비점 E'_C은 E_C가 있는 U'''보다 더 낮은 사회무차별곡선 U'상에 있다. 사회무차별곡선을 사용하지 않고 보호의 비용을 나타내는 다른 방법인 Y재로 표시한 실질국민총생산액은 처음의 자유무역 상황에서 OR인 반면에 관세부과 후에는 OP_h로서 OP_h-OR이다(편익 측면에서 관세수입을 추가한다면 OR보다 더 낮은 OP'_h이다). 소국을 가정하면 세계교역조건은 불변이며 이에 따른 실질국민총생산액은 OR'으로서, $OR'<OR$로 실질국민총생산액은 더 감소한다. 실질국민총생산액의 감소는 보호의 사회비용을 정량적으로 측정한 것이다.

5.2. 대국에서의 관세의 일반균형 효과

이 절에서는 교역조건이 일정하다는 가정이 완화될 때의 관세부과 효과에 대해 검토한다. 교역조건이 변할 수 있다는 것은 두 국가 중 한 국가에 의한 관세정책의 변화가 교역조건에 영향을 미칠 수 있다는 것을 의미한다. 즉, 관세부과국의 경제규모가 수입재의 국제상대가격에 영향을 미칠 만큼 큰 대국에 있어서 관세부과가 어떤 경제적 효과를 나타내는지 오퍼곡선을 이용하여 분석할 수 있다.

[그림 10-9]에서 정상적인 형태를 가정한 두 국가들의 오퍼곡선을 그렸다. 가정에 의하여 X재의 수입국인 Ⅱ국이 관세를 부과한다고 가정하자. 따라서 이 국가의 오퍼곡선은 OG_{II}에서 OG'_{II}으로 하향이동한다. 실제로 자유무역이 이루어질 때 Ⅱ국의 경제주체들이(오퍼곡선의 정의에 의하여) 수입재인 X재 OE_X와 교환하여 Y재 OE_Y를 수출공급(지불)하려고 한다. 정부에 지불해야 하는 관세액은 $E_YE''_Y=ES$와 같다. 다시 말하면, Ⅱ국의 경제주체들은 $E_YE''_Y=ES$의 양을 정부에 관세형태로 지불함에 따라 X재 OE_X(수입재)와 교환하여 Y재 OE''_Y를 수출(지불)하려고 한다. 이 그림에서 25%의 관세율을 부과한다고 하면 ES는 SE_X의 25%, EE_X의 20%이다.[6] 오퍼곡선 OG_{II}의 다른 점에 대해서도 같은 논리가 적용되므로 곡선 OG_{II}는 곡선 OG'_{II}의 위치로 동일한 비율로(앞의 예에서 20%이다) 하향이동한다.

이와 같은 이동을 검토하는 다른 방법으로 관세의 부과로 동일한 교

[6] $ES=0.25SE_X$라고 놓으면 $SE_X=4ES$이다. $ES+SE_X=EE_X$이다. $SE_X=4ES$를 대입하면 $ES+4ES=EE_X$이다. 따라서 $ES=0.20EE_X$이다.

그림 10-9 | 관세부과의 일반균형 효과(대국의 경우)

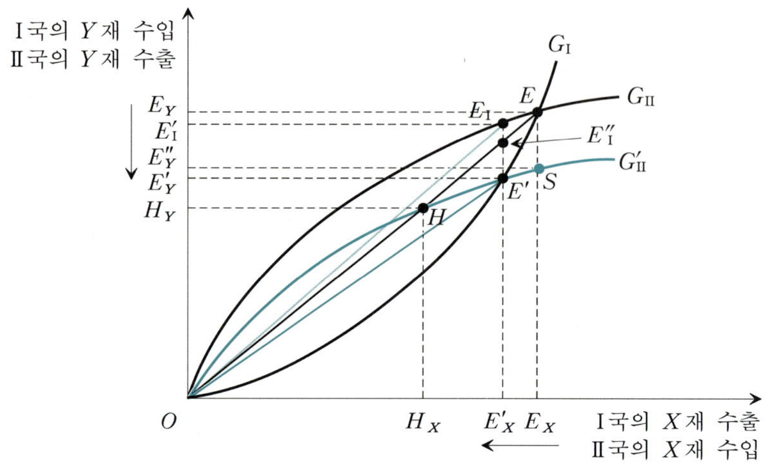

역조건(세계가격)에서 수입재의 국내가격이 상승하고 이것이 수입재의 수요와 수출재의 공급을 감소시킨다는 것을 살펴보자.

교역조건의 값이 선분 OE의 기울기일 때 II국의 수입수요는 OE_X가 아닌 그보다 더 적은 OH_X이고, 수출공급은 OE_Y보다 더 낮은 OH_Y이다. 관세로 인해 왜곡된 II국의 오퍼곡선은 점 H를 통과한다. 만일 모든 교역조건에 대하여 이와 같은 과정을 반복한다면 이 국가에 의한 관세부과로 II국의 오퍼곡선은 하향이동한다.

새로운 균형점은 곡선 OG_{I}과 OG'_{II}이 서로 교차하는 점 E'에서 만난다. 선분 OE'이 선분 OE보다 더 낮은 기울기를 갖는 데서 알 수 있는 바와 같이 균형점 E'에서는 교역조건이 II국에 유리한 방향으로 이동하여 무역량은 감소한다. 즉, II국은 X재(수입재)단위당 Y재(수출재)의 더 적은 양을 수출공급한다. 따라서 II국이 관세를 부과하면 교역량은 감소되는 반면 교역조건은 개선되기 때문에 상반된 이 두 요인의 순효과에 따라 II국의 후생수준은 향상되거나 저하 또는 불변일 수도 있다. 이것은 II국을 세계시장가격에 영향을 미칠 수 없는 소규모 국가로 가정한 경우와 대조적이다.

관세가 II국의 경제에 어떻게 영향을 미치는가를 알기 위해서는 세계가격비율보다는 오히려 국내가격비율을 고려하여야 한다. 국내가격비율을 결정하기 위하여 단위당 관세의 절대값을 세계가격비율에 추가시켜야 한다. 점 E'에 관하여 총관세량은 앞에서 설명한 바와 같이 E_IE'이다. 수입재 OE'_X를 얻기 위하여 소비자들의 지출액은 OE'_Y이 아니라 $OE'_I=E'_XE_I$이다. 따라서 국내가격비율(상대가격)은 E'_XE_I/OE'_X이며 선분 OE_I의 기울기와 같다. 국내상대가격은 증가되었지만 관세를 부과하기 전 교역조건에 적용시킨 것보다 더 적은 양만큼 증가한다. 하지만 실제로 교역조건은 관세의 부과에 따라 개선된다. 관세를 부과하기 전 교역조건에 관하여 관세 부과 후 국내상대가격 상승률은 $E_IE''_I/E'_XE''_I$의 비율로 계산할 수 있으며, 이것은 E_IE'/E'_XE'의 관세율보다 더 작다. 종합적으로 관세율, 교역조건, 수입재의 국내가격 간에는 다음과 같은 관계가 성립한다.

수입재의 국내가격 상승효과＝관세율－교역조건 개선효과
(하락)……(메츨러의 역설의 경우)

국내상대가격 P_X/P_Y가 증가하면 X재산업부문에서 더 많은 이익이 발생하며, 자원은 Y재산업에서 X재산업으로 이동한다. 따라서 X재산업부문에서 상대적으로 집약적으로 사용된 요소의 실질보수는 증가한다(스톨퍼-새뮤얼슨정리).

만일 오퍼곡선이 정상적인 형태이고 정부가 관세수입을 처분하는 방식을 무시한다면 다음과 같이 요약할 수 있다.

① 관세의 부과는 수입재의 국제상대가격을 감소시킨다. 즉, 관세를 부과하는 국가의 교역조건이 개선된다.

② 교역조건의 개선은 관세를 상쇄시킬 만큼 크지 않다. 따라서 수입재의 국내상대가격은 관세율보다 더 작은 비율이라 할지라도 관세를 부과하기 전 세계상대가격에 비하여 증가한다.

③ 보호받은 부문은 수출재를 생산하는 부문에 비해 더 이익이 된다.

④ 자원은 보호받은 부문을 향해 이동한다.

⑤ 스톨퍼-새뮤얼슨정리는 유지된다.

상기 내용들은 관세가 사회후생에 미치는 효과를 포함하고 있지 않으나 이 문제는 사회무차별곡선을 사용하여 검토할 수 있다. 이것은 검토하기 전에 두 가지의 특별한 경우 메츨러와 러너의 경우를 검토하자.

그림 10-10 | 관세와 교역조건: 메츨러의 역설

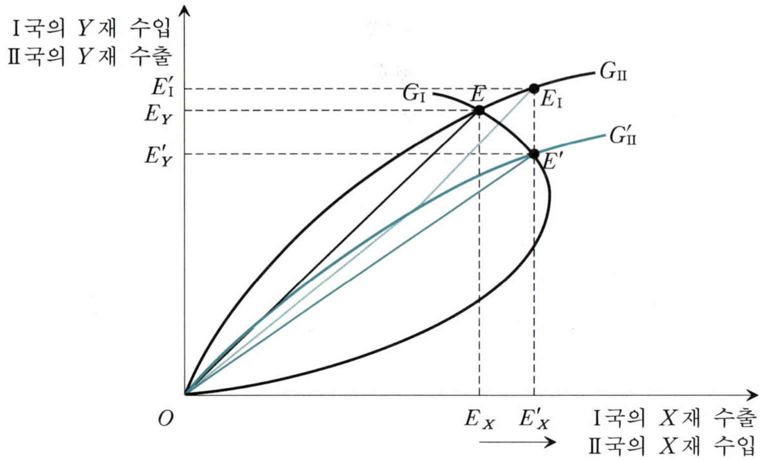

메츨러의 역설(Metzler paradox)은 관세부과국(수입국)의 오퍼곡선이 정상적이고 교역상대국(수출국)의 오퍼곡선이 [그림 10-10]에서와 같이 특수한 경우(비탄력적)일 때 발생한다. II국이 관세를 부과할 때 오퍼곡선은 OG_{II}에서 OG'_{II}으로 이동하며 국제균형점은 E에서 E'으로 이동한다. 교역조건은 II국에 유리하게 개선되지만 이것 이외에 다른 점이 있다. [그림 10-10]에서 음의 기울기를 갖는 곡선 OG_I의 특수한 형태가 주어진 경우 교역조건은 개선되며, II국에서 관세부과 후 OE_I의 기울기가 선분 OE'의 기울기보다 더 가파르다고 할지라도 OE보다 더 낮기 때문이다. 수입재(X재)를 생산하는 부문은 관세로부터 보호받는 것과 달리 오히려 관세로 인하여 손해를 입는다. 즉, '관세부과율<국제상대가격 하락폭'의 관계에 의해 수입재의 국내상대가격은 관세부과 전보다 오히려 더 하락하게 되는데, 이를 '메츨러의 역설'이라고 한다.

이와 같은 상황에서 더 많은 이익을 얻는 부문은 수출재인 Y산업부문이다. 따라서 자원은 X재부문에서 Y재부문으로 이동하며, Y재부문에서 상대적으로 집약적으로 사용된 요소는 실질보수가 증가한다.

앞의 어느 경우이든지 관세의 부과는 관세를 부과하는 국가에 유리하도록 교역조건을 개선시킨다. 그렇지만 교역조건이 변화하지 않거나 관세

그림 10-11 | 관세와 교역조건: 러너의 경우

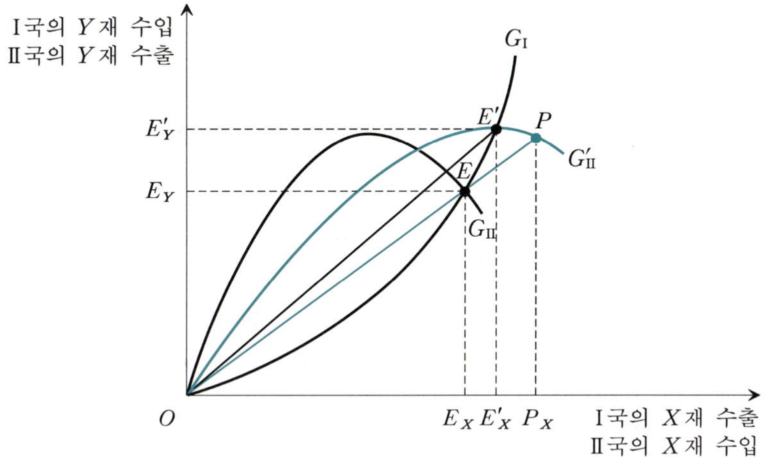

를 부과하는 국가에 불리하게 움직일 경우에는 상기 결과가 유효하지 않으며, 이 경우는 오퍼곡선의 특수한 형태에 기인한다. 예를 들면, I국 오퍼곡선이 원점을 통과하는 직선이라면 관세부과에 따른 II국 오퍼곡선의 이동은 교역조건에 영향을 미칠 수 없으며, 이것은 I국 오퍼곡선의 주어진 기울기와 일치한다. 더욱 흥미로운 점은 교역조건이 관세를 부과하는 국가에 불리하게 움직인다는 것이다(러너의 경우).

이 경우를 검토하기 위하여 정부가 관세수입을 어떻게 지출하는가를 먼저 살펴본다. 여러 가지 가능성 가운데 관세수입이 모두 수입재에 지출되는 것을 고려한다.[7]

만일 이 재화에 대한 국내수요가 경직적이라면 수입재에 대한 국제시장에서의 추가수요는 이 재화의 세계상대가격을 인상시킨다. 따라서 관세를 부과하는 국가의 교역조건은 악화된다.

II국의 오퍼곡선은 특수한 경우를 나타내는 것으로 〔그림 10-11〕에 표시되어 있다. 관세의 부과는 OG_{II}를 OG'_{II}으로 이동시키게 된다. 앞에서의 그림과 달리 그 기울기가 관세부과 전의 교역조건(선분 OEP)을 나타내

[7] 일반적으로 관세수입은 여러 가지 방법으로 정부에 의하여 지출될 수 있다. 소비자들에게 소득재분배될 수 있으며, 수입재, 수출재 또는 두 재화의 조합에 지출될 수 있다.

는 선분을 따라 OG_{II}의 오른쪽에 있도록 OG'_{II}은 E의 왼쪽에 있는 점에서 OG_{II}와 만난다. 이것은 앞의 두 가정(수입재에 대한 국내수요의 경직성과 총관세 수입이 수입재 그 자체에 대한 지출이다)에 따른다. 관세부과 전 교역조건이 주어진 경우에 X재에 대한 초과수요가 있으며, 점 P는 교역조건선을 따라 E의 오른쪽에 있다. 이 경우에만 교역조건이 주어진 경우 $OP_X > OE_X$와 같이 II국에 의한 X재의 수요가 I국에 의한 재화의 공급보다 더 크다. 새로운 국제균형점 E'에서 관세부과 후에 얻게 되는 세계상대가격 P_X/P_Y는 증가한다(OE'의 기울기>OE의 기울기). 즉, 관세부과 후의 교역조건은 관세부과국인 II국에 불리하게 변화한다.

6 최적관세

6.1. 최적관세의 개념

세계무역에서 대국은 교역조건에 영향을 미치므로 국가가 이 점을 이용하려 할 경우 최적관세를 부과하고자 한다. 최적관세는 관세부과국이 가장 높이 도달할 수 있는 사회무차별곡선, 즉 사회후생 수준에 도달할 수 있는 관세율로 정의된다. 최적관세는 관세율이 증가함에 따라 적용되는 두 가지의 상반된 힘이 작용하기 때문에 존재한다. 즉, ① 교역조건이 관세를 부과하는 국가에 유리하도록 움직이며, ② 동시에 높은 관세 때문에 수입량이 감소된다는 것이다. 최적의 위치는 ①에서 기인한 교역조건의 이익이 ②의 손실을 초과할 때 도달된다. 따라서 대국이 관세를 부과할 경우 교역량은 감소하나 교역조건이 개선될 경우 교역량이 감소해도 후생수준은 향상된다.

그러므로 최적관세(optimum tariff)란 교역량 감소에 따른 손실을 극소화시킴과 동시에 교역조건의 개선에 따른 이익을 극대화시키는 관세율을 의미한다. 즉, 자유무역 상태에서 출발하여 그 국가가 관세율을 증가시킴에 따라 그 국가의 후생수준은 최적관세에 도달할 때까지 상승하나 최적관세 이상으로 관세율이 인상되면 후생수준은 감소한다. 만일 관세의 증가로 교역국 간 금지적 관세가 설정된다면 양국은 자급자족의 후생수준을 누리게 되는데, 양국 간의 이런 경쟁적 관세인상을 관세전쟁(tariffs war)이라고 한다.

그러나 관세를 부과하는 국가의 교역조건이 개선됨에 따라 교역상대국의 교역조건은 악화된다. 왜냐하면, 교역상대국은 관세부과국의 교역조건과 서로 역의 관계에 있기 때문이다. 수입량의 감소와 교역조건의 악화로 교역상대국의 후생수준이 감소함에 따라 교역상대국도 자신의 국가에 유리한 최적관세를 부과하여 보복하며, 다시 첫 번째 관세부과국에서도 다시 보복한다. 이와 같은 과정이 반복된다면 모든 국가들의 무역이익은 없어진다. 교역상대국이 관세보복을 하지 않더라도 관세부과국의 이익은 교역상대국의 손실보다 더 적다. 따라서 전 세계에서 관세를 부과하게 되면 자유무역을 할 때보다 후생수준이 악화된다.

6.2. 최적관세의 설명

사회무차별곡선을 도입함으로써 관세가 경제후생에 미치는 영향을 검토한다. 제5절에서와 동일한 가정(2국, 2재)에 의하여 [그림 10-12]에 두 국가의 오퍼곡선과 사회무차별곡선이 그려져 있는데, 앞의 그림과 달리 사회무차별곡선은 증가하는 형태이다. Ⅱ국을 고려하여 다음과 같이 설명할 수 있다. 수평축에 수입재 X재의 양, 수직축에 수출재 Y재의 양을 나타낸다. 수입된 재화의 양이 클수록 같은 사회무차별곡선상에 있기 위하여 포기해야 하는 재화의 양이 더 많아진다. 효용의 정도는 오른쪽 아래로 이동함에 따라 증가한다. 왜냐하면, U'_{II}에서 수입된 재화의 양은 포기된 재화의 같은 양과 비교할 때 U_{II}보다 더 크기 때문이다. 마지막으로 이 곡선은 수출축에는 볼록(수입축에는 오목)하다. 왜냐하면, 주어진 효용수준을 얻기 위하여 수출재의 연속적인 증가율이 감소하는 것은 수입재의 양이 연속적으로 증가하는 것과 같기 때문이다. 이것은 일반적으로 사회무차별곡선을 따라서 한계대체율이 감소하는 것과 같다.

이와 같은 방법으로 I국의 사회무차별곡선 U_{I}, U'_{I}, U''_{I} 등을 그릴 수

그림 10-12 | 최적관세율

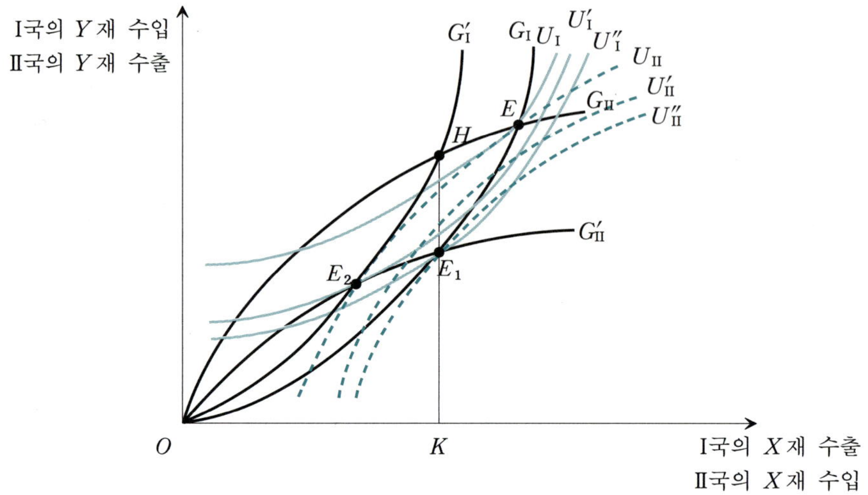

있는데, II국이 관세를 부과하여 OG_{II}가 OG'_{II}로 이동한다고 가정하자. 이 때 새로운 국제균형점은 E_1이므로 II국의 후생은 증가된다. 왜냐하면, U''_{II}은 U_{II}보다 높은 후생수준을 나타내며, 정상적인 경우 관세의 부과는 관세부과국의 교역조건과 후생수준을 개선시킨다. 그림에서 I국의 후생수준은 U_{I}보다 더 낮은 후생수준을 나타내는 U''_{I}상에 있기 때문에 감소된다. 그러므로 관세부과국은 다른 국가의 후생을 희생시켜서 자신의 후생을 증대시므로 자유무역이 파레토최적 상태이다. 사회무차별곡선의 서수적 성격이 주어진 경우에는 E에서 E_1으로 이동함에 따라 세계 전체의 후생이 증가하는지 감소하는지 명확하지 않다.

II국으로 다시 돌아가 II국의 판정에서 후생을 극대화시키는 관세, 즉 최적관세를 검토해 보자. 그래프상으로 이것은 I국의 주어진 오퍼곡선과 비교하여 II국의 가장 높은 사회무차별곡선을 찾는 것이다.[8] 이 곡선은 점 E_1에서 OG_{I}과 접하는 U''_{II}이다. 이 접선은 II국의 사회무차별곡선과 I국의 오퍼곡선 사이에 있다. 따라서 최적관세는 점 E_1을 통과하면서 II국의 오

[8] 관세를 부과함으로써 각국은 그 자신의 오퍼곡선을 이동시킨다. 그러나 상대방 국가의 오퍼곡선에는 영향을 미칠 수 없다. 이것은 II국에 대한 제약은 I국의 오퍼곡선이기 때문이다.

퍼곡선을 OG_{II}에서 OG'_{II}으로 이동시킨다. 이에 대응하는 최적관세율은 그래프상으로 HE_1/E_1K로 계산된다. 따라서 한 국가만을 고려하는 경우에는 자유무역보다 더 나은 최적관세의 상황이 존재한다. 그러나 다른 국가의 후생수준은 악화되어 보복관세를 야기한다.

실제로, OG_{I}이 주어졌다고 가정하는 것은 묵시적으로 I국은 관세를 도입하지 않는다고 가정하는 것이다. 그러나 비경제적 요인들을 배제한다면 I국도 그 국가의 관점에서 최적관세를 부과한다. II국이 한 방법과 동일하게 I국은 곡선 OG'_{II}을 주어진 것으로 보고 무차별곡선 U'_{I}과 OG'_{II}과 접하는 점 E_2에 대응하는 최적관세를 결정한다.

관세보복에 따라 I국은 II국이 관세를 부과함에 따라 입은 손실의 일부를 보전한다. 실제로 I국은 사회무차별곡선 U''_{I}에서 U'_{I}으로 이동하여 처음의 U_{I}보다는 악화된다. 따라서 점 E_2에서 국제무역은 점 E_1보다도 더욱 감소된다.

그러나 점 E_2도 안정적 균형은 아니다. 실제로 관세전쟁이 시작됨에 따라 II국도 다시 보복관세를 부과하며 OG'_{I}에 대응하는 최적관세를 부과한다. 그러나 관세전쟁의 정확한 결과는 사전에 결정할 수 없다. 왜냐하면, 관세가 두 국가에서 금지적인 수준에 도달하여 무역이 없어질 때까지 이와 같은 과정은 계속되거나 안정적 균형에 도달하거나 두 국가가 서로 합의에 도달한 경우, 그 전에 관세전쟁이 중지될 수 있기 때문이다. 일반적으로 무역에 참가하는 국가들은 국제 간 교역을 통해 일정한 이익을 얻고 있으며 이는 국제교역의 원인이기도 하다. 관세부과에 대한 보복으로 교역국들이 금지적 관세수준에 도달한다면, 이는 관세부과에 의한 이익보다 손실이 더 크다는 것을 의미한다. 따라서 단일국가의 경우 자유무역을 할 때보다 관세를 부과할 때 후생수준이 증가한다는 것은 관세보복이 있는 경우에 이미 유효하지 않다. 따라서 자유무역이 관세를 부과하는 경우보다 전 세계의 후생수준을 증가시킨다.

6.3. 관세와 국내후생

만일 한 국가가 무역정책으로 교역조건을 개선시킨다면 더 나은 교역조건을 얻기 위하여 더 높은 관세를 부과하는 것이 왜 항상 이익이 되지 않는가에 대해서는 앞 절에서 검토하였다.

〔그림 10-13〕은 어느 국가가 무역제한으로 교역조건을 개선함으로써 갖게 되는 후생의 증가가 관세율 수준과 어떤 관련이 있는가를 보여준다. 모든 무역의 이익이 없어지게 할 정도로 큰 관세율 t_1을 부과한다고 가정하자(t_1보다 더 높은 관세율을 부과하는 것은 실질소득에 더 이상의 효과가 없다. 왜냐하면, 수입재의 양은 이미 영으로 감소하기 때문이다). 자유무역(영의 관세)은 t_1 또는 그 이상의 관세로 인하여 무역이 없는 경우보다 더 낫다. 따라서 〔그림 10-13〕에서 사회후생 수준을 나타내는 곡선은 처음의 점 A에서보다 t_1 이후에 더 낮다. 소규모의 관세가 최초에 부과될 때 발생하는 교역조건의 개선은 국가의 후생을 증가시킨다. 즉, 국내후생 수준을 극대화시키는 최적관세율 t_0가 존재한다. 여기서 주된 관심은 최적관세의 값을 계산하는 것이 아니라 관세가 후생에 미치는 두 영향 사이의 모순되는 성격을 이해하는 것이다. 관세는 후생을 증가시킴으로써 교역조건을 개선하는 반면 수입수요를 감소시킨다. 만일 세계가격으로 나타낸 수입재를 얻는 비용이 국내가격으로 나타낸 자국의 값보다 더 낮다면 수입량의 감소는 국내후생을 증가시킨다. 관세를 교역조건 개선과 실질소득 증가를 가져오는 최적관세 t_0 이상으로 부과한다고 하자. 이 경우 수입량의 감소로 인한 손실이 교역

그림 10-13 | 최적관세와 국내후생

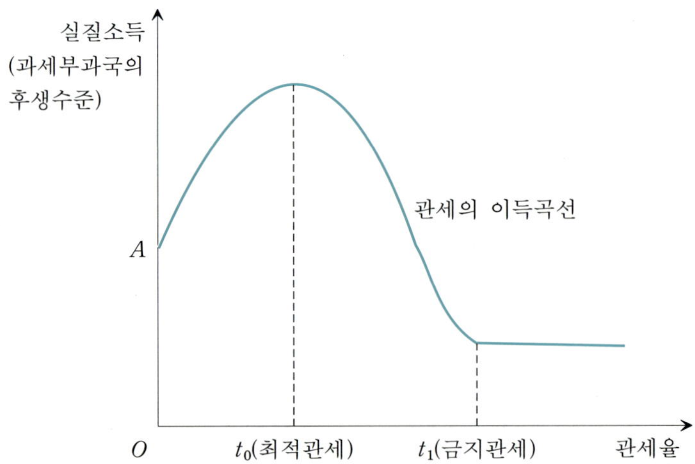

조건 개선으로 인한 수입가격 하락을 초과한다. 따라서 금지관세 t_1까지는 실질소득 수준이 감소한다. 지금까지의 최적관세에 관한 논의는 상대국의 무역보복이 없다고 가정한 경우이다.

7 실효보호관세율

7.1. 실효보호관세율의 의의

지금까지 수입재에 부과된 관세의 효과를 분석하였다. 이와 같은 관세를 사용하는 주요한 이유는 높은 비용으로 생산하는 국내생산업자들을 낮은 비용으로 생산하는 외국기업들과의 경쟁에서 보호하려고 하기 때문이다. 관세의 부과는 국내에서 생산된 재화에 비하여 수입된 재화의 가격을 상승시킨다. 따라서 소비자들은 수입된 재화의 소비를 국내에서 생산된 재화의 소비로 변화시키려는 인센티브를 갖게 된다. 높은 수입관세를 부과하는 산업의 경우 국내생산자들은 높은 보호를 받는다고 가정할 수 있다. 그렇지만 최근의 연구에 의하면 높은 관세율과 높은 보호율 간의 단순한 관계는 반드시 존재하지 않는 것으로 나타났다. 지금까지 다룬 관세는 최종재에만 국한되어 있는 명목관세율만 다루었다. 명목관세율은 개별 품목에 부과되므로 관세의 종합적인 산업보호 효과를 반영하지 못한다. 어느 국내산업에 대하여 실제 보호의 정도를 알기 위해서는 산업 내의 관세뿐만 아니라 중간재의 투입요소에 대한 관세도 고려해야 한다. 따라서 최종재에 대한 명목관세율뿐만 아니라 중간재에 대한 관세율을 파악할 수 있는 관세구조(tariff structure)에 대한 내용을 살펴볼 필요가 있다. 관세구조가 경제의 각 단계마다 다를지라도 제품이 생산의 여러 단계를 거침에 따라 관세율은 일반적으로 상승한다. 예를 들면, 원자재는 이들을 사용하여 최종적으로 생산되는 제조업 제품보다 더 낮은 관세율을 갖는다. 이와 같은 현상을 계단식 관세구조(escalated tariffs structure)라 한다.

관세구조의 중요성에 비추어 최종재에 대한 실제관세율은 그 재화의 국내생산업자들에게 부과된 관세의 실효보호 정도를 정확히 나타내지는 못한다. 따라서 관세구조를 설명하는 다른 측정치로 실효보호율(effective rate protection: ERP)이 필요하다. 그리고 관세는 보호받는 산업의 부가가치를 증가시킨다. 따라서 관세의 산업보호 효과란 관세로 보호받는 산업의 부가가치가 관세부과 이전보다 얼마나 증가하였는가를 말한다.

실효보호관세는 주어진 명목관세가 완성재와 생산에 중간투입된 요소에 부과된 경우에 해당 산업에 대한 보호효과를 의미한다. 제품을 생산하는 기업에 중요한 것은 판매가격과 원재료비용 간의 마진(margin)이다. 이 마진, 즉 기업의 부가가치는 노동과 자본의 서비스에 대한 지불과 같은 1차요소비용을 충당하고 남은 것으로서 기업의 순이익이 된다. 기업들은 다른 산업들로부터 원재료와 중간재를 구입하여 이들을 산출량으로 전환하여 부가가치를 얻는다. 따라서 실효보호관세율은 한 국가의 관세구조 변화로부터 해당 산업의 산출량단위당 부가가치의 증가율이다. 그리고 그 비교의 기준은 자유무역하에서의 부가가치이다.

실례를 통하여 이 정의의 의미를 살펴보자. 만일 신발 한 켤레를 만드는 데 신발의 세계가격이 한 단위당 20원이고 가죽이 한 단위당 12원이라고 가정하자. 신발제조업에서 세계가격에 대한 부가가치는 8원이다. A국이 신발수입품에 대하여 30%의 명목관세를 부과하였지만, 가죽은 관세 없이 수입된다고 가정한다. A국에서 신발의 가격은 26원(세계가격+관세)으로 상승하여 국내의 신발생산업자들은 부가가치로 14원의 마진을 얻는다(26원−12원). A국의 부가가치는 자유무역하에서의 부가가치보다 더 큰 75%이다((14−8/8)×100=75%). 따라서 실효관세율은 75%이고 명목관세율은 30%이

표 10-2 | 관세구조 변화에 따른 부가가치의 변화

구분	A국의 기업	자유무역시의 경쟁기업
신발가격	26원	20원
가죽투입물	12원	12원
부가가치	14원	8원

표 10-3 | 중간재에 관세부과에 따른 부가가치의 변화

구분	A국의 기업	자유무역시의 경쟁기업
신발가격	26원	20원
가죽투입물	14.40원	12원
부가가치	11.60원	8원

다. A국의 신발생산기업과 자유무역시의 경쟁기업을 다음과 같이 비교할 수 있다.

$$\text{실효보호관세율}=\frac{\text{관세부과 후의 부가가치}-\text{자유무역하의 부가가치}}{\text{자유무역하의 부가가치}}\times 100$$

$$=\left(\frac{14\text{원}-8\text{원}}{8\text{원}}\right)\times 100=75\%$$

중간재인 가죽에 대한 관세는 신발의 실효보호율을 낮춘다. 그 이유는 다음과 같다. 가죽에 대한 관세는 A국에서 가죽의 가격을 올린다. 따라서 국내신발생산업자들의 부가가치 마진을 감소시킨다. 실례로서 가죽에 대한 20%의 명목관세로 다음 결과를 얻는다(신발에 대한 명목관세는 30%로 일정하다고 가정한다).

$$\text{실효보호율}=\left(\frac{11.60\text{원}-8\text{원}}{8\text{원}}\right)\times 100=45\%$$

신발에 대한 실효관세율은 가죽에 대한 관세를 부과함에 따라 75%에서 45%로 하락한다. 명백히 신발생산자들은 신발에 대한 관세는 선호하지만 가죽에 대한 관세는 반대한다.

7.2. 실효보호관세율의 정의식

최종재에 대한 실효보호율은 중간투입물에 대한 관세의 수준에 따라 과소 또는 과대평가된다. 최종재의 총가치는 제조업의 부가가치에 사용된 중간투입물의 총부가가치를 더한 것이다.

완성재인 j산업을 고려한다. n개 산업으로 구성된 산업연관표에서 j

재(최종재) 1단위의 생산에 필요한 i재(중간재)의 투입액을 투입계수인 a_{ij}로 표시하고 부가가치 투입액을 V_j로 표시한다. 만일 j재의 가격이 1원이라면 중간재 투입계수의 합($\sum_{i=1}^{n} a_{ij}^{n}$)에다 부가가치($V_j$)를 더한 것이 1원이 되어야 한다.

$$V_j + \sum_{i=1}^{n} a_{ij}^{n} = 1 \tag{10.1}$$

만일 관세가 최종재인 경쟁수입재에 부과된다면 j재의 국내판매가격은 명목관세의 양 t_j만큼 상승한다. 투입재가 완전 탄력적으로 공급된다고 가정한다면 관세부과로 인해 국내공급자들의 부가가치는 증가한다(V_j').

$$V_j' + \sum_{i=1}^{n} a_{ij} = 1 + t_j \tag{10.2}$$

또한 중간재인 i재에 대한 명목관세 t_i의 부과로 각 투입물의 가치는 $1+t_i$이다. 따라서 위의 식은 다음과 같이 된다.

$$V_j' + \sum_{i=1}^{n} a_{ij}(1+t_i) = 1 + t_j \tag{10.3}$$

실효보호관세율(ERP)은 관세부과 후 그 산업에서의 생산물 한 단위당 부가가치의 증가율로 표시된다. 즉, V_j와 V_j'의 차이가 산출량단위당 자유무역하의 부가가치비율로 나타난다.

$$\text{ERP}_j = \frac{V_j' - V_j}{V_j} \tag{10.4}$$

자유무역하에서 식 (10.1)과 식 (10.3)을 다시 쓰면 다음과 같다.

$$V_j = 1 - \sum_{i=1}^{n} a_{ij} \tag{10.5}$$

관세부과시에

$$V_j' = 1 + t_j - \sum_{i=1}^{n} a_{ij}(1+t_i) \tag{10.6}$$

식 (10.4)의 분모와 분자에 식 (10.5)와 식 (10.6)을 대입하면 다음과 같다.

$$\mathrm{ERP}_j = \frac{\left\{1+t_j-\sum_{i=1}^{n} a_{ij}(1+t_i)\right\}-\left\{1-\sum_{i=1}^{n} a_{ij}\right\}}{1-\sum_{i=1}^{n} a_{ij}} \tag{10.7}$$

이 식을 단순화시키면

$$\mathrm{ERP}_j = \frac{t_j-\sum_{i=1}^{n} a_{ij}t_i}{1-\sum_{i=1}^{n} a_{ij}} \tag{10.8}$$

여기서, ERP_j: j(최종재)산업의 실효보호관세율
V_j: 자유무역하에서의 j산업의 부가가치
V'_j: 관세부과 후의 부가가치
t_j: j(최종재)산업의 명목관세율
t_i: i(중간재)산업의 명목관세율
a_{ij}: j산업에 대한 투입계수

ERP의 일반식에서 최종재에 대한 관세율이 수입재의 중간투입요소에 대한 관세율보다 높으면($t_j>t_i$) ERP는 최종재에 대한 명목관세율보다 더 높다(ERP$>t_j$). 수입최종재와 수입중간재에 대하여 같은 비율의 관세가 부과된다면($t_j=t_i$) ERP가 그 산업의 보호범위를 정확하게 측정하고 실효보호관세율과 명목보호관세율은 같다. 수입중간재에 대한 관세율이 최종재에 대한 관세율을 초과한다면($t_j<t_i$) 실효보호관세율은 최종재에 대한 관세율보다 더 낮다(ERP$<t_j$).

이미 말한 바와 마찬가지로 앞에서는 중간투입물에 대한 관세의 부과는 단지 가격 마진만 감소시키는 경우를 가정하였다. 즉, t_i 부과시 j재의 가격은 $1+t_i$로 불변이었다. 그러나 t_i가 최종재가격에 영향을 미칠 수 있도록 크거나 그렇지 않은 경우이더라도 t_i의 크기가 충분히 크다면, ERP가 음의 부호를 나타내는 경우가 존재할 수 있다.

여기에서는 t_i로서 $1+t_j$는 불변이나 ERP의 부호가 음이 되는 경우를 고찰해 보기로 한다. 만일 기업이 수입중간재에 높은 명목관세를 부과한다면 음의 실효보호율로서 자유무역의 경쟁기업과 비교하여 불리하다. 즉, 부

가가치 마진이 자유무역을 할 때보다 적다. 앞의 신발산업의 예에서 a_{ij}= 12원/20원=0.6이고, 가죽에 대한 명목관세율이 60%라면 신발에 대한 실효보호율은 −15%이다.

$$\text{ERP} = \left\{ \frac{30\% - 0.60(60\%)}{1 - 0.60} \right\} \times 100 = -15\%$$

따라서 중간재에 대하여 관세가 부과되는 경우 실효보호율이 양의 값이 되기 위한 조건은 다음과 같다.

$$t_j > \sum_{i=1}^{n} a_{ij} t_i$$

다른 조건이 일정한 경우 실효보호관세율은 ① 최종재에 대한 명목관세율이 높을수록, ② 수입중간재에 대한 관세율이 더 낮을수록, ③ 그 재화의 가치에서 수입중간재의 몫이 더 클수록(만일 $t_j > t_i$인 경우) 더 높다. 명목관세율은 수입된 최종재화의 가치에 적용되지만 실효보호율은 국내생산의 부가가치에만 적용되는 것이다. 그러므로 수입된 중간투입물이 최종재에 대한 부가가치보다 낮은 비율로 관세가 부과된다면, 국내부가가치는 외국의 부가가치에 대한 관세뿐만 아니라 외국의 재화에 포함된 투입요소에 대한 관세를 포함한다. 따라서 국내부가가치는 t_j를 초과하는 비율로 실효보호를 받게 된다.

실효보호율은 재화보다는 오히려 개별 산업들에 대한 관세구조의 변화로 인한 효과를 측정하는 데 유효하다. 생산요소가 고용된 산업에 부문특정적일 때 단기의 소득분배에 관심이 있다고 생각해 보자. 이때 실효보호율이 주요한 지표가 된다. 왜냐하면, 부가가치는 이 요소들이 받는 것이기 때문이다. 외국과 관세협상을 하는 정부도 지연된 관세 변화가 특정한 이해집단 및 산업압력단체들에 미치는 영향을 알아보기 위하여 실효보호관세율을 이용한다.

관세구조가 변화하면 자원은 실효보호율이 낮은 산업에서 높은 산업으로 이동하게 된다. 왜냐하면, 부가가치는 자원의 가공과정을 통하여 발생하는 것이기 때문이다. 만일 관세구조가 여러 산업 간의 자원배분에 미치는 영향을 알아보려면 그 국가의 실효보호율을 살펴보아야 한다.

대부분의 선진공업국의 경우 관세는 원재료의 경우 낮고 가공도가 높은 재화일수록 점진적으로 높아지는 경사관세(tariff escalation)제도를 채용하고 있다. 이와 같은 계단식 관세구조는 원자재 수입에 대해서는 관세를 전혀 부과하지 않거나 또는 낮게 부과하여 자국의 산업을 보호하고, 완제품의 수입에 대해서는 제품의 가공도가 높을수록 관세율을 높이는 정책을 말한다. 이 경우 수입원자재는 상대적으로 낮은 관세를 적용받아 자원수입국의 생산자는 상대적으로 보호를 받는 반면, 가공도가 높은 완제품을 수출하는 수출국 생산자의 시장접근을 어렵게 하는 효과를 가져온다.

이러한 관세구조는 수입원자재인 투입물에 대한 명목보호율이 반드시 최종 완성품에 대한 명목보호율보다 낮아야 하고, 최종 완성품에 대한 실효보호율이 명목보호율보다 높아야 한다는 것을 의미한다. 한국을 비롯한 대부분의 국가에서는 원료·자재·연료 등 산업용 원자재에 대해서는 저율의 관세가 적용되고 있는데, 세계무역기구(WTO) 무역환경위원회의 최근 문서에도 철강·섬유류·피혁·목제품 등에 광범위하게 경사관세가 존재함을 밝히고 있다.

• 사례연구 10-1 •

한국의 산업별 실효관세율의 변화

한국의 산업별 명목 및 실효관세율에 대한 분포의 변화는 [그림 10-14]와 같이 살펴볼 수 있다. 우선 명목관세율을 보면 한국은 8%의 중심세율을 기준으로 계단식 관세구조를 유지하고 있기 때문에 1995년 당시에는 총 58개 교역재 산업 가운데 절반 이상인 37개 산업이 5~10% 세율 구간에 속하였고, 0~5% 구간에는 11개 산업이 존재하였다. 명목세율이 10%를 넘는 10개 산업은 모두 농림수산품과 식료품이다. 2002년이 되어도 이러한 명목세율에는 큰 변화가 없다. 다만 세율 5~10% 세율 구간에 속하는 산업은 4개가 늘어 15개가 된다.

이와 같은 명목관세율의 분포와 비교되는 실효관세율의 분포는 명목관세율보다 산재되어 있을 뿐만 아니라 2002년이 되면 그러한 경향이 더욱 강화되는 모습을 보인다. 이렇게 1995년에 비하여 2002년 실효관세율이 더 산만한 분포를 보인다는 사실은 1995년에 확립된 계단식 관세구조가 흔들리고 있음을 시사한다.

이를 구체적으로 살펴보면 1995~2002년 사이에 5~10%의 실효관세율을 적용받는 산업은 35개에서 22개로 대폭 감소하는 대신, 이보다 낮거나 또는 높은 실효관세율이 적용되는 산업은 모두 증가하였다. 우선 실효관세율이 10%

이상인 산업은 8개에서 15개로 늘었고 0~5%의 실효관세율이 적용되는 산업은 11개에서 14개, 역관세 산업은 4개에서 7개로 증가하였다. 요컨대 명목관세율의 분포는 큰 변화를 보이지 않지만 실효관세율에서는 일종의 양극화 현상이 나타나고 있다는 것이다.

그림 10-14 | 명목관세율 및 실효관세율의 변화(1995~2002년)

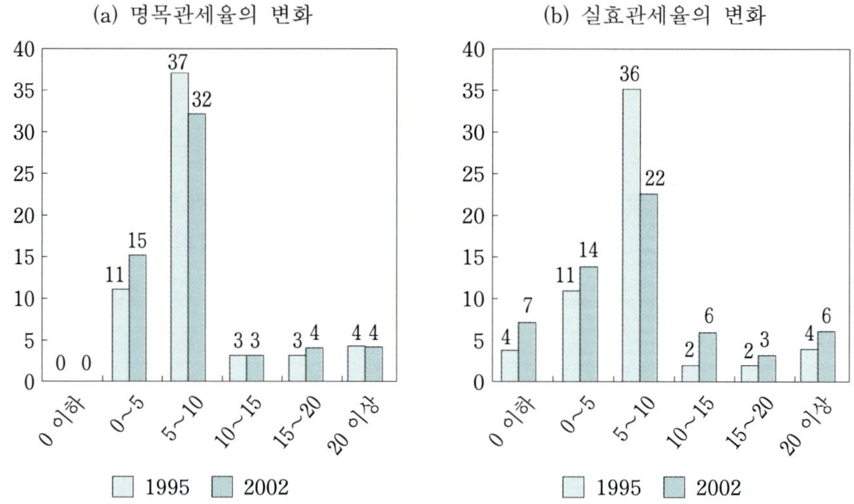

산업별 실효관세율의 분포와 변화를 구체적으로 살펴보면 [표 10-4]와 같다. 대각선에 짙은 음영으로 처리된 산업들은 실효관세율이 1995년과 크게 다르지 않은 산업들인 반면 대각선 위의 산업은 실효관세율이 많이 떨어진 산업이며, 대각선 아래 있는 산업은 반대의 경우로 볼 수 있다.

표 10-4 | 1995~2002년 실효관세율 분포의 변화

(단위: %)

2002 / 1995	20 초과	15~20	10~15	5~10	0~5	0 이하
20 초과	육류·낙농, 과실·채소, 수산가공품	음료품				

표 10-4 | 계속

(단위: %)

1995 \ 2002	20 초과	15~20	10~15	5~10	0~5	0 이하
15~20	작물, 수산물					
10~15		제당·전분	임산물			
5~10		의복·장식품, 석유제품	섬유직물, 기타 섬유, 석탄제품, 가정용전기기기	축산양잠, 목재나무, 기타 제조업, 유기화학, 무기화학, 합성수지고무, 화학섬유, 비료농약, 기타 화학, 유리, 도자기, 시멘트, 기타 비금속, 비철금속, 금속, 일반기계, 특수기계, 전기기계, 정밀기기, 자동차	조미료·유지, 펄프·종이, 가구, 의약·화장품, 철강1차, 전자기기부분품, 영상·음향·통신	컴퓨터 주변기기
0~5				고무	석탄·석유, 비금속광물, 섬유사, 가죽모피, 선철, 기타 수송장비	빵·과자·국수, 금속광석, 인쇄복제
0 이하	담배				선박	정곡제분, 배합사료

자료: 장근호(2007).

7.3. 관세인하의 규범적 의미

실효보호관세율은 관세의 선별적인 인하가 국내후생을 감소시키는 것을 의미한다. 국내자동차산업을 설명하고 있는 [그림 10-14]를 보자. 철강재 수입에 대한 관세로 인하여 철강의 국내가격은 외국보다 높으며, 국내의 자동차생산에서 민간한계비용곡선(S)이 사회한계비용곡선(MSC)을 초과한다. 자동차에 대한 관세는 국내자동차가격을 P_d로 인상시키고 자동차의 구매를 감소시켜 비효율성을 초래한다. 관세의 국내자동차생산에 대한 전반적인 효과는 비용과 가격이 모두 상승하므로 모호하다. [그림 10-14]는 전반적인 관세구조가 국내의 자동차생산을 완만하게 증가시키는 경우를 고려하고 있다.

만일 철강에 대한 관세가 제거되면 국내공급곡선은 MSC의 오른쪽으로 이동하며 자동차생산은 E로 증가한다. 자동차생산량이 증가하는 것은 바람직하지 못하다. 왜냐하면, 사회 전체적 관점에서 국내에서 이 자동차를 추가적으로 생산하는 것보다 자동차를 수입하는 것이 더 저렴하기 때문이다. 물론 철강에 대한 관세를 인하하게 되면 비용이 높은 국내철강의 생산을 줄이고 국내철강의 소비를 증가시킴으로써 철강부문의 효율성을 증가시킨다. 이와 같은 상쇄효과 때문에 관세인하의 후생에 대한 전반적인 효과는 모호하다. 철강이 자동차생산에만 사용되고 어떠한 철강도 국내에서 생산되지 않는 특수한 경우에 철강에 대한 관세를 제거하는 것은 후생을 감소시킨다. 일부 관세의 부분적인 인하는 나머지 관세로 유발된 시장의 실패로 인하여 바람직하지 못하다.

요약

① 무역통제는 조세와 보조금 등과 같이 직접적으로 가격에 영향을 미치는 무역통제와 할당이나 외환의 통제 등과 같이 직접적으로 수량에 영향을 미치는 무역통제가 있다.

② 대국에서 관세의 순효과는 생산자잉여와 소비자잉여의 감소로 측정되는 효율성의 상실과 외국의 수출가격 인하로 교역조건 개선이라는 이

익으로 나타난다. 외국의 가격에 영향을 미칠 수 없는 소국인 경우 교역조건 효과는 없으므로 관세의 부과는 명백히 손실이다.

③ 부문균형 분석에 의한 소국의 관세효과는 소비효과, 생산효과, 수입효과 및 재정수입 효과 및 소득재분배 효과가 있다.

④ 스톨퍼-새뮤얼슨정리에 따르면 수입관세의 부과는 그 나라에 상대적으로 희소한 요소의 상대가격과 실질가격을 상승시킨다.

⑤ 메츨러의 역설은 관세부과국의 오퍼곡선이 정상적이고, 교역상대국의 오퍼곡선이 비탄력적인 경우 수입재를 생산하는 부문은 관세부과로 인해 오히려 손해를 입는다.

⑥ 최적관세란 관세부과국이 가장 높은 사회후생 수준에 도달할 수 있는 관세율로 정의된다. 따라서 이것은 교역량 감소에 따른 손실을 극소화시킴과 동시에 교역조건의 개선에 따른 이익을 극대화시키는 관세율을 의미한다.

⑦ 실효보호관세는 주어진 명목관세가 완성재 및 생산에 사용된 중간투입요소에 부과된 경우에 해당 산업에 대한 보호효과를 갖는다.

연습문제

1. 관세란 무엇인가? 어떠한 이유로 각 국가들은 수입재에 대하여 관세를 부과하는가?

2. 종가세와 종량세의 차이점은? 그리고 각각의 장점과 단점은 무엇인가?

3. 소국이 의미는? 소국과 대국을 구분하는 기준은 무엇인가?

4. 소국에서 X재에 대한 수입관세를 부과할 경우 소득재분배, 생산, 소비 및 관세수입의 효과를 설명하여라. 관세를 부과하는 국가의 관점에서 관세의 순후생효과는 무엇인가? 세계경제 전체의 관점에서 관세의 순후생효과를 설명하여라.

5. 어느 국가가 수입관세를 일방적으로 인하하였다고 하자. 비록 이것이 교역조건을 악화시킬지라도 관세의 인하는 후생수준을 증가시킨다. 이것이 어떻게 발생하는가를 설명하여라.

6. 소비자잉여와 생산자잉여의 개념을 구분하여라. 이들 개념이 어느 국가의 경제적 후생에 어떻게 연결되는가?

7. 어떠한 요인이 관세의 수입, 보호, 소비 및 재분배효과의 크기에 영향을 미치는가?

8. 관세부과가 단일국가의 후생을 증진시킨다고 할지라도 세계 전체의 후생은 감소시킨다. 어떠한 조건에서 이것이 일어날 수 있는가?

⑨ 어떠한 조건하에서 어느 제품수입에 적용된 명목관세가 명목관세의 부과에 따른 실효보호율을 과대평가 또는 과소평가하는가?

⑩ 대국에서 X재에 대한 수입관세를 부과할 경우 소득재분배, 생산, 소비 및 관세수입의 효과를 설명하여라. 관세를 부과하는 국가의 관점에서 관세의 순후생효과는 무엇인가? 세계경제 전체의 관점에서 관세의 순후생효과를 설명하여라.

⑪ 최적관세의 의미는 무엇인가? 소국에서 최적관세의 값에 대한 의미는 무엇인가? 어떠한 조건하의 최적관세가 실제로 최적인가?

⑫ 상대요소부존량이 헥셔-올린정리가 가정한 바와 같이 비교우위의 유형을 결정한다고 가정할 때 수입관세의 상대요소가격에 대한 효과는 무엇인가?

⑬ 실효보호율은 어떤 문제를 해결하려고 하는 것인가? 어느 산업에 대한 실효보호율을 계산하는 두 가지 방법을 설명하여라.

⑭ 만일 컴퓨터 프린터의 세계가격이 자유무역하에서 1,000달러이고, 프린터의 국내생산자들이 500달러 상당의 중간투입물을 사용한다면, 국내의 부가가치는 얼마인가? 수입된 중간투입물에는 관세를 부과하지 않고 수입된 프린터에 25%의 관세를 부과한다면, 실효보호율은 얼마인가? 수입된 중간투입물에 25%의 관세를 부과할 경우는? 수입된 중간투입물에 50%의 관세를 부과할 경우는?

⑮ 다음 설명에 대하여 논하여라.

"앞으로 관세의 경제적 효과에 대하여 걱정할 필요가 없다. 왜냐하면, 제2차 세계대전 이후 GATT 아래에서 이루어진 협상으로 주요 선진공업국들의 관세율이 5% 이하로 낮아졌기 때문이다. 그러므로 관세는 더 이상 문제가 되지 않는다."

16 다음 표는 우리나라의 자동차시장에 대한 가상적인 상황을 요약한 것이다. 첫 번째 열은 수입된 자동차에 대하여 1,000원의 관세가 있는 경우의 상황을 예시한 것이다. 두 번째 열은 관세가 없는 경우, 즉 자유무역하에서의 상황을 예시한 것이다. 수송비용은 없고 수요와 공급곡선은 선형이라고 가정한다.

구분	1,000원의 관세를 부과할 경우	자유무역
자동차의 세계가격	2,000원	25,000원
단위당 관세	1,000원	0
한국에서의 자동차가격	3,000원	25,000원
연간 한국에서 구입한 자동차	50,000원	60,000원
연간 한국에서 생산한 자동차	25,000원	20,000원
연간 한국에서 수입한 자동차	25,000원	40,000원

(a) 소비, 국내생산, 수입 및 국내가격과 세계가격에 의하여 자유무역하의 균형과 관세부과시의 균형을 나타내는 그림으로 관세의 효과를 설명하여라.

(b) 관세부과시의 국내소비자잉여의 손실을 계산하여라.

(c) 관세부과시의 국내생산자잉여를 계산하여라.

(d) 관세부과시의 정부재정수입의 이익을 계산하여라.

(e) 자동차에 대한 관세부과로 인하여 한국의 소비자에 대한 순후생효과를 계산하여라.

17 자유무역하에서 최종재 F_1의 가격이 1,000원이다. 재화 F의 중간투입물 A, B의 가격이 P_A=300원, 그리고 P_B=500원이다. 20%의 종량세가 F재의 한 단위에 부과되는 반면에 수입된 중간투입물 A와 B에 대하여 각각 20%와 30%의 종량세를 부과한다고 가정하자. 이 경우 F재를 생산하는 국내산업에 대한 실효보호세율을 계산하여라.

18 만일 어느 국가가 중간투입물에 대해서는 관세를 인하시키는 반면 최종재에 대해서는 동일한 관세수준을 유지함으로써 자유무역으로 이행한다고 가정하자. 이 국가가 발표한 정책이 자유무역의 방향으로 가고 있는가를 평가하여라.

19 일반균형 접근방법을 사용하여 관세부과국에 대한 실질소득의 손실을 나타내어라. 소비자들의 후생손실은 어느 정도인지 그림으로 분석하여라. 소비자들은 왜 관세보다 생산보조금을 더 선호하는가?

20 대국의 경우에 만일 교역상대국의 오퍼곡선이 비탄력적이고 교역상대국이 자국의 무역제한에 대하여 보복하지 않는다면, 관세를 부과함으로써 후생수준을 증대시킬 수 있다. 이에 대하여 동의하는가, 아니면 그렇지 않은가? 그 이유는?

제11장

비관세장벽

개요

비관세장벽은 국제무역을 직접 또는 간접적으로 제한하는 관세 이외의 모든 조치를 포함한다. 비관세장벽은 무역을 제한하는 것을 목적으로 하는 것 외에 다른 목적을 달성하기 위한 것도 있으며, 이는 최근에 신보호무역주의의 중요한 수단의 하나로 사용되고 있다.

제1절에서는 비관세장벽의 종류를 살펴보고, 제2절에서는 수입수량할당제도에 대한 분석과 더불어 수량할당의 교역조건 효과를 검토하고 관세와 수량할당을 비교한다. 제3절에서는 수량할당과 같은 효과를 갖는 것으로서 수입경쟁산업을 보호하기 위한 탄력관세를 분석한다. 제4절에서는 수출보조금과 상계관세를 분석한다. 제5절에서는 동일한 재화의 가격이 국내와 국외에서 서로 다른 경우의 덤핑(dumping)을 분석한다. 제6절에서는 시장, 가격, 수량 등에 대하여 경쟁을 제한하기로 합의하는 국제카르텔을 살펴보고, 제7절에서는 수입국의 수입제한조치를 사전에 방지하는 것을 목적으로 수출국 스스로 수출수량을 제한하는 수출자율규제를 분석한다. 제8절에서는 수입재에 대한 투입요소의 일정 부분이 국내에서 수입국 내의 부품으로 이루어져야 한다는 수입품의 국내부품 사용규제를 검토한다.

중요 용어

· 비관세장벽
· 신보호주의
· 국제카르텔
· 회색규제조치
· 수입수량할당
· 산발적 덤핑
· 수출자율규제(VER)
· 지속적 덤핑
· 약탈적 덤핑
· 시장질서유지협정
· 반덤핑관세
· 반덤핑코드
· 공동농업정책
· 수입품의 국내부품 사용규제
· 탄력관세
· 관세와 수량할당의 동일성
· 세이프가드
· 수출보조금과 상계관세
· 부품 외부발주 현상(out-sourcing)

관세를 사용하지 않고 외국과의 무역을 제한하는 데에는 여러 가지 방법이 있다. 비관세장벽(nontariff trade barriers)은 국제무역을 직접 또는 간접적으로 제한하는 관세 이외의 모든 조치를 가리키고 있으나 아직 국제적으로 합의된 명확한 정의는 없다.

비관세장벽은 외국의 수출업자나 국내의 수입업자에게 비용을 증가시키거나 수입허가량의 양적인 제한, 또는 높은 위험을 부담시킴으로써 국내의 수입가격을 인상시켜 수입량을 줄이려는 목적으로 실시되는 관세 이외의 모든 무역규제조치를 말하는데, 보조금 지급 및 특혜금융 등 수출 측면에서의 무역왜곡조치도 포함된다. 이러한 관세 이외의 무역규제조치에는 그 주체가 중앙정부, 지방정부 또는 민간단체 중 누구인지를 불문하고 무역규제가 GATT 규정, 국제협정 또는 2국 간 조약에서 인정되고 있느냐의 여부에도 관계없이 무역을 제한하는 정책적인 목적을 내포하고 있는 것은 모두 포함된다.

비관세장벽은 그 형태와 성격이 복잡하고 그 운용 면에서도 자의적인 요소가 강하나, 일반적으로 무역을 직접 제한하는 것을 목적으로 하는 비관세장벽과 간접적으로 무역을 제한하여 목적을 달성하기 위한 장벽이 있다. 전자는 수입수량제한(import quota), 수입과징금, 가격규제조치 등 직접적으로 무역제한 효과를 갖는 것으로 그 성질상 규제대상이 차별적이며 최근에는 GATT 규정상 근거가 모호한 수출자율규제협정(voluntary exports restraints: VER), 시장질서유지협정(orderly marketing agreement: OMA) 등 회색규제조치(grey area measures)가 크게 성행하고 있다. 그리고 후자의 간접적인 무역제한 효과를 갖는 비관세장벽으로는 통관절차, 각종 검사기준, 내국세제도, 정부조달 등을 들 수 있으며 규제대상이 무차별하다.

이와 같은 비관세장벽은 1970년대 이후 대두하기 시작한 신보호무역주의를 특징지우는 가장 중요한 수단으로 사용되고 있다. 또한 1980년대 들어 세계무역에서 비관세장벽의 적용을 받는 품목수와 그 비중이 날로 증가하는 추세를 보이고 있어 전후 GATT를 중심으로 한 국제무역질서가 무역자유화라는 면에서 후퇴하게 하는 원인이 되고 있다.

1 비관세장벽의 종류

범세계적인 무역자유화 분위기 속에서 미국은 GATT 창설 이래 6차 무역협상에 해당하는 케네디 라운드(Kennedy Round)를 주도적 입장에서 성공시킴으로써 선진국들의 관세는 평균적으로 약 35%가 인하되어 세계무역 자유화에 크게 기여하였다. 특히, 케네디 라운드의 협상결과 선진공업국들의 평균관세율 수준은 10% 내외가 되어 대부분의 품목에서 관세가 산업보호적인 기능을 상실하게 되었다. 또한 일반특혜관세제도(general system of preference: GSP)의 실시로 관세의 수입규제 기능이 약화되고 보호무역주의가 대두하자 선진국들은 국내산업을 보호하기 위하여 비관세장벽을 강화하는 방법을 사용하고 있다.

비관세장벽은 그 종류가 다양할 뿐만 아니라 불확실성 및 사전계획의 불가능으로 인하여 그 효력을 예측할 수 없으며, 양국 간 또는 다국 간 무역협상에서 이를 취급하기 어렵게 되어 있다. 하지만 실질적으로 비관세장벽은 수출입 물량 자체를 근원적으로 통제할 수 있는데, 수입업자에게 수입부대비용을 증가시켜 국내의 수입가격을 인상시킴으로써 수입량을 감소시키거나, 수출업자에게는 수출보조금 또는 특혜적 금융 등을 제공하여 수출을 촉진시키는 역할을 한다.

이러한 비관세장벽은 수량제한, 수출자율규제 등과 같이 직접적인 수출입물량을 통제하는 경우와 수출보조금, 수출신용제도 등 수출을 장려하는 경우, 그리고 품질규제, 원산지 기준 및 정부구매 규제 등과 같은 기술적·행정적 규제 측면의 비관세장벽으로 구분하여 살펴볼 수 있다.

1.1. 수출입 제한적 비관세장벽

(1) 수입금지

수입금지(import prohibition)란 경제적·비경제적 이유로 인하여 특정 상품에 대한 수입을 금지시키는 극단적인 수입억제조치를 말하며, 관세나 수입할당제만으로 수입억제 효과를 충분히 달성하지 못할 경우에 실시된다. 경제적 이유로는 국제수지가 극도로 악화되었을 때 사치품이나 필요하지 않은 품목에 한하여 일시적으로 수입을 금지시킬 수 있으며, 비경제적 이유로는 주로 국방 및 치안, 보건적 위생 및 소유권보호 등이 있다. 수입금지에는 전면금지와 조건부 금지가 있는데, 조건부 금지에는 특정 품목을 일정 용도로 수입하는 것을 금지하거나 일정 구매자 이외에는 수입을 금지하거나 원산지별로 금지하는 것 등이 있다.

(2) 수입할당제

수입할당제(import quota system)는 1931년 프랑스가 긴급명령에 의하여 대맥, 주류, 목재에 대해 최초로 실시한 것으로, 특정 상품에 대하여 일정 기간 동안(보통 1년) 외국으로부터 상품의 수입을 정해진 수량 또는 금액만큼만 수입될 수 있도록 하는 수입을 제한하는 조치이다. 수량을 기준으로 할 경우 정책당국이 어떤 상품의 수입총량을 미리 정하여 놓고 그 범위 내에서만 수입을 허용하며, 금액을 기준으로 할 경우 수입총액을 정해 놓고 그 범위 안에서만 수입을 허용한다. 이러한 수입할당량이 채워지기 전까지는 자유무역을 허용하지만 할당량이 채워지면 수입은 완전히 금지된다.

수입할당제는 수량상 그리고 금액상 일정 범위 이내로 수입을 제한하기 때문에 수입을 억제하는 효과가 크며, 수입억제를 통해 국제수지 개선, 국내산업 보호, 교역조건 개선 등의 무역정책을 달성하기 위해 사용한다. 수입할당량을 분배하는 방식으로는 선착순 배분방법, 경매방식, 정부의 행정지침에 의한 배분방법 그리고 비가격경쟁방법 등이 있다.

(3) 수출자율규제

수출자율규제(voluntary export restraints: VER)란 무역마찰을 피하기 위하

여 수출업자가 자율적으로 수출물량을 제한하는 제도로, 이는 한 나라의 특정 상품수출이 수입국가의 동종 산업의 존속에 위협이 될 경우 수입국이 수출국 또는 수출국그룹에 대해 스스로 수출량을 일정량 이내로 자제하도록 유도하는 제도이다. 수출자율규제는 형식적으로는 수출국에서 규제를 하는 것이지만 실질적으로는 수입국의 수입규제정책이다. 왜냐하면, 먼저 수입국에서 수출국에 대해 수출규제를 요청하고 협상에 의해 수출규제의 기간과 수량 등이 결정되므로 수입국에서 수입을 제한하는 것과 같은 효과를 나타내기 때문이다. 만약 수출국이 자발적으로 수출규제를 하지 않는다면 수입국 스스로가 보복이나 수입할당을 배정하지 않는 등의 수입규제를 할 것이므로 수출국도 협상에 응하는 것이다. 수출자율규제는 1950년 이후 미국 정부가 일본의 대미 섬유수출을 줄이기 위해 실시하였으며, 최근에는 우리나라를 비롯한 대만, 홍콩 그리고 싱가포르 등으로부터 철강, 신발, 기타 수출상품을 규제하기 위해 사용하고 있다.

한편, 수입국의 시장교란을 예방하기 위하여 양국 간의 협정에 따라 일부 상품의 수출을 자율적으로 규제하는 유사 무역정책 수단으로 시장질서협정(orderly marketing agreement: OMA)이 있다. 이는 수출자율규제와 마찬가지로 양국 간 협정에 따라 규정된 일정한 수출량의 범위 내로 수출을 자율적으로 규제하는 조치를 의미하는데, 만약 수출국이 이 할당량을 초과하여 수출하는 경우 수입국측의 수입할당제의 적용을 받는다.

(4) 수입예치금제

수입예치금제란 수입업자가 외국상품을 수입하는 경우에 수입대금의 전부 또는 일부를 사전에 관계금융기관에 예치하도록 하는 제도로서 수입담보금제 또는 수입적립금제라고도 한다. 이 제도하에서는 수입업자에게 미리 수입예치금을 납부하도록 하여 수입업자가 자금상의 압박 및 금리의 부담에 의해 수입을 억제하도록 할 수 있다. 수입예치금제는 주로 투기성의 수입과 불필요한 품목 및 사치성 품목의 수입을 억제하기 위하여 실시된다.

(5) 수입과징금

수입과징금(import surtax)이란 수입억제, 국내산업 보호, 국제수지 개선

등 대내외 경제정책의 목표를 달성하기 위하여 수입품에 부과되는 일종의 조세를 말한다. 수입품에 수입과징금을 부과하는 가장 중요한 목적은 수입과징금 부과에 의해 수입품의 가격인상에 따른 수입량 감소에 있다. 수입과징금의 수입억제 효과는 수입수요의 가격탄력성에 크게 의존하므로 국내공급 잠재력, 수입대체성이 클수록 수입억제 효과는 크게 나타난다. 또한 수입품 중에도 수요의 가격탄력성이 높은 사치품이 수요의 가격탄력성이 낮은 필수품에 비해 수입억제 효과가 크다. 수입억제 효과는 수입수요의 가격탄력성 이외에 당해 산업의 경쟁상태, 외국 수출입업자의 반응 등과 같은 요인들에 의해 영향을 받는다. 하지만 수입과징금은 수입을 억제시킴으로써 국내물가를 상승시켜 국내산업의 수출경쟁력을 약화시키는 등의 부작용이 발생할 수도 있다.

1.2. 수출장려적 비관세장벽

(1) 수출보조금

수출보조금(export subsidy)이란 국가 또는 공공단체가 특정 상품을 저렴한 가격으로 수출할 수 있게 하거나 수출을 증진시키기 위해 직접 또는 간접적으로 수출산업이나 수출업자에게 제공하는 여러 형태의 보조적 성격을 갖는 재정적 지원으로, 수출장려정책의 하나로 이용되고 있다. 수출산업이나 수출업자가 재정적 지원, 즉 보조금을 받게 된다면 수출상품의 생산비가 인하되어 국제경쟁력이 강화되므로 수출을 증진시킬 수 있는 것이다.

수출보조금의 효과는 수출상품마다 다르게 나타나는데, 예를 들어 가격탄력성이 높은 상품이나 수출경쟁이 심한 상품의 경우 그렇지 않은 상품에 비해 보조금의 효과가 크게 나타난다. 그러나 수출보조금은 수입국으로 하여금 상계관세의 부과 등과 같은 보복조치를 초래하여 자유무역을 크게 저해할 우려가 있기 때문에 WTO는 수출보조금의 지급을 금지하고 있다.

(2) 수출신용제도

수출신용제도(export credit system)란 금융기관이 수출증대를 위해 수출업자나 수출품 생산자에게 대부나 재할인 등과 같은 금융적 지원 또는 신용보증 등과 같은 공증행위를 제공하는 것을 말한다. 이와 같은 수출신용제도는 수출업자나 수출품 생산자의 자금난을 완화시켜 주며, 또한 저금리로 생산비용의 절감을 통한 국제경쟁력을 제고시켜 수출을 증진시킬 수 있다.

수출신용제도는 수출보조금과는 달리 교역상대국의 관세상 보복 등을 유발시키지 않으면서 수출을 증대시킬 수 있는 장점이 있어, 거의 모든 국가들은 수출확대정책의 중요한 수단으로 수출신용제도를 이용하고 있다.

(3) 수출신용보험제도

수출신용보험제도(export credit insurance system)란 수출의 증대를 위해 지불불능, 채무불이행, 외환통제와 같은 전통적인 무역상의 위험과 전쟁 및 내란과 같은 정치적인 위험 등과 같이 일반적인 보험으로 해결할 수 없는 수출상의 위험을 커버하고 수출업자와 수출업자의 융자은행에 대해 손실을 보상하는 제도이다. 이 제도는 상품의 인도시기로부터 대금결제까지의 기간 동안 발생할 수 있는 우발적이고 불가항력적인 사태에 대해 보상을 통한 수출신용을 보증해 주기 때문에 수출장려정책의 수단으로 이용되고 있다.

1.3. 기술적 · 행정적 측면 및 기타 비관세장벽

(1) 수입절차상의 제한

수입절차상의 제한은 수입허가와 통관절차로 나눌 수 있다. 우선 수입허가(승인)에는 비자동수입승인과 자동수입승인이 있다. 비자동수입승인에는 허가권자의 재량에 따라 허가가 부여되는 선별적 승인과 일정한 조건이 부과되는 조건부 수입승인이 있다. 조건부 승인을 받기 위해서는 수입업자가 일정한 수출성과를 가져야 하는 수출조건부 수입승인, 국내생산품의 일정 비율을 구입하여야 하는 공급조건부 수입승인, 국내원자재 조건부 수입승인, 해외자본조달 조건부 수입승인 등이 있다. 자동수입승인은 일정 규정이 충족되면 수입허가가 자동적으로 부여되는 것이다.

통관절차상의 제한으로는 통관시 제한과 관세평가가 있다. 통관시 제한은 통관항구나 공항을 지정하거나 통관과정에서의 불필요한 지연을 하는 것이며, 관세평가는 송장의 가격이나 거래가격을 인정하지 않고 임의로 관세부과의 기준을 정하는 것이다.

(2) 가격통제

가격통제의 수단으로는 가격조사, 최저가격제 및 가격감시제 등이 있다. 가격조사는 덤핑이나 정부보조금에 의한 불공정가격 여부를 조사하는 것으로 국내산업의 피해입증과 병행되는데, 이것에는 반덤핑조사와 상계관세조사가 있다. 최저가격제도는 목표가격을 설정하여 수입품 가격이 그 목표가격보다 낮은 경우에 가격조사를 실시하여 부과금을 부과하는 제도로서 수입부과금에는 수입관세, 신고가격에 의한 부과금 및 법정가격에 따른 부과금 등이 있다.

(3) 표준 및 품질규제에 의한 제한

표준 및 품질에 의한 제한은 보건·위생 및 안전규정, 포장 및 용기규정, 환경규제 그리고 제조 및 함량규정 등이 있어 이를 어떤 의미에서 기술장벽이라고도 할 수 있다. 이는 외국수입품에 대해서 국내에서 생산되는 것과 동일한 기준을 요구함으로써 상대적으로 수입품을 차별하는 비관세장벽이 될 수 있다. 이것에는 전문적 기술사항이 개입되어 있어서 무역장벽 여부를 판별하기가 어려우며, 또한 이러한 조치에는 동식물의 건강 및 안전이나 국가안보에 관한 사항이 많다. 특히, 품질규제의 경우 강제적 준수의무를 지니며 제품의 특성 또는 관련공정 및 생산방법을 나타내는 것으로서, 이를 적용하는 행정조치를 포함하는 것으로 정의된다.

(4) 원산지 규정

원산지 규정은 특정 지역에서 생산된 부가가치가 일정 수준이 되어야 그 지역에서 수입된 것으로 인정하는 제도이다. 원산지는 상품의 국적을 말하는데, 이는 무역통계의 기본 자료일 뿐만 아니라 소비자의 상품판단 정보로 사용되며 더욱이 정부의 관세부과 기준이 되기 때문에 매우 중요하다.

(5) 국내생산분 포함 규정

국내생산분 포함 규정은 수입품이 생산과정에서 국내생산분(국내 원자재 및 부품)을 일정량 이상 포함하고 있어야 한다는 것이다. 예를 들어, 미국이 수입하는 외국자동차는 일정 부가가치에 해당하는 미국산 부품을 사용하도록 규제하고 있는 것을 살펴볼 수 있다.

(6) 정부조달 규제

정부조달과 관련된 선진국의 무역장벽은 크게 두 가지 종류로 분류된다. 첫 번째 종류는 정부조달은 상업적인 일반 거래와는 달리 비상업적인 특수구매라는 점을 들어 내국민대우 조항에서 제외시킴으로써 많은 선진국들이 정부조달협정에 가입하지 않은 국가들에 대해서 제도적이고 공개적으로 차별대우를 하는 것이다. 예를 들면, 외국업자에게는 입찰가격을 부여하지 않거나 입찰이 가능한 경우라도 입찰조건을 불리하게 하는 등 외국공급자에 대하여 차별을 두는 것이다. 두 번째 종류는 정부조달협정 범위 안에서 자국의 조달제도를 운영하되 정부조달협정문 자체에 불완전성과 문제점이 있음을 이용하여 자국산업 및 특정 기업에 특혜를 주는 것이다.

이 밖에도 상표표지규제, 동식물검역규제, 환율 및 외환규제 그리고 내국법에 의한 규제 등이 있으며, 유엔무역개발회의(UNCTAD)가 분류하고 있는 비관세 무역규제조치(non-tariff trade control measures)는 이 장의 부록에 예시되어 있다.

2 수입수량할당제도

비관세장벽의 가장 일반적인 형태는 수입수량할당(import quota)제도로

표 11-1 | 주요 산업국의 수입할당의 수

국 가	수입할당의 수	농업생산물	공업생산물	일본에 대한 차별적인 수입제한
미 국	7	1	6	–
캐나다	5	4	1	–
영 국	3	1	2	–
프랑스	46	19	27	22
서 독	4	3	1	3
이탈리아	8	3	5	36
베네룩스	5	2	3	9
일 본	27	22	5	–

자료: Beth V. Yarbrough and Robert M. Yarbroug(1989), p. 217.

서 정부가 일정한 기간 동안 수입되는 물량에 대하여 직접적으로 규제를 하는 것이다. 다른 방법으로 정부가 법적으로 제한된 수의 수입허가권을 발행하여 정부의 허가가 없는 수입을 금지하는 방법이 있다. 허가받은 수입량이 수입할당 없이 수입하고자 하는 양보다 더 적은 경우에 수량할당은 수입량을 감소시킬 뿐만 아니라 재화의 국내가격을 수입허가권자가 재화를 해외에서 구입하는 세계가격 이상으로 인상시키는 효과를 갖는다. 이 점에서 이 제도는 수입관세와 유사하다.

정부가 수입을 제한하는 방법으로 관세보다 오히려 수량할당제도를 사용하는 이유는, 외국과의 경쟁이 극심할 때 이것을 수입지출의 증가에 대응하는 수단으로 사용하기 때문이다. 제2차 세계대전 이후에 대부분의 국가들은 경쟁력이 약화됨에 따라 국제수지를 개선하기 위하여 수량할당제도를 채택하였다. 즉, 수입량을 엄격하게 규제할 필요성이 있는 경우에 수입수량할당제도를 이용한다. 부분적으로는 수량할당제가 정부관리들에게 더 큰 권한을 주기 때문에 채택되기도 한다.

[표 11-1]은 1980년대 후반 주요 산업국가들이 행하고 있는 수입할당의 수인데, 농업부문에 할당이 집중되어 있음을 나타내고 있다.

수입수량할당에 따른 효과에 대한 부분균형적 분석은 관세와 유사하다. [그림 11-1]에서 D^d와 S^d는 수입수량할당의 부과를 고려하고 있는 국가의 수입재인 Y재의 국내수요와 공급을 나타내고 있다. Y재의 세계공급곡선은 분석의 단순화를 위하여 생략한다. 자유무역시의 균형은 점 C라

그림 11-1 | 수입수량할당에 의한 경제효과 분석

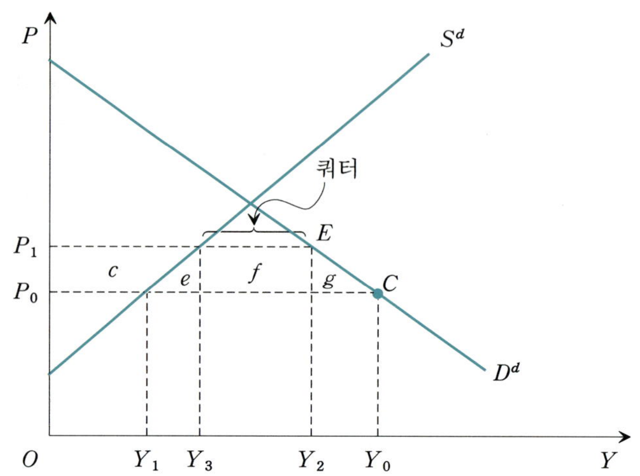

가정한다. 국내와 세계시장에서 이 재화의 가격은 P_0이다. 소비자들은 Y재의 Y_0단위를 소비하고, 이 가운데 Y_1단위는 국내에서 생산되며 (Y_0-Y_1)단위는 수입된다.

상대적으로 가격이 낮은 해외로부터의 재화수입은 국내생산자들의 판매량을 Y_1으로 제한하는 결과를 가져오게 된다. 그런데 해외경쟁으로부터 국내산업을 보호하는 한 방법은 수입재에 대한 수입할당을 부과하는 것이다.

할당량을 수입가격이 국내판매가격보다 낮은 경우 수입되는 가격수준에서 국내생산자의 공급에 대한 초과수요로 정의한다면 국내의 수요·공급이 균형을 이루는 점까지 수량을 통한 통제로 쿼터량은 감소한다. 수량할당이 있는 경우에 균형은 〔그림 11-1〕에서 E로 나타난다. Y재의 국내가격은 P_1에서 결정되고 국내에서 생산된 양(Y_3)과 할당하에서의 수입량 (Y_2-Y_3)의 합은 국내소비자들의 수요량(Y_2)과 같다. 이 경우 P_1은 국내생산자의 수평적 한계비용곡선이며, P_0는 외국생산자의 수평적 한계비용곡선이다. 따라서 수입할당량은 Y_3Y_2로 표시된다.

수입수량할당의 부과에 따른 소비자잉여의 상실은 수입관세의 경우와 같이 $c+e+f+g$ 영역으로 표시된다. 영역 c, e, f, g는 관세에 대한 분석에서와 같은 개념으로 해석될 수 있다. 영역 c는 국내소비자들로부터 수량할당에 따라 더 높은 가격으로 그들 제품을 더 많이 판매할 수 있게 된 국내생산자들에게 이전된 것이다. 소비자들은 실제로 Y재에 대하여 더 높은 가격수준의 형태인 c로 표시된 양을 초과하여 지불한다(P_0보다 P_1이다). 삼각형 e는 생산에 있어서 사중적 후생손실을 나타낸다. 수량할당으로 인해 (Y_3-Y_1)단위의 Y재가 수입되는 대신에 오히려 국내에서 생산된다. 그렇지만 각 단위는 자유무역하에서 수입되는 것보다는 국내에서 생산되는 것이 더 높은 비용이 든다. 삼각형 g는 비효율적인 소비에 따른 사중적 손실이다. 수량할당은 Y재의 국내소비를 Y_0에서 Y_2로 감소시키며, 감소된 소비의 각 단위에 대하여 수요곡선의 높이로 표시된 사회적 한계효용은 P_0로 표시된 재화를 수입하는 사회적 한계비용을 초과한다. 그러므로 수량할당에 따른 소비의 감소는 비효율적이다.

영역 f는 수량할당에 따른 정부수입의 형태를 나타낸다. 수량할당(Y_2-Y_3)하에서 수입된 Y재의 각 단위에 대하여 소비자들은 더 높은 가격을 지불한다. 그러나 여기서 얻어진 수입은 누구에게 돌아가는가? 관세부과시 관세수입은 관세를 부과하는 정부에 귀속된다. 그렇지만 수량할당시의 수입은 상대적인 교섭력과 수량할당을 관리하는 제도적 요인에 따라 여러 그룹으로 귀속된다. 그러므로 이 수입은 수입업자 또는 수출업자, 외국의 생산자 또는 수량할당을 부과하는 정부로 귀속되며 또한 사중적 손실이 되기도 한다. 만일 수입업자들이 P_0의 가격으로 세계시장에서 Y재 (Y_2-Y_3)단위를 구입할 교섭력을 갖고 이들을 국내에서 P_1에 판매한다면 이 수입은 수입업자들에게 귀속된다. 그런데 이것은 수입업자들이 어느 정도의 독점력을 갖고 있을 때에만 발생한다. 만일 수입이 경쟁산업이라면 수입업자들은 Y재를 구입할 권한에 대하여 서로 경쟁하려 할 것이므로 생산자들 또는 수출업자들이 부과하는 가격은 P_0 이상으로 상승한다. 이 경우에 Y재의 생산·판매자 또는 수출업자들이 [그림 11-1]에서 영역 f로 표시된 수량할당수입의 일부를 얻게 된다.

수입할당의 관리는 생각과 같이 단순하지 않다. 정부는 Y재의 (Y_2-Y_3)단위 이상은 수입되지 않을 것이라고 발표한다. 제한을 강화하기 위하여 정부는 Y재 몇 단위가 이 국가에 들어오고, 경쟁하는 수입업자들 사이에 허가된 수입을 어떻게 배분할 것인가를 계속해서 유지할 제도적 장치를 갖고 있어야 한다. 또한 정부는 수입허가를 경매할 수도 있다. 이와 같은 체제하에서 수량할당의 수입은 정부로 귀속된다. 수입업자는 Y재 한 단위를 수입하기 위한 허가권에 대하여 (P_1-P_0)을 지불해야 한다. 따라서 정부가 수입허가권을 판매할 수 있는 총량은 사각형 f의 영역과 같다.

또 하나의 가능성으로는 영역 f가 추가적인 사중적 손실, 즉 수입이 아무에게도 귀속되지 않을 수 있다. 예를 들면, 정부는 수입허가권을 판매하지 않지만 먼저 온 사람들에게 먼저 공급하는 방식으로 한다고 하자. 수입업자들은 허가권을 얻기 위하여 로비를 하거나 이것을 얻기 위하여 여러 시간 동안 줄을 서서 기다린다. Y재 한 단위를 수입하기 위한 허가의 가치는 (P_1-P_0)이기 때문에 수입업자들은 허가를 얻으려는 양과 같은 자원을 사용하려고 할 것이다. 로비를 하거나 줄을 서서 기다리며 기꺼이 소비하려 하는 총자원은 영역 f와 같다. 수량할당 수입허가를 얻기 위하여 경쟁하는 과정에서 모두 사용되며 사회 전체의 관점에서 사중적 손실을 나타낸다.

수입배분의 경우를 제외하고 수량할당의 효과는 관세와 동일하다. 그럼에도 불구하고 수량할당이 동일한 관세보다도 더 큰 후생의 손실을 가져오게 된다. 다음 절에서는 이 점에 대해 자세히 검토한다.

2.1. 수량할당의 교역조건에 대한 효과

수량할당은 관세와 같이 교역상대국들과의 무역에서 교역조건을 개선시키는 데 이용될 수 있다. 그러나 그 메커니즘의 효과는 [그림 11-2]에서 나타난 것과 같이 아주 다르다.

자유무역하에서 자국과 외국에 대한 오퍼곡선은 각각 OH와 OF이다. 자유무역하에서의 교역조건은 선분 OT의 기울기이며 자국은 Y재 500단위를 수입하기 위하여 X재 500단위를 수출한다. 자국은 Y재 수입에 대하여 250단위의 수량할당을 부과한다고 하자. 자국의 Y재 수입은 이 양을 초과할 수 없으므로, 자국에서 수량할당으로 왜곡된 오퍼곡선은 OSD이며 점 U에서 외국의 오퍼곡선 OF와 교차한다. 이때 새로운 교역조건은 OT'이다.

자국의 입장에서 교역조건은 자유무역하에서의 교역조건보다 실질적

그림 11-2 | 수량할당의 교역조건에 대한 효과

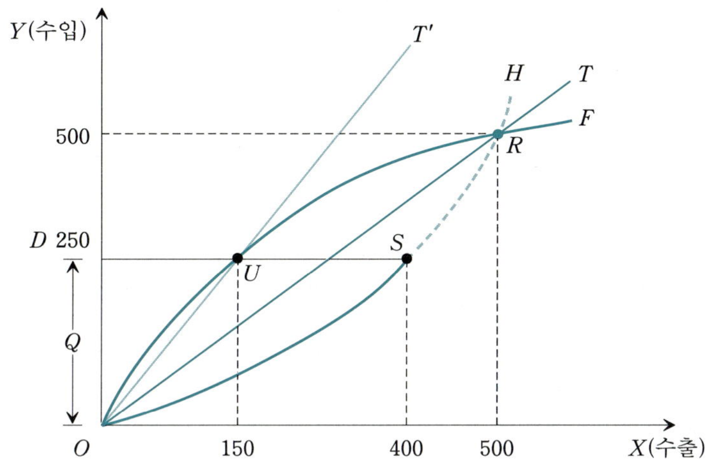

으로 개선된다. 즉, 자국의 무차별곡선 형태에 따라 경제적 후생이 개선될 수 있다.

*X*재와 교환하는 데 수량할당이 정부가 발행한 수입허가권의 체제를 통해서 관리되고 있다고 가정하자. 처음에 발생한 이익은 예산의 흑자를 통하여 정부에 귀속될 것이다. 그러나 이 흑자는 공공의 편익을 위한 지출 또는 조세감면을 통해 국민소득을 증가시키는 데 사용될 것이다. 반면에 허가권이 먼저 온 사람이 먼저 공급받는 방식으로 배급된다면 후생의 이익은 혜택을 받은 수입업자들에게 집중될 것이다.

그렇지만 외국수출업자들 간에 독점적인 담합이 있는 반면에 국내수입업자들은 서로 완전 경쟁상태에 있다면, 추가된 소득은 외국의 수출업자들에게 귀속되고 이 국가의 교역조건은 악화된다. 그러나 이것은 완전 경쟁을 가정한 오퍼곡선으로 나타낼 수 없다. 만일 수출업자들이 완전 경쟁이고 수입업자들 간에 독점적인 담합이 있다면 그 역도 성립한다. 그런데 수입업자들과 수출업자들 간에 경쟁이 존재한다면 수량할당으로 초래된 수입의 배분은 양측의 정확한 교섭력이 알려져 있지 않는 한 정확히 파악될 수 없다.

수량할당의 부과를 통해서 교역조건이 개선되는 것은 외국의 오퍼곡선 형태에 의존하며, 만일 보복이 있다면 보복의 강도에 달려 있다. 이 점에서 수량할당의 교역조건에 대한 효과는 관세와 유사하다.

2.2. 관세와 수량할당의 비교

수입관세와 수입수량할당의 효과 사이에는 여러 가지 차이가 있다. 관세로 인한 이익은 관세를 부과하는 정부에 귀속되지만 수량할당의 수혜자가 누구인지는 명확하지 않다. 두 정책의 효과를 평가하는 데 있어서 여러 가지 차이점이 있다.

보호를 필요로 하는 산업에서 국내기업들은 다른 형태의 제한들보다 수량할당정책을 선호한다. 즉, 주어진 수량할당이 국내산업 보호효과가 있는 경우에 변화하는 시장조건에 관계없이 수입량은 허가된 양을 초과하지 않기 때문이다. 비록 국내산업의 비교열위가 더 크게 나타난다고 할지라도 소비자들에 의한 수입재로의 전환은 수량할당으로 인해 제한된다. 그러나 수량할당정책은 국내가격을 인상시킴으로써 그 재화의 총수요량을 감소시킨다. 그렇지만 수량할당정책은 수입재의 시장점유율을 빼앗으므로 국내산업을 보호한다.

수량할당정책으로 얻게 되는 보호의 정도에 대한 견해는 시장형태에 따라 각기 다르다. 국내산업들이 외국기업들과의 경쟁으로부터 보호를 추구하는 이유는 국내시장에서 독점력을 행사함으로써 이익을 얻으려는 것으로 보인다. 만일 이와 같은 전략을 구사하는 산업이 수입관세의 형태로 보호이익을 얻는다고 가정하자. 이 산업 내의 기업들은 가격을 인상시킬 수 있지만 이들이 가격을 너무 많이 인상시킨다면 소비자들은 관세를 지불하더라도 수입재로 전환하려 할 것이다. 특히, 국내기업들이 세계가격에 관세를 더한 것을 초과하는 가격을 부과한다면 소비자들은 국내기업들의 제품을 소비하려 하지 않으므로 독점의 시도는 실패할 것이다. 그런데 산업의 보호가 수량제한의 형태라면 외국기업과의 경쟁을 제한함으로써 시장을 독점하려는 시도는 성공할 수 있다. 수량할당하에서 국내의 소비자들은 수입재로 전환하려는 선택권을 갖고 있지 않다. 만일 국내기업들이 독점력을 이용하여 가격을 인상하려고 한다면 소비자들의 유일한 선택은 더 높은 가격을 지불하거나 그 재화의 소비를 줄이는 것이다. 산업의 성공적인 독점은 그 경제의 효율성을 감소시키기 때문에 독점을 촉진시키는 수량할당은 관세보다도 경제에 더 위험하다.

이익을 누가 얻는가의 문제는 접어 두고 관세가 부과된 경우에는 어느 시점에서 가격, 소비 및 무역에 관세와 같은 효과를 갖는 수량할당을 정의할 수 있다. 같은 방법으로 수량할당의 부과가 주어진 경우에 수입할당과 같은 효과를 갖는 관세를 부과할 수 있다. 이것을 관세와 수량할당의 동일성(equivalence of tariffs and quotas)이라고 한다. 그렇지만 시장조건이 변화함에 따라 관세와 수량할당의 효과는 동일하지 않다. 이것은 대국의 경우 〔그림 11-3〕에 더 명확하게 예시되어 있다. 그림 (a)는 관세제도하에서 Y재의 국내수요가 증가한 경우를 분석하고 있고, 그림 (b)는 수량할당제도하에서 수요증가의 효과를 검토하고 있다. 관세와 수량할당은 처음의 수요수준(D^d)이 주어진 경우에 Y_0단위는 두 체제하에서 소비되고, Y_1단위는 국내에서 생산되며, (Y_0-Y_1)단위는 P_0가격에서 수입되도록 정의한다.

〔그림 11-3〕의 (a)에서 $D^{d'}$로 수요가 증가함에 따라 Y재 소비량은 Y_2로 증가하며, 이 가운데 Y_3단위는 관세제도하에서 국내에서 생산된다. 국내생산은 국내소비보다 더 적게 증가하고 소비증가의 일부분은 수입증가로 나타난다. 관세는 소비자들이 국내에서 생산하거나 세계가격에 관세를

그림 11-3 | 관세와 수량할당제도에서의 수요증가 비교

(a) 수입관세

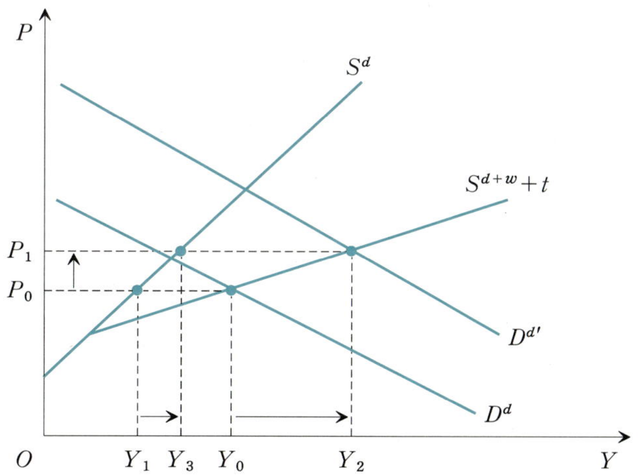

(b) 수입수량할당

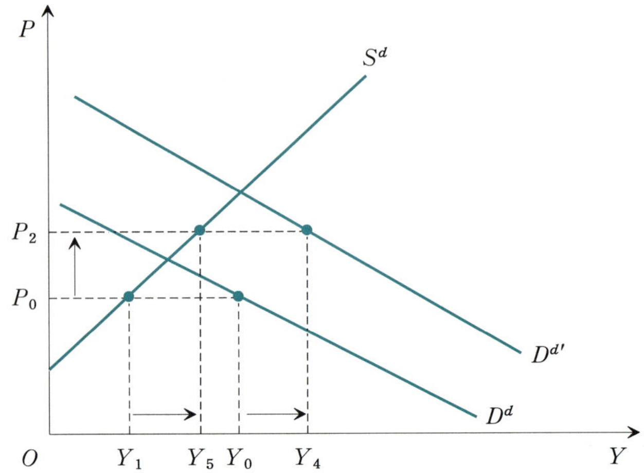

더한 것과 같은 가격으로 수입하게 함으로써 수입을 증가시킨다.

［그림 11-3］의 (b)에서 같은 양의 수요증가는 수량할당제하에서 Y재 소비를 Y_4로, 국내생산을 Y_5로 증가시킨다. 그런데 수입의 증가가 금지되어 있기 때문에 국내생산의 증가는 정확히 소비의 증가와 일치한다. 국내생산의 증가는 비효율적(증가된 수입보다 비용이 더 많이 든다)이기 때문에 Y재의 국내가격은 관세부과시의 가격(P_1)보다 수량할당제하의 가격(P_2)이 더 많이 상승한다. 따라서 수량할당은 국내소비자들이 어떠한 가격에서 지불하려고 하든지 추가적인 수입을 금지시킨다.

현실적으로 수량할당은 관세보다 관리하기가 더 어렵다. 그리고 수량할당을 부과하는 데 있어서 국가는 범세계적으로 정하는 경우의 수량할당(국가에 관계없이 재화의 수입총량을 제한하는 것, global quota), 국가를 지정한 수량할당(특정한 국가로부터의 수입량을 제한하는 것, country-specific quota) 등으로 구분할 수 있다.

3 탄력관세제도

수량제한과 같은 효과를 갖는 것으로서 수입경쟁산업을 보호하기 위한 탄력관세(variable levies: VL)가 있다. 탄력관세를 분석하기 위하여 [그림 11-4]를 살펴보자. 정부가 농부에게 생산물 단위당 80원의 가격을 보장하여 주고자 한다고 가정하자. 수입업자가 70원과 같은 더 낮은 세계시장가격에서 농산물을 자유롭게 들여올 수 있다면 이 가격은 유지될 수 없다. 따라서 정부는 농부들이 200단위를 생산하고 수입이 200단위로 제한되는 것을 보장하도록 수입관세를 부과하려 할 것이다. 그러나 세계의 시장가격이 60원으로 하락한다면 이 충격이 국내농업부문으로 전파되는 것을 방지하는 가격과 수입을 충격 이전의 수준으로 유지하기 위하여 탄력관세(VL)를 10원에서 20원으로 인상시킨다. 같은 방법으로 기후로 인한 농업의 흉

그림 11-4 | 탄력관세

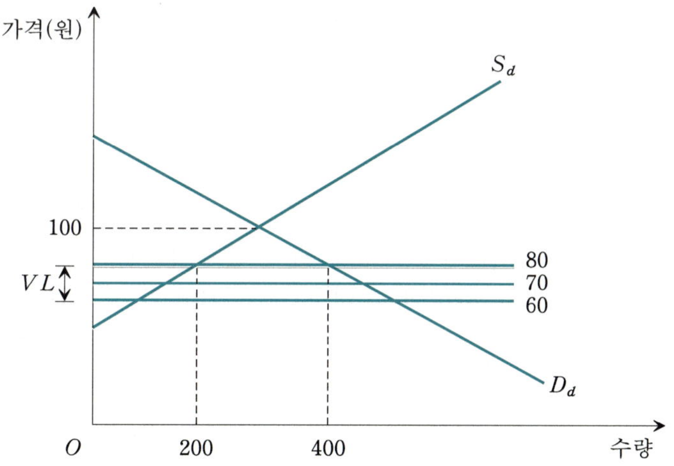

작이 발생한다면(S_d가 왼쪽으로 이동한다) 소비자들이 직면하는 가격이 80원 이상으로 상승하지 않도록 탄력관세는 조정될 수 있다.

탄력관세는 국내목표가격을 유지하기 위하여 이 목표가격과 외국시장가격의 차액에 대하여 부과하는 관세이다. 탄력관세의 대표적인 실례로 공동농업정책(common agricultural policy: CAP)의 일부로서 유럽연합(EU)이 부과하는 것을 들 수 있다. 이 관세는 세계시장가격의 변동에 관계없이 농산물 수입가격이 정치적으로 결정된 EU 가격수준과 일치하도록 계속해서 세율을 조정하는 것이다. 따라서 상대적으로 비효율적인 생산을 하는 농부들은 과도한 보호를 받으며, 결과적으로 농산물의 과도한 초과공급을 발생시킨다.

4 수출보조금과 상계관세

수출보조금(export subsidy)은 정부가 수출을 촉진시키기 위하여 재화를 수출하는 기업에 지급하는 보조금이다. 이와 같은 보조금은 기업들이 생산증가에 대한 인센티브를 갖고 생산의 더 큰 몫을 수출하고 더 작은 몫을 국내에 판매하도록 유도한다. 왜냐하면, 국내소비를 위한 생산은 보조금 지급을 받지 못하기 때문이다. 보조금의 정의는 그 국가의 수출재산업 전체에 대한 보조보다는 오히려 수출재 생산량에 대한 보조금으로 제한된다. 예를 들면, 한국의 철강회사가 연간 500만 톤의 철강을 생산하여 200만 톤은 수출한다고 하자. 철강수출에 대한 톤당 10원의 보조금은 2억 원의 총보조금을 뜻하며, 철강생산에 대한 톤당 10원의 보조금은(철강이 국내에서 판매되거나 수출되는 것에 관계없이) 5억 원의 총보조금을 의미한다. 국제무역에서는 두 가지 형태 중 수출재에 대한 보조금이 더 자주 논란의 대상이 된다.

WTO 규정에서 수출보조금은 불공정 경쟁(unfair competition)으로 취급

• 사례연구 11-1 •

중국의 수출보조금 축소

2006년 2분기 경제성장률(11.3%)이 10년래 최고치를 기록한 중국은 경기과열을 억제하기 위해 시중은행의 예금지급준비율을 8.5%로 0.5%포인트 인상한 데 이어 철강, 섬유 등 전통산업의 수출보조금을 축소하고 IT, 바이오 등 고부가가치 제품의 수출보조금을 확대하였다. 이는 지나친 무역수지 흑자 증가세를 둔화시키고 고부가가치 산업의 생산을 촉진하기 위해서인데, 수출이 급증하고 있는 섬유와 철강산업에 큰 영향을 미칠 전망이다. 철강제품 수출에 대한 세금 환급금은 지난해 5월 납부액의 13%에서 11%로 축소된 데 이어 다시 8%까지 낮아지게 되었으며, 구리, 알루미늄, 니켈 등 비철금속 제품은 13%에서 5~11%로, 섬유는 13%에서 11%로 낮추며, 또한 석탄, 천연가스와 같은 비금속 원자재 보조금은 완전히 없앴다. 반면에 대규모 장비, IT제품, 바이오제품, 하이테크제품 등에 대한 보조금은 13%에서 17%로 확대하였으며, 가공농산물의 보조금도 5~11%에서 13%로 늘렸다.

하지만 미국은 지난 2월 중국이 철강과 정보통신(IT)·목재 제품 등에 대해 수출보조금과 세제혜택을 주는 형식으로 자국기업을 지원하고 있으며 이는 미국 등 다른 나라 기업들의 경쟁력을 떨어뜨리는 결과를 초래하고 있다고 주장하며 WTO에 제소하였다. 그 결과 2007년 말에 중국은 미국과의 무역에서 미국이 그 동안 불공정무역이라며 세계무역기구(WTO)에 중재를 요청한 수출보조금을 철폐하기로 함으로써 중·미 무역 간의 큰 걸림돌이 제거되었다.

이는 무역흑자 및 외국인투자 증가로 인해 커지고 있는 인플레이션 우려를 억제하려는 의도로 최근 관련 수출보조금을 적극적으로 줄여 나가는 정책과 궤를 같이 한다.

하여 금지하며, 이때 수입국이 상계관세(countervailing duties)로 보복하는 것을 인정하고 있다. 수출보조금의 형태로는 우리나라의 수출입은행이 취급하는 저리융자, 수출업자를 위한 홍보비 지출, 조세감면 등이 있다.

전체적으로 제조업 제품의 경우에 보조금은 수출액의 1%를 초과할 수 없어 수출보조금은 상대적으로 적지만 어느 산업 및 제품에서는 큰 혜택이 될 수 있다. 대표적인 실례로서, 일본이 유럽과 북미 지역의 자동차와 전자시장을 점유하는 데 성공하도록 지원된 수출재에 대한 일본 정부의 보조금을 들 수 있다. 반면에 농산물에 대한 수출보조금은 규모가 크다. 대부분의 주요 국가들은 세금으로 잉여농산물을 비싼 가격으로 구입하고 외국에 수출하는 경우에 수출보조금을 지급한다.

4.1. 수입국의 입장

먼저 수출보조금의 효과를 검토하기 위하여 소국을 가정하고 수입국의 입장을 취한다. 보조금은 음의 조세이기 때문에 수출재에 대한 보조금은 수입국 소비자들이 재화를 구입하는 가격을 낮추는 효과를 갖는다.

〔그림 11-5〕는 Y재 수입국의 수요곡선과 공급곡선을 나타내는데, Y재(이 국가의 수입재)에 대한 총공급곡선은 보조금의 액수만큼(단위당 s) $S^{d+w}-s$로 하향이동시킨다. 이때 전체 효과는 Y재의 소비를 Y_0에서 Y_2로 증가시키고 수입국의 생산을 Y_1에서 Y_3로 감소시키며 수입을 (Y_0-Y_1)에서 (Y_2-Y_3)로 증가시킨다. 그리고 Y재가격은 자유무역시의 가격인 P_0에서 P_1으로 하락한다. 수출국의 생산자들은 재화판매로 직접 받는 가격 이외에 보조금을 지급받기 때문에 더 낮은 가격으로 판매하려고 한다. 수입국의 소비자들은 소비자잉여의 영역 $e+f+g+h$로 표시된 양만큼 이익을 얻지만, 그 결과 수입국의 생산자들은 수입재의 더 낮은 가격 때문에 판매가 감소되며 가격인하의 위협을 받아 손해를 본다. 생산자잉여의 손실

그림 11-5 | 보조금의 수출재에 대한 효과: 수입국의 입장

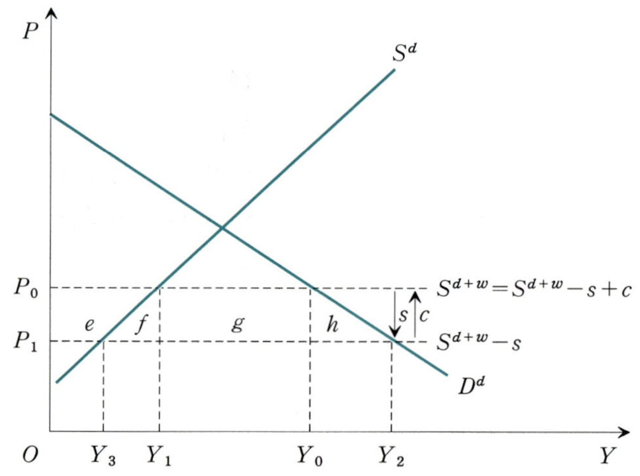

은 영역 e로 표시되며 국내소비자들에게 이전된다. 국내소비자들의 이익에 대한 나머지 부분(영역 $f+g+h$)은 보조금을 조달해야 하는 수출국에서의 조세납부자들의 희생에서 온 것이다.

Y재 수입국의 생산자들은 보조금을 지급받은 외국의 수출재와 경쟁에서 보호받기 위하여 로비활동을 하려고 한다. 그러나 WTO 규칙은 보조금을 지급받는 기업의 경쟁적인 우위를 상쇄하기 위하여 수입국이 수입재에 대해 조세를 부과하는 상계관세를 부과할 수 있도록 허가한다. 상계관세란 특정 국가가 보조금을 지급하여 인위적으로 수출가격을 낮춤으로써 해당 물품 수입국의 국내산업에 피해를 야기한 경우 수출국에서 교부한 보조금을 상쇄할 목적으로 관세를 부과하는 제도이다. [그림 11-5]에서 단위당 c의 상계관세는 보조금의 무역에 대한 효과를 제거한다. 수입국의 소비는 Y_0로 감소하고 생산은 Y_1으로 다시 상승한다. 그렇지만 보조금의 중요한 효과는 상계관세에도 불구하고 계속 유지된다. 수입국은 수출국의 희생하에서 영역 g의 이익을 얻는다. 수출국은 계속해서 Y_0에서 Y_1단위까지에 대하여 단위당 s의 보조금을 계속해서 지불한다. 상계관세로 인해 수입국의 소비자들은 더 낮은 가격으로 Y재를 구입하고 수입국의 국내산업은 정부의 상계관세 징수에 따라 직접적으로 보조금을 얻지는 못하지만 상대적으로 낮은 조세를 부담하게 된다. 따라서 수입국은 다른 조세를 낮출 수 있다. 그러므로 영역 g는 수출국의 조세납부자들로부터 수입국의 조세납부자들로 보조금의 이익이 이전된 것을 나타낸다.

[그림 11-5]의 분석에서 전체 수입국은 상계관세의 부과로 손실을 입게 되는데, 관세는 생산자들의 이익(e)을 초과하는 비용($e+f+g+h$)을 수입국 소비자들에게 부담시킨다. 단일국가의 관점에서 살펴보면 상계관세의 사용은 국내생산자들에 의한 보호주의 압력의 결과로 나타난다.

그러나 세계 전체의 관점에서 이와 같은 정책은 총후생을 개선시킨다. 이것은 수출국에서의 보조금에 대한 사회적 비용은 수입국에서의 사회적 편익을 초과한다. 상계관세는 보조금 지급으로 초래된 생산과 소비의 비효율성을 상쇄시켜서 세계총후생을 개선시키고 수출국의 조세납부자들에게서 수입국의 조세납부자로의 이전은 유지된다.

4.2. 수출국의 입장

수입국의 관점에서 수출보조금은 순후생의 이익을 가져오지만 보조금을 지급받은 수입재와 경쟁하는 수입국의 생산자들에게는 손해를 입힌다. 그러나 수출국의 상황은 아주 다르다. 보조금을 지급받은 생산자들은 수출국의 소비자들과 조세납부자들의 희생하에서 이익을 얻는다.

〔그림 11-6〕은 수출국에서의 Y재시장을 나타내고 있다. 이 국가는 세계시장에서 소국인 것으로 가정하며 자유무역하에서 P_2의 현재 세계가격에서 어떠한 양도 수출할 수 있다. 이 국가는 Y_0단위를 생산하여 Y_1을 소비하고 (Y_0-Y_1)을 수출한다. 소비자잉여는 P_2MJ이며, 생산자잉여는 NP_2C이다.

Y재의 수출재에 대하여 단위당 s달러의 보조금은 세계시장에 대한 판매로부터 수출국의 생산자가 받는 가격이 상향이동한 것으로 나타난다. 상향이동한 가격의 크기는 단위당 보조금 s의 양을 나타내며 새로운 균형점은 G이다. 수출국의 생산량은 Y_2로 증가한다. 왜냐하면, 수출시 받는 가격은 $P_3=(P_2+s)$이기 때문이다. 수출시 가격이 높을수록 수출국의 생산자들은 해외판매량이 (Y_2-Y_3)만큼 증가함에 따라 국내에 더 적게 판매할

그림 11-6 | 보조금의 수출재에 대한 효과: 수출국의 입장

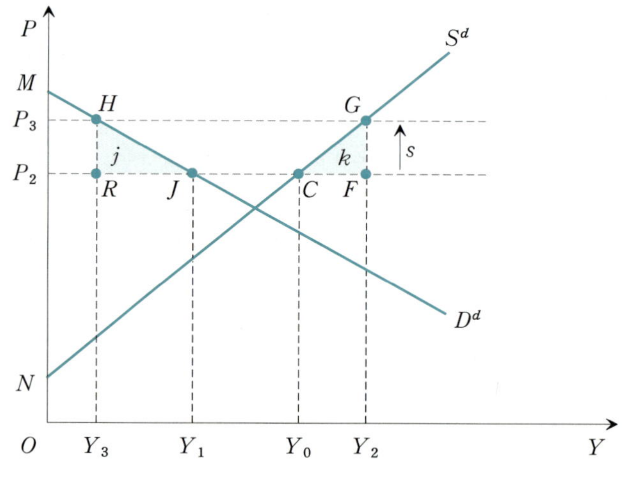

인센티브를 갖는다. 이때 소비자잉여는 P_2P_3HJ만큼 감소하여 P_3MH로 된다. 생산자잉여는 P_2P_3GC만큼 증가하여 NP_3G로 상승한다. 이에 더하여 조세납부자는 보조금을 조달하기 위하여 $RHGF$를 지불한다. 이 국가의 순사중적 후생의 손실은 삼각형 j와 k의 합으로 주어진다. 영역 j는 상실된 소비자잉여와 조세납부의 형태로 '두 번 손실'된 것으로 계산되는데, 생산자잉여의 증가형태로 상쇄되어 한 번만 손실이 된 것으로 계산되었다. 영역 k는 보조금의 일부로서 조세납부자들이 조세로 납부한 것이지만, Y_0에서 Y_2단위까지 생산하는 데 비용이 많이 들기 때문에 생산자잉여로 귀속되지 않는다. 따라서 전체적으로 수출국의 생산자들은 수출국의 소비자들과 조세납부자들의 희생하에서 이익을 얻는다.

만일 수출보조금으로 발생한 수출국의 이익이 손실을 충당하지 못한다면 수출보조금의 존재가 문제된다. 하나의 가능한 해답은 보조금이 수출국 내에서의 소득재분배를 발생시킨다는 것이다. 즉, 수출국의 생산자들은 이익을 얻으므로 수출보조금을 요구할 인센티브를 갖고 있다. 그리고 다른 가능한 해답으로는 일시적인 신규 산업에 대한 수출보조금은 그 재화에 대하여 독점가격을 부과함으로써 세계시장에서 더 큰 몫을 얻게 한다는 것이다.

실제로 대부분의 국가에서 수출보조금이 명시적이고 직접적으로 정부에게서 수출기업으로 지급되는 형태를 취하는 경우는 거의 없다. 그와 같은 지급은 현행 국제무역의 WTO 체제하에서는 허용되지 않는다. 실제로 보조금은 간접적이고 보이지 않는 형태를 취한다. 보조금의 일반적인 형태는 어떠한 산업의 기업들에게 정부가 저리융자를 하는 것이다. 저리융자비용으로 생산비용을 낮추고, 생산된 재화를 다른 산업의 기업들보다 더 낮은 가격으로 판매할 수 있다. 그러나 융자된 자금에 부과된 이자율이 인위적으로 낮추어졌는가를 알 수 없기 때문에 저리융자가 실제로 보조금인지 증명하는 것은 어렵다.

사례연구 11-2

미국의 하이닉스에 대한 상계관세조치

상계관세(countervailing duties)란 반덤핑관세 및 세이프가드와 함께 상대국의 불공정 무역행위를 방지하기 위한 무역구제조치의 하나로서, 제품의 생산 또는 수출에 직접·간접적으로 지급된 정부 보조금을 상쇄하기 위하여 부과되는 특별관세를 의미한다. WTO 보조금 및 상계관세에 관한 협정에서는 정부의 보조금을 금지보조금, 허용보조금 그리고 상계가능보조금으로 구분하고, 보조금 지급 사실 및 국내산업의 실질적 피해요건을 충족하는 경우에 상계관세의 부과를 허용하고 있다.

WTO가 출범한 이후 상계관세제도는 주로 미국, EU, 캐나다 등 구미 선진국들에 의해 적극적으로 활용되어 온 반면, 인도·한국 등 개발도상국들은 이들 선진국들에 의한 상계관세 조사 및 발동의 주된 대상이 되어 왔다. 1995년부터 2006년까지 12년간 총 191건의 상계조사 개시가 WTO에 통보되었는데, 이 중에서 미국이 75건으로 가장 많은 비중을 차지하였고, EU와 캐나다가 각각 46건, 20건으로 그 뒤를 잇고 있다. 그리고 같은 기간 동안 총 115건의 상계관세가 부과되었으며, 부과건수의 약 70%가 이들 3개국에 의해 이루어졌다.

이에 한국과 미국 간의 대표적인 사례로서 하이닉스 반도체에 대한 상계관세 부과조치를 살펴볼 수 있다. 2002년 11월 1일에 Micron Technology는 위원회와 상무부에 정부보조금 지급 의혹이 있는 한국산 DRAM과 DRAM module의 수입으로 인하여 미국 내 산업이 실질적 피해(materially injured)를 받고 있다고 소송서를 제출하였다.

2002년 12월에 미국 무역위원회는 한국 정부의 보조금을 지급받았다는 주장이 제기되고 있는 한국산 DRAM 및 DRAM module 상품의 수입으로 인하여 미국 내 산업이 실질적 피해를 받은 것으로 인정할 만한 합리적 근거가 있다고 예비판정을 내렸으며, 2003년 8월에 미국 무역위원회는 미국 상무부의 확인을 거쳐 한국 정부의 보조금을 받은 한국산 DRAM 및 DRAM module 상품의 수

표 11-2 | 하이닉스 반도체사건 일정

일자	사건 및 조처
2002년 11월 1일	미국 마이크론사의 미국 상무부 및 무역위원회에 소송제기
2002년 11월 27일	미국 상무부의 조사개시 공지
2002년 12월 16일	미국 상무부 국제무역위원회의 예비피해판정
2003년 4월 1일	상계관세 부과 예비판정
2003년 6월 20일	상무부의 최종판정 및 수정
2003년 6월 24일	무역위원회의 청문회
2003년 7월 23일	무역위원회의 투표
2003년 8월 4일	무역위원회의 판정을 상무부에 통보

입으로 인하여 미국 내 산업이 실질적 피해를 받고 있다고 최종적으로 판정하였다.

미국 상무부는 보조금 지급과 자국의 산업 피해에 대한 조사 결과 하이닉스에 57.37%의 상계관세 예비판정을 하였으며, 더욱이 동 사안에 대해 EU에서는 33%의 상계관세 예비판정을 하였다.

보조금의 다른 형태로는 수출에 종사하는 기업들에 대하여 조세감면을 하는 것이 있다.

5 덤핑

덤핑(dumping)은 동일한 재화에 대한 가격이 국내와 국외에서 서로 다른 경우를 말한다. 덤핑은 다음 두 가지 방법으로 정의될 수 있다. 가격에 기초한 정의에 따르면, 기업들이 같은 재화를 국내시장에서 판매하는 것보다 낮은 가격으로 해외시장에 재화를 판매할 때 덤핑이 발생한다. 한편, 비용에 기초한 정의하에서의 덤핑은 생산비용보다 낮은 가격으로 해외시장에 재화를 판매하는 것이다. 역사적으로 덤핑에 대한 경제적인 문헌은 가격에 기초한 정의를 사용하여 왔다. 그러나 지난 수 년 동안에 판매가격과 생산비용 간의 차이가 있는 경우에 덤핑으로 판정됨에 따라 비용에 기초한 정의를 더 널리 사용하게 되었다. 하나의 정의하에서 덤핑이 다른 정의에서는 반드시 덤핑이 아니기 때문에 정의의 차이가 중요하다. 특히, 한 재화의 국내가격이 생산비용과 다를 때 두 정의에서의 덤핑에 대한 필요조건은 다르다.

5.1. 산발적 덤핑

산발적 덤핑(sporadic dumping)이란 국내가격 또는 생산비용 이하의 가격으로 단기간 동안에 해외시장에 재화를 판매하는 것이다. 단기간의 덤핑이기 때문에 국제세일로 간주된다. 때로는 일부 기업들이 의도하지 않은 재고를 처분하기 위하여 정상가격 이하로 단기간에 재화를 판매하는데, 이 경우의 판매가격은 생산비용 이하가 된다. 따라서 산발적 덤핑은 국제무역에서의 세일과 같다.

산발적 덤핑은 해외공급이 갑자기 변화할 때 발생하는 불확실성 때문에 국내시장을 붕괴시킬 수 있다. 그러나 일시적인 세일로 국내산업에 지속적이거나 일시적인 손해를 입히지는 않는다. 오히려 짧은 덤핑기간 동안 국내소비자들은 낮은 가격으로 수입재를 구입할 수 있기 때문에 이익을 얻는다.

5.2. 지속적 덤핑

지속적 덤핑(persistent dumping)이란 국내가격 또는 생산비용 이하의 가격으로 해외시장에 재화를 지속적으로 판매하는 것이다. 지속적인 덤핑이 국내산업에 미치는 영향은 심각하고 영구적이다. 그래서 이와 같은 관행은 보호주의를 요구하는 근거가 된다.

가격에 기초한 정의에 따라 지속적인 덤핑의 주요 원인은 국제적 가격차별이다. 즉, 고객들을 그 재화에 대한 수요의 탄력성 차이에 따라 둘 또는 그 이상의 그룹으로 구분할 수 있고, 이들 사이에 재화의 재판매를 금지시킬 수 있는 기업은 다른 그룹들에게 다른 가격을 부과함으로써 이윤을 증가시킬 수 있다. 이와 같은 관행을 가격차별(price discrimination)이라고 부른다. 생산자가 국내시장에 독점력을 행사할 수 있으며, 덤핑재화에 대한 해외수요탄력성이 국내수요탄력성보다 클 경우에 덤핑을 할 수 있다. 생산자가 국내시장에서는 독점력을 갖고 있어 가격을 높게 책정하고, 국제시장에서는 자유경쟁에 직면하게 되므로 재화에 대한 수요가 탄력적이어서 가격을 낮게 책정할 수 있다. 재화에 대한 수요탄력성의 주요 결정요인은 재화의 대체성 정도이다. 다른 조건이 일정할 때 재화에 대한 대체 정도가 더 클수록 수요의 탄력성은 더 크다. 즉, 재화의 대체성이 클 경우 소비자들은 가격 변화에 매우 민감하다. 대부분의 산업에서 자국에서보다 수출시장에서 더 경쟁적이다. 이것은 수출시장에서 기업들이 직면하는 수요의 탄력성이 자국시장에서보다 더 높으며 가격차별화할 인센티브가 있다는 것을 의미한다. 국제적 가격차별과 지속적인 덤핑 사이의 관계는 [그림 11-7]에 예시되어 있다.

Y재를 생산하는 기업은 자국시장에서 [그림 11-7]의 (a)상황, 수출시장에서 [그림 11-7]의 (b)상황에 직면하고 있다. 수요곡선의 형태는 수출시장에서 Y재의 수요탄력성이 더 높은 것을 반영한다. 다시 말하면, 기업은 세계시장에서보다 자국시장에서 더 큰 시장지배력을 갖고 있다.

기업은 한계비용(MC로 표시하며 단순화를 위해서 산출량의 모든 수준에서 일정하며 시장마다 동일하다고 가정한다)이 한계수입(MR)과 같은 산출량 수준에서 생산함으로써 각 시장에서 이윤을 극대화한다. 각 시장에서 이윤극대화 가격은 산출량의 이윤극대화 수준에 대응하는 수요곡선의 높이로 주어진다. 자국시장에서의 이윤극대화 가격(P_H)은 자국의 수요곡선이 상대적으로 비탄력적이기 때문에 수출시장의 가격(P_E)보다 높다. 가격에 기초한 정의에 따라 기업은 덤핑을 한다.

그러면 비용에 기초한 정의에 따른 지속적인 덤핑은 어떠한가? 생산비용 이하로 재화의 지속적인 판매가 가능한가? 이것은 일반적으로 불가능한 것으로 보인다. 대부분의 국가에서 기업들이 이미 실시하고 있는 외국의 덤핑을 지적하면서 외국과의 경쟁으로부터 보호를 요청하더라도 그와 같은 요구가 실현되는 경우는 드물다. 기업들은 왜 손실을 보면서 생산비용 이하의 가격으로 재화를 판매하는가? 이 원칙에 하나의 예외가 있다.

대부분의 선진국(미국과 EC 회원국들)은 농민들의 소득을 시장가격 이상으로 유지하기 위하여 복잡한 가격지지제도를 유지하고 있다. 농산물에 대한 인위적인 높은 가격은 수요량 이상으로 생산물의 초과공급을 가져온다. 대부분의 정부들은 지지된 가격수준에서 초과농산물을 구입하기 위하여 조세수입을 사용함으로써 가격지지제도를 유지한다. 정부는 잉여농산물을 구입하였으므로 그것을 판매하여 가격지지제도를 유지시킬 자금수입을 필요로 한다. 그러나 국내시장에서 잉여농산물을 판매하는 것은 가능하지 않다. 왜냐하면, 국내시장가격의 하락 압력으로 작용함으로써 가격지지제도

그림 11-7 | 국제적 가격차별과 지속적인 덤핑의 관계

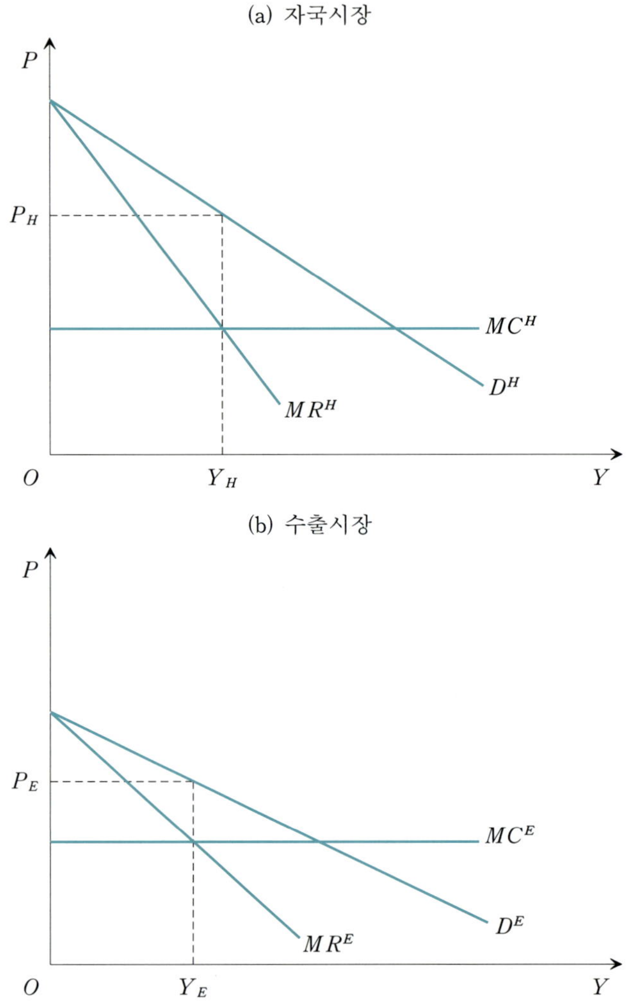

를 유지할 수 없기 때문이다. 다른 대안은 해외에 판매하는 것이다. 정부는 인위적으로 높은 국내가격 이하뿐만 아니라 생산비용 이하의 가격으로 잉여농산물을 해외에 판매할 수 있기 때문에 이들의 판매는 비용에 기초한 정의하에서의 지속적인 덤핑의 경우이다.

이와 같은 판매는 국제무역 체제에서 암적인 존재이다. 왜냐하면, 주

요 선진국들 간에 농산물가격지지 체제가 서로 유사하므로 하나의 국가에서 시도한 해외판매는 다른 국가의 가격지지제도를 붕괴시키기 때문이다.

이와는 달리 총비용 회수기간이 문제되는 경우가 있다. 이는 고정비용과 일정 기간의 생산비가 매우 크나 시간이 흐름에 따라 지속적인 규모의 경제가 작용하게 되는 경우이다. 반도체의 경우를 일례로 들 수 있는데, 이 경우 비용 이하의 단기 및 일정 기간 동안의 판매는 향후 규모의 경제를 고려할 때 이윤극대화 전략이 된다. 그러나 수입국과 수출국 간 '일정 기간'에 대한 견해를 달리하는 한 이러한 판매는 덤핑으로 판정될 수 있다.

5.3. 약탈적 덤핑

국내기업들은 국내산업에서 국내기업들을 퇴출시킬 목적으로 생산비용 이하의 가격으로 국내시장에 판매하는 외국기업들을 제소할 수 있다. 그래서 약탈적 덤핑(predatory dumping)이라는 전략의 목적은 국내경쟁자를 제거하고 새로운 독점력을 이용하여 가격을 인상시키는 것이다. 그러므로 약탈적 덤핑전략이 성공하기 위해서는 다음과 같은 사항을 인지할 필요가 있다.

첫째, 외국의 기업들이 생산비용 이하의 가격으로 판매한다면 외국기업들은 손해를 보면서 덤핑을 한다. 이들이 얻는 독점력은 현재의 손실을 보상할 만큼 높은 미래의 보상을 약속받아야 한다.

둘째, 국내기업들의 경쟁력 상실로 인해 덤핑을 하는 기업들이 손실을 보기 때문에 약탈적 덤핑은 일시적일 수 있다. 만일 불공정한 경쟁이 일시적이라면 국내기업들은 외국기업들이 기업경쟁에서 경쟁자들을 몰아내려는 시도를 포기할 때까지 지탱할 자금을 빌릴 수 있어야 한다.

셋째, 약탈적 덤핑이 그 산업에서 국내기업들을 추방하는 데 성공적일지라도 외국기업들이 그들의 독점력을 이용하여 높은 가격을 부과할 때에만 전략은 가치가 있다.

약탈적 덤핑은 비용에 기초한 덤핑의 정의가 갖는 잠재적인 문제를 내포한다. 외국기업의 생산비용을 정확하게 파악하기 어렵기 때문에 이 비용을 간접적으로 측정하게 된다는 것이다.

5.4. 반덤핑관세

반덤핑관세(antidumping tariffs)란 정상적인 가격보다 부당하게 저렴한 가격(less than fair value: LTFV)으로 수입되는 물품으로 인하여 국내산업이 실질적으로 피해를 입거나 입을 우려가 있을 때, 또는 국내산업의 설립을 실질적으로 지연시킬 때 이를 방지하고 공정한 거래를 확보하기 위하여 수입국에서 부과하는 특별관세이다.

반덤핑관세는 덤핑이라는 불공정 무역행위를 방지하고 공정무역을 실현하기 위한 수단으로서 예외적으로 인정된 조치이다. 예외적으로 인정된다는 것은 덤핑행위를 한 특정 국가의 특정 기업에 대해서만 적용된다는 것이다. 따라서 반덤핑관세는 덤핑이라는 불공정행위를 제한하기 위한 수단으로 사용될 뿐 아니라 반덤핑조치의 시행이 엄격한 기준과 절차에 따라 행해지도록 함으로써 반덤핑조치의 남용을 방지하려는 노력을 기울이고 있다.

따라서 반덤핑조치의 공정한 적용을 위하여 제6차 다자 간 무역협상인 케네디 라운드에서는 반덤핑관세에 대한 구체적인 시행규칙을 제정하기에 이르렀고, 이는 다시 도쿄 라운드에서 개정·보완되어 현재에 이르게 되었는데, 이것이 현재 국제적으로 인정되는 반덤핑코드(International Anti-dumping Code)[1]이다.

• 사례연구 11-3 •

WTO 이후 반덤핑제소의 현황

WTO 통계에 따르면 가장 빈번하게 활용되고 있는 무역구제조치는 반덤핑제도이다. WTO가 출범한 1995년 이래 2006년까지 전 세계적으로 반덤핑조치는 1,941건, 상계관세조치가 115건, 세이프가드조치는 76건이 이루어졌다.

2006년의 반덤핑조치 건수 추이를 보면 1995년에 비해 부과 건수가 크게 증가하였는데, 이는 1995년 이전의 경우 GATT 회원국과 비회원국이 반덤핑조치 이외의 각기 다른 무역구제조치를 취하였기 때문이라고 볼 수 있다. 반덤핑조치 건수는 1995년 WTO 출범과 함께 급증하였으며, 1990년대 말 아시아 금

[1] 현행 반덤핑코드의 정확한 명칭은 제6조의 이행에 대한 협정(Agreement on Implementation of Article VI)이다.

융위기를 거쳐 지속적으로 증가, 2000년에 최고조에 이르렀다.

그림 11-8 | 반덤핑조치 건수 추이(1995~2006년)

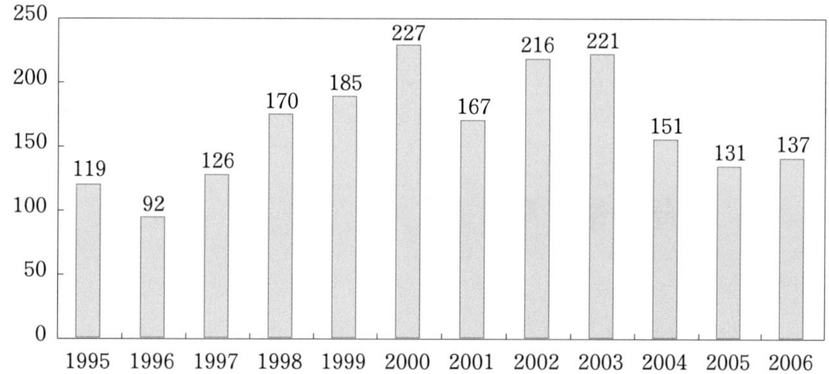

자료: WTO.

한편, 1995년부터 2006년 사이에 중국이 375건으로 세계에서 반덤핑조치를 가장 많이 받은 국가로 나타났다. 그 뒤를 136건으로 한국이 따랐으며, 타이완·미국·일본 등의 순으로 나타났다.

그림 11-9 | 주요 반덤핑 피소국(1995~2006년)

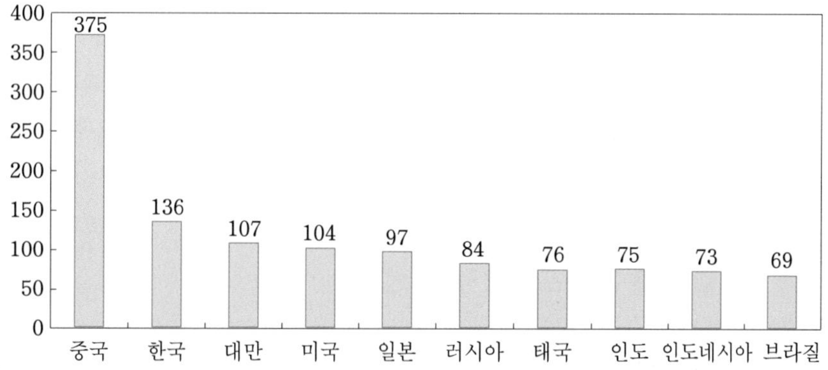

자료: WTO.

한편, 경제발전 수준별로 반덤핑조치 건수를 비교해 보면, 선진국보다 개도국이 무역구제조치를 선호하는 것을 알 수 있다. 1995년부터 2006년 사이에 이루어진 반덤핑조치가 약 1,900건이었는데, 이 중 약 2/3인 약 1,400건이 개도국에 의해 부과되었다.

반덤핑조치 현황을 분야별로 살펴보면, 금속(철강), 화학, 플라스틱 분야가 다른 분야보다 월등히 높음을 알 수 있으며, 특히 철강 및 화학 분야에 많이 치우쳐 있다.

6 수출자율규제

수출자율규제(Voluntary Export Restraint: VER)는 수입국의 수입제한조치를 사전에 방지할 목적으로 수출국 스스로 수출수량을 제한하는 것을 말한다. 또한 이것은 수출국의 수출과당경쟁을 억제하기 위하여 취해지는 경우도 있다. 그러나 수출국이 수출을 자율적으로 규제하지만 그 배후에는 세이프가드(safeguards) 발동위협 등 수입국으로부터의 압력이 공공연하게 또는 암묵적으로 작용하는 것이 대부분이다. 이러한 수출자율규제는 회색지대조치(grey area measures)의 대표적인 것이며, GATT 제19조의 세이프가드 조치의 무차별 적용이 어려운 점을 회피하여 GATT 테두리 밖에서 수입국이 특정 상품시장의 교란원인이 되는 수출국에만 자율규제를 강요하여 양자 간 협정을 체결하는 형태로 시행된다. 이러한 수출자율규제협정은 지난 1950년대 말부터 섬유·철강·자동차 분야에서 크게 이루어져 왔다.

6.1. 수출자율규제의 경제적 효과

수출자율규제의 오랜 역사에도 불구하고 이론적인 분석은 최근에 이루어졌다. VER의 경제적 효과를 분석하기 위하여 [그림 11-10]의 부분균형분석을 보자. 여기서 P_WS_W는 자동차에 대한 세계의 완전 탄력적 공급곡선(즉, 가격 OP_W에서 미국 소비자들은 그들이 원하는 모든 수의 자동차를 구입할 수 있다) $S_{U.S.}$는 미국의 국내공급곡선, 그리고 $D_{U.S.}$는 미국의 국내수요곡선이다. 자유무역조건하에서 미국의 소비자들은 OQ_4의 자동차를 구입하며, 그

그림 11-10 | 고정된 세계가격에서의 미국의 국제자동차시장

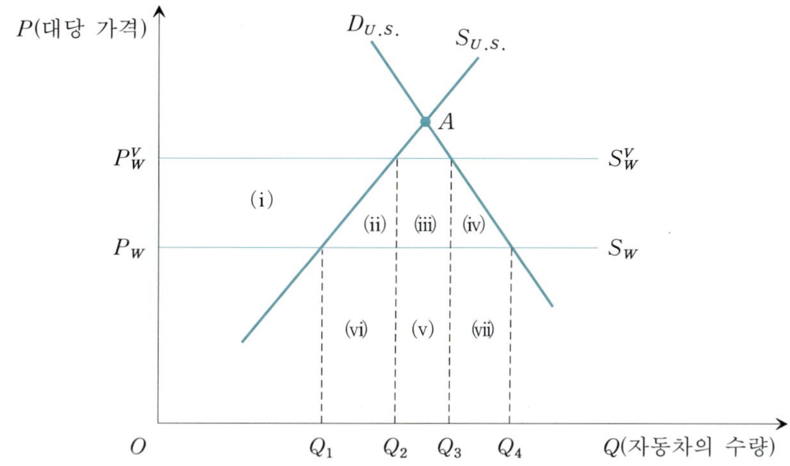

중 OQ_1을 국내에서 생산하고 그 차이(Q_4-Q_1)를 한국으로부터 (vi)+(v)+(vii)의 영역에 해당하는 비용($OP_W \times Q_1Q_4$)으로 수입한다고 가정하자.

VER은 수입재와 수출재의 상대가격(교역조건)에 영향을 미치지 못한다고 가정하자. 즉, 미국에서 수요와 공급이 자동차의 세계시장에 큰 영향을 미치지 못한다. 미국 정부는 한국과의 무역마찰을 사전에 방지하기 위하여 한국 정부에게 미국에 판매하는 자동차수출을 제한할 것을 요청하였다고 하자. VER은 Q_2Q_3라고 하자. 한국이 이 수량을 제한하도록 요청받고 관세가 없기 때문에 한국은 미국의 수입업자들에게 완전한 국내가격 P_W^V를 부과하게 된다. 여기서 미국은 영역(v) 대신에 (iii)+(v)를 한국에 지불하게 된다. 따라서 미국에 관세수입이 되었던 것이 한국의 자동차 수출업자의 초과이윤이 된다. 그러므로 VER은 관세의 부과나 수량할당보다 한국에 덜 해롭다.

6.2. 대국의 경우

(1) 수입국

지금까지 미국이 소국으로서 자동차의 세계시장가격, 즉 교역조건에

그림 11-11 | 수출자율규제: 대국의 경우

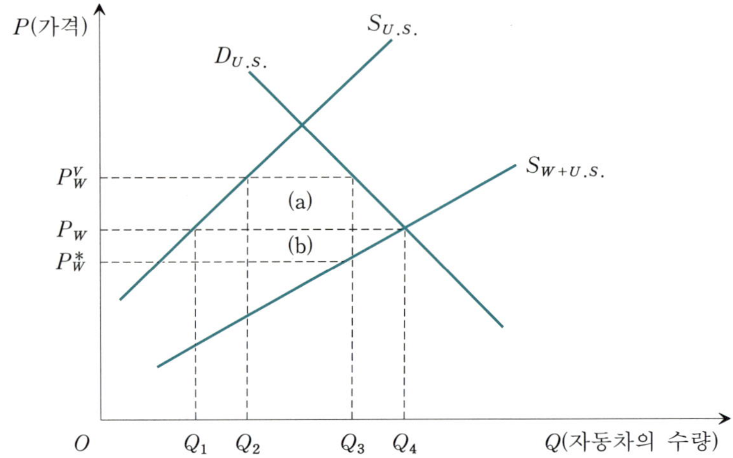

영향을 미칠 수 없다는 것을 가정하였지만 이번에는 대국이라 가정해 보자. [그림 11-11]에서 $S_{U.S.}$와 $D_{U.S.}$는 [그림 11-10]과 같지만 $S_{W+U.S.}$는 미국을 포함한 세계의 총공급곡선이다. 미국을 제외한 세계의 총공급곡선은 $S_{W+U.S.}$와 $S_{U.S.}$ 간의 수평거리이다. 대국을 가정함으로써 가격이 고정된다는 가정도 없어지므로 세계공급곡선은 오른쪽으로 우상향한다. 자유무역의 조건에서 미국의 수입은 Q_1Q_4와 같다. Q_2Q_3와 같은 VER은 미국의 국내가격이 P_W^V가 되며, 이것이 한국의 수출업자들에게 영역 $a+b$의 초과이윤을 가져다 준다. 이에 따라 수출국의 공급가격은 세계가격을 P_W^*로 하락시킨다. 이 분석은 VER이 세계가격을 P_W에서 P_W^*로 감소시킨다는 것을 제외하면 앞 절의 것과 차이가 없다. 여기서 b의 영역은 P_W^*로의 세계가격 하락으로 인한 교역조건의 효과이다. 그러므로 이 경우에 교역조건의 효과가 수출국에 모두 귀속된다. 그렇지만 관세를 부과한다면 이 그림의 영역 b는 미국 정부의 관세수입이 된다.

(2) 수출국

수출자율규제를 수출국의 입장에서 살펴볼 필요가 있다. 이 목적을 위하여 [그림 11-12]를 보자. S_W는 한국의 수출공급곡선이고 $D_{U.S.}^1$은 미국의

그림 11-12 | 수출자율규제: 수출국의 경우

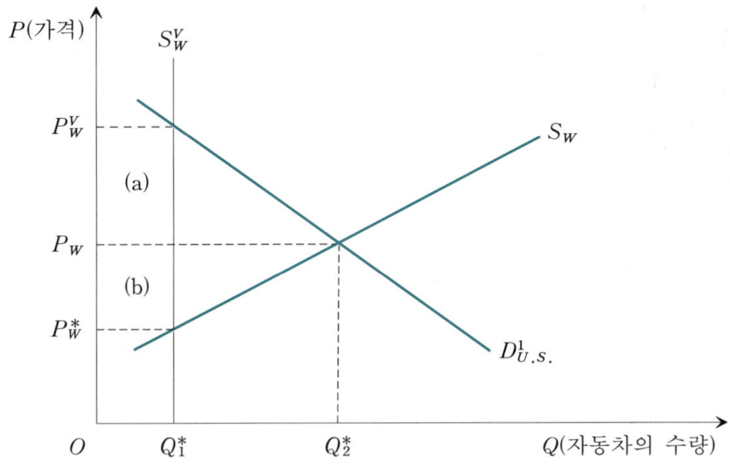

수입재에 대한 수요, 즉 자동차에 대한 미국의 총수요가 아니라 한국의 수출재에 대한 수요이다. 이 곡선은 앞의 그림에서 $D_{U.S.}$와 $S_{U.S.}$ 간의 수평거리이다.

자유무역의 조건하에서 한국은 P_W의 가격에서 OQ_2([그림 11-10]의 Q_1Q_4와 같다)를 수출할 것이다. VER은 OQ_1^*([그림 11-10]에서의 Q_2Q_3와 같다)의 수출공급을 제한하며, 영역 $a+b$의 초과이윤을 가져온다. 이때 영역 b는 한국에 귀속되는 교역조건의 효과를 나타낸다. 그렇지만 수입할당이 있으면 미국의 수입업자들은 카르텔을 형성하고, 한국의 수출업자들이 완전 경쟁적이라면 영역 b는 미국의 이익이 된다.

(3) 수출자율규제를 실시하는 이유

VER이 관세부과 또는 수량할당에 비하여 상대적으로 수출국에 덜 해로움에도 불구하고 미국이 다른 정부보다 오히려 한국에 VER을 채택하라는 압력을 넣는 이유는 무엇인가?

주요한 이유는 GATT의 규칙은 수량할당 및 관세인상의 사용을 금지하지만 VER은 GATT의 규칙에 포함되어 있지 않기 때문이다. VER은 차별적인 방법으로 적용이 가능하다. 예를 들면, 미국이 독일이나 일본 자동차보다 한국 자동차의 수입을 제한하고자 하는 경우와 같이 수입국을 차별적으로 다루는 데 효과적이다. VER로 인해 수출국에 귀속되는 초과이윤 때문에 수출국들은 관세 또는 수량할당보다 VER을 더 선호한다. 마지막으로 VER은 영구적이지 않기 때문에 수출국이 수입국들의 제한을 철폐하거나 그들이 필요로 하는 방법으로 VER에 대한 범주의 정의를 변경 또는 완화시키도록 압력을 가하는 선택권을 갖는다.

사례연구 11-4

일본의 미국에 대한 자동차수출의 자율적 규제

1977~1981년까지 미국의 자동차 수입비중이 18%에서 29%로 상승하여 생산은 1/3 수준으로 감소하였으며, 거의 30만 명의 자동차근로자들이 미국 내에서 일자리를 잃었다. 또한 1980년에 가장 큰 세 자동차회사들의 손실은 40억 달러에 달하였다. 이에 따라 미국은 일본과 협상하여 일본의 미국에 대한 자동차수출을 1981~1983년까지 매년 168만 단위, 그리고 1984년과 1985년에 185만 단위로 제한할 것을 합의하였다. 일본은 미국의 엄격한 수입규제가 두려워 자동차수출을 제한하기로 합의하였다. 1985년 이후에 미국은 합의의 갱신을 요구하지 않았지만 일본은 미국과 더 많은 무역마찰을 피하기 위하여 230만 대의 차량에 대한 대미 자동차수출(이것은 전체 미국 시장의 1/3에 해당된다)을 일방적으로 제한하였다. 그렇지만 달러화의 평가절하와 일본의 대미 자동차수입품에 대한 높은 가격으로 일본은 1988년과 1989년에 쿼터량을 채우지 못하였다.

미국의 자동차생산자들은 1981~1985년까지의 시기를 손익분기점을 낮추고 질을 개선할 수 있는 기간으로 사용하였지만, 비용 면에서의 개선은 소비자들에게 전가되지 않고 디트로이트는 1983년에 60억 달러, 1984년에 10억 달러, 1985년에 80억 달러의 이윤을 얻었다. 일본은 더 높은 가격의 자동차를 수출함으로써 더 많은 이윤을 얻었다. 여기서 가장 큰 손해를 입은 사람들은 국내 및 해외자동차에 대한 더 높은 가격을 지불한 소비자들이다. 특히, 미국무역위원회(USITC)는 1984년에 수출규제의 합의로 미국에서 생산한 자동차는 660달러, 일본산 자동차는 1,300달러로서 더 높은 가격으로 상승한 것으로 추정하였다.

USITC는 상기 합의가 미국의 소비자들에게 미친 총비용은 1981~1984년까지 157억 달러였으며, 4만 4,000명의 미국 자동차산업 근로자들이 실직되지 않고 일자리를 유지한 것으로 추정하였다.

그러나 미국-일본의 VER협정은 다른 결과를 초래하였다. 즉, 미국은 소형차 생산을 포기하였고, 일본은 미국과의 무역마찰을 피하기 위하여 미국 내에서 100만 대의 자동차를 생산할 수 있는 투자를 하였다.

표 11-3 | 미국의 자동차시장 구조

(단위: 1,000대)

	1989년	1990년	1991년*
총판매대수	9,954(100.0)	9,500(100.0)	9,300(100.0)
북미산	6,639(66.70)	6,604(69.52)	6,344(68.21)
수입	3,315(33.30)	2,809(30.48)	2,956(31.79)
일본산	2,465(24.76)	2,109(22.20)	2,348(25.25)
미국명	731(7.34)	586(6.17)	703(7.56)
일본명	1,733(17.41)	1,523(16.03)	1,645(17.69)
EC산	415(4.17)	491(5.17)	396(4.26)
기타	435(4.37)	296(3.11)	212(2.28)

주: ( ) 안은 미국 자동차 총판매에서 차지하는 비중(%)이다.
*는 추정치.

자료: U.S. Department of Commerce, *U.S. Industrial Outlook 1991*; 김남두(1992), p. 82.

7 수입품의 국내부품 사용규제

수입품의 국내부품 사용규제(domestic-content requirements)는 재화가 국내에서 판매되려면 수입재에 대한 투입요소의 일정 부분을 국내에서 수입, 즉 국내부품을 사용해야 한다는 것이다. 이와 같은 정책의 옹호자들은 재화생산에 사용되는 투입요소의 국내생산자 및 국내산업의 노동자들이다. 세계적으로 수입품의 국내부품 사용규제는 주로 모든 형태의 무역제한을 받는 자동차산업에서 크게 나타나고 있다. 미국의 경우 대부분의 자동차들이 해외에서 조립되어 미국으로 수입됨에 따라 미국의 자동차노동자들이 해고되었으며, 미국의 자동차회사들은 일본 및 개발도상국들의 낮은 임금과 높은 기술수준을 갖고 있는 조립가공 기술을 이용하고자 해외기업들과 합작투자를 하고 있다. 따라서 미국의 자동차노조는 수입품의 국내부품사용규제법을 통과시키도록 압력을 넣고 있다. 이와 같은 압력을 사용하는 이유로는 다음 두 가지가 있다. 첫째, 이 규제법으로 외국에서 생산된 자동차의 수입을 제한한다. 둘째, 이 규제법으로 미국의 자동차 제조업체들이 외국의 부품을 구입하여 미국 이외의 장소에서 부품을 조립하는 부품외부발주 현상(out-sourcing)을 제한한다.

무역이 수입품의 국내부품 사용규제에 의하여 제한되는 경우 재화는 기회비용이 가장 낮은 국가에서 생산되지는 않는다. 따라서 국내부품 사용규제는 무역의 이익을 감소시킨다. 이것은 잠재적인 손실이 조립공정을 많이 포함하고 있는 자동차산업과 같은 산업에서 발생하기 때문이다. 단일국가는 자동차의 전체 생산공정을 효율적으로 관리할 수 없다. 따라서 부품외부발주 현상은 자동차의 효율적인 생산에 기여할 뿐만 아니라 제조업부문을 발전시키려는 개발도상국의 공업화 개발전략의 일환으로 사용되고 있다.

요약

최근에 관세의 중요성이 상대적으로 감소함에 따라 비관세무역장벽이 보호주의의 수단으로서 보다 중요해졌으며, 수입수량할당제도, 탄력관세, 수출보조금과 상계관세, 덤핑 및 수출자율규제, 수입품의 국내부품 사용규제 등이 있다.

비관세장벽의 일반적인 형태는 수입수량할당제로서 정부가 일정한 기간 동안에 수입되는 물량에 대하여 직접적으로 규제하는 것이다.

수입수량할당은 경제적인 효과가 관세와 동일하다고 할지라도 관세보다는 더 제한적인 제도라 할 수 있으며, 수량제한과 같은 효과를 갖는 것으로서 수입경쟁산업을 보호하기 위하여 목표가격을 유지하는 탄력관세가 있다.

수출보조금은 국내수출업자들과 수입경쟁기업들에 대한 보호의 한 형태로 WTO 규정에서도 불공정 경쟁으로 취급하여 금지하며 수입국가들의 상계관세를 사용한 보복을 허가하고 있다. 덤핑은 국제적인 가격차별의 형태로서 산발적 덤핑, 지속적 덤핑 및 약탈적 덤핑 등이 있으며 WTO에서는 덤핑을 방지하기 위한 반덤핑관세를 규정하고 있다.

수출자율규제는 수입국의 수입제한조치를 사전에 방지하는 것을 목적으로 수출국 스스로 수출수량을 제한하는 것이다. 그러나 그 배후에는 세이프가드 발동위협 등 수입국으로부터의 압력이 암묵적으로 작용하는 것이 대부분이다.

현재 세계 각국 간에는 무역장벽을 제거하는 데 실패함에 따라 비관세장벽의 제한이 크게 증가하는 '신보호주의' 성향이 증대되고 있다. 따라서 자유무역이 세계 전체의 후생을 증가시킨다는 논쟁에도 불구하고 자유무역정책을 추구하는 것은 현재 하나의 예외가 되고 있다.

연습문제

1 비관세장벽의 형태에 대한 다음 문제에 답하여라.

(a) 비관세장벽의 개념을 정의하고 그 예를 제시하여라.

(b) 비관세장벽의 특징이 나타나는 산업을 예시하여라.

(c) GATT에서 비관세장벽을 어떻게 다루고 있는가 설명하여라.

2 수입수량할당의 효과를 고려해 보자.

(a) 소국에서 수입재에 대한 수량할당을 부과하였을 때의 효과를 예시하여라. 수량할당의 순후생효과를 분석하여라.

(b) 어느 집단이 수량할당에 대한 이익을 얻는가? 어느 상황에서 정부가 쿼터의 지대를 얻을 수 있는가?

3 수입관세와 수입수량할당을 부과한 효과의 차이점에 대해 설명하여라.

4 수출자율규제란 무엇인가? 수출국이 수입수량할당보다 수출자율규제를 더 선호하는 이유는 무엇인가?

5 수출보조금과 상계관세의 효과를 고려해 보자.

(a) 무역상대국이 수출보조금을 소국에 부과하였을 때의 효과를 예시하여라. 수출보조금의 결과 수입국 내에서 어느 그룹이 이익을 얻고 어느 그룹이 손실을 보는가?

(b) 상계관세란 무엇인가? 무역상대국에 의한 수출보조금에 대응하여 상계관세를 수입국에 부과하였을 때의 효과를 예시하여라. 수입국 내에서 상계관세의 결과 누가 이익을 보고 누가 손해를 보는가? 상계관세는 보조금의 모든 효과를 상쇄하는가?

6 수출보조금의 수출국에 대한 효과를 예시하여라. 보조금의 순후생효과

는 무엇인가? 수출보조금이 왜 농산물에 일반적으로 지급되는가?

7. 가격에 기초한 정의에 따른 덤핑과 비용에 기초한 정의에 따른 덤핑을 정의하여라. 외국산업들에 대한 덤핑판정에 정의의 차이가 왜 중요한가?

8. 산발적 덤핑, 지속적 덤핑, 약탈적 덤핑의 차이를 설명하여라. 이들 각자에 대한 주요 동기를 설명하여라.

9. 수입품의 국내부품 사용규제에 대해 설명하여라.

10. 미국 시장에 침투하는 일본의 자동차에 대하여 자발적 수출규제 효과가 국제무역이론과 어떻게 대응하는가? 어느 그룹에서 자발적 수출규제에 대하여 반대하는가?

11. 수입관세, 수입수량할당, 수출자율규제(VER) 등의 세 가지 상황 가운데 어느 것이 교역조건을 가장 크게 개선시키는가? 또한 어느 것이 가장 작게 교역조건을 개선시키는가? 그래프가 아니고 경제적 논리에 의하여 설명하여라.

12. 만일 수입쿼터와 기타 비관세장벽 등이 모두 수입관세로 전환된다면 세계 전체의 후생수준은 더 크게 증진된다. 이 주장의 논리적 근거는 무엇인가?

13. 만일 당신이 성장하는 시장에서 수입경쟁의 생산자이라면 당신은 관세, 쿼터 또는 보조금 가운데 어느 무역정책 수단을 더 선호하는가?

14. 수출세와 수출보조금의 차이는 무엇인가? 국내소비자들은 어떠한 무역정책수단을 더 선호하는가?

15. 미국과 같은 대국이 소국보다 무역을 제한하는 정책수단을 사용할 때 더 큰 이익을 얻는 이유는 무엇인가?

4 국제무역정책

제 12 장

국제적 요소이동과 다국적기업

개요

지금까지 재화와 용역의 국가 간 교환의 원인과 효과에 초점을 맞추어 분석하였다. 사실 주요 무역이론들은 생산요소는 국가 간에 이동되지 않는다는 명시적인 전제하에서 전개되었다. 그러나 실제 세계에서는 노동이나 자본의 국가 간 이동이 활발히 이루어지고 있다. 한국의 경우에서도 과거 수십 년간 직접투자 또는 차관의 형태로 많은 외국자본이 유입되었으며, 최근에 와서는 한국 자본의 유출도 활발히 이루어지고 있다. 또한 노동에 있어서도 1980년대까지는 노동의 유입이 소규모적으로 이루어졌으나 노동의 유출은 영구적인 형태의 이민이나 중동 건설현장의 근로자와 같은 일시적인 형태의 노동유출이 대규모로 이루어졌다. 하지만 최근에 와서는 중국과 동남아로부터의 노동유입이 크게 늘어나고 있는 것이 현실이다.

이에 이 장에서는 생산요소의 국제 간 이동을 다룬다. 요소의 이동에는 노동력 이동, 국제적 차입과 대여를 통한 자본이동, 다국적기업의 형태를 포함한 국제적 연결 등이 있다. 제1절에서는 국제 간 노동이동의 효과에 대하여 분석한다. 제2절에서는 국제 간 자금의 차입과 대여를 시간에 걸친 무역의 개념으로 설명한다. 제3절에서는 해외직접투자에 대해 설명하고 제4절에서는 다국적기업의 형태를 분석한다. 여기에서 다국적기업의 형태, 해외직접투자의 동기, 직접투자의 소득분배 효과 및 다국적기업의 투자효과를 투자국, 투자유치국, 전 세계적인 입장에서 살펴본다. 제5절에서는 자국과 외국 간에 재화와 생산요소가 자유롭게 이동할 수 있는 통합경제하에서 자본의 이동효과를 살펴본다.

중요 용어

- 시간에 걸친 무역
- 요소의 이동
- 잉여노동력
- 국제 간 차입과 대여
- 요소가격 균등화 정리
- 요소가격 균등화 영역
- 조세회피국
- 이체가격조작
- 수평적 통합
- 다국적기업
- 수직적 통합
- 기술이전
- 노동의 한계생산물
- 기업특수적 우위
- 대규모 생산조직
- 해외직접투자
- 시간에 걸친 생산가능곡선
- 시간에 걸친 예산제약식
- 해외직접투자
- 실질이자율
- 대규모 생산조직
- 내부화의 우위론
- 투자유치국(host country)
- 투자국(home country)
- 입지적 요인

지금까지는 재화와 용역의 국가 간 교환의 원인과 효과에 초점을 맞추어 분석하였다. 재화와 용역의 이동이 국제통합의 유일한 형태는 아니므로 이 장에서는 통합의 다른 형태, 즉 생산요소의 국제 간 이동 또는 요소이동(factor movements)을 다룬다. 요소이동에는 노동력의 이민, 국제적 차입과 대여를 통한 자본의 이전, 그리고 다국적기업의 형태를 포함한 국제적 연결 등이 있다.

국제 간 요소이동의 원리는 재화의 국제무역 원리와 큰 차이가 없으며, 국제 간의 차입과 대여 및 노동력의 국제적 이동은 원인과 효과 면에서 앞 장에서 분석한 재화의 이동과 유사하다. 그리고 다국적기업(multinational corporation)의 역할은 산업내무역과 과점시장에서 발전시킨 개념을 연장한 것으로 이해할 수 있다.

비록 무역과 요소 간 이동 사이에는 근본적으로 경제적인 유사성이 있다고 할지라도 정치적인 면에서는 큰 차이가 있다. 노동풍부국은 일정한 환경하에서 자본집약적인 재화를 수입하거나 해외로부터 자본을 차입한다. 그리고 자본풍부국은 노동집약적인 재화를 수입하거나 이민온 노동력을 고용한다. 국가의 규모가 매우 작아서 효율적인 기업의 규모를 유지할 수 없는 경우 외국기업이 국내 자회사에 의하여 생산한 재화를 수입한다. 즉, 해외직접투자의 증대로 등장하게 된 기업형태가 다국적기업이다.

전체적으로 국제 간 요소이동은 국제무역보다 더 많은 정치적 문제를 발생시킨다. 따라서 요소의 이동은 재화의 무역보다 더 많은 제약을 받는다. 이민의 제한은 전 세계적으로 일반적이다. 프랑스와 같은 유럽 국가들의 경우 재화는 자유무역을 할지라도 자본이동은 최근에도 통제를 하고 있다. 다국적기업에 의한 투자는 세계 각국에 의하여 엄격한 규제를 받고 있어 요소이동은 재화의 무역보다 실제로 더 많은 규제를 받아 왔다. 따라서 요소이동은 재화의 무역보다 실제로 덜 중요하므로, 지금까지는 요소이동이 없는 경우의 무역형태를 분석하였으나 최근에는 자본의 자유화 추세에 따라 그 중요성이 증가되고 있다.

이 장은 세 부분으로 구성되어 있다. 우선 국제 간 노동이동의 단순모형을 제시하고, 그 다음으로 국제적 차입과 대여를 분석한다. 대여는 시간에 따른(over time) 무역으로 해석할 수 있으므로 대여국은 미래에 다시 상환받기 위하여 현재의 자원을 포기하는 반면 차입자는 그 반대이다. 마지막으로 다국적기업을 분석한다.

1 노동의 국제 간 이동

이 절에서는 노동이동의 효과에 대하여 먼저 분석한다. 즉, 국제 간 노동이동이 자유롭다면 지금까지 분석한 무역이론에 어떠한 변화가 나타날 것인가를 검토한다.

1.1. 요소이동이 없는 경우의 단일재화모형

무역의 분석에서와 같이 요소의 이동을 이해하는 가장 좋은 방법은 경제적으로 통합되지 않은 세계에서 국제적 거래가 이루어질 때 어떠한 변화가 있는가를 검토하는 데서 출발하는 것이다. 자국과 외국으로 구성된 두 국가가 있으며, 각국은 토지와 노동의 두 생산요소가 있다고 가정한다. 여기서 두 국가는 '산출량'이 Q인 하나의 재화만을 생산하므로 다른 재화의 교환은 없다. 그리고 이 경제는 토지 또는 노동의 이동을 통해서만 통합될 수 있지만 토지는 정의에 의하여 이동할 수 없다. 따라서 이 모형은 국제 간 노동이동을 통하여 통합될 수 있다.

요소이동을 도입하기 전에 각국의 산출량 수준 결정요인들에 대해 분석해 보자. 토지(T)와 노동(L)은 희소한 자원이다. 따라서 다른 조건들이 일정한 경우에 각국의 산출량은 이용 가능한 이들 요소의 양에 의해 결정된다. 생산요소의 공급과 이 경제의 산출량 간의 관계는 $Q(T, L)$로 표시된 생산함수로 나타낼 수 있다. [그림 12-1]은 토지의 공급이 고정되어 있다고 가정하고 노동의 고용이 변화함에 따라 이 국가의 산출량이 어떻게 변화하는가를 나타낸다. 생산함수의 기울기는 노동을 한 단위 더 사용하여 얻을 수 있는 산출량의 증가, 즉 노동의 한계생산물(marginal product of labor)을

그림 12-1 | 생산함수

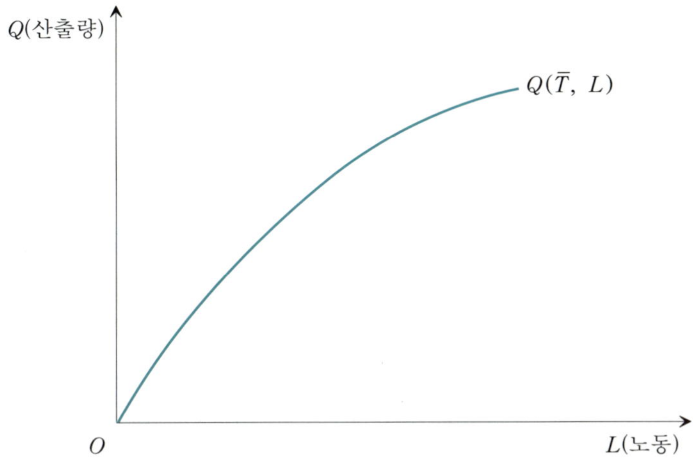

나타낸다. 〔그림 12-1〕에 이 곡선이 그려진 바와 같이 토지에 대한 노동의 비율이 증가함에 따라 노동의 한계생산물은 하락한다고 가정한다. 이 국가가 주어진 토지의 양에 대하여 더 많은 노동을 사용함에 따라 노동집약적인 생산기술로 이동하며 토지와 노동의 대체는 더 어려워진다.

〔그림 12-2〕는 〔그림 12-1〕과 같은 정보를 포함하고 있지만 노동의 한계생산물이 노동의 고용량에 따라 어떻게 달라지는가를 나타내고 있다. 〔그림 12-2〕는 노동 한 단위가 얻은 실질임금은 노동의 한계생산물과 같다는 것을 나타낸다. 그리고 이 경제는 완전 경쟁을 가정한다.

토지에서 얻는 소득은 어떠한가? 경제의 총산출량은 한계생산물곡선 아래의 영역에 의하여 측정된다. 〔그림 12-2〕와 같이 총산출량 가운데 노동자들이 얻는 임금은 실질임금률에 노동력의 고용을 곱한 것과 같으며, 나머지는 토지의 소유자들이 얻는 지대와 같다.

자국과 외국이 같은 기술을 갖고 있지만 전체적으로 볼 때 다른 토지-노동비율을 갖고 있다고 가정하자. 자국이 노동풍부국이라면 자국의 노동자들은 외국의 노동자들보다 더 적은 임금을 받는 반면, 자국의 토지소유자는 외국에서보다 더 많은 지대를 얻는다. 이것은 명백히 생산요소가 이동하려고 하는 동기가 된다. 자국의 노동자들은 외국으로 이동하려고 하는

그림 12-2 | 노동의 한계생산물

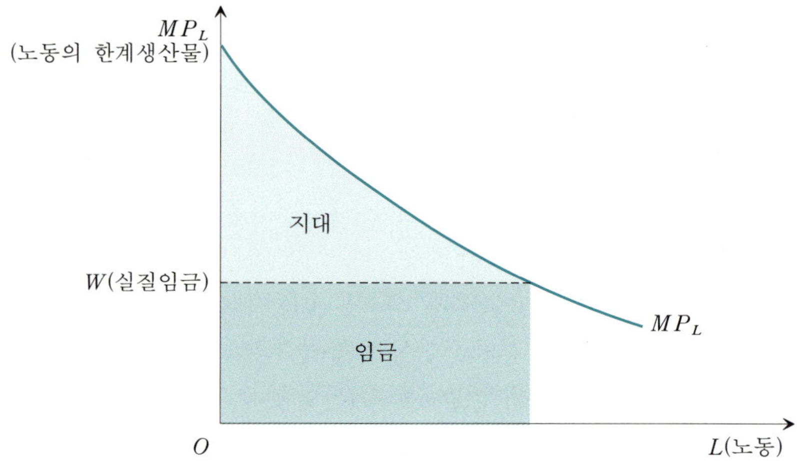

한편, 외국의 토지소유자들은 상대국의 토지를 자국으로 이동시키려고 하지만 토지의 이동은 불가능하다. 그러므로 노동자들만이 이동할 수 있을 때에는 어떻게 되는가를 살펴보자.

1.2. 노동의 국제 간 이동

(1) 노동이동의 후생 분석

기술적으로 개인의 입장에서 국제 간에 이동하고 싶은 욕망은 이동에 따른 기대비용과 편익에 달려 있다. 즉, 기대소득의 차이, 이동에 따른 비용, 자녀에 대한 교육기회와 의료시설과 같은 편의시설의 혜택 등을 모두 고려하여야 한다. 이 가운데 기대소득과 임금 차이가 이동의 가장 중요한 요인이며, 동시에 노동의 이동은 두 국가의 평균임금에 영향을 미친다. 노동의 이동은 자본의 이동 및 재화와 용역의 무역과 유사한 형태로 후생에 영향을 미친다.

두 국가 간 노동이동의 경제적 의미에 대해 시장청산에 의한 접근방법을 이용해 알아보자. 노동자들이 두 국가 간에 마음대로 이동할 수 있다고 가정하자. 노동자들이 자국에서 외국으로 이동하는 경우, 자국에서는

그림 12-3 | 2국 모형에서의 노동시장의 균형

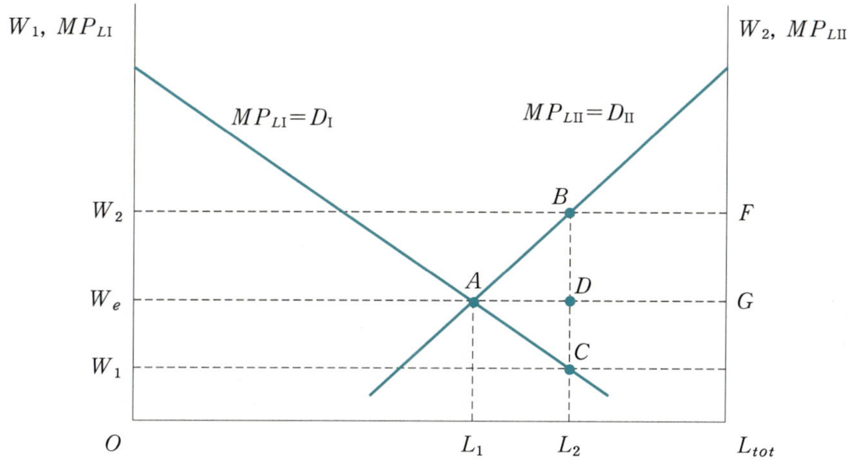

노동력이 감소하기 때문에 실질임금이 상승하는 반면 외국에서는 노동력이 증가하기 때문에 실질임금이 감소한다. 만일 노동력의 이동에 장애가 없다면 노동의 한계생산물이 두 국가에서 같아질 때까지 이와 같은 과정은 계속될 것이다. 이와 같은 균형은 [그림 12-3]에서 보여주듯 두 국가의 노동시장 균형으로 설명할 수 있다. 그림에서 두 국가의 노동력은 수평축의 길이로 표시되며, 각국의 노동수요는 D_I(자국)과 D_{II}(외국)의 수요곡선으로 표시된다.

만일 시장이 완전하게 작동하고 노동이 자유롭게 이동할 수 있다면 두 국가에서 임금은 W_e로 수렴하고 OL_1의 노동력은 I국, L_1L_{tot}의 노동력은 II국에 고용된다. 한편, 시장이 동시에 청산되지 않고 I국에서의 임금 W_1이 II국에서의 임금 W_2보다 더 낮은 경우 OL_2의 노동력은 I국, L_2L_{tot}의 노동력은 II국에 존재하게 된다. 그런데 노동력이 임금의 차이에 따라 반응한다면 노동력은 I국에서 II국으로 이동한다. 이에 따라 W_e로 수렴할 때까지 I국에서의 임금은 상승하고 II국에서의 임금은 하락한다. 이와 같은 조정으로 I국에서의 산출량은 감소하고 II국에서의 산출량은 증가한다. 하지만 I국은 노동공급의 감소에 따른 임금상승으로 나머지 노동자들의 후생수준은 상대적·절대적으로 증가하며, II국에서는 임금률이 하락하므로 노동자들의 후생은 악화된다. 그러나 노동의 유입이 증가함에 따라 다른 생산요소의 생산성은 상승하므로 이 요소의 소유자들의 후생은 증가한다. Ⅱ국에서 다른 요소들은 영역 $ABFG$만큼 이익이 되는 반면, Ⅱ국의 노동력은 영역 $DBFG$만큼 손해를 본다. 새로운 노동인 이민자들이 얻은 소득은 L_1ADL_2이다.

노동이 이동함에 따라 Ⅰ국과 Ⅱ국, 그리고 세계 전체의 후생은 어떻게 변화하는가? 다른 조건이 일정한 경우 노동의 한계생산물이 체감함에 따라 Ⅰ국의 산출량은 노동력의 감소보다 더 완만하게 하락함으로써 1인당 산출량이 증가한다. Ⅱ국의 산출량은 노동력의 증가보다 더 완만하게 증가함으로써 1인당 산출량이 감소한다. 마지막으로 Ⅱ국에서의 산출량 증가(영역 L_1ABL_2)가 Ⅰ국에서의 산출량의 하락(영역 L_1ACL_2)보다 영역 ABC만큼 더 크므로 세계 전체로 볼 때 노동의 이동(이민)은 이익을 가져온다.

Ⅰ국 내에서 시장의 불완전성으로 인해 잉여노동력이 생겼다고 가정하면 이민으로 인해 세계 이익은 증가한다. 임금은 Ⅰ국과 Ⅱ국 간에 차이가 있을 뿐만 아니라 일부 노동력은 제도적인 요인 때문에 Ⅰ국에서 실업상태에 있게 된다. 그리고 상기 균형임금은 최저임금법과 제조업부문 노조의 존재로 인한 임금의 하방경직성에 따른 결과이다. 이와 같은 노동의 초과공급을 경제발전론에서는 잉여노동력(surplus labor)이라고 부른다. 이것은 [그림 12-4]에 예시되어 있다.

이 그림에서 L_2L_{tot}는 Ⅱ국에서 이용 가능한 노동량, OL_2는 Ⅰ국에서 이용 가능한 노동량이다. Ⅱ국에서 노동은 W_2의 국내균형임금률로 고용되는 반면, Ⅰ국에서 현재의 임금률은 W_1이며 단지 OL_1만 고용된다. L_1L_2는 현 임금률 수준에서 실업상태에 있다. Ⅰ국에서 Ⅱ국으로 실업상태의 노동자들이 이동하게 되면 Ⅰ국의 산출량이 감소하지 않으면서 Ⅱ국의 산출량이 증가한다. 임금이 완전히 균등화되기 위해서는 L_eL_1의 노동자들이 Ⅰ국에서 Ⅱ국으로 이동하여 L_eL_{tot}의 노동자들이 Ⅱ국에 고용되어야 한다. 이 경우 전에 고용된 노동력 L_eL_1이 Ⅰ국으로부터 떠났기 때문에 Ⅰ국의 산출량은 하락한다. 잉여노동력에 대한 이민의 효과는 완전 고용의 경우와 유사하지만 차이가 있다. 실업자들의 감소인 L_1L_2가 Ⅰ국의 산출량에 영향을 미치지 못하므로 이민을 통하여 Ⅰ국에서는 1인당 산출량의 이익은 더 커진다. Ⅱ국에서 총산출량이 증가하고 1인당 산출량이 하락하는 것은 완전 고용의 경

그림 12-4 | 잉여노동력의 노동이민효과

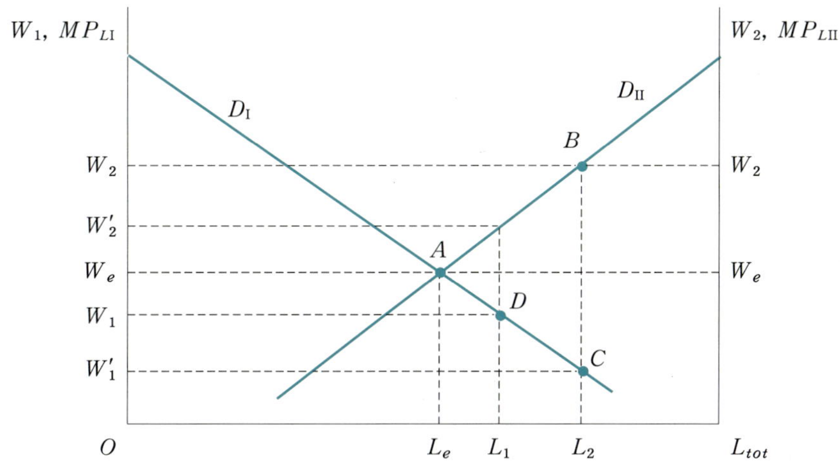

우와 같으며 순세계이익(영역 ABC+영역 L_1DCL_2)은 L_1DCL_2의 영역보다 더 커진다. 이 예는 시장왜곡의 수가 더 클수록 이들 왜곡을 제거함에 따른 잠재적 이익은 더 커짐을 나타낸다.

(2) 노동이동과 무역

앞 절에서는 국가 간에 무역이 이루어지지 않는다고 가정하였다. 무역이 이루어지고 있는 경우 요소이동이 무역에 어떠한 영향을 주는가에 대해 검토해 보자.

노동이동은 산출량의 구성과 무역구조에 영향을 미친다. 노동이 II국에 유입하게 되면 제9장에서 검토한 노동력의 성장과 그 효과가 유사하다([그림 12-5] 참조). 완전 고용과 일정한 국제가격이 주어진 경우 II국에서의 노동력이 증가하면 립진스키의 정리에 따라 노동집약적인 재화(섬유류)의 산출량이 증가하고 자본집약적인 재화(자동차)의 산출량이 축소된다.

I국이 노동풍부국이고 II국이 자본풍부국이며 두 국가 간의 무역이 헥셔-올린 유형에 따른다고 가정할 경우, I국은 노동집약적인 X재(섬유류)를 특화생산하여 수출하고 II국은 Y재(자동차)를 특화생산하여 수출한다. 이제 두 국가 간에 노동력이 I국에서 II국으로 이동할 경우 산출량과 무역에 대

그림 12-5 | 노동시장의 조정과 이민의 성장효과

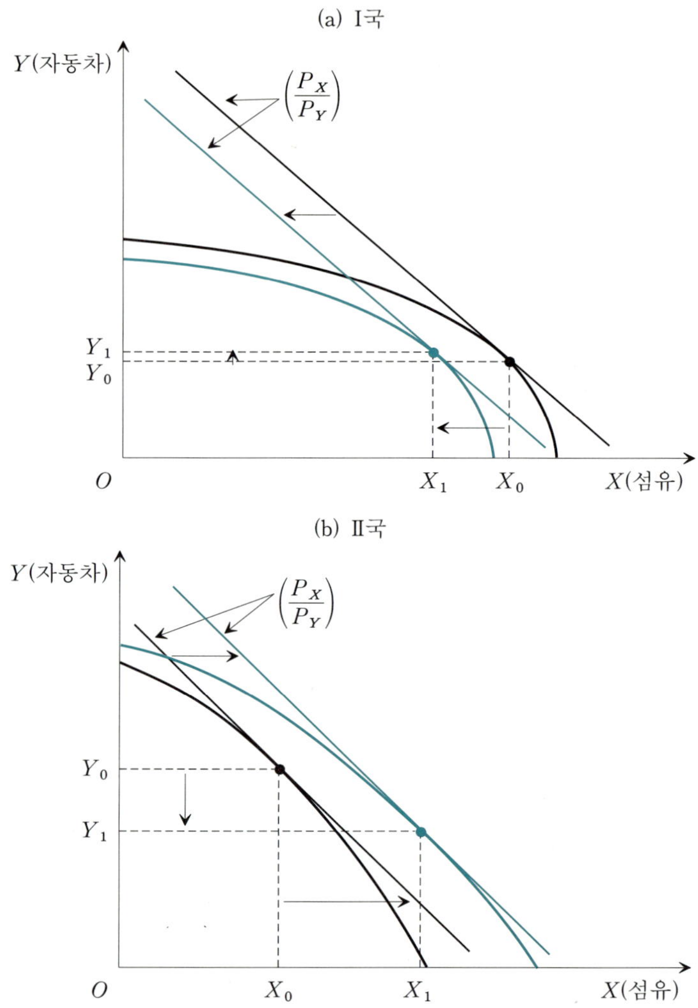

한 효과를 검토해 보자. [그림 12-5] (b)에서 II국의 수출재 산출량은 Y_0에서 Y_1으로 감소하고, 수입재 산출량은 X_0에서 X_1으로 증가한다. 따라서 생산의 무역효과는 초반무역효과(ultra-antitrade effect)를 나타낸다.

같은 방법으로 I국에서의 노동력 감소는 노동집약적인 재화의 생산이 [그림 12-5] (a)의 X_0에서 X_1으로 감소하고 자본집약적인 재화의 생산이 증가한다. 두 국가에서의 생산효과는 대칭적이고 초반무역편향적이다. 노동이동이 무역량과 무역구조에 미치는 효과는 생산효과와 소비효과에 달려 있으며, 이것은 다시 두 국가에서의 두 재화에 대한 소득변화와 수요의 소득탄력성에 영향을 미친다. 마지막으로 이 분석은 어느 국가에서든 가격의 왜곡이 없으며 국제가격은 요소이동으로 인해 변화하지 않는다고 가정한다.

사례연구 12-1

유럽에 부는 반EU·반이민 정서

유로존 재정위기로 인한 장기 경기침체를 배경으로 '반유럽연합'을 내세운 극우 민족주의 정당들이 유럽의회에서 세력을 크게 확대할 조짐이 점점 뚜렷해지고 있다.

극우파의 약진 가능성은 유럽 곳곳에서 확인되고 있으며, 현재의 지지율 추이대로면, 극우 정당들은 차기 유럽의회에서 사상 처음으로 원내교섭단체를 구성할 수 있을 것으로 관측된다. 유럽의회에서 원내교섭단체로 등록하려면 유럽연합 28개 나라 가운데 7개국 이상에서 25명의 의원을 확보해야 한다. 극우 정당들은 현재의 7대 의회까지는 교섭단체 등록에 실패했다. 하지만 이번에는 나라별로 상당한 의석을 확보할 것으로 보이는 극우 정당들이 협의해 교섭단체를 구성할 가능성이 커졌다. 유럽 싱크탱크 '오픈유럽'은 최근 극우 정당이 전체 751석 가운데 218석을 차지할 것이라는 예상을 내놓기도 했다.

극우 정당의 부상에는 유로존 경제위기가 결정적 배경이 된 것으로 분석된다. 경기침체로 실업률이 상승하자, 임금수준이 높은 프랑스·영국·독일·북유럽 등 잘 사는 나라에서는 동유럽 등 유럽연합 역내 가난한 나라 출신 노동자들의 이주에 반발하는 목소리가 높아졌다.

극우 정당들은 이런 불만에 편승해 이민 규제와 외국인 배척을 노골적으로 내세우며 표심을 자극하고 있다. 이들은 유럽연합의 무분별한 회원국 확대정책이 경제 선진국의 사회복지 혜택을 노린 이른바 '빈곤 이민'을 부추겨 왔다면서, 그간 유럽연합이 추구해 온 '통합 확대' 가치에 정면으로 도전하고 있다.

또 그리스·스페인·포르투갈·이탈리아 등 유로존 위기의 진원지가 되었던 나라들에서도 유럽연합에 대한 반발 정서가 상당하다. 유럽연합이 경제지원을 앞세워 긴축을 강요한 탓에 수백만 명의 실업자가 양산되었다는 불만이다. 이들 국가에서는 유럽연합의 경제적 간섭에서 벗어나야 한다는 극우 정당의 주장이 먹혀들고 있다.

극우 정당의 세력화는 유럽통합 움직임에 부정적 영향을 끼칠 것으로 보인다.

극우 정당들은 유럽의회를 반유럽연합 이데올로기를 퍼뜨리는 선전 무대로 활용할 가능성이 크다. 이들이 공격적으로 반충합 주장을 펼친다면 유럽연합 내 기존 정치세력도 국내 선거에 끼칠 영향을 의식해 '반이민 강화' 등의 주장을 일부 수용하는 등 정치 전반에 극우의 목소리가 커질 수 있다.

자료: 한겨레신문, 2014년 5월 19일.

2 국제 간 차입과 대여

자본의 국제적 이동은 국제경제의 주요한 특징이다. 노동이동에 대한 분석과 같은 방법으로 자본에 대한 이동을 분석할 수 있다. 국제 간 노동이동은 노동자들이 한 국가에서 다른 국가로 물리적으로 이동한다는 것을 의미한다. 그러나 자본이동을 이야기할 때 한 국가의 기계가 다른 국가로 이동한다는 것을 의미하지 않으며, 대신에 금융거래를 통하여 이루어진다. 즉, 한 국가의 은행이 외국의 기업들에게 대여하거나, 한 국가의 거주자들이 외국의 주식을 구입하거나 국내기업이 외국의 자회사를 통하여 투자하는 형태를 의미한다.

국제경제의 금융적 측면에 대한 분석은 국제금융에서 다루지만 국제 간 차입과 대여(international borrowing and lending)는 국제무역의 한 형태로 해석할 수 있다. 어느 한 시점에서는 한 재화와 다른 재화를 교환할 수 없지만 현재의 재화와 미래의 재화는 서로 교환할 수 있다. 이와 같은 종류의 무역을 시간에 걸친 무역(intertemporal trade)이라고 한다.

2.1. 시간에 걸친 생산가능곡선과 무역

국제 간에 자본이동이 없는 경우일지라도 어느 경제이든지 현재의 소비와 미래의 소비 사이에 상충관계가 있다. 경제는 일반적으로 현재의 산출량을 모두 소비하지 않는다. 산출량 가운데 일부는 기계·건물 및 기타 생산자본재의 형태로 투자된다. 현재의 투자가 증가할수록 미래의 생산과 소비가 더 증가한다. 더 많이 투자하기 위해서 경제는 현재의 소비를 더 적게 함으로써 자원을 축적해야 한다. 따라서 현재와 미래의 소비 사이에는 상충관계가 존재한다.

한 재화만을 소비하고 현재와 미래의 두 기간만이 존재하는 경제를 가정하자. 현재와 미래의 소비재 생산 사이에 상충관계가 있으므로 시간에 걸친 생산가능곡선(intertemporal production possibility frontier)을 그릴 수 있다. 이와 같은 곡선은 [그림 12-6]에 예시되어 있다. 시간에 걸친 생산가능곡선의 형태는 국가에 따라 차이가 있다. 어떤 국가들은 현재의 산출량에 편향된 생산가능곡선을 가질 수 있고, 어떤 국가들은 미래의 산출량에 편향된 생산가능곡선을 가질 수 있다. 이에 자국의 생산가능곡선은 현재소비(C_P)에 편향된 반면 외국의 생산가능곡선은 미래소비(C_F)에 편향되어 있다고 가정해 보자.

국제적 차입과 대여가 없는 경우 미래소비의 상대가격은 외국보다 자국에서 더 높다. 만일 시간에 걸친 국제무역을 한다면 자국은 현재소비를 수출하고 미래소비를 수입한다. 이때 미래소비의 상대가격은 무엇이고 시

그림 12-6 | 시간에 걸친 생산가능곡선

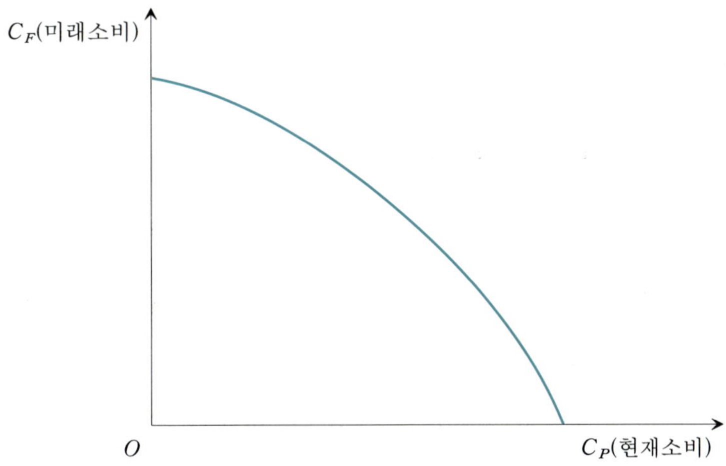

간에 걸친 무역은 어떻게 이루어지는가 살펴보자.

2.2. 실질이자율

개인과 마찬가지로 한 국가는 시간에 결쳐서 차입 또는 대여를 할 수 있다. 한 개인이 차입을 할 때 어떠한 일이 발생할 수 있는가를 고려해 보자. 처음에는 소득보다 더 많이 지출할 수 있다. 다시 말하면, 생산보다 더 많은 것을 소비할 수 있다. 그렇지만 후에 이자로 차입금을 상환해야 하므로 미래에는 생산보다 더 적은 양을 소비한다. 따라서 차입함으로써 현재의 소비와 미래의 소비를 교환한다.

현재소비에 의한 미래소비의 가격은 이자율과 관련된다. 이자율에 대한 해석은 현실세계에서의 전체적인 가격수준의 변화 가능성으로 인하여 복잡해질 수 있다. 여기에서는 차입계약을 '실물'변수로 정의한다고 가정함으로써 이 문제를 잠시 보류한다. 한 국가가 차입을 할 때 미래에 더 많은 양을 상환하기 위하여 현재소비의 일정량을 구입한다. 미래에 다시 상환하는 양은 $(1+r)$에 현재 차입한 양을 곱한 것이다. 따라서 r은 차입하는 데 따른 실질이자율(real interest rate)이다. 현재소비의 한 단위는 미래의 $(1+r)$ 단위와 서로 상충관계에 있으므로 미래소비의 상대가격은 $1/(1+r)$이다.

만일 차입과 대여가 자유롭게 이루어진다면 미래소비의 상대가격에 따라서 세계의 실질이자율은 미래소비의 세계상대공급과 수요에 의하여 결정될 것이다. 시간에 걸친 생산가능곡선이 현재의 소비에 편향되어 있는 자국은 현재의 소비를 수출하고 미래의 소비를 수입한다. 즉, 자국은 첫 번째 기간에 외국에 자금을 대여하고, 두 번째 기간에 상환을 받는다.

2.3. 시간에 걸친 무역

두 기간의 시간에 걸친 무역모형(two-period intertemporal trade model)을 자세히 검토해 보자. 현재의 시점에서 무역모형은 투자와 차입의 국제적 형태와 시간에 걸친 교역조건(즉, 실질이자율)으로 설명할 수 있다.

시간에 걸친 생산가능곡선이 [그림 12-7]과 같은 자국이 있다고 하자. 자국에서 생산된 현재와 미래의 소비재 양은 미래의 재화를 생산하기 위

그림 12-7 | 자국의 시간에 걸친 생산유형의 결정

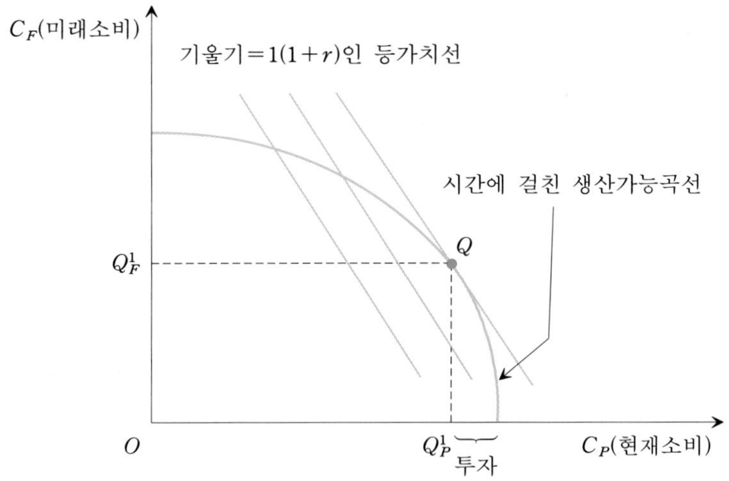

하여 투자된 현재의 소비재 양에 따라 다르다. 현재 이용할 수 있는 자원이 현재의 소비에서 투자로 전환됨에 따라, 현재소비의 생산 Q_P는 하락하며 미래소비의 생산 Q_F는 상승한다. 그러므로 투자의 증가는 경제를 시간에 걸친 생산가능곡선을 따라 왼쪽 상방으로 이동시킨다.

현재소비에 의한 미래소비의 가격은 $1/(1+r)$이다. r은 여기서 실질이자율이다. 두 기간에 걸쳐 생산된 경제의 총생산액(V)은 현재소비에 의하여 측정될 때 다음과 같다.

$$V = Q_P + \frac{Q_F}{(1+r)}$$

[그림 12-7]은 V의 다른 금액에 대하여 상대가격 $1/(1+r)$에 대응하는 등가치선(isovalue lines)을 나타낸다. 이 선은 $-(1+r)$의 기울기를 나타낸다. 표준형태의 무역모형에서 기업들은 시장가격에서 생산액 $Q_P + Q_F/(1+r)$을 극대화시키는 생산유형으로 결정한다. 그러므로 생산은 Q에서 발생한다. 첫 번째 기간의 투자가 이루어질 때 경제는 현재소비하고 남은 부분, 즉 Q_P^1의 잔여분을 투자하여 미래소비 Q_F^1을 생산한다.

점 Q에서 현재소비의 추가적인 한 단위를 투자함으로써 얻게 되는 추

그림 12-8 | 자국의 시간에 걸친 소비유형의 결정

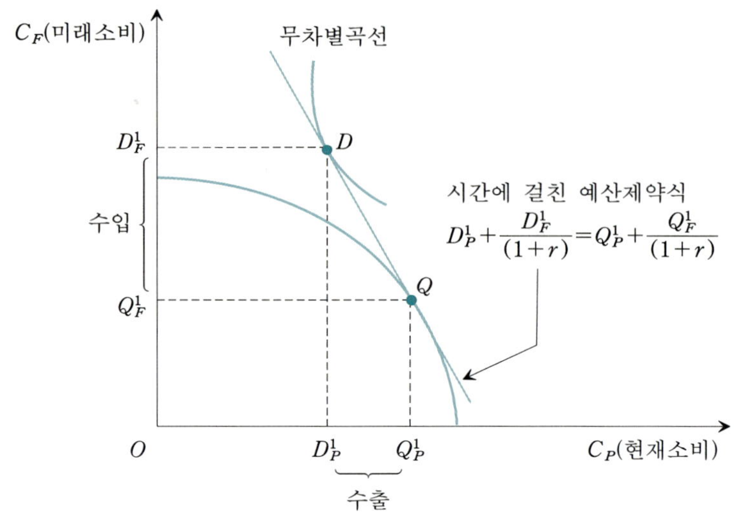

가적인 미래소비는 $(1+r)$와 같다. 점 Q 이상에서 투자를 증가시키는 것은 비효율적이다. 왜냐하면, 이 경제는 추가적인 현재의 소비를 외국에 대여함으로써 더 많은 이익을 얻을 수 있기 때문이다. [그림 12-7]의 등가치선을 가파르게 하는 세계실질이자율의 상승은 투자를 하락시킨다.

[그림 12-8]은 세계이자율이 주어진 경우 자국의 소비유형이 어떻게 되는가를 나타낸다. D_P와 D_F는 각각 현재와 미래의 소비재에 대한 수요를 나타낸다.

생산이 점 Q에서 이루어지므로 두 기간에 걸친 경제의 소비가능곡선은 시간에 걸친 예산제약식(intertemporal budget constraint)에 의하여 제한을 받는다.

$$D_P^1+\frac{D_F^1}{(1+r)}=Q_P^1+\frac{Q_F^1}{(1+r)}$$

이 제약식은 두 기간에 걸친 자국의 소비액(현재소비에 의하여 측정)이 두 기간에 걸쳐 생산된 소비재의 생산액(현재소비에 의하여 측정)과 같다는 것을 의미한다. 다시 말하면, 생산과 소비는 같은 등비용선상에 있다는 것

그림 12-9 | 시간에 걸친 외국의 생산·소비유형의 결정

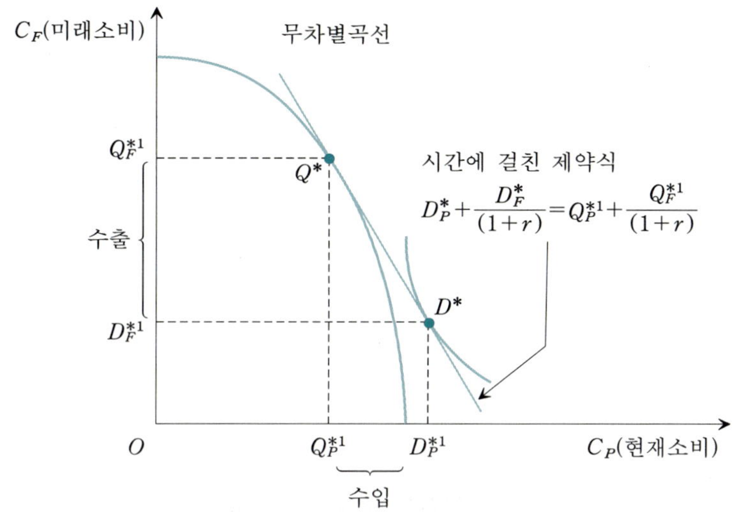

이다.

자국의 예산제약식이 가장 높이 도달할 수 있는 무차별곡선과 만나는 점 D는 이 경제가 선택한 현재와 미래의 소비수준을 나타낸다. 현재소비에 대한 자국의 수요 D_P^1은 현재의 생산 Q_P^1보다 더 적다. 즉, 현재소비 $Q_P^1 - D_P^1$단위를 외국인들에게 수출한다. 첫 번째 기간의 차입이 이자로 다시 상환될 때 자국은 외국으로부터 미래소비 $D_F^1 - Q_F^1$단위를 수입한다. 기간에 걸친 예산제약식은 $D_F^1 - Q_F^1 = (1+r) \times (Q_P^1 - D_P^1)$과 같다. 따라서 무역은 시간에 걸쳐서 균형이 이루어진다.

[그림 12-9]는 투자와 소비가 외국에서 어떻게 결정되는가를 나타내고 있다. 외국은 미래의 소비재를 생산하는 데 비교우위가 있다고 가정한다. 실질이자율이 r일 때 외국은 첫 번째 기간에 소비재를 차입하고 두 번째 기간에 생산된 소비재를 사용하여 이 차입을 다시 상환한다. 상대적으로 국내투자기회는 풍부하며 현재소비를 상대적으로 더 선호하기 때문에 외국은 현재소비의 수입국이고 미래소비의 수출국이므로 이는 오퍼곡선을 사용하여 국제적 균형을 그릴 수 있다.

한 국가의 오퍼곡선은 바람직한 수입에 대한 바람직한 수출을 그린

그림 12-10 | 미래소비의 외국수출($Q_F^* - D_F^*$)과 미래소비의 자국수입($D_F - Q_F$)

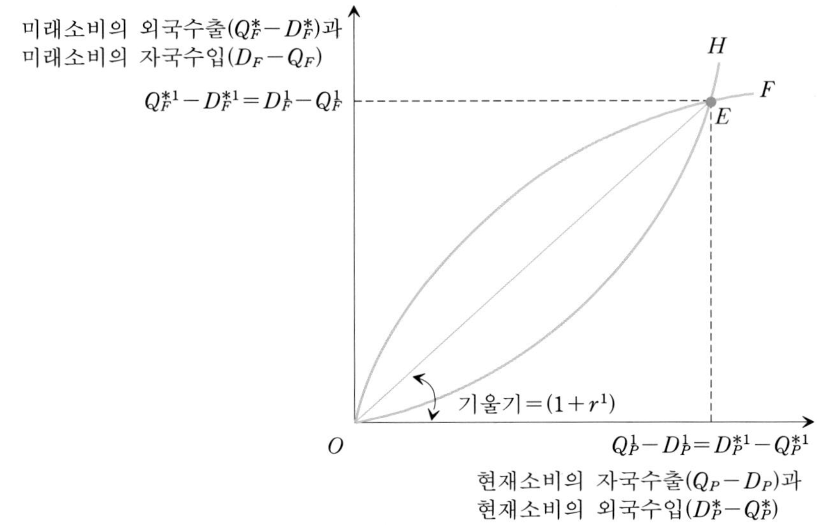

궤적이다. [그림 12-10]은 균형실질이자율이 자국과 외국의 오퍼곡선 OH와 OF가 교차되는 점 E에서 결정됨을 보여준다. 선분 OE는 $(1+r^1)$의 기울기를 갖는다. 여기서 r^1은 세계균형이자율이다. 점 E에서 현재소비에 대한 자국의 바람직한 수출은 현재소비에 대한 외국의 바람직한 수입과 같다. 다시 말하면, 점 E에서 첫 번째 기간에 자국의 바람직한 대여는 첫 번째 기간에 외국의 바람직한 차입과 같다. 그러므로 두 기간의 수요와 공급은 같다.

3 해외직접투자

3.1. 해외직접투자의 정의

해외직접투자(foreign direct investment: FDI)는 자본, 기술경영, 노하우 또는 기타 경영자원의 복합적 제휴를 통하여 해외사업을 단독으로 경영하거나 공동으로 경영에 참여하는 투자를 말한다. 수출이 국내의 생산요소들을 국내에서 결합하여 제품의 상태로 해외로 이전시키는 방법이라면, 해외직접투자는 국내의 자본, 기술경영, 노하우 등의 생산요소를 해외로 이전하여 당해국의 생산요소인 노동 및 토지 등과 결합하여 생산 및 판매를 하는 것이라는 점에서 대조가 된다.

해외투자의 종류는 분류기준에 따라 다양한 형태를 지니고 있다. 투자의 주체에 따라 민간투자와 공공투자로 나눌 수 있으며, 투자기간의 장단에 따라 단기투자와 장기투자로 구분된다. 그리고 경영에의 참여 여부에 따라 직접투자와 간접투자로 분류하기도 한다.

먼저 해외직접투자는 이윤획득을 목적으로 모기업이 현지기업을 통제하여 영향력을 행사할 목적으로 이루어진다. 따라서 자본뿐만 아니라 무형이 경영자원인 경영관리 노하우, 상표, 기술 등도 이동의 대상이 된다. 이런 관점에서 현지기업을 직접적으로 지배하기 위해 경영권에의 참여를 목적으로 하는 국제투자라고 정의할 수 있다. 해외간접투자는 이익배당이나 자산의 매각에 의한 소득을 목적으로 하는 투자를 말한다. 따라서 해외주식의 구매, 공사채의 인수와 같은 국제증권투자의 형태를 취하게 된다. 이런 경우에는 주로 자본, 즉 화폐자산만이 이동하게 된다. 해외직접투자와 해외간접투자의 차이는 결국 피투자기업에 대한 경영통제권을 목적으로 하는가에 있다고 할 수 있다.

3.2. 해외직접투자의 필요성

오늘날 해외직접투자는 교통과 통신의 발달로 인해 보다 쉽게 이루어지고 있으며, 특히 WTO는 '내국민대우원칙'에 기반을 두고 있기 때문에 외국기업에 대한 차별은 상대적으로 적어지고 있다. 이와 같은 상황하에서 최근 생산과 판매과정에 관련된 경영활동이 세분화되어 각기 다른 국가에서 경영활동이 이루어지고 있어 이렇게 생산된 상품이 어느 국적의 상품인지가 애매해지기도 한다.

과거 해외직접투자는 일반적으로 선진국에서 후진국으로 전개되었으나 최근에는 개발도상국으로부터 선진국으로 전개되고 있다. 해외직접투자는 투자국과 상대국의 경제적 여건 및 법률적 환경에 따라 예상치 못한 위험과 어려움에 직면할 수 있으나 그럼에도 불구하고 그 필요성은 다양하게 살펴볼 수 있다.

첫째, 대외협력 강화이다. 해외직접투자는 시장개방, 세제·금융에서의 혜택 등 투자대상국에서 제공하는 각종 인센티브를 활용할 수 있고, 특히 개발도상국의 경제개발계획을 지원하여 투자대상국과 호혜적·협력적 바탕 위에서 공동이익을 나누고 단기적 이익의 추구보다는 장기적 관점에서 경제·외교적 문제를 종합적으로 고려함으로써 경제협력 증진뿐만 아니라 대외협력 강화에도 도움을 줄 수 있다.

둘째, 자원의 안정적 확보이다. 부존자원의 확보 측면에서 국내의 부존자원이 빈약하므로 원유뿐만 아니라 해외의존도가 큰 광물자원·임산물·수산물 등의 개발수입을 확대하여 세계적인 자원민족주의에 대처와 더불어 경제성장에 소요되는 주요한 자원을 저렴하고 안정적으로 확보할 필요가 있다.

셋째, 산업구조의 고도화이다. 비교열위에 있는 산업이나 장기적으로 보아서 사양화가 불가피한 산업 등은 환율이 안정되고 임금수준이 낮은 제3국으로 생산거점을 이전함으로써 생산제품의 라이프사이클을 연장시키고, 선진 각국의 첨단기술 습득, 이윤의 재순환과 산업구조의 고도화 도모 및 외화획득에 기여하는 등의 여러 효과를 기대할 수 있다.

넷째, 선진국의 무역규제 우회 및 수출시장의 판로 확보이다. 선진국들의 무역장벽의 구축과 국내시장에 대한 개방화 요구 및 세계경제의 블록화로 역외국가에 대한 보호무역주의가 심화되고 있으므로 대외지향적 성장전략이 불가피한 우리로서는 이러한 불이익을 극복하기 위한 하나의 방법으로서 생산시설을 경제블록 내의 국가로 이전할 필요가 있다. 외국의 관세 또는 비관세 등과 같은 무역장벽이 높을 경우 현지국에서 직접 생산하여 판매하면 수입상품이 아니기 때문에 이러한 무역장벽을 피할 수 있다. 또한 현지국 시장과 근접국 시장개척을 통하여 해외시장 기반을 구축 및 확장하고 수출을 지속적으로 신장시키기 위하여 제3국 생산 및 이를 통한 우회수출전략을 선택할 필요성이 있다는 것이다.

3.3. 해외직접투자의 유형

기업에 있어서 해외직접투자의 유형은 국내외의 환경 변화에 의해 점차 변화하고 있는데 그 유형을 살펴보면 크게 자원확보, 시장확보, 비용절감, 기술습득형이 있다.

첫째, 자원확보형은 기업이 농산물, 수산물, 광물, 임산물 등과 같은 특정 자원을 자국 내에서 확보할 수 없거나 또는 확보 가능하다 할지라도 비용이 너무 많이 소요되는 경우에 자원을 해외에서 안정적으로 확보하여 본국으로 수입하거나 제3국에 수출하기 위한 목적으로 해외투자를 하는 경우를 말한다. 최근 기업이 자원보유국에 대해 자본이나 기술을 투자하여 자원개발을 하고 그 생산물을 수입하는 방식이 많이 활용되고 있는데, 이러한 형태를 자원개발수입이라고 부른다. 한국과 같이 자원빈국인 일본이 경제성장에 성공할 수 있었던 중요한 이유 중 하나가 일찍이 해외직접투자를 통하여 해외자원 개발에 주력함으로써 자원을 저렴하고 안정적으로 공급 및 확보할 수 있었던 것을 살펴볼 수 있다.

둘째, 시장확보형이 있다. 이는 기술, 마케팅, 경영기법 등과 같은 독점적 우위요소를 보유하고 있는 기업이 이러한 우위요소를 최대한 활용하여 기존의 수출시장을 방어하거나 새로운 시장을 개척하기 위해 현지투자를 하는 경우를 말한다. 이러한 형태의 해외직접투자는 수출을 통한 공급이 많은 비용을 유발시키거나 현지국 정부가 현지에 제품을 생산할 수밖에 없을 정도로 높은 수준의 관세 및 비관세 장벽을 구축하여 규제를 가하는 경우에 주로 활용된다. 현지국의 시장을 개척·확보·유지하기 위한 형태로서 제조업 투자의 대표적인 형태이다.

셋째, 비용절감형이 있다. 이는 생산성에 비해 생산요소의 가격이 상대적으로 저렴한 지역에 투자하여 생산활동을 전개하는 형태의 투자를 말한다. 한국의 경우 섬유, 신발, 완구 등의 경공업기업들이 1980년대 후반 원화가치의 상승과 임금인상, 3D업종 기피현상으로 중국, 인도네시아, 베트남 등 아시아 개발도상국으로 대부분 생산기지를 이동하였다.

넷째, 기술습득형이 있다. 이는 범세계적으로 기술경쟁이 점차 치열해짐에 따라 첨단기술을 보유하고 있는 선진국 기업의 기술이나 경영노하우를 보다 신속하게 습득하기 위해 투자하는 경우를 말한다. 이러한 형태의 해외투자는 고급 기술인력이 위치하고 있는 지역에 현지법인을 설립하여 현지의 우수한 두뇌를 이용함으로써 선진기술에 보다 더 효율적으로 접근하기 위한 것이다. 이 경우 투자는 기술이전에 따른 로열티 및 기술개발에 대한 이익을 제공하고 개량기술의 이용권을 확보하는 데 있다.

• 사례연구 12-2 •

한국 기업의 인도 진출

KOTRA에 따르면 1968년 이래 지난해까지 한국의 인도 투자는 총 37억 달러, 2,194건에 이른다. 같은 기간 한국의 전체 해외 투자금액(2,820억 달러)의 1.31%에 불과할 정도로 인도 시장에 대한 진출 속도는 아직 더딘 편이다. 한국의 인도 해외 직접투자는 대기업 투자가 85%로 대부분이고, 나머지는 중소기업이 차지한다. 한국 기업이 가장 많이 진출한 업종은 제조업으로 53.7% 수준이다. 인도 산업이 주로 서비스업(57%) 중심인데다 다른 외국인 투자기업도 대부분 서비스업에 진출하는 것과는 차이가 있다.

인도는 유럽과 중동, 아프리카 등 3개 대륙의 한복판에 있다. 국내 제조업체들이 끊임없이 인도 진출 기회를 엿보는 배경이다. 현대자동차의 인도 첸나이 공장, LG전자의 란장가온 공장 등은 아프리카 중동 수출의 전초기지로 활용되고 있다. 현대자동차는 지난달 인도 시장에서 4만 7,01대를 판매해 23.7%의 증가율을 기록했다. 3개월 연속 4만대 이상을 판매하는 등 월간 최다 판매기록을 경신해 나가고 있다. 현대자동차는 내년 상반기에 450억 루피(약 8,200억 원)를 투자해 인도에 제3공장을 건설할 계획이다. 란장가온에 진출해 있는 LG전자 생산공장에서는 TV, 냉장고 등 백색가전을 집중적으로 생산하고 있다.

삼성전자는 저가 스마트폰을 앞세워 인도 시장을 파고들고 있다. 지난 1월

표 12-1 | 한국 기업 인도 진출 현황

지역	기업명
델리	삼성전자, 현대자동차, 두산중공업, 쌍용건설, 삼성물산, 포스코, 수출입은행, 신한은행
첸나이	현대자동차, 삼성전자, 한진해운, 두산중공업
뭄바이·푸네	현대중공업, 신한은행, LG전자뿌네공장, CJ-STAR
방갈로르	LG(소프트웨어, CNS), 삼성전기, 두산인프라코어, SK, 하이닉스
오리샤	포스코

자료: KOTRA.

에는 우타르프라데시주 노이다 공장의 생산라인 증설을 위한 투자를 완료해 현재 타이젠 운영체제 기반의 'Z1' 등 스마트폰을 생산하고 있다. 효성도 마하라슈트라주에 짓는 공장에 3,500만 달러를 투자해 내년 6월부터 초고압 가스절연 개폐기(GIS) 및 부품 생산에 들어갈 예정이다.

GS샵은 CJ오쇼핑에 앞서 국내 홈쇼핑 사업자로는 처음 2009년 인도 시장의 문을 두드렸다. GS홈쇼핑은 당시 인도 최초의 24시간 홈쇼핑 'HomeShop18 (HS18)'의 주주이자 공동 운영자로서 인도 유통시장에 진출했다.

인도 정부의 'Make in India' 정책은 인도를 제조업의 허브로 만들겠다는 구상이다. 중점 추진 분야는 자동차, 자동차 부품, 항공, 생명공학, 화확, 건설, 방위산업 등 25개에 이른다. 인도 인구는 2025년 14억 6,900만 명으로 중국을 제치고 세계 1위의 인구대국이 될 전망이다. 거대한 소비시장과 생산기지로서의 매력도가 갈수록 커질 수밖에 없는 이유다.

전문가들은 국내 기업들이 자동차 부품, 전자제품, 의료기기, 헬스케어 등 수요가 급증하는 분야와 철도 및 스마트시티 건설, 신재생에너지 등 인도 정부가 전략적으로 육성하는 산업에 진출할 필요가 있다고 조언한다. 특히, 연간 37%씩 성장하고 있는 전자상거래를 통한 소비재 시장 진출도 성공 가능성이 큰 분야로 꼽힌다. 국내 기업이 경쟁력을 갖추고 있는 철도 및 스마트시티 건설을 비롯해 에너지 수요가 많은 인도 시장의 특수성을 겨냥해 신재생에너지 프로젝트를 추진하는 방안도 잠재성이 큰 투자 분야로 거론되고 있다.

자료: 한국경제신문, 2015년 11월 24일.

4 다국적기업의 분석

4.1. 다국적기업의 개념

이 절에서는 자본집약적인 재화의 무역에 대한 대체로서 국제적 자본이동(투자)의 역할에 대해 살펴보기로 한다. 해외직접투자(foreign direct investment)는 소유권과 기업의 통제를 포함한 자본이동으로 이러한 해외직접투자는 대부분 다국적기업 또는 초국적기업(transnational corporation: TNC)에 의하여 이루어진다.

다국적기업(multinational corporation: MNC)이란 한 국가 이상에서 판매하거나, 둘 이상의 국가에서 플랜트 또는 자회사를 운영하거나, 한 국가 이상이 주식을 소유하고 있는 기업을 말한다. 여기서의 정의는 금융부문, 서비스부문까지 포함하고 국영기업, 소규모 기업에도 적용된다. 그러나 이러한 개념은 광범위한 개념이므로 기업의 활동을 생산행위로만 제한하고 해외부문에 대한 최소한의 규정으로 총자산 또는 총매출액의 25% 이상을 차지하는 좁은 의미로 보통 해석한다.[1] 또한 최근 국제경제 여건 변화의 주요 특징 중의 하나는 국제 간 경제교류 방식이 해외직접투자를 매개로 상품뿐만 아니라 자본·인력 등 생산요소가 직접 이동하는 방식으로 다변화되고 있다는 점이다. 1990~2005년 기간중 전 세계 수출 및 GDP가 각각 3.1배와 2.0배 증가한 반면, 해외직접투자액은 3.4배 증가하였다.

우리나라의 경우에도 1990~2006년 기간중 수출 및 GDP의 규모는 5.0배와 3.4배 증가한 반면, 같은 기간중 연간 해외직접투자액은 11배 수준으로 확대되는 등 매우 빠른 증가세를 보이고 있다.

[1] 초국적기업의 개념에 대해서는 황현기(1991), p. 10; R. J. Carbaugh(1992), p. 245.

표 12-1 | 우리나라의 지역별 해외직접투자 현황(1990～2006년)

(단위: 천 달러)

연도	투자금액	아시아	북미	중남미	유럽	중동	아프리카	대양주
1990	963,117	292,399	440,817	66,813	63,873	40,276	26,518	32,421
1991	1,109,702	423,799	457,255	41,596	87,732	58,572	18,004	22,744
1992	1,216,651	518,945	393,023	36,504	140,309	75,250	29,065	23,555
1993	1,264,179	502,708	391,989	43,201	175,220	85,694	30,681	34,686
1994	2,307,050	1,158,115	567,016	49,899	355,334	38,273	113,517	24,896
1995	3,100,821	1,702,612	549,865	122,441	613,253	31,624	41,599	39,427
1996	4,459,553	1,872,431	1,599,500	272,567	600,778	26,484	17,145	70,648
1997	3,714,700	1,779,354	900,893	280,028	435,478	69,051	113,387	136,509
1998	4,814,884	2,091,984	989,099	243,565	1,233,657	20,975	106,730	128,874
1999	3,331,837	1,284,963	1,419,794	227,723	301,110	3,637	25,580	69,030
2000	5,099,902	1,604,255	1,423,162	1,506,892	290,980	28,718	156,252	89,643
2001	5,174,003	1,392,565	1,487,474	103,734	2,128,805	24,502	16,457	20,466
2002	3,708,868	1,759,417	574,491	275,398	965,793	37,085	18,109	78,575
2003	4,091,631	2,445,625	1,073,317	213,554	221,340	16,904	28,947	91,944
2004	5,946,810	3,348,267	1,385,833	345,189	711,994	28,044	51,302	76,181
2005	6,560,523	3,911,023	1,278,264	399,941	644,604	37,468	136,384	152,839
2006	10,773,273	6,086,677	2,149,373	754,899	1,206,074	159,882	214,134	202,234

자료: 통계청.

사례연구 12-3

국내 제약기업 해외직접투자 급증

지난해 국내 제약산업의 해외직접투자 규모가 전년도보다 3배 이상 늘어난 것으로 나타났다.

14일 한국보건산업진흥원의 '2014년 국내 제약산업 해외직접투자(FDI) 동향 분석' 보고서에 따르면, 지난해 제약산업의 해외직접투자 신고금액은 2013년(5,130만 달러)보다 201.9% 늘어난 1억 5,488만 달러로 사상 최대 규모를 기록했다.

국내 제약산업의 해외직접투자는 1988년 처음으로 미국과 수단 등 2개국에 자원개발을 목적으로 121만 달러의 투자가 이루어진 이후 증감을 이어가다 2011년부터 최근 4년간 뚜렷한 증가세를 보이고 있다.

투자 지역별로는 북미 지역 직접투자가 6,338만 달러(송금액 기준)로 전체의 55.2%를 차지했고 아시아(40.1%), 유럽(4.1%), 중남미(0.6%) 순으로 뒤를 이었다.

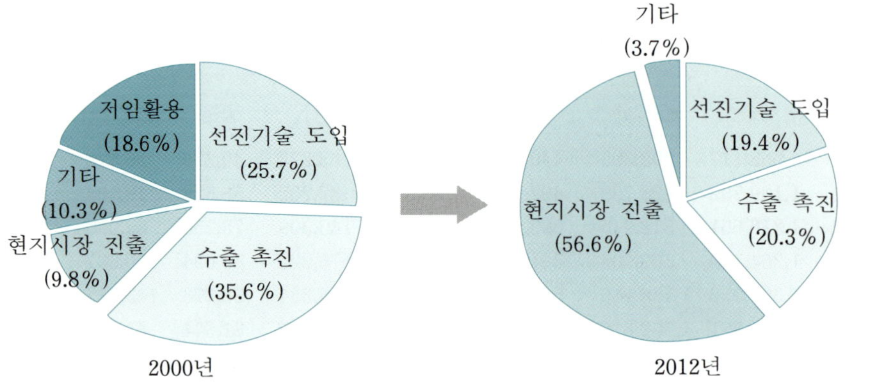

2010년과 비교하면 북미 지역에 대한 투자가 4.7배 늘어나는 동안 아시아 지역 투자는 8배 이상 늘어 빠른 증가세를 보였다.

투자국가는 2010년 12개국에서 지난해 19개국으로 다변화했다.

해외직접투자의 목적으로는 '선진기술 도입'(41.4%)과 '현지시장 진출'(40.8%)이 가장 많았고, 이어 '제3국 진출'(16.6%), '수출 촉진'(1.3%) 등의 순이었다.

2005년까지는 '저임금 활용'을 위한 해외직접투자가 10% 이상이었으나 지금은 거의 사라졌다.

보건산업진흥원은 "가격경쟁력을 향상시키고 세계 시장을 확보하기 위해 국내 제약산업의 해외직접투자 확대가 불가피한 상황"이라며 "좁은 국내 시장에서 벗어나기 위해 조인트벤처 투자 등을 활용한 해외직접투자는 앞으로도 지속적으로 이루어질 것"이라고 전망했다.

자료: 경향신문, 2015년 3월 14일.

4.2. 다국적기업의 형태

다국적기업은 투자국(home country)과 투자유치국(host country) 내에서 수직적·수평적·대규모 생산조직의 형태로 운영된다.

수직적 통합(vertical integration)은 MNC의 모기업이 최종재 생산에 들어가는 중간재 또는 투입요소를 생산하기 위하여 해외에 자회사를 설립하는 경우이다. 석유정제 및 철강과 같은 산업의 경우에 후방통합(backward integration)은 원재료의 추출 및 가공을 포함한다. TV 또는 스테레오 생산자들과 같은 대부분의 제조업자들은 부품생산의 경우에만 후방으로 플랜트를 확장시키고 대부분의 국제석유회사들은 세계 전역에 후방수직통합의 형태를 취한다. 석유생산 자회사들은 중동지역에 위치한 반면에 정제 및 판매 자회사들은 서유럽의 산업국가들에 위치하고 있다.

또한 MNC는 최종소비자들의 시장으로 전방통합(forward integration)을 취하는 경우도 있다. 예를 들면, 대부분의 자동차회사들은 모회사의 최종재를 판매하기 위하여 해외에 자회사를 세운다. 대부분의 수직적인 해외투자는 실제로 후방의 형태이다. MNC는 규모의 경제와 국제적 특화로 인한 이익을 얻기 위하여 그 조직을 수직적으로 통합하려고 한다.

MNC의 다른 형태로는 수평적으로 통합된 조직(horizontally integration)이 있다. 투자국에서 재화를 생산하는 모회사가 투자유치국에서 동일한 재화를 생산하기 위하여 해외에 자회사를 세우는 경우이다. 이와 같은 자회사는 독립적으로 생산하며 해외에서 모회사의 제품을 생산·판매하기 위하여 세우게 된다. 모회사는 외국의 관세장벽을 피하고 각국 소비자들의 기호가 다르므로 이들의 수요를 충족시키기 위하여 소비자들과 가까운 곳에 자회사를 세운다. 수직적 및 수평적 통합 이외에 MNC는 서로 관련이 없는 시장과 연결시키는 대규모 생산조직(conglomerate)이 있다.

4.3. 해외직접투자에 대한 동기

세계적인 운영조직을 갖기 위하여 MNC는 회사가 소유권을 갖는 해외직접투자의 형태를 취한다. 해외직접투자(다국적기업의 형태)에 관한 이론에는 하이머(S. Hymer), 킨들버거(C.P. Kindleberger) 및 케이브스(R.E. Caves)의 산업조직이론,[2] 버논(R. Vernon)의 제품수명주기이론(product cycle theory), 버클리(P.J. Buckley)와 카슨(M. Casson)의 내부화 이론(internalization theory),[3] 더닝(J. H. Dunning)의 국제생산의 절충이론(the eclectic theory of international product)[4] 등이 있다.

여기서는 더닝의 절충이론만 간단히 설명한다.[5] 다국적기업이 법, 언어, 관습, 문화적인 국경을 넘어서 불리한 조건에도 불구하고 해외직접투

[2] S. Hymer(1960); C.P. Kindleberger(1970); R.E. Caves(1982).
[3] P.J. Buckley and M. Casson(1976).
[4] J.H. Dunning(1981).
[5] J.H. Dunning(1981).

자하는 이유를 기업특수적 우위(ownership advantage), 내부화(internalization) 및 입지적 고려(locational considerations) 등의 요인으로 설명하고 있다.

기업특수적 우위란 어떤 특수한 시장에서 기업활동을 할 때 판매기업, 기술, 애프터서비스 등 경영조직 관리상 다른 국적의 기업들보다 우위에 있는 경우를 말한다.

내부화는 무형자산의 기업특수적 우위를 라이선스를 통한 기업들 사이의 외부화보다는 이들 자사의 내부에서 거래를 하여 직접 이용하는 것으로 다국적기업의 입장에서는 내부화하는 것이 더 이익이 된다. 내부화를 하는 이유로는 기술이전(technology transfer)과 수직적 통합(vertical integration) 시의 내부화 우위라는 요인이 있다. 기술이전의 내부화 우위에 대해서 더닝은 다음과 같은 견해를 갖고 있다. 즉, 기술은 경제적 가치가 있는 무형자산으로서 판매되거나 라이선스된다. 그러나 기술의 판매시 기술이전국의 수용태세가 갖추어지지 않은 경우도 있을 수 있다는 것이다.

수직적 통합에 대한 내부화 우위론은 상향계열 기업(upstream firm)이 다른 기업의 투입요소로 사용되는 재화를 생산한다면 많은 문제가 발생한다고 주장한다. 예를 들면, 각 기업들이 독점적인 위치를 갖고 있다면, 하향계열(downstream) 기업은 가격을 인하하려는 반면 상향계열 기업은 가격을 인상하려고 함으로써 문제가 발생한다. 여기서 상향계열 기업과 하향계열 기업이 수직적으로 통합된 하나의 기업에 의하여 운영된다면 이와 같은 문제는 해소될 수 있다.

입지적 고려란 기업특수적 우위성이 내부화를 통하여 해외직접투자하는 경우 노동비용 및 생산비용을 최소화하는 곳이 어느 곳인가를 고려하는 것이다. 노동비용인 임금과 기타 생산비용은 각 국가들마다 큰 차이가 있으므로 다국적기업은 생산입지를 이들 비용이 최소화되는 곳으로 결정하여 그 곳에 해외직접투자한다. 입지적 요인은 전통적인 비교우위에 입각한 무역이론과 같다.

한편, 이 요인들 이외에 투자국 기업의 경영전략이나 제도적 요인들도 해외직접투자에 영향을 미친다. 제도적 요인으로는 우리나라의 수출자유지역이나 다른 개발도상국들의 수출가공지역(export-processing zone) 등과 같이 초기 경제개발단계에서 외국인 투자기업에 대하여 세제상의 유인을 제공하거나 외환관리의 일부 또는 전부를 완화하여 외국인 직접투자의 확대를 도모하는 경우도 있다.

4.4. 직접투자의 소득분배 효과

(1) 기본 모형

직접투자는 기업의 고유한 경영자원을 국제적으로 이전한다고 볼 수 있기 때문에 그 기업이 속한 산업에서의 생산요소 재분배를 통해 생산량을 바꾸고 소득분배나 무역 등에 영향을 준다. 또한 산업구조, 경쟁조건 등에도 여러 가지 영향을 준다.

직접투자의 효과를 분석하는 경우 일반적인 모형이 존재하지 않으므로 직접투자의 부분특정적인 측면을 고려한다. 1국 2재의 모델로 산업부문간 이동이 가능한 일반적인 생산요소의 한계생산물가치곡선과 그 이동에 의하여 소득분배 효과를 명확히 한다.[6]

자국을 직접투자수취국으로 하고 자국이 일반적인 생산요소인 노동 L, X재에 특정한 자본 K_X, Y재에 특정한 자본 K_Y를 이용하여 두 재화를 생산하고 있다고 하자. 이와 같은 상황에서 외국의 Y재부문의 어느 기업이 자국에 직접투자하고 외국과 같은 제품을 자국에서 생산한다고 하자. 이와 같은 직접투자의 수취가 자국의 소득분배나 무역에 주는 효과를 고려해 보자.

〔그림 12-11〕에서 A_XB_X는 X재부문 노동의 한계생산물곡선, A_YB_Y는 Y재부문 노동의 한계생산물곡선이다. 두 재화의 가격은 주어진 것으로 보고 일정하다고 가정한다. 노동은 일반적 요소로 두 부문 사이에 자유롭게 이동하기 때문에 임금률은 두 부문에서 같으며 $O_XG_X = O_YG_Y$이다. X재의 생산액은 O_XA_XEF이고, 그 가운데 O_XG_XEF가 노동소득, 삼각형 G_XA_XE가 특정 요소인 자본 K_X의 소득이다. 또한 Y재의 생산액은 O_YA_YEF이고, 그 가운데 O_YG_YEF가 노동소득, 삼각형 G_YA_YE가 특정 요소인 자본 K_Y의 소득이다. 자국이 직접투자를 수취하기 전에 생산액, 즉 소득은 $O_XA_XEA_YO_Y$이며 K_X의 임대료 r_X는 G_XA_XE/K_X, K_Y의 임대료 r_Y는 G_YA_YE/K_Y이다.

[6] 다른 방법으로 2국·1재 모형으로 특정 요소의 한계생산물곡선과 그 이동에 의하여 소득분배를 분석할 수 있다.

그림 12-11 | 직접투자의 효과

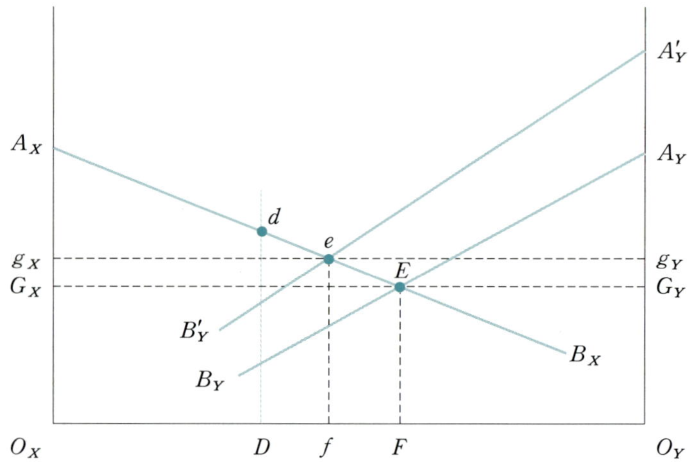

다음으로 외국의 Y재부문에서 어느 기업이 자국에 직접투자하여 외국과 같은 제품을 생산한다고 하자. 이와 같은 직접투자는 K_Y의 유입과 함께 자국의 기업에는 없는 새로운 생산방법을 도입하게 되기 때문에 $A_Y B_Y$는 $A'_Y B'_Y$으로 상방이동하게 된다. 새로운 균형점은 e가 되고, X재부문의 노동고용량은 $O_X F$에서 $O_X f$로 감소하고, Y재부문의 노동량은 $O_Y F$에서 $O_Y f$로 증가한다. 임금률은 $O_X G_X$에서 $O_X g_X$로 높아진다. X재의 생산액은 $O_X A_X ef$로 감소하고, Y재의 생산액은 $O_Y A'_Y ef$로 증가한다. 따라서 자국 전체의 생산액은 $A_Y A'_Y eE$만큼 증가한다. 자국의 소득이 어떻게 되는지를 알기 위해서는 $A_Y A'_Y eE$에서 외국으로 지불할 투자수익을 차감하여야 한다. 그러나 이 생산액의 증가에는 자국의 노동이 공헌한 부분도 포함되어 있기 때문에 투자수익의 지불은 $A_Y A'_Y eE$보다 적다. 따라서 자국은 순이익을 얻는다.

이와 같은 직접투자의 수취에 의하여 자국의 소득분배는 어떻게 될 것인가. 먼저 노동소득은 노동량이 일정하고 임금률은 상승하기 때문에 반드시 높아진다. 특정 자본 K_X의 소득은 삼각형 $g_X A_X e$로 감소한다. 특정 자본 K_Y의 소득은 삼각형 $G_Y A_Y E$에서 삼각형 $g_Y A'_Y e$로 변화하지만 K_Y의 소득이 이전보다 증가할지는 명확하지 않다. 그것은 $A_X B_X$의 기울기나

$A_Y'B_Y'$이 이동한 정도에 달려 있기 때문이다. 그래서 직접투자가 무역에 주는 효과를 아는 데는 두 재화에 대한 지출액을 특정화할 필요가 있다.

선 Dd를 [그림 12-11]처럼 그려 넣으면 O_XA_XdD가 X재, O_YA_YEdD가 Y재에 대한 최초 지출액이다. 생산액은 앞에서 설명한 것처럼 X재가 O_XA_XEF, Y재가 O_YA_YEF이기 때문에 여기서 자국의 수출재는 X재이며 Y재가 수입재이다. 직접투자의 수취에 따라서 자국의 소득이 증가함과 동시에 X재 생산액은 감소하고 Y재 생산액은 증가한다. 그러나 Y재의 생산액 증가는 소득의 증가보다 크다. 따라서 무역은 이전보다 감소하게 되어 선 Dd는 우측으로 이동하는데 이동 정도에 따라 세 가지 경우가 있을 수 있다.

만약 이동된 새로운 선 Dd가 ef의 좌측에 있으면 X재는 계속해서 수출재이지만 ef의 우측(EF의 좌측)으로 오면 무역의 유형은 역전되어 Y재가 수출재가 된다. 그리고 처음의 선 Dd가 EF의 우측에 오면 Y재가 자국의 수출재, X재가 수입재가 된다.

이상에서는 직접투자 이후에 재화의 가격이나 A_XB_X는 일정하다고 가정하였다. 만약 직접투자에 의하여 이들이 변화하면 소득분배나 무역유형의 효과도 부분적인 수정이 필요하다.

(2) 직접투자의 이익과 분배

직접투자의 경제적 후생에 대한 의미는 큰 논쟁거리이다. 한편, 직접투자의 지지자들은 자본뿐만 아니라 기술 및 경영기술까지 투자유치국에 이동시킬 수 있다는 점을 주장한다. 반면에 그 비판자들은 투자유치가 국내시장을 착취하고, 그 국가의 주권을 침해하고 유치국의 경제정책을 실패로 이끈다고 하면서 반대한다. 그러므로 직접투자의 이익을 신중하게 정의하고 투자국(home country)과 투자유치국(host country) 사이의 이익분배를 검토할 필요가 있다.

생산자원을 재분배함으로써 얻게 되는 첫 번째 이익은 산출액의 순증가로 측정될 수 있다. 다시 이와 같은 생산의 증가는 이들 자원이 새로운 장소에서 받게 되는 보수의 증가를 반영한다. 한 기업이 해외직접투자를 함으로써 국내에서 가장 효율적으로 자원을 이용하는 경우 이윤을 초과한 이윤은 사회적 이익이 되며, 해외에 투자한 다른 자산이나 경영능력에도 적용된다. 특허, 상표, 노하우 등과 같은 무형자산에 대한 총보수는 이익을 가져온다. 왜냐하면, 해외에서 사용하는 것은 국내에서 사용하는 것을 배제하지 않기 때문이다.

이와 같은 이익은 누가 얻는가? 해외투자는 후생에 다른 효과를 가져오는가? 다음 행에서 해외투자가 투자국(다국적기업의 본국)과 유치국(자회사의 본국)에 미치는 영향을 검토한다.

4.5. 다국적기업의 투자효과

(1) 투자국의 정책 문제

1) 기업소득의 과세

투자국과 투자유치국 간의 이익분배 방법을 결정하는 중요한 요인은 각국이 기업의 이윤에 대해 조세를 부과하는 방법이다. 국제 간에 일반적으로 통용되는 규칙은 투자유치국이 자회사의 이윤에 최초로 조세를 부과하고 이윤이 본국에 송금될 때 유치국에 조세를 납부한 기업은 투자국에 대한 납세의무가 면제된다는 것이다. 만일 투자국과 유치국이 50%의 기업이윤세를 부과한다고 할 때, 이 기업이 유치국에서 20%의 이윤율(과세 전)을 얻는 반면, 같은 액수의 자금을 본국에서 투자할 경우 16%의 이윤율을 얻는다고 하자.

20%가 가득률일 때, 투자국의 세무당국은 10%의 조세수입을 얻으며, 기업은 나머지 10%의 이윤을 보유한다. 이 이윤을 본국에 송금할 경우 이윤은 투자국의 과세대상이 되나 유치국에 지불한 조세의 공제로 상쇄된다. 만일 해외로 직접투자를 하지 않는다면 이 기업은 투자본국에 8%의 세금을 지불하고 8%의 이윤을 얻는다.

해외투자에 대한 실질순수익률 4%(20−16)는 국내투자의 경우 해당 기업에 대한 순이익 2%(10−8)를 초과한다. 그렇지만 유치국은 실질순수익률 이상(4%에 비하여 10%)으로 이익을 얻는 반면에 투자국은 이 거래로 손실을 본다. 기업과 세무당국은 국내투자로부터 16%의 수입을 얻을 수 있으나, 해외투자로부터는 10%만 얻는다. 따라서 기업의 이윤세는 투자국의 후생을 감소시키지 않고 유치국에 주요 이익의 원천이 될 뿐만 아니라 추가적인 실질생산 이상으로 보수를 지불할 수도 있다.

2) 소득분배

만일 자본이 해외에 투자된다면 투자국에서는 노동과 같이 사용될 자본은 감소한다. 그리고 상대적 요소가격이 세계생산물가격에 연결되어 고정되어 있지 않는다면 임금은 하락하지만 자본에 대한 보수는 상승하는 경향이 있다(제5장 참조).

(2) 투자유치국의 정책 문제

해외투자에서 오는 이윤이 투자국 이익의 주요한 원천이 되는 것과 마찬가지로 이 이윤에 대해 징수한 조세는 유치국에 주요한 이익이 된다. 또한 유치국은 자신의 요소스톡에 대한 생산성을 상승시키는 외국자회사의 활동으로 이익을 얻는다. 자회사는 그 국내공급자들에게 보다 나은 품질관리를 하는 방법을 가르쳐 주고 생산물 유통부문의 일반적인 생산성을 개선시킨다. 즉, 다국적기업의 무형자산을 구성하는 일부 지식이 다국적기업의 성공사례를 배우려고 하는 국내경쟁기업들에게 노출되며, 이와 같은 이익의 규모는 자회사 또는 유치국마다 다르다.

오스트레일리아나 영국 등과 같은 선진국에서 조업하고 있는 제조업 자회사는 이러한 종류의 생산성 이익을 얻는다. 반면에 저개발국에서 조업하고 있거나 현지기업들과 거래를 하고 있는 자본집약적인 자회사는 이와 같은 부차적 이익이 적다. 이와 같은 이익에도 불구하고 대부분의 유치국은 해외투자에 관하여 적대적인 태도를 취하고 있다.

1) 높은 이윤

자회사의 이윤은 높은 경향이 있으며, 일부 다국적기업들이 높은 이윤을 얻는 것은 다음과 같은 이유에 기인한다. 초과이윤이 발생하는 이유는 다국적기업의 독점적 시장구조에 기인하기 때문이다. 독점적 시장구조하에서 소비자가 지불하는 가격은 한계비용을 초과하며, 후생손실을 초래한다. 정부는 이와 같은 왜곡을 없애고 후생손실을 막기 위하여 경쟁정책을 사용할 수 있다.

국내독점기업이 가격을 한계비용 이상으로 인상시켜 초과이윤을 얻을 때 이와 같은 이윤은 소비자들에게서 기업소유자들로 이전되나 이 두 집단은 자국민들이므로 국가 전체의 소득을 감소시키지 않는다. 하지만 해외독점자들이 가격을 인상시킬 때 초과이윤은 해외로 유출되므로 유치국에서 자회사의 활동을 규제하고 국내기업의 독점력을 촉진시키는 정책을 사용하려고 한다.

2) 자원의 준지대

이것은 자회사의 이윤에 관한 논쟁 가운데 자회사가 천연자원을 착취한다는 것이다. 유치국 국민들은 외국기업들이 그들의 부를 착취한다고 볼 때 준지대의 유출을 막는 정부의 조치에 대하여 지지한다. 1950년대와 1960년대에 천연자원을 착취하는 자회사는 전통적으로 국유화 대상이 되었다.

최근에는 석유를 비롯한 국제원자재가격이 급등하면서 자원확보 경쟁의 주도권은 원자재 수입 강대국에서 원자재 수출 약소국으로 옮겨 가고 있다. 사우디아리비아 국영석유회사인 아람코가 세계 1위에 올라선 것을 비롯하여 이란·베네수엘라·중국·멕시코 등의 국영회사도 세계 10대 석유회사에 포함되었다. 지금까지 세계석유시장을 좌우하던 미국·영국 등 전통적인 석유 메이저 회사와 어깨를 나란히 하게 되었다.

3) 외국정부 압력에 대한 취약성

자회사는 두 정부, 즉 거주하고 있는 정부와 모기업의 정부에 봉사하게 된다. 이에 따라서 간단히 해결될 수 없는 기본적인 주권의 충돌이 있게 된다.

미국의 정부가 미국의 모회사를 통하여 외국의 자회사에 압력을 가하려는 시도는 자회사의 순수한 이윤추구 행동보다 오히려 더 심한 증오의 대상이 된다. 실례로 1982년에 미국은 소련에서 서유럽으로 천연가스를 수송하는 수송관의 건설을 방해하였다. 이는 장래에 소련이 천연가스를 무기로 유럽을 지배할 위험이 있다고 보았기 때문이다.

• 사례연구 12-4 •

반독점법 칼 휘두르는 중국 …· 신보호무역주의 행보 심상찮다

2013년 7월 중국 반독점 당국은 30여 개의 다국적기업 법무담당 임원들을 베이징의 한 호텔로 불러 반독점 위반사례를 자진신고하라고 압박했다. 이 자리에서 쉬신위 중국 국가발전개혁위원회(NDRC) 반독점국장은 "만약 당신이 중국과 싸울 작정이라면 과징금이 2~3배 늘어날 것을 각오하라"고 엄포를 놓았다.

그로부터 1년이 지난 2014년 현재 중국 당국은 기업의 횡포와 시장질서 훼손에 대응해 소비자들의 권리를 보호한다는 명분으로 반독점법이라는 칼을 다국적기업을 상대로 휘두르고 있다. 조사대상도 과거 액정표시장치(LCD), 분유 등 서민생활과 직결된 품목에서 자동차, 정보기술(IT) 등으로 확대되었다. 타깃이 된 기업들은 분통을 터뜨리고 있지만 거대한 시장을 포기할 수 없어 울며 겨자 먹기 식으로 가격인하 등을 단행하며 당국에 굴복하고 있다. 한국 기업들도 대응책 마련에 부심하고 있다. 현대차는 오는 18일 론칭할 신형 제네시스의 가격을 구형보다 3만~5만 위안(502만~837만 원) 낮은 43만~45만 위안으로 책정할 예정인데, 이는 중국 당국의 반독점 조사 등을 감안한 결정이라는 분석이 제기된다.

다국적기업들에 대한 반독점 조사는 경쟁관계인 중국 국내 기업들의 반사이익으로 연결되고 있다. 이 때문에 파이낸셜타임스(FT) 등 서구 언론들은 마이크로소프트(MS), 메르세데스벤츠, 폭스바겐아우디 등 다국적기업에 대한 반독점 조사는 시진핑 정부의 민족주의와 보호무역주의의 본격적인 부상이라고 지적하고 있다.

지난해 LCD, 분유, 금은 가공품, 유류, 통신 등 서민생활에 직접 연관이 있는 품목에 집중되었던 중국의 반독점 조사가 올해는 부패의 상징인 럭셔리 자동차와 IT로 확대되었다. 중국 신경보는 NDRC가 폭스바겐아우디와 크라이슬러에 대해서는 이미 반독점 행위를 확인해 조만간 처벌을 내릴 것이라고 전했다. 또 자동차 부품 가격담합 혐의를 받고 있는 일본의 12개 자동차 업체에도 과징금을 부과할 것으로 알려졌다.

이 밖에 지난해부터 진행하고 있는 메르세데스벤츠·재규어랜드로버 등에 대한 조사에서도 부품 가격 독점, 딜러망을 이용한 가격담합 등의 혐의를 포착한 것으로 전해지고 있다. 조사대상에서 빠져 있던 BMW 역시 지난 6일 쑤저우·우시 등 5개 도시 딜러망에 대해 예고 없는 조사가 이루어졌다.

글로벌 자동차 업체들은 일제히 자동차와 부품 가격을 내리며 몸을 낮추고 있다. 지난달 25일 재규어랜드로버를 시작으로 아우디·메르세데스벤츠·크라이슬러가 잇달아 자동차 혹은 부품 가격을 인하했고 BMW도 가격 정책 변경을 검토하고 있다.

IT 공룡인 MS도 반독점 조사의 직격탄을 맞았다. 지난달 말 MS 베이징본사와 상하이·광저우·청두 등 4개 사무실에 예고 없이 방문한 후 메리 스냅 MS 부사장을 조사하기 시작한 국가공상행정관리총국(SAIC)은 6일에는 랴오닝·푸젠·허베이의 사무실을 방문해 서류와 e메일·컴퓨터를 압수했다. 전문가들은 MS의 중국 내 영업이 미미하다는 점을 감안하면 이번 조사는 반독점보다는 미국 정부에 대한 압박 차원으로 보고 있다.

FT는 중국의 반독점 조사가 어느 선까지 확대될지, 언제까지 진행될지 알 수 없는 상황이라고 지적했다. 글로벌 로펌인 테일러웨싱의 저우자오펑은 "과거 반독점 조사의 경우 어떤 법률에 의한 것인지 명확했지만 이번에는 근거조차 불분명하다"며, "일부 기업은 무엇을 잘못했는지 알지 못하고 있다"고 말했다.

강도 높은 반독점 조사와 더불어 정부조달품목 제외도 다국적기업들에 대한 강력한 압박 수단으로 떠올랐다. 중국 국영기업과 관계사들이 산업에서 차지하는 비중이 큰 까닭에 조달시장 제외는 곧바로 시장진입 차단을 의미한다.

NDRC와 재정부는 7월 조달품목에서 애플의 아이패드, 아이패드 미니 맥북 에어, 맥북 프로 등 열 가지를 제외했다. 이에 앞서 5월에는 보안 우려를 이류로 MS의 윈도8의 정부기관 사용을 금지했으며, 이달 3일에는 미국 시만텍과 러시아 카스커스키를 정부 공인 보안백신 공급업체 명단에서 제외했다. 중국 정부는 또 보안을 이유로 자국 내 기업들에 IBM 하이엔드 서버를 사용하지 말 것을 지시했다. 중국은 전직 미국 국가안보국(NSA) 직원 에드워드 스노든의 폭로 이후 애플을 비롯한 미국 IT 기업의 제품이나 소프트웨어가 감청수단이 된 것으로 파악하고 있다. 5월 미국 법무부가 중국 인민해방군 장교 5명을 산업 스파이 협의로 기소한 것도 중국 정부의 잇따른 조치의 배경으로 꼽힌다. 블룸버그는 해킹과 도청 등 미중 간 보안 갈등이 결국 미국 업체들을 곤란하게 하고 있다고 지적했다.

반사이익 보는 중국 기업들=반독점법의 최종 목적은 중국 내 자국 산업의 보호와 육성이라는 시각이 지배적이다. FT는 시 주석 취임 이후 보호무역주의가 사실상 확산되었다고 지적하며 사이버 보안과 식품안전을 구실로 이루어진 구글·월마트·KFC·스타벅스·맥도날드 등에 대한 공격은 결국 자국 산업의 안정성을 확보하려는 전략이라고 분석했다. 실제 IBM 서버 사용제한 발표 이후 중앙은행인 인민은행은 IBM 서버를 제거하고 시중은행에도 사용을 중지할 것을 요청했다. 지난달 초에는 중국건설은행(CCB) 신장지점에서 자국산 서버인 인스퍼그룹의 '텐쉬K'로 교체 시범운용을 실시했다.

MS의 반독점 조사에 최근 중국 소프트웨어(SW) 업체 주가는 고공행진 중이다. 하이룽소프트웨어·베이신위안·룽지소프트웨어·랑차오소프트웨어 등이 반사이익을 누리고 있다. 특히, 저가 서버 기업인 랑차오는 델·화웨이·IBM·HP 등의 업체를 제치고 시장점유율 1위로 올라섰다.

자료: 서울경제신문, 2014년 8월 7일.

(3) 전 세계적 입장

다국적기업의 활동이 전 세계의 경제적 후생을 증가시키는지, 아니면 감소시키는지에 대해 검토하여야 한다. 이것에는 긍정적, 부정적 효과가 있다.

1) 세계투자량

다국적기업은 실질투자량을 국제적으로 배분하는 데 영향을 미친다. 다국적기업의 활동으로 투자유치국에서의 투자가 투자국에서의 투자감소보다 더 크다면 전체 세계의 실질자본 형성은 증가된다. 다국적기업은 국내기업들보다 더 풍부한 자본과 정보체계로서 이들 자금을 더 높은 수익과 더 낮은 위험이 있는 곳에 투자한다. 따라서 다국적기업에 의한 투자는 투자유치국의 투자를 대체하거나 보완한다.

2) 이체가격 조작

이체가격 조작(transfer pricing)이란 세율이 높은 국가의 자회사로부터 부품을 수출할 때에는 고가를 설정(overpricing)하고, 세율이 높은 자회사로부터 수입할 때에는 저가를 설정(underpricing)하여 조세부담을 최소화하는 것을 의미한다. 이는 독립적 기업 사이의 거래와는 대조가 되는 기업 내부의 거래에서 발생한다. 이러한 이체가격 조작은 조세회피국(tax haven)의 존재 등과 함께 다국적기업의 이익조작수단이 되고 있다. 이와 같이 이체가격 조작을 하는 이유는 다음과 같다. 첫째로는 시장지배력을 달성 또는 유지하거나, 새로운 시장으로의 침투를 위해서이다. 둘째로는 마크업률의 제한 및 최고가격의 지정 등에 대한 영향을 줄이기 위해서이다. 셋째로는 정부에 대한 조세, 관세지불을 최소화하며 통화의 변동에 대한 위험을 회피하기 위해서이다. 그 밖에 자회사의 이윤을 은폐하여 모회사의 이윤을 증가시키기 위해서이다.

이와 같은 이체가격 조작은 다국적기업들이 개도국에서 독점적 지위를 구축할 수 있어 가격을 설정할 수 있기 때문에 선진국보다 개도국에서 많이 이루어진다.

5 통합경제와 국제 간의 자본의 이동

자국과 외국 간에 재화와 생산요소가 자유롭게 이동할 수 있는 통합경제(integrated economy)를 고려하자. 자국과 외국의 노동·자본의 부존량이 각각 (L, K), (L^*, K^*)이면 통합경제의 노동, 자본의 부존량은 $(L+L^*, K+K^*)$가 된다. 통합경제는 이른바 $(L+L^*, K+K^*)$의 노동과 자본을 지닌 단일국가의 경제와 같다. 논의를 간단히 하기 위하여 자국과 외국소비자의 선호가 동일한 동조적(homothetic) 사회무차별곡선에 의하여 표시된다고 하자. 이와 같은 통합경제의 균형은 생산가능곡선과 두 국가에 공통인 사회무차별곡선과의 접점으로 표시되며, 재화의 균형상대가격은 공통접선의 기울기와 같다. 이에 대응하여 각 재화의 균형공급량, 노동 및 자본이 각 산업으로 분배되며 균형요소가격이 결정된다.

[그림 12-12]는 통합경제의 균형을 에지워스 상자 그림에 의하여 나타낸 것이다. 그림의 수직선과 수평선의 길이는 각각 통합경제의 자본·노동의 부존량$(K+K^*, L+L^*)$과 같다. X산업의 요소사용량은 왼쪽 하단의 원점 O_X, Y산업의 요소사용량은 오른쪽 상단의 원점 O_Y로부터 측정된다. 이 그림의 점 E는 균형시의 두 산업에 대한 요소배분을 나타내고 있다.

벡터 O_XE는 X산업에 사용되는 생산요소의 양, 벡터 O_YE는 Y산업에 사용되는 생산요소의 양이다. 각 산업의 등량곡선은 점 E에 접하고 있다. 공통접선 aa의 기울기는 균형시의 임금-이자율의 비율과 같다.

각국 소비자는 X재와 Y재의 소비를 통하여 간접적으로 노동과 자본을 소비하고 있다고 볼 수 있으며, 이것을 고려하면 각국의 소비를 상자 그림에 표시할 수 있다. 자국의 요소부존량 내지 요소의 소비량을 원점 O_X, 외국의 것은 원점 O_Y로부터 표시하자. 이에 따라 자국과 외국의 요소부존량이 점 F로 주어진다고 하자. 점 F를 통하여 aa에 평행한 직선 bb를 긋는다. 직선 bb상의 모든 점은 원점 O_X에서 보면 자국의 노동과 자본의 소

그림 12-12 | 자본이동과 국제무역(불완전 특화)

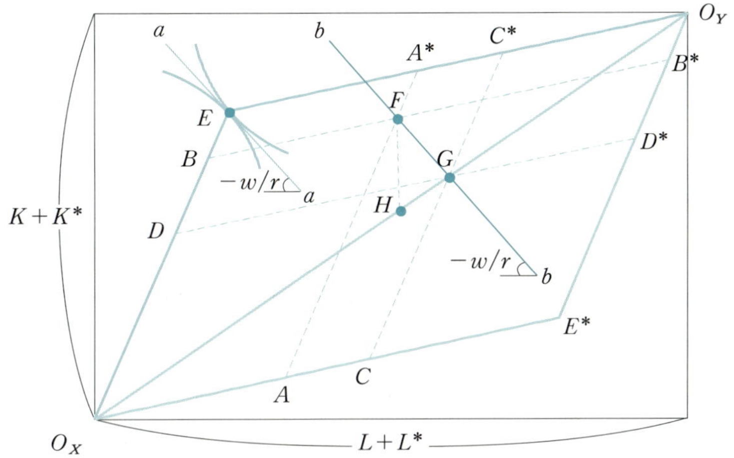

비 가능성을 나타낸다. 이 소비의 총금액은 모두 자국의 국민소득과 같다. 즉, 자국의 국민소득 Y는 노동·자본의 부존량 L, K에 각각 임금률 w, 이자율 r을 곱해 서로 합한 값으로서 다음과 같다.

$$Y = wL + rK$$

같은 방법으로 직선 bb상의 모든 점은 원점 O_Y에서 보면 외국의 노동·자본의 소비 가능성을 나타낸다. 따라서 두 국가의 소비균형점은 직선 bb상에 있어야 한다.

한편, 자국과 외국은 균형시 동일한 상대가격에 직면한다. 두 국가가 동일한 동조적 사회무차별곡선을 갖는다는 가정에 의하여 두 국가의 X재·Y재의 소비비율, 자본·노동의 소비비율은 같아진다. [그림 12-12]에서 이것은 소비의 균형점이 상자의 대각선 O_XO_Y상에 있음을 의미한다. 이렇게 해서 자국과 외국의 소비균형점은 두 개의 직선 bb와 O_XO_Y가 서로 만나는 교점인 점 G이다.

이상에서 나타난 통합경제의 균형은 자국과 외국 사이에 자본과 노동이 자유롭게 이동한다는 가정하에서 성립한 것이다. 그러나 이는 '요소가격 균등화 정리'가 시사하는 것처럼 일정한 조건하에서 생산요소가 국제적으로 이동하지 않고 재화의 무역만이 이루어지는 세계에서도 달성 가능하다. 이 점을 확인하기 위하여 통합경제에 재화의 주어진 균형가격하에서 각국의 요소가격이 균등화하며 각 산업에서 통합경제의 경우와 같은 자본-노동비율이 사용되고 있는 상황을 고려하여 그것이 국제무역에 의하여 유지되는 것을 분석하자.

요소부존량 F, 요소소비점 G를 통하여 O_XE에 평행한 직선 AA^*, CC^*, O_YE에 평행한 직선 BB^*, DD^*를 긋는다. 자국이 X재 생산에 O_XB, Y재 생산에 $O_XA(=EA^*)$의 노동·자본을 사용하며 외국이 X재 생산에 $O_YB^*(=BE)$, Y재 생산에 O_YA^*의 노동·자본을 사용하는 것으로 하자. 이때 국내외에 부존하는 생산요소는 완전히 이용하여 통합경제의 경우와 같은 요소의 분배가 실현된다. 즉, 세계 전체로서 X재 생산에 $O_XE(=O_XB+BE)$, Y재 생산에 $O_YE(=O_YA^*+A^*E)$의 노동·자본이 투입된다. 두 국가의 소비 가능성은 점 F를 통과하는 직선 bb에 의하여 표시된다. 자국은 외국에 비하여 자본풍부국이라고 가정하면, 자본집약적인 X재에 체화되는 생산요소를 DB만큼 수출하고 노동집약적인 Y재에 체화되는 생산요소를 AC만큼 수입함에 따라 직선 bb상의 점 G에서 소비를 한다. 또한 외국도 이것에 맞는 무역을 함에 따라 같은 점에서 소비하는 것이 가능하다.

그런데 국제무역을 통해 통합경제의 균형이 달성되는 것은 두 국가가 무역하는 데 있어서 X재, Y재에 불완전 특화하고 요소가격이 균등화할 경우로 한정된다. 지금까지의 분석에서 명백한 것처럼 이것은 두 국가의 요소부존점이 평행사변형 $O_XEO_YE^*$의 내부에 있는 경우이다. 그렇지만 두 국가의 요소부존점이 이 영역의 밖에 있는 경우에는 어느 한쪽 국가가 완전 특화하게 되며, 요소가격이 완전하게는 균등화하지 않는다. 여기서 평행사변형 $O_XEO_YE^*$는 요소가격 균등화 영역(factor price equalization set)이라고 부른다.

여기에서 노동이 국제적으로 이동하지 않고 무역도 이루어지지 않는다고 하자. 통합경제의 균형은 국제적인 자본이동만으로도 달성 가능한 것인가? 이제 국제무역이 금지되었다고 하면 균형점이 두 국가에서 이용 가능한 노동·자본의 수량을 나타내는 이 상자의 대각선 O_XO_Y보다도 상방, 또는 정확히 O_XO_Y상에 있는가, 아니면 O_XO_Y보다도 하방에 있는가에 따라 자국의 자본에 대한 이자율은 외국자본의 이자율보다도 낮은지, 그것과 같은지, 아니면 높은지가 결정된다. 자국과 외국의 요소부존점이 그림의 점 F상에 주어진 경우 자본은 보다 높은 이자율을 구해 자국에서 외국으로 이동한다. 그 이동량이 FH에 도달할 때 국내외의 자본이자율은 균등화하며, 이에 따라 두 국가 사이에 임금률, 재화의 상대가격도 균등화된다. 이때 노동·자본 및 재화의 가격은 통합경제의 균형수준과 같다. 그리고 자국과 외국의 소비균형점은 점 F를 지나는 직선 bb와 대각선 O_XO_Y와의 교점 G에 의하여 표시된다. 자국이 사용하는 노동·자본은 O_XH, 소비하는 노동·자본은 O_XG와 같다. 이들 사이의 차이는 외국으로부터의 자본이동에 의하여 공급된다.

이처럼 요소가격 균등화 정리가 성립하는 상황에서는 자본이동이 국제무역과 완전히 동일한 기능, 즉 통합경제의 균형을 실현하는 기능을 한다. 따라서 자유로운 자본이동이 이루어진다면 국제무역은 발생하지 않으며 그 역도 성립한다. 이와 같은 의미로 자본이동은 국제무역과 완전히 대체적이라 할 수 있다. 그런데 요소가격 균등화 정리가 성립하지 않는 경우에도 자본이동이 완전히 이루어진다면 통합경제의 균형은 달성될 수 있다. [그림 12-12]에서 통합경제의 균형은 FH의 자본이 자국에서 외국으로 이동함에 따라 달성된다.

통합경제의 균형을 달성하기 위하여 필요하고 충분한 자본이동량은 두 국가의 요소부존량에 의해서만 결정된다. 자국에서 외국으로의 순자본이동을 R이라 하면, 다음의 관계가 성립한다(여기서 R이 음의 값을 나타내면 외국에서 자국으로의 자본이동량을 나타낸다).

$$R=\frac{K+K^*}{L+L^*}\cdot L^*-K^*$$
$$=\frac{L^*}{L+L^*}\cdot K-\frac{L}{L+L^*}\cdot K^*$$

이 값은 생산함수나 수요조건과 독립적이다. 이것은 자국에서 외국으로 자본이 이동하는 것은 자국의 자본-노동 부존비율이 외국의 자본-노동 부존비율보다 높은 경우, 즉 자국이 외국에 비하여 상대적으로 자본풍부국일 경우에 한정된다.

이상의 결론은 2재·2요소 모델의 가정에 크게 의존하고 있다. 예를 들어, 재화의 수는 2이지만 노동과 자본 이외에 토지와 같은 제3의 생산요소가 존재한다고 하자. 이 경우 통합경제의 균형이 실현되기 위해서는 자본·노동만으로는 부족하고 노동이동 또는 국제무역이 동시에 이루어지는 것이 필요하다. 요소가격 균등화 정리가 성립하지 않는 것에서 알 수 있는 것처럼 국제무역이 먼저 자유화되어 있어도 자본이동이 발생할 수 있다. 불완전 특화의 경우에도 국제무역과 대체적이라고 할 수는 없으며, 보완적이 될 수도 있다.

요약

이 장에서 국가 간 요소의 이동에 관한 문제를 다루었다. 자본과 노동의 국제적 이동에 대한 원인과 결과를 다루었으며, 국제무역과 상대요소가격에 대한 의미도 검토하였다. 자본의 이동은 금융거래를 통하여 이루어진다. 즉, 한 국가의 은행이 외국기업들에게 대여하거나 외국의 자회사를 통하여 투자하는 형태이다. 그리고 국제 간 차입과 대여는 시간에 걸친 무역으로 해석할 수 있다. 소비재의 미래생산에 비교우위를 갖는 국가는 국제적 차입과 대여가 없는 경우에 높은 실질이자율을 나타낸다. 자본집약적인 재화의 무역에 대한 대체로서 국제적 자본이동(투자)의 역할을 하고 있는 다국적기업을 분석하였다. 다국적기업은 투자국과 투자유치국 내의 소득분배 및 후생에 영향을 미친다. 자국은 순이익이 증가한다. 소득분배 면에서 노동소득은 증가하나 자본소득은 명확하지 않다.

자본의 이동은 어느 입장에서 누가 평가하고, 어떠한 목적에 비중을 두는가에 따라 그 평가가 다르다. 자본과 노동의 이동은 미래의 세계경제에서 더욱 두드러지게 증가할 것으로 예상되므로 생산요소의 국제적 이동에 대한 원인, 결과 및 정책적 의미를 더욱더 연구할 필요가 있다. 재화와 생산요소가 자유롭게 이동할 수 있는 통합경제에서는 각 재화의 균형공급량, 노동, 자본이 각 산업으로 분배되며 균형요소가격이 결정된다.

연습문제

1 자국과 외국에서 하나의 재화만을 생산하기 위하여 토지와 노동의 두 생산요소가 있다. 각 국가에서 토지의 공급과 생산기술이 같다. 각 국가에서 노동의 한계생산물은 다음과 같은 고용수준에 의존한다.

고용된 노동력의 수	마지막 노동자의 한계생산물
1	20
2	19
3	18
4	17
5	16
6	15
7	14
8	13
9	12
10	11
11	10

최초에 자국에서 고용된 11명의 노동자들과 외국에서 고용된 3명의 노동자들이 있다. 자국에서 외국으로 노동력이 자유롭게 이동한 경우에 이것이 고용, 생산, 실질임금 및 토지소유자들의 소득에 미치는 효과를 분석하여라.

2 노동풍부국과 토지풍부국은 기술수준이 같으며 노동과 토지집약적인 재화를 생산할 수 있다고 하자. 두 국가들 간의 무역으로 노동력이 이동한 인센티브가 없어지는 조건을 분석하여라.

3 개발도상국이 외국자회사의 순소득에 대하여 낮은 세율을 부과함으로써 해외직접투자의 유입을 촉진한다. 이 정책의 선택이 유치국의 소득에 미치는 효과를 분석하여라.

④ 다국적기업의 활동이 산업내무역을 발생시키는 이유를 설명하여라.

⑤ 다국적기업의 형태를 설명하여라. 이들 형태를 다양화하는 것을 구분하여라.

⑥ 해외직접투자에 대한 동기를 설명하여라.

⑦ 해외직접투자의 소득분배 효과를 설명하여라.

⑧ 다국적기업의 투자효과를 설명하여라.

⑨ 통합경제와 국제무역의 자본이동을 설명하여라.

⑩ 개발도상국에 대한 해외직접투자의 수익률이 선진공업국들에 대한 투자수익률보다 높은 이유를 설명하여라.

⑪ 다국적기업의 이론은 전통적인 비교우위의 이론과 일치하는가 또는 일치하지 않는가?

⑫ 국제 간 노동이동의 효과를 설명하여라.

⑬ 국제 간 차입과 대여를 시간에 걸친 무역으로 설명하여라.

⑭ 왜 다국적기업들은 외국의 기업들에게 기술이전하는 것을 기피하는가?

⑮ 어떠한 조건하에서 재화의 무역과 요소의 이동이 같은가? 거기에서 거래비용은 어떻게 포함되는가?

⑯ 산업의 어떠한 특성이 해외직접투자를 유발하는가?

제13장

경제통합

개요

경제통합은 역내 회원국들 상호간에 모든 무역장벽을 차별적으로 제거하여 회원국들 상호간에 새로운 협력을 구축하는 것이다. 경제통합의 형태에는 자유무역지역, 관세동맹, 공동시장 및 완전한 경제통합 등이 있다.

제1절에서는 경제통합의 의의 및 형태를 살펴보고 제2절에서는 관세동맹의 이론을 분석하고 공업생산선호설과 관세동맹의 동태적 효과를 살펴본다. 제3절에서는 일반균형 분석방법에 의해 관세동맹의 이론을 분석한다. 제4절에서는 관세동맹이 교역조건에 미치는 효과를 살펴본다. 제5절에서는 EC, 북미자유무역협정(NAFTA) 및 EC의 공동농업정책 등 차별적 협정의 실례를 검토한다.

중요 용어

- 자유무역지대
- 공동시장
- 무역창조 효과
- 공업생산선호설
- 힉스의 소득보상 변화
- 지대추구비용
- 유럽공동체(EC)
- 유럽통화단위(ECU)
- 북미자유무역협정(NAFTA)
- 단일유럽의정서(SEA)
- 관세동맹
- 완전한 경제통합
- 무역전환 효과
- 무차별적인 관세인하
- 공동농업정책(CAP)
- 탄력수입부과금제도
- 공동역외관세
- 환율조정체제(ERM)
- 유럽통화제도(EMS)

지금까지 국제무역에 영향을 미치는 무역정책에 대한 분석에서는 교역상대국을 차별하지 않고 교역상대국에 대하여 일괄적으로 또는 동시에 무역장벽을 높이거나 낮추는 것이었다. 즉, 관세 또는 수량할당은 원산지에 관계없이 모든 수입재에 동일하게 적용되며, 기타 비관세장벽들도 국내 및 해외재화들에 대하여 차별적으로 적용되지만 수입재에 대해서는 동일한 조치로 정의된다.

무차별의 원칙(principle of non-discrimination)은 전후 국제무역체제인 GATT의 기본 원칙이다. GATT 제1조는 모든 다른 GATT 가맹국들에 대하여 최혜국(most favored nations: MFN)으로 대우하도록 규정하고 있다. 그러나 모든 가맹국들에게 국제교역에서의 동등한 대우를 보장하고 차별대우를 금지하는 최혜국대우(MFN)원칙에 대하여 경제통합과 같은 지역경제 협력체제를 통한 차별적인 관세장벽을 예외적으로 인정하고 있다.

경제통합은 과거 30여 년 동안 급속히 성장하여 온 국제경제학의 한 분야인데, 용어 자체의 역사는 짧다. 경제통합은 역내 회원국들 상호간에는 모든 무역장벽을 차별적으로 제거하여 회원국들 상호간에 새로운 협력을 구축하는 것이다. 협력체제는 통합이 실제로 이루어지는 형태에 따라 다르므로 먼저 여러 가지 형태의 경제통합을 검토해 본다. 그 다음으로 경제통합의 후생효과 및 교역조건 효과와 차별적 협정의 실례를 살펴본다.

1 지역경제통합의 형태

제2차 세계대전 이후 세계 각국의 무역장벽은 크게 낮아졌다. 수입관세는 물론 수입할당 등 여러 형태의 비관세장벽이 크게 낮아져 무역자유화가 세계 여러 나라에서 빠르게 진전되었다. 하지만 국가 대 국가의 관계로 구축되었던 전통적인 국제무역 관계가 오늘날에는 지역주의(regionalism)에 근거하는 국가 대 지역, 지역 대 지역이라는 다원화된 관계로 변화함에 따라 국제무역질서와 국제분업질서는 새로운 구조적 변화를 겪고 있다. 여기서의 특정 지역이란 역외국에 대해 차별적인 성격을 갖고 있는 배타적 경제영역이기 때문에 블록이라고도 한다.

이와 같은 블록의 형성은 블록에 속하는, 즉 경제통합에 참여하는 역내국 사이에서만 서로 무역장벽을 철폐하거나 역외국에 대해 공동의 무역정책을 실시함으로써 자유무역을 실시하고 역외국 입장에서는 무역자유화의 효과가 없거나 아니면 오히려 무역장벽이 높아지는 결과가 될 수 있다. 하지만 무역자유화 조치를 전 세계의 모든 국가가 동시에 실시할 수 없으므로 이웃 나라를 중심으로 자유무역을 실시하고, 그 자유무역권을 차츰 넓혀 나간다면 궁극적으로 거의 전 세계의 국가가 자유무역을 하게 될 수 있다는 발상으로부터 시작한 것이 지역주의 또는 블록화에 근거한 지역경제통합(regional economic integration)이다.

지역경제통합의 형태는 자유무역지대, 관세동맹, 공동시장, 경제동맹 그리고 완전한 경제통합 등 다양하다. 지역경제통합의 경우 대부분 초기에는 역내국 간의 경제협력 강화 및 관세를 철폐하는 단순한 형태로 시작하나 점차 결합의 강도를 강화해 나가는 형태로 이루어짐으로써 각 단계는 다음 단계로 이어지며, 궁극적으로 여러 나라가 마치 한 나라 안의 지역처럼 행동하게 된다.

1.1. 자유무역지역

경제통합의 가장 기본적인 형태는 자유무역지역(free trade area)이다. 자유무역지역이란 회원국 간 무역에 관한 모든 무역장벽은 제거되지만 각 회원국들의 비회원국들에 대한 관세 및 기타 무역장벽이 유지된다. 따라서 역외의 비가맹국들에 대해서는 각국이 독자적인 관세정책 및 무역제한조치를 취하는 형태의 경제통합을 의미한다. 자유무역지역에서는 역외국의 수출상품들이 역내국 가운데 관세율의 가장 낮은 국가를 통하여 수입되어 다른 역내국가로 수출될 가능성이 있으므로 이를 방지하기 위한 수입물품의 원산지규정과 같은 국가 간 협정을 통해 엄중한 감시가 필요하다. 예로서 북미자유무역협정(North America Free Trade Agreement: NAFTA), 유럽자유무역지역(European Free Trade Association: EFTA)과 남미자유무역지역(Latin

America Free Trade Areas: LAFTA) 등이 있다.

1.2. 관세동맹

경제통합의 두 번째 수준의 형태는 관세동맹(customs union)이다. 관세동맹이 성립되면 역내 회원국들은 공통된 대외무역정책을 수행한다. 이는 자유무역지역에서 더 발전된 것으로 역외 국가들에 대해 관세 등의 역외공동관세(common external tariff)를 부과하는 형태의 경제통합을 의미한다. 즉, 가맹국 상호간에는 재화의 자유로운 이동이 보장되며, 역외 비가맹국으로부터의 수입에 대해서는 각국이 공동의 수입관세를 부과하는 형태의 통합이다. 그러므로 관세동맹에서는 관세에 관한 한 단일경제단위가 됨으로써 자유무역지역에서 보았던 저관세 역내국을 통해서 고관세 역내국으로 역외국의 제품이 진입되는 간접수입의 문제는 사라진다. 실례로서 1957년 로마조약에 의해 창설된 유럽공동체(European Economic Community: EEC)를 들 수 있다.

1.3. 공동시장

경제통합의 세 번째 수준은 공동시장(common markets)이다. 공동시장은 역내 가맹국들 사이에는 모든 관세가 철폐되고 역외 비가맹국들에 대해서는 각국이 공동의 관세세도를 채택하는 관세동맹에서 한 걸음 더 나아가 역내 회원국들 사이에 재화뿐만 아니라 생산요소, 즉 자본·노동 및 서비스의 자유로운 이동을 보장하는 형태의 경제통합을 의미한다. 1986년 7월 EC가 로마조약을 개정한 단일유럽의정서(Single European Act: SEA)를 발동시켜서 1992년 말까지 상품, 노동, 자본, 서비스 등 역내 무역장벽을 폐지하여 1993년 1월 1일을 기해 단일시장으로 출범한 유럽공동체(European ommunity: EC)를 실례로 들 수 있다.

1.4. 경제동맹

경제통합의 네 번째 수준은 경제동맹(economic union)이다. 경제동맹은 공동시장에서 한 단계 더 발전하여 경제정책 전반에 대한 상호 협력이 이루어지는 형태이다. 즉, 역내 제국에 대해서는 역내 국가 간의 상호 협의에 의해서 재정, 금융 및 산업정책 전반에 대한 조정을 하는 통합의 형태이다. 1992년 2월 EC는 1999년 초까지 고정환율제 도입과 유럽중앙은행의 설립을 실현시킴으로써 경제·통화통합을 완성시키고 정치통합을 추진함으로써 유럽합중국 건설의 기반을 마련한다는 마스트리히트조약(Maastricht treaty)을 체결함으로써 경제동맹의 수준에 접근하고 있다.

마스트리히트조약은 1992년 2월에 12개 유럽공동체 회원국들이 네덜란드 마스트리히트에서 유럽연합(European Union: EU)을 결성하는 유럽통일 협약에 합의함으로써 모든 유럽통화제도(EMS) 회원국들에 의해 비준을 받은 유일한 법률이 되었다. 이 조약에 따라 유럽통화연합(EMU)의 회원국이 되기 위해서는 가입자격 심사인 수렴(Convergence) 테스트를 거쳐야 하며, 수렴 테스트는 인플레, 금리, 환율, 재정적자와 공공부채를 기초로 평가가 이루어진다. 그 내용을 살펴보면, 각국은 ① 인플레이션이 가장 낮은 3개국의 인플레이션율보다 1.5% 이상 초과하면 안 되며, ② 금리가 가장 낮은 3개국의 금리를 2% 이상 초과하면 안 되며, ③ 재정적자가 GDP의 3%를 초과하면 안 되며, ④ 공공부채도 GDP의 60%를 초과하면 안 되는 규정을 지켜야 한다.

한편, 수렴 테스트에 대해서는 각국의 의견이 약간씩 달랐는데, 독일은 수렴 테스트의 엄격한 규정을 충족시키는 국가들에게만 유럽통화연합에 가입할 자격을 주자고 주장한 데 비해, 프랑스는 모든 국가들이 달성할 수 있는 여러 목표치를 두자고 주장하기도 하였다. 유럽통화연합은 1999년 1월부터 하나로 통일되어 유로라는 새로운 통화를 만들어 내었다.

이들 제 단계는 완전한 정치통합으로 가는 과정에 있는 단계이다. 실제로 경제통합의 대부분의 형태는 정치적 이유에서 제안되고 형성된다. 경제통합의 동기가 무엇이든지 경제적 의미를 분석할 필요가 있다.

관세동맹 및 자유무역을 통한 경제적 이익은 다음과 같다. 첫째, 비교우위의 법칙에 따라 생산특화하며 효율성이 증가된다. 둘째, 시장규모의 증가에 따라 규모의 경제가 발생하여 생산수준이 증가한다. 셋째, 기술진보에 따라 생산요소의 질과 양에 영향을 미친다. 만일 경제통합의 수준이 관세동맹 및 경제통합 수준 이상으로 진행된다면 회원국들 사이에 생산요소의 자유로운 이동, 금융정책 및 재정정책의 조합, 완전 고용수준에 가까운 목표, 높은 경제성장률로 인해 이익이 발생한다.

1.5. 완전한 경제통합

경제통합의 최종단계는 완전한 경제통합(complete economic integration)이다. 완전한 경제통합은 경제정책을 조정하는 데 그치지 않고 경제정책을 초국가적 기구를 통하여 통일하는 형태로서, 경제동맹에 이어 정치적으로도 마치 단일국가처럼 되는 상태를 말한다. 지역 내에 지역 전체를 관장하는 국회는 물론 전 지역을 다스리는 행정부와 사법부를 갖게 된다. 현재 이러한 형태의 경제통합은 존재하지 않으나 EU는 이러한 완전한 경제통합의 완성을 궁극적인 목표로 삼고 있다.

2 관세통합의 효과: 관세동맹이론

2.1. 관세동맹이론

차선의 이론이 발전되기 전에 관세동맹은 촉진되어야 한다는 것이 전통적으로 인정되었다. 이에 대한 타당성은 자유무역이 세계후생을 증가시키며 관세동맹의 형성은 자유무역에 한 단계 더 접근한 것이어서 후생을 증가시킨다는 점에서 찾을 수 있다.

그러나 바이너(Viner, 1950)는 관세동맹이 회원국들 상호간에는 무역의 확대로 자원의 효율적 배분을 촉진시키는 효과와, 비회원국들에게 공통의 관세장벽 부과로 인한 무역의 제한으로 자원배분을 왜곡시키는 효과가 있다는 이유로 상기 가설을 반박하였다. 자유무역과 보호주의의 결합으로 무역창출 효과(trade creation effect)와 무역전환 효과(trade diversion effect)가 발생한다.

무역창출 효과는 관세동맹 가맹국 내에서의 국내생산이 다른 가맹국으로부터 낮은 비용의 수입으로 대체될 때 발생한다. 관세동맹 형성 전후에 모든 자원이 완전 고용되었다고 가정한다면 관세동맹으로 비교우위에 입각한 생산의 특화가 진전되므로 관세동맹은 가맹국의 후생을 증가시킨다. 그리고 생산특화로 인한 실질소득 증가의 일부분은 관세동맹 이외의 국가로부터 수입으로 인한 것이기 때문에 비가맹국의 후생도 증가한다.

무역전환 효과는 관세동맹 외부로부터의 저렴한 가격의 수입품이 가맹국으로부터의 비싼 가격의 수입품으로 대체될 때 발생한다. 이것도 가맹국에 대한 무역특혜조치 때문에 발생한다. 무역전환은 관세동맹 외부의 보다 효율적인 생산자로부터 관세동맹 내부의 비효율적인 생산자에게로 생산이 전환되기 때문에 후생을 감소시킨다. 따라서 무역전환은 자원의 국제적 배분을 약화시키며 비교우위와 반대방향으로 생산을 전환시킨다.

바이너는 무역창출 효과는 이익이 되고 무역전환 효과는 해가 되므로, 이 두 가지의 반대되는 힘의 크기에 따라 관세동맹의 득실이 결정된다고 하였다. 따라서 이 개념들의 의미를 이해하는 것이 중요하므로 그 효과를 분석할 필요가 있다.

생산물 및 요소시장의 완전 경쟁, 모든 자원의 완전 고용, 비용이 안 드는 조정절차, 국내에서는 요소가 완전 이동하지만 국가 간에는 요소의 불완전한 이동, 비용에 의하여 결정되는 가격을 가정한다. 여기서 H국은 자국, P국은 H국의 잠재적인 관세동맹의 상대국, W는 기타 세계를 나타낸다. 또한 관세이론에서 사용된 가정이 유효하다. 무역창출과 무역전환의 개념을 사용하기 위하여 [그림 13-1]의 단순한 그림을 사용한다.

[그림 13-1]에서 S_W는 이 재화에 대한 기타 세계의 관세가 없는 완전 탄력적인 공급곡선이다. S_H는 자국인 H국의 공급곡선인 반면에 S_{H+P}는 자국인 H국과 잠재적인 관세동맹 상대국인 P국에 관세가 없을 경우의 공급곡선이다. H국이 $AD(t_H)$만큼의 무차별적인 관세를 부과하는 경우에 H국의 공급곡선은 $BEFT$이다. 국내가격은 OD이며 이 가운데 OQ_2는 국내에서 생산되고, OQ_3는 국내에서 소비되므로 Q_2Q_3는 수입된다. H국은 이들 수입재에 대하여 Q_2LMQ_3를 지불하는 반면에 국내소비자들은 Q_2EFQ_3를 지불하므로 그 차이인 $LEFM$은 H국 정부의 관세수입이다. 이 수입은

그림 13-1 | 관세동맹의 무역전환 효과와 무역창출 효과

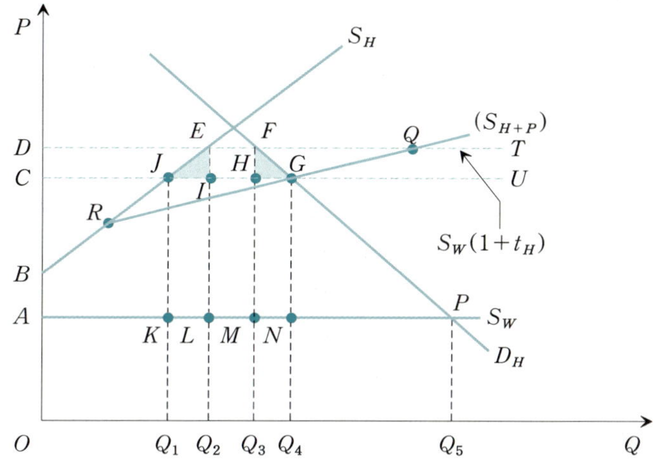

소비자들에게서 정부로 귀속되는 관세수입으로 소비자들로부터 정부로 이전된 것이다.

만일 H국과 W국이 관세동맹을 형성한다면 자유무역이 이루어져 OQ_5는 H국에서 소비되며 이것은 W국으로부터 수입된다. 따라서 자유무역이 가장 이상적인 상황이다. 그러나 H국과 P국이 관세동맹을 형성한다면 관세는 W국에 적용되는 반면에 P국은 제외된다. 이 경우에 실질적인 공급곡선은 $BRGQT$가 되며, 가격은 OC로 하락한다. 이에 따라 국내생산은 OQ_1으로 하락하고, 소비는 OQ_4로 증가되어, 수입은 Q_1Q_4로 증가한다. 이들 수입은 P국에서 이루어지게 된다.

이들 변화가 후생수준에 미치는 효과는 소비자잉여 및 생산자잉여 개념을 사용하여 검토할 수 있다. 소비가 증가함에 따라 소비자잉여는 영역 $CDFG$만큼 증가한다. 이 가운데 영역 $CDEJ$는 국내생산의 감소에 따라 생산자잉여가 이전한 것이며, 영역 $IEFH$는 정부의 관세수입이 다시 소비자에게 이전된 것이다. 그러므로 소비자잉여의 순증가분은 영역 HFG이고, 생산자잉여의 순증가분은 영역 JEI이다. 관세동맹으로 인한 무역창출효과는 $JEI+HFG$가 되어 후생수준을 증가시키나 무역전환효과는 순관세감소분 $ILMH$가 되어 후생수준을 감소시킨다. 따라서 관세동맹의 순효과는 이 두 효과의 크기에 따라 결정된다.

국내생산이 OQ_2에서 OQ_1으로 하락함에 따라 수입이 Q_1Q_2만큼 증가한다. P국으로부터 수입하는 데 드는 비용은 Q_1JIQ_2인 반면 국내에서 생산할 경우의 비용은 Q_1JEQ_2이다. 이에 따라 영역 JEI의 이익이 발생한다. OQ_3에서 OQ_4로 소비가 증가하게 되면 Q_3Q_4의 새로운 수입을 유발하게 되며 P국으로부터 수입하는 데 드는 비용은 Q_3HGQ_4이다. 이것은 소비자들에게 Q_3FGQ_4와 같은 후생수준의 증가를 가져온다. 따라서 소비자의 후생은 영역 HFG만큼 증가한다. 그렇지만 Q_2Q_3의 최초수입량을 수입하는 데 드는 비용은 Q_2LMQ_3이지만, 이들 수입품은 Q_2IHQ_3의 생산비용으로 생산한 P국에서 수입된다. 그러므로 이들 수입품은 $LIHM$의 정부수입 감소와 같은 손실을 가져온다.

관세동맹의 순효과가 이익이 되는가, 아니면 손실이 되는가에 관하여 결론을 내리기 전에 두 삼각형의 후생이익($JEI+HFG$)을 관세수입의 손실($LIHM$)과 비교해야 한다.

Q_2Q_3는 무역전환 효과, $Q_1Q_2+Q_3Q_4$는 무역창출 효과를 나타낸다. JEI와 영역 HFG의 합은 무역창조 효과로 이익이 되는 반면에, 영역 $LIHM$은 무역전환효과로서 손실이 된다. 따라서 무역창출은 경제적으로 바람직하지만 무역전환은 바람직하지 못하다. 바이너는 관세동맹이 이익이 되는가, 아니면 해가 되는가는 이들 두 효과의 상대강도에 따라서 결정된다고 말한다.

상기의 바이너가 분석한 결론에 대하여 쿠퍼(G. A. Cooper)와 마셀(B. F. Massell)은 비판하였다.[1] 이들은 OD에서 OC로의 가격하락을 두 단계로 고려하여야 한다고 제안하였다. 첫째, 관세의 수준이 AC로 감소됨에 따라 동일한 수준의 관세동맹가격과 생산, 소비 및 수입의 변화를 초래한다. 둘째, 새로운 가격 OC에서 출발하는 관세동맹을 도입한다. 이 두 단계의 효과는 무역창출로 인한 이익($JEI+HFG$)이 발생하는 반면에 무역전환으로 인한 손실($LIHM$)은 적용할 수 없다. 왜냐하면, H국이 직면하는 실질적인 공급곡선은 $BJGU$이며, 이것은 Q_2LMQ_3의 비용으로 수입품이 W국으로부터 계속하여 들어오기 때문이다. 무역창출에 따른 새로운 수입($Q_1Q_2+Q_3Q_4$)

[1] C. A. Cooper and B. F. Massell(1965).

은 $JILK$에 $MHGN$을 더한 관세수입을 가져온다. 쿠퍼와 마셀은 무차별적인 관세인하(unilateral tariff reduction)가 관세동맹의 형성보다 낫다고 결론을 내리고 있다.

2.2. 공업생산선호설

무차별적인 관세인하보다 불리한 관세동맹이 선호되는 이유는 무엇인가? 이에 대하여 존슨(H. G. Johnson)은 관세동맹이 선호되는 이유에 대하여 공업생산물에 대한 집단적 선호가 작용할 때 관세동맹이 선호되는 경우를 설명하고 있다.[2] 그는 정치경제적 용어로 표시된 민간사회비용과 편익에 대한 분석을 하였다.

존슨에 따르면 공업생산선호(preference for industrial production)란 저렴한 가격으로 세계시장가격에서 얻을 수 있는 개인적인 소비효용을 희생해서라도 정부의 보호조치에 의하여 공업생산과 고용을 더 확대하고자 하는 공업생산에 대한 집단적 선호이다. 즉, 공업생산선호는 개인의 소비후생보다 사회적 후생증대를 위하여 발생한 집단적 수요이다. 따라서 공업생산에 대한 선호는 공공재에 대한 선호로 볼 수 있다. 존슨은 다음 네 가지 가정에 기초하여 공공재 선호이유를 설명하고 있다.

① 정부는 비경제적(정치적)인 목표를 달성하기 위하여 관세를 사용한다.
② 정부가 취한 행동은 민간과 사회적 비용들 간의 차이를 상회하는 데 목표를 두고 있다. 그러므로 이들은 합리적 근거를 갖고 있다.
③ 정부정책은 선거구민들의 수요에 따라 합리적으로 행동한다.
④ 국가는 공업생산에 대한 선호를 갖고 있다.

이들 가정 이외에 존슨은 민간소비재와 공공소비재를 구분한다. 이들 가정은 중요한 의미를 갖고 있다. 첫째, 정치적 정당 간의 경쟁으로 인하여 정부는 민간과 집단적 소비재에 대해 소비자들의 만족을 극대화하는 정책을 선택하게 된다. 두 가지 형태의 소비재에 대한 자원의 단위당 만족률이 같을 때 만족은 극대화된다. 둘째, 공업생산에 대한 집단적 선호는

[2] H. G. Johnson(1965).

그림 13-2 | 공업생산선호설

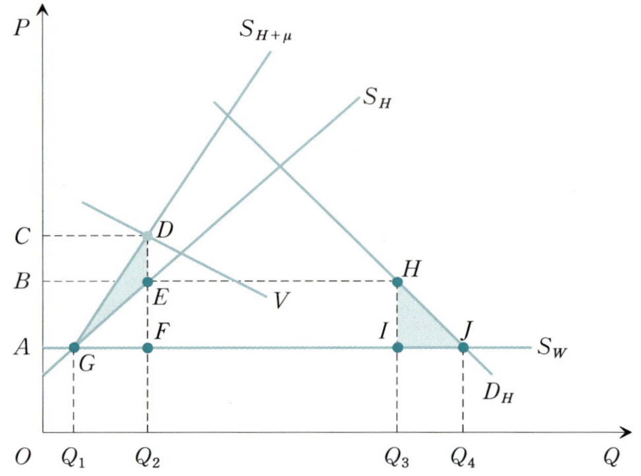

소비자들이 자유무역하에서의 생산량 이상으로 공업생산을 확대하려 한다는 것을 의미한다.

관세는 이와 같은 정책을 수행하는 주요한 수단이다. 일국 내에 공업생산선호가 존재할 경우에 공업생산선호하에서의 균형조건은 집단적 소비가 있는 공업생산에서 유도된 한계효용가치가 보호받은 공업생산의 사적 한계비용과 같아야 한다는 것이다.

보호받은 공업생산의 한계초과비용은 한계생산비용과 한계민간소비비용의 두 부분으로 구성되어 있다. 한계생산비용은 국내비용이 세계시장비용을 초과하는 비율과 같으며, 단순모형에서 이것은 관세율과 같다. 한계민간소비비용은 관세로 야기된 소비감소에 따른 소비자잉여의 감소와 같으며, 이것은 관세율과 수요와 공급의 가격탄력성에 의해 좌우된다.

균형상태에서 보호받은 생산의 한계초과민간비용은 공업생산에 대한 한계선호도를 나타낸다. [그림 13-2]는 공업생산물 수입국의 경우를 설명한 그림이다. 여기서 S_W는 세계시장의 공급곡선, D_H는 자유무역하에서의 수요곡선, S_H는 국내공급곡선, $S_{H+\mu}$는 초과된 사적 소비비용을 포함한 보호받은 공업생산의 사적 한계비용곡선이다. FE는 한계초과비용의 첫 번째 부분이며, $GED(=IHJ)$는 관세에 따른 소비자잉여의 사중적 손실인 두 번째 부분이다. S_W를 초과하는 V의 높이는 집단소비에 있어서 공업생산의 한계가치를 나타내며 V는 한계효용이 체감하는 것을 가정한 공업생산에 대한 선호이다.

공업생산을 OQ_1에서 OQ_2로 증가시키기 위하여 관세율 BA/OA를 사용하면 V와 $S_{H+\mu}$가 교차하는 점에서 실질소득이 극대화된다. 균형점에서 정부는 실질산출량이 아니라 실질소득을 극대화하며, 실질소득의 극대화는 공업생산의 집단적 소비에 대한 선호를 만족시키기 위하여 실질산출량을 희생시킬 필요가 있다.

이제 관세동맹의 문제를 분석하는 데 유용한 모델을 만들기 위하여 몇 가지 가정을 변경시킬 필요가 있다. 첫째, 공업생산은 총체적인 것이 아니라 각 국가들이 비교우위의 정도를 달리하는 여러 종류의 재화들을 포함하고 있다. 둘째, 어느 국가도 독점력을 갖고 있지 않으며 수출보조금이 허락되지 않는다. 셋째, 다양한 종류의 공업생산으로 인하여 각 국가들은 공업생산품들의 수입업자 및 수출업자가 된다. 상기 가정이 공업생산의 선호와 결합하여 각 국가들은 여러 가지 보호를 할 수 있다. 일국은 수입경쟁산업을 보호함으로써만 공업생산에 대한 선호를 만족시킬 수 있으므로 균형조건은 $V=S_{H+\mu}$이다. 그러나 다음의 이유로 $S_{H+\mu}$는 V와 약간 다르다.

첫째, 수입경쟁산업의 보호는 공업 및 비공업제품의 수출을 감소시킨다. 따라서 한 단위만큼의 공업생산을 증가시키기 위하여 공업생산품 수출의 유발된 손실을 보상하는 데 한 단위 이상으로 보호받은 공업생산을 증가시킬 필요가 있다. 둘째, 수입경쟁산업의 보호는 완전한 요소의 이동성으로 인하여 생산비용을 증가시킴으로써 공업생산의 수출을 감소시킨다. 다른 조건이 일정하다면 이 효과가 더 클수록 비공업부문에 비하여 공업부문이 더 크며, 수출부문에 비하여 상대적으로 보호받은 공업부문이 더 크다.

관세동맹 형성시 만일 상호 관세인하가 최혜국대우에 기초하여 이루어진다면 일국의 관세율 인하는 다른 모든 국가로부터의 수입을 증가시킨다. 하지만 관세인하가 차별적이라면 두 가지의 이점이 있다. 첫째, 각 국가는 제3국으로부터 수입을 전환함으로써 그들 자신의 공업생산에 있어서 손실을 보지 않고 교역국에 공업생산품의 수출증대를 기할 수 있다(무역전환). 둘째, 무역전환 효과가 소진될 때 이 국가에 대한 교역국의 공업수출증가는 같은 국가에게 공업생산의 감소와 같다. 따라서 제3국의 이익을 감소시킨다.

그러므로 차별적 관세인하는 무차별적인 관세인하보다 비용이 덜 들며 효율적인 수단이다. 지금까지의 분석을 다음과 같이 정리하여 볼 수 있다.

① 무역창출 효과 및 무역전환 효과는 관세동맹 교역국들에게 이익이 된다.

② 무역전환은 무역창출보다 더 선호된다. 왜냐하면, 국내공업생산의 희생이 필요하지 않기 때문이다.

③ 무역창출과 무역전환은 규모의 경제에 따른 효율성을 증대시킨다.

④ 공업생산선호설에서는 공업생산이라는 집단적 소비수요를 더 저렴한 비용으로 충족시키는 데 목적을 두고 있으므로 타국과의 협력이 있어야 가능하다.

2.3. 동태적 효과

경제통합은 회원국들의 GNP성장률에 영향을 미치므로 동태적 효과는 여러 가지 수단들과 관련된다. 이들은 다음을 포함하고 있다.

① 경제통합이 발생하기 전에 최적의 시설하에서 운영되는 기업 및 산업들에 대한 시장규모가 증가함으로써 규모의 경제가 발생한다.

② 공동시장 안에서 생산요소의 자유로운 이동으로 인하여 요소편중화 현상이 발생한다. 지역 간 생산요소의 이동으로 인해 기업규모가 확대되고 규모의 경제가 발생하여 특정 지역 중심의 성장으로 역내경제에 극화(polarization)현상을 초래한다.

③ 기술적 혁신, 특화, 경영관리상의 이익 등으로 인한 비용감소로 기업에 외부경제가 발생한다.

④ 대외거래의 불확실성 및 위험성 감소와 경쟁의 확대로 무역과 투자가 확대되며 생산의 효율성이 증가한다.

스키토브스키(T. Scitovsky)[3]는 미국의 통합된 대시장과 서유럽의 국가별로 분할된 소시장의 비교를 통하여 대시장의 경제적 효율성을 제시하였다.

그림 13-3 | 규모의 경제와 관세동맹

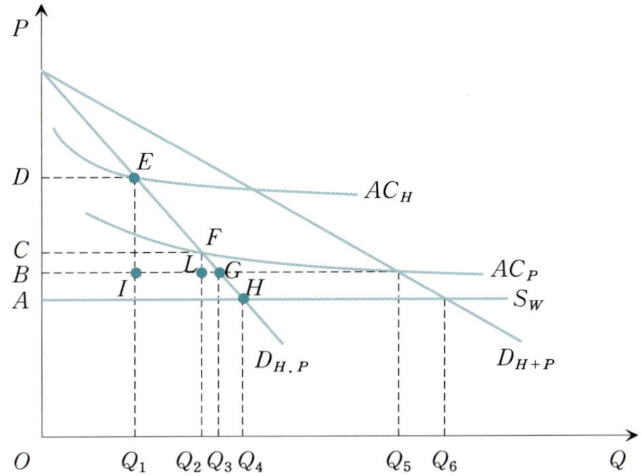

서유럽과 같은 소시장은 시장이 작기 때문에 경쟁이 둔화되고 시장이 정체된다. 이에 따라 제품가격이 높아 대량소비가 되지 않으므로 대량생산이 이루어지지 않는다. 이를 탈피하는 방법으로 스키토브스키는 공동시장의 형성 또는 무역자유화에 의한 경쟁의 촉진을 주장하고 있다. 무역자유화 조치로 경쟁이 늘어나면 대량생산으로 외부경제에 따른 규모의 경제가 발생하여 가격이 인하된다. 따라서 시장규모의 동태적 확산이 발생한다.

[그림 13-3]은 산업 내부에서 발생하는 규모의 경제를 분석하고 있다. $D_{H \cdot P}$는 H국과 P국의 이 재화에 대한 동일한 수요곡선이며, D_{H+P}는 결합수요곡선이다. S_W는 세계공급곡선이다. AC_P와 AC_H는 각각 P국과 H국에서의 이 재화에 대한 평균비용곡선이다. H국과 P국에서 총 OQ_6를 생산하며 OQ_4를 수입하여 소비가 충족되므로 OA의 가격이 자유무역의 최상의 정책이다.

만일 H국과 P국이 관세를 부과한다면 사적 비용과 사회적 비용 간에 왜곡이 존재한다. 최적관세율은 독점이윤을 발생시키지 않고 국내소비를 만족시킬 수 있는 수준으로 국내생산을 증대시킬 수 있는 수준이다. 이

[3] T. Scitovsky(1958).

관세율은 H국과 P국에서 각각 AD 및 AC와 같다. 따라서 OQ_1과 OQ_2만큼 생산한다.

H국과 P국이 관세동맹을 형성할 때 더 저렴한 생산자인 P국은 OB의 가격에서 완전한 관세동맹의 산출량 OQ_5를 생산한다. 이것은 AB/OA의 공동대외관세, 즉 최초의 효율적인 교역상대국보다 더 낮은 관세율을 필요로 한다. 이에 따라 H국과 P국은 모두 OQ_5를 소비하고 각각 $BDEG$와 $BCFG$만큼 이익을 얻는다. 이들 이익 가운데 H국의 $BDEI$, P국의 $BCFL$은 규모의 경제로 인하여 발생한 비용감소 효과이다. 따라서 생산을 포기함에 따라 P국에서는 생산의 이익, H국에서는 생산의 손실을 본다.

규모의 경제 면에서 관세동맹이 정당화되는 것은 순효과가 이익이 되느냐, 아니면 손실이 되느냐에 달려 있다. 만일 전체적인 결과가 순이익이 된다면 이들 이익의 배분이 중요한 문제가 된다. 그러나 규모의 경제가 통합된 산업에 기인한다면 생산단위의 지역적 배분이 중요한 문제가 된다.

3 일반균형 분석

앞 절에서는 부분균형 분석에 의하여 관세동맹이 일국의 후생에 미치는 효과를 분석하였다. 이 절에서는 일반균형 분석방법으로 관세동맹의 효과를 검토한다. 분석을 단순화하기 위하여 H국은 소국이며, P국과 W국은 대국이라고 가정한다. t_P와 t_W는 각각 P국과 W국의 교역조건이다. H국은 교역조건(t_P와 t_W)이 일정하다.

[그림 13-4]에서 HH는 H국의 생산가능곡선이다. 처음에 t_W가 바람직한 교역조건으로 주어진 경우에 H국이 금지적·무차별적인 관세를 부과하여 P_1의 생산점과 소비점이 된다. W국은 의류(C)의 생산에 가장 효율적인 국가인데, 관세동맹의 형성으로 교역상대국 P국과 자유무역을 하게 된다. 따라서 생산은 P_2로 이동하여 t_P는 HH와 접하고 소비는 점 C_3에서

그림 13-4 | 무차별 관세인하에 의한 효과

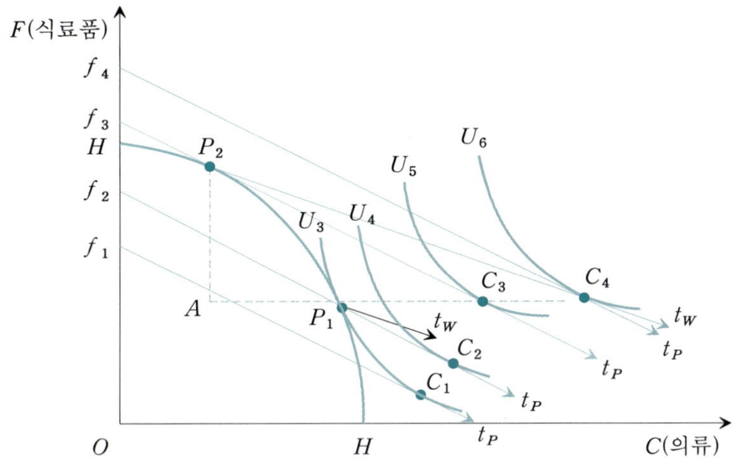

접한다. 여기서 사회무차별곡선 U_5는 t_P에 접한다. 무차별적인 관세인하(unilateral tariff reduction: UTR)를 한다면 점 P_2에서 생산이 이루어진다. 만일 관세수입이 정액세로서 소비자들에게 되돌아간다면 소비는 U_6상의 점 C_4, 관세수입이 정부에 귀속된다면 점 C_3에 있게 된다. C_4상에서 무역은 W국만으로 이루어진다.

무차별적인 관세인하와 W국과의 무역으로 AP_2를 수출하여 AC_4의 수입으로 재화를 교환한다. 이 가운데 C_3C_4는 관세수입이다. 존슨(Johnson)은 소비와 생산의 이익을 구별하고 이것을 계산하는 방법에 의하여 식료품(F)의 관세만으로 이들 효과를 표시한다. 힉스의 소득보상 변화(Hicksian income compensation variation)가 주어진 경우 f_1f_2는 양의 소비효과, f_2f_3는 생산효과, f_3f_4는 관세수입 효과이다. 즉, f_1f_2는 무차별곡선상에서의 변화, f_2f_3는 생산가능곡선상에서의 변화, f_3f_4는 교역조건의 변화를 의미한다. 관세동맹의 형성과 무차별적인 관세인하의 차이는 관세수입 f_3f_4의 상실인데, 이것은 C_3와 C_4를 비교함으로써 알 수 있다. 소비의 이익 f_1f_2는 양의 값인 반면에 생산효과는 f_2f_4의 무역창출 효과와 f_3f_4의 무역전환 효과의 두 부분으로 구성되어 있다. 따라서 f_2f_3는 이들 두 효과 간의 차이이며 순무역창조 효과이다.

상기 모형은 교역조건을 내생화하지 않았으므로 일반균형적인 특징이 충분하지 못하다. 따라서 일반균형적인 분석을 더 발전시키기 위하여 관세가 부과되는 경우와 부과되지 않는 경우에 세 국가에 대한 오퍼곡선을 사용할 필요가 있다. 이를 위하여 바넥(J. Vanek)[4]이 분석한 관세동맹 전체의 초과오퍼곡선(excess offer curve of the union)을 도입할 필요가 있다.

4 교역조건 효과

지금까지의 분석은 관세동맹의 형성이 교역조건에 영향을 미치지 않는다는 가정하에서 이루어진 것이다. 이것은 이 국가가 국제경제에 영향을 미치지 못하는 소국이라는 것을 의미한다. 특히, 이것은 EC와 같은 규모의 국가들이 관세동맹을 맺는 경우에는 비현실적인 가정이다. 따라서 이번에는 관세동맹이 교역조건에 미치는 효과를 분석한다.

〔그림 13-5〕에서 O_H, O_P, O_W는 H, P, W국 각각의 오퍼곡선이다. 이 〔그림 13-5〕 (a)에서는 H국은 Y재의 가장 효율적인 생산자인 반면에 〔그림 13-5〕 (b)에서는 H국과 P국은 같이 효율적이라고 가정한다. 자유무역하에서의 교역조건이 OT_0로 주어진 것으로 가정하고, H국은 X재 OQ_6를 수입하는 대가로 W국에 Y재 Q_6h_1을 수출한다. 반면에 P국은 X재 OQ_1을 수입하는 대가로 Y재 Q_1P_1을 수출한다. 따라서 H국과 P국 수출의 합은 OX_3와 같다. H국이 종가세(ad valorem tariff)를 부과할 때 교역조건은 OT_1으로 변화되어 관세수입에 따른 오퍼곡선은 O'_H으로 변화된다. 이것은 H국과 W국과의 무역이 감소됨과 동시에 P국과 W국의 무역이 증가하기 때문이다. 〔그림 13-5〕 (a)에서 H국과 P국의 무역 변화에 따른 순효과는(H국의 수출은 감소하고 P국의 수출은 증가한다) 세계무역에서 감소한

[4] J. Vanek(1965). 초과오퍼곡선의 도출에 관해서는 孫炳海(1988), pp. 100～101 참조.

그림 13-5 | 관세동맹과 교역조건

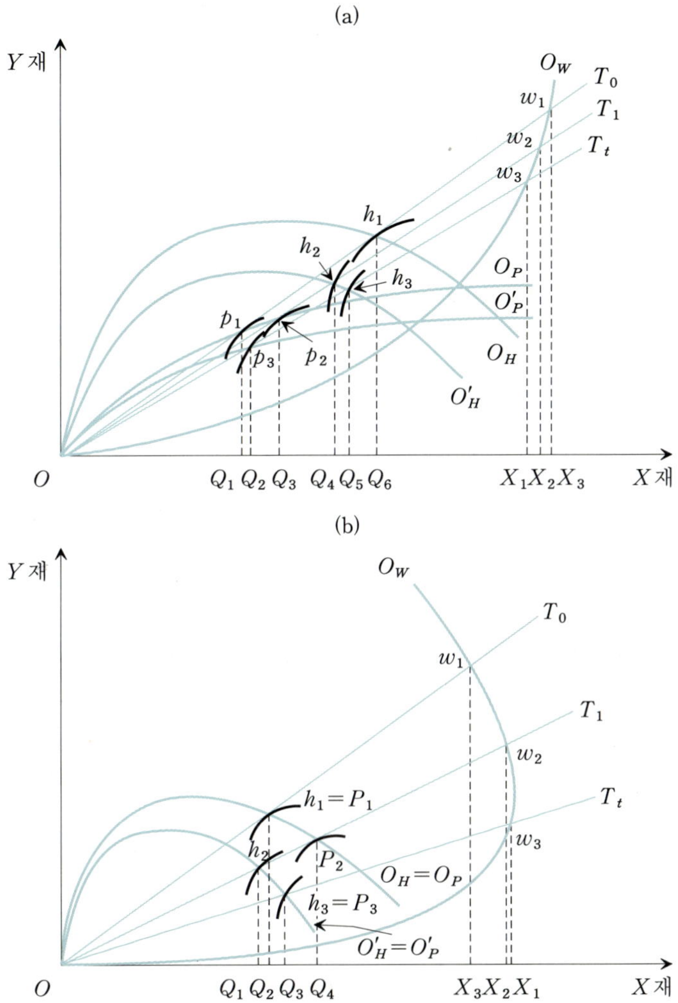

다. 그러나 h_1에서 h_2로의 이동이 두 조건을 수반할 경우에 H국의 후생은 증가한다. 그런데 H국에 비하여 상대적으로 P국의 규모가 더 클수록, 관계되는 영역에서 두 국가의 오퍼곡선이 더 탄력적일수록 관세의 부과로 H국은 더욱 손해를 입는다. 여러 가지의 오퍼곡선과 H국의 관세가 주어진 경우에 H국은 수출재 X에 대한 한계지출성향이 더 낮을수록 후생수준이 계속하여 더 감소한다. 만일 소비에 있어서 Y재가 H국에서 '기펜재'라면 h_2는 h_1보다 열등하다.

이와 같은 상황하에서 H국은 〔그림 13-5〕 (a)의 경우에는 후생이 감소하지만 〔그림 13-5〕 (b)의 경우에는 증가한다. 반면에 P국은 두 경우에 후생이 개선된다. 따라서 P국이 제한적인 무역정책을 채택하도록 설득하는 것이 H국에 이익이 된다. 분석을 간편하게 하기 위하여, 예를 들면 P국이 종가세를 부가하고 (b)에서 H국과 P국이 관세수입을 재분배한 오퍼곡선이 완전히 일치하는 점에서 동일하다고 가정하자. 그림의 두 경우에서 교역조건은 OT_1으로 이동하여 h_3, p_3, w_3가 무역균형점이 된다. 두 경우에 P국의 관세는 H국의 후생을 증가시키지만, P국은 (b)의 경우에 이익을 얻으며 H국이 관세를 부과할 때인 (a)의 경우에도 자유무역으로 후생이 증가한다.

〔그림 13-5〕가 설명하고 있는 상황은 P국의 이해집단과 관계정책이 서로 양립할 수 없는 근본적인 문제를 예시하고 있다.

H국은 P국의 제한적인 무역정책으로 이익을 얻지만, P국은 H국이 관세를 계속해서 부과한다면 제한적인 무역정책 없이도 이익을 얻는다. H국이 교역조건을 개선시키는 데에서 나타난 딜레마는 수출재의 시장을 충분히 통제할 수 없는 데서 발생한다. 그러므로 최적의 무역정책과 그 효과는 W국에서 수요의 탄력성뿐만 아니라 P국의 공급조건 및 H국에서의 정책에 대한 P국의 반응에 달려 있다.

H국은 P국의 정책결정에 영향력을 행사하려고 한 것이다. 그러나 P국은 독립적 정책추진에 대한 동기를 갖고 있으므로, H국은 어려움에 처할 수 있다.

상기 분석은 서로 유사한 경제구조를 가지고 W국과 교역을 하는 잠재적인 상대국과도 관련이 있다. 관세동맹을 형성함으로써 그와 같은 국가는 배제시킬 수 있었다. 여기서의 분석은 무역창조 및 무역전환의 정태적 개념에 초점을 두고 있는 것이 아니므로 그와 같은 논쟁은 오류가 발생할 수 있다. 관심의 초점은 교역조건 효과이며, 이 점에서 이익을 얻기 위한 공동의 무역정책은 경제통합의 영역이다.

지금까지 설명한 경제통합의 경제적 효과를 종합하여 도표로 정리하면 〔표 13-1〕과 같다.

표 13-1 | 경제통합의 경제적 효과

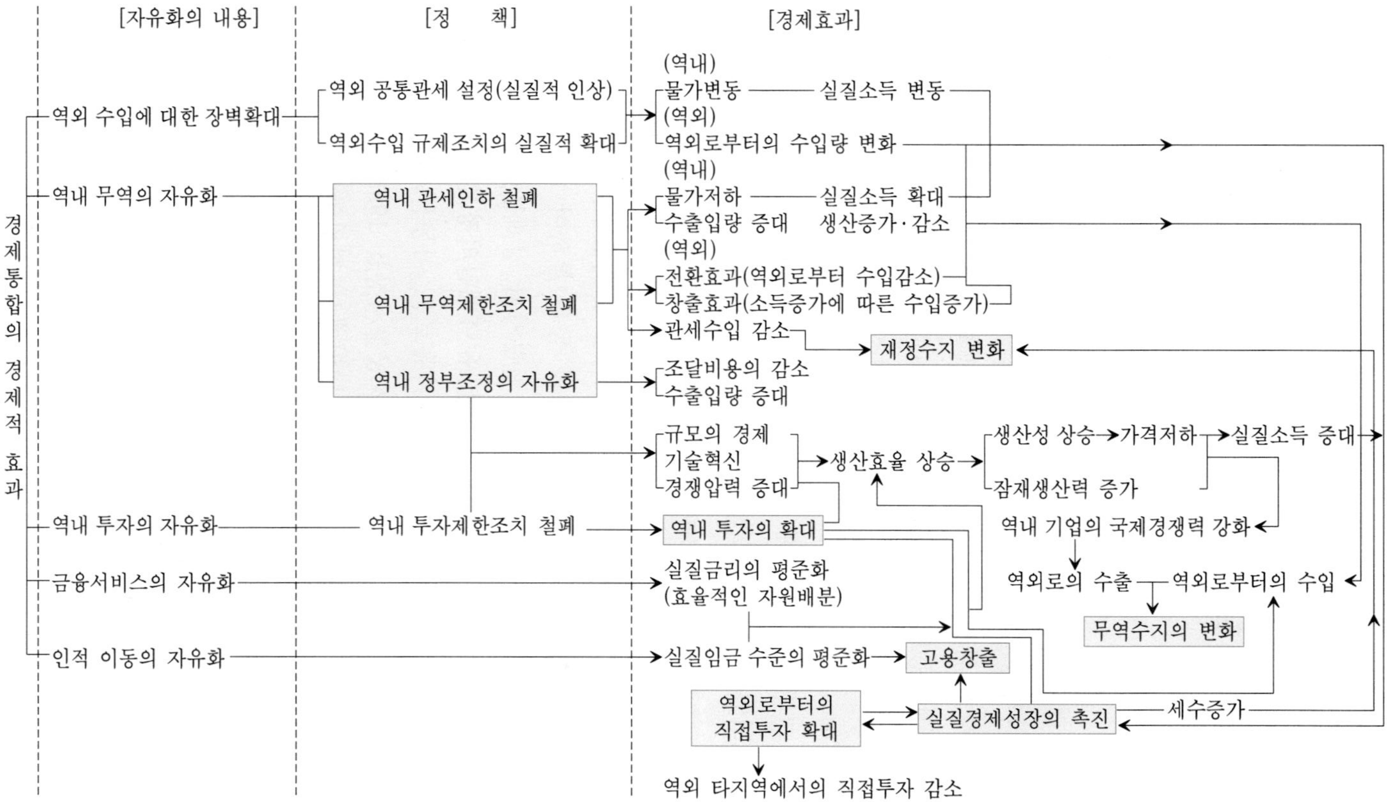

5 차별적 협정의 사례

관세동맹과 자유무역지역이 과거 30년 동안 선진공업국과 저개발국들에게서 일반적인 형태였다. 프랑스, 서독, 이탈리아 및 베네룩스 3국 등 6개국은 프랑스 외상 슈망(R. Schman)이 제출한 계획안에 의거하여 1951년 유럽석탄철강공동체(European Coal and Steel Community: ECSC)를 결성하였다. 그리고 ECSC를 통한 독일·프랑스의 이해조정으로 유럽경제공동체(European Economic Community: EEC)를 결성하여 1957년에 영국, 덴마크 및 아일랜드, 1981년에 그리스, 1986년에 스페인 및 포르투갈이 참여하여 현재 12개국으로 확대되었다. 1967년 7월 그 동안 각각 독립되었던 ECSC, EEC 및 유럽원자력공동체(European Atomic Energy Community: EURATOM)의 단일통합으로 실현된 유럽공동체(European Community: EC)는 제3국에 대한 공동역외관세의 부과, 생산요소(노동, 서비스, 자본) 이동의 자유화, 공동농업정책, 공동수송정책의 실시, 재정·금융정책의 조정 등을 통하여 가맹국 간 공동시장을 형성하고 가맹국 간의 경제정책을 접근시켜 경제통합을 이행하는 것에 목표를 두고 있다. EC는 1986년 7월 유럽단일의정서(Single European Act: SEA)를 발동하여 상품과 생산요소의 자유로운 이동을 방해하는 무역장벽을 1992년 말까지 폐지시킴으로써 단일공동시장을 1993년 1월부터 출범시켰다. 1979년 EC는 중심환율을 미국 달러에서 회원국들의 통화바구니 형태인 유럽통화단위(European Currency Unit: ECU)로 대체하고 환율의 변동폭도 각 통화 간에 설정된 기준환율에서 ±2.25%를 유지하되 일부 약세통화에 대해서는 ±0.6%의 변동을 허용하는 환율조정체제(Exchange Rate Mechanism: ERM)를 운영하는 유럽통화제도(European Monetary System: EMS)를 출범시켰다.

EC 통합이 하나의 자극제가 되어 북미 지역에서는 1992년 8월 북미자유무역협정(NAFTA)을 체결하고, 아시아에서는 '아시아·태평양 경제협력체

(Asia-Pacific Economic Cooperation: APEC)'를 결성하였으며, 최근에는 '동북아시아 경제권' 구상을 제창하고 있다. 그 밖에 중동 내지 아프리카 국가들도 지역경제협력체를 만들려는 움직임을 강화하게 되었다.

앞 절에서 발전시킨 이론적인 개념들을 예시하기 위하여 이 절에서는 차별적인 협정들에 대한 경험적인 검증을 하여 본다.

5.1. 유럽의 무역창출 효과 및 무역전환 효과

앞 절에서 바이너(1950)가 분석한 것에 따르면 관세동맹으로 역내 무역장벽이 제거되면 재화의 생산이 생산비가 낮은 역내 공급자로 전환되면서 무역창출 효과가 발생하는 반면에 비회원국들로부터 수입하던 재화를 상대적으로 생산비가 높은 동맹국으로부터 수입하게 됨으로써 후생을 감소시키는 무역전환 효과가 발생한다. 따라서 경제통합으로 가맹국들의 후생이 증가되는 것은 이로 인해서 발생되는 무역량이 어느 정도 증가되는가에 달려 있다.

지금까지의 연구결과에 따르면 EC의 경제통합으로 인한 무역창출 효과는 무역전환 효과에 비해서 약 2~10배 정도 큰 것으로 나타났다. 크레이닌(M. E. Kreinin)의 연구결과에 따르면,[5] 관세동맹 완성 이후인 1969년 및 1970년도 EC의 역내무역 증가에 따른 무역창출 효과는 84억 달러인 반면에 무역전환 효과는 11억 달러에 지나지 않아서 경제통합으로 인하여 EC 전체의 후생이 증대되었다고 설명하고 있다. 다른 방법을 사용한 메이스(D. G. Mayes)의 연구에서도 무역창출 효과가 무역전환 효과보다 더 큰 것으로 나타났다.[6] 또한 EC의 시장통합으로 회원국들의 역외 수입수요가 증대되어 비회원국들도 경제적 이익을 얻는다.

이와 같은 전통적인 관세동맹의 이론은 단순히 정책적인 측면만을 고려한 것이며, 시장통합에 따른 규모의 경제확대나 기업들 간의 경쟁심화에 따른 가맹국들의 후생증대 같은 동태적인 측면을 고려하고 있지 않다. 일반적으로 경제통합에 따른 총체적인 측면을 고려하고 있지 않은데, 실제로 경제통합에 따른 총체적 효과는 정태적 효과보다 클 것으로 예상된다. 그

[5] Mordechai E. Kreinin(1974), Ch. 3.
[6] David G. Mayes(1978).

러나 분석기술상의 한계와 통계자료 등의 문제로 이러한 경제통합의 총체적 효과는 실제 측정하기가 어렵다. 예를 들면, 규모의 경제 확대에 따른 가맹국들의 비용절감이나 기업의 효율성 증대로 인한 가맹국들의 국제경쟁력 증대에 따른 역외 수입 제한효과 또는 시장확대에 따른 역외 국가들의 해외직접투자 증대를 고려할 경우 경제통합이 역외 국가들에 미치는 영향은 불투명하다.

5.2. 북미자유무역협정(NAFTA)

EC의 통합은 유럽 이외의 기타 자본주의 경제에 대하여 지역통합의 움직임을 촉진하는 효과를 가져왔다. 미국은 종전의 GATT 체제하에서의 다자 간(multilateral) 협정방식이나 모든 국가를 상대로 하는 보편적 통상전략을 수정하는 양자 간(bilateral) 방식의 '자유무역협정(free trade agreement)' 체제를 채택하였다.

1990년 6월 미국과 멕시코 정상회담에서는 양국 간 자유무역지대의 조기 창설에 합의하고, 이로부터 3개월 뒤 캐나다의 동 협정 참여의사 발표로 구체화되기 시작한 북미자유무역지대 협상은 1991년 6월에 열린 3국 통상장관 회담에서 시장개방, 통상법, 서비스, 투자, 지적소유권 및 분쟁해결절차 등 6개 분야별 공식 협상을 벌이기로 하면서 본격화되어, 1992년 8월 북미자유무역협정(North America Free Trade Agreement: NAFTA)이 체결되었다. NAFTA 협정안은 향후 15년간 교역장벽의 철폐, 고정된 경쟁조건의 확립, 투자기회의 증대, 지적재산권의 보호 등을 통하여 북미 3국을 자유무역국으로 만드는 것을 목적으로 하고 있으며, 이를 위해 시장접근, 통상규칙, 서비스 및 투자규제, 지적재산권, 분쟁해결의 6개 분야 18개 항목을 그 내용으로 하고 있다.

분야별 주요 내용

- 관세철폐: 미국의 대멕시코 수출공산품 및 농산물 가운데 65%에 대해 즉각적인, 또는 향후 5년 내 면세혜택, 멕시코의 현행 관세율은 평균 10%로 미국보다 2.5배 높음.
- 자동차 및 부품 관세인하: 멕시코가 자동차 및 경트럭 수입에 부과

하고 있는 관세를 즉각적으로 50% 인하, 향후 5년 내 미국의 대멕시코 자동차부품 수출의 3/4에 대해 관세철폐

- 자동차 국내부품 사용규제: 자동차 국내부품의 조달비율을 62.5%로 결정
- 통신시장: 멕시코의 60억 달러 규모에 이르는 통신시장을 개방, 멕시코는 오는 1995년까지 이 부문에 관한 모든 투자제한조건을 완전 철폐
- 섬유 및 의류: 미국의 대멕시코 섬유 및 의류 수출관세 즉각 철폐, 이 밖의 모든 제한 향후 10년 내 폐지
- 농산물시장: 멕시코의 미국 농산물 수입과 관련한 수입면허 제한 즉각 폐지 및 향후 10~15년 내 관세 전면 철폐
- 금융시장 개방: 현재 개방되어 있지 않은 멕시코의 금융시장에 미국의 은행, 증권회사들이 현지법인 등을 설립하도록 허용, 2000년부터 모든 투자제한 철폐
- 보험시장 개방: 현재 멕시코 회사와 합작투자 상태에 있는 미국 기업은 오는 1998년까지 신규진출기업도 상당규모의 주식인수 가능, 2000년까지 주식투자 제한 등 철폐
- 육상운송: 오는 1995년까지 국제화물을 운송하고 있는 미국의 화물자동차 회사들에게 멕시코 월경을 허용하며 1999년까지 전면 개방
- 지적재산권: 미국의 첨단 오락프로그램 및 장비저작권 등록상표 등 지적재산권 엄격 보호

분야별 주요 내용을 살펴보면, 우선 관세철폐에 있어서는 거래품목의 약 65%를 협정발효 즉시 또는 5년 이내에, 섬유·의류·농산품 등 민간품목은 10~15년 내에 관세를 철폐함으로써 상품교역을 자유화하는 것이다. 원산지규정에서는 승용차, 경트럭, 엔진 및 트렌스미션의 경우 관세면제의 기준이 되는 현지조달비율을 미국·캐나다 간 자유무역협정의 50%에서 8년 이내에 62.5%로 인상하고, 섬유 및 의류의 경우에도 대부분 원사의 원산지주의를 적용하여 북미산 원사 및 직물의 사용을 의무화하는 등 원산지규정을 강화하고 있다. 비관세장벽의 제거에서도 수량제한 완화, 반덤핑·상계관세 철폐, 멕시코의 수입허가품목 축소 등 상품교역의 원활화를 위한

표 13-2 | NAFTA와 주요 국가의 경제력 비교(2006년)

국가별	GDP (10억 달러)	1인당 GDP (달러)	수출 (100만 달러)	수입 (100만 달러)	총인구 (천 명)
아시아	–	–	–	–	–
한국	887.4	18,374	325,465	309,383	48,297
일본	4,366.40	34,125	649,931	579,574	127,953
NAFTA	–	–	–	–	–
캐나다	1,269.20	38,960	389,538	357,652	32,577
멕시코	840	7,974	250,441	–	105,342
미국	13,246.60	43,741	1,038,270	1,919,430	302,841
유럽	–	–	–	–	–
프랑스	2,248.40	36,660	487,290	538,055	61,330
독일	2,897.20	35,058	1,125,830	919,116	82,641
영국	2,375.70	39,260	428,359	547,476	60,512

자료: 통계청.

조치가 포함되어 있다. 한편, 투자·서비스·금융에 있어서는 내국인대우를 원칙으로 하되, 멕시코의 외국인 투자지분의 제한을 단계적으로 철폐하여 2000년까지 석유 및 금융업을 개방할 것을 규정하고 있다. 환경 및 노동 문제에 있어서는 미국과 캐나다 공해산업의 멕시코로의 이전을 억제하기 위하여 멕시코의 환경보호기준을 강화하였으며, 미국은 현행 이민법을 유지하여 멕시코 불법이민의 방지에 노력하고, 미국과 멕시코 양국은 보건 및 안전기준, 노동기준 및 노사분쟁의 해결 등 노동 문제를 개선하기 위해 상호 노력하기로 합의하였다.

• 사례연구 13-1 •

NAFTA와 한국 경제의 관계

우리나라의 북미 3국에 대한 수출은 1998년 257억 달러에서 2006년 530억 달러로 연평균 13.3% 증가하였지만, 같은 기간중 우리나라의 총수출 연평균 증가율 18.2%에는 못 미치고 있다. 이에 북미 지역이 우리나라의 수출에서 차지하는 비중은 19.5%에서 16.3%로 떨어졌으며, 특히 미국이 차지하는 비중이 크게 줄어든 반면 멕시코가 차지하는 비중은 증가하였다.

대미 수출비중에 대해 미국 수입시장 점유율 순위로 살펴보면 NAFTA가 체결된 이후 캐나다가 1위를 차지하고 있으며, 멕시코도 계속 3위를 유지하고 있다. 한 가지 특이한 사항은 중국의 경우 노동집약적 상품의 강력한 가격경쟁력을 바탕으로 하여 대미 점유율을 높이고 있는 것으로 나타났다.

표 13-3 | 우리나라의 대NAFTA 교역 추이

(단위: 천 달러)

국가별	1998	2000	2002	2004	2006
캐나다	1,551,209 (1.2)	2,426,732 (1.4)	2,340,630 (1.4)	3,383,074 (1.3)	3,620,405 (1.1)
멕시코	1,404,889 (1.1)	2,391,360 (1.4)	2,230,817 (1.4)	2,993,949 (1.2)	6,284,571 (1.9)
미 국	22,805,106 (17.2)	37,610,630 (21.8)	32,780,188 (20.2)	42,849,193 (16.9)	43,183,502 (13.3)
북 미	25,761,204 (19.5)	42,428,722 (24.6)	37,351,635 (23.0)	49,226,216 (19.4)	53,088,478 (16.3)
총수출	132,313,143	172,267,510	162,470,528	253,844,672	325,464,848

주: ( ) 안은 우리나라 총수출에서 차지하는 비중(%)임.
자료: 통계청.

표 13-4 | 미국 수입시장 점유율 순위

(단위: 백만 달러)

연도	캐나다	일본	대만	한국	중국	멕시코
1998	174,844(1)	121,982(2)	33,123(7)	23,936(9)	71,156(4)	94,709(3)
2000	229,209(1)	146,577(2)	40,514(7)	40,300(8)	100,063(4)	135,911(3)
2002	210,590(1)	121,494(4)	32,199(8)	35,575(7)	125,168(3)	134,732(2)
2004	255,928(1)	129,595(4)	34,617(8)	46,163(7)	196,699(2)	155,843(3)
2006	303,416(1)	148,091(4)	38,215(8)	45,830(7)	287,773(2)	198,259(3)

주: ( ) 안은 점유율 순위를 나타냄.
자료: 한국무역협회.

5.3. 공동농업정책

(1) 이론적 분석

EC의 공산품에 대한 관세동맹의 완성과 공동농업정책(Common Agricultural Policy: CAP)에 의한 농산물공동시장의 형성은 유럽에서 경제통합을 주도해 온 양대 지주로 되어 있다. EC에 있어서 공동농업정책의 실시가 EC 통합의 중추적 기능을 담당하게 된 것은 유럽 농업이 갖는 특수성에 기인한다. 각국은 GNP에서 농업이 차지하는 비중이 매우 높아서 농업에 관한 보호정책을 유지하고 있으며 보호정책의 각국별 조정과 통합이 EC 통합의 중심과제가 되었다.

CAP의 후생효과를 [그림 13-6]에서 부분균형적인 접근으로 분석한다. 유럽의 각 국가들은 소비자들이 더 높은 가격을 지불하려고 할지라도 국내소비자들과 생산자들 모두에게 똑같이 P_2의 내부가격을 설정한다. 따라서 국내생산은 국내수요를 초과한다. 유럽의 각국은 P_1의 주어진 가격으로 국제시장에서 재화를 구입할 수 있다고 가정한다.

P_2의 시장개입가격은 AB의 초과공급을 발생시킨다. [그림 13-6]에서 정부가 개입하여 구매한 평균가격은 P_0라고 가정한다. 그러므로 사각형 $ABCD$는 이 계획의 총금융비용이다. 만일 CAP를 자유무역과 비교한다면 소비자들은 $a+b+e+g+h$의 소비자잉여를 상실하는 반면에, 생산자들은 $a+b+c$의 생산자잉여를 얻는다. 단기에 생산자들의 이익은 고용증대와 고용된 농업부문 종사자들의 소득증가의 형태로 나타난다. 결국에는 이들 대부분은 지대로 흡수된다. 식료품에 대한 수요의 소득탄력성이 낮기 때문에 소비자들의 잉여상실분은 저소득층에 전가된다.

만일 사회적 후생을 소비자잉여 및 생산자잉여의 합으로 계산한다면 이 정책의 순금융비용은 $b+d+2e+f+g+h$와 같다. [그림 13-6]에서 이것은 관세수입 감소분인 사각형 $ABCD$의 영역과 거의 같다. 그런데 유럽의 농업생산에서 외부성이나 저소득층의 농부들에게 소득을 이전하는 사회적 이익이 있다고 주장한다면 이와 같은 측정은 이 정책으로 인한 자원의 실질비용을 과장한 것이다. 이에 대한 근거로는 다음과 같은 이유가 존재한다. 금융손실부분인 사각형 $ABCD$는 종량세보다 더 재정의 왜곡을

그림 13-6 | 공동농업정책의 후생효과

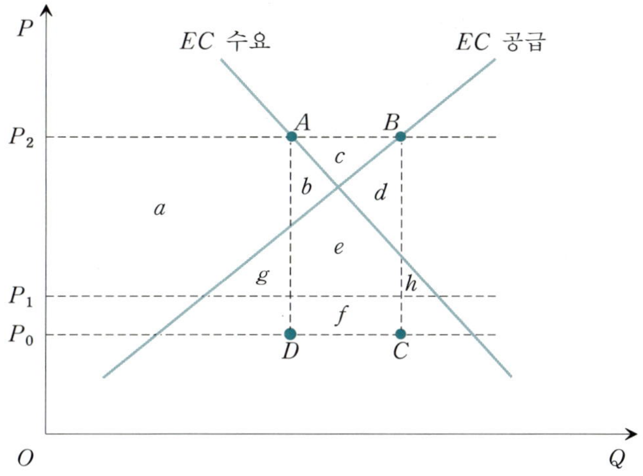

가져와 사중적 손실을 유발하여 다른 시장에 영향을 미친다. 또한 농업의 압력단체가 부담하는 로비비용, 즉 지대추구비용(rent seeking cost)이 존재하며 이는 생산자잉여에서 공제되어야 한다.

(2) 공동농업정책과 그 문제점

공동농업정책의 목표는 농업생산성 향상, 농어민의 적절한 소득 및 생활수준 보장, 시장안정, 식량공급의 안정적 확보, 소비자가격의 적정 유지 등이며, 유럽에서는 이러한 목적을 달성하기 위하여 ① 단일시장, ② 역내우선(community preferernce), ③ 재정연대(financial solidarity)라는 세 가지 원칙하에 유럽농업지도 및 보증기금(European Agricultural Guidance and Guarantee Fund: EAGGF) 등을 적용하여 왔다. 공동농업정책은 가격정책, 구조정책, 사회정책으로 되어 있으나 그 중심은 가격정책과 무역정책이다.

1) 가격정책

가격정책 중 가격지지정책을 형태별로 분류하여 구체적 내용을 보면 다음과 같다.

① 정부가 개입가격을 지지하고 무역제한(수입부과금)을 부여하는 품

목: 곡물, 버터, 탈지분유, 쇠고기 등 농업생산의 70% 이상을 점유하는 품목

② 무역제한은 가하되 정부가 개입하지 않는 품목: 달걀, 포도주, 화훼, 과채류 등 농업생산의 25%를 점유하는 품목으로 기본 식량이 아니거나 토지와 다소 무관한 품목

③ 단순히 가격보상을 하는 품목: 유채, 해바라기씨, 목화씨, 콩 등 유지류로서 역내가격과 수입가격 차이를 가공공장에 보상

④ 일정률을 보조하는 품목: 아마, 대마, 호프, 생사 등의 지역특산물로서 일부 농민들에게 중요한 품목

2) 무역정책

수입정책

EC는 공동농업정책을 추진하고 농가소득을 보장해 주기 위하여 수입제한조치를 시행하고 있으며, 그 대표적인 것이 탄력수입부과금제도이다. 탄력수입부과금제도는 국내가격 지지수준에서 수송비를 차감하여 경제가격을 결정하고, 여기에서 수입가격을 차감한 만큼을 수입부과금의 형태로 부과함으로써 EC 역내시장으로 세계시장가격 변동효과가 전파되지 않도록 하는 수입제한조치이다.

수출정책

EC는 회원국가의 생산자가 과잉생산한 농산물을 비회원국에 수출할 경우에는 국내가격과 세계시장에서 판매하는 가격과의 차이만큼을 수출환급, 즉 수출보조금의 행태로 지급하는 제도를 실시하고 있다.

3) 문제점

높은 수준의 국내가격 지지로 대부분의 농산물자급률이 100%를 상회하고 있으며, 특히 낙농제품과 곡물의 과잉생산이 이루어지고 있다. 1980년대에 들어와 수출보조금의 과다지급으로 보증기금의 지출이 크게 증가하여 재정적자가 확대되고 있다. 공동농업정책의 추진으로 생산기반과 입지조건이 유리한 북부지역 국가들에게 유리한 결과를 초래하여 EC 내 국가들 간에 남북 문제가 발생하고 있다. 또한 과잉농산물 처리를 위한 과다한 수출보조금 지급은 경쟁수출국들로부터 반발을 초래하여 미국과 EC 간

의 무역마찰을 야기하고 있다.[7]

요약

① 경제통합은 역내 회원국들 상호간에는 모든 무역장벽을 차별적으로 제거하며 회원국들 상호간에 새로운 협력을 강화하는 것으로, 그 형태에 따라 자유무역지대, 관세동맹, 공동시장 및 완전한 경제통합으로 구분된다.

② 관세동맹의 효과로서 무역창조 효과와 무역전환 효과가 발생한다. 무역창출 효과는 관세동맹 가맹국 내에서의 국내생산이 다른 가맹국으로부터 낮은 비용의 수입으로 대체될 때 발생한다. 무역전환 효과는 저렴한 비용의 비가맹국으로부터 높은 비용의 가맹국으로 전환될 때 발생한다.

③ 무차별적인 관세인하보다 불리한 관세동맹이 선호되는 이유에 관하여 존슨은 공업생산선호설로 설명하고 있다. 즉, 개인적인 소비효용을 희생하여서라도 정부의 보호조치에 의하여 공업생산과 고용을 더 확대하려는 공업생산에 대한 집단적 선호이다.

④ EC 통합의 결성으로 인해 미국은 북미자유무역협정을 체결하고 아시아에서는 아시아·태평양 경제협력체를 결성하였으며, 기타 지역 국가들에서도 지역경제협력체를 만들려는 움직임이 강화되고 있다. EC는 공동농업정책으로 금융비용의 손실과 재정의 왜곡을 가져와 사중적 손실을 갖는다. 또한 농업의 압력단체가 부담하는 지대추구비용도 존재한다.

[7] 민충기(1992).

연습문제

1 관세동맹이 무역세계에서 많은 부분을 차지하게 됨에 따라 그 결성이 세계 전체의 순후생을 증진시키게 되는 이유를 설명하여라.

2 경제통합의 형태가 사용되는 경우는 국가들 간에 특정 부문에서 생산된 재화 무역장벽을 철폐하는 것이다. 예를 들면, 미국과 캐나다 간에 자동차 및 부품에 관한 자유무역협정이 그것이다. 만일 당사국들이 다른 모든 재화에 대하여 관세를 부과한다면 한 부문에서의 무역자유화를 위반한 국가에서 특화생산과 수출을 하게 되는 이유를 설명하여라.

3 관세동맹이 규모의 경제를 통하여 회원국들의 실질소득과 산출량을 확대시킨다고 하자. 이와 같은 이익은 세계의 다른 국가들이 교역조건 악화로 손실을 보게 되는 것에 어떻게 영향을 미치는가?

4 경제통합이란 무엇인가? 경제통합이 거치게 되는 여러 가지 단계는 무엇인가?

5 무역창출과 무역전환의 후생효과가 관세동맹을 결성하게 되는 국가의 결정과 어떠한 관련이 있는가? 이 결정에서 동태적 후생효과는 어떠한 중요성이 있는가?

6 경험적 연구결과 나타난 유럽공동체의 무역창출과 무역전환의 후생효과는 무엇인가?

7 A국이 B국과 관세동맹을 형성한다고 가정하자. A국은 제조업 제품만을 생산하고 원자재와 농산물을 수입하는 반면, B국은 원자재와 농산

물만을 생산하고 제조업 제품을 수입한다 하자. 이와 같은 관세동맹이 후생을 증가시키는가? 무역창출과 무역전환의 개념을 사용하여 그 이유를 설명하여라.

8 개발도상국들은 서로 무역량이 적기 때문에 경제통합으로 이익을 얻을 것이 없다고 주장한다. 이와 같은 견해에 대한 논리적 근거는 무엇인가? 이 결론에 동의하는가?

9 캐나다가 NAFTA의 시행으로 손해를 볼 수 있다는 견해는 어떻게 설명할 수 있는가? 이것이 한국에 미치는 영향은 무엇인가?

10 이른바 공동농업정책이 왜 EC 내에서 논란이 되고 있는가?

11 공업생산선호설에 대해 설명하여라.

12 관세동맹의 교역조건에 대한 효과를 설명하여라.

13 일반균형 분석의 접근방법에 의하여 관세동맹의 후생효과를 분석·설명하여라.

14 경제통합의 형태, 즉 자유무역지대, 관세동맹, 공동시장 및 완전한 경제통합의 차이를 설명하여라.

15 *A*국이 *B*국과 자유무역지역을 체결하기로 합의하였다. 관세동맹을 결성하기 전에 자국은 세계시장에서 100원에 1,000만 대의 라디오를 수입하고 단위당 30원의 관세를 부과하였다. *A*국에서 라디오를 생산하는 데는 130원, *B*국에서는 110원이 든다.

(a) 자유무역지역이 형성된 후에 라디오의 무역으로 자국에 끼친 손실이 *B*국에 어느 정도로 전환되는가?

(b) 무역전환에 따른 후생의 손실을 상쇄하기 위하여 *A*국에서 얼마나 추가수입을 하여야 하는가?

제14장

무역정책의 정치경제: 전통적인 보호주의

개요

이 장에서는 무역정책을 추진하는 이유를 비용-편익의 방법에 따라 검토하여 본다. 먼저 정부가 무역에 간섭하지 않는 이유를 살펴본 다음 정부가 개입하는 경우를 살펴본다. 제1절과 제2절에서는 무역정책의 규범적 의미와 자유무역에 대한 후생 논쟁을 살펴본다. 제3절에서는 소득분배와 무역정책을 검토한다. 전후에 무역자유화는 국제협상을 통하여 달성되었다. 따라서 제4절에서는 국제협상과 무역정책을 다룬다. 여기서 게임이론을 통한 협상의 이익, GATT의 성립과 그것의 목적·원칙 및 다자 간 협상 등을 살펴본다.

중요 용어

- 최적관세
- 도쿄 라운드
- 차별무역협정
- 자유무역지역
- 보수적 사회후생
- 공동시장
- 국제협상
- 최혜국대우원칙
- 집단행동
- 네거티브 방식
- 관세동맹
- 무역전쟁
- 죄수의 딜레마
- 금지조세
- 관세에 의한 무역조절원칙
- 케네디 라운드
- 우루과이 라운드
- 국내시장 실패
- 한계사회이익
- 차별협정
- 가중된 사회후생
- 차선의 이론
- 내생적 보호주의
- 자유무역원칙
- 포지티브 방식
- 자유무역에 대한 효율성
- 자유무역에 대한 정치적 논쟁
- 관세에 대한 교역조건 논쟁
- 관세와 무역에 관한 일반협정(GATT)

이 장에서는 정책입안자들과 일반 공공대중들의 사고에 오랫동안 영향을 미쳤던 보호주의에 대한 여러 가지 논쟁을 검토한다. 이러한 논쟁은 제8장에서 언급한 전략적 무역정책(strategic trade policy) 또는 신보호주의(new protectionism)라고 부르는 새로운 분석틀과는 다르다.

보호주의에 대한 전통적인 논쟁의 일반적인 절차는 보호주의 조치가 부과되어야 하는 근거를 찾아 그 유효성을 평가한 후, 제한적인 무역정책의 목표가 다른 정책수단으로 달성하는 것이 더 나은가를 검토하는 것이다. 제한적인 무역정책을 다른 정책과 비교하는 경우에는 비용-편익(cost-benefit) 분석을 사용한다.

이 장에서는 정부가 비용-편익의 분석방법에 따라 무역정책을 추진하거나 또는 그렇지 않은 이유를 검토하여 본다. 그리고 제15장과 제16장에서는 실제로 무역정책을 추진하게 하는 요인들을 검토하여 개발도상국과 선진공업국들 사이에 직면하고 있는 무역정책의 특징을 살펴본다.

실제로 무역정책을 이해하기 위한 첫 번째 단계는 정부가 무역에 간섭하지 않는 이유, 즉 자유무역을 추진하는 이유를 살펴보는 것이다. 이 문제를 검토함으로써 자유무역을 강조하는 가정에 대한 도전으로서 정부개입에 대한 논쟁을 검토한다.

다음으로 보호주의에 대한 여러 가지 논쟁을 검토하는 데 있어서 이 논쟁이 어떠한 관점에서 평가하고 있는가가 중요하다. 일부 논쟁은 보호주의 조치로 국가 전체가 이득을 얻는다고 보는 국가적인 관점에서 살펴볼 수 있다. 반면에 일부는 보호주의의 혜택이 특정한 산업으로 돌아가는 개별 산업의 관점에서 주장할 수 있다. 더 나아가서 생산요소 또는 세계 전체의 후생에 관한 관점에서 이론을 전개할 수 있다. 따라서 보호주의 조치를 평가하는 데 어떠한 관점에서 살펴보는가가 중요하다.

마지막으로 GATT에서와 같은 국제협상과 무역정책, GATT의 성립과 그것의 목적·원칙, 다자 간 협상 및 GATT 체제의 문제점 등에 대해 살펴본다.

1 무역정책의 규범적 의미

현재 완전한 자유무역정책을 추구하는 국가는 거의 없다. 홍콩은 관세 또는 수량할당이 없는 유일한 근대국가이다. 그럼에도 불구하고 대부분의 경제학자들은 자유무역을 무역정책이 추구해야 하는 이상으로서 옹호하고 있다. 이와 같이 옹호하는 이유는 이상(理想) 그 자체처럼 단순하지 않다. 자유무역의 이론적인 모형에서는 자유무역을 통해 보호주의에 따른 효율성의 손실을 피할 수 있으며, 대부분의 경제학자들은 자유무역이 생산과 소비의 왜곡을 없앨 수 있는 것 이외에 추가적인 이익을 가져올 수 있다고 믿는다. 또한 자유무역이 완전한 정책이라고 생각하지 않는 경제학자들도 자유무역이 정부가 추구해야 될 어떠한 정책보다도 더 낫다고 믿고 있다.

1.1. 자유무역과 효율성

자유무역의 효율성 분석은 관세의 비용-편익 분석과 반대의 경우에 해당된다. [그림 14-1]은 해외수출가격에 영향을 미칠 수 없는 소규모 국가에 대한 부분균형 분석이다. 관세는 경제에 두 삼각형의 영역으로 측정된 순손실을 초래한다. 즉, 생산자들과 소비자들의 경제적 인센티브를 왜곡시킴으로써 순손실을 가져온다. 하지만 자유무역정책은 이와 같은 왜곡을 제거하고 국가의 후생을 증가시킨다.

특정 국가의 경제에 관세와 수량할당에 기인한 왜곡된 총비용을 계산하려는 많은 시도가 있었다. [표 14-1]은 보호비용의 대표적인 추정치를 나타낸다. 국민소득에 비하여 미국의 보호비용이 다른 국가들과 비교하여 상대적으로 적은 점은 주목할 만하다. 이와 같은 상황은 ① 미국은 상대적으로 다른 국가들에 비하여 무역의존도가 낮으며, ② 주요한 예외를 제외하고 미국의 무역은 매우 공정하다는 두 가지 사실을 반영하고 있다. 대조

그림 14-1 | 자유무역의 효율성

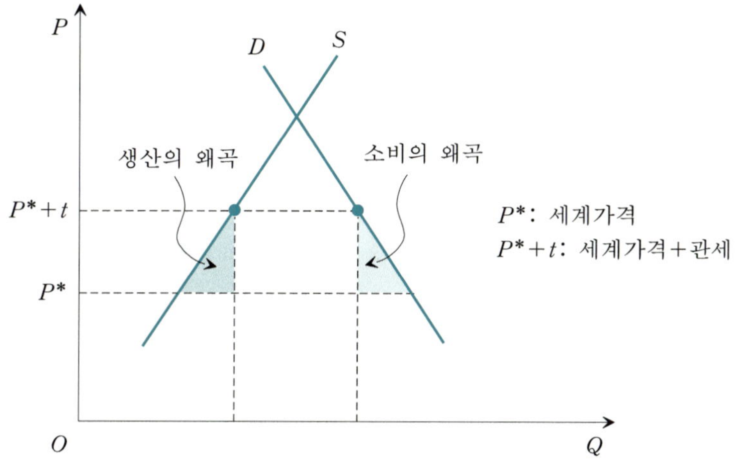

표 14-1 | 관세왜곡의 비용 추정치

(단위: %)

국가	국민소득 대비 보호비용의 추정치
브 라 질(1966)	9.5
파키스탄(1963)	6.2
멕 시 코(1960)	2.5
미 국(1983)	0.26

자료: Paul R. Krugman and Maurice Obstfeld(1988), p. 204.

적으로 매우 제한적인 관세와 수량할당을 부과하고 있는 소수 국가들의 경우에는 그들의 무역정책으로 인하여 초래된 왜곡이 잠재적인 국민소득의 10%인 것으로 추정된다.

1.2. 자유무역으로 발생하는 추가적인 이익[1]

일부의 경우 자유무역으로부터 실질적인 이익을 나타낸다고 할지라도

[1] 여기에서 논의하게 될 자유무역의 추가적인 이익은 증가된 경쟁과 이노베이션이 생산과 소비의 왜곡을 제거하는 것보다 그 효과를 나타내는 데 걸리는 시간이 길기 때문에 '동

[표 14-1]에서 보고된 계산은 전체를 반영하지 못한다. 일반적으로 소규모 국가들, 특히 개발도상국들에서 대부분의 경제학자들은 전통적인 비용-편익의 분석에서 설명하지 못하는 자유무역에서의 중요한 이익이 있다고 주장한다.

추가적인 이익으로는 규모의 경제가 있다. 보호된 시장은 생산을 국제적으로 분할시킬 뿐만 아니라 경쟁을 감소시키고 이윤을 증가시킴으로써 많은 기업들이 보호된 산업으로 진입하지 못한다. 좁은 국내시장에 많은 기업들이 진입함으로써 각 기업의 생산규모는 비효율적이게 된다. 일부 경제학자들은 보호조치로 과도하게 진입을 저지함으로써 생기는 생산의 비효율적인 규모는 단순한 비용-편익의 계산을 초월한 자유무역의 근거가 된다고 주장한다.

자유무역에 대한 또 다른 논쟁은 기업가들에게 수출품에 대한 새로운 활로를 찾거나 수입품과 경쟁하는 인센티브를 제공함으로써, 자유무역이 정부가 주로 수입과 수출의 유형을 제시하는 '관리된 무역체제'가 제공하는 것보다 습득과 이노베이션에 대한 더 많은 기회를 제공한다.

자유무역에 대한 추가적인 논쟁은 수량화되지 않은 많은 부분이 있다. 그렇지만 캐나다의 경제학자 해리스(R. Harris)와 콕스(D. Cox)는 캐나다 내에 효율적인 생산규모의 이익을 고려함으로써, 캐나다가 미국과의 자유무역으로 얻게 되는 편익을 수량화하려고 시도하였다. 캐나다의 실질소득은 규모의 경제로 인한 이익을 고려하지 않은 경제학자들이 추정한 것보다 세 배 정도 크게 증가한 8.6%까지 증가할 것이라고 추정하였다.[2]

만일 자유무역으로부터의 추가적인 이익이 경제학자들이 추정하는 것만큼 크다면 관세, 수량할당, 수출보조금 등으로 무역을 왜곡시키는 비용은 전통적인 비용-편익 분석보다도 크다.

1.3. 보호주의의 정치경제

자유무역에 대한 정치적 논쟁(a political argument for free trade)은 원칙적으로 더 좋은 정책이 있다고 할지라도 자유무역정책이 실제로 가장 좋은

태적'인 이익으로 언급되고 있다.

[2] Harris and Cox(1984, 1985), pp. 115～145.

정책이라는 사실을 반영한다. 특히, 무역정책을 논의함에 있어서 경제학자들은 실제의 무역정책이 국가의 비용-편익에 대한 고려보다는 특수한 이해집단들에 의하여 영향을 받는다고 주장한다. 이론적으로 관세와 수출보조금과 같은 선별적인 정책은 국가의 후생을 증가시키지만, 무역에 대한 개입계획을 갖고 있는 정부기관들은 이해집단들에 의하여 영향을 받으며 소득을 정치적으로 영향력이 있는 집단들에게 재분배하려는 계획으로 수정된다. 이와 같은 논쟁이 정확하다면, 순수한 경제적 이유만으로 자유무역이 가장 합리적인 정책이 아니라고 할지라도 예외없이 자유무역을 옹호하는 것이 낫다.

앞 절에서 언급된 세 가지의 논쟁에 대해 대부분의 경제학자들은 다음과 같은 일반적인 견해를 나타내고 있다.

① 자유무역에서의 이탈로 인해 전통적으로 측정된 비용은 매우 크다.
② 보호주의 정책으로 초래된 비용을 초과한 자유무역의 이익이 있다.
③ 자유무역으로부터의 이탈을 추구하는 시도는 정치적 과정에 의하여 좌우될 것이다.

그럼에도 불구하고 자유무역 제한에 대해 수긍할 수 있는 주장이 있으며, 이 주장에 주의할 필요가 있다.

최근에 공공선택의 분석을 무역정책 결정에 적용하고 있다. 자원의 순간적인 조정이 있는 세계에서조차 자유무역에서 이익을 보는 사람과 손실을 보는 사람들이 있다. 무역장벽의 제거로 어느 누구의 후생이 악화되는 것을 막기 위하여 정부는 무역으로 이익을 얻는 사람들로부터 손해를 보는 사람들에게 소득을 재분배하기 위하여 왜곡이 없는 조세와 보조금을 사용한다. 그러나 이와 같은 정책은 실제로 작용하지 않는다.

민주주의 체제는 자유무역에서 주요 이해집단들이 이익을 얻도록 되어 있다. 소비자들이 주요 투표권을 갖고 있다고 할지라도 무임승차자(free-rider) 및 압력단체의 조직과 관련된 외부성의 문제에 따라서 보호주의에 대한 요구가 생긴다.

소비자들은 너무 많이 분산되어 있어서 효과적으로 보호주의 압력집단을 형성할 수 없다. 또한 소비자들이 로비를 형성하고 유지하는 비용이 너무 크므로 로비를 통한 보호주의의 감소로 얻는 이익을 가지고 무임승차자를 배제시킬 수는 없다.

반면에 생산자들은 집단이 작고 지리적으로 집중되어 쉽게 압력집단을 형성할 수 있다. 따라서 생산자들의 이익단체를 조정·관리하는 비용은 낮으며 무임승차자는 쉽게 구별할 수 있다. 비록 어느 한 로비단체가 유일한 산업의 이익만을 대변한다면 로비스트들의 연합으로 투표권을 행사하여 정책형성을 저지시킬 수 있다.

따라서 보호주의의 정도나 형성은 자비로운 정부가 사회후생을 극대화하기 위하여 설정하는 것이라기보다는 오히려 정치적인 과정에서 내생적으로 결정되는 경향이 있으므로 보호주의 시장은 수요와 공급 측면을 갖는 정치적 시장이다.

(1) 보호주의에 대한 수요

만일 어느 특정 산업에서 자본가 및 노동자들이 자유무역의 결과 실질소득률이 감소된다고 예상되거나 이들이 이익집단을 조직할 수 있다면 보호주의에 대한 수요가 존재하게 된다. 따라서 보호주의에 대한 수요는 보호주의에서 얻은 이익에서 비용을 뺀 함수로 모형화시킬 수 있다.

$$R=B-C=B-(F+V)$$

여기서, R: 보호주의로부터 얻을 수 있는 순이익
B: 보호주의로부터 얻을 수 있는 총이익
C: 총비용
F: 고정비용
V: 가변비용

[그림 14-2]를 보자. B는 보호주의로부터 초래된 생산자잉여의 증가이며, 금지적인 무역장벽 b_p까지 양의 값을 갖는다. F는 보호주의를 위하여 로비하는 데 들어가는 매몰비용이라고 볼 수 있다. 이것은 로비를 함에 따라 초래된 비용일 수도 있고, 전문적인 로비스트들에게 지불된 고정된 커미션으로 볼 수도 있다. V는 얼마나 많이 실제로 로비가 이루어졌는가에 따라서 변화한다. 즉, 추가적으로 보호주의를 얻어 내는 것에 따른 한계비용으로서 양의 값을 갖는다. 보호주의 수준이 증가함에 따라 다른 산업의 그룹과 소비자그룹들의 저항이 증가하므로 더 강력한 보호주의를 얻기 위해서는 비용이 더 들기 때문에 더 큰 증가율로 상승한다. 이익집단의

그림 14-2 | 보호주의의 이익집단모형

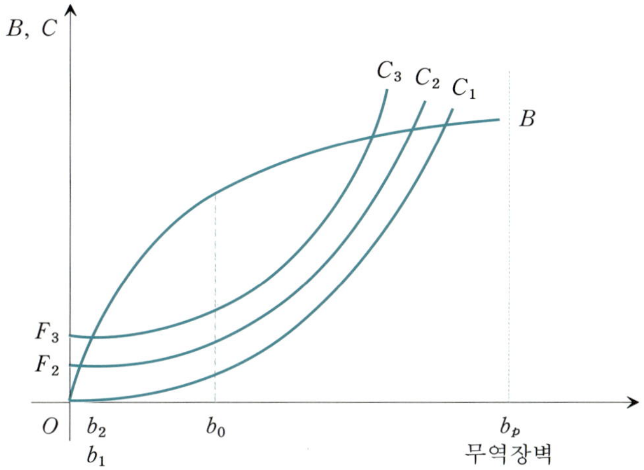

관점에서 최적 또는 목표의 보호수준은 b_0가 될 것이다.

이것은 보호주의를 추구하는 활동으로 추가적으로 들어가는 비용이 보호주의로부터 얻는 추가적인 소득의 이익과 같아지는 점까지 자금을 모으고 지출함으로써 로비활동으로 순이익을 극대화하려고 한다는 것을 뜻한다. 이와 같은 선택은 F가 매우 큰 $b_0=0$과 $b_0=b_p$ 사이의 어느 점에서 달성될 수 있다. b_0의 값은 관계되는 영역에서 B와 V의 함수행태에 의하여 결정된다. 여기서 B와 V는 산업에 따라서 다르게 나타난다. 보호주의의 혜택은 수출산업보다 수입경쟁산업에서 더 크다. 로비의 비용은 지역적으로 집중된 산업과 생산자가 더 적은 산업에서 더 낮다. 예를 들면, 어떤 산업에서의 이익함수는 비용함수보다 더 낮으므로 어떠한 보호주의도 필요 없다. 따라서 보호주의에 대한 요구는 산업 간에 큰 차이가 있다.

(2) 보호주의의 공급

무역장벽을 변화시키는 결정은 최종적으로 정부에 의하여 취하여지고 행정부에 의하여 집행된다. 따라서 보호주의에 대한 수요가 보호주의의 공급에 의하여 지배받는가는 그 국가의 국제적 의무와 함께 이데올로기, 선거 및 자금 등과 같은 요인들에 의하여 주로 영향을 받는다. 개입주의 경제정책을 공약한 정부는 자유주의적인 설득보다도 보호주의에 대한 요구를 수용하려고 할 것이다.

비록 자유방임적인 이데올로기에 기초하여 경제정책을 공약한 정부라고 할지라도 재선의 기회를 노린다면 보호주의 요구를 수용하려고 할 것이다. 이것은 대부분의 선거구민들이 수입경쟁산업일 경우 그와 같은 경향은 더 농후하다. 다른 방법으로 보호주의에 대하여 로비를 하는 이익집단들은 더 많은 자금의 모금이 재선의 기회를 높일 수 있는 범위에 한해서 거래를 하려는 선거캠페인을 벌이려고 할 것이다. 또한 정부의 행동은 행정부의 조언에도 영향을 받는다.

(3) 내생적 보호주의

지금까지 산업에 따른 보호주의 구조의 결정요인과 정치적 과정의 특징이 무역정책에 관한 입법부의 결정이나 행정부의 결정에 어떻게 영향을 미치는가에 관한 이론적인 검토를 하였다. 비용과 편익의 측정상 문제와 다른 모형 간의 구분이 어려우므로 정치·경제적인 접근방법은 쉽지 않다. 그럼에도 불구하고 정치·경제적인 요인들이 체계적인 방법으로 보호주의의 유형에 영향을 미칠 수 있다. 즉, 보호주의가 최소한 부분적으로는 내생적으로 결정된다고 할 수 있다. 명백하게 이와 같은 견해에 대한 논리는 수긍할 수 있으며, 지속적으로 보호주의가 나타나고 '신보호주의'하에서 경험하는 혁신적인 정책형태를 설명할 수 있다.

2 자유무역에 대한 후생 논쟁 (보호주의의 지지 논쟁)

대부분의 관세, 수입할당 및 다른 무역정책의 조치들은 주로 특수한 이해집단의 소득을 보호하기 위하여 취해진다. 그렇지만 정치가들은 정책이 국가 전체의 이익을 향상시켜야 한다고 주장한다. 비록 경제학자들이 자유무역에서의 이탈이 국가의 후생을 감소시킨다고 주장할지라도, 실제로 개입주의적인 무역정책이 국가 전체의 후생을 증가시킬 것이라는 믿을 만한 이론적 이유가 있다. 그 이유로 관세에 대한 교역조건의 논쟁과 자유무역에 대한 국내시장 실패 논쟁이 있다. 이하에서는 이들을 검토한다.

2.1. 관세에 대한 교역조건 논쟁

관세에 관한 교역조건 논쟁(the terms of trade argument for a tariff)은 한 국가의 후생은 제한적인 무역정책의 수단에 의하여 증가될 수 있다는 것이다. 다른 국가들에서 발생한 후생의 감소가 자국의 후생이익보다 더 크기 때문에 자유무역의 제한으로 세계의 후생은 감소한다. 이것은 외국의 후생을 희생하여 자국의 이익을 얻으므로 근린궁핍화 정책(beggar-my-neighbor policy)이라고도 한다.

교역조건의 논쟁은 제한적인 무역정책으로 수입재가격에 대한 수출재가격의 비율(P_X/P_Y)을 증가시키고 한 국가의 후생을 증가시킨다. 경제적으로 자국이 관세를 부과하면 세계시장에서 해외재화에 대한 수요를 감소시킨다. 따라서 수입재에 대한 세계가격은 하락하고 상대가격 P_X/P_Y는 상승한다. 외국의 교역조건이 감소함에 따라 외국의 후생이 하락할지라도 관세의 사용은 잠재적으로 자국의 후생을 증가시킨다.

대국의 경우 해외수출재의 가격에 영향을 미칠 수 있으므로 관세는 수입재의 가격을 낮추고 교역조건을 개선시킨다. 반면에 소국은 교역조건에 영향을 미치지 못한다.

교역조건에 관한 논쟁을 오퍼곡선의 그림을 가지고 살펴보자. [그림 14-3]에서 OC_I은 자국(I국)의 오퍼곡선을 나타낸다. 반면에 OC_{II}는 외국(II국)의 오퍼곡선이다. 자유무역시 교역조건은 OT_1이다. 만일 I국이 관세를 부과한다면 I국의 오퍼곡선은 OC_I'으로 이동하고 새로운 균형점은 E'이다. I국의 수출이 OX_1에서 OX_2로 감소하는 반면에 수입도 OY_1에서 OY_2로 감소하여 교역조건은 OT_1에서 OT_2로 개선된다. 수출재의 각 단위에 대하여 더 많은 수입재를 받으므로 I국의 후생은 증가한다. 후생의 관점에서 I국은 잠재적으로 개선된다는 것을 의미한다. 후생의 관점에서 더 고려하여야 할 것은 관세부과에 따라 수입량이 감소한다는 것이다. 자국의 생산이

그림 14-3 | 교역조건을 개선한 관세

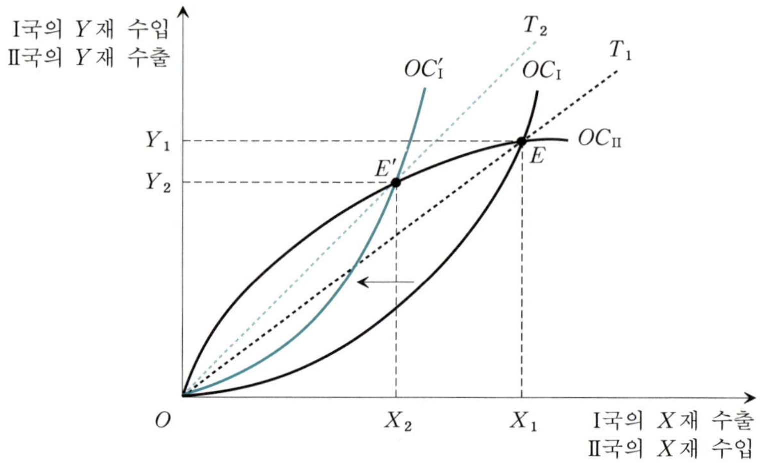

비교열위에 있으므로 저렴한 비용으로 생산된 수입재의 소비는 감소하기 때문에 다른 조건이 일정할 경우 수입량의 감소는 I국의 후생수준을 하락시킨다. 그 재화의 세계가격이 하락하기 때문에 이익이 되지만 수입량의 감소로 손실이 될 수도 있다. 최적관세율도 그 국가의 후생을 극대화하는 관세율이다. 이것은 교역조건 개선에 따른 이익과 수입량의 감소에 따른 손실 사이의 양(+)의 차이가 극대가 되는 관세율이다.

최적관세율의 특징은 무엇인가? 제10장에서 I국의 최적관세는 II국의 오퍼곡선이 탄력적인 부분에서 I국의 오퍼곡선과 교차하는 부분이다. 최적관세율과 외국오퍼곡선의 탄력성 간의 관계에 대한 일반적인 공식은 다음과 같다.

$$t_1^* = \frac{1}{e_2 - 1}$$

여기서, t_1^*: I국의 최적관세율

e_2: II국에서의 오퍼곡선에 대한 수입수요의 탄력성[3]

[3] 이것의 관계식은 제5장의 제6절 오퍼곡선의 탄력성 참조.

그림 14-4 | 대국의 최적관세

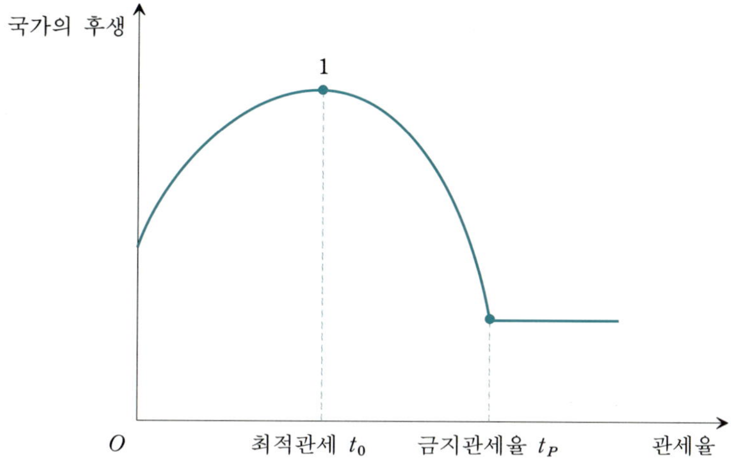

최적관세율은 외국의 수요탄력성과 역의 관계에 있다. 만일 외국의 수요탄력성이 3.0이라면, I국의 최적관세율=[1/(3.0−1)]=1/2=50%이다. 그런데 외국의 수요탄력성이 5.0이라면 I국의 최적관세율=[1/(5.0−1)]=1/4=25%이다. 이와 같은 역의 관계는 외국이 자국재화에 대하여 매우 탄력적이라면, 관세부과에 따른 자국의 오퍼곡선 이동은 교역조건에 영향을 미치지 못한다는 것을 의미한다.

최적관세(optimum tariff)에 대한 또 다른 개념, 즉 보호주의에 관한 논쟁은 소국에 대해서는 타당하지 않다. 소국은 교역조건에 영향을 미칠 수 없으므로 관세부과에 따른 후생의 이익이 없다. 교역조건(OT)은 같지만 수입량은 감소함에 따라 관세부과는 후생을 감소시킨다.

낮은 관세율을 부과할 때 대국의 경우 교역조건의 편익이 비용을 초과하므로 한 국가의 후생은 자유무역을 할 때보다도 더 높다([그림 14-4] 참조). 그렇지만 관세율이 증가함에 따라 결국 비용은 편익보다도 더 급속하게 증가하므로 국가의 후생을 관세율에 연결시키는 곡선은 하락한다. 완전히 무역을 금지시키는 관세율([그림 14-4]의 t_P)은 자유무역을 하는 경우보다 후생수준을 더 악화시킨다. 더욱이 t_P 이상의 관세율 증가는 아무런 효과가 없으며, 그 이후의 곡선은 수평선이다.

[그림 14-4]에서 관세율 t_0에 상응하는 곡선상의 점 1에서 국가의 후생은 극대화되며, 국가의 후생을 극대화시키는 관세율 t_0는 최적관세이다('최적관세'는 모든 가능한 조건이 주어진 경우에 최선의 관세라기보다는 오히려 교역조건의 논리로 정당화된 관세라는 의미로 사용된다). 최적관세는 항상 양의 값을 갖지만 모든 수입을 억제하는 금지관세율(t_P)보다 작다.

교역조건의 논쟁은 수출부문에 어떠한 정책을 사용하여야 하는가? 수출보조금은 교역조건을 악화시키고 명백하게 국가의 후생을 감소시키므로 수출부문에서 최적의 정책은 음의 보조금, 즉 외국기업들에 대하여 수출가격을 인상시키는 효과를 가져오는 수출품에 대하여 조세를 부과하는 것이다. 최적관세와 같이 최적수출세는 항상 양의 값을 갖고 있지만 수출을 완전히 억제하는 금지조세(prohibitive tax)보다도 작다.

예를 들어, 사우디아라비아와 다른 석유수출국의 정책은 석유수출품에 조세를 부과하는 것이었는데, 이로 인해 기타 석유수입국들의 석유가격은 인상되었다. 비록 1980년대 중반에 석유가격이 하락하였을지라도 사우디아라비아가 자유무역하에서 후생수준이 증가하였다고 주장하기는 어렵다.

자유무역에 반대되는 교역조건 논쟁에는 중요한 제약점이 있다. 대부분의 소규모 국가들은 수입품 또는 다른 수출품의 세계가격에 영향을 미칠 능력이 없다. 따라서 이 국가들에서 교역조건의 논쟁은 실제로 중요하지 않다. 미국과 같은 대국의 경우 교역조건에 대한 논쟁은 다른 국가들의 이익을 희생하고 이익을 얻도록 국가의 독점력을 사용한다는 논리와 같다. 미국은 어느 정도 이와 같은 정책을 사용할 수 있지만 그와 같은 약탈적인 정책은 다른 대국들로부터 보복을 받는다. 자유무역에 반대되는 교역조건 논쟁은 논리적으로 완벽하지만 유용성에 의문이 있다. 실제로 자유무역 정책은 무역정책에 대해 정당성을 부여하기 위해 정부가 사용한다기보다는 경제학자들의 이론적인 정리로 강조되고 있다.

2.2. 보호주의에 대한 근거로서의 국내시장 실패 논쟁

무역조건에 대한 문제는 접어 두고 자유무역에 대한 기본적이고 이론적인 후생분석은 소비자잉여와 생산자잉여의 개념을 사용한 비용-편익 분석을 이용한다. 대부분의 경제학자들은 이들 개념, 특히 생산자잉여가 비용과 편익을 적절하게 측정하지 못한다는 반론에 근거를 두고 자유무역에 반대한다.

생산자잉여는 왜 재화를 생산하는 편익을 적절하게 측정하지 못하는가? 다음 두 개의 장에서 그 이유에 대해 고찰한다. 이들은 이들 부문에 사용된 노동이 실업 또는 과소고용 상태에 있거나 자본시설의 부족 또는 자원이 높은 수익률을 가져오는 부문으로 될 수 있는 한 빨리 이전되는 것을 방해하는 노동시장의 존재 및 새롭거나 혁신적인 산업으로부터 기술의 파급효과 가능성을 포함하고 있다. 이들은 국내시장실패(domestic market failures)로서 구분된다. 이 사례들은 각 국내에서 일부 시장이 효율적인 기능을 못하는 것, 즉 노동시장이 청산되지 않고 자본시장이 효율적으로 자원을 배분하지 못하는 것 등을 나타낸다.

예를 들면, 일부 재화의 생산이 전체 경제의 기술을 향상시키는 데 도움이 되지만, 이 부문의 기업들은 이 편익을 이용할 수 없으므로 어느 정도 생산해야 하는가를 결정할 수 없다고 가정하자. 생산자잉여 측정으로 포착되지 않는 생산의 증가에 따른 한계사회편익(marginal social benefit)이 있다. 이와 같은 한계사회편익은 관세 또는 다른 무역정책에 정당성을 부여한다.

[그림 14-5]는 보호주의에 대한 근거로서의 국내시장 실패 논쟁을 예시하고 있다. [그림 14-5]의 (a)는 소규모 국가(교역조건의 효과는 배제한다)에 대한 전통적인 관세의 비용-편익 분석을 나타내고 있다. [그림 14-5]의 (b)는 생산자잉여 측정에 의하여 고려되지 않은 생산의 한계사회편익 또는 외부효과를 나타내고 있다. 이 그림은 국내가격을 P_W에서 P_W+t로 인상시키는 관세효과를 나타내고 있다. 생산이 S_1에서 S_2로 증가함에 따라 영역 a만큼 생산왜곡이 발생한다. 또 소비가 D_1에서 D_2로 감소함에 따라 영역 b만큼의 소비왜곡이 발생한다. 만일 소비자잉여 및 생산자잉여만을 고려한다면, 관세의 비용이 편익을 초과한다는 것을 알 수 있다. 그렇지만 [그림 14-5]의 (b)는 이와 같은 계산으로 관세부과가 자유무역보다도 더 선호하는 추가적인 편익을 발생시킨다는 것을 보여주고 있다. 생산의 증가는 S_1에서 S_2까지 한계사회편익곡선의 영역, 즉 c로 나타낸 영역에 의하여 측정되는 사회편익, 즉 제3자에게 이익을 가져다 주는 생산의 외부효과(production externality)를 가져온다. 교역조건의 경우와 유사한 논쟁으로, 만일

그림 14-5 | 관세에 의한 국내시장 실패

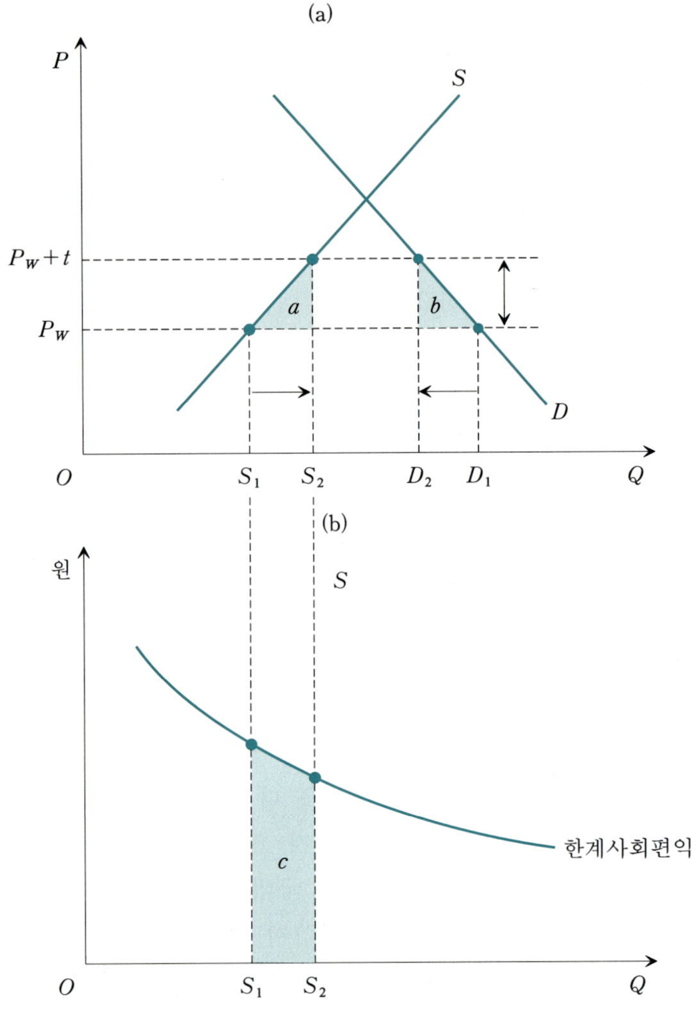

관세가 충분히 적다면 영역 c는 영역 $a+b$를 초과하고 자유무역보다 사회후생을 더 높게 극대화하는 관세가 있다는 것을 보여주고 있다. 자유무역에 대한 국내시장 실패 논쟁은 차선의 이론(the theory of the second best)으로서 경제학에서 알려진 일반적 개념의 특수한 경우이다. 이 이론은 모든 다른 시장들이 적절히 작용할 경우에만 불간섭정책이 어느 한 시장에서 바람직하다는 것을 나타낸다. 즉, 모든 시장이 다 완전 경쟁적이다. 또 외부 경제성이나 외부 비경제성이 없다면 모든 한계효용조건이 다 시장기능에 의해 충족된다. 모든 한계효용성 조건을 충족시키지는 못하지만 가장 많은 한계효용성 조건을 충족시키는 상태를 차선의 해(second-best solution)라고 부른다.

만일 시장이 완전 경쟁이 아니라면 한 시장에서 인센티브로 인하여 시장을 왜곡시키는 정부의 개입은 시장실패의 결과를 상쇄시킴으로써 후생을 증가시킨다. 예를 들면, 노동시장이 불완전 경쟁상태이고 완전 고용을 달성하지 못한다면, 완전 고용 경제상태에서 바람직하지 못한 노동집약적 산업을 보조하는 정책은 적절하다. 그러나 어떠한 이유로 이것을 할 수 없다면 다른 시장에 개입하는 것은 문제를 완화시키는 '차선'의 방법이 된다.

경제학자들이 무역정책에 차선의 이론을 적용할 때 경제의 내부기능의 불완전성은 외부의 경제관계에 개입하는 것을 정당화한다고 주장한다. 이들의 주장은 국제무역이 문제의 원천이라기보다 무역정책이 최소한 부분적인 해가 된다는 것을 암시한다.

2.3. 시장실패 논쟁의 확신 근거

차선의 이론이 처음으로 제시되었을 때 국내산업 보호를 위한 시장실패 논쟁은 자유무역을 부정하는 것 같았다. 결국 우리가 살고 있는 실제경제가 시장의 실패가 없다고는 아무도 주장할 수 없다. 특히, 저개발국가에서 시장의 불완전성이 흔히 존재한다. 예를 들면, 실업, 농촌과 도시임금률 간의 큰 차이는 많은 저개발국가에서 나타난다. 시장이 잘못 운영되고 있다는 증거는 선진국에서는 많지 않으므로 주요 시장의 실패를 암시하는 가설(예를 들면, 혁신적인 기업들이 그들의 혁신에 대한 완전한 보상을 얻을 수 없다는 것)을 세울 수 있다. 국가의 후생을 증가시키는 개입이 있다는 것이 주어진 경우 어떤 방법으로 자유무역을 옹호할 수 있는가?

자유무역을 옹호하는 방법에는 두 가지 노선이 있다. 첫 번째는 국내시장실패가 근본적으로 국내정책에 의하여 시정되어야 한다는 논쟁이다. 두 번째는 경제학자들은 어느 경우이든지 정책을 처방할 수 있을 정도로 충분하게 시장의 실패를 진단할 수 없다는 것이다.

국내시장실패가 국제무역정책이 아니라 국내정책의 변화를 요구하고 있는 점은 무역정책이 비용-편익 분석에 의하여 측정되지 않는 한계사회 편익을 설명할 수 있도록 수정될 수 있음을 뜻한다. [그림 14-5]에 예시된 상황은 관세가 사회편익을 발생시키는 추가적인 생산을 초래하기 때문에 비록 생산과 소비의 왜곡을 가져온다고 할지라도 관세가 후생을 증가시킨다는 것을 보여주었다. 그렇지만 동일한 생산량이 관세보다는 오히려 생산의 보조(subsidy)를 통하여 증가된다면, 소비자들이 부담하는 가격은 증가되지 않으며 소비의 손실 b는 피할 수 있다. 다시 말한다면, 활성화시키고자 하는 특수한 산업활동을 직접 목표로 정함으로써 생산의 보조는 관세에 따른 부차적인 비용을 피할 수 있다.

이 예는 시장실패를 취급할 경우의 일반적인 원칙을 예시한다. 인센티브를 통하여 간접적인 정책대응이 경제에 의도되지 않은 왜곡을 가져오기 때문에 직접적으로 시장의 실패를 다루는 것이 선호되고 있다. 따라서 국내시장실패로 정당성을 갖게 되는 무역정책은 가장 효율적인 정책대응이 되지는 않는다. 이들은 '최선'의 정책이라기보다는 오히려 '차선'의 정책이다.

이것은 무역정책 수립자들에게 중요한 의미를 갖는다. 무역정책은 같은 문제를 해결하기 위한 순수한 국내정책을 고려하여 결정되어야 한다. 만일 국내정책이 너무 큰 비용이 들거나 바람직하지 못한 부차적 효과를 나타낸다면 무역정책은 덜 바람직하다.

예를 들면, 자동차에 대한 수입할당은 자동차산업에 종사하는 노동자들의 일자리를 제공할 필요가 있다는 이유에서 주장할 수 있다. 수입할당제를 지지하는 사람들은 노동시장이 너무 경직적이어서 자동차산업 노동자들은 임금을 낮추거나 다른 부문에서 일자리를 구함으로써 고용될 수 없다고 주장한다. 다음으로 같은 문제를 해결하기 위한 순수한 국내정책, 즉 자동차산업에서 일하는 노동자들을 고용하는 기업들에게 보조금을 지급하는 정책을 고려한다. 그와 같은 정책은 커다란 정치적 반대에 직면한다. 보호장치가 없이 현재의 고용수준을 유지하기 위하여 정부의 예산적자를 증가시키거나 조세를 증가시키는 많은 보조금의 지불을 필요로 한다. 실례로서 자동차산업의 종사자들은 제조업부문에서 가장 높은 임금을 받는 그룹 가운데 하나이다. 일반 대중들은 이들에게 보조금을 주는 것을 반대한다. 수입할당제는 고용에 있어서 같은 양만큼의 증가를 가져오지만 소비자들의 선택을 왜곡시키기 때문에 생산보조금보다 비용이 더 드는 정책이다. 단지 차이는 직접 정부지출을 하는 보조금정책보다 자동차가격을 인상시키는 수입할당제 내지 관세 등과 같은 무역정책은 공공대중이 그 비용을 잘 파악하지 못한다는 것이다. 만일 노동자들의 교육훈련을 통하여 노동자의 질을 향상시키는 데 보조금이 지급된다면, 고용에 대한 보조금은 더 큰 생산의 양의 외부효과를 가져온다. 따라서 생산보조금은 수입할당제나 관세정책보다 생산에서 양의 외부효과를 가져오므로 더 좋은 정책이다.

자유무역을 옹호하는 두 번째 이유는 시장의 실패를 정확하게 식별하기 어렵기 때문에 적절한 정책으로 대응하기가 쉽지 않다는 것이다. 예를 들면, 저개발국에 도시의 실업 문제가 심각하게 존재한다고 가정하자. 무엇이 적절한 정책인가? 하나의 가설은 도시의 산업부문을 보호하기 위한 관세는 실업자들을 생산부문에서 흡수하여 비용을 보상하는 것 이상으로 더 큰 사회후생을 발생시킨다는 것이다. 그렇지만 또 다른 가설은 이와 같은 정책이 실업이 증가하는 도시지역으로의 이동을 촉진할 것이라는 것이다. 이들 가설 가운데 어느 것이 정확한지는 말하기 어렵다. 경제이론은 적절히 잘 운영되는 시장에서는 잘 작용되는 반면, 그렇지 못한 경우에는 잘 적용되지 않는다. 시장이 제기능을 발휘하지 못하는 것에 대하여서는 여러 가지 이유가 있지만, 차선의 정책을 선택하는 것은 시장실패의 정도에 따라 다르다.

적절한 차선의 무역정책을 취하기가 어렵기 때문에 앞에서 언급한 자유무역에 대한 정치적 논쟁을 강화시킨다. 만일 무역정책이 자유무역에서 불확실하게 이탈하고 무역정책 전문가들 간의 의견이 일치하지 않는다면, 무역정책은 국가의 후생을 무시하고 특수한 이해정치에 의하여 지배되기가 쉽다. 따라서 경제적 논리보다도 정치적 논리가 앞선다. 경제이론은 종종 자유무역에 대한 최선의 옹호방법이 되지 못한다.

3 소득분배와 무역정책

관세정책에 대한 지금까지의 찬반 논쟁은 국가의 후생 측면에 초점을 두었다. 국가의 후생과 특수한 집단들의 후생을 구분하는 것이 문제를 명확히 하는 데 도움이 되며, 무역정책의 옹호론자들은 일반적으로 국가 전체에 이익이 될 것이라고 주장하기 때문에 이들을 적절히 조화시킬 필요가 있다. 무역정책의 정치 행태는 실제로 국가의 후생을 고려하지 않는다는 것을 이해할 필요가 있다. 정부의 정책목표에 부분적으로 반영된 개인들의 욕망만이 있을 뿐이다.

앞에서의 논의는 관세 또는 다른 무역정책이 국내생산자들과 소비자들의 후생에 반대의 효과를 갖는다는 것을 보여주었다. 어떠한 단일의 이론도 정부가 무역정책에 대하여 어떻게 결정할 것인가를 설명하지 못하므로 여러 가설들을 검토하여야 한다.

3.1. 가중된 사회후생

무역정책의 한 견해에 따르면, 정부는 최소한 비용-편익 분석을 하여야 한다. 무역의 이익은 다른 그룹들에게 동일하게 가중되지 않으며, 일부 그룹들은 다른 그룹들보다도 더 높은 비중으로 가중계산된다. 그 결과 자유무역으로 인한 마찰은 소득을 혜택받는 그룹들에게 재분배하게 되며, 이것을 가중된 사회후생(weighted social welfare)이라고 부른다.

대부분의 국가에서 정부의 정책은 저임금노동자들을 선호하는 경향이 있다. 그러나 일부 저개발국가들과 오스트레일리아와 같이 자원이 풍부한 산업국가들은 농업의 이익보다 도시근로자들의 이익을 선호한다.

이 견해는 본 분석에 무역정책의 정치 행태를 일부 수정(이익의 가중된 정책)하여 포함시키기 때문에 더 타당성이 있다. 그렇지만 그 자체로 실제무역정책의 많은 특징을 설명하지는 못한다.

3.2. 보수적 사회후생

무역정책의 단기 변화를 공정하게 살펴보는 유용한 방법은 누가 이익이 되고 누가 실패가 되는가에 관계없이 정부가 소득분배에서의 큰 변화를 싫어한다는 보수적 사회후생(conservative social welfare)의 견해를 취하는 것이다. 만일 수입경쟁이 후생을 악화시킬 정도로 그 산업의 생산자들을 위협한다면 혜택받는 그룹이 누구이든지 공공정책으로 보호주의를 선택한다. 예를 들면, 미국에서 레이건 행정부가 원칙적으로 자유무역을 강하게 천명하였을지라도 미국 정부는 1979년 이후에 자동차산업이 외국기업들에게 침해받는 것을 꺼렸다.

보수적인 사회후생에 대한 견해는 일시적인 무역정책이 어떻게 영구적이 될 수 있는가를 설명해 준다. 남미의 산업화에 대해 생각해 보자. 1930년대에 남미의 많은 국가들은 세계적인 경기침체에 기인한 국제수지 문제에 긴급하게 대응하는 수단으로 수입할당과 관세를 부과하였다. 이와 같은 장벽은 수입대체산업의 출현을 초래하였다. 제2차 세계대전 때문에 수입은 1940년대 중반에 제한되었으며, 자유로운 무역으로의 복귀가 가능할 때까지 수입제한의 철폐가 정치적으로 고려되지 않았으므로 수입대체산업에 많은 자본이 투자되고 많은 노동자들이 고용되었다. 이와 같은 제약은 아직까지 많은 국가들에 남아 있다.

보수적인 사회후생으로 인하여 초래된 보호주의의 비가역성은 종종 자유무역을 옹호하는 주장으로 사용된다. 비록 일시적인 관세가 바람직할지라도 영구적인 보호주의로 혜택받는 이익집단을 만드는 위험을 피하는 것이 더 바람직하다.

3.3. 집단행동

많은 무역정책은 일반 공공의 편익에 비하여 많은 비용을 부담시키고 있다. 그와 같은 비합리적인 정책이 어떻게 존재할 수 있는가? 이에 대한 대답은 정치행동 또는 집단행동(collective action)은 집단의 개별 구성원들의 이해관계가 되지 않는다는 경제학자 올슨(M. Olson)의 견해에서 찾을 수 있다.[4] 이해집단의 그룹들이 작고 잘 조직되어 있을 때에만 정치적으로 행동하게 된다.

설탕에 대한 할당은 미국의 경우 소비자들에게 12억 6,600만 달러의 비용이 추가로 전가된 반면 설탕의 생산자들과 정부에게는 단지 7억 8,300만 달러만의 혜택이 주어졌다. 그렇지만 소비자들의 손실은 1인당 5달러 미만이다. 설탕은 다른 식료품의 성분으로서 구입되므로 대부분의 사람들은 이와 같은 손실을 인식하지 못한다. 사실 미국의 투표인구 가운데 극소수만이 설탕할당이 있거나 이것이 생계비를 인상시킨다는 것을 알고 있다. 개인들의 투표 그 자체가 정책을 변화시키지는 않으므로 무역정책에 대한 정보를 더 잘 아는 것은 개별 소비자들의 관심대상이 되지 못한다.

이와는 대조적으로 설탕의 생산자들은 할당에 많은 관심을 갖고 있다. 할당은 설탕의 개별 생산자들에게 1/10 또는 수천 달러 정도밖에 되지 않는다. 그러나 설탕생산자들은 잘 조직되어 있어서 집단적으로 의회에 로비활동이나 정치적인 기여를 할 능력이 있다. 그러므로 편익보다도 비용이 더욱 큰 정책이 정치적으로 고수된다.

집단적인 정치적 활동의 문제를 강조한 이론의 핵심은, 비용-편익의 분석에서 보호주의가 바람직하지 않은 정책이라는 결론이 나올지라도, 무역정책은 일반적으로 소규모이지만 잘 조직된 집단을 선호한다는 것이다.

3.4. 보호대상

지금까지 소득분배에 대한 관심이 무역정책에 어떤 영향을 미치는가에 대한 세 가지 견해를 검토하였다. 이 점을 결론짓기 위하여 세계경제에서 누가 실제로 보호받는가를 고려해 보자.

넓은 의미에서 두 가지로 일반화시킬 수 있는데, 제조업부문에 강한 비교우위를 갖는 국가에서는 농부들이 보호받는 반면, 농업 또는 천연자원의 생산에 비교우위가 있는 국가에서는 제조업부문이 보호받는다. 제조업분야가 높은 생산성을 가지며 인구밀집지역인 유럽과 일본은 가격지지, 수

[4] H. Olson(1965).

입제한, 그리고 세계수준의 10배에 해당하는 가격으로 농민들에게 수출보조금을 지급한다. 동시에 오스트레일리아와 같은 자원풍부국과 인도와 같은 저개발국가들은 제조업부문에 100%에 달하는 실효보호관세율을 부과한다.

미국의 경우에도 특별히 누가 보호받는가를 설명할 수 있다. 비록 적은 산업의 수, 즉 컬러TV와 자동차에 이르는 범위의 산업들이 무역의 보호를 받는다고 할지라도, 대부분의 미국 산업보호는 자동차, 철강, 설탕, 섬유 및 의류 등 네 가지 산업에 집중되어 있다.

주목할 것은 이 산업들이 어떻게 분류되고 있는가 하는 것이다. 자동차와 철강산업은 자본집약적 산업이며, 노동자들은 미국 평균임금보다도 훨씬 더 높은 임금을 받는다. 섬유와 특히 의류산업은 노동집약적 산업이며, 그 산업에 종사하는 노동자들은 제조업부문에서 가장 낮은 임금을 받는다. 설탕은 농업부문이며 미국이 국내생산을 하는데, 비교열위가 있는 부문이다. 이것은 비교열위를 갖는 산업이 보호받는다는 무역정책의 정치 행태를 일반화하여야 함을 의미한다.

4 국제협상과 무역정책

지금까지 살펴본 무역정책의 정치 행태에 관한 언급은 충분하지 못하다. 실제로 국가의 후생을 증대시키는 무역정책을 수행하는 것은 어려우며 무역정책이 이해집단의 로비에 의하여 지배를 받는다고 주장하였다. 사실 각국에는 비용이 편익을 초과하는 무역정책이 많다.

1930년대 중반부터 1980년까지 미국과 다른 선진국들은 관세와 무역장벽을 점진적으로 제거하였으며, 이에 따라서 국제통합이 급격하게 증가하였다. 대부분의 경제학자들은 이와 같은 점진적인 무역자유화가 크게 이익이 된다고 믿고 있다. 무역정책의 정치 행태가 주어진 경우에 관세의 제거가 정치적으로 어떻게 가능한가?

전후의 무역자유화는 국제협상(international negotiation)을 통하여 달성되었다. 즉, 각국의 정부들은 상호간 관세의 인하에 동의하였다. 이것은 각 국가들의 수입경쟁산업에 대한 보호조치 감소가 그 국가들의 수출산업에 대한 다른 국가들의 보호조치 감소와 연결되는 효과를 갖기 때문이다. 이와 같은 연결은 각 국가들이 좋은 무역정책의 채택을 방해하는 정치적 어려움을 없애는 데 도움이 된다.

4.1. 협상의 이익

단일정책보다도 상호 협상에 의하여 관세를 인하하는 것이 더 쉬운 두 가지 이유가 있다. 첫째로는 상호 협상은 자유무역에 대한 지지를 더 강화시키며, 둘째로는 무역협상의 타결은 각 정부들 간의 파괴적인 '무역전쟁'을 피할 수 있다는 것이다.

국제협상이 자유무역을 지지하는 효과는 직접적이다. 수입경쟁산업의 생산자들은 소비자들보다도 정보가 빠르고 잘 조직되어 있다는 것을 앞에서 언급하였다. 국제협상에서 할 수 있는 일은 상대적인 지렛대로서 국내 수출업자를 이용하는 것이다. 예를 들면, 미국의 한국에 대한 농산물 또는 하이테크놀로지 제품에 대한 한국의 무역장벽을 제거하는 대신 한국의 경쟁으로부터 미국 제조업자들을 보호하기 위하여 수입할당을 부과하는 것을 금지하는 협상안을 미국과 한국이 체결할 수 있다. 미국 소비자들에게 수입할당이 큰 비용부담이 된다 할지라도 미국의 소비자들은 외국제품에 대한 이와 같은 수입할당을 반대하는 데 정치적으로 효과적이지 못하다. 그러나 외국시장에 진입하기를 원하는 수출업자들은 수입할당의 상호 제거에 관한 로비활동을 함으로써 소비자들의 이익을 보호할 수 있다.

국제협상이 자유무역에 대한 선거구민들의 지지에 미치는 효과를 넘어서 무역전쟁을 피하는 방법으로서 국제 간 협력이 유용하다.

무역전쟁의 개념은 [표 14-2]와 같이 단순화된 예로 나타낼 수 있다. 세계에 미국과 한국 두 국가만이 있고, 이 국가들은 자유무역 또는 보호주의의 두 가지 정책에 대한 선택만을 갖고 있다고 가정한다. 마지막으로 특별한 정책결과로 인한 만족에 대해 명확한 숫자의 값을 할당할 수 있는

표 14-2 | 무역전쟁의 문제

미국 \ 한국	자유무역		보호주의	
자유무역	10	10	−10	20
보호주의	20	−10	−5	−5

분명한 정부가 있다고 가정한다.

주어진 표에서 보상(payoff)의 특수한 값이 두 가정을 나타내기 위하여 선택되었다. 첫째, 각국 정부는 다른 국가의 정책을 주어진 것으로 간주한다면 보호주의를 선택한다. 즉, 한국이 어떠한 정책을 취하든지 미국 정부는 보호주의로 이득을 본다. 이 가정은 반드시 옳은 것은 아니다. 대부분의 경제학자들은 다른 정부가 무슨 정책을 취하든지 자유무역이 그 국가들에게 최상의 정책이라고 주장한다. 그렇지만 정부는 공공대중들의 이해관계뿐만 아니라 그들 자신의 정치적 이해관계에 관심을 갖고 행동을 할 수밖에 없다. 앞 절에서 논의한 이유로 정부는 일부 산업들에 대한 보호주의를 제거하는 것이 정치적으로 어렵다는 것을 알게 된다.

[표 14-2]에서 수립된 두 번째의 가정은 비록 개별적으로 행동하는 정부가 보호주의를 취함으로써 이득을 본다고 할지라도 각국이 자유무역을 선택한다면 두 국가 모두 더 큰 이득을 얻는다. 즉, 미국 정부가 자신의 시장을 개방함으로써 손해를 보는 것보다 한국 시장의 개방으로 더욱 큰 이익을 얻을 수 있다. 한국의 경우도 마찬가지이다. 무역이익을 살펴봄으로써 이 가정을 정당화시킬 수 있다.

게임이론에서는 이와 같은 상황을 죄수의 딜레마(prisoner's dilemma)라고 한다. 자신을 위하여 최선의 결정을 하는 각 정부는 보호주의를 선택할 것이다. 이와 같은 선택의 결과는 표의 하단 오른쪽 상자에 나타나 있다. 만일 양국 정부 모두가 보호주의를 선택하지 않는다면 모두 이득을 얻는다. 표의 상단 왼쪽 상자는 양 국가들에게 더 높은 보상을 준다. 그러나 가장 많은 이해관계에 있는 것으로 일방적으로 행동함으로써 정부는 가능한 최선의 산출량을 달성하지 못한다. 만일 국가가 일반적으로 보호주의를 취한다면 양측 모두에 손해가 되는 무역전쟁이 일어난다. 무역전쟁은 실제 전쟁과 같이 심각하지 않지만, 이것을 피하는 문제는 무력충돌 또는 군비경쟁을 피하는 문제와 유사하다.

명백하게 한국과 미국은 보호주의를 금지하는 조약과 같은 협정을 체결할 필요가 있다. 정부가 자신의 행동의 자유를 제약하고 또한 다른 국가의 정부도 행동의 자유를 제약한다면 각국 정부는 이득이 될 것이다. 무역협정은 모든 사람들에게 이득이 되게 할 수 있다.

매우 단순한 예를 들어 본다. 실제 각국의 무역정책에서 자유무역과 수입품에 대한 완전한 보호주의 사이에 무역정책의 다양한 계층 형태를 갖는 많은 국가들이 있다. 그럼에도 불구하고 실제 예는 국제협정을 통하여 무역정책을 조화시킬 필요가 있으며, 그와 같은 협정은 많은 차이가 있다는 것을 암시한다. 따라서 현재의 국제무역 체제는 일련의 국제협정을 통하여 이루어지고 있다.

4.2. 국제무역협정(GATT)

(1) GATT의 성립

무역정책으로서 국제적으로 협조된 관세인하의 기원은 1930년대로 거슬러 올라간다. 1930년에 미국은 무책임한 관세법, 즉 스무트-홀리법(Smoot-Hawley Act)을 통과시켰다. 이 법률하에서 관세율은 급격히 상승하였고 미국의 무역은 크게 감소하였다. 일부 경제학자들은 스무트-홀리법이 대공황을 가속시켰다고 주장한다. 법률이 통과된 후 몇 년 내에 미국의 행정부는 관세가 인하될 필요가 있다고 결론을 내렸지만, 이것은 정치적 연합결성이라는 심각한 문제에 직면하게 되었다. 관세인하는 수입경쟁 재화를 생산하는 기업들을 포함하고 있는 선거구역을 갖는 국회의원이 반대하였다. 반면에 그 이익에 대한 옹호는 몇몇 국회의원들이 한 쪽에서만 가시화될 수 있을 정도로 크게 분산되어 있었다. 관세율을 인하시키기 위하여 각 관세의 인하를 수출업자들에게 일부 구체적인 이익으로 연결시킬 필요가 있었다. 이와 같은 정치적인 문제에 대한 처음의 해결은 쌍무적으로 관세협상을 하는 것이다. 이것은 다음과 같은 형태를 취하고 있다. 미국은 일부 재화에 대한 주요한 수출국, 예를 들면 설탕수출국과 같은 국가에 접근하여 그 국가가 미국이 수출하는 일부 재화에 대하여 관세율을 인하시킨다면 설탕에 대한 관세율을 낮출 것을 제시하였다. 미국 내에서 미국 수출업자들에게 제시하는 안은 설탕의 생산자들에게 정치적인 대항을 하는 데 도움이 된다. 외국에서 설탕수출업자들에게 제시하는 안은 수입경쟁업자들의 집단에 정치적인 영향력과 균형을 맞춘다. 그와 같은 쌍무적인 교섭으로 미국의 수입품에 대한 평균관세율은 1932년의 59%에서 제2차 세계대전 후에 25%로 감소되었다.

그렇지만 쌍무적인 교섭은 국제적 협조에 대한 범위를 완전히 이용하지 못한다. 쌍무적인 교섭으로 발생하는 이익은 그와 같은 양보를 하지 않는 국가에 파급되었다. 예를 들면, 미국이 브라질과의 교섭결과로써 커피에 대한 관세율을 인하한다면, 세계 커피가격의 상승으로 콜롬비아는 이득을 본다. 더욱이 일부 이익이 되는 교섭은 두 국가 이상을 포함한다. 즉, 미국은 유럽에 판매하고, 유럽은 사우디아라비아에 판매하고, 사우디아라비아는 한국에 판매하고, 다시 한국은 미국에 판매한다. 국제무역자유화의 다음 단계는 많은 국가들을 포함하는 다자 간 협상이다.

그렇지만 1945년 이후에 미국의 무역자유화 정책은 순조롭게 진행되지 못하였다. GATT(General Agreements on Tariffs and Trade) 성립 자체에 어려운 점이 많았다. 미국은 자유무역 체제의 기초가 되어야 하는 국제기관의 설립과 국제무역을 자유화해 가는 규율을 정하는 조약인 국제무역기구(International Trade Organization: ITO) 헌장의 기초 교섭에 참가하여 주도적 역할을 다하였고, ITO 헌장 발효까지의 잠정협정으로서의 GATT 초안 작성에도 참가하였다. ITO 헌장의 기초 작업이 1948년에 완료되자 미국 행정부는 상원에 조약비준을 요구하였지만 결국 비준에 필요한 찬성을 얻지 못하였다.

ITO 헌장 기초 교섭을 선도하고 거대한 경제력을 지닌 미국이 참가하지 않게 된 것으로 인해 다른 교섭참가국들도 비준에 소극적이 되어 결국 ITO 헌장은 유산되었다.

이 때문에 먼저 상원의 비준을 받을 필요가 없는 행정협정으로서 미국이 체결하고 1948년에 발효시키고 있던 잠정적인 성격의 GATT가 ITO 헌장이 성립하지 않은 공백을 메우고 자유무역 체제의 기초가 되었다.

(2) GATT의 목적과 원칙

GATT의 목적은 그 전문에 나타나 있듯이 무역확대를 통하여 생활수준을 향상시키고 완전 고용을 실현하며 자원의 효율적인 이용을 도모하는데 있다. GATT는 이러한 목적을 달성하기 위하여 관세, 기타 무역장벽의 실질적인 경감 및 국제무역상의 차별대우 폐지라는 원칙을 설정하고 있다.

그리하여 그 실현방법으로서 모든 가맹국들 간에 상호적·호혜적 관계를 맺고 있는데, 이것이 자유·무차별·호혜의 원칙이다. 이 원칙을 구체화하기 위하여 GATT는 강행규정으로서 최혜국대우의 제공을 GATT 제1조에 규정하고 있다. 국제무역에 관한 일반원칙과 각국의 권리·의무를 규정하고 있는 GATT 규정 최혜국대우원칙, 자유무역원칙, 관세에 의한 무역조절원칙, 협의원칙, 협상원칙을 기본 원칙으로 하고 있다.

1) 최혜국대우원칙

최혜국대우(most favoured nations: MFN)원칙은 GATT 제1조에 규정되어 있다. 이 원칙은 국제무역의 상대국을 차별대우하지 않고 평등하게 대우하고 혜택을 부여한다는 원칙으로서, 특정국에 대하여 어떠한 특전이나 혜택을 제공하는 경우에는 다른 무역상대국에 대해서도 동등한 혜택을 부여한다는 원칙이다. 이 최혜국대우원칙은 각국이 쌍무적으로 맺고 있는 무역협정의 골격을 이루고 있으며 국제무역의 기본 원칙이다. 그러나 실제로 특정 국가나 지역 간의 관세동맹(customs unions), 자유무역지대(free trade zone), 차별협정(preferential agreement), 지역경제협력체(regional economic cooperation) 등은 최혜국대우원칙과 양립될 수 없기 때문에 GATT의 별도 규정에 따라서 GATT의 예외 승인을 받아야 한다.

2) 자유무역의 원칙

국제무역은 시장경제의 법칙에 따라서 국제분업을 촉진하는 경제활동이므로 인위적인 조작이나 거래방법에 의하여 시장질서가 왜곡되어서는 안 된다. 따라서 자유로운 상품의 흐름을 인위적으로 제한하는 수입제한조치 및 덤핑이나 수출상품에 대한 정부의 보조는 불공정한 거래의 원인으로 자유무역원칙에 위배된다.

3) 관세에 의한 무역조절원칙

무역을 규제하는 경우에 수량제한 등 직접적인 무역규제는 지양하고 관세에 의한 가격기능에 따라서 간접적으로 무역을 조절하는 것이 바람직하다. 따라서 GATT는 수량할당허가제 등 직접적인 무역규제는 원칙적으로 금지하고(제11조) 있으며, 관세에 의한 간접적인 무역조절만 인정하고 있다. 그 이유는 수량제한은 관세보다 차별적으로 운용되는 경향이 있고 GATT가 지향하는 무차별주의로부터의 이탈이 더 크다고 보기 때문이다.

4) 협의원칙

다양한 국제무역 관례와 복잡한 각국의 경제사정을 GATT 규정으로는 획일적으로 강요할 수 없기 때문에 GATT는 예외적인 경우 여러 가지의 협의규정을 두고 있다. 주요한 협의규정으로는 국제수지제한 협의(제12조), 긴급조치 협의(제19조), 웨이버(Waiver) 협의(제25조) 등이 있다.

GATT(관세와 무역에 관한 일반협정)는 기본적인 현재의 세계무역에 관한 기본 질서를 규정하는 하나의 협약이다. GATT의 각 규정은 자유무역 기조를 유지하고 지탱하기 위한 기본 골격을 담고 있다. 이러한 자유무역의 기조를 구체적으로 실천하기 위하여 GATT 주관하에 다자 간 무역협정이 이루어지고 있다.

GATT의 규정은 전문, 본문 4부 38조, 부속서의 세 부분으로 구성되어 있다. 제1부(제1~2조)에서는 최혜국대우(most favoured nations) 및 관세에 관하여 규정을 내리고 있다. 제2부(제3~23조)에서는 수량제한의 금지, 무역확대를 위한 규정을 하고 있다. 제3부(제24~35조)에서는 관세교섭, 가맹, 탈퇴 등의 절차를 규정하고 있다. 제4부(제36~38조)는 개발도상국의 무역과 개발에 관하여 규정하고 있다. 부속서에는 국별 양허세율표, 기존 특혜 및 해석규정 등을 두고 있다. GATT 규정의 기능별 조문 분석은 [그림 14-6]에 자세히 나타나 있다.

그림 14-6 | GATT 조문의 기능별 분석

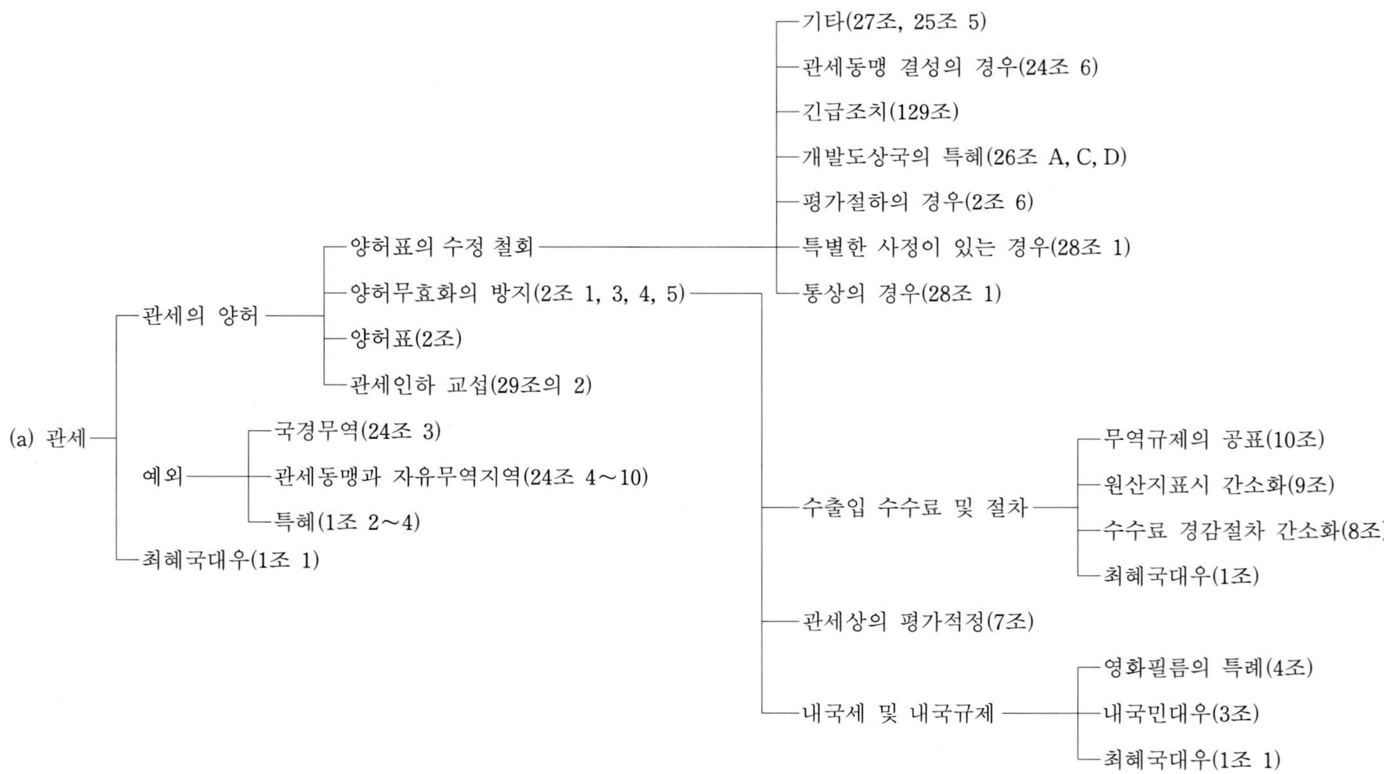

그림 14-6 | 계 속

- (b) 수량제한
  - 과도기의 특례(14조)
  - 무차별대우의 원칙(13조)
  - 예외
    - 웨이버가 인정되는 경우(25조 5의 체약국단 결정)
    - 안전보장을 위한 예외(21조)
    - 경제외적 요인에 의한 일반적 예외(20조)
    - 긴급조치(19조)
    - 개발국의 특정 산업 확립을 위한 예외(18조 C, D)
    - 국제수지 보호를 위한 예외
      - 개도국의 경우(18조 A)
      - 일반적인 경우(12조)
    - 일차산품 등에 관한 특례(2조 2)
  - 수량제한 폐지의 원칙(2조 1, 2)

- (c) 기타 통상장벽
  - 국가무역기업(17조)
  - 보조금
    - 수출보조금(16조 B)
    - 보조금 일반(16조 A)
  - 덤핑방지세 및 상계관세(28조)
  - 통과의 자유(5조)

그림 14-6 | 계 속

- (d) 체약국
  - 탈퇴
    - 개정을 수락하지 않는 나라의 경우(30조 2)
    - 무효 또는 침해의 경우(23조)
    - 개도국의 특례(18조 12)
    - 통상의 경우(31조)
  - 체약국 간의 가트의 부적용(35조)
  - 적용지역(24조 1, 2)
  - 假가입(25조 5의 체약국단 결정)
  - 가입
    - 식민지 독립의 경우(26조 5C)
    - 일반의 경우(33조)
  - 정의(32조)
- (f) 가트의 발효개정
  - 아바나헌장과의 관계(29조)
  - 개정(30조)
  - 발효－잠정 적용(의정서)
- (e) 운용
  - 체약국(25조)－체약국단과 IMF의 협력(15조)
  - 쟁송(23조)
  - 협의(22조)
- (g) 개도국 조항
  - 개도국을 위한 공동행동(38조)
  - 개도국을 위한 선진국의 협력(37조)
  - 원칙 및 목적(36조)

(3) 다자 간 협상

1945년 이래 여덟 번의 주요한 다자 간 무역협정이 있으며, 이 가운데 다섯 번은 '평행'의 쌍무협상 형태를 취하고 있다. 이 협상에서 각국은 동시에 다수의 국가들과 협상을 하였다. 예를 들면, 독일이 프랑스와 이탈리아 모두에게 이익이 되는 관세인하를 제공한다면 상호 양보를 이 국가들에게 요청할 수 있다. 전후에 세계적인 경기회복과 함께 더욱 폭넓게 교섭할 수 있게 됨에 따라 실질적으로 관세인하가 이루어졌다.

GATT 성립 이후 5차 협상까지의 관세인하 협상방식은 관세품목만을 선정하여 협상하는 '품목별 협상방식(item by item)'이었기 때문에 협상이 가능한 품목수가 극히 제한되어 있고 협상효과도 크게 기대할 수 없었다.

케네디 라운드(Kennedy Round)로 알려진 여섯 번째 다자 간 무역협정은 1967년에 이루어졌으며, 케네디 라운드에서는 일괄적인 관세인하 방식(linear reduction)을 취함으로써 선진국의 관세율 수준을 대폭적으로 완화하였다. 일괄인하 방식이란 특정한 해외품목을 제외하고는 원칙적으로 모든 품목이 인하대상인 '네거티브 리스트(negative list)' 방식이라 할 수 있다.

케네디 라운드에서는 협상방식을 종래의 '포지티브' 협상방식에서 '네거티브' 방식으로 전환함으로써 협상의 성과는 당초의 목표인 공산품 관세율의 50% 일괄인하까지는 도달하지 못하였지만 선진국 공산품의 관세율을 평균 35% 인하하는 데 성공하였다. 5차에 해당하는 딜론 라운드(케네디 행정부에서 재무부 장관을 지냈으며 딜론이 협상을 주장했다고 하여 GATT 5차 협상을 딜론 라운드라 함)에서는 불과 7%의 관세인하를 이룩하였던 점에 비추어 케네디 라운드는 큰 성과를 이룩하였다. 케네디 라운드 교섭에서는 관세교섭뿐만 아니라 비관세장벽에 관해서도 본격적인 검토가 이루어졌다. 그러나 덤핑방지규약을 제외하고는 별다른 성과를 거두지 못하였다. 즉, 관세평가제도, 수입과징금, 차별적 수입제한 등에 대해서는 통일된 결론을 얻지 못하였다.

제7차 협상인 도쿄 라운드는 1973년 협상이 시작되어 1979년 체결되었다. 도쿄 라운드로 1980년부터 향후 8년간 공산품에 대한 평균수입관세를 33% 일괄적으로 인하하게 되었다. 미국은 농산물에 대하여 무역장벽을 제거하려고 하였으나 일본과 EC의 반대로 합의를 이루지 못하였다.

표 14-3 | GATT 무역협정의 성과

구분	교섭기간	참가국수	양허 품목수	총양허액	평균 인하율	2국 간 협정수	비고
제1차	1947	23	45,000	100억 달러	–	123	
제2차	1949	32	5,000	–	–	147	
제3차	1950~1951	34	8,700	–	–	147	
제4차	1956	22	3,000	25억 달러	–	59	
제5차	1960~1961	23	4,000	49억 달러	7%	90	딜론 라운드
제6차	1964~1967	46	30,300	400억 달러	35%	–	케네디 라운드
제7차	1973~1979	102	25,000	–	33%	–	도쿄 라운드
제8차	1986~1994	125		–	선진국 36% 개도국 24%		우루과이 라운드

도쿄 라운드의 주요한 특징은 비관세장벽에 관한 일련의 협정으로 새로이 제정된 비관세장벽의 협정으로서는 관세평가(customs valuation), 보조금 및 상계관세(subsidies and countervailing duty), 정부조달(government procurement), 수입절차(import licensing), 기술장벽(technical barriers to trade) 등이 있다. 그리고 1967년 덤핑방지관세협약(anti-dumping code)이 개정되었다.

당초 도쿄선언에서는 개도국 특별대우원칙과 이를 위한 국제무역규범의 제정이라는 입장에서 출발하였으나 협상이 진행되는 과정에서 개도국 우대원칙은 국제무역에 별로 관심이 없는 저개발국들에 한정하였다. 반면에 공업화를 서두르고 있는 선발개도국에 대해서는 선진국에 가까운 의무를 져야 한다는 일반적인 기조가 성문화되었다.

즉, 국제무역규범에 관한 협정에서는 졸업 개념(graduation concept)이 도입되어 개도국들도 그 발전 정도에 따라 점진적으로 선진국들과 같이 GATT 상의 권리와 의무를 다하고 있을 뿐만 아니라 긴급수입제한(safeguard)조치와 관련하여서는 비록 선·후진국 간에 타결되지는 않았지만 선별성(selectivity)이 도입되어 특정 수입국이 긴급수입제한을 하는 경우 문제되는 국가의 특정 물품에 대해서만 수입제한을 할 수 있도록 하는 선진국의 입장이 반영되었다.

GATT를 중심으로 한 다자 간 무역제도는 1980년대에 들어와 신뢰성이 떨어졌다. 특히, 기존 GATT 규범의 약화로 일방적인 무역개방조치가 취해지거나 쌍무 또는 지역무역협정 등이 추구되고 있었다.

미국의 통상법인 제301조를 통한 시장개방 압력과 미국과 EC의 반덤핑규제가 확산되고 있었다. 또한 GATT는 서비스교역, 지적소유권 보호, 투자가치 등 새로운 국제무역의 문제를 다룰 규범을 갖추지 못하고 있으며, 덤핑과 보조금 같은 분야의 무역 문제를 다루기에는 기존 GATT 규범이 부적합한 실정이다.

제8차 협상인 우루과이 라운드(Uruguay Round: UR)는 1986년 우루과이의 푼타 델 에스테에서 새로운 협상을 개시하기 위한 각료선언을 채택함으로써 시작되었다. UR협상의 기본 목표는 시장개방 확대, GATT 규율강화로 새로운 분야에 대한 다자 간 규범을 정립하여 다자 간 무역제도의 신뢰성을 회복하는 데 있다. 상품협상그룹은 시장개방 분야, GATT 규율 분야, 새로운 분야 등으로 나뉘며, 14개의 협상의제가 있다.

시장개방 분야로는 관세, 비관세 농산물, 섬유(MFA), 열대산품, 천연자원 등의 교역자유화 의제가 있다. GATT 규율 분야에서는 도쿄 라운드에서 제정한 다자 간(MTN) 협정, 보조금, 상계관세, 긴급수입규제조치, GATT의 '기능강화', 분쟁해결절차 등의 의제가 있다. 분야로는 무역관련 투자, 지적소유권 분야 등이 있다. 서비스교역에 관한 문제는 상품협상그룹과 별도로 서비스협상그룹에서 다룬다.

UR는 현 GATT 체제의 한계를 극복하고 1990년대 이후 새로운 국제교역질서의 형성을 위하여 추진되었으며, 과거의 다자 간 협상과는 다른 특징을 지니고 있다.

첫째, 선진국과 개발도상국들의 관심사항을 모두 포괄하였다. 즉, 미국을 비롯한 선진국들은 그들의 경쟁력 우위부문인 서비스, 지적재산권 등 새로운 분야를 협상에 포함시켰다. 개발도상국은 선진국의 섬유쿼터제로 인해 각종 회색규제조치(Grey Area Measures) 등 보호무역장벽의 완화를 추구하였다. 또한 농산물 수출국들은 그 동안 GATT 체제에서 예외로 인정되어 온 농산물교역의 자유화를 요구하였다.

둘째, 이와 같은 각국의 이해관계를 반영하여 UR에서는 협상과제를 광범위하게 선정함과 동시에 GATT 체제의 실효성을 확보하기 위하여 GATT 규율을 대폭 강화하였다.

(4) GATT 체제의 문제점[5]

GATT 체제의 국제적 노력으로 각국은 관세장벽을 낮추며 무역자유화를 진전시켰지만 그 대신에 무역에 영향을 미치는 정부의 국내정책과 민간기업의 반경쟁적 관행이 증가하였다. 첫째, 무역과 관련된 국내정책의 경우 각국은 무역의 자유화를 추진하는 한편 무역에 영향을 미치는 국내정책들을 개발·시행하는 현상이 크게 증가하였다. 산업정책의 경우 각국 정부는 보조금, 대출, 세제혜택, 정부조달 및 자본참여 등의 정책수단을 통하여 무역의 왜곡과 비관세장벽을 형성하였다. 특정 산업이나 기업에 주는 정부의 보조금은 기업의 비용을 감소시키고 자국산업의 수출경쟁력을 향상시키며, 정부조달, 규제, 표준규격 등의 정책은 외국상품의 수입에 대한 장벽을 형성하게 된다. 둘째, 국내시장에서의 반경쟁적인 기업관행이 무역자유화를 약화시키게 된다. 제한적인 기업행위는 수출카르텔의 형성이나 국제적 덤핑 등을 통하여 자유경쟁시장을 붕괴시킨다.

덤핑 등 반경쟁적인 관행에 대하여 각국이 반덤핑관세를 강화하거나 자율규제 등 선별적·차별적 규제를 하려는 현실에서 GATT 체제는 회색규제조치를 국제무역규범 속에 포함시키려 하고 있다.

그러나 이러한 시도는 한계가 있으므로, OECD는 1990년대 국제무역규범은 무역정책과 경쟁정책과 연계를 강화하여 국내시장과 국제시장에 공통적으로 시장접근의 유효성을 제고해야 한다고 주장한다.

GATT 체제는 우루과이 라운드를 포함한 수 차례의 다자 간 무역협상을 추진하여 국제무역이 시장원리에 입각하여 증진될 수 있도록 추진해 왔다. 이러한 추진과정은 세 가지로 구분할 수 있다. 첫째, 무역자유화를 촉진하기 위하여 관세율 인하와 수량규제 완화 등 무역을 규제하거나 왜곡하는 각국 정부의 국경규제조치를 축소시키는 것이다. 둘째, 국경규제조치의 대용물로 사용되는 무역에 영향을 미치는 정부의 국내정책수단들과 민간기업의 반경쟁적 관행에 대응하기 위하여 상계관세와 반덤핑관세 등 무역규제조치를 강화하는 것이다. 셋째, 직접적으로 경쟁정책과 관련된 분야를 시장접근적 관점에서 국제무역규범의 틀 속에서 다루는 것으로 우루과

[5] 산업연구원, 『산업경제정보』 1399호, 1411호(1992).

이 라운드에서 처음으로 개방 분야로 제기한 서비스, 정부조달, 제품규격, 정부규제, 무역관련 투자제도, 무역관련 지적소유권 등의 분야가 그 예이다.

무역에 영향을 미치는 정부 및 기업의 관행과 특정한 국내 분야를 국제무역규범의 틀 속에서 다룸에 따라 무역정책의 대상범위는 경쟁정책[6]의 대상 분야와 중복되는 현상이 나타나고 있다.

4.3. WTO협정

(1) WTO 체제의 출범

1994년 4월 12~15일 모로코의 마라케시(Marrakech)에서 개최된 UR 각료회의를 끝으로 지난 1986년 9월 15~20일 우루과이의 푼타 델 에스테(Punta del Este)에서 출범하여 7년 반 동안을 끌어온 UR협상이 공식적으로 마무리되었다. 전 세계 125개국(GATT 가입국 123개국 포함)의 대표들이 참가한 UR 각료회의는 현 GATT 체제의 한계를 극복하고 향후의 새로운 국제무역질서를 더욱 효과적으로 규율하기 위하여 WTO(World Trade Organization: 세계무역기구)를 신설하도록 합의하였다. 'UR 최종협정의 이행기구' 및 '국제무역에 관한 UN'의 역할을 할 WTO를 설립함으로써 과거 GATT 체제가 가지고 있던 한계를 극복하려 하였다. 일반적으로 GATT가 국제기구로 오해되고 있으나 그 명칭에 나타나 있는 바와 같이 관세 및 무역에 관한 일반협정으로서 동 협정의 효율적 운용을 위해 사무국을 설치하는 등 그 운영을 국제기구처럼 해 온 것에 불과하다. 이에 따라 GATT는 최근에 와서 체약국 간의 보호무역주의 확산이나 차별적인 지역주의 대두를 효과적으로 규율하지 못함은 물론 새로운 국제무역의 한 구도 변화를 충분히 포괄하지 못하는 등의 어려움에 봉착하였다. WTO는 이와 같은 GATT의 한계를 극복하여 새로운 국제무역질서를 구축하였다.

WTO 체제는 GATT의 기능을 더욱 강화하며, 서비스·지적재산권 등 새로운 교역과제를 포괄하고, 회원국의 무역관련 법·제도·관행 등의 명료성을 제고시킴으로써 세계교역을 증진하려 하였다.

GATT의 기능은 ① 국제무역에 관한 다자 간 규범의 제정, ② 다자

[6] 협의의 경쟁정책은 기업의 반경쟁적 관행을 취급하는 반독점법을 의미하지만 OECD의 반경쟁적인 성격을 지니는 정책 분야를 포함하여 광의적으로 사용하고 있다.

간 무역협상의 무대, ③ 회원국 간 무역분쟁의 해결을 위한 국제재판소 등으로 WTO는 이와 같은 각 기능을 보완·강화하고 있다.

GATT 출범시 시도되었던 브레튼우즈(Brtton Woods) 삼두체제가 ITO(국제무역기구)의 설립실패로 무산되었으나 다시 WTO의 신설로 새롭게 완성되었다.

제2차 세계대전 후 세계경제의 재건과 교역확대를 목표로 1943년 7월 브레튼우즈협정을 체결하여 속칭 삼두체제인 ① 외환 분야의 IMF(국제통화기금), ② 경제개발 분야의 IBRD(국제부흥개발은행)와 함께, ③ 국제무역 분야의 ITO를 설립하려 하였다. 그러나 1950년 12월 ITO 헌장을 미 행정부가 의회에 제출하지 않기로 결정함에 따라 ITO의 실패는 GATT에 커다란 영향을 미쳐 마침내 GATT는 변형된 임시체제로 운영될 수밖에 없었다. WTO의 신설은 결국 ITO의 뒤늦은 출범이라 할 수 있다. WTO 체제의 출범은 결국 세계경제가 하나의 규범(즉, WTO협정)과 하나의 기구(즉, WTO)로 통일되어 한 지붕 경제권이 됨을 뜻한다. 이에 따라 산업·무역의 세계화와 함께 국경 없는 무한경쟁시대로 돌입하는 새로운 국제무역환경의 기반이 조성되었다.

(2) WTO협정의 주요 내용

1) WTO의 설립 및 목적

WTO 설립협정에 의하여 WTO가 설립되었으며(제1조), WTO는 법인격을 갖고 기능수행에 필요한 법적 능력을 부여받는다(제8조). 법인격을 가지고 있다는 것은 WTO가 국제법상 권리 및 의무이행의 주체가 되고 법적 구속력을 갖는 행위를 할 수 있음을 의미한다.

WTO협정 당사국들은 ① 무역 및 경제활동의 상호 관계가 WTO 회원국들의 생활수준을 향상시키고, 완전 고용의 달성과 함께 유효수요의 지속적인 양적 확대를 추구하며, 상품과 서비스의 생산 및 교역을 증진하는 방향으로 이루어져야 함을 인식하고, ② 또한 지속 가능한 개발과 부합되는 방법으로 세계자원의 효율적 이용을 도모하되 회원국들의 상이한 경제수준에 상응하는 환경보전 노력과 보호수단을 허용하면서, ③ 상호 호혜의 바탕 위에서 관세 및 여타 무역장벽의 실질적인 삭감과 함께 국제무역상의 차별대우를 폐지함을 목표로, ④ GATT는 물론 과거의 무역자유화 노력 및 UR협상의 결과 전체를 포괄하는, 통합되고 보다 자생력 있는 다자 간 무역체제를 구축하며, ⑤ 이러한 다자 간 무역체제의 기본 원칙의 보존과 목표의 증진을 위하여 WTO를 설립한다(WTO 설립협정 전문).

2) WTO협정의 범위

WTO 협정문의 구성은 [그림 14-7]과 같다. [그림 14-7]에서 보는 바와 같이 WTO협정은 WTO 설립협정과 함께 GATT 1994, 농산물 및 섬유협정, 동경 MTN협정, 새로운 다자 간 협정, 서비스협정들, 지적재산권 협정, 분쟁해결 관련방안 양해, 무역정책 검토제도, 수자 간(數者間) 무역협정들로 구성되어 있다.

WTO협정은 회원국 간의 무역관련 활동에 대한 공통의 제도적 틀을 제공하는 본문인 WTO 설립협정과 분야별 제도적 틀을 제공하는 부속서들인 다자 간 무역협정(MTA)과 수자 간 무역협정(plurilateral trade agreement: PTA)들로 구성되어 있다(제2조 제1항). MTA(multilateral trade agreement)는 WTO협정의 일부로서 모든 회원국에 적용된다(제2조 제2항). MTA는 WTO 설립협정 부속서 1, 부속서 2 및 부속서 3을 총칭한다. 부속서 1은 1A (GATT 1994+농산물+도쿄 라운드 MTN Code 일부+여타 분야별 협정), 부속서 1B(서비스협정), 부속서 1C(지적재산권협정)로 구성되어 있다. 부속서 2는 분쟁 해결규칙 및 절차에 관한 양해(DUS)이며, 부속서 3은 무역정책검토제도(TPRM)에 관한 것이다. PTA들은 WTO협정의 일부이기는 하나 이 협정들을 수락한 회원국에만 적용된다(제2조 제3항). 따라서 PTA들은 실질적으로 WTO협정과는 별도로 독립적으로 운영되나 편의상 이들 협정을 WTO가 관리하는 형태를 취하는 것이다. PTA들은 WTO 설립협정의 부속서 4로 구분되어 민간항공기 교역협정, 정부조달협정, 국제낙농협정, 국제쇠고기협정의 네 가지 협정으로 구성되어 있다.

한편, WTO 설립협정에 포괄되어 있는 GATT 협정문은 속칭 'GATT 1994'로 불리우는 것으로 1947년 10월 채택된 이후 지금까지 개정되어 온 GATT 협정문인 'GATT 1947'과는 다른 것이다(제2조 제4항). GATT 1994는 ① WTO 발효 이전까지의 개정을 포함한 GATT 1947 협정내용, ② GATT 1947과 관련된 관세양허 및 가입관련 의정서, 의무면제 및 여타 결정들, ③ UR 협상결과로 확정된 GATT 조문에 대한 양해들, ④ GATT

그림 14-7 | WTO 협정문의 구성

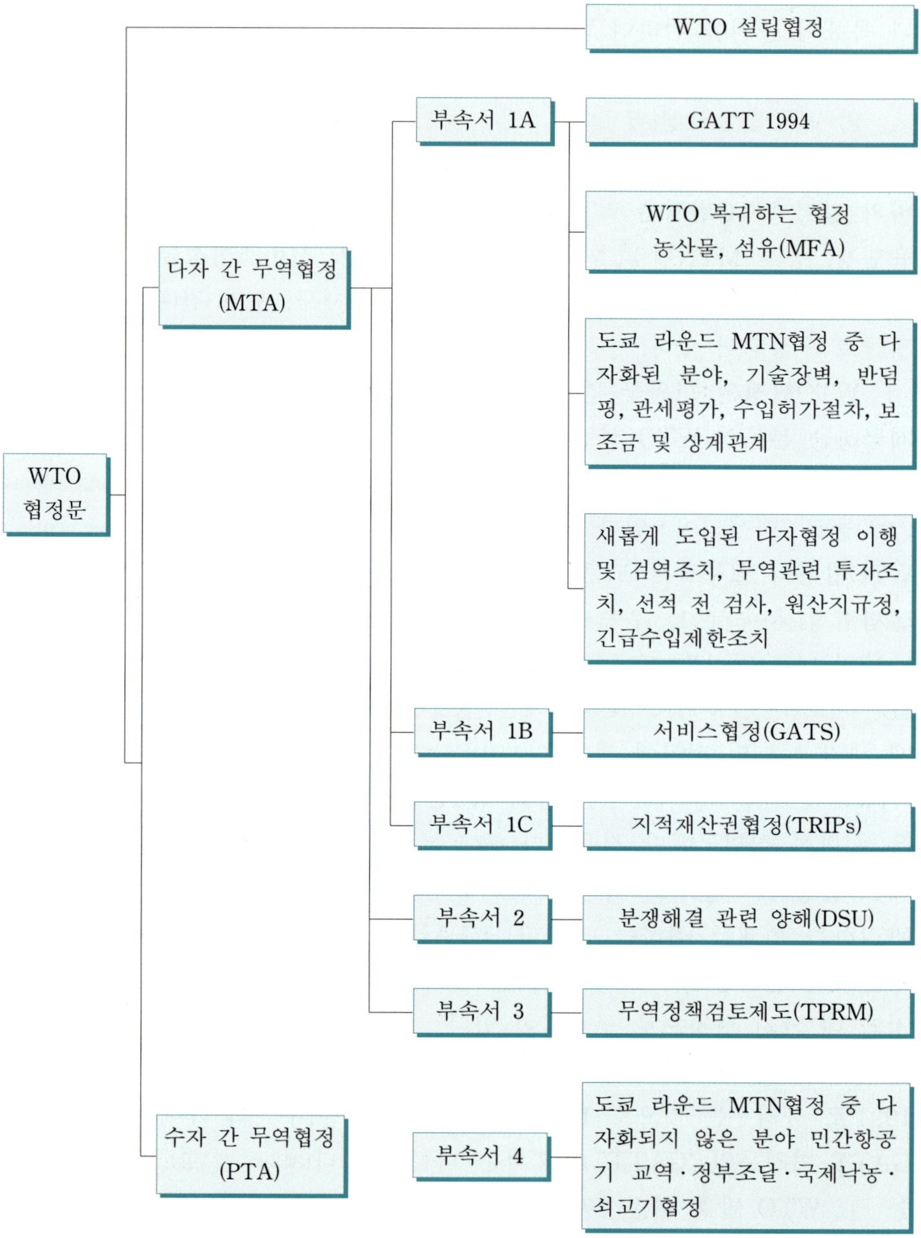

1994에 관한 마라케시 의정서들을 포함하는 것으로 정의되어 있다(GATT 1994 협정문).

3) WTO의 기능과 구조

WTO는 전문 및 16개 조항으로 구성된 WTO 설립협정과 부속되는 17개의 MTA들이 회원국 내에 잘 이행되고 운용되도록 바탕을 제공한다. 또한 WTO는 회원국 간의 분쟁을 해결·조정하고 무역정책검토제도를 시행한다(제3조). 이와 함께 세계경제정책 결정에 있어 더욱 높은 일관성을 추구하기 위하여 필요에 따라 IMF(국제통화기금) 및 World Bank(세계은행)와 같은 브레튼우즈 기구들과의 협력을 강화한다(각료선언, Declaration on the Contribution on the World Trade Organization to Achieving Greater Coherence in Global Economic Policymaking). WTO 관할사항과 관련하여 WTO 일반이사회는 정부간 기구 및 비정부기구와의 협의 및 협정체결도 할 수 있다(제5조). WTO는 회원국의 대표로 구성된 최고의 의결기구로 최소 2년에 한 번 개최하도록 하고 있는 각료회의를 정점으로 [그림 14-8]과 같이 구성되어 있다(제4조). 각료회의는 WTO협정하의 모든 문제에 대한 의결권을 갖는다.

일반이사회는 각료회의가 체회중인 때에 필요에 따라 열리게 되어 있어 실질적으로 각료회의의 결정을 수행하는 상설기구의 역할을 담당하고 있다. 일반이사회는 필요에 따라 분쟁해결기구(DSB)로 개최되어 회원국 간의 무역분쟁을 해결하거나 또는 무역정책검토기구(TPRB)로 개최되어 모든 회원국의 무역관련 정책 및 관행을 평가하도록 하고 있다. 일반이사회 산하에 상품교역이사회, 서비스교역이사회, 지적재산권이사회가 설치된다. 상품교역이사회는 GATT 1994 및 MTA를 관할하는 한편, 서비스교역이사회는 GATS(서비스교역에 관한 일반협정)를, 지적재산권이사회는 TRIPs(무역관련 지적재산권)협정을 관장한다. 따라서 [그림 14-7]의 WTO 협정문의 포괄범위와 [그림 14-8]의 WTO 조직의 구조를 비교하여 본 기구별 담당협정은 다음과 같다.

① 상품교역이사회: WTO 협정문 부속서 1A(GATT 1994+대부분의 MTA)
서비스교역이사회: WTO 협정문 부속서 1B(GATS)
지적재산권이사회: WTO 협정문 부속서 1C(TRIPs)

그림 14-8 | WTO 조직의 구조

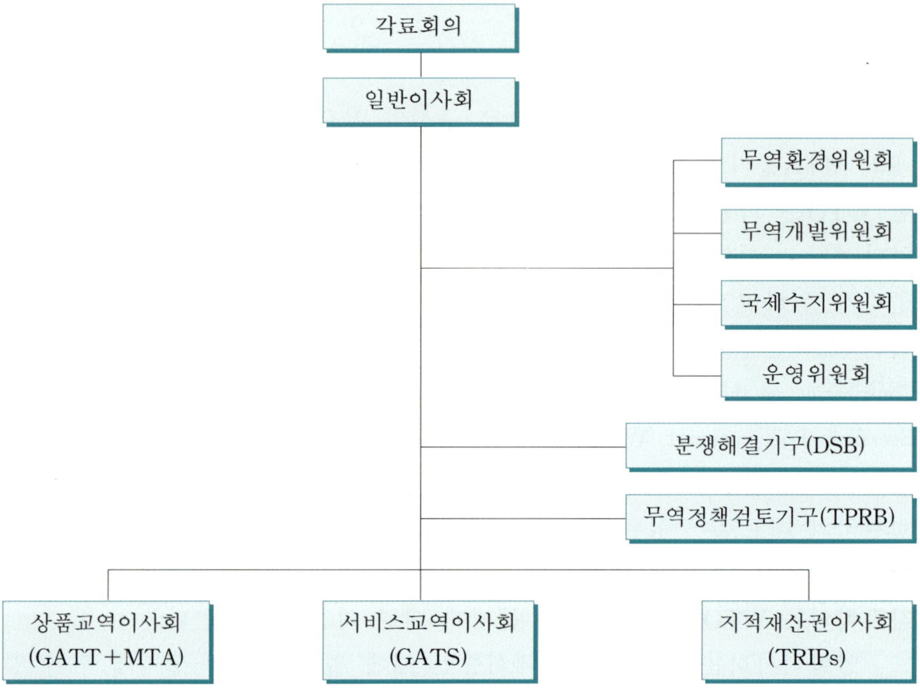

분쟁해결기구: WTO 협정문 부속서 2(DSU)
무역정책 검토기구: WTO 협정문 부속서 3(TPRM)

② PTA에 의거하여 설치되는 기구들은 WTO 틀 안에서 운영되며, 일반이사회에 활동상황을 정기적으로 통보하도록 하고 있다.

한편, 각료회의의 요구와 일반이사회의 필요에 적절히 응하기 위하여 무역개발위원회, 국제수지위원회, 운영(예산, 재정, 행정)위원회를 설치한다. 각 위원회는 주어진 전략에 따라 업무를 수행하며, 특히 무역개발위원회의 경우는 정기적으로 최빈개도국에 대한 다자 간 무역협정상의 특혜조항을 점검하도록 한다. 지속 가능한 개발을 위해 무역과 환경 간의 관계를 설정할 무역환경위원회를 제1차 WTO 일반이사회에서 설치하도록 합의한다(각료선언, Marrakech Delaration of 15 April 1994).

표 14-4 | GATT 체제와 WTO 체제의 비교

	GATT	WTO
시장개방 노력	· 관세인하에 주력 · 비관세장벽은 도쿄 라운드에서 철폐 노력, 그러나 선언적인 규정 정립 수준으로 실효성 미흡	· 관세인하는 물론 특정 분야에 대한 무관세 도입으로 관세율의 하향평준화 달성 · 비관세장벽의 철폐를 강화 (모든 회색조치를 4년 내 폐지)
관할범위	· 상품(주로 공산품)	· 공산품 외에 농산물에 대한 규율도입 (다자 간 섬유협정(MFA)도 WTO로 흡수)
신분야협정	· 없음	· 서비스교역에 대한 협정 제정 · 지적재산권 보호를 위한 규범 제정 · 무역관련 투자조치에 대한 협정 도입
규범강화	· 보조금 정의 등 불명료 · 반덤핑조치의 남용 등 자의적 운용	· 보조금 정의의 명료화 및 규율강화 (금지, 상계 가능, 허용보조금 등의 구분) · 반덤핑조치의 발동기준 및 부과절차 명료화 남용방지 · 세이프가드협정, 원산지규정, 선적전 검사협정 등 새롭게 도입

4) WTO협정의 평가 및 시사점

WTO가 UR협정을 이행하는 기구인 까닭에 UR 협상의 배경이나 포괄범위, 협상결과 등 UR와 관련된 모든 사항이 그대로 WTO의 기초를 이루게 된다. 이에 따라 WTO는 UR협정의 주요 내용을 모두 관할하며, 특히 ① 공산품의 관세인하와 시장개방의 확대, ② 농산물교역에 대한 다자 간 협정의 채택, ③ GATT 규범의 명료화, 강화 및 무역거래의 공정성 제고, ④ 서비스교역에 대한 새로운 다자 간 규범 도입, ⑤ 지적재산권 보호의 무역체제로의 편입 등이 핵심적인 내용이다.

이에 따라 GATT 체제와 WTO 체제를 대비해 보면 [표 14-4]와 같다.

4.4. 재화의 무역

GATT는 각국의 무역정책을 규제하고자 하지만 그 목적은 각국의 국내정책에 간여하기보다는 국제무역에 대한 제한적 효과가 가장 작은 무역정책을 채택하도록 권장하려는 데 목적이 있다. 무역정책 수단으로는 일반적으로 세 가지를 들 수 있다. 즉, 그것은 무역량이나 무역액을 제한하는 수량제한정책, 해외공급자에 대해 조세를 부과하거나 유사한 효과를 일으키는 가격정책, 간접적으로 수량과 가격에 영향을 미치는 정책이다. 이들 무역정책은 GATT 규정에서 규제하고 있다.

(1) 관세와 준관세

관세는 여러 가지 형태를 가질 수 있는데, 그 하나는 종가세로서 수입상품 가액의 일정 퍼센트를 조세로 부과하는 것을 말한다. 또 다른 하나는 종량세로서 상품단위당 일정액을 조세로 부과하는 것으로, 예컨대 수입포도주 1리터당 $1의 조세를 부과하는 방식 등이 그것이다. 마지막으로 위 두 가지의 결합형태가 있을 수 있다. 예컨대, 5%의 종가세에 $1의 종량세를 수입포도주에 대해 부과하는 것이 그것이다.

GATT는 관세에 대해 위 어느 것을 다른 것보다 더 우월하다고 주장하지 않고 있는데, 현실적으로 모든 관세는 종가세의 형태를 취하고 있기 때문이다. 그리고 종가세가 그 중 더 투명한 조세라는 점이다. 종량세는 세관당국이 수입상품의 가액을 일일이 산정해야 하는 번거로움을 피할 수 있다는 이점이 있으며, 가격의 변화에 대해 영향을 받지 않기 때문에 인플레이션하에서는 종량세 방식의 관세는 보호무역 효과가 상당 부분 감소할 것이다. 관세는 수량제한보다 효율 면에서 우월하다는 점에서 원칙적으로 GATT가 인정하는 유일한 보호무역 방식이다. 그 밖에도 관세는 다음과 같은 이유로 쿼터에 비해 우월하다.

첫째, 관세는 국내가격과 해외가격 간에 자동적인 연결고리가 되며, 비교우위의 변화를 반영하여 수출입량을 조절하게 해 준다. 그러나 쿼터의 경우 그런 연결이 없다.

둘째, 관세하에서는 서로 다른 원산지를 가진 수입품 간에 비차별을 보장할 수 있다. 그러나 쿼터하에서는 국별 차별이 자의적으로 일어날 수 있다.

셋째, 관세는 투명성을 유지할 수 있다. 일단 관세율이 정해지면 특정상품이 수입되었을 경우의 국내시장가격을 예상할 수 있으나 쿼터하에서는 이것이 쉽지 않다. 왜냐하면, 시장접근의 조건은 쿼터가 신청순이 될 가능성 때문에, 수입될 시점이 분명하지 않고 쿼터가 과거 실적에 따를 경우 과거 실적에 영향을 받을 것이기 때문에, 그리고 수입허가권을 가진 관료에 대한 매수 등으로 부정의 소지가 있다는 것 등의 이유로 투명성을 기대하기가 쉽지 않다.

넷째, 관세는 정부에 대해 관세수입을 보장하지만 쿼터하에서는 관세 상당액의 쿼터지대가 수출업자, 중개업자, 관련 정부기관 등에 분산 귀속된다.

다섯째, 관세는 쿼터에 비해 자원배분에서 더 효율적이다. 즉, 관세는 보호상품을 생산하는 모든 산업에 대해 혜택이 되며 보호 로비활동에 종사한 특정 기업에 대한 보상이 상대적으로 적으나, 쿼터의 경우 로비 기업에 대해 직접적으로 쿼터가 할당될 가능성이 크며 로비활동 등으로 자원이 낭비될 수 있다.

관세와 관련하여 GATT의 두 가지 기본 규칙은 관세가 비차별적이라야 한다는 것(제1조)과 가맹국들은 관세의 범위를 정하도록 장려되고 있다는 것이다. 회원국들에 의해 GATT 가입시 또는 정기적인 MTN을 통해 제시되는 관세양허(관세인하)는 각 가맹국의 관세 스케줄에 명시된 관세범위의 형태로 명시된다(GATT 제2조). 관세의 범위를 정함으로써 회원국은 특정 상품에 대해 관세범위에서 정한 세율 이상의 관세를 임의로 부과하지 못하게 제한하고 있다. 관세범위는 현행세율, (현행세율보다 높은 그러나 그 이상으로 부과할 수 없는) 최고세율, (현행세율보다는 낮은 앞으로 낮추기로 협상한) 협상세율 등에 관한 내용을 담고 있다. 이 관세범위는 앞으로 한 나라가 약속한 시장개방조건을 보여주는 잣대가 된다. GATT 규정에 의하면 한 나라가 관세범위에서 밝힌 관세양허를 무효화하거나 손상시키는 조치를 취할 경우 무역상대국은 이의를 제기할 수 있게 되어 있다. 여기서는 이 조치가 무역에 미칠 영향을 제시해야 할 의무가 없다. 그러므로 관세범위 설정은 관세를 인상시킬 소지를 제한할 뿐 아니라 또한 유사한 무역제한 행위에 대한 견제가 된다.

선진국들의 경우 총관세 해당 품목 중 관세범위가 결정된 품목의 비중은 제조업의 경우 매우 높고 농산품의 경우도 상당 비율이 되며, 관세범위도 실제 적용세율 부근에서 정해져 있다. 그러나 대부분의 개발도상국의 경우 관세범위가 결정되어 있는 품목수의 비중이 매우 낮거나 전무한 경우가 있으며, 최고관세율만 결정되어 있는 경우가 많다. 많은 GATT 1947 가맹국들은 1950년대와 1960년대에 독립한 국가들로서 관세양허협상 없이 GATT 가입이 허용되었으며, MTN에서 관세양허를 제시하지 않는 '특별차등적' 대우를 받았다. 그러나 우루과이 라운드 기간 중 모든 WTO 회원국들에 대해서는 관세양허 스케줄을 제시하도록 요구함으로써 무임승차의 여지를 제한하고자 하였다. GATT 1947과는 반대로 WTO 회원국들은 관세양허 임무가 부여되었는데, 개발도상국의 경우 관세 포함 상품수에 대한 규칙은 없었지만 관세범위에 포함되는 상품의 범위로 보아 이들의 참가도는 우루과이 라운드 기간 중 현저히 증가하였다.

관세인하에 대한 약속을 우회하기 위한 목적으로 관세가 아닌 형태로 수수료나 다른 특정 조세를 수입품에 대해 부과하는 행태는 제한된다. 이런 경우로는 외환거래에 대한 조세, 수입품에 대한 내국세, 수입업자에 대한 서비스 수수료, 특별수입 부가세 등이 그런 준관세이다. GATT 1947에서와는 달리 GATT 1994에서는 이런 종류의 기타 준관세도 관세 스케줄의 관세품목에서 열거하도록 요구하고 있으며, 그 범위를 정하도록 하고 있다.

(2) 선적 전 검사(pre-shipment inspection: PSI)

수출국에서 수출선적 전 전문회사에 의해 상품을 검사하는 일로 수입국 정부는 수출업자나 수입업자가 과대 송장 청구, 과소 송장 작성 등으로 외환규제를 회피하거나 자본도피를 하는 것을 방지할 목적으로 PSI를 하고자 하는 경우가 있으며 이것이 무역규제로 악용될 수 있다. 원산지증명(rules of origin)이 수입품에 대한 차별의 목적으로 사용될 수도 있다.

(3) 보조금

보조금에 대한 GATT의 규칙은 보조금이 MTN에서 제시된 관세양허의 효과를 무효화하거나 손상시키는 등의 악영향을 감소시키기 위해 보조금의 사용에 대해 일정 규칙을 정하자는 것이다. 또한 보조금의 효과를 상쇄하기 위해 회원국들이 상계조치(예: 상계관세) 등을 사용하는 것을 규제하자는 것이다.

여기서 말하는 보조금은 정부나 공공기관이 특혜, 자금대부, 자본공여 등으로 직접적으로 재정적 보조를 하는 것, 정부 재정수입의 기회를 보류하는 것, 일반 사회간접자본 이외의 일반적 재화나 용역의 제공 내지 구입, 정부기능을 수행하도록 민간에 정부의 자본이 공여되는 것, 가격 및 소득지지 등을 말한다(GATT 제16조).

보조금은 세 가지로 구분된다. 비조치 가능(non-actionable), 금지(prohibited), 그리고 조치 가능(actionable)이 그 것이다. 비조치 가능 보조금은 합법적이므로 상계조치를 취할 수 없다. 여기에는 특정 기업이나 산업에 이익이 되지 않는 모든 비특정보조금이 포함되며, 여기서 말하는 비특정성(non-specificity)은 자원배분이 중립적·비차별적이고, 경제적 원칙에 입각하고 있으며, 산업 간 차등을 하지 않는 경우이다. 그러나 모든 수출보조금은 특정적(specific)이라고 간주된다. 그러나 R&D보조금, 재해지역에 대한 보조, 환경규제에 대한 적응을 촉진하기 위한 기업에 대한 보조 등은 비조치 가능적 보조금으로 취급된다. 조치 가능적 보조금은 허용이 되기는 하지만 회원국들에 불리한 효과를 발생시킬 경우 협의, 분쟁해결절차 개시 또는 상계조치 대상이 되는 보조금이다. 여기서 회원국들에게 불리한 효과에는 국내산업에 대한 피해, 관세양허의 무효화 내지 훼손, 상대국의 이해에 대한 편견의 위협 내지 심각한 편견(serious prejudice) 등이 포함된다. 여기서 심각한 편견(serious prejudice)이란 ① 가격의 5%를 넘는 보조금, ② 기업 또는 산업의 영업손실을 충당하는 보조금, ③ 정부보유 부채에 대한 부채감면의 경우를 말한다.

이 밖에도 보조금이 WTO 회원국의 수출을 감소시키고 상당한 가격삭감 효과를 가져오거나 세계시장에서 보조국의 시장점유율을 증가시키는 경우 심각한 편견으로 취급될 수도 있다. 금지보조금은 공식적이건 실제적이건 수출에 대한 보조금 또는 수입품 대신 국산품을 사용하는 데 대한 보조금으로 이런 보조금은 금지된다. 이런 금지된 수출보조금의 목록은 보조금협정(Agreement on Subsidies)에 포함되어 있다. 이 금지보조금에 포함된 보조금의 예를 들어 보면 국내소비보다 더 유리한 조건으로 수출품 생산에 대해 재화 및 용역을 제공하거나 수출금융, 지불보증을 제공하거나, 저렴한 조건으로 보험을 제공하는 것 등이다. 그러나 개발도상국과 체제전환국들의 경우 '특별차등대우' 조항이 적용되기도 한다. WTO 회원국으로서 시장경제로 체제전환 중인 과거 계획경제 국가들 중에는 2002년까지 금지보조금의 지급을 허용받는 신청을 할 수 있었다. 이 기간 동안 채무재조정 및 부채탕감 등의 보조금계획에 대한 조치가 허용되는 것은 아니다. 그러나 부속서(1인당 GNP 1,000달러 이하의 최빈국)의 경우 수출보조금에 대한 금지조치가 면제된다. 그러나 1인당 GNP가 1,000달러를 초과하게 되면 졸업규정이 적용되며, 이 이후에는 8년 이내에 규정에 위배되는 보조금을 철폐하여야 한다. 부속서에 열거되지 아니한 개발도상국 WTO 회원국의 경우 1995년 1월부터 8년 이내에 수출보조금을 점차적으로 철폐하여야 한다.

(4) 국가무역

GATT는 무역에 영향을 미치는 정부의 정책에 관한 것이며, 실제 국제거래는 민간기업에 의해 시장을 통해 이루어지는 것으로 가정하고 있다. 그러나 실상 정부도 민간과 마찬가지로 재화와 용역을 구입하는 구매행위를 하는데, 이러한 정부의 구매행위는 GATT에서 배제되어 있다. 도쿄 라운드에서는 정부구매에 대한 협상이 있었으나 단지 소수의 국가만이 협정에 조인하였다. 정부구매와는 달리 GATT에서는 국가무역공사(state-trading enterprises: STEs)에 대해서는 처음부터 규제를 포함하고 있다. 그것은 국가무역공사가 관세의무에 구속받지 않을 것을 우려해서이다. 그러나 GATT 1947(제17조)에서는 국가무역에 대한 명백한 정의가 없어서 국가무역이 무엇을 의미하는지에 대한 해석은 명확하지 않았으나 GATT 1994에서는 STEs를 '법적·제도적 권한을 포함한 배타적 특권을 부여받아 구매 및 판매에서 수출과 수입의 향방에 영향을 미치는 정부 및 비정부 기업'으로 정의하고 있다.

(5) 기술적 규정 및 표준

GATT 1994의 기술적 무역장벽에 관한 협정(Agreement on Technical Barriers to Trade)에서는 강제적 기술적 규정, 자발적 표준, 상품에 대한 검사 및 검증 등이 불필요한 무역장벽을 구성해서는 안 된다고 규정하고 있다. 이 협정은 ① 회원국에서 기술적 규정이나 표준을 채택함에 있어 지켜야 할 규범, ② 규정과의 일치 여부 평가, 검사 및 검증을 다루는 규정, ③ 투명성 규정 등과 같이 세 부분으로 이루어져 있다.

여기서 기본적인 규칙은 중앙정부의 기관은 규정이 의도한 합법적 목표를 달성하는 데 필요한 것 이상으로 무역제한적인 효과를 갖는 차별적인 기술적 규정을 제정하지 못하도록 하고 있다. 여기서 말하는 합법적인 목표는 흔히 안보상의 필요, 잘못된 관행의 금지, 보건 및 안전상의 필요, 환경보호상의 필요 등이다.

(6) 무역과 관련된 투자조치

무역과 관련된 투자조치(trade-related investment measures: TRIMs)란 해외투자자들이 일정 성과기준을 달성하도록 강제할 목적으로 정부가 사용하는 정책을 말하며, 흔히 내국산 함유비율 요건 등이 이에 해당한다. 이 규정은 외국투자자가 생산에서 국산품 원자재를 일정 비율 이상 사용하도록 강제한다든가, 일정 비율 이상의 부가가치를 창출하도록 한다든지, 수출비율을 의무화하는 것 등이다. 대부분의 경우 이러한 조치들은 비효율적인데, 그것은 중간재 투입에 대해 투자자들이 비용이 더 높은 국산제품을 사용하게 함으로써 실제적으로 관세나 쿼터와 같은 역할을 하기 때문이다. GATT에 위배되는 모든 TRIMs는 WTO 사무국에 통보하여야 하며 회원국은 선진국의 경우 2년 이내, 개발도상국의 경우 5년 이내, 그리고 최빈국의 경우 7년 이내에 이런 조치들을 철폐하여야 한다. 그러나 TRIMs협정에서는 GATT에 위배되는 이런 조치들을 철폐하는데 유예기간을 설정하고 있다는 것은 아이러니가 아닐 수 없다.

(7) 정부구매

정부구매협정(Government Procurement Agreement: GPA)에서는 원칙적으로 GATT의 내국인대우 규정과 비차별원칙에 의해 정부구매에서 국내기업에 대한 우대를 금지하고 있다. 이 규정은 무역에서뿐만 아니라 국내에서 영업중인 외국기업의 납품에 대해서도 마찬가지이다. 결론적으로 GATT 규정의 복잡성에도 불구하고 GATT의 기본 규범은 비차별주의 관세의 범위화(tariff binding), 그리고 쿼터의 금지이다.

4.5. 서비스무역

현대 경제는 서비스경제이다. 건설·수송·물류·금융·교육·통신 등 서비스는 OECD 국가들 GDP의 60% 이상을 차지한다. 미국은 자국이 서비스에 비교우위가 있음을 인식하고 무역자유화와 연계하여 서비스무역의 자유화를 추진하여 왔다. 1993년의 경우 OECD 국가들은 1982년의 79%에서 81%로 세계무역에서 차지하는 서비스무역의 비중을 높여 왔다. 우루과이 라운드의 결과 중 대표적인 것은 서비스무역에 관한 일반협정(General Agreement on Trade in Services: GATS)의 성립이다. 서비스시장에 대한 접근을 규정하는 규범과 규율을 제정함으로써 GATS는 다자 간 무역체제의 범위를 크게 확대시켰다.

GATS는 다음의 네 가지 구성요소로 이루어져 있다.

① 서비스무역에 영향을 미치는 모든 조치에 대해 적용될 일련의 일반적 개념, 원칙 및 규칙

② 회원국의 일정에 열거된 서비스부문과 그 하위부문에 대해 적용될 특정 의무조항

③ 서비스무역을 점차적으로 자유화하기 위해 취할 정기적인 협상에 대한 내용

④ 협정의 이행과 관련한 각료회의 의결과 부문별 고려사항을 담고 있는 일련의 부속서와 부록

GATS는 아래의 여러 서비스 교환에 관해 적용되는 규정이다.

① (공급자와 소비자가 국경을 넘지 않고 제공되는) 국경을 넘는 서비스의 공급

② 공급자가 위치한 국가로 소비자가 이동하게 되는 서비스 제공

③ 외국국적의 서비스제공자에 의해 국내에서 제공되는 서비스

④ 일시적으로 자연인의 이동을 요구하는 서비스 제공

GATS에서의 기본 원칙은 상품무역에 대한 규칙인 GATT에서와 마찬가지로 비차별의 원칙으로 최혜국대우와 내국인대우, 시장접근, 공정성 등의 원칙이 적용된다.

4.6. 지적재산권

지적재산권(intellectual property)은 상업적 가치를 갖는 정보로 정의될 수 있다. 지적재산권은 아이디어, 발명, 창의적 표현 등 상업적 가치를 가져서 재산가치를 갖는 것을 말한다. 지적재산권에 대한 국제협약으로서는 특허와 상표권에 대한 파리 협약, 저작권에 대한 베른 협약, 근린권에 대한 로마 협약, 집적회로에 관한 지적재산권 조약 등이 있으며, 이는 제네바에 위치한 유엔기구인 세계지적재산권기구(World Intellectual Property Organization: WIPO)에 의해 관장된다.

GATT 1947에 규정된 지적재산권에 대한 조항은 매우 제한적인 것으로 제9조의 원산지에 관한 조항(원산지가 무역제한조치로 사용될 수 없도록 요구), 제18조 제10항의 국제수지 목적으로 쿼터를 적용하는 경우 지적재산권을 침해하지 않아야 한다는 조건 등이 있다. GATT 제20조 d항의 일반예외조항은 지적재산권을 보호하는 데 필요한 조치가 비차별적인 한 GATT의 적용을 받지 않는다고 규정하고 있다. 그러나 GATT 제3조(내국인대우). 제1조(MFN), 제10조(투명성), 제23조(무효화 및 훼손) 등의 조항은 지적재산권 보호와 관련된 조치에 적용될 수 있다.

4.7. 지적재산권 관련 협정(TRIPs)

무역에 관한 지적재산권 관련 협정(Agreement on Trade-related Aspects of Intellectual Property Rights: TRIPs)은 우루과이 라운드에서 정치적으로 그리고 기술적으로 가장 어려운 협상내용 중의 하나였다. 이 문제는 GATT의 새로운 영역이었고, 남북 문제를 포함하고 있었으며, 무역의 자유화보다는 제한적 요소를 더 많이 담고 있었기 때문이다.

WTO에서 TRIPs협정은 핵심적이며 매우 복잡한 협정으로 7개 장과 73개 조항으로 이루어져 있으며, 저작권과 이에 관련한 권리(공연권, 방송권, 음반제작권), 집적회로 디자인, 지리적 원산지, 상표권, 산업디자인, 특허 등에 대해 다루고 있다.

이 협정에서는, ① 이들 권리에 대한 최소한의 실질적 보호기준 제시, ② 이들 권리보호를 위해 회원국들이 가용한 절차와 개선책, ③ TRIPs 관련 분쟁을 해소하기 위한 WTO의 일반분쟁해결기구, ④ 지적재산권에 대한 투명성, 내국인대우, MFN 등의 GATT 기본 원칙 적용 등을 규정하고 있다.

4.8. WTO 체제의 예외 조항

(1) 안전장치

거의 모든 국제무역협정에는 안전장치라고 하는 예외 조항이 포함되어 있으며, 이 점에서 WTO도 예외가 아니다. 여기서 안전장치(safeguard protection)라는 용어는 각국 정부가 특정 상황에서는 어떤 중대한 이해를 보호하기 위해 협정에서 요구하는 정상적인 의무조항의 적용을 중단하거나 보류할 수 있도록 하는 규정을 말한다. 이 조항은 무역자유화 협정의 존재와 작용을 보장하는 데 필요한 안전조항으로서 마치 보험이나 안전밸브 역할을 하게 된다. 이러한 조항이 없는 경우 회원국들은 협정의 조항을 준수할 수 없는 상황에 빠질 경우 WTO를 탈퇴하게 될 것이고, 이런 상황의 누적은 결국 WTO의 와해를 가져올 것이기 때문이다. 이러한 안전장치 조항은 두 가지 범주에 포함된다. 첫째는 일시적인 무역장벽의 증가를 합법화할 수 있는 특정 상황의 발생에 관한 것이고, 둘째는 GATT 일반 의무조항으로부터의 항구적인 예외를 규정하는 상황이다. 첫째에 속하는 상황에는 (조치 가능 보조금이나 덤핑수출과 같은) 이른바 '불공정' 무역관행이나 '불공정'을 증빙하지 않고도 적용할 수 있는 상황들이 포함된다. 일시적 의무면제가 허용되는 GATT의 안전장치 규정에는 다음과 같은 것이 포함된다.

- 반덤핑(anti-dumping: AD): 국내시장보다 낮은 가격으로 수출되는 상품에 대처하기 위한 조치(제6조)
- 상계관세(countervailing duties: CVDs): 국내산업에 대해 물질적 위해를 가하는 보조금의 효과를 상쇄하기 위한 조치(제6조)
- 국제수지(balance of payments: BOP): 국제수지 방어를 위한 목적으로 수입을 제한하는 행위(제12조와 제18조 b항)
- 유치산업 보호(infant industries): 유치산업을 보호하여 경제발전을 도모하기 위한 정부보조(제18조 a항과 c항)

- 긴급보호(emergency protection): 특정 상품의 수입이 직접적인 국내 경쟁산업의 생산자에 심각한 피해를 주는 경우의 긴급수입제한
- 전반적 면제(general waivers): 제25조의 회원국 의무를 면제받는 허가를 신청하도록 하는 조항으로 다른 경우와는 달리 GATT 총회의 정식 승인을 요함.

협정에서의 일반 의무의 영구적 면제를 허용하는 규정에는 다음이 포함된다.

- 일반예외규정(general exceptions): 공중도덕, 건강, 법률, 자연자원을 보호하기 위한 조치로서 이런 조치는 비차별적이며 위장된 무역제한 행위여서는 안 된다(제20조).
- 국가안보(national security): 국가안보상의 이유(제21조)
- 관세재협상(tariff renegotiation): 관련 당사국에 대해 보상이 제공되는 경우(범위가 결정되어 있는 관세감소), 즉 특정 관세양허의 보류(제28조)

요약하면, GATT에는 최소한 8가지 경우에 안전장치(safeguards)를 발동할 수 있다. 즉, ① 산업의 조정 촉진(제19조), ② 산업의 설립(제18조 a, c), ③ 불공정무역에 대응(제6조), ④ 관세양허의 재협상(제28조), ⑤ 다수 회원의 동의하에 특정 GATT 규정으로부터의 면제(제25조), ⑥ 국제수지 조정(제12조, 제18조 b), ⑦ 보건, 안전 및 관련목표(제20조), ⑧ 국가안보(제21조)가 그것이다.

(2) 부문별 배려: 농산물

1993년의 경우 농산물은 세계교역의 12%를 차지하고 있으며, 섬유와 의류부문은 7%를 차지하고 있으므로 이 두 부문을 합하면 세계무역의 약 1/5이 된다. 농업은 무역자유화로 얻는 경제적 잠재이익이 비용을 훨씬 초과하는 부문임에도 불구하고 무역자유화로 인한 피해그룹인 농업부문의 정치적 압력으로 인해 정부의 지원이 계속되거나 오히려 더 커지고 있는 부문이다. 과거의 다자 간 협상이나 쌍무적 무역분쟁 그리고 우루과이 라운드를 거치면서 농업은 '특수한' 부문이라는 것이 거듭 확인되었다.

다른 산업에 비해 1990년대 초까지만 해도 선진국의 농업까지도 규제되고, 보조금이 지급되고, 중앙계획이 되는 경우가 많았으며, 농산물시장은 생산쿼터, 정부구매와 분배, 보조금, 가격지지 등으로 제약을 받아 왔다. 예를 들면, EU의 농산물에 대한 보조금과 지지정책으로 농산물의 생산이 과다해짐과 동시에 생산쿼터를 부과하여 경작지를 순번으로 유휴화하도록 유인을 제공하는 이중의 왜곡을 발생시키고 있다.

이런 왜곡의 결과 농업에 비교우위가 없는 나라들까지 농산물의 순수출국이 되곤하였다(예: 한국의 경우 낙농업에 비교우위가 없음에도 불구하고 유제품의 우유의 과잉생산으로 분유재고가 쌓이고 낭비되고 있는 실정이다).

농업에 대한 WTO의 규정은 농업에 관한 협정(Agreement on Agriculture)에 시장개방, 국내지원, 수출경쟁을 다루는 네 부분으로 이루어져 있다. 시장접근부문에서는 WTO에 가입하면 비관세장벽을 관세로 전환하도록 되어 있으며, 선진국들의 경우 평균관세를 1986~1988년의 평균수준에 비해 6년에 걸쳐 36% 인하하도록 되어 있다. 그러나 수입이 일정 수준 이상이 되거나 농산물가격이 일정 수준 이하로 하락할 경우 특별안전장치를 가동하여 국내생산자를 보호할 수 있도록 하고 있다.

총지지 정도(Aggregate Measure of Support: AMS)로 측정한 농산물의 국내생산 지지 정도를 2000년까지 1986~1988년도 기준에 비해 20% 감소하도록 되어 있다. WTO 회원국들은 기준연도 AMS를 관세 스케줄에 포함시키고 최종목표 범위도 포함시키도록 요구된다. AMS에는 국내보조금 지출과 시장가격지지정책 등이 포함된다.

(3) 지역통합

WTO의 기본 원칙은 회원국들의 무역정책이 비차별적이어야 한다는 것이지만 GATT와 GATS에서는 회원국들의 부분집합 내에서의 호혜적 무역협정을 허용하고 있다. 그러나 이로 인한 차별적 무역을 방지하기 위해 GATT와 GATS에서는 WTO 회원국 간의 지역통합을 검토하고 허용 가능한 조건을 제시하고 있다.

지역통합협정(Regional Integration Agreement: RIAs)은 통합 정도에 따라 여러 가지 형태를 취한다. 자유무역지역(free-trade area: FTA)에서는 회원국 간의 무역제한조치가 철폐되나 각국은 지역 외부에 대해 각각 독자적인 관세구조를 유지한다. 관세동맹(custom union)은 통합지역 외부에 대해 공동의 무역정책을 유지하는 자유무역지역이라고 할 수 있다. 공동시장(common market)은 생산요소의 역내이동을 자유화하는 관세동맹이라고 할 것이다. 경제연합(economic union)은 회원국 간의 국가경제정책을 어느 정도 조율하는 공동시장을 말한다. 반면 통화연합(monetary union)은 더 나아가서 공동의 통화를 사용하는 경제연합이라고 할 수 있다. 현실적으로 지역통합협정은 이런 여러 요소를 가미한 형태를 취할 것이다.

1948년부터 1994년까지 약 100개의 호혜적 무역협정이 체결되었는데, 그 중 대부분은 1970년 이후에 체결된 것이다. 그러나 대표적인 것은 EFTA(European Free Trade Association: 유럽자유무역연합), CEEC(Committee of European Economic Cooperation: 유럽경제협력위원회), EU, NAFTA 등이다.

지역경제통합의 목적은 경제적인 것만은 아니며 외교정책이나 국가안보 차원에도 시작된 것이 많다. 경제적인 동기는 유사한 국가들 간에 무역자유화가 WTO 회원국 전체를 상대로 협상하는 것보다 용이하다는 점 때문이며, 지역통합협정은 해당국들이 시장지배력을 높이고 GATT의 비차별주의 원칙을 우회하는 방식으로 사용되고 있다. GATT와 GATS의 지역통합에 대한 규칙은 원칙적으로 지역통합은 세계 차원에서 유익하다는 것이다. 지역통합이 결국 여러 경제를 하나의 경제처럼 통합하는 경우, 그리고 외부에 대해 무역장벽을 높이지 않는 경우 세계 전체 차원에서 더 효율적이라는 것이다.

GATT 제24조는 FTA와 관세동맹의 존재조건을 다음과 같이 열거하고 있다. 첫째, 지역통합 이후 무역장벽이 평균적으로 인상되지 않을 것(24조 제5항), 둘째 지역통합협정이 지역 내 상품의 거래에서 적절한 기간 내 모든 관세와 무역제한을 실질적으로 철폐하게 될 경우, 셋째 이 모든 조건이 충족되는지를 GATT에 통보할 것이며, GATT는 이를 점검하기 위해 실무반을 설치할 수 있다.

GATS도 GATT와 마찬가지로 RIA를 일정 조건과 감시하에 허용한다. 관련조항 제5조는 FTA와 관세동맹이라는 제목 대신 경제통합(Economic Integration)이라는 명칭을 붙인 것은 GATS가 서비스무역뿐 아니라 다른 분야도 포괄한다는 것을 보여준다. 즉,

① 공급자의 소재 위치로 소비자가 이동하는 데 대한 규정

② 다른 나라 기업이 회원국에 지사를 설치하여 서비스를 제공하는 경우
③ 회원국의 국민이 아닌 서비스제공자의 일시적 이동과 서비스 제공 등

(4) 무역블록과 다자 간 무역체제

지역통합협정(RIAs)이 국내의 이해집단을 제약하여 무역자유화에 기여할 수 있는 이유로서 두 가지 효과를 생각할 수 있다. 즉, 선호희석 효과(prefernece-dilution effect: 지역통합은 더 큰 정치공동체를 의미하며, 정치적으로 중요한 이해집단은 이 큰 공동체에서는 영향력이 감소될 것이므로)와 선호불균형 효과(preference-asymmetry effect: 특정 문제에 대한 선호가 회원국 사이에 같지 않아서 그 결과 타협으로 효율이 증가할 수 있음)가 있다.

(5) 개발도상국과 WTO

초기 GATT 1947은 모든 회원국에게 의무의 형평을 주장하였으나 개발도상국에 대해서는 특별대우를 하자는 주장이 대두되어 1950년대에 대종을 이루었다. 이는 일종의 무임승차와 같은 것이나 다자 간 무역협상은 기본적으로 선진국 간의 협상이며, 이들의 이해를 반영하였으므로 이에 참여하지 못한 후진국의 이해를 반영하려는 노력의 결과이다. 개도국의 무역정책과 GATT에 대한 입장은 1980년 초에 와서 외채위기의 영향과 동아시아의 역동적인 경제성장 등 중립적 대외정책의 전시효과, 세계은행과 IMF의 권고 등의 영향으로 상당히 변화하게 되었다. WTO의 창설 이후에도 개도국 대우는 없어지지 않았으며, 이것이 우루과이 라운드의 의제도 아니었다. 따라서 WTO하에서도 개도국 대우는 여전히 살아 있으며, 개도국 대우의 내용은 대개 ① 의무조항의 완화, ② 양허 스케줄의 보다 신축적 적용, ③ 선진국의 최선의 노력 약속, ④ 최빈국에 대한 보다 호의적인 대우, ⑤ 기술지원과 훈련으로 요약된다.

4.9. WTO의 장래와 도전

앞으로 세계무역기구는 경쟁정책, 노동기준과 규제, 외국인 직접투자정책, 무역과 환경정책의 상호 작용 등의 문제가 새로운 쟁점으로 부각될

전망이며, 우루과이 라운드 이후의 세계무역 체제에 주요 이슈가 될 것이다. 무역정책은 환경 문제나 다른 경제목표를 달성하는 적절한 수단이 아니며, 이런 의미에서 국별 환경기준 및 노동기준의 차이에 대해 WTO 체제 내에서 불공정무역의 개념으로 이에 대응하려는 노력은 적절하지 않으며 개발도상국들이 강력히 반발하고 있다. WTO의 3개 협정(trade-related invest- ment measures, TRIMs, TRIPs, GATS)에는 경쟁정책과 관련되는 조항이 담겨 있으며, 각국의 산업정책이 대외무역에 대해 차별적 요소를 담고 있음으로써 WTO의 원칙에 어긋날 소지가 있다는 점에서 국내산업정책상의 비경쟁적 요소가 새로운 협상과제로 대두될 전망이다. 이와 함께 환경보호를 목적으로 하는 각종 환경규제정책이 갖는 차별적 성격이 세계무역기구의 주요 원칙과 어떻게 조화될 수 있느냐에 대한 쟁점도 그린 라운드(Green Round)라는 이름으로 앞으로 새로운 협상대상이 될 전망이다.

요약

① 몇 개의 국가만이 자유무역을 실시할지라도 대부분의 경제학자들은 자유무역을 바람직한 정책으로 유지하려고 한다. 이와 같은 옹호는 다음 세 가지 논쟁에 의존한다. 첫째, 무역정책의 비용-편익 분석인 자유무역에 대한 효율성의 이익이 있는 경우이다. 둘째, 대부분의 경제학자들은 자유무역이 이와 같은 공식적인 분석을 넘는 추가적인 이익을 가져온다고 믿고 있다. 마지막으로 복잡한 경제분석을 실제의 정책으로 전환하는 어려움이 주어진 경우 자유무역을 최상의 정책으로 생각하지 않는 사람들조차도 자유무역을 단순한 판단의 기준으로 보고 있다.

② 자유무역으로부터의 이탈에 대한 고려할 만한 이유가 있다. 원칙적으로 명백히 유효한 경우에 각국은 최적관세와 수출세를 통하여 교역조건(terms of trade)을 개선할 수 있다. 이와 같은 논쟁은 실제로 크게 중요하지

않다. 소규모 국가는 수입 또는 수출가격에 큰 영향을 마치지 못한다. 따라서 이 국가들은 교역조건을 개선시키기 위하여 관세 또는 다른 정책을 사용할 수 없다. 반면에 대규모 국가들은 교역조건에 영향을 미칠 수 있지만 관세를 부과하는 데 있어서 교역협정을 파괴하거나 보복관세를 받을 위험이 있다.

③ 자유무역으로부터의 이탈에 대한 다른 논쟁은 국내시장의 실패에 의존한다. 노동시장과 같은 국내시장이 적절히 기능을 하지 못한다면, 자유무역으로부터의 이탈은 이와 같은 잘못된 기능의 결과를 감소시킬 수 있다. 차선의 이론은 한 시장이 적절히 기능하지 못한다면 정부가 다른 시장에 개입을 포기하는 것은 최적이 아니다. 그리고 생산자잉여의 측정에 의하여 포착되지 않는 재화의 생산에 한계사회이익이 있다면 관세는 후생을 증가시킨다.

④ 시장실패가 일반적이라고 할지라도 국내시장 실패 논쟁은 자유롭게 적용되지 않는다. 즉, 관세는 국내시장 실패를 상쇄하는 '차선'의 방법이다. 더욱이 시장의 실패는 적절한 정책을 제시할 만큼 충분히 잘 분석하기 어렵다.

⑤ 실제로 무역정책은 소득분배를 우선적으로 고려하고 난 다음 고려된다. 무역정책의 정치 행태를 모형화하는 어떠한 방법도 존재하지 않지만 여러 가지 유용한 방법들이 제시되고 있다. 첫째로, 가중된 사회후생(weighted social welfare)의 개념이다. 이 견해에서 정부는 누가 영향을 받는가에 따라 이득 또는 손실의 추가적인 금액을 다르게 가중하게 된다. 둘째로, 보수적 사회후생(conservative social welfare)의 개념이다. 이 견해에서 정부는 어떠한 그룹이 더 큰 손실을 받게 하기를 꺼린다. 셋째로, 집단적 행동(collective action)의 문제이다. 이 견해에서 무역정책은 비록 개인들의 이해가 제약된다고 할지라도 집단적 이해단체들이 정치적으로 행동할 수 있도록 조직화된 집단의 능력에 의하여 결정된다.

⑥ 만일 무역정책이 순수하게 국내적 목적을 위해서만 수렴된다면, 자유무역으로의 발전은 이루어지기 어렵다. 그렇지만 실제로 산업국가들은 국제협상(international negotiation) 과정을 통하여 실질적인 관세의 인하를 달성하였다. 국제협상은 관세인하의 원인을 두 가지로 보고 있다. 수출업자들에게 이익을 주어 자유무역에 대한 선거구민들의 지지를 넓히고 국제적

으로 비협조적인 정책이 가져오게 될 상호 불이익이 될 무역전쟁을 피할 수 있다.

⑦ 1930년대에 쌍무협정을 통하여 무역자유화에 대한 발전이 이루어졌을지라도 제2차 세계대전 이후에 국제적인 협조가 관세와 무역에 관한 일반협정의 감독하에 다자 간 협정을 통하여 이루어졌다.

연습문제

1 "한국과 같은 소규모 국가에서 자유무역으로의 이행은 큰 이익을 가져온다. 소비자들과 생산자들이 정부의 정책에 의하여 결정된 인위적 가격이 아니라 재화의 실질비용에 기초한 선택을 할 수 있다. 그로 인해 좁은 국내시장으로부터 탈피하여 큰 시장으로 진출할 수 있다. 따라서 기업가들에게 새로운 시장의 활로를 열어 줄 수 있다. 또한 국내정치를 해결하는 데 도움이 된다." 이 기술에서 자유무역에 대한 논쟁을 구분하여 정의하여라.

2 관세와 수출보조금에 대한 논쟁에서 다음 중 어느 것이 유효하고 어느 것이 유효하지 않은가? 그리고 그 이유는?

(a) "한국의 석유수입이 더 많을수록 다른 국가들에서 석유의 가격은 더욱 높아질 것이다."

(b) "겨울 포도와 같이 미국 공급량의 80%를 차지하고 있는 칠레로부터의 과일수입이 철 지난 뒤 이루어진다면 이 재화의 가격은 급격하게 하락된다."

(c) "미국 농산물의 수출은 농민들에게 더 높은 소득을 반드시 가져오지 않는다. 즉, 이것은 미국 농업부문에 재화와 용역을 판매하는 모든 사람들에게 더 높은 소득을 의미한다."

(d) "반도체는 기술에 있어서 원유와 같다. 만일 반도체의 칩을 생산하지 못한다면 미시전자공학을 사용하는 모든 산업에 중요한 정보의 흐름이 침해받는다."

(e) "목재의 실제가격이 40%로 하락하여 수천만 노동자들이 다른 직장을 찾게 되었다."

3 소규모 국가가 단위당 10의 세계가격으로 재화를 수입할 수 있다. 이

때 재화의 국내공급곡선은

$$S=50+5p$$

이며, 수요곡선은 다음과 같다.

$$D=400-10p$$

추가하여 생산된 각 단위는 10의 한계사회이익을 가져온다.

(a) 수입품에 부과된 단위당 5의 관세가 후생에 미치는 총효과를 계산하여라.

(b) 단위당 5의 생산보조금이 미치는 총효과를 계산하여라.

(c) 왜 생산보조금이 관세보다 후생에 더 큰 이익을 가져오는가?

(d) 최적생산보조금은 무엇인가?

4 수요와 공급이 문제 3에서 설명된 것과 같지만 생산에 한계사회이익이 없다고 가정한다. 그렇지만 정치적인 이유로 정부가 생산자들에게 1달러에 해당하는 이익을 소비자의 이익 또는 정부수입의 2달러와 같은 값을 갖는 것으로 계산한다. 단위당 5의 관세가 정부의 목표에 미치는 효과를 계산하여라.

5 "미국 내에서 일본과 유럽의 무역정책에 대하여 비판하는 것은 없다. 각국은 자신의 이익을 추구할 권리가 있다. 외국의 무역정책을 비판하는 대신에 미국은 다른 나라들이 그들 자신의 이해를 추구하는 데 간섭하지 말고 자유무역에 대한 편견을 버려야 한다." 이 견해에 대한 경제학적·정치경제적인 의미를 검토하여라.

6 다음의 행동 가운데 어느 것이 GATT의 규범에 맞고 어느 것이 맞지 않는가?

(a) 수입하는 양의 두 배 이상을 한국에 수출하는 국가에 대하여 20%의 관세부과

(b) EC에서 상실한 시장을 다시 회복하기 위하여 한국의 자동차 수출업자들에게 보조금 지급

(c) 다른 관세인하와 상응하지 않는 캐나다의 제재 수출업자들에 대한 한국의 관세
(d) 미국의 제재 생산업자들을 회유하기 위하여 미국의 요구에 동의한 제재 수출에 대한 캐나다의 조세
(e) 전기와 반도체와 같이 높은 기술제품에 관련된 부문에서 연구 및 개발보조금 지급계획
(f) 수입경쟁 때문에 직장을 잃은 노동자들에 대한 특별정부보조금의 지급

참고문헌

강승호·박현옥, 「한국의 무역구조 변화: 미·중·일과의 산업내무역을 중심으로」, 『한중사회과학연구』 제4권 제2호, 2006.

강정모 외 2인, 『국제경제학(제7판)』, 피어슨에듀케이션코리아, 2006.

김남두, 『미국의 무역장벽』, 대외경제정책연구원, 1992. 8.

김남두·유재원, 「국제경쟁력 변화와 세계 주요 시장에서 우리나라 상품의 시장점유율 추이」, 『국제경제동향 90-02』, 대외경제정책연구원, 1990. 6.

김수용, 「한국무역의 성장과 구조변화—공산품 무역구조 변동의 국제비교—」, 한국산업경제기술연구원, 1982.

김승진, 『산업내 무역의 변화추이와 결정요인에 관한 연구—우리나라 제조업부문을 중심으로』, 한국경제연구원, 1988. 6.

김우영·박순관, 「시장개방이 고용에 미친 영향에 관한 동태적 분석: 한국 제조업을 대상으로」, 한국경제학회 경제학공동학술대회, 2008.

노재봉, 『아시아 주요 개발도상국의 비관세장벽』, 대외경제정책연구원, 1992. 7.

손병해, 『경제통합론—이론과 실제—』, 법문사, 1988.

이재득, 「중국과 한국의 제품별 산업내무역, 비교우위 및 무역수지기여도 분석」, 『동북아경제연구』, Vol. 19, No. 2, 한국동북아경제학회, 2007.

이준구, 『미시경제학』 제5판, 법문사, 2008.

장근호, 「실효관세율의 변화(1995～2002)에 의거한 우리나라 관세율정책 분석과 정책제언」, 『조세학술논문집』 제23집 제1호, 2007.

전순규, 「GATT 다자간 무역협상」, 『한국외교 반세기의 재조명』, 나남, 1993.

정갑영, 『산업조직론』 제2개정판, 박영사, 2007.

정현식, 「각국의 경제성장에 대한 수출의 기여도 분석—Harrod 무역성장이론의 연장과 응용—」, 성균관대학교 무역연구소, 1989.
채　욱, 『우리나라 셰이프가드 제도의 개선과 활동방안』, 대외경제정책연구원, 1991. 8.
______, 『GATT 및 주요 선진국의 반덤핑제도와 우리나라 제도의 개선방안』, 대외경제정책연구원, 1993. 1.
최정표, 『산업조직경제학』 제3판, 형설출판사, 2004.
한국무역협회, 『무역동향』, 각 월호.
______, 『무역연감』, 1990～2007.
한국은행 조사국, 「순상품교역조건 변동요인 분석」, 한국은행 조사통계월보, 2005.
황현기, 「1980년대 이후 세계경제의 변화와 초국적 기업」, 박사학위논문, 1991. 9.

Allen, William R. ed., *International Trade Theory: Hume to Ohlin*, New York: Random House, 1965.
Appleyard, Dennis R. and A. J. Field, Jr., "The Effects of Offshore Assembly Provisions on the U.S. Tariff Structure," *Journal of Economic Studies* 9, No. 1, 1982.
______, *International Economics*, R. O. IRWIN, 1992.
Arghiri Emmanuel, *Unequal Exchange*, N.Y: Monthly Review Press, 1972.
Baily, Martin Neil and Alok K. Chakrabarti, "Innovation and U.S. Competitiveness," *The Brookings Review* 4, 1985.
Balassa, Bela, "An Empirical Demonstration of Classical Comparative Cost Theory," *Review of Economics and Statistics* 45, No. 3, 1963.
______, "Tariff Protection in Industrial Countries: An Evaluation," *Journal of Political Economy* 73, No. 6, 1965.
______, *Trade Liberalization among Industrial Countries*, New York: McGraw-Hill, 1967.
______, "Trade Creation and Trade Diversion in the European Common Market: An Appraisal of the Evidence," *The Manchester School of Economic and Social Studies* 42, No. 2, 1974.

______, "The Changing Pattern of Comparative Advantage in Manufactured Goods," *Review of Economics and Statistics* 61, 1979a.

______, "The New Protectionism: An Evaluation and Proposals for Reform," in Ryan C. Amacher, Gottfried Haberler, and Thomas D. Willett, eds., Challenges to a Liberal International Economic Order, Washington, D.C.: American Enterprise Institute, 1979b.

______, "Intra-Industry Specialization: A Cross-Country Analysis," *European Economic Review* 30, No. 1, 1986.

Balassa, Bela and Luc Bauwens, "Intra-Industry Specialization in a Multi-Country and Multi-industry Framework," World Bank Development Research Department, Discussion Paper, DRD. 116, 1984.

______, "Intra-Industry Specialization in a Mu1ti-Country and Multi-Industry Framework," *Economic Journal* 97, 1987.

Baldwin, Robert E., "Determinants of the Commodity Structure of U.S. Trade," *American Economic Review* 61, No. 1, 1971.

______, "Protectionist Pressures in the United Sates," in Ryan C. Macher, Gottifried Haberler, and Thomas D. Willett, eds., *Challenges to a Liberal International Economic Order*, Washington, D.C.: American Enterprise Institute, 1979.

______, "Trade Policies in Developed Countries," in Ronald W. Jones and Peter B. Kenen, eds., *Handbook of International Economics*, Vol. I, Amsterdam: North-Holland, 1984.

______, *The Political Economy of U.S. Import Policy*, Cambridge MA: The MIT Press, 1985.

Baldwin, Robert E. and J. David Richardson, *International Trade and Finance: Readings*, 2nd ed., Boston: Little, Brown and Company, 1981.

Ball, David S., "Factor-Intensity Reversals in International Comparison of Factor Costs and Factor Use," *Journal of Political Economy* 74, No. 1, 1966.

Barnet, Richard J. and Ronald E. Muller, *Global Reach: The Power of the Multinational Corporations*, New York: Simon and Schuster, 1974.

Behrman, Jack N., *Industrial Policies: International Restructuring and Trans-nationals*, Lexington, MA: Lexington Books, 1984.

Bhagwati, Jagdish, ed., *Import Competition and Response*, Chicago: University of Chicago Press, 1982.

Bhagwati, Jagdish N. and T.N. Srinivasan, *Lectures on International Trade*, Cambridge, MA: The MIT Press, 1983.

Bharadwaj, R., "Factor Proportions and Structure of Indo-U.S. Trade," *Indian Economics Journal*, 1962.

Boonekamp, Clemens F.J., "Voluntary Export Restraints," *Finance and Development* 24, No. 4, 1987.

Bowen, Harry P., Edward E. Leamer, and Leo Sveikauskas, "Multicountry, Multifactor Test of the Factor Abundance Theory," *American Economic Review* 77, No. 5, 1987. 12, pp. 806~809.

Brace, Biggs B., "The Coming Overthrow of Free Trade," *Wall Street Journal*, 1983.

Brander, James A. and Barbara J. Spencer, "Tariffs and the Extraction of Foreign Monopoly Rents under Potential Entry," *Canadian Journal of Economics* 14, No. 3, 1981.

______, "International R&D Rivalry and Industrial Strategy," *Review of Economic Studies* 5, 1983.

______, "Tariffing Protection and Imperfect Competition," in Henryk Kierzkowski, ed., *Monopolistic Competition in International Trade*, Oxford: Oxford University Press, 1984.

______, "Export Subsidies and International Market Share Rivalry," *Journal of International Economics* 18, 1985.

Brandis, Royall, "The Myth of Absolute Advantage," *American Economic Review* 57, 1967.

Brecher, Richard A. and Robert C. Feenstra, "International Trade and Capital Mobility between Diversified Economics," *Journal of International Economics* 14, 1983.

Buckley, P.J. and M. Casson, *The Future of the Multinational Enterprise*,

London: Macmillan, 1976.

Candall, Robert W., "Auto-Import Quotas," *Challenge*, 1985.

Carbaugh, Robert J., *International Economics*, 4th ed., Wadsworth Publishing Company, 1992.

Cares, Richard E. and Jefrey A. Frankel, and Ronald W. Jones, *World Trade and Payments: An Introduction*, Harper Collins Publisher, 1990.

Casson, Mark, ed., *Multinational Corporations*, Aldershot, England: Edward Elgar Publishing, Ltd., 1990.

Caves, Richard E., *Multinational Enterprise and Economic Analysis*, Cambridge, MA: Harvard University Press, 1982.

Caves, Richard E., A. Frankel Jefrey, and Ronard W. Jones, *World Trade and Introduction*, Haper Collins Publishers, 1990.

Cecchini, Paolo, Catinat Michel, and Jacquemin Alexis, *The European Challenge 1992: The Benefits of a Single Market*, Aldershot, England: Wildwood House for the European Commission, 1988.

Chacholiades Miltiades, *International Trade Theory and Policy*, New York: McGraw-Hill, 1978.

Chenery, Hollis B., Growth and Structural Change," *Finance and Development* 8, No. 3, 1971. 9, pp. 16~27.

______, Sherman Robinson, and Moshe Syrquin, *Indusrialization and Growth: A Comparative Study*, New York: Oxford University Press, 1986.

Chipman, John S., "A Survey of the Theory of International Trade, Part 3: The Classical Theory," *Econometrica* 33, No. 3, 1965.

Cline, William R., *The Future of World Trade in Textiles and Apparel*, Rev. ed., Washington, D.C.: Institute for International Economics, 1990.

Cline, William R., ed., *Trade Policy in the 1980s*, Washington, D.C.: Institute for International Economics, 1983.

Cooper, C. A. and B. F. Massell, "A New Look at Customs Union Theory," *Economic Journal*, Vol. 75, 1965.

Cooper, Richard N., "Industrial Policy and Trade Distortion," in Dominick Salvatore, ed., *The New Protectionist Threat to World Welfare*, New

York: North Holland, 1987.

Corden, W. Max, "The Structure of a Tariff System and the Effective Protective Rate," *Journal of Political Economy* 74, No. 3, 1966.

______, *The Theory of Protection*, Oxford: Clarendon Press, 1971.

Corry, B. A., "Robert Torrens," in John Eatwell, Murray Milgate, and Peter Newman, eds., *The New Palgrave: A Dictionary of Economics*, Vol. 4, London: Macmillan, 1987.

Crandall, Robert W., "Import Quotas and the Automobile Industry: The Costs of Protectionism," in Robert E. Baldwin and J. David Richardson, *International Trade and Finance: Readings*, 3rd ed., Boston: Little Brown, 1986.

Culberston, John M.,"'Free Trade' is Impoverishing the West," *The New York Times*, 1986.

Deardorff, Alan V., "Weak Links in the Chain of Comparative Advantage," *Journal of International Economics* 9, No. 2, 1979.

______, "Testing Trade Theories and Predicting Trade Flows," in Ronald W. Jones and Peter B. Kenen, eds., *Handbook of International Economics*, Vol. I, Amsterdam: North-Holland, 1984.

Deardorff, Alan V. and Robert M. Stern, "The Economic Effects of Complete Elimination of Post-Tokyo Round Tariffs," in William R. Cline, ed., *Trade Policy in the l980s, Washington, D.C.: Institute for International Economics*, 1983.

______, *The Michigan Model of World Production and Trade: Theory and Applications*, Cambridge, MA: The MIT Press, 1986.

DeRosa, Dean A., "Asian Preferences and the Gains from MFN Tariff Reductions," *The World Economy* 11, No. 3, 1988.

Diakosavvas, Dimitris and Pasquale L. Scandizzo, "Trends in the Terms of Trade of Primary Commodities, 1900～1982, The Controversy and Its Origins," *Economic Development and Cultural Change* 39, No. 2, 1991.

Dixit, Avinash, "International Trade Policy for Oligopolistic Industries," in Jagdish N. Bhagwati, ed., *International Trade: Selected Readings*, 2nd ed., Cambridge, MA: The MIT Press, 1987.

Dixit, A. K., "The Cutting Edge of lnternational Technological Competition," *American Economic Review*, 1986.

Dixit, A. K. and A. S. Kyle, "The Use of Protection or Subsidies for Entry Promotion and Deferrence," *American Economic Review*, 1985.

Dixit, A. K. and G. M. Grossman, "Targeted Export Promotion with Several Oligopolistic Industries," *Discussion Paper in Economics*, No. 71, Woodrow Wilson School(Princeton University), 1984.

Dornbusch, R., S. Fischer, and P. A. Samuelson, "Comparative Advantage, Trade and Payments in a Ricardian Model with a Continuum of Goods," *American Economic Review* 67, No. 5, 1977.

Dunning, J. H., *International Production and the Multinational Enterprise*, Unwin, 1981.

Eads, George C. and Kozo Yamamura, "The Future of Industrial Policy," in Kozo Yamamura and Yasukichi Yasuba, eds., *The Political Economy of Japan*, Vol. 1, *The Domestic Transformation*, Stanford: Stanford University Press, 1987.

Eaton, J. and G. M. Grossman, "Optimal Trade and Industrial Policy under Oligopoly," *Quarterly Journal of Economics*, 1986.

Eichengreen, Barry and Hans Van der Ven, "U.S. Antidumping Policies: The Case of Steel," in Robert E. Baldwin and Anne O. Krueger, eds., *The Structure and Evolution of Recent U.S. Trade Policy*, Chicago: University of Chicago Press, 1984.

El-Agraa, A. M., *International Trade*, The Macmillan Press, Ltd., 1989.

Ellsworth, P. T., "The Terms of Trade between Primary Producing and Industrial Countries," *Inter-American Economic Affairs* 10, No. 1, 1956.

Emerson, Michael, Aujean Michel, Catinat Michel, Goybet Philippe, and Jacquemin Alexis, *The Economics of 1992: The E.C. Commission's Assessment of the Economic Effects of Completing the Internal Market*, Oxford: Oxford University Press, 1988.

Enders, Walter and Harvey E. Lapan, *International Economics Theory and*

Policy, Prentice-Hall Inc., 1987.

Ethier, Wilfred J., "National and International Returns to Scale in the Modern Theory of International Trade," *American Economic Review* 77, No. 3, 1982.

______, *Modern International Economics*, New York: Norton and Co., 1983.

______, "The Multinational Firm," *Quarterly Journal of Economics* 101, 1986.

European Commission, *Completing the Internal Market: White Paper from the Commission to the European Council*, Luxembourg: European Commission, 1985.

Feenstra, Robert C., "Voluntary Export Restraint in U.S. Autos, 1980~81: Quality, Employment, and Welfare Effects," in Robert E. Baldwin and Anne O. Krueger, eds., *The Structure and Evolution of Recent U.S. Trade Policy*, Chicago: University of Chicago Press, 1984.

Forchheimer, K., "The Role of Relative Wage Differences in International Trade," *Quarterly Journal of Economics*, 1949.

Fred, Bergsten, C., Thomas Horst, and Theodore H. Moran, eds., *American Multinationals and American Interest*, Washington, D.C.: The Brookings Institution, 1978.

Frey, Bruno, *International Political Economics*, Oxford: Basil Blackwel, 1984.

Fried, Edward and Trezise Philip, eds., *U.S.-Canadian Economic Relations*, Washington D.C.: The Brookings Institution, 1984.

Gandolfo, Giancarlo, *International Economics I, The Pure Theory of International Trade*, Springer-Verlag, 1987.

Gene M. Grossman and J. David Richardson, "Strategic Trade Policy: A Survey of Issues and Early Analysis," *Special Papers in International Economics*, No. 16, Princeton, NJ: International Finance Section, Princeton University, 1985.

Graham, Edward M. and Paul R. Krugman, *Foreign Direct Investment in the United States*, Washington, D.C.: Institute for International Economics, 1989.

Greenaway, David and Chris Milner, "On the Measurement of Intra-Industry

Trade," *Economic Journal* 93, 1983.

Greenwood, Michael J. and John M. McDowell, "The Factor Market Consequences of U.S. Immigration," *Journal of Economic Literature* 24, No. 4, 1986.

Grossman, Gene M. and J. David Richardson, *Strategic Trade Policy: A Survey of Issues and Early Analysis, Special Papers in International Economics*, No. 15, Princeton, NJ: International Finance Section: Princeton University, 1985.

Grubel, Herbert G., "The Theory of Intra-Industry Trade," in I. A. McDougall and R. H. Snape, eds., *Studies in International Economics*, Amsterdam: North-Holland, 1970.

______, "Effective Tariff Protection: A Non-Specialist Introduction to the Theory, Policy Implications and Controversies," in Herbert G. Grubel and Harry G. Johnson, eds., *Effective Tariff Production*, Geneva: GATT, 1977.

Grubel, Herbert G. and P. J. Lloyd, *Intra-Industry Trade: The Theory and Measurement of International Trade in Differentiated Products*, New York: John Wiley and Sons, 1975.

Haberler, Gottfried, *The Theory of International Trade*, London: William Hodge & Co., 1936.

______, *A Survey of International Trade Theory, Special Papers in International Economics*, No. 1, Princeton, NJ: International Finance Section, Princeton University, 1955.

Harkness, J. and John F. Kyle, "Factors Influencing United States Comparative Advantage," *Journal of International Economics* 5, No. 2, 1975.

Harris, Richard, "Applied General Equilibrium Analysis of Small Open Economies with Scale Economies Imperfect Competition," *American Economic Review* 74, No. 5, 1984.

______, "Economic Impact on Canada," in Edward R. Fried, Frank Stone, and Philip H. Trezise, eds., *Building a Canadian-American Free Trade Area*, Washington, D.C.: The Brookings Institution, 1987.

Harris, Richard and David Cox, "Trade, Industrial Policy, and Canadian Manufacturing," *Canadian Journal of Economic*, Vol. 17, No. 2, 1984.

______, "Trade Liberalization and Industrial Organization: Some Estimates for Canada," *Journal of Political Economy* 93, 1985.

Hartigan, James C. and Edward Tower, " Trade Polish and the American Income Distribution," *Review of Economics and Statistics* 64, No. 2, 1982.

Heckscher, Eli F., "The Effect of Foreign Trade on the Distribution of Income," in Howard S. Ellis and Lloyd A. Metzler, eds., *Readings in the Theory of International Trade*, American Economic Association, Philadelphia: The Blakiston Company, 1950.

Heffernan, Shelagh and Peter Sinclair, *Modern International Economics*, Basil Backwell, 1990.

Helpman, Elhanan, "Increasing Returns, Imperfect Market, and Trade Theory," in Ronald W. Jones and Peter B. Kenen, eds., *Handbook of International Economics*, Vol. I, Amsterdam: North-Holland, 1984.

Helpman, Elhanan and Paul R. Krugman, *Market Structure and Foreign Trade: Increasing Returns, Imperfect Competition, and the International Economy*, Cambridge, MA: The MIT Press, 1985.

______, *Trade Policy and Market Structure*, Cambridge, MA: The MIT Press, 1989.

Hervert, Grubel and Peter Lloyd, *Intra-Industry Trade*, London: Macmillan, 1975.

Hogan, William T., "Protectionism in the Steel Industry: A Historical Perspective," in Dominick Salvatore, ed., *The New Protectionist Threat to World Welfare*, New York: North-Holland, 1987.

Hong, Wontack, *Trade, Distortions and Employment Growth in Korea*, Seoul: Korea Development Institute, 1979.

Horstman, I. and J. R. Markusen, "Up Your Average Cost Curve: lnefficient Entry and the New Protectionism," *Journal of International Economics*, 1986.

Hufbauer, G. C., *Synthetic Materials and the Theory of International Trade*, Cambridge, MA: Harvard University Press, 1966.

Hufbauer, Gary Clyde, Diane T. Berliner, and Kimberly Ann Elliott, *Trade Protection in the United States: 31 Case Studies*, Washington, D.C.: Institute for International Economics, 1986.

Hufbauer, Gary Clyde, ed., *Europe 1992: An American Perspective*, Washington, D.C.: The Brookings Institution, 1990.

Husted, Steven and Michael Melvin, *International Economics*, Harper & Row, Publishers, Inc., 1990.

Hymer, Stephen, "The International Operations of National Firm," MIT. Ph. D. Disseration, 1960.

______, "The Multinational Corporation and the Law of Uneven Development," in Jagdish N. Bhagwati, ed., *Economics and the World Order: From the 1970's to the 1990's*, New York: The Free Press, 1972.

Ilse, Mintz, *U.S. Import Quotas: Costs and Consequences*, Washington, D.C.: American Enterprise Institute, 1973.

Johnson, Harry G., *Economic Development and International Trade*, National-Økonomisk Tidsskrift 97, 1959.

______, "Economic Development and International Trade," in Harry G. Johnson, *Money, Trade and Economic Growth*, Cambridge, MA: Harvard University Press, 1962.

______, "Optimal Trade Intervention in the Presence of Domestic Distortions," in Richard Caves, Harry Johnson, and Peter Kenen, eds., *Trade, Growth, and the Ballance of Payments*, New York: Rand McNally, 1965a.

______, "An Economic Theory of Protectionism, Tariff Bargaining and the Formation of Custorms Unions" *Journal of Political Economy*, Vol. 73, 1965b.

______, *Economic Policies Toward Less Developed Countries*, New York: Frederick A. Praeger, 1967a.

______, *Money, Trade and Economic Growth*, Cambridge, MA: Harvard University Press, 1967b.

Jones, Ronald W., "Factor Proportions and Heckscher-Ohlin Theorem," *Review of Economic Studies* 24, 1956a.

______, "The Structure of Simple General Equilibrium Models," *Journal of Poritical Economy* 73, 1965b.

Jones, Ronald W. and J. Peter Neary, "The Positive Theory of International Trade," in Ronald W. Jones and Peter B. Kenen, eds., *Handbook of International Economics*, Vol. I, Amsterdam: North-Holland, 1984.

Keesing, Donard B., "Labor Skills and Comparative Advantage," *American Economic Review*, Papers and Proceedings 56, No. 2, 1966.

Kenen, Peter B., "Nature, Capital, and Rade," *Journal of Political Economy* 73, 1965.

______, "Demand, Distribution and Equilibrium in International Trade: A Diagrammatic Analysis," in Richard E. Caves and Harry G. Johnson, eds., *American Economic Association, Readings in International Economics*, Homewood, IL: Richard D. Irwin, 1968.

______, *The International Economy*, Prentice Hall, 1989.

Kierzkowski, Henryk, ed., *Monopolistic Competition in International Trade*, Oxford: Clarendon Press, 1984.

Kindleberger, Charles P., *The Terms of Trade: A European Case Study*, New York: John Wiley and Sons, 1956.

______, *American Business Abroad*, New Haven: Yale University Press, 1969.

______, *The International Corparation*, Cambrige, MA: The MIT Press, 1970.

Kindleberger, Charles P. and David B. Audretsch, eds., *The Multinational Corporation in the 1980s*, Cambridge, MA: The MIT Press, 1983.

Kravis, I. B., "Wages and Foreign Trade," *Review of Economics and Statistics*, Vol. 30, 1956a.

______, "Availability and Other Influences on the Commodity Composition of Trade," *Journal of Political Economy*, 1956b.

Kreinin, Mordechai E., *Trade Relations of the EEC: An Empirical Investigation*, New York: Praeger, 1974.

______, "Wage Competitiveness in the U.S. Auto and Steel Industries,"

Comtemporary Policy Issues 2, No. 4, 1984.

Krueger, Anne O., "The Effects of Trade Strategies on Growth," *Finance and Development* 20, No. 2, 1983.

______, "Trade Policies in Developing Countries," in Ronald W. Jones and Peter B. Kenen, eds., *Handbook of International Economics*, Vol. I, Amsterdam: North-Holland, 1984.

Krugman, Paul R., "A Model of Innovation, Technology Transfer, and the World Distribution of Income," *Journal of Political Economy* 87, No. 2, 1979a.

______, "Increasing Returns, Monopolistic Competition, and International Trade," *Journal of Economics* 9, No. 4, 1979b.

______, "New Theories of Trade among Industrial Countries," *American Economic Review, Papers and Proceedings* 73, No. 2, 1983.

______, "Import Protection as Export Promotion: International Competition in the Presence of Oligopoly and Economics of Scale," in Henryk Kierzkowski, ed., *Monopolistic Competition in International Trade*, Oxford: Oxford University Press, 1984.

______, "Targeted Industrial Po1icies: Theory and Evidence," in Dominick Salvatore, ed., *The New Protectionist Threat to World Welfare*, New York: North-Holland, 1987a.

______, "Strategic Sectors and International Competition," in Robert M. Stern, ed., *U.S. Trade Policies in a Changing World Economy*, Cambridge, Massachusetts: The MIT Press, 1987b.

______, "Is Free Trade Passe?," *Journal of Economic Perspectives* 1, No. 2, 1987c.

______, "Industrial Organization and International Trade," *Rethinking International Trade*, The MIT Press, 1990.

Krugman, Paul R., ed., *Strategic Trade Policy and the New International Economics*, Cambridge, MA: The MIT Press, 1986.

Krugman, Paul R. and Maurice Obstfeld, *International Economics: Theory and Policy*, Addison-Wesley, 2006.

Kuznets, Simon, *Modern Economic Growth: Rate, Structure, and Spread*, New Haven: Yale University Press, 1966.

Lancaster, Kelvion, "The Heckscher-Ohlin Trade Model: A Geometric Treatment," *Economica* 24, No. 93, New Series, 1957.

Lancaster, K. J. and R. G. Lipsey, "The General Theory of the Second Best," *Review of Economic Studies* 24, 1956.

Larid, Sam and Alexander Yeats, *Quantitative Methods for Trade Barrier Analysis*, New York University Press, 1990.

Lawrence, Robert Z. and Robert E. Litan, "Living with the Trade Deficit: Adjustment Strategies to Preserve Free Trade," *The Brookings Review* 4, 1985.

Leamer, Edward E., "The Leontief Paradox, Reconsidered," *Journal of Political Economy* 88, No. 3, 1980.

______, *Sources of International Comparative Advantage: Theory and Evidence*, Cambridge, MA: The MIT Press, 1984.

Leontief, Wassily W., "The Use of Indifference Curves in the Analysis of Foreign Trade," *Quarterly Journal of Economics* 47, No. 3, 1933.

______, "Domestic Production and Foreign Trade: The American Capital Position Re-Examined," *Proceedings of the American Philosophical Society*, 1953.

______, "Factor Proportions and the Structure of American Trade: Further Theoretical and Empirical Analysis," *Review of Economics and Statistics* 38, No. 4, 1956.

______, "Domestic Production and Foreign Trade: The American Capital Postition Re-examined," in J. Bhagwati, ed., *International Trade*, Middlesex, England: Penguin Books, 1969.

Linder, Staffan B., *Essay on Trade and Transformation*, New York: John Wiley and Sons, 1961.

Lindert, Peter H., *International Trade*, MaGraw-Hill, 1986.

Lipsey, Richard G., "The Theory of Customs Unions: A General Survey," *The Economic Journal* 70, No. 279, 1960.

Lloyd, P. J., "3.3 Theory of Customs Unions," *Journal of International Economics* 12, No. 1/2, 1982.

Long, William J., "Defence Protection," Paper Presented at the Annual Meeting of the Southern Section of the International Studies Association, Raleigh, NC, 1990. 10. 25, "Protectionism Gets Clever," *The Economist*, 1988.

Love, James, "Commodity Concentration and Export Earnings Instability: A Shift from Cross-Section to Time-Series Analysis," *Journal of Development Economics* 24, No. 2, 1986.

______, "Concentration and Instability: Again," *Journal of Development Economics* 33, No. 1, 1990.

Lovell, Jr. Malcolm R., "An Antidote for Protectionism," *The Brookings Review* 3, 1984.

MacDougall, G. D. A., "British and American Exports: A Study Suggested by the Theory of Comparative Costs," *Economic Journal* 61, 1952.

______, "The Benefits and Cost of Private Investment from Abroad: A Theoretical Approach," *The Economic Record* 36, 1960.

Magee, Stephen P., "Endogenous Tariff Theory: A Survey," in Davld C. Colander, ed., *Neoclassical Political Economy: The Analysis of Rent-Seeking and DUP Activities*, Cambridge Mass.: Ballinger, 1984.

Marshall, Alfred, *Money, Credit and Commerce*, London: Macmillan and Company, 1929.

Maskus, Keith E., "A Test of the Heckscher-Ohlin-Vanek Theorem: The Leontief Commonp1ace," *Journal of International Economics* 19, No. 3/4, 1985.

Mason, Edward, *Contralling World Trade*, New York: McGraw-Hill, 1946.

Massell, Benton F., "Export Instability and Economic Structure," *American Economic Review* 60, No. 4, 1970.

______, "Concentration and Instability Revisited," *Journal of Development Economics* 33, No. 1, 1990.

Mayes, David G., "The Effects of Economic Integration on Trade," *Journal of Common Market Studies* 17, 1978.

Meade, James E., *Geometry of International Trade*, London: George Allen and Unwin, 1952.

______, *The Theory of Customs Unions*, Amsterdam: North-Holland, 1955.

Meier, Gerald M., *The International Economics of Development: Theory and Policy*, New York: Harper and Row, 1968.

______, "Benefits and Costs of Private Foreign Investment-Note," in Gerald M. Meier, *Leading Issues in Economic Develropment*, 4th ed., New York: Oxford University Press, 1984.

Michael, Aho C. and Thomas O. Bayard, "Costs and Benefits of Trade Adjustment Assistance," in Robert E. Baldwin and Anne O. Krueger, eds., *The Structure and Evolution of Recent U.S. Trade Policy*, Chicago: University of Chicago Press, 1984.

Michael, Finger J. and Olechowski Andrzej, eds., *The Uruguay Round: A Handbook on the Multilateral Trade Negotiations*, Washington, D.C.: The World Bank, 1987.

Michaely, Michael, "Exports and Growth: An Empirical Investigation," *Journal of Development Economics* 4, No. 1, 1977.

Minhas, B. S., "The Homohypallagic Production Function, Factor-Intensity Reversals and the Heckscher-Ohlin Theorem," *Journal of Political Economy* 70, No. 2, 1962.

Mookerjee, Subimal, *Factor Endowments and International Trade: A Statement and Appraisal of the Heckscher-Ohlin Theorem*, Bombay: Asia Publishing House, 1958.

Morgan, Theodore, "Trends in Terms of Trade and their Repercussions on Primary Producers," in R. F. Harrod and Douglas Hague, eds., *International Trade Theory in a Developing World*, London: Macmillan, 1963.

Morgan, Theodore H., ed., *Multinational Corporations: The Political Economy of Foreign Direct Investment*, Lexington, MA: Lexington Books, 1985.

Moroney, R. and M. Walker, "A Regional Test of the Heckscher-Ohlin Hypothesis," *Journal of Political Economy*, 1966.

Morrall, John F., "Human Capital, Technology, and the Role of the United

States in International Trade," *University of Florida Social Sciences Monograph*, No. 46, Gainesville, FL: University of Florida Press, 1972.

Moschos, Demetrius, "Export Expansion, Growth and the Level of Economic Development: An Empirical Analysis," *Journal of Development Economics* 30, No. 1, 1989.

Multi, J. and P. Morici, *Changing Patterns of U.S. Industrial Activity and Comparative Advantage*, National Planning Association: Washington, D.C., 1983.

Mundell, Robert A., "International Trade and Factor Mobility," *American Economic Review* 47, No. 3, 1957.

Newbery, David M. G. and Joseph E. Stiglitz, *The Theory of Commodity Price Stabilization: A Study in the Economics Risk*, Oxford: Clarendon Press, 1981.

______, "Pareto lnferior trade," *Review of Economic* 51, 1984.

OECD, *Economic Studies*, No. 10, 1988.

______, *OECD Main Economic Indicators*.

Ohlin, Bertil, *Interregional and International Trade*, Cambridge, MA: Harvard University Press, 1933.

Olson, M., *The Logic of Collective Action*, Cambridge MA: Harvard University Press, 1965.

Pack, Howard, "Industrialization and Trade," in Hollis B. Chenery and T. N. Srinivisan, eds., *Handbook of Development Economics*, Vol. I, Amsterdam: North-Holland, 1988.

Pelzman, Joseph, "The Multifiber Agreement and its Effect on the Profit Performance of the U.S. Textile Industry," in Robert E. Baldwin and Anne O. Krueger, eds., *The Structure and Evolution of Recent U.S. Trade Policy*, Chicago: University of Chicago Press, 1984.

Perkins, Dwight H. and Moshe Syrquin, "Large Countries: The Influence of Size," in Hollis B. Chenery and T. N. Srinivisan, eds., *Handbook of Development Economics*, Vol. II, Amsterdam: North-Holland, 1989.

Pomfret, Richard, *International Trade: An Introduction Theory and Policy*, Basil

Blackwell, 1991.

Posner, Michael V., "International Trade and Technical Change," *Oxford Economic Papers*, New Series 13, No. 3, 1961.

Rajapatirana, Sareth, "Industrialization and Foreign Trade," *Finance and Development* 24, No. 3, 1987.

Ricardo, Dalid, *The Principles of Political Economy and Taxation*, London: J. M. Dent and Sons, 1948(Originally published in 1817).

Robert, Heller H., *International Trade: Theory and Empirical Evidence*, 2nd ed., Englewood Cliffs, NJ: Prentice-Hall, 1973.

Robinson, Romney, "Factor Proportions and Comparative Advantage," *Quarterly Journal of Economics* 70, No. 2, 1956.

Robinson, Sherman, "Sources of Growth in Less Developed Countries," *Quarterly Journal of Economics* 85, No. 3, 1971.

Rodriguez, Carlos Alfredo, "The Non-Equivalence of Tariffs and Quotas under Retaliation," *Journal of International Economics* 4, 1974.

Root, Franklin R. and Ahmed A. Ahmed, "Empirical Determinants of Manufacturing Direct Foreign Investment in Developing Countries," *Economic Development and Cultural Change* 27, No. 4, 1979.

Rosefields, Steven, "Factor Proportions and Economic Rationality in Soviet International Trade 1955～1968," *American Economic Review* 64, No. 4, 1974.

Rousslang, D. and A. Suomela, "Calculating the Consumer and Net Welfare Costs of Import Relief," *U.S. International Trade Commission Staff Research Study* 15, Washington, D.C.: International Trade Commission, 1985.

Rybczynski, T. M., "Factor Endowment and Relative Commodity Prices," *Economica* 22, No. 84, 1955.

Sachs, Jeffrey, "The Current Account and Macroeconomic Adjustment in the 1970," *Brookings papers on Economic Activity*, 1981.

Sailors, Joel W., Usman A. Qureshi, and Edward M. Cross, "Empirical Verification of Linder's Trade Thesis," *Southern Economic Journal* 40,

No. 2, 1973.

Salvatore, Dominick, ed., *The New Protectionist Threat to World Welfare*, Amsterdam: North-Holland, 1987.

Samuelson, Paul A., "The Gains from International Trade," *Canadian Journal of Economics and Political Science* 9, 1939.

______, "International Factor-Price Equalization Once Again," *Economic Journal* 59, No. 234, 1949.

______, "Social Indifference Curves," *Quarterly Journal of Economics* 70, No. 1, 1956.

______, "The Gains from International Trade Once Again," *Economic Journal* 72, No. 288, 1962.

Savonik, K. M., "The Box Diagram and the Production Possibility Curve," *Economik Tidskrift* 60, No. 3, 1958.

Schultze, Charles L., "Industrial Policy: A Dissent," *The Brookings Review* 3, 1983.

Schumpeter, Joseph A., *History of Economic Analysis*, New York: Oxford University Press, 1954.

Schott, Jeffrey H., "Protectionist Threat to Trade and Investment in Services," *The World Economy* 6, No. 2, 1983.

Schott, Jeffrey J., "The Free Trade Agreement: A U.S. Assessment," in Jeffrey J. Schott and Murray J. Smith, eds., *The Canada-United States Free Trade Agreement: The Global Impact*, Washington, D.C.: Institute for International Economics, 1988.

Scitovsky, Tibor, "A Reconsideration of the Theory of Tariffs," *Review of Economic Studies* 9, No. 2, 1942.

______, "A Reconsideration of the Theory of Tariffs," H. S. Ellis and Metzler, eds., *Readings in the theory of International Trade*, Homewood: IRWIN, 1950.

______, *Economic Theory and Western European Integration*, London: Allen & Unwin, 1958.

Shelburne, Robert C., "A Ratio Test of Trade Intensity and Per-Capita-Income

Similarity," *Weltwiltschaftliches Archiv* 123, No. 3, 1987.

Shoven, John B. and John Whalley, "Applied General-Equilibrium Models of Taxation and International Trade: An Introduction and Survey," *Journal of Economic Literature* 22, No. 3, 1984.

Singer, Hans W., "Terms of Trade and Economic Deve1opment," in John Eatwel, Murray Milgate, and Peter Newman, eds., *The New Palgrave: A Dictionary of Economics*, Vol. 4, London: Macmillan, 1987.

Spence, A. M., "Product Sclection Fixed Costs and Monopolistic Competition," *Review of Economic Studies* 43, 1976.

Spencer, Barbara J. and James A. Brander, "International R&D Rivalry and Industrial Strategy," *Review of Economic Studies* 50, No. 163, 1983., "A Survey of World Trade," *The Economist*, 1990.

Spraos, John, *Inequalising Trade: A Study of Traditional North/South Specialisation in the Context of Terms of Trade Concepts*, Oxford: Clarendon Press, 1983.

Srinivasan, T. N., "The National Defense Argument for Government Intervention in Foreign Trade," in Robert M. Stern, ed., *U.S. Trade Policies in a Changing World Economy*, Cambridge, Massachusetts: The MIT Press, 1987.

Staiger, Robert W., Alan Deardorff, and Robert M. Stern, "The Effects of Protection on the Factor Content of Japanese and American Foreign Trade," *Review of Economics and Statistics* 70, No. 3, 1988.

Stern, Robert M., "British and American Productivity and Comparative Costs in International Trade," *Oxford Economic Papers* 14, No. 3, 1962.

______, "Testing Trade Theories," in Peter B. Kenen, ed., *International Trade and Finance: Frontiers for Reaserch*, New York: Cambridge University Press, 1975.

Stern, Robert M., ed., *U.S. Trade Policies in a Changing World Economy*, Cambridge, Massachusetts: The MIT Press, 1987.

______, *Trade and Investment Relations among the United States, Canada, and Japan*, Chicago: The University of Chicago Press, 1989.

Stern, Robert M. and Keith E. Maskus, "Determinants of the Structure of U.S. Foreign Trade, 1958～1976," *Journal of International Economics* 11, No. 2, 1981.

Stern, Robert M., H. Trezise Philip, and Whalley John, eds., *Perspectives on a U.S.-Canadian Free Trade Agreement*, Washington, D.C.: The Brookings Institution, 1987.

Stolper, Wolfgang F. and Paul A. Samuelson, "Protection and Real Wages," *Review of Economic Studies* 9, 1941.

Stolper, Wolfgang F. and Karl W. Roskamp, "Input-Output Table for East Germany with Applications to Foreign Trade," *Bulletin of the Oxford University Institute of Statistics* 23, 1961.

Streeten, Paul, "A Cool Look at Outward-looking Strategies for Development," *The World Economy* 5, No. 2, 1982.

Thorelli, Hans B. and Stephen C. Burnett, "The Nature of Product Life Cycles for Industrial Goods Businesses," *Journal of Marketing* 45, 1981.

Thursby, Jerry G. and Marie C. Thursby, "Bilateral Trade Flows, the Linder Hypothesis, and Exchange Risk," *Review of Economics and Statistics* 69, No. 3, 1987.

Todaro, Michael P., *Economic Development in the Third World*, 4th ed., New York: Longman, 1989.

Tower, Edward, "The Geometry of Community, Indifference Curves," *Weltwirtschaftliches Archiv* 115, No. 4, 1979.

Tumlir, Jan, "The New Protectionism, Cartels, and the International Order," in Ryan C. Amacher, Gottfried Haberler, and Thomas D. Willett, eds., *Challenges to a Liberal International Economic Order*, Washington, D.C.: American Enterprise Institute, 1979.

United Nations, Economic Commission for Latin America, *The Economic Development Latin America and Its Principal Problems*, Lake Success, NY: United Nations, 1949(Written by Raul Prebisch).

United States Department of Commerce, *U.S. Industrial Outlook* 1991, 1991.

United States International Trade Commission(USITC), *The Economic Effects of Significant U.S. Import Restraints, Phase 1: Manufacturing*, Washington, D.C.: USITC Publication 2222, 1989.

______, *Harmonized Tariff Schedule of the United States*, Washington, D.C.: USITC Publication No. 2232 and Supplement 2, 1990.

Vanek, Jaroslav, "The Natural Resource Content of Foreign Trade, 1870~1955, and the Relative Abundance of Natural Resources in the United States," *Review of Economics and Statistics* 41, 1959.

______, *General Equilibrium of International Discrimination*, the Case of Customs Unions, Cambridge, MA: Harvard University Press, 1965.

Vernon, Raymond, "International Investment and International Trade in the Product Cycle," *Quarterly Journal of Economics* 80, No. 2, 1966.

______, *Sovereignty at Bay*, New York: Basic Books, 1971.

______, *Storm Over the Multinationals*, Cambridge, MA: Harvard University Press, 1974.

______, "The Product Cycle Hypothesis in a New International Environment," *Oxford Bulletin of Economics and Statistics* 41, No. 4, 1979.

Vernon, Raymond, ed., *The Technology Factor in International Trade*, New York: National Bureau of Economic Research, 1970.

Viner, J., *Studies in the Theory of International Trade*, London: George Allen & Unwin, Ltd., 1937.

Viner, Jacob, *The Customs Union Issue*, New York: Carnegie Endowment for International Peace, 1950.

Vousden, Neil, *The Economics of Trade Protection*, Cambridge MA: Cambridge University Press, 1990.

Wahl, Donald F., "Capital and Labour Requirements for Canada's Foreign Trade," *Canadian Journal of Economics and Political Science* 27, 1961.

Walter, Ingo, "Nontariff Barriers and the Export Performance of Developing Economies," *American Economic Review* 61, 1971.

Walter, Ingo and Kaj Areskoung, *International Economics*, John Wiley and Sons, 1981.

Wells, Jr., Louis T., "A Product Life Cycle for International Trade," *Journal of*

Marketing 32, No. 3, 1968.

______, "Test of a Product Cycle Model of International Trade: U.S. Exports of Consumer Durables," *Quarterly Journal of Economics* 83, No. 1, 1969.

______, *The Product Cycle and International Trade*, Division of Research, Graduate School of Business Administration Harvard University Boston, 1972.

Williamson, John and Chris Milner, *The World Economy: A Textbook in International Economics*, Harvester Wheatsheaf, 1991.

Winham, Gilbert R., *Canada-U.S. Sectoral Trade Study: The Impact of Free Trade*, Halifax: Centre for Foreign Polity Studies' Dalhousie University, 1986.

Wong, Chung Ming, "Welfare Implications of Commodity Prices Stabilization under Export Restrictions," *Journal of Development Economics* 32, No. 1, 1990.

Wonnacott, Paul and Ronald J. Wonnacott, "Is Unilateral Tariff Reduction preferable to a Customs Union? The Curious Case of the Missing Foregn Tariffs," *American Economic Review* 71, No. 4, 1981.

World Bank, *World Development Report 1984*, Washington, D.C., 1984.

______, *World Development Report 1990*, New York: Oxford University Press, 1990.

Yarbrough, Belt V. and Robert M. Yarbrough, *The World Economy: Trade and Finance*, The Dryden Press, 1989.

찾아보기

ㅇ

a

b

c

d

e

f

g

h

i

l

m

n

o

p

u

v

w

필자약력

김기홍

성균관대학교 경제학사
산업연구원 연구원
Northeastern University 경제학 박사
Stanford University 교환교수
한국국제통상학회 회장
경기대학교 경상대학장, 산학협력단장
국회 입법조사처 경제산업조사실장
한국경제연구학회 회장
현 경기대학교 경제학과 교수

· 주요 논저

『경제학원론』(공저), 형설출판사
『지역경제학』(공저), 진영사
『국제금융론』(공저), 도서출판 해남
『아시아 · 태평양 지역에서의 경제통합』(공저), 도서출판 해남
『국제무역론』(공저), 도서출판 해남
"The Effects of APEC Trade Liberalization: Measured through CGE Model," *Review of Asian and Pacific Studies*, No. 20, 2000.
"An Analysis of Sources of Growth in East Asian Economies and R&D Spillover Effects: Revisted," *Journal of Korean Economy*, Vol. 1, No. 1, 2000.
「일반균형모형을 통한 한·일간 무역과 환경-무역정책의 분석—국내산업 배출오염 이전을 중심으로」, 『대외경제연구』 제8권 제1호 통권 20권, 2004.
「한미 FTA의 경제적 효과—관세인하의 무역과 노동생산성 효과를 중심으로」, 『관세학회지』 제9권 제1호, 2008년 2월.
"Challenges and Opportunities for Enhancing Big Data Industry: Lessonsfrom Korea in Creative Economy," *Technological Forecasting and Social Change*, 2015. 6. 30 ELSEVIER SCIENCE INC(SSCI)

노언탁

경기대학교 경제학사
경기대학교 경제학 박사
현 경기대학교 경제학과 초빙교수

· 주요 논저

『국제무역론』(공저), 도서출판 해남
「정보통신산업의 생산성분석」, 경기대학교 박사학위논문

국제무역론 제2판

2016년 2월 15일 초판인쇄
2016년 2월 26일 초판발행

저 자 김기홍·노언탁

발행인 노 현 철

발행처 도서출판 해남
서울특별시 서대문구 충정로 38-12(충정로3가) 우리타워 6층
전화 739-4822, 393-3943 팩스 720-4823
e-mail haenamin30@naver.com
homepage www.hpub.co.kr
등록 1995. 5. 10 제1-1885호

정 가 30,000원 ISBN 978-89-6238-095-8